Territorialer Nationalismus in China

MENSCHEN UND KULTUREN

BEIHEFTE ZUM SAECULUM
JAHRBUCH FÜR UNIVERSALGESCHICHTE

Herausgeben von

Karl Acham, Thomas Höllmann,
Wolfgang Reinhard und Wolfgang Röllig

Band 2

Sabine Dabringhaus

Territorialer Nationalismus in China

Historisch-geographisches Denken
1900 – 1949

2006

BÖHLAU VERLAG KÖLN WEIMAR WIEN

Gedruckt mit Unterstützung
der Deutschen Forschungsgemeinschaft, Bonn

Bibliografische Information der Deutschen Bibliothek:
Die Deutsche Bibliothek verzeichnet diese Publikation in der
Deutschen Nationalbibliografie; detaillierte bibliografische Daten
sind im Internet über http://dnb.ddb.de abrufbar.

Umschlagabbildung:
Titelblatt der Zeitschrift „Yugong" vom 1. September 1934.

© 2006 by Böhlau Verlag GmbH & Cie, Köln
Ursulaplatz 1, D-50668 Köln
Tel. (0221) 913 90-0, Fax (0221) 913 90-11
info@boehlau.de
Alle Rechte vorbehalten
Satz: Peter Kniesche Mediendesign, Tönisvorst
Druck und Bindung: Strauss GmbH, Mörlenbach
Gedruckt auf chlor- und säurefreiem Papier.
Printed in Germany

ISBN-10   3-412-35205-5
ISBN 978-3-412-35205-9

INHALTSVERZEICHNIS

VORWORT

Im Jahre 2000 begann die chinesische Regierung eine Kampagne „zur Erschließung der Westgebiete" (*Xibu da kaifa*). Sie gehört zu einer Reihe von zentralen
Projekten der Nationsbildung und soll die enormen Entwicklungsunterschiede im
ökonomischen Modernisierungsprozess zwischen den Regionen im Osten und im
Westen Chinas vermindern. Von einer Ausweitung des wirtschaftlichen Fortschritts auf die entlegeneren Gebiete im Landesinneren verspricht man sich eine
bessere Integration der Minderheitenvölker in den Gesamtstaat. Diese Ziele hatte
bereits in den 1930er Jahren eine Gruppe von Historikern und Geographen mit
ihren Studien über die Grenzgebiete verfolgt. Auch damals wurde zur „Erschließung des Nordwestens" (*Xibei kaifa*) aufgerufen. Die Ausgangssituation war allerdings vollkommen anders. Die Wissenschaftler konnten sich damals nicht auf
eine starke Regierung berufen. Das nach dem Zusammenbruch der Qing-
Dynastie (1644–1911) entstandene zentralstaatliche Vakuum konnte auch von
der Guomindang-Regierung zwischen 1927 und 1937 nur bedingt ausgefüllt
werden. Ganz anders zeigt sich die Situation zu Beginn des 21. Jahrhunderts.
China wird von einer kommunistischen Regierung beherrscht, die Jahrzehnte
lang autoritär über das Land geherrscht hat und trotz marktwirtschaftlicher Zugeständnisse bislang nicht von ihrem politischen Machtmonopol abrückt.

Außerdem wurde das Land durch den japanischen Imperialismus in einem
Ausmaß bedroht, wie es dies seit den mongolischen Eroberungen des frühen
13. Jahrhunderts nicht mehr erlebt hatte. Die existentielle Notwendigkeit zur
„Rettung der chinesischen Nation" bildete folglich ein wichtiges Motiv für das
wissenschaftliche Engagement der Historischen Geographen. Ihre Studien richteten sich an das Staatsbürgerbewusstsein der Bevölkerung und riefen zum patriotischen Einsatz Aller für die bedrohte Nation auf. Eine solche äußere Bedrohung
fehlt heute – sieht man von der Gefahr einer fundamentalistischen Infiltrierung
der muslimischen Bevölkerung Xinjiangs aus den islamischen Nachbarstaaten
ab. Zudem kann sich die chinesische Regierung des 21. Jahrhunderts auch auf
einen „geo-body" der Nation berufen, der von den Historischen Geographen der
1930er Jahre zum ersten Mal wissenschaftlich dokumentiert worden war. Im Zuge dieser Arbeit entstand der moderne Wissenschaftszweig der Historischen
Geographie, dessen Hauptaufgabe zunächst darin bestand, das Territorium der
modernen chinesischen Nation aus der historischen Entwicklung des kaiserlichen
Imperiums herzuleiten. Machtpolitisch hatten die Kommunisten nach 1949 die
territoriale Frage gelöst und damit dieses erste Ziel der Historischen Geographen
verwirklicht. Als weitaus schwieriger hat sich die Schaffung eines einheitlichen
Nationalbewusstseins erwiesen, das auch die Minderheitenvölker einschließt. Ein
nationales „Wir"-Gefühl beschränkt sich weiterhin auf die Hanchinesen. Auch
für diesen wichtigen Aspekt der modernen Nationsbildung hatten die republikzeitlichen Historischen Geographen Lösungen vorgeschlagen. Sie wollten ihre in

den Städten begonnene Aufklärungs- und Bildungsarbeit auf die Grenzregionen
ausweiten, in denen hauptsächlich nicht-hanchinesische Völker lebten. Außerdem forderten sie eine Verbesserung der Infrastruktur in den peripheren Gebieten
und die Umsetzung von Agrarisierungsprojekten mit Hilfe chinesischer Immigranten aus dem Kernland. Zwar konnten wegen des Ausbruchs des Chinesisch-
Japanischen Krieges 1937 die Vorschläge der Historischen Geographen nicht
verwirklicht werden, jedoch setzte die kommunistische Führung sie nach 1949
beim Aufbau der Volksrepublik um.

Erste Anregungen zu diesem Buch gab Wu Fengpei (1910–1996), der meine
Dissertation zum Qing-Imperium mit seiner einzigartigen Quellenkenntnis bereichert hatte. Wu Fengpei gehörte in den 1930er Jahren zur Kerngruppe der Yugong-
Studiengesellschaft und betreute ihren Bibliotheksbestand. In der Volksrepublik
China setzte er seine historisch-geographischen Studien zu den Grenzgebieten
fort, erlangte aber im Gegensatz zu vielen seiner ehemaligen Yugong-Kollegen,
die ihre Arbeit auf weniger politisch heikle Themen der Historischen Geographie
konzentrierten, keine hohen akademischen Würden. Wu Fengpei motivierte
mich, ein Gesamtbild der Entstehungsgeschichte der chinesischen Historischen
Geographen zu entwerfen, das gerade auch ihren Bezug zur modernen Nationsbildung Chinas darlegt. In Gesprächen mit Cheng Chongde, dem Direktor des
Instituts für Qing-Geschichte in Beijing, konkretisierte sich dann dieses Forschungsinteresse zu einem Arbeitskonzept. Ihm und seinen Mitarbeitern möchte
ich besonders danken für ihre vielfältige Unterstützung in den Jahren bei der
Umsetzung dieses Projekts. Vor allem Sun Zhe hat mir geduldig bei der Materi-
alsuche und dem nicht immer einfachen Umgang mit chinesischen Bibliothekaren
ren geholfen. Mein Dank gilt den Mitarbeiterinnen und Mitarbeitern der Bibliotheken, auf deren Beständen die Untersuchung vornehmlich beruht: in Beijing
den Bibliotheken der Zhongguo Renmin Daxue und der Beijing Daxue, des
Zhongguo Bianjiang Shidi Yanjiu Zhongxin (Forschungszentrum zur Geschichte
und Geographie der chinesischen Grenzgebiete) an der Akademie für Sozialwissenschaften, in Deutschland den Staatsbibliotheken in Berlin und in München,
der Bibliothek des Sinologischen Seminars der Universität München und der
Universitätsbibliothek Freiburg i.Br. sowie der Bibliothek des Sinologischen Instituts der Universität Leiden. Freunde und Kollegen haben mir immer wieder
zahlreiche bibliographische und sachliche Hinweise gegeben. Stellvertretend für
viele möchte ich hier Dai Yi, Mark Elliott, Ma Dazheng, Joachim Nettelbeck,
Morris Rossabi, Wang Jiang, Wang Zhonghan, Peer H.H.Vries und Zhang Shiming nennen. Die Professoren des Instituts für Ostasienkunde in München Wolfgang Bauer, Hans van Ess, Thomas O. Höllmann und insbesondere Roderich
Ptak haben mir während meiner Assistentenzeit immer wieder Freiräume für die
Weiterarbeit an dem Projekt ermöglicht. Dazu gehörte auch ein Aufenthalt am
Netherlands Institute for Advanced Studies in Wassenaar (NIAS), dessen dama-
ligem Rektor Henk Wesseling und seinen Mitarbeitern ich für die Möglichkeit

danken möchte, in ihrem wunderbaren Institut das Manuskript schließlich zu einem Abschluss bringen zu können. Die Arbeit wurde im Wintersemester 2002/2003 als Habilitationsschrift an der Ludwigs-Maximilians-Universität angenommen. Mein Dank gilt den Gutachtern im Habilitationsverfahren, Hans van Ess, Peter J. Opitz, Roderich Ptak und Wolfgang Reinhard, deren wertvolle Hinweise ich für die Überarbeitung nutzen konnte. Den Herausgebern von „Menschen und Kulturen" danke ich für die Aufnahme des Buches in ihre Reihe. Widmen möchte ich dieses Buch Jürgen Osterhammel, ohne dessen wissenschaftlichen Rat und unermüdlichen Ansporn es schwerlich realisiert worden wäre.

Sabine Dabringhaus   im Februar 2006

EINLEITUNG

In der Welt der Gegenwart bekennt sich kaum ein anderer Staat deutlicher zum Prinzip des Nationalismus als die Volksrepublik China.[1] Sie treibt eine unabhängige, enge internationale Bindungen vermeidende Außenpolitik, die auf dem Primat nationaler Interessen beruht. Sie verfolgt außerdem mit langfristiger Zielsetzung ein Projekt der Wiederherstellung einheitlicher Souveränität im größtmöglichen territorialen Rahmen. China ist aus der Sicht seiner politischen Elite ein Land mit einer noch offenen nationalen Frage, die erst mit dem Anschluss Taiwans endgültig gelöst zu werden verspricht. Diesem nationalen Selbstbewusstsein, wie es auf internationaler Bühne zur Schau gestellt wird, entspricht ein in der Bevölkerung tief verwurzeltes Gefühl der Zugehörigkeit zu einer nationalen Gemeinschaft, die sich zugleich als unverwechselbare und randscharf abgegrenzte Zivilisation versteht. Ein solches kollektives Identitätsbewusstsein verharrt überwiegend im Bereich dessen, was die europäische politisch-historische Sprache als „Patriotismus" bezeichnet, ein Begriff (*aiguozhuyi*), der in China im frühen 20. Jahrhundert übernommen und der eigenen Situation angepasst wurde.[2] In den 1990er Jahren hat sich diese Stimmungslage in Teilen der chinesischen Öffentlichkeit zu einem explizit formulierten Nationalismus verdichtet, nunmehr nicht länger – wie in der ersten Hälfte des 20. Jahrhunderts – als Selbstbehauptung in der Defensive, sondern als Beharren auf eigenen Vorzügen. Die Veröffentlichung im Jahre 1996 des Buches „China kann nein sagen" (*Zhongguo keyi shuo bu*) und mehr noch der Bestsellererfolg dieser anti-amerikanischen Schrift brachten dies in einer Weise zum Ausdruck, die auch international stark beachtet wurde.[3] Der Historiker Prasenjit Duara spricht von einem neuen Nationalismus im China des späten 20. Jahrhunderts, der mit der Beschwörung von „Authentizität" in mannigfachen symbolischen Formen tiefe Quellen der Solidarität anspreche und die Unverwundbarkeit des Nationalkörpers sicherstellen solle.[4] Offene Kritik am patriotischen oder gar nationalistischen Konsens wird bis heute selten geäußert und bleibt ohne öffentliches Gewicht. Weder das Selbstbild der Chinesen noch die Politik ihrer Regierung lassen sich auch nur näherungsweise als „postnationalistisch" bezeichnen.

Der chinesische Nationalismus ist indessen keine Erscheinung der jüngsten Vergangenheit und keine Erfindung machthabender Kommunisten. Er ist *das* zentrale Thema der politischen und kulturellen Selbstverständigung der Chinesen

---

[1] Gunter Schubert bezeichnet sogar das gesamte 20. Jahrhundert als Epoche des Nationalismus in China. Vgl. Schubert (2002), S. 17–31.

[2] Vgl. Gasster (1969), S. 33 f.; Trauzettel (1975); Tang Hai / Qiu Wenzhi (1993), 15–19; Schubert (2002), S. 132–43.

[3] Vgl. Song Qiang / Zhang Zangzang / Qiao Bian (1996).

[4] Duara (1998), S. 308.

im 20. Jahrhundert gewesen. Über Parteigrenzen und Bürgerkriegsfronten hinweg ließ sich nur über *eine* Maxime Einigung erzielen: dass dem Wiederaufstieg eines als Nation verstandenen China aus einer Position der Schwäche und Erniedrigung alle anderen denkbaren Ziele unterzuordnen seien. Revolution, Reform und konservative Erneuerung waren nur unterschiedliche Wege in die gleiche Richtung.

Der chinesische Nationalismus als ausgearbeitete Doktrin entstand um die Jahrhundertwende, angestoßen vor allem durch den Zusammenbruch jeglicher Außenpolitik des Kaiserreiches während des Boxeraufstandes von 1900.[5] Von Anfang an blieb er, im Unterschied zu manch anderen Nationalismen, nicht auf intellektuelle Zirkel beschränkt, sondern motivierte größere Teile der Bevölkerung zu politischem Handeln. Der große anti-amerikanische Boykott von 1905, mit dem man zu Recht „the birth of mass politics" verbunden hat, ist dafür ein eindrückliches Beispiel.[6] Er steht am Beginn einer langen Reihe von ähnlichen „anti-imperialistischen" Protestaktionen, die über die Streiks und Boykotte der Jahre 1919-1923, 1925–1927, 1931–1933 und 1935–1936 bis in die Zeit des Bürgerkriegs nach 1945 andauerten und China im Ausland als eines der unruhigsten Länder der Welt erscheinen ließen.[7] Gemäßigtere Formen des Nationalismus blieben daneben bestehen. Man denke an die Bewegung zur friedlichen Rückgewinnung der während des „scramble for concessions" an Ausländer vergebenen Eisenbahn- und Bergbaurechte,[8] die um 1902 unter der Führung provinzialer Eliten begann, an die zähen Verhandlungen erst der Beiyang-Regierungen in Beijing, dann der Nationalregierung in Nanjing um die Wiederherstellung von Chinas Zollhoheit,[9] an die am Beginn der Mandschureikrise 1931 abgebrochenen Versuche zur Revision des Status der Internationalen Niederlassung in Shanghai,[10] an den – nicht uneigennützigen – Wirtschaftsnationalismus der Nanjing-Regierung,[11] und an den Xi'an-Zwischenfall von Weihnachten 1936, bei dem Jiang Kaishek von nationalistischen Offizieren unter Druck gesetzt wurde, den militärischen Widerstand gegen Japan vorzubereiten.[12] Opium war seit der Anti-Drogen-Politik der späten Qing-Reformer ein Symbol imperialistischer Unterdrückung, der Kampf dagegen einer der Kristallisationspunkte nationalistischer

---

[5]   Als erstes nationalistisches Manifest kann Liang Qichaos Aufsatz „Xinmin shuo" von 1902 bezeichnet werden: Liang Qichao (1936a). Vgl. dazu Chang Hao (1971), S. 149–219.

[6]   Zarrow (1997), S. 26. Zum Boykott selbst und seinen internationalen Zusammenhängen vgl. McKee (1977), zu seinem nationalistischen Emotionsgehalt vgl. Sin-kiong Wong (2001).

[7]   Vgl. Rigby (1980); Clifford (1991); Jordan (1991); Coble (1991); Israel (1966); Pepper (1999), S. 52–57.

[8]   Vgl. Lee En-han (1968/69; 1977).

[9]   Vgl. S. Wright (1938).

[10] Vgl. Fung (1991), S. 227–38.

[11] Vgl. Osterhammel (1983).

[12] Vgl. Wu Tien-wei (1976).

Widerstandes.[13] Im Krieg, der 1937 begann, hatten die Japaner große Schwierig-keiten, chinesische Kollaborateure zu finden; nur wenige prominente Politiker (mit Wang Jingwei an der Spitze) verletzten den nationalistischen Konsens. Wie Chalmers Johnson dargelegt hat, ließen sich unter den Ausnahmebedingungen des Krieges von 1937 bis 1945 sogar die traditionell in lokalen Lebenskreisen befangenen Bauern für die Ziele eines nationalistisch geprägten Widerstandes gewinnen.[14] Trotz dieser vielen Beispiele für ein aktives Eintreten zugunsten na-tionaler Interessen blieb die Formulierung nationalistischer Lehren und Theorien selbstverständlich in erster Linie eine Sache der akademischen und außerakade-mischen Intelligenz. Aus diesem Grunde muss die Geschichte des Nationalismus in China weitgehend als Geschichte von Ideen geschrieben werden, freilich von „ideas in context".

Wie fast alle weltweit einflussreichen Ideologien und politischen Doktrinen der Moderne – jene „Ismen", die im nachklassischen Chinesisch durch das Suffix *zhuyi* gekennzeichnet werden –, so entstand auch der Nationalismus in Europa. Von dort aus verbreitete er sich in Asien und Afrika. Es wäre allerdings eine un-angemessene Vergröberung komplizierter Prozesse kultureller Mobilität, mit Hans-Ulrich Wehler von „Transfernationalismus" zu sprechen.[15] Hinter diesem Begriff verbergen sich Vorstellungen von einer Art Infektion unschuldiger nichtwestli-cher Gesellschaften durch das, was Wehler für eine krankhafte Fehlentwicklung Europas hält. Ebenso wird stillschweigend vorausgesetzt, nichtwestliche Gesell-schaften seien zu nichts anderem als einfallsloser Imitation des Westens fähig. Beide Annahmen treffen auf kaum einen Fall weniger zu als auf China. Die von bloßem Kopieren des Westens weit entfernte Eigenständigkeit der chinesischen Entwicklung wird auch deutlich, wenn man versucht, anspruchsvollere Theorien des Nationalismus, wie sie nahezu ausnahmslos aus der Betrachtung Europas ge-wonnen wurden, auf China zu übertragen. Die seit Hans Kohn geradezu kanoni-sche Unterscheidung zwischen einem westeuropäischen (und nordamerikanischen) Staatsbürgernationalismus, der auf freiwilligem Bekenntnis zur Zugehörigkeit zu einem egalitären Kollektiv beruht, und einem mittel- und osteuropäischen kultu-rellen Nationalismus, der in „objektiven" Bindungen an Sprache oder gemeinsa-me Abstammung wurzelt,[16] ist für ein Verständnis Chinas nur begrenzt brauch-bar.[17] Trotz der Bemühungen mancher Intellektueller im frühen 20. Jahrhundert[18] hat sich die Idee von „citizenship" als aktiver, durch Recht geschützter Teilhabe an einer pluralistischen „civil society" bis heute nicht durchsetzen können. Staats-

---

[13] Vgl. Zhou Yongming (1999).
[14] Vgl. Johnson (1962).
[15] Wehler (2001), S. 90.
[16] Kohn (1944), S. 329 ff.; vgl. auch Alter (1985), S. 21–23.
[17] Chen Yonglin (2004) ist den Spuren eines Staatsbürgerbewusstseins in der späten Qing- und frühen Republikzeit nachgegangen.
[18] Vgl. Fogel / Zarrow (1997).

bürgernationalismus in einem französischen Sinne ist China fremd geblieben. Auf der anderen Seite erschöpft der Gesichtspunkt „ethnischer" Identitätsbildung, so wichtig er für China ist, bei weitem nicht das Spektrum des auf die Nation bezogenen Denkens im China des 20. Jahrhunderts. Der chinesische Nationalismus während der ersten Jahrhunderthälfte war nicht – wie etwa der englische – eine Art von nachträglicher Bewusstwerdung einer bereits seit langem in „proto-nationalstaatlichem" Rahmen zusammenlebenden Nation. Er war auch nicht „anti-kolonial" in dem Sinne, dass – wie in Teilen Afrikas und des Mittleren Ostens – eine *eigene* staatliche Ordnung sich erst im Widerstand gegen eine Kolonial-macht herausbilden musste. Vielmehr ist es eine Grundtatsache, von der jede Er-örterung des chinesischen Nationalismus ausgehen muss, dass er an die Jahrhun-derte lange Existenz eines Großstaates imperialen Charakters anknüpfen konnte.

Die allgemeine, vergleichende und theoretische Literatur zum Nationalismus ist kaum zu überschauen. Es kann in dieser Einleitung nicht darum gehen, sie auch nur annähernd vollständig zu ordnen und zu kommentieren.[19] Zwei Ge-sichtspunkte sollen jedoch hervorgehoben werden. Erstens ist es nicht mehr möglich, hinter die Einsichten Eric J. Hobsbawms und anderer in die Bedeutung von „artefact, invention and social engineering" bei der „Erfindung" von Natio-nen durch Nationalisten[20] und Benedict Andersons in die Nation als ein Resultat kulturell-kommunikativer Mobilisierung zurückzufallen.[21] Auch in China, wie zu zeigen sein wird, war der frühe Nationalismus ein Intellektuellenprojekt mit star-ken utopisch-visionären Beiklängen. Dieser visionäre Gehalt blieb jedoch stets auf ein konkret ausgemaltes Zukunftsbild einer besonderen Form national*staatli-cher* Ordnung bezogen und wurde dadurch gewissermaßen auf den Boden vor-stellbarer und realisierbarer Tatsachen zurückgeholt. Auch reagierten diejenigen, die sich über die Nation Gedanken machten, schnell und direkt auf zeitgeschicht-liche Umstände und deren Veränderung. Der Nationalismus von 1932 konnte nicht mehr derjenige von 1919 oder von 1905 sein. Es ist daher ratsam, den pro-jektiven und „konstruktivistischen" Charakter von Nationalismus nicht zu über-schätzen oder ihn gar absolut zu setzen. Fast immer blieb die Nähe zu Versuchen seiner politischen Realisierung gewahrt.

Zweitens muss auch an den chinesischen Nationalismus eine Frage gestellt werden, die vor allem Ernest Gellner in die Debatte eingeführt hat: ob und wie nationalistische Bewusstseinsbildung und die ihr entsprechende politische Praxis mit gesellschaftlicher Modernisierung, in Gellners Sicht dem Übergang von der Agrar- zur Industriegesellschaft und damit zu einer die gesamte Gesellschaft durchdringenden „high culture", zusammenhängen.[22] Der theoretische Disput zwi-

---

[19]   Gute neue Überblicke sind Langewiesche (1995); A.D. Smith (1998); A.D. Smith (2000); Hutchinson / Smith (1994).
[20]   Hobsbawm (1990), S. 10.
[21]   Anderson (1983), S. 41–49.
[22]   Vgl. Gellner (1983), S. 18; zu Gellners stark interpretationsbedürftiger Nationalismustheo-rie vgl. A.D. Smith (1996); O'Leary (1998), S. 54 ff.

schen „Modernisten" wie Gellner und jenen „Primordialisten", die den archaisch-rückwärtsgewandten Charakter von Nationalismus betonen,[23] kann und muss hier nicht entschieden werden. Das Problem drängt sich jedoch auf, in welcher Beziehung bei den chinesischen Intellektuellen des frühen 20. Jahrhunderts das Ziel des nationalen Wiederaufstiegs zu der zweiten großen Parole der Epoche stand, dem inneren Aufbau (*jianshe*) und der Modernisierung des Landes. Diese Beziehung war enger, als es ein Nationalismusverständnis nahe legt, das Nationalismus eher in die Pathologie der Moderne als in ihre epochale Grundtendenz einordnet. Den chinesischen Autoren ging es in aller Regel nicht allein um *äußere* Machtentfaltung, sondern auch um *innere* Nationsbildung durch Veränderung von Bewusstsein und Institutionen. Auf dieser gemeinsamen Grundlage unterschied man sich hinsichtlich der Nähe oder Ferne zu den jeweiligen antagonistischen Kräften in einem nach dem Ende des Kaiserreichs extrem konfliktgeladenen politischen System.

Die Republik China, wie sie 1912 ins Leben gerufen wurde, war das Ergebnis einer Revolution, eines radikalen Akts der Verwerfung des Bestehenden. Mit der Qing-Dynastie verschwanden auch die Institutionen, Herrschaftssymbole und legitimierenden Ideen der kaiserlichen Ordnung. Es ist erstaunlich, wie schnell sich das Land vom monarchischen Prinzip löste. Qing-Nostalgiker und andere Monarchisten spielten in der Politik der Republikzeit keine nennenswerte Rolle.[24] Die frühen Republikaner waren weder an die innere noch an die äußere Form des alten Imperiums gebunden. Es wäre theoretisch denkbar gewesen, auf das „polyethnische" Großreich[25] einen kulturell und ethnisch homogenen hanchinesischen Nationalstaat folgen zu lassen, ein „Klein-China" gewissermaßen – so wie nach dem Ersten Weltkrieg vom einst riesigen Osmanischen Reich der vorwiegend anatolische Nationalstaat Türkische Republik übrigbleiben würde. Die nicht-hanchinesischen Randgebiete hätte man dann in irgendeine Form von anlehnender Selbständigkeit entlassen können. Solche Pläne wurden jedoch niemals erwogen. Die Staatsgründung von 1912 beanspruchte Souveränität über das gesamte Territorium des verschwundenen Qing-Reiches. Bei aller *institutionellen* Diskontinuität stand die *räumliche* Kontinuität stets außer Frage.

Ziel der Gründerväter der Chinesischen Republik war es, im Rahmen des traditionellen chinesischen Raumbildes einer Welt „unter dem Himmel" (*tianxia*)

---

[23] Zu dieser Unterscheidung vgl. A.D. Smith (1998), S. 8 ff.

[24] Zu nennen wäre hier allein der nach wenigen Tagen gescheiterte Restaurationsversuch des Generals Zhang Xun im Juli 1917. Vgl. E.L. Dreyer (1995), S. 62–65. Der prominenteste Mandschu-Loyalist war Kang Youwei, der Reformer von 1898, der auch Zhang Xun unterstützte.

[25] Zur Charakterisierung des vormodernen China als „polyethnisch" vgl. Franke (1987). Grundlegend zum Verhältnis von Integration und Desintegration im chinesischen Vielvölkerreich: Schmidt-Glintzer (1997).

einen Nationalstaat zu errichten.[26] Aus der kulturell definierten Ökumene sollte
ein moderner Territorialstaat entstehen. Joseph R. Levenson hat daraus seine
These vom Übergang des traditionellen Kulturalismus der Kaiserzeit in den Nationalismus der Republik entwickelt.[27] Die Veränderungen in der internationalen
Umwelt Chinas machten eine solche Umwandlung unvermeidlich. Spätestens
nach der Niederlage im Krieg mit Japan von 1895 ließ sich das Ende der auf
China als Mittelpunkt fixierten *Tianxia*-Welt nicht mehr leugnen. Der Vasallen-
gürtel, der das Reich seit vielen Jahrhunderten umgeben hatte, war nun verschwunden.[28] Der Übergang vom universalen Kaiserreich zum Nationalstaat begann daher noch vor dem Ende der mandschurischen Dynastie. Dies zeigte sich
auch in innergesellschaftlichen Tendenzen in Richtung auf Modernisierung und
nationale Integration während der letzten Jahrzehnte des 19. Jahrhunderts, etwa
im Aufkommen von Zeitungen und Zeitschriften, die eine entstehende nationale
Öffentlichkeit anzusprechen versuchten,[29] in den ersten Gründungen von Schulen und Universitäten[30] und auch in einer veränderten zentralstaatlichen Strategie
gegenüber den Randgebieten. Angesichts der imperialen Bedrohung an der
Reichsperipherie[31] gab die Qing-Regierung ihre traditionelle Politik der Völkertrennung auf und trieb die Angleichung der Verwaltung der innerasiatischen Regionen an die Herrschaftsstrukturen im chinesischen Kernland voran (*yitihua
zhengce*).[32]

Auch im politischen Denken Chinas um die Jahrhundertwende wurde der
Übergang vom Zentrum einer eigenen Weltordnung zum Nationalstaat reflektiert. Wie in so vielen anderen Fragen, so war es auch hier Liang Qichao, der das
Problem besonders genau erfasste. Das Studium der französischen und englischen Staatsphilosophen hatte ihn zu der Überzeugung geführt, dass allgemeine

---

[26]   Das *Tianxia*-Denken beruhte auf der Vorstellung von einer isolierten und auf China zen-
       trierten Weltordnung. China verweigerte die Anerkennung formal gleichgestellter Staaten.
       Die Grundlage der chinesischen *Tianxia*-Welt bildete die Zivilisation mit ihren Riten und
       Traditionen. In diesem Denken fehlte eine scharfe Unterscheidung zwischen Staat und Ge-
       sellschaft. Vgl. Q. E. Wang (1999), S. 287–92; Xu Guoqi (2001), S. 102.

[27]   Vgl. Levenson (1972), S. 99 f.

[28]   Grundlegend dazu Kim (1980).

[29]   Vgl. Judge (1996), Wagner (2001). Einen guten Überblick über die Republikzeit mit aus-
       führlicher Bibliographie bietet MacKinnon (1997). Zu den Auswirkungen der Entwicklung
       eines Zeitungswesens auf dem Lande vgl. Harrison (2000a), bes. S. 191–204.

[30]   Vgl. Bailey (1990), Hayhoe (1992a).

[31]   In dieser Arbeit wird immer wieder von der „Peripherie" gesprochen werden. Dies ge-
       schieht aus einer *analytischen* Perspektive, die sich aus Integrationsproblemen des chinesi-
       schen Gesamtstaats ergibt. Selbstverständlich besitzen die „peripheren" Völker ihre jeweils
       eigene Geschichte, die bei einer anderen Fragestellung aus sich heraus entwickelt werden
       müsste. Mongolische Geschichte zum Beispiel ist an und für sich kein Seitenzweig der
       chinesischen Geschichte. Dass die chinesische Historiographie sie als solche dargestellt
       hat, interessiert uns hier.

[32]   Vgl. dazu Su De (2001), S. 1–9.

Theorien von Volkssouveränität und Repräsentation nur teilweise auf die Situation Chinas anwendbar seien. Er suchte daher nach einem Begriff des Staates, der sowohl eine starke und zentralisierte Exekutive als auch ein Staatsvolk (*guomin*) einschloss, das über einen „originellen, besonderen Charakter" (*duju zhi texing*) verfügte und sich damit von seiner Umwelt unverwechselbar unterschied.[33] Deutlich erkannte er, dass in China Nations- und Staatsbildung gleichermaßen stattfinden mussten. Die internationale Konkurrenz beschränkte sich nicht mehr nur auf die zwischenstaatliche Ebene, sondern das gesamte Staatsvolk musste mobilisiert werden. Liang Qichao führte somit erstmals den modernen Begriff des Nationalvolkes ein wie er in dem von ihm geprägten Begriff des „neuen Volkes" (*xinmin*) zum Ausdruck kam.[34] Um einen Nationalstaat zu bilden, benötige China vor allem eine „organische Einheitlichkeit" (*youji zhi tongyi*) und eine „effektive Ordnung" (*youli zhi zhixu*); individuelle Freiheit und Gleichheit seien zunächst zweitrangig.[35]

Die Hoffnung auf einen nach innen wie außen durchsetzungsfähigen Reformstaat, der nicht nur Liang Qichao Ausdruck gab, wurde jedoch nicht erfüllt. Mit der Gründung der Republik setzte sich zwar der Staatsnationalismus gegen den von Liang Qichao kritisierten „engen" ethnischen Nationalismus durch, an der Schwäche staatlicher Herrschaft, die – trotz eines bemerkenswerten Reformwillens in den Jahren nach dem Boxer-Fiasko – das letzte Jahrhundert der Qing-Dynastie gekennzeichnet hatte, änderte sich jedoch nichts. Nachdem der bürokratische Zentralisierungsversuch Yuan Shikais 1916 gescheitert war, sorgten sich Chinas Intellektuelle zunehmend um die „Rettung des Staates" überhaupt. Bis 1927 konkurrierten regionale Warlords, häufig in „Cliquen" organisiert, um die zentrale Macht; einige von ihnen verteidigten ihre Stellung weit in die dreißiger Jahre hinein. Von 1927/28 an bemühte sich die Nationalregierung (*Guomin zhengfu*) der Guomindang unter Jiang Kaishek darum, sich als Verkörperung eines „modernen" Nationalstaatsgedankens Geltung zu verschaffen. Alle politischen Kräfte, auch die Kommunistische Partei (KPCh), suchten nach Methoden zur Steigerung staatlicher Macht. Guomindang wie KPCh bedienten sich gleichermaßen der Legitimationsmöglichkeiten durch nationalistische Mobilisierung ihrer jeweiligen Anhängerschaften. Beide sahen sich selber seit dem Zerbrechen ihres Bündnisses von 1927 als jeweils einzige Repräsentanten der chinesischen Nation. In China war es nicht wie in Westeuropa der Volkswille, der sich seine Rechte schuf und den Nationalstaat als Gehäuse einer bürgerlichen Gesellschaft

---

[33] Liang Qichao (1936a), S. 6. Einen solchen Begriff fand er in der Staatslehre des kontinentaleuropäischen Nationalliberalismus, als dessen Vertreter er aus einer japanischen Übersetzung den vorwiegend in München und Heidelberg tätigen schweizerischen Staatsrechtler Johann Caspar Bluntschli kennenlernte. Vgl. Chang Hao (1971), S. 248, 252 f., 257, 260; Scalapino / Yu (1985), S. 123. Bluntschli wird heute meist als „konservativer Liberaler" eingeordnet (Stolleis 1992, S. 432).

[34] Vgl. dazu Chu / Zarrow (2002), S. 5.

[35] Liang Qichao (1936d), S. 69 f.

in Theorie und Praxis konstruierte. Vielmehr stand der Staat bei der Suche nach einer chinesischen Nation immer im Mittelpunkt.[36] Die Nation war in erster Linie ein „Projekt" bitter rivalisierender politischer Eliten. Die Frage der Nation entwickelte sich zum zentralen Problem des 20. Jahrhunderts. Dies galt auch für ihre Stellung im internationalen System. Alle politischen Führer gingen während der Republikzeit davon aus, dass China auch nach dem Zerfall seines Imperialreiches weiterhin *potentiell* eine Großmacht ersten Ranges darstelle.[37] Als Franklin D. Roosevelt dies während des Pazifischen Krieges bestätigte und China mit den USA, Großbritannien und der Sowjetunion in den Olymp der „vier Grossen" erhob, sprach er aus chinesischer Sicht nur Selbstverständliches aus.

Während die Debatten, die in den Jahren unmittelbar nach der Jahrhundertwende unter chinesischen Intellektuellen über Fragen von Nation und Nationalismus geführt wurden, außerhalb von China und Japan kaum Beachtung fanden, trat der chinesische Nationalismus mit den großen Protesten vom Frühsommer 1919 in das Licht der Weltöffentlichkeit. Fortan sprach man – mit unterschiedlichen Wertungen – vom „Erwachen Chinas".[38] 1925 war der amerikanische Historiker und Politologe Harley Farnsworth MacNair bereits in der Lage, den Aufstieg von „China's new nationalism" nachzuzeichnen.[39] Seither ist das Interesse am chinesischen Nationalismus niemals verschwunden. Allerdings wurde Nationalismus lange Zeit mit jener politischen Kraft gleichgesetzt, die ihn in ihrem Namen führte, also der Guomindang, oder er verschwand hinter der Wahrnehmung der Entwicklung in China als *sozialer* Revolution. Es fehlte nicht an Beteuerungen, der Nationalismus sei die maßgeblich gestalterische Kraft in der Entwicklung des Landes gewesen.[40] Doch gab es kaum Versuche, die Besonderheit des chinesischen Nationalismus vergleichend herauszuarbeiten und sich von der allgemeinen Nationalismusliteratur, die seit Anfang der 1980er Jahre im Westen einen großen Aufschwung nahm, zu genaueren Definitionsversuchen anregen zu lassen. Auch die Untersuchung nationalistischer „Diskurse" kam über monographische Studien zu einzelnen Denkern nicht hinaus.

Erst in den neunziger Jahren wurden Versuche unternommen, die ideengeschichtliche und die politikgeschichtliche Seite des chinesischen Nationalismus zusammenzusehen und außerdem den Anschluss an einflussreiche Interpretationen zu finden, die in Nationalismus eine Form von kollektiver Identitätsbildung erkennen. In dieser Perspektive untersuchte John Fitzgerald den nationalen Symbolismus der Republikzeit und die Schaffung eines nationalen „Gedächtnisses",

---

[36]   Vgl. dazu auch Hunt (1993), S. 77.
[37]   Der *locus classicus* findet sich 1924 bei Sun Yatsen. Vgl. Sun Yatsen (1986), S. 188.
[38]   Dem entspricht bei den frühen Nationalisten selbst, etwa Sun Yatsen, die Idee der „Erweckung" des chinesischen Volkes. Vgl. Fitzgerald (1996), S. 23–39.
[39]   MacNair (1925), S. 1–11.
[40]   Vgl. beispielsweise Johnson (1962), S. 23 ff.; P.A. Cohen (1967; 1984, S. 31); M.C. Wright (1968), S. 3; Hsü (1975), S. 605; Esherick (1976), S. 216; E.P. Young (1977), S. 186; Fairbank (1983), S. 460 f.

vor allem durch den Aufbau historischer Museen.[41] Frank Dikötter entdeckte Zusammenhänge zwischen nationalistischen Programmen der Jahre 1903 bis 1915
und dem Rassedenken der Epoche;[42] Prasenjit Duara fragte nach den unreflek-
tierten Voraussetzungen chinesischer wie ausländischer „narratives" der neueren
chinesischen Geschichte und studierte „the representational and linguistic struc-
tures" hinter den verschiedenen Auffassungen vom nationalen Zusammenhang
Chinas in Raum und Zeit.[43] Allerdings beschränkte er sich auf eher sporadische
Bemerkungen zu wenigen, bereits zuvor oft behandelten Autoren. Arthur Waldron, der die Aufmerksamkeit von der historiographischen Selbstheroisierung
der Guomindang (Nordfeldzug, „Einigung" Chinas 1926 bis 1928) und der
Kommunisten („Grosse Revolution" 1925 bis 1927) zu der Frage lenkte, wie
sich in den zwanziger Jahren die Beschwörung nationaler Einheit mit der Realität ständiger Warlord-Kriege vertrug, arbeitete einen Gedanken heraus, den die
folgenden Kapitel teilweise bestätigen werden: Im chinesischen Nationalismus
(Waldron spricht lieber von „Patriotismus") der Republikzeit ging es weniger um
die Frage nach der Identität des einzelnen und der Gesellschaft als um die Suche
nach geeigneten Institutionen und politischen Strukturen für einen modernen
Staat.[44]

In China erfolgte die formale Gründung eines Nationalstaates im Jahre 1912 unter dem Druck, sich in die pluralistische, vom Machtprinzip durchdrungene Staatenwelt des frühen 20. Jahrhunderts einordnen zu müssen. Das Ziel der Integration in eine von den westlichen Großmächten dominierte „Familie der Völker"
war China nach der Niederlage im sogenannten Zweiten Opiumkrieg und dem
„treaty settlement" von 1860 von außen nahegebracht worden. Die „Koopera-
tionspolitik" der Tongzhi-Periode nach 1862 hatte sich dieses Ziel vorsichtig
zueigen gemacht.[45] Nach der Boxerkatastrophe von 1900, die China vorübergehend als „Schurkenstaat" geächtet hatte, waren sich alle Kräfte des politischen
Spektrums vom Reformflügel am Hof in Beijing bis zu den Revolutionären im
Exil darin einig, die Einbeziehung Chinas in internationale Zusammenhänge an-
zustreben. Xu Guoqi spricht von einem „internationalistischen Nationalismus"
(*shijie de guojia zhuyi*), mit dem China seit den letzten Jahren der Qing-Regierung
versucht habe, international zu kooperieren und dadurch seine Anerkennung
durch die Großmächte als gleichberechtigte Nation zu erlangen.[46] Spätestens sein

---

[41] Fitzgerald (1996), S. 47–57, 180–85; zur republikanischen Symbolik jetzt vor allem Harri-
    son (2000).
[42] Dikötter (1992), S. 97–125.
[43] Duara (1995), Zitat S. 75.
[44] Waldron (1995), bes. S. 272.
[45] Hsü (1980), S. 71 ff.
[46] Er zeigt am Beispiel des Ersten Weltkrieges, wie das chinesische Bemühen um eine aktive
    internationale Mitwirkung von den Großmächten nicht angenommen wurde und schließlich
    bei den Friedensverhandlungen in Paris 1919 einen schweren Rückschlag erlitt. Vgl. Xu

Eintritt in den Ersten Weltkrieg auf Seiten der Alliierten und sein Engagement
als Gründungsmitglied des Völkerbundes machten diese Strategie nach außen
deutlich. Allerdings hatte die Versailler Friedenskonferenz 1919 durch Abwei-
sung der chinesischen Ansprüche auf die von Japan okkupierten Territorien in
der Provinz Shandong die Grenzen des Entgegenkommens der Großmächte
schmerzhaft zum Ausdruck gebracht.[47] Fähige Diplomaten nutzten während der
gesamten Periode bis zum Beginn des Japanisch-Chinesischen Krieges 1937 jede
Gelegenheit, aus einer Position struktureller Schwäche heraus Chinas nationale
Interessen zu vertreten, ohne das chinesische Bemühen um Akzeptanz als „nor-
maler" Akteur im internationalen System zu gefährden.[48] Außenpolitisch wurden
aus der extremen Selbstisolation der Boxer-Jahre 1900/1901 erfolgreich Lehren
gezogen. In dieser Beziehung wurde der traditionelle Sinozentrismus schneller
und leichter überwunden, als manche Beobachter befürchtet hatten. Die „revolutionäre" Diplomatie der Jahre 1926–27, die zum letzten ernsten Konflikt mit den
westlichen Mächten vor 1949 führte, hatte ganz andere, durch und durch moderne
Hintergründe. Außenpolitische Konvergenz mit der Umwelt war die langfristige
Grundtendenz des offiziellen China.

Schwieriger gestaltete sich der *innere* Prozess der Nationsbildung, zu dem
nahezu alle politischen Kräfte und intellektuellen Wortführer der Republikzeit
einen Beitrag zu leisten beanspruchten. Er äußerte sich in einer Zeit von War-
lord-Kämpfen, Bürgerkrieg und japanischer Aggression einstweilen nur im Aufbau einiger Institutionen von *potentiell* gesamtchinesischer Reichweite, etwa der
politischen Parteien Guomindang und KPCh oder der Verwaltung und der
Staatsorgane der Nanjing-Regierung nach 1927,[49] sowie darin, dass der Prozess
der Ausweitung einer außerbürokratischen Öffentlichkeit, der bereits unter der
Qing-Dynastie begonnen hatte, sich nach 1911 in einem mannigfaltigen Publika-
tionswesen fortsetzte.[50] Mangels einer im ganzen Lande durchsetzungsfähigen
Zentralgewalt kam dem *Diskurs* über die chinesische Nation eine Art von Platz-
halterfunktion zu. Dieser Diskurs nahm, wie bereits bemerkt, Impulse aus dem
Westen auf und verknüpfte sie mit Denkweisen, die aus eigenen Traditionen
übernommen wurden. Dabei veränderten diese Traditionen Inhalt und Gestalt. In
dem Maße, in dem sich die Schicht der vom Staat mit Prestige und teilweise
auch mit Ämtern und Einkommen versehenen „Literati" nach der Abschaffung
des Prüfungswesens 1905 und der kaiserlichen Patronage 1911 allmählich in die

---

Guoqi (2001), S. 106–17. Zur Politik einer Modernisierung in Kooperation mit dem libe-
ralkapitalistischen Großbritannien vgl. auch Petersson (2000).

[47] Vgl. auch Zhang Yongjin (1991) insgesamt über die Position Chinas in der Welt nach dem
Ende des Ersten Weltkriegs; außerdem Karl (1998), S. 1117 f.

[48] Vgl. etwa Fung (1985). Zur Organisation und Operationsweise der republikzeitlichen Außenpolitik vgl. die originelle Untersuchung von Strauss (1998), S. 152–80.

[49] Vgl. dazu neben Strauss (1994; 1997; 1998) und Myers (2000) immer noch A.N. Young
(1971) sowie Domes (1969).

[50] Vgl. Fang Hanqi (1981), Jiang Guozhen (1991), Mackinnon (1997), Harrison (2000a).

moderne Schicht eher marktabhängiger Intellektueller verwandelte, erfuhr auch der überkommene „Kulturalismus" eine Transformation. Aus der selbstverständlichen, kaum je in Frage gestellten Annahme der kulturellen Überlegenheit Chinas gegenüber „Barbaren" aller Schattierungen wurde ein *kultureller* Nationalismus, der sich – in bewusster Reaktion auf die friedlichen Herausforderungen durch die okzidentale Moderne wie auf die militärische durch expansive Nationalstaaten des Westens und immer mehr auch durch Japan – der Frage nach dem Wesen des Chinesentums zuwandte.

Im kulturnationalistischen Diskurs wurden Chinas „nationale Essenz" (*guocui*) und sein „besonderer nationaler Charakter" (*minzuxing*) betont. Dies geschah anfangs im Zeichen einer nicht zuletzt revolutionsstrategisch erklärbaren Verzerrung. Im Nationalismus der Jahrhundertwende – vertreten von Persönlichkeiten wie Zhang Binglin (auch Zhang Taiyan) und Sun Yatsen – überwog nämlich eine ethnische Interpretation, die auf der Grundlage europäischer Rassetheorien das Hanchinesentum entdeckte.[51] Der Hauptwiderspruch, um Mao Zedong zu zitieren, wurde nicht zwischen China und den imperialistischen Mächten, sondern zwischen Chinesen und ihrem mandschurischen Herrscherhaus gesehen. Die Qing-Dynastie wurde als „Fremdherrschaft" aus dem politischen Verband Chinas hinausdefiniert. Damit wurde ihr Recht, China zu regieren, aus Gründen bestritten, die von den tatsächlichen Leistungen der Regierenden unabhängig waren. *Jede* hanchinesische Autorität, auch die unfähigste, war in dieser Sicht einer noch so erfolgreichen „fremden" Obrigkeit vorzuziehen.[52] Um „Chinese" zu werden, genügte es nicht, die chinesische Kultur zu übernehmen; man musste zur chinesischen Abstammungsgemeinschaft gehören.[53] Solcher Anti-Mandschurismus diente dem unmittelbaren Ziel der Beseitigung der Qing-Herrschaft. Es wurde bereits 1911 erreicht. Danach verminderte sich der tagespolitische Bezug des *Guocui*-Denkens. Es wurde mehr und mehr zu dem Versuch – der von Ferne an die romantischen Nationalphilologien im Europa des 19. Jahrhunderts erinnert – aus alten Texten ein Art von „Volksgeist" herauszudestillieren, den man in Mythen, Symbolen und Ritualen wirkungsmächtig werden sah.

Ein solches „national symbol system"[54] muss sich freilich seine Träger und seinen Geltungsrahmen suchen. Für den Aufbau eines Nationalstaates in der Nachfolge eines Vielvölkerimperiums konnte ein ethnisch-völkischer Nationalismus, wie er in der Anti-Mandschu-Agitation der Anfangsjahre des Jahrhun-

---

[51]   Patricia Ebrey gibt gegenüber einer verbreiteten Auffassung in der Literatur allerdings zu bedenken, dass Abstammungsfiktionen, die die Ursprünge der Chinesen auf den Gelben Kaiser zurückführen, nicht erst um die Jahrhundertwende aufkamen, sondern bereits seit der Tang-Zeit in zahlreichen Quellen zu finden sind (Ebrey 1996, S. 26).

[52]   Vgl. Crossley (1999), S. 337–61.

[53]   So Zhang Binglin im Jahre 1907. Vgl. Chow (1997), S. 50. Zu Zhang Binglins Nationalismusvorstellungen vgl. Wong Young-tsu (1989).

[54]   Dittmer / Kim (1993b), S. 18, die die ständige Reinterpretation eines solchen Systems betonen und auch das heutige China auf der Suche nach *guocui* sehen.

derts angelegt war, nicht zweckmäßig sein. Ein auf die von Hanchinesen besiedelten Kernprovinzen reduziertes Klein-China hätte schwerwiegende territoriale Verluste mit sich gebracht. Der chinesische Nationalismus – dies ist seine entscheidende Besonderheit – zeigte sich daher nicht als *exklusiver* Nationalismus des früheren Kernvolkes, das nach Selbständigkeit strebt und sich im eigenen nationalen Staat ungestört verwirklichen will. Eine solche Strategie hat ein *inklusives* Reichsdenken nicht ersetzt. Die Hanchinesen beschränkten sich nicht auf einen ethnisch einförmigen Nationalstaat im Rahmen des traditionellen Kernlandes (*neidi*).

Dafür wurden die verschiedensten Begründungen vorgebracht. Die Vertreter eines anti-imperialistischen Nationalismus, wie er in den zwanziger und dreißiger Jahren besonders vehement auftrat, setzten teils auf Massenproteste, teils, vor allem während des Nanjing-Jahrzehnts (1927–1937), auf die Stärkung von Chinas Abwehrkraft durch ein modernisierungsbereites, aber autoritäres System, wie es die Guomindang mit einigem Erfolg aufbaute. Obwohl die Treaty Ports und überhaupt die Küstenregionen als die wichtigsten Zonen der Auseinandersetzung mit dem Imperialismus gesehen wurden, vergaß man die Bedeutung der kontinentalen Randgebiete als geopolitische Puffer nicht. Noch im späten 19. Jahrhundert war diese Bedeutung unter Beweis gestellt worden. Auch lag es ganz auf der Linie eines überkommenen imperialen Schutz- und Fürsorgedenkens, selbst noch in der Gegenwart eine chinesische Zivilisierungsmission für möglich und notwendig zu halten. Schließlich war es nicht zu rechtfertigen, frühere Untertanen des Kaiserreiches dauerhaft unter die Herrschaft harscher Nachbarimperien fallen zu lassen. Ebenso wie selbst auf dem Tiefpunkt der Machtfragmentierung, also während der zwanziger Jahre, im Kernland das Konzept des Föderalismus nie wirklich eine Chance erhielt,[55] zweifelte nahezu niemand daran, dass das zu bauende Neue China die Form eines multiethnischen Großstaates erhalten solle. Auch dieses Ziel des chinesischen Nationalismus – wie schon 1911 der Fall der mandschurischen Dynastie – wurde schließlich erreicht.

In der Geschichte des 20. Jahrhunderts gab es nur zwei erfolgreiche Versuche, alte kontinentale Reichsstrukturen in die Moderne hinüberzuretten: die Wiederherstellung des russischen Reiches in Gestalt der Sowjetunion (die dann 1991 unterging) und die Gründung der Volksrepublik China. Das Qing-Imperium endete zwar schon vor dem Zarenreich, die Wiederherstellung des Einheitsreiches gelang in der Sowjetunion aber bereits 1923, in China erst 1949/50. Sechs Jahre trennen die beiden Phasen der Reichsgeschichte in dem einen Fall, achtunddreißig in dem anderen. So erscheint die Chinesische Republik als eine Latenzperiode des Großstaatsgedankens. Alle politischen Kräfte, selbst diejenigen Warlords, die eine Meinung zu nationalen Fragen besaßen, wollten die Integration der ehemals imperialen Peripherie und hielten an der von der Qing-Dynastie im

---

[55]   Vgl. Duara (1995), S. 177–204; L.H.D. Chen (1999), S. 243 ff.

18. Jahrhundert geschaffenen Einheit fest, obwohl sie zur Fiktion geworden war. Die Äußere Mongolei und Tibet hatten unmittelbar nach dem Ende der Qing-Herrschaft ihre Unabhängigkeit erklärt; um die Mitte der zwanziger Jahre war in beiden Gebieten der chinesische Einfluss erloschen.[56] Xinjiang („Ostturkestan") befand sich unter der Kontrolle eigenmächtiger Provinzgouverneure und pflegte in den folgenden drei Jahrzehnten zeitweise engere Beziehungen zum sowjetischen Nachbarn als zur nominell eigenen Zentralregierung. Die Mandschurei stand bereits durch die teils russische, teils japanische Kontrolle ihres Eisenbahnsystems seit den ersten Jahren des 20. Jahrhunderts unter stärkstem ausländischem Einfluss und wurde 1931 von Japan vollständig okkupiert. Als weitere Schwierigkeit bei der Errichtung eines imperialen Nationalstaates kam hinzu, dass der moderne Begriff der Souveränität – den die Dynastien nicht gekannt hatten – hinsichtlich der Beziehungen zwischen dem chinesischen Zentrum und den Lokalherrschaften an der Peripherie ohnehin wenig relevant war. Die Grenzen des kaiserlichen Herrschaftsbereichs waren niemals so eindeutig gezogen und so sichtbar demarkiert worden wie moderne Staatsgrenzen zwischen Nationalstaaten. Die Völker an der Peripherie pflegten traditionell verschiedene und sich überschneidende Beziehungen mit anderen politischen Einheiten diesseits und jenseits des Reichsperimeters.[57] Umso mehr drängt sich die Frage auf, wie sich in der schwierigen Übergangsperiode nach 1911 der Großstaatsgedanke überhaupt aufrechterhalten ließ. Um welche Inhalte musste es bei einem Diskurs gehen, der diesen Gedanken lebendig halten wollte? Welche Beziehungen bestanden zu anderen Elementen nationalistischen Denkens?

Zwei Aspekte lassen sich in erster Annäherung unterscheiden: der räumliche Entwurf der Nation als multiethnischer Großstaat und dessen historische Legitimation. Die Begegnung von Geographie und Geschichte steht im Mittelpunkt der folgenden Untersuchung. Man muss sich die zeithistorische Konstellation präzise vergegenwärtigen: Zu Beginn der dreißiger Jahre, nach dem tiefen Schock der Mandschureikrise, während der die westlichen Großmächte das Aggressionsopfer im Stich gelassen hatten, erreichten die Hoffnungen, China würde sich auf gleichsam natürlichem Wege zu einem Nationalstaat entwickeln, ihren Tiefpunkt. Dass die Guomindang ihren Herrschaftsbereich allmählich auf Kosten der verbliebenen Warlords im Süden und Südwesten und der Kommunisten im Zentrum Chinas auszuweiten verstand, wog im öffentlichen Urteil weniger als das Zurückweichen der Nationalregierung vor immer neuen japanischen Provokationen. Der Osten der Inneren Mongolei wurde dem am 1. März 1932 proklamierten Marionettenstaat „Mandschukuo" angegliedert; von dort aus infiltrierte die japanische Armee chinesisches Gebiet und bereitete ihren weiteren Sprung nach

---

[56] Nicht nur war die Äußere Mongolei seit 1921 – trotz nomineller Anerkennung chinesischer „souveräner Rechte" im chinesisch-sowjetischen Vertrag vom 31. Mai 1924 – ein sowjetisches Protektorat; die Sowjetunion annektierte auch einen Teil des mongolischen Territoriums. Vgl. Paine (1996), S. 325–29.
[57] Duara (1997), S. 1040.

Westen vor.[58] Große Teile Nordchinas, einschließlich der Hauptstadt Beijing (damals Beiping), befanden sich bereits vor Beginn des Krieges im Juli 1937 in einem seltsamen Schwebezustand zwischen chinesischer und japanischer Kontrolle; seit Mitte 1935 hatte die Nationalregierung kaum noch Möglichkeiten, ihrem Willen in Nordchina Geltung zu verschaffen.[59] In einem Ausmaß, für das es seit der Mitte des 17. Jahrhunderts kein Beispiel gab, bedrohte ein Aggressor nicht nur ehemalige Tributstaaten und die frühere Binnenperipherie des Reiches, sondern Provinzen mit alter und dichter hanchinesischer Besiedlung, ja, die alte „Wiege" der chinesischen Kultur.

In diesem Moment schlug die Stunde der Historischen Geographie, einer jungen, aber auf frühen Vorläufern aufbauenden Wissenschaftsrichtung, die sich sowohl mit dem geographischen Raum als auch mit seiner geschichtlichen Entwicklung beschäftigte. Im historisch-geographischen Diskurs wurden die beiden in der damaligen Situation Chinas wichtigsten Begründungsstränge zusammengeführt. Aus den Untersuchungen und Debatten der Historischen Geographen entstand eine verzweigt ausgearbeitete Herleitung und Apologie des multiethnischen Großstaats, anders gesagt: eine politisch-pragmatisch ausgerichtete Theorie der chinesischen Nation im Horizont ihrer Rettung aus höchster Gefahr.

Dieter Langewiesche beschreibt das Territorium als den Kern der Nationsbildung.[60] Im modernen Nationalstaat löst der geographische Raum die Kulturgemeinschaft als ausschlaggebendes Kriterium für die staatliche Einheit ab und definiert auch die Identität der Mitglieder eines Staates.[61] „China" befindet sich in solcher Sicht nicht dort, wo Chinesen leben, sondern Chinesen sind diejenigen, die in China leben. Auf diese Vorstellung geht auch der seit der frühen Republikzeit verwendete Begriff *zhonghua minzu* („chinesisches Volk") zurück, der sich auf die Gesamtheit des chinesischen „Staatsvolkes" im Sinne etwa der älteren deutschen Staatslehre bezieht. Der Begriff *minzu* mit den Komponenten *min* („Volk") und *zu* („Stamm" oder „Klan") leitet sich von einer japanischen Wortprägung der Meiji-Zeit her, die ihrerseits Wurzeln im klassischen Chinesisch hat. *Minzu* tauchte erstmals 1895 in revolutionären Zeitschriften auf und wurde um 1909 unter Intellektuellen populär.[62] So unscharf die Konturen der Verwendung von *zhonghua minzu* auch sind – es lässt sich in den dreißiger Jahren gegenüber der Zeit um 1910 eine gewisse Bedeutungsverschiebung erkennen. Meinte man damit zunächst eine recht weitherzig und inklusiv definierte Abstammungsgemeinschaft,[63] so sind nach 1930 die ethnisch-„rassischen" Konnotationen gegen-

---

[58] Vgl. Barkmann (1999), S. 290–95; Narangoa (1998), S. 25–51.
[59] Die Entwicklung hin zu einer Situation, in der die fünf nordchinesischen Provinzen nicht mehr von Nanjing aus, aber auch noch nicht direkt durch das japanische Militär kontrolliert wurden, analysiert nuancenreich Dryburgh (2000, 2001).
[60] Vgl. Langewiesche (2000), S. 23 f.
[61] So auch Parekh (1995), S. 27.
[62] Vgl. D.Y. Wu (1991), S. 150.
[63] Ebd., S. 150 f. mit Hinweis auf Zhang Binglin als der maßgebenden Autorität.

über den territorialen zurückgetreten. *Zhonghua minzu* bezeichnet nun ethnisch unterschiedslos *alle* Bewohner des ideal gedachten Großstaates. Anders gesagt: die Chinesische Republik setzte 1912 den Herrschaftsraum der Qing-Dynastie als territoriale Basis ihres neuen Staates. Um dessen historische Legitimation und „Erdung" [64] bemühten sich fortan Historiker, Geographen und Historische Geographen. Ihre wachsende Bedeutung im Diskurs des chinesischen Nationalismus war das Anzeichen für eine De-Ethnisierung des chinesischen Nationsbegriffs, die indessen nicht zu einem „französischen" Konzept eines Staatsbürgernationalismus als freiem Willensentschluss mündiger *citoyens* zurückführte.[65]

Vielmehr kann man mit dem politischen Theoretiker Bhikhu Parekh vom besonderen Typus eines *territorialen* Nationalismus sprechen, der die Grenzen der Nation in Raum *und* Zeit definiert und dabei in der Regel auf eine konsistenzstiftende historische Darstellung zurückgreift.[66] Die territoriale Einheit wird durch die Integration der Regionalgeschichten aller im modernen Staatsgebiet lebenden Völker in eine einzige Nationalgeschichte legitimatorisch unterstützt. Ziel des territorialen Nationalismus in seiner Formulierung durch wissenschaftliche und politische Eliten ist die diskursive Stabilisierung eines multiethnischen Großstaates durch das Zusammenführen von Raum und Geschichte. Stets dient ein aus territorialem Nationalismus sich ableitender historisch-geographischer Diskurs dem Entwurf einer nationalen Gesellschaft durch retrospektive Homogenisierung. Reichsgeschichte wird *tendenziell* zu Nationalgeschichte, ohne aber jemals deren Reinform nach dem Muster des europäischen 19. Jahrhunderts erreichen zu können. Konvergente Darstellungskräfte werden durch divergente gebremst. Detaillierte Aufmerksamkeit für Räumliches wirkt partikularisierend und hält den Sinn für lokale Besonderheiten wach. Ethnographie als Beschreibung der Unterschiede zwischen gemeinschaftlichen Lebensformen bewahrt sich daher eine größere Bedeutung als in den homogenisierenden Großerzählungen des europäischen Historismus. Auf solche Ethnographie wird als das gleichsam „Dritte" im historisch-geographischen Diskurs besonders zu achten sein.[67]

Im territorialen Nationalismus sind *andere* Formen des Nationalismus enthalten. Man könnte ihn daher als einen Typus höherer Ordnung bezeichnen. Dies lässt sich für die anti-imperialistische Seite des chinesischen Nationalismus veranschaulichen. Wenn es richtig ist, dass der Nationalismus in den meisten Kolonien „in reality more of a feeling of hostility towards the alien ruler" war „than a sense of internal unity",[68] dann blieb ein solcher Gegensatz für China ohne Bedeutung. Das Bewusstsein innerer Einheit war der *Ausgangspunkt* allen Wider-

---

[64] Diese Metapher findet sich bei Schultz (2000), S. 10.
[65] Lydia H. Liu beobachtet parallel dazu nach der Revolution von 1911 eine Verschiebung von einer Rhetorik rassischer Überlegenheit der Hanchinesen hin zu einer stärkeren Betonung der einzigartigen Qualitäten der literarischen Kultur Chinas: L.H. Liu (1995), S. 241.
[66] Parekh (1995), S. 40.
[67] Siehe unten Kapitel 6.
[68] Orridge (1981), S. 49.

standes gegen Fremde, die China etwas genommen hatten, das es einstmals besaß oder zu besitzen glaubte. Daher ging es denjenigen, die im Kampf gegen den Imperialismus die Hauptaufgabe des chinesischen Nationalismus sahen, *auch* um die „Befreiung" der Peripherie: politisch um den Aufbau neuer und die Vereinheitlichung vorhandener Verwaltungsstrukturen, kulturell um die Untermauerung der hanchinesischen Überlegenheit und ethnisch um eine Stärkung der chinesischen Völkergemeinschaft – im Sinne von *zhonghua minzu* – nach außen hin. Für den multiethnischen Großstaat lassen sich auf diese Weise drei Begründungsstränge finden: eine historische Herleitung, ein sicherheitspolitischer Nachweis seiner Unentbehrlichkeit sowie die Selbstbeauftragung mit einer *mission civilisatrice* gegenüber den „rückständigen" und führungsbedürftigen Minderheiten, deren selbsttätige Assimilation an die Mehrheitskultur nicht zu erwarten war.

Argumentationen in Kategorien nationaler Essenz, also ein kulturell-ethnischer Nationalismus, können innerhalb des territorialen Nationalismus dann eine Rolle spielen, wenn es darum geht, die Gemeinsamkeitsgefühle der majoritären Kernnation gegen (vermeintliche) Bedrohungen von außen zu beschwören. Es ist aber wichtig zu sehen, dass sie nicht seine zentrale Logik ausmachen. Territorialer Nationalismus ist eng mit Besitzansprüchen auf *bestimmte* Gebiete und von daher mit der Notwendigkeit einigermaßen klar definierter Grenzen verknüpft. Zu einer solchen Klärung kann ein *Guocui*-Denken wenig beitragen. (Vielleicht hat es auch deshalb – als *Kokutai*-Ideologie – eine besonders große Bedeutung in Japan erlangt, wo die Insellage von der Frage der Grenzdemarkierung entlastete.) Die Protagonisten eines territorialen Nationalismus gehen daher bei ihren historischen Herleitungen mit Abstammungsfiktionen, tribalen Gemeinsamkeiten, mythischen Urherrschern (usw.) eher vorsichtig um. Für einen nationsweit verbindlichen kaiserlichen Ahnenkult, wie er Mittelpunkt der modernen, erst gegen Ende der Meiji-Zeit Gestalt annehmenden *Kokutai*-Lehre stand,[69] fehlte in China nach 1911 ohnehin jegliche Grundlage. In der großen Konfrontation zwischen Japan und China prallten daher während der dreißiger und vierziger Jahre zwei ganz unterschiedlich beschaffene Nationalismen aufeinander. Im Allgemeinen interessieren sich die chinesischen Vertreter eines territorialen Nationalismus weniger für Ursprungsmythen als für dokumentierte Kolonisations- und Eroberungsvorgänge in geschichtlicher Zeit. Nur solche Vorgänge führen zu jener wirksamen Territorialisierung von politischer Herrschaft, aus der sich dank der normativen Kraft des Faktischen Ansprüche auf konkreten Boden herleiten lassen.

Im China des frühen 20. Jahrhunderts konnte auf einen umfangreichen Fundus solcher historischer Erfahrungen zurückgegriffen werden. In einer Situation, die als beispiellose Machtlosigkeit und Demütigung aufgefasst wurde, richteten sich derlei Rückgriffe vorzugsweise auf Epochen von Machtfülle und kulturellem Glanz, also auf die großen und prestigereichen Dynastien. Der Nationalismus schloss an etwas an, das es schon einmal gegeben hatte, zuletzt unter den

---

[69]   Vgl. Gluck (1985), S. 36 f., 145, 186.

Qing-Kaisern des 18. Jahrhunderts – vor gar nicht so langer Zeit, denkt man vergleichsweise an die antiken und frühmittelalterlichen „Vergangenheiten", wie sie in vielen Ländern Europas (Irland, Griechenland, Rumänien u.a.), später auch den Mittleren Ostens (Iran unter Shah Reza Pahlavi) und Afrikas (Zimbabwe), mühevoll heraufbeschworen wurden. Insofern kann man im chinesischen Nationalismus eines der wenigen Beispiele für das sehen, was einmal „renewal nationalism" genannt wurde.[70] Der „geo-body" des multiethnischen Großstaates musste nicht wiederbelebt oder gar neu erschaffen werden. Seine Form ließ sich von Jahrhundert zu Jahrhundert in Zeitschichten rekonstruieren. Jüngst war er verletzt worden und bedurfte nun heilender Wiederherstellung durch Volk und Staat.[71] Wang Gungwu bezeichnet in seinem Versuch, die Eigenarten des chinesischen Nationalismus zu erfassen, die in China zusammenfließenden Aspekte der Bewahrung („preservation") und Erneuerung („renewal") als „restoration nationalism", der verschiedene Gesichter zeigt: Politisch werden die Wiedererlangung der Souveränität, die Vereinigung des geteilten Territoriums und eine neue nationale Selbstachtung angestrebt; auf kultureller Ebene betont der restaurative Nationalismus die Wahrung und Wiederentdeckung traditioneller Werte. Seine reaktionären Züge, so Wang Gungwu, offenbare er bis heute in der Bestätigung chinesischer Kollektivarroganz gegenüber dem Rest der Welt, in der fortgesetzten Han-Herrschaft über andere Völker und in der unkritischen Verklärung der glorreichen Vergangenheit eines großen Imperiums.[72] Selbst wenn man weniger scharf formuliert, bleibt richtig, dass der chinesische Nationalismus in seiner territorialen Ausformung restaurativ oder zumindest konservativ war und ist.[73] Es geht ihm darum, ein Staatsgebiet wiederzuerlangen und zu bewahren, wie es am Vorabend der „Öffnung" durch den Westen bereits bestanden hatte.

Zwar ist territorialer Nationalismus nicht unbedingt weniger ideologieanfällig als andere Arten von Nationalismus, doch macht ihn seine Konkretheit und Wirklichkeitsnähe „empirischer". Im Zeitalter des Triumphs positiver Wissenschaft will auch er sich an Maßstäbe wissenschaftlicher Beweisführung binden. Territorialer Nationalismus tendiert deshalb dazu, zu so etwas wie Professorennationalismus zu werden. Diese Tendenz war bereits im Deutschen Kaiserreich und im Frankreich der 3. Republik stark ausgeprägt, wo die Geographie neben der Geschichtsschreibung zur wichtigsten wissenschaftlichen Stifterin von nationalem Sinn wurde.[74] Auch in China waren am nationalen (und nationalistischen) Diskurs über den neuzeitlichen Großstaat Historiker und Geographen an führenden Stellen beteiligt. In der Untersuchung dieses Diskurses treffen die Idee- und Ideologiegeschichte der Republikzeit mit der Geschichte der Institutionalisierung

---

[70] Taylor / Flint (2000), S. 205.
[71] Den Begriff des „geo-body" der Nation hat Thongchai Winichakul (1994) mit seinem bedeutenden Buch über Siam in die Diskussion eingeführt.
[72] Wang Gungwu (1996), S. 7f.
[73] Vgl. auch Schwartz (1976), S. 18.
[74] Vgl. Sandner (1994); Claval (1994).

von Wissenschaft während dieser Phase zusammen. Die Entstehung des modernen Forschungszweigs der Historischen Geographie ist ein Beispiel für eine solche Institutionalisierung.[75]

Die relativ starke Stellung der Historischen Geographie, die sie sich in dreißiger Jahren erringen und bis heute bewahren konnte, erklärt sich nicht nur aus den Deutungsbedürfnissen eines während der Republikzeit eher virtuellen als aktuellen Großstaates, sondern auch aus einheimischen Traditionen der Geschichtsschreibung und aus der frühen Wahrnehmung der Kulturbedeutung natürlicher Räume.[76] In China blickt die Verbindung zwischen Politik und Geographie in Gestalt der Werke über territoriale Veränderungen von Herrschaftsräumen (*yange dili*) auf eine jahrhundertealte Tradition zurück. Bereits die klassische Geographie stand als Teilgebiet der Geschichtsschreibung ganz im Dienst des kaiserlichen Imperiums. In den geographischen Kapiteln der Regierungsannalen wurden die Veränderungen von Ortsnamen und von lokalen Verwaltungsdistrikten aufgezeichnet sowie Gebirgsketten, Flusssysteme, steuerfähige Produkte und vieles andere mehr beschrieben.[77]

Obwohl der historisch-geographische Diskurs der Republikzeit auf solchen Weisen der Weltauffassung und Wissensgewinnung aufbauen und auch vom Erbe der textkritischen Gelehrsamkeit des 18. und 19. Jahrhunderts profitieren konnte, war er Teil *moderner* Wissensproduktion. Geschichte und Geographie kristallisierten sich im Zuge der Herausbildung eines modernen Wissenschaftssystems in China seit der Jahrhundertwende – die Eröffnung des Vorläufers einer kaiserlichen Universität, der späten Beijing Daxue, im Jahre 1898 symbolisiert den Beginn dieser Entwicklung[78] – erstmals als akademische Disziplinen heraus. Die Universitäten, staatliche wie private, einheimische wie ausländische Gründungen, wurden während der ersten beiden Jahrzehnte des 20. Jahrhunderts zu Empfängern des Wissensimports aus dem Westen und aus Japan, zu Foren der Aneignung und Umwandlung dieses Wissens und zu Charakterschmieden jenes neuen sozialen Typus „Student", der mit den Massenprotesten vom Mai 1919 dann auch die politische Bühne betrat.[79] Jedoch vermochte die Institution Universität vor 1937, als der Kriegsbeginn die erste Epoche chinesischer Hochschulgeschichte beendete, weder ein Monopol der intellektuellen Debatte noch eines der wissenschaftlichen Forschung zu erlangen. Dies hatte einen wichtigen Grund im ambivalenten Verhältnis vieler Wissenschaftler zur Institution Universität. Einerseits waren die Universitäten (und die höheren Schulen) für die neue

---

[75] Siehe unten Kapitel 2.

[76] Vgl. auch Duara (1998), S. 288–90.

[77] Vgl. Howland (1996).

[78] Konzise zur chinesischen Universitätsgeschichte: Hayhoe (1996); wichtige Fallstudien zum Wissenstransfer in Hayhoe / Bastid (1987).

[79] Vgl. für die Zeit bis ca. 1919 einstweilen nur die psychohistorische Studie von Saari (1990), für 1919 bis 1937 die maßstäbliche sozialgeschichtliche Arbeit von Yeh Wen-hsin (1990).

Schicht der Intelligentsia die wichtigste Quelle staatlicher Beschäftigung und die einzige Sphäre staatlich gutgeheißenen intellektuellen Engagements, andererseits konnten sie ihren Ursprung als abhängige Geschöpfe des Staates (oder ausländischer Philanthropen) nicht verbergen. Status und Privilegien der jungen Universitäten wurden von den jeweiligen Machthabern verliehen, die ihre eigenen Zwecke damit verbanden. Die Universitäten hatten noch kein gesellschaftliches Eigengewicht entwickeln können; sie vermochten nicht, wie in Europa, an eine Tradition korporativer Autonomie anzuschließen. Daher war auch der Status der in ihnen Tätigen instabil und von Politikern abhängig. Die Politiker ihrerseits betrachteten die Universitäten als Ausbildungs- und Disziplinierungsstätten für Fachleute und hatten oft wenig Verständnis dafür, dass Professoren jene Prophetenrollen weiterspielten, in denen sie während der Bewegung für Neue Kultur (ca. 1915–1924) so publikumswirksam aufgetreten waren.[80] Es gab daher gute Gründe, neben der Universität alternative Betätigungsräume zu pflegen. Kleinere, überschaubare, einfacher organisierte und staatsferne Vereinigungen in der lockeren und meist privaten Form von Studiengesellschaften (*xuehui*) waren nicht bloß Relikte der klassischen Gelehrtenkultur, sondern gewannen nach deren Ende eine eigene Bedeutung. Sie sammelten Anhänger aus zahlreichen Sphären der (städtischen) Gesellschaft. In ihnen fanden sich Hochschullehrer mit Studenten, Journalisten und anderen freischaffenden Intellektuellen zusammen. Wenn Benjamin Elman feststellt, dass in den Akademien (*shuyuan*) von Jiangnan im späten 18. und frühen 19. Jahrhundert Studierende das von Lehrern weitergegebene Wissen nicht länger ergeben und passiv aufnahmen, sondern nunmehr der kumulative Charakter von Gelehrsamkeit anerkannt und jungen Leuten prinzipiell die Fähigkeit zugesprochen wurde, einen eigenen Beitrag zu ihr zu leisten,[81] dann setzte sich diese Haltung in den republikzeitlichen *xuehui* fort, obwohl diese in ganz andere Zusammenhänge eingebettet waren. Gelegentlich schlossen sich auch Angehörige der Staatsverwaltung als Mitglieder an, die mitunter über ihre Beziehungen staatliche Fördermittel beschaffen konnten. In den Studiengesellschaften traf man sich, durch ein gemeinsames thematisches Interesse zusammengeführt, in Städten wie Beijing und Shanghai, wo es eine differenzierte Universitätslandschaft gab, über Hochschulgrenzen hinweg. Das, was man heute Interdisziplinarität nennt, ließ sich hier leichter verwirklichen als im durchorganisierten Wissenschaftsbetrieb. Die Zirkel teilten auch sozialen Status zu: Wer einem der bekannteren und renommierteren unter ihnen angehörte, konnte dadurch Prestige gewinnen. Mit ihrer meist vereinsartigen Verfassung stellten sie autonome Organisationen dar, die geradezu ihren eigenen Gelehrtentypus hervorbrachten.[82] Der Unterschied zwischen Profis und Amateuren, wie er im Zuge der Entwicklung jedes Wissenschaftssystems immer strikter gezogen wird, war

---

[80] Vgl. auch Wang Hui (1997), S. 47.
[81] Vgl. Elman (1984), S. 129.
[82] Wakeman (1972), S. 63.

von eher nachrangiger Bedeutung. Die *xuehui* verbanden Studien und Diskussion
auf ihrem eigenen Fachgebiet mit der Absicht, in der Öffentlichkeit zu wirken.
Wann immer technisch und finanziell möglich, gaben sie eigene Zeitschriften
heraus und trugen so zum Periodikaboom der zwanziger und dreißiger Jahre bei.
Die Studiengesellschaften konstituierten sich als eher nach außen offene denn
exklusive Wissenschaftskollektive. Sofern sie historisch-politische Themen von
aktueller Bedeutung zum Gegenstand hatten, spürt man bei ihnen gelegentlich
den Wunsch oder die Phantasie, sich als Repräsentanten der Nation als ganzer zu
begreifen. Die Avantgarde- und Stellvertreterrolle, in der sich die chinesischen
Intellektuellen vor 1937 gerne sahen, vermochten nur die prominentesten unter
ihnen als Individuen auszuleben. Die Studiengesellschaften boten die Chance,
dies als Gruppe zu tun. Die Yugong-Studiengesellschaft (*Yugong xuehui*), die im
zweiten Kapitel vorgestellt werden wird, sah sich geradezu als Organ nationaler
Selbstfindung.

Die Forschung hat begonnen, sich mit der Etablierung einzelner Wissenschaftsdisziplinen an den Universitäten Chinas zu befassen. Bettina Gransow hat
in solcher Sicht die Soziologie untersucht, Gregory Guldin die Ethnologie und
Anthropologie.[83] Vorbildlich ist James Reardon-Andersons Darstellung des Aufbaus einer modernen Chemie.[84] Zugang zur Geologie hat sich über ihren auch
politisch einflussreichsten Vertreter finden lassen.[85] Der Import von medizini-
schen Denkweisen und Institutionen ist vor allem im Zusammenhang missionari-
scher Bemühungen gesehen worden.[86] Neben dem universitären Forschungsbe-
trieb hat man informellere Organisationsformen der Wissensproduktion und der
intellektuellen Debatte bisher weniger beachtet. Die Grundrichtung der neueren
Forschung zur Sozialgeschichte der Republikzeit führt indes gerade auf solche
Formen zu. Hatte man zunächst, zum Teil die chinesische Selbstanalyse in Gestalt des Sino-Marxismus aufgreifend, die chinesische Gesellschaft im Übergang
aus dem 19. Jahrhundert in den Kategorien von Klassen und Schichten zu erfassen versucht – ein selbstverständlich immer noch wertvoller Ansatz –,[87] so ist
inzwischen deutlich geworden, dass eine vertikale Schichtung in Gentry, Bourgeoisie, Arbeiterschaft (usw.) durch „diagonale", schichten- und klassenübergrei-
fende Strukturen überlagert wurde. Studien zu städtischer Ethnizität,[88] zu Lands-
mannschaften und „native place associations",[89] zu Geheimgesellschaften,[90] auch

---

[83] Gransow (1992); Guldin (1994).
[84] Reardon-Anderson (1991). Vgl. auch die allgemeinen Bemerkungen zum Wissenstransfer
      bei V. Shen (1988).
[85] Furth (1970); vgl. auch Yang Tsui-hua (1988).
[86] Vgl. P. Buck (1980); Bullock (1980); Bowers / Hess / Sivin (1988).
[87] Siehe ein Standardwerk wie Bergère (1986) oder mehrere Überblicksartikel in Bergère /
      Bianco / Domes (1989).
[88] Vgl. Honig (1992a; 1992b; 1996).
[89] Vgl. Goodman (1995a; 1995b); Cole (1996).
[90] Vgl. Stapleton (1996); für die frühere Zeit Ownby / Heidhues (1993).

zu „lineages" und Klans im ländlichen Raum insbesondere Südchinas[91] haben dies im Detail verdeutlicht. Auch die Untersuchung kleinerer Einheiten sozialer Selbstorganisation unterhalb der Ebene soziologischer Makrokategorien (wie etwa „Bourgeoisie") hat das Verständnis der republikzeitlichen Gesellschaft verfeinert, vor allem von „professional associations" (*ziyou zhiye tuanti*) und „legally established associations" (*fatuan*).[92] Die Studiengesellschaften gehören, sozialgeschichtlich gesehen, ebenfalls zu diesem vielgestaltigen Bereich informeller oder schwach institutionalisierter Zusammenschlüsse. Indem man Beiträge zu intellektuellen Debatten nicht allein aus den Texten rekonstruiert, sondern auch nach ihren gesellschaftlichen Entstehungsorten und Verbreitungsnetzen fragt, fällt Licht auf die Infrastruktur des geistigen Lebens in den turbulenten Großstädten Chinas. Damit ist zugleich das seit Beginn der 1990er Jahre intensiv diskutierte Thema einer im spätkaiserlichen und republikanischen China entstehenden Öffentlichkeit angesprochen.[93] Diese Öffentlichkeit war zwischen 1927 und 1937, dem zeitlichen Schwerpunkt der folgenden Kapitel, kein vollkommen herrschaftsfreier Raum mehr, in dem politische Kontroversen unbehindert ausgetragen werden konnten. Trotz ihrer Lückenhaftigkeit sorgte die Zensur dafür, dass einige Positionen besser zur Geltung kamen als andere.[94] Doch konnte in Hongkong und in der Internationalen Niederlassung zu Shanghai notfalls gedruckt werden, was andernorts nicht geduldet wurde.

Die Historische Geographie mit ihrer vom Gegenstand her gebotenen konservativen Grundneigung stieß allerdings selten an die Grenze des Subversiven. Insofern sie sich der Ausarbeitung eines Programms zur Rettung der gefährdeten Nation widmete, nahm sie sogar eine politisch kaum grundsätzlich bestreitbare Zentralposition im Denken der dreißiger Jahre ein. In keiner anderen Phase der Republikzeit standen Nation und Nationalismus derart unangefochten im Mittelpunkt des öffentlichen Interesses wie zwischen 1931 und 1937, als die Frage der sozialen Revolution in den Hintergrund trat und die Frage der politischen Macht sich allmählich zugunsten der Guomindang zu entscheiden schien. In den Forschungsarbeiten und Karten der Historischen Geographen war die Nation als Wissen präsent. Auch die Randregionen, die traditionell nicht zum chinesischen Kulturkern gezählt worden waren, wurden nun geographisch inventarisiert. Studien über die chinesische Peripherie sollten dem Bild eines „geo-body" des werdenden Nationalstaates Konturen verleihen und zugleich die Identifikation der Chinesen mit jenen – aus der Sicht küstennaher Großstädter – weit entfernten Teilen des Landes stärken, die der japanischen Aggression ausgesetzt waren. Man musste etwas über sie *wissen*, bevor man verstand, was man verlor und wofür man vielleicht einmal kämpfen sollte.

---

[91] Vgl. Faure (1987); Faure / Siu (1995).

[92] Vgl. Xu Xiaoqun (1998; 2001a; 2001b).

[93] Vgl. Rankin (1993); Rowe (1990; 1993); Wakeman (1993); P.C.C. Huang (1993); Wagner (1995); Bergère (1997).

[94] Über die Zensur in der Republikzeit ist erst wenig bekannt. Vgl. zur Presse Ting (1994).

Da die Historische Geographie sich als Wissenschaft verstand und sich um Wissenschaftlichkeit bemühte, erlag sie nie ganz der Versuchung, in reine Propaganda abzugleiten. Das traurige Schicksal der deutschen Geopolitik Karl Haushofers und seiner Mitstreiter, die am Ende kaum mehr war als eine dünne Apologetik der herrschenden politischen Linie, blieb ihr erspart. Offene Fragen wurden als solche gelten gelassen und kontrovers diskutiert: Wie weit waren historische Begründungen für aktuelle Gebietsansprüche tragfähig? Wie ließ sich die geographische Peripherie in den Nationalstaat integrieren? Sollten die nicht-hanchinesischen Minderheiten am Prozess der Nationsbildung beteiligt werden, und wenn ja, in welcher Weise? Als 1937 der Krieg begann, waren keineswegs alle dieser Frage eindeutig entschieden worden. Aber man hatte Fortschritte gemacht. Auch wenn der polyethnische Großstaat im Inferno der japanischen Attacke seiner Erneuerung ferner zu sein schien als je zuvor, so hatte man doch ein viel genaueres Bild von ihm gewinnen können. Die Nation, so könnte man pointiert sagen, war erzählt, wenngleich noch nicht erkämpft worden. Sie war 1937 in einem präzisen Sinne ein „Projekt".

Gestalter dieses Projekts waren weniger Parteiideologen als engagierte Professoren. Das energische Eintreten vieler Intellektueller für den chinesischen Nationalstaat erklärt sich zum Teil aus der Tradition der Literati (*wenren*), der sich viele Gelehrte auch noch unter Bedingungen eines modernen Bildungssystems und einer modernen Öffentlichkeit verpflichtet fühlten. Sie verfügten zwar nicht mehr über den politischen Einfluss ihrer Vorgänger, die als kaiserliche Beamte das Reich selber regiert hatten, sahen sich aber weiterhin als die geistigen und moralischen Wegweiser und Wegbereiter ihres Landes. Einige von ihnen hofften, eine führende Rolle in der Öffentlichkeit dadurch wiedererlangen zu können, dass sie ihre Forschungen ganz in den Dienst der Rettung der Nation stellten.[95] Dies war ihnen biographisch vorgezeichnet worden, stand doch eine ganze Generation von Professoren und Studenten nachhaltig unter dem Eindruck des großen nationalen Erweckungserlebnisses der Vierten-Mai-Bewegung von 1919,[96] eines Erlebnisses, das für manche von ihnen durch die Dreißigste-Mai-Bewegung von 1925, ebenfalls eine landesweite und mehrere Wochen andauernde Protestwelle gegen den „Imperialismus" und seine einheimischen Kollaborateure, aufgefrischt worden war.[97] Seither war studentischer Nationalismus eine Konstante in der politischen Kultur der Chinesischen Republik.[98] An Loyalität zur nationalen Sache ließen sich die Intellektuellen von niemandem übertreffen.

Mit der Diskussion um den modernen Nationalstaat verband sich die zentrale Frage, welche Beziehungen zwischen der chinesischen Tradition und der modernen Nation bestanden, eine Frage, auf die bereits während der Bewegung für

---

[95]   So auch Xu Xiaoqun (2001), S. 54.

[96]   Vgl. J.T. Chen (1981). Eine Deutung der Vierten-Mai-Bewegung unter dem Blickwinkel der an ihr beteiligten Generationen gibt Schwarcz (1986).

[97]   Vgl. Osterhammel (1997), S. 7–22.

[98]   Vgl. Wasserstrom (1991); L. Li (1994); Israel (1966; 1999); Israel / Klein (1976).

Neue Kultur unterschiedliche Antworten gegeben worden waren. In den frühen dreißiger Jahren, als viel von dem Kosmopolitismus der Aufbruchzeit kurz nach der Revolution von 1911 verflogen war, ließ die Frage sich präzisieren: Welches waren die historischen Voraussetzungen, die eine Entwicklung zum Nationalvolk ermöglichten? Es ist kein Zufall, dass diese Frage vor allem im historisch-geographischen Diskurs aufgegriffen und mit größter Beharrlichkeit von einem der vielseitigsten Intellektuellen und Gelehrten der Epoche bearbeitet wurde. Gu Jiegang gilt heute unter Gebildeten in China und unter Experten in aller Welt als einer der größten chinesischen Historiker des 20. Jahrhunderts. Als Forscher, Lehrer und Wissenschaftsorganisator war er maßgeblich an der Begründung einer Geschichtswissenschaft in China beteiligt, die Anschluss an internationales Spitzenniveau suchte und dabei das Beste aus der eigenen Tradition nicht verleugnete. Zu einer Zeit, als in China die Wissenschaftsdisziplinen gerade erst dabei waren, sich voneinander zu differenzieren und sich jeweils im Inneren zu professionalisieren, verband Gu Jiegang – wie wenige andere seiner Altersgruppe, vor allem Hu Shi, Fu Sinian und Chen Yinke – eine universalistische Breite von Interessen und Kenntnissen mit anspruchsvollem Expertentum auf mehreren speziellen Forschungsgebieten. Gu Jiegang arbeitete auf den Feldern Archäologie, Volkskunde und Mythenforschung. Und er wurde zum maßgeblichen Initiator der Historischen Geographie.

Gu Jiegang und sein Kreis der „Zweifler am Altertum" hatten während der zwanziger Jahre die traditionskritischen Impulse der Bewegung für Neue Kultur in konkrete Forschung übersetzt und systematisch nach Elementen der Vergangenheit gesucht, die einer kritischen wissenschaftlichen Überprüfung standhielten.[99] Die Tradition sollte von Irrtümern und Hirngespinsten gereinigt, zugleich sollten alternative Traditionen freigelegt werden. 1934 gründete Gu Jiegang dann die „Yugong-Studiengesellschaft", um sich außerhalb universitärer Zwänge gemeinsam mit anderen Interessierten aus verschiedenen Lebenskreisen der Frage nach der räumlichen Identität der chinesischen Nation zuzuwenden. Angesichts des stetigen japanischen Vordringens und des gleichzeitigen Zurückweichens der Nationalregierung gab es dafür Anlass genug. Gu Jiegang ging es freilich auch um grundsätzlichere Probleme. Ihn interessierte zum Beispiel etwas, das die westliche Nationalismusforschung erst seit Eric Hobsbawm und Benedict Anderson bewegt: die Frage nämlich, in wie weit sich die moderne Nation überhaupt auf alte ethnische Ursprünge berufen konnte und ob nicht manche dieser Herkunftsannahmen – in heutiger Ausdrucksweise gesagt – nur vorgestellt, „konstruiert" oder „erfunden" waren. Gu Jiegang blieb also auch in seinen Studien und Schriften zur historischen Geographie der chinesischen Nation seinem eige-

---

[99] Vgl. ausführlich Richter (1992). Das Standardwerk zu Gu Jiegang ist L.A. Schneider (1971). Auch in Japan gab es gleichzeitig Gelehrte wie Tachibana Shiraki, die sich mit Mythen, geistigen Traditionen und der Volkskultur als den Wurzeln der chinesischen Nation beschäftigten. Vgl. zu ihm L. Li (1996).

nen traditions- und quellenkritischen Denkansatz treu. Ihm und seinen Mitstrei-
tern war es weniger darum zu tun (obwohl sie es nicht immer konsequent vermieden), effektvolle und mobilisierungskräftige nationale Mythen und Symbole
zu schaffen, als darum, eine hieb- und stichfeste Argumentation zugunsten der
Existenz eines chinesischen Großstaates in der Staatenwelt des 20. Jahrhunderts
zu entwickeln. Diese Argumentation bediente sich im Wesentlichen der Sprache
eines territorialen Nationalismus.

Jede Nation stellt eine Mischung zwischen entliehenen Modellen und lokalen,
tradierten Vorstellungen dar. In der vorliegenden Studie über das historisch-
geographische Ideenfeld im republikzeitlichen China soll gezeigt werden, wie
beide Elemente zusammenfließen. Vorbereitet wurde dieser Diskurs bereits im
Verlauf des 19. Jahrhunderts, als chinesische Gelehrte erstmals die innerasiatische Peripherie des Qing-Reiches systematisch zur Kenntnis nahmen. Damals
entstand eine Fülle von Werken zur Geographie der Westgebiete. Ihre Bedeutung
wird im ersten Kapitel erläutert, das außerdem auf die zweite wichtige Voraussetzung für die spätere Entfaltung des historisch-geographischen Diskurses ein-
geht: die Verbreitung wissenschaftlicher Methoden in der Geschichtsschreibung
und die Entstehung einer Nationalgeschichtsschreibung. Organisatorisch gesehen, manifestierte sich die Entwicklung der Historischen Geographie (fortan mit
Majuskel geschrieben, wenn die wissenschaftliche Fachrichtung gemeint ist) in
der Gründung von Studiengesellschaften und Fachzeitschriften. Es ist wichtig zu
sehen, dass dies in einem intellektuellen Raum am Rande oder außerhalb der
Universität geschah. Eine führende Rolle nahmen dabei die von Zhang Xiangwen
ins Leben gerufene „Chinesische Geographische Gesellschaft" (*Zhongguo dixue
hui*) und, zeitlich daran anschließend, Gu Jiegangs „Yugong-Studiengesellschaft"
ein. Ihnen ist das zweite Kapitel gewidmet. Die meisten der hier zu Wort kom-
menden Autoren gehörten einer dieser Gelehrtengesellschaften an, manche sogar
beiden. Dennoch ist wichtig, dass es sich um keine geschlossene Organisation
handelte. Die Autoren teilten eine konservative und anti-kommunistische Gesinnung, einige gehörten sogar der Guomindang an. Ihre gemeinsame Motivation
lag in der Sorge um die Rettung des krisengeschüttelten Staates, eine Lösung erhofften sie sich durch die Modernisierung der staatlichen Raumordnung, zu der
sie mit ihren Forschungen einen Beitrag leisten wollten. Sie konzentrierten sich
im Wesentlichen auf drei große Problemkomplexe: 1. die geistige und institutionelle Transformation des chinesischen Großreiches in einen modernen Nationalstaat sowie die Schaffung eines „Nationalvolkes"; 2. die Festlegung der Grenzen
dieses postkolonialen chinesischen Nationalstaates; und 3. der Entwurf von Strategien zur Integration der geographischen Peripherie Chinas und zur Einbindung
der von ihr besiedelten Völker in die angestrebte multiethnische Nation.

    In den folgenden fünf Kapiteln werden die verschiedenen Inhalte des histo-
risch-geographischen Diskurses vorgestellt: die Erfassung des nationalstaatlichen
Raumes (drittes Kapitel), die Strategien der Raumordnung und Landesverteidi-

gung (viertes Kapitel), die Kolonisierung der nationalen Peripherie (fünftes Kapitel), die historisch gewachsene Völkervielfalt der Nation (sechstes Kapitel) und die religiöse Identität im projektierten Nationalstaat am Beispiel der muslimischen Hui (siebentes Kapitel). Die Schlussbetrachtung wird die Frage nach dem besonderen Charakter des Nationalismus im historisch-geographischen Diskurs der Republikzeit erörtern. Seine besondere Stellung in der Geschichte des nationalistischen Denkens im China des 20. Jahrhunderts beruht auf der Tatsache, dass es diesem Diskurs gelungen ist, den Weg eines eigenständigen chinesischen Nationalismus aufzuzeigen, nach dem Gunter Schubert unlängst in einer umfangreichen Studie vergeblich gesucht hat. Legt man dem Nationalismus der Historischen Geographen das 1971 von Miroslav Hroch formulierte Dreiphasenmodell für nationales Erwachen zugrunde,[100] so lassen sich zwar die ersten beiden Phasen des Interesses weniger Intellektueller, das grundlegendes Wissen produziert, und der nationalen Agitation von Intellektuellen auf dieser Grundlage finden, nicht aber die dritte Phase der nationalen Massenbewegung. Diese wurde erst nach 1949 von ihren ideologischen Gegenspielern, den Kommunisten, verwirklicht.

---

[100] Vgl. Reinhard (1999), S. 442.

I. HISTORIOGRAPHISCHE GRUNDLAGEN

Von der Staatskunstlehre zur Nationalgeschichte

Historiker, so ließe sich zugespitzt sagen, haben mitunter Nationen erfunden. Sie haben Erzählungen zu Papier gebracht, die dem kollektiven Leben Richtung und einen höheren Sinn zu verleihen schienen. Jeder Nationalismus besitzt eine historiographische Ausdrucksform. Der Nationsbildung entspricht die Nationalgeschichte. Es wäre seltsam, sollte dies in China anders gewesen sein. Auch die eigenständige Entwicklung des chinesischen Nationalismus während der ersten Hälfte des 20. Jahrhunderts dokumentiert sich in Geschichtsschreibung. Als um die Jahrhundertwende gemeinsam mit westlichen Vorstellungen von Wissenschaftlichkeit auch die Idee der *National*geschichte in China eingeführt und geprüft wurde, führte dies zu keiner direkten Transplantation eines europäischen historiographischen Diskurses in den chinesischen Kontext. Die chinesischen Historiker der Generation, in welcher sich dieser Transfer vollzog, betrachteten vielmehr, wie Yü Ying-shih gesagt hat, „die westliche Geschichtsschreibung durch das Auge ihrer eigenen Tradition".[1] Sie ließen sich zwar von ausländischen Vorbildern beeinflussen, von einer bloßen Übertragung europäischer Modelle von Nationalgeschichtsschreibung auf die chinesische Historiographie kann jedoch nicht gesprochen werden.

Schon ein oberflächlicher Unterschied macht das deutlich: In Europa ging die Nationalgeschichtsschreibung des 18. und 19. Jahrhunderts nicht zu den gemeinsamen Anfängen der eigenen Zivilisation zurück. Sie griff den historischen Faden entweder erst am Beginn der Neuzeit auf oder sah die eigenen Anfänge im „nationalen" Widerstand gegen imperiale Eindringlinge: das Römische Reich, die Araber, die Goldene Horde, usw. Die Geschichte des Altertums, also der griechisch-römischen Antike, verselbständigte sich als ein besonderer Zweig der historischen Gelehrsamkeit. Die europäische Nationalgeschichtsschreibung befreite sich von der Last der Antike und gab sich von ihrem Ansatz her „modern". Erst in einer späteren Phase nahm sie die Frühgeschichte des eigenen Volkes wirklich ernst und näherte sich der Archäologie an. Ganz anders entwickelte sich die Nationalgeschichtsschreibung in China. Sie war eng mit der Diskussion um die Bewertung des chinesischen Altertums verbunden, dessen Darstellung einen wichtigen Platz in nahezu allen nationalgeschichtlichen Werken einnahm. Die ganz großen Zäsuren – wie in Europa die Völkerwanderung oder Renaissance und Reformation – fehlten. Dynastiewechsel waren eine erwartbare zyklische Form von Kontinuität. Der Zugang zum Altertum war niemals verstellt. Folglich wurden früh die neuen archäologischen Erkenntnisse miteinbezogen. Die Archäo-

---

[1] Yü Ying-shih (1999), S. 241.

logie, die sich als moderne Wissenschaft erst in den zwanziger Jahren institutionell entfaltete, blieb zunächst eng an die Geschichtswissenschaft gebunden.[2] Ein zweiter wichtiger Partner war die Geographie. Sie hielt die Frage lebendig, auf welche Räume sich die Nationalgeschichte in dem Moment beziehen sollte, in dem es das Reich der Kaiser nicht mehr gab. Da der Nationalstaat, den die politische und intellektuelle Elite Chinas im frühen 20. Jahrhundert anstrebte, eine neuartige Vision und Organisation des Raumes erforderte, genügte es nicht, die alte dynastische Historiographie einfach in die Gegenwart zu verlängern. Die Historiographie der modernen Nation brauchte die Geographie zu ihrer Rechtfertigung. Die Vorläufer der Nationalgeschichtsschreibung finden sich daher nicht nur im „mainstream" einer zentristischen Herrschergeschichte, sondern *auch* dort, wo bereits im 19. Jahrhundert die ferneren Bereiche des chinesischen Raumes ausgemessen worden waren.

Dabei handelt es sich um die historisch-geographischen Studien der sogenannten „Staatskunstgelehrten" über die Westgebiete, Autoren, die aus ihrem Bedürfnis heraus, einen Beitrag zum Machterhalt der kaiserlichen Regierung zu leisten, erstmals auch die innerasiatische Peripherie des Qing-Reiches in ihre Forschungen einbezogen. Gu Jiegang bewertete 1947 in seiner kurzen Geschichte der chinesischen Historiographie die Arbeiten der führenden Autoren dieser Richtung (Xu Song, Zhang Mu und He Qiutao) als Ausdruck einer großen Veränderung, die den Wechsel von alter zu neuzeitlicher Forschung signalisiere und sich zusammen mit innovativen Werken über die mongolische Yuan-Dynastie schon im 19. Jahrhundert zu einer neuen „Geschichtswelle" (*shichao*) verdichtet habe.[3]

Waren Staatskunstdenken und Textkritik die beiden Elemente aus der traditionellen chinesischen Historiographie, die den Grundstein für eine Nationalgeschichtsschreibung legten, so kam die Auseinandersetzung mit modernen Wissenschaftsmethoden aus dem Westen seit der Jahrhundertwende als dritter wichtiger Grundpfeiler hinzu. Liang Qichaos Einführung eines linearen, progressiven Geschichtsbildes begründete die endgültige Abkehr von der jahrhundertealten dynastischen Historiographie. Mit der neuen Perspektive auf die Geschichte folgte in den zwanziger Jahren eine erste „Reorganisation der nationalen Vergangenheit" (*zhengli guogu*), die vor allem mit dem Namen Hu Shis in Verbindung steht, sowie eine destruktiv-dekonstruktionistische Phase des totalen „Zweifels am Altertum" in der von Gu Jiegang angeführten *Gushibian*-Bewegung. Sehr viel konstruktiver ging Wang Guowei vor, der sich von der Integration archäologischer Forschungsergebnisse eine Stärkung der historischen Argumentation erhoffte. Schließlich schuf Fu Sinian, dessen Hauptziel die internationale Konkurrenzfähigkeit der chinesischen Wissenschaftler war, während der dreißiger Jahre mit dem Aufbau des Instituts für Geschichte und Philologie an der Academica

---

[2]   Vgl. dazu Wang Jianmin (1997), S. 98.

[3]   Gu Jiegang (1947), S. 38.

Sinica den organisatorischen Rahmen für eine systematische Sammlung und Auswertung von Quellen. Sie alle leisteten Beiträge dazu, dass im China der Republik eine moderne Nationalgeschichtsschreibung entstand. Eines der eindrücklichsten Beispiele dafür lieferte schließlich Qian Mu mit seinem „Grundriss der Nationalgeschichte" (*Guoshi dagang*) von 1940. Dieser Entwicklungsbogen soll im Folgenden genauer beschrieben werden. Die frühe marxistische Geschichtsschreibung versuchte China in der universalgeschichtlichen Abfolge der Produktionsweisen zu sehen. Ihre Perspektive entwickelte sich somit in entgegengesetzter Richtung: Suchten die hier vorgestellten Autoren gerade nach der Eigenständigkeit des chinesischen Nationalstaates und seiner Geschichte, so ging es den marxistischen Historikern vor allem um Chinas Integration in ein universales Entwicklungsmodell. Ihr Ansatz wird daher im Folgenden nicht berücksichtigt.[4]

1. Die „Staatskunst"-Autoren des 19. Jahrhunderts und ihre Studien über die Westgebiete

Im 19. Jahrhundert entwickelte sich unter den hanchinesischen Gelehrten ein Interesse für die Regionen außerhalb des Kernlandes. Vor allem die Anhänger einer Forschung im Dienste der „praktischen Staatskunst" (*jingshi xue*) betrachteten eine Beschäftigung mit der Geschichte und Geographie der imperialen Peripherie als wichtigen Beitrag zur Bewahrung staatlicher Stabilität. Der „Staatskunst"-Diskurs reagierte auf die wachsenden fiskalischen und administrativen Probleme der Qing-Regierung sowie auf den zunehmenden handelspolitischen und militärischen Druck an Chinas maritimer Grenze. Seine Wortführer traten für eine umfassende Stärkung der Landesverteidigung ein. Dabei gerieten besonders die Westgebiete (*xiyu*) ins Blickfeld, die im 19. Jahrhundert zu den brisantesten Krisenregionen im Qing-Imperium gehörten. Wiederholt musste die Regierung ihre im 18. Jahrhundert mit Waffengewalt durchgesetzte Oberherrschaft gegen lokale muslimische Widersacher verteidigen. Xinjiang entwickelte sich zu einem der Aufstandszentren des 19. Jahrhunderts.[5] James A. Millward sieht die Niederlage der Qing-Macht in Xinjiang bereits in den 1860er Jahren als besiegelt an.[6] Seit 1825 organisierten Khojas, die muslimischen Herrscherfamilien der Oasenstädte Ostturkestans, Aufstände in der Region.[7] Nachdem sie während der Qing-Eroberung im 18. Jahrhundert zunächst vertrieben worden waren, kehrten sie nun aus ihrem Exil in Kokand in ihre Heimat zurück, um dort den *jihad*, den heiligen

---

[4]   Darin liegt auch eine maßgebende Darstellung vor: Dirlik (1978).
[5]   Hu Fengxiang / Zhang Wenjian (1991), S. 36–40, Fletcher (1978a), S. 58–90. Vgl. dazu auch Millward (1998),S. 113–25, 194–254.
[6]   Millward (1998), S. 241.
[7]   Vgl. Togan (1992).

Krieg, gegen die mandschurische Oberherrschaft zu führen.[8] Beobachtet und beschrieben wurden diese Ereignisse von verbannten chinesischen Literati, die ihr
Exil im kargen Innerasien zur Zusammenstellung erster chinesischer historisch-
geographischer Studien über die Westgebiete nutzten. Zur gleichen Zeit begannen Gelehrte in Beijing mit einer quellenkritischen Sichtung des chinesischen
Materials zum gleichen Thema.

Schon hier erfolgten die ersten Weichenstellungen für eine bewusst betriebene
Sinisierung der Grenzgebiete. Die Studien über die Westgebiete der Staatskunst-
Schule fügen sich in das Bild einer neuen expansionistischen Ideologie, die bei
der Landesverteidigung in den peripheren Gebieten des Imperiums vor allem auf
bewusst betriebene Assimilierung setzte. Im Gegensatz zur qingkaiserlichen Politik der territorial-ethnischen Trennung forderten die Staatskunst-Gelehrten eine
stärkere Einbindung der Westregionen in den Gesamtstaat. Im Widerspruch zum
Herrschaftskonzept der mandschurischen Kaiser traten sie für die Schaffung eines *chinesischen* Imperiums ein.[9] Trotz ihrer kritischen Haltung zur herkömmli-
chen Politik konnten sie am Qing-Hof Einfluss gewinnen. So blieben die Qing-
Truppen in West-Altishar stationiert, obwohl es am Kaiserhof auch Stimmen
gab, die einen Rückzug aus dieser Krisenregion forderten. Während der 1830er
Jahre wurden einige Vorschläge zur wirtschaftlichen Integration des Nordwestens umgesetzt. Schließlich erklärte der chinesische General Zuo Zongtang nach
seinen erfolgreichen „Befriedungs"-Feldzügen Xinjiang im Jahre 1884 – wie von
den „Staatskunst"-Gelehrten vorgeschlagen – zur chinesischen Provinz. Mit den
Reformen der ersten Provinzgouverneure begann dort die ebenfalls von den „Experten" empfohlene Sinisierung der Region.[10]
    Ein weiteres Merkmal der Arbeiten über die Westgebiete stellt die Anwen-
dung der textkritischen Methode dar. Die textkritische Schule entstand in der
Phase des Dynastiewechsels im 17. Jahrhundert und des folgenden Aufbaus der
mandschurischen Fremdherrschaft. Die Ming-Loyalisten um Huang Zongxi
(1610–1695), Gu Yanwu (1612–1682) und Wang Fuzhi (1619–1692), die
gleichzeitig auch zu den frühen „Staatskunst"-Gelehrten gehörten, wandten sich
von den song- und mingzeitlichen neokonfuzianischen Idealen der Selbstkulti-
vierung ab und riefen zu einer an der Realität orientierten Forschung auf, die sich
zeitgenössischen Fragen zuwenden und sich auf die Durchführung von praktischen Untersuchungen sowie auf eine kritische Überprüfung von Belegquellen
konzentrieren solle.[11] Ihr Forschungsinteresse galt nicht nur der politischen
Staatskunst im engeren Sinne, sondern auch Spezialgebieten, die sich für die Re-
gierungspraxis nutzen ließen – wie der Astronomie für die Kalenderreform, der

---

[8]   Vgl. Fletcher (1978c), S. 361.
[9]   Millward (1998), S. 244, 313.
[10]   Vgl. *Xinjiang difang shi* (1992), S. 232–36; Millward (1998), S. 250
[11]   Elman (1990), S. 42–56; Hu Fengxiang / Zhang Wenjian (1991), S. 23 f.

Hydraulik für die Flussregulierungen oder der Kartographie für die Militärverwaltung. Diesen Praxisbezug teilten die Vertreter der textkritischen Methode des 19. Jahrhunderts, die sich wegen der inneren Aufstände und äußeren Bedrohungen des Qing-Reiches um die Rettung ihres Landes sorgten. Nachdem im 18. Jahrhundert die Diskussion um die philologische Textkritik als Methode im Vordergrund gestanden hatte, wandte man deren Verfahren im 19. Jahrhundert auf die Geschichtsschreibung an.[12] Bereits gegen Ende des 18. Jahrhunderts hatten Textkritiker unter den Historikern wie Wang Mingsheng (1722–1798) und Qian Daxin (1728–1804) die neokonfuzianische Verfremdung der klassischen Quellen kritisiert und die Materialien einer strengen philologischen Überprüfung unterzogen.[13] Die Arbeiten der Staatskunst-Historiker des 19. Jahrhundert kennzeichneten eine stärkere Berücksichtigung regionalgeschichtlicher Quellen sowie eine erste Hinwendung zur empirischen „Feldforschung".

Liang Qichao, der große Neubewerter und Neuordner des Wissens an der Jahrhundertwende, bemerkt 1921 in seiner späten Abhandlung über die qingzeitliche Gelehrsamkeit einen Wandel auch in den geographischen Studien, deren Schwerpunkt sich vom Altertum auf die Gegenwart und vom Kernland nach außen verlagert habe. Als herausragende Repräsentanten dieses neuen Diskurses nennt er Xu Song, Zhang Mu, Wei Yuan und He Qiutao.[14] Ihre historisch-geographischen Werke über die Nordwestregionen spiegeln auch die Entwicklung des neuen Staatsdenkens in dieser Epoche wider. Xu Song vertritt den Typus des verbannten Literatus, der seinen Zwangsaufenthalt in Xinjiang zu Forschungsreisen in der Region benutzte, um die Auswirkungen der Qing-Expansion von der Peripherie aus zu bewerten. Er stand noch ganz unter dem Eindruck der erfolgreichen territorialen Erweiterungen des 18. Jahrhunderts. Die Werke von Zhang Mu, He Qiutao und Wei Yuan entstanden bereits in der Atmosphäre des beginnenden Machtzerfalls der Dynastie. Im Gegensatz zu Xu Song kannten diese drei Autoren die Peripherie nicht aus persönlicher Anschauung, sondern stützten sich auf eine kritische Sichtung der Informationen in den chinesischen Quellen.

Inhaltlich legten die drei Verfasser unterschiedliche Schwerpunkte. Wei Yuan rief die erfolgreiche Reichsexpansion der Qing-Kaiser in Erinnerung, um mehr Interesse bei seinen Landsleuten im Kernland für die peripheren Regionen zu wecken. He Qiutao und Zhang Mu konzentrierten ihre Studien auf die Auseinandersetzung mit dem russischen Zarenreich, dem gefährlichsten Gegner an Chinas Landgrenze. Sie plädierten für den Aufbau eines wirkungsvollen Verteidigungssystems. He Qiutao betrachtete die Grenzverteidigung des Nordwestens sogar als Grundpfeiler des Qing-Staates.[15] Wegen der traditionell engen Verbindungen zwischen dem mandschurischen Kaiserhaus und der mongolischen Oberschicht

---

[12] Vgl. A. Cheng (1997), S. 68.
[13] Naquin / Rawski (1987), S. 65 f. Vgl. dazu ausführlich Du Weiyun (1988), S. 271–315.
[14] Liang Qichao (1985), S. 464.
[15] Vgl. He Qiutao (1881), Kap. 11.

und wegen einer strategischen Lage zwischen den Imperien stellte Zhang Mu die Mongolei in den Mittelpunkt seiner geopolitischen Analyse des Nordwestraumes.

Die vier Qing-Gelehrten schlossen sich noch nicht, wie sie es vermutlich im 20. Jahrhundert getan hätten, zu einer Vereinigung zusammen; sie trafen sich jedoch regelmäßig in der Hauptstadt zu Diskussionen. Xu Song war 13 Jahre älter als Wei Yuan, 25 Jahre älter als Zhang Mu und dieser wiederum 25 Jahre älter als He Qiutao. Trotz ihrer unterschiedlichen beruflichen und gesellschaftlichen Stellung verband sie die Sorge um das Staatswohl und ein großes Interesse an der Geographie und Geschichte der Randzonen des Qing-Imperiums.[16] Als Staatsbeamte konnten sie ihren Zugang zu den kaiserlichen Bibliotheken und Archiven für die Forschung nutzen. Ihr unmittelbares Ziel lag in der Rettung des Qing-Staates durch eine Stärkung der Grenzverteidigung und eine Sinisierung der Reichsperipherie. Den Forschern der Republikzeit dienten ihre Studien später als Ausgangsbasis für die Entwicklung eines zeitgemäßen historisch-geographischen Diskurses. Sie können als Wegbereiter für den chinesischen Nationalismus betrachtet werden, weil sie bereits unter mandschurischer Herrschaft einen polyethnischen, aber vom Hanchinesentum dominierten Großstaat vor Augen hatten.[17]

a) Xu Song und die reisende Entdeckung der Westgebiete

Xu Song (1781–1848) hatte 1808 das oberste Beamtenexamen des *jinshi* erfolgreich abgelegt. 1812 wurde er von seinem Posten als Erziehungsbeauftragter für die Provinz Hunan nach Xinjiang verbannt,[18] da er sein Amt zum Vertrieb eigener Bücher missbraucht und bei der Aufstellung von Prüfungsfragen für die Examenskandidaten versagt hatte. Während seines siebenjährigen Exils im fernen Nordwesten entstanden drei geographische Schriften: eine „Xinjiang-Rhapsodie" *(Xinjiang fu)*, „Aufzeichnungen über die Wasserwege in den Westgebieten" *(Xiyu shuidao ji)* und „Ergänzende Notizen zum Kapitel über die Westgebiete im Han-Buch" *(Hanshu Xiyu zhuan buzhu)*. Der Militärgouverneur Xinjiangs beteiligte ihn an der Zusammenstellung einer Lokalchronik. 1815/16 reiste Xu Song durch Xinjiang und sammelte Informationsmaterial für diesen Auftrag. Die Chronik erschien 1821 unter dem Titel „Abriss des Wissens über Xinjiang" *(Xinjiang zhishi)*. Xu Song kehrte nach Beijing zurück und erhielt einen Sekretärsposten in der Staatskanzlei.[19] Dort traf er sich regelmäßig mit Gelehrten, die auch

---

[16] Shen Qian (1990), S. 25. Systematisch gesammelt wurden Studien über die peripheren Gebiete schließlich in dem 1891 von Wang Xiqi herausgegebenen Werk *Xiaofanghuzhai yudi congchao.*

[17] Wang Hui (2000), S. 24

[18] Über Xinjiang als Verbannungsort vgl. ausführlich Waley-Cohen (1991).

[19] Einen biographischen Überblick bietet Hummel (1943), S. 321 f.

an den Grenzgebieten interessiert waren, und diskutierte mit ihnen die seit den Einfällen Jahāngirs (1790–1828) im Süden Xinjiangs immer brisanter werdende Grenzproblematik an der Nordwestperipherie des Qing-Reiches.[20]

Als Verfechter der textkritischen Staatskunst-Schule[21] zog Xu Song für seine Studien neben den offiziellen Geschichtswerken und kaiserlichen Enzyklopädien auch Lokalchroniken, Kartensammlungen und Steininschriften zu Rate. Karten bedeuteten für ihn eine wichtige Hilfe bei der historiographischen Rekonstruktion. Ausgerüstet mit Kompass und Ortungsheft, den damaligen Hilfsmitteln für kartographische Aufnahmen im Felde, war er schließlich selbst durch Xinjiang gereist. Er hatte sich von der Lokalbevölkerung ihre Bräuche und Sitten erklären lassen, Wasserläufe verfolgt und Berghöhen berechnet.[22] Nach eigenen Angaben legte er allein auf seiner Reise 1815 über 7.000 li zurück.[23] Seine praktische „Feldforschung" diente Xu Song zur quellenkritischen Überprüfung des Gelesenen. Er stellte fest, dass Jimushar eine unterworfene Stadt des Westlichen Tujue-Khanats war, in der Tang-Zeit als Jinman-Kreis von Tingzhou bezeichnet wurde, man es später in Ting-Kreis umbenannte und dem Beiting-Protektorat unterstellte. Unter der Yuan-Dynastie wurde der Ort dem Beiting-Oberbefehlshaber zugeordnet. Xu Song fand Überreste der Stadt in der Nähe der Stadt Baohui. Er berichtet von einer tangzeitlichen Steinstele und einem wahrscheinlich yuanzeitlichen Steinbild.[24] Die Angaben der traditionellen Quellen seit der Han-Zeit über die „Westgebiete" wurden vollständig überprüft und teilweise korrigiert. Erstmals stellte er Erkenntnisse über den systematischen Aufbau von Bewässerungsanlagen zusammen. Denn sie ließen sich für eine hanchinesische Kolonisierung Xinjiangs nutzen. Mit Gong Zizhen und Wei Yuan gehörte Xu Song zu jenen Gelehrten, die angesichts der zunehmenden Herausforderung der kaiserlichen Macht gegen einen Rückzug aus der Region eintraten und als Gegenmaßnahme eine verstärkte Sinisierung empfahlen.[25] Xu Song unternahm im *Xiyu shuidao ji* eine systematische Einteilung der Region in elf Seesysteme mit ihren Zu- und Abflüssen. In den fünf Kapiteln des Werkes beschreibt er ausführlich die Nutzbarkeit der einzelnen Gewässer und ihre geographischen Veränderungen im Laufe der Geschichte. Veranschaulicht werden seine Aufzeichnungen durch 24 Karten.

---

[20] Jahāngir war zunächst vor der Qing-Armee nach Khokand geflüchtet, kehrte 1820 jedoch zurück, um seinen Herrschaftsanspruch in Altishahr durchzusetzen. Er leitete zahlreiche Aufstände in der Region und eroberte 1826 Kashgar. Zwei Jahre später wurde er gefangen genommen und in Beijing hingerichtet. Vgl. Forbes (1986), S. 10; Hu Fengxiang / Zhang Wenjian (1991), S. 37.

[21] Vgl. dazu Hu Xin / Jiang Xiaoqun (1995), S. 214 f.

[22] Long Wanyu (1823), S. 22. Vgl. auch Hu Xin / Jiang Xiaoqun (1995), S. 214.

[23] Dies entspricht einer Wegstrecke von ca. 3.680 km. Über seine Reisen vgl. auch Niu Haizhen (2000), S. 57.

[24] Zitiert nach Niu Haizhen (2000), S. 58.

[25] Millward (1998), S. 241–45. Über die qingzeitliche hanchinesische Kolonisierung Xinjiangs vgl. Hua Li (1995).

In diesem detaillierten Überblick über das qingzeitliche Wasserregulierungs-
system in Xinjiang liegt Xu Songs wichtigste wissenschaftliche Leistung.[26]

b) Zhang Mu und die mongolischen Nomaden

Zhang Mu (1805–1849) stammte zwar aus einer Familie mit Trägern höchster
Prüfungstitel, wurde aber 1839 aufgrund eines Konflikts mit der Prüfungsauf-
sicht von der Examensteilnahme ausgeschlossen. Er zog sich daraufhin ins Pri-
vatgelehrtentum zurück und gab eine Übersetzung der „Geheimen Geschichte
der Mongolen" sowie andere historischer Arbeiten über die Mongolen heraus.[27]
Qi Junzao, der Direktor des Erziehungsamtes der Provinz Jiangsu, stellte ihn als
Sekretär ein und ließ ihn die von seinem Vater Qi Yunshi (1751–1815) hinterlassene Grenzstudie „Abriss über die Randvölker des Kaisertums" (*Huangchao
fanbu yaolue*) überarbeiten und zum Druck einrichten. Diese redaktionelle Erfahrung nutzte Zhang Mu später für sein bekanntestes Werk, die „Aufzeichnungen
über das Nomadentum in der Mongolei" (*Menggu youmu ji*). 1846 lag ein Roh-
manuskript vor, das er jedoch nicht mehr abschließen konnte. 1859 vollendete
sein Freund He Qiutao das Werk und ergänzte vier Kapitel. Es wurde bald als
wichtigste chinesische Quelle des 19. Jahrhunderts über die Mongolei anerkannt.
Neben zahlreichen Nachdrucken[28] sind eine russische Übersetzung (1895) und
zu Beginn des 20. Jahrhunderts eine japanische Ausgabe zu verzeichnen.[29] Außerdem wurde die Studie in mehrere chinesische Quellensammlungen aufgenommen.[30] Zhang Mus ehemaliger Vorgesetzter Qi Junzao hob in seinem Vorwort zu einer Ausgabe im Jahre 1867 voller Bewunderung hervor, dass Zhang
Mu mit dem Werk die seltene Kunst gelungen sei, die Normen der klassischen
Moral mit dem Interesse der praktischen Staatskunst an den aktuellen Geschehnissen zu verbinden.[31]

Zehn Jahre lang (1839–1849) hatte Zhang Mu an diesem Buch gearbeitet und
dazu über 150 Quellenwerke studiert, die von privaten Reisebeschreibungen bis
zu den Archivakten des Kaiserhofes reichten, außerdem zeitgenössische Werke
wie Xu Songs Studien über die Westgebiete und die Veröffentlichungen von Wei
Yuan, Shen Yao und Xu Jiyu berücksichtigt.[32] Ähnlich wie Xu Song teilt auch er
den von ihm erforschten Raum zunächst geographisch auf. Zhang Mu richtet
sich im Falle der Mongolei nach der Bannerstruktur und beschreibt in sechzehn

---

[26]   Die in seinem Hauptwerk *Xiyu shuidao ji* erkennbaren Fehler hat der Historiker Feng Xishi
       zusammengestellt: Feng Xishi (1998).
[27]   Vgl. Ma Jinke / Hong Jinglin (1994), S. 53 f.
[28]   Vgl. Hummel (1943), S. 47.
[29]   Ma Jinke / Hong Jinglin (1994), S. 57.
[30]   Vgl. Fan Xiuzhuan (1995), S. 237 f.
[31]   Qi Junzao, Vorwort, in: Zhang Mu (1867), S. 1.
[32]   Cai Jiayi (1991b), S. 112.

Kapiteln jeweils den Lebensraum der einzelnen Mongolenstämme der Inneren Mongolei (6 Kapitel), der Äußeren Mongolei (4 Kapitel) und der Westmongolei (6 Kapitel) unter den Gesichtspunkten der natürlichen Geographie, der lokalen Altertümer und Tempelanlagen sowie der Poststationen und Verteidigungsposten. Er stellt die unterschiedlichen Weidegebiete der Mongolen während der einzelnen Geschichtsperioden zusammen und charakterisiert die Veränderungen jedes Mongolenstammes seit der Ming-Periode. Ein Überblick über die Geschichte der mongolisch-chinesischen Beziehungen seit ihren Ursprüngen in der Tang-Zeit soll den starken Einfluss der Mongolen auf das Schicksal des Chinesischen Reiches veranschaulichen: „Stärke und Schwäche ihrer Stämme beeinflussten Aufstieg und Fall des chinesischen Staates“.[33] Zhang Mu sieht die historische Bedeutung der Mongolen in ihrer militärischen Unterstützung für die Qing-Dynastie. Schon der Yongzheng-Kaiser habe in den 1720er Jahren die Region wirtschaftlich gestärkt. Nun, in der Mitte des 19. Jahrhunderts, sei es die Aufgabe und Pflicht der Qing-Regierung, die Mongolei gegen die Gefahren von außen zu schützen. Angesichts des russischen Vordringens an den Nordgrenzen des Reiches plädiert Zhang Mu für eine Verstärkung der dortigen Verteidigungsanlagen. Aus seiner Darstellung der wirtschaftlichen Gegebenheiten in der Region ließen sich wichtige Einsichten für die Entwicklung einer lokalen Weide- und Landwirtschaft sowie für den Aufbau von Bewässerungsanlagen gewinnen.[34] Der Ausbau der Landesverteidigung musste nicht zuletzt auch wirtschaftlich abgesichert werden.[35] Diese Maxime griffen die Historischen Geographen im 20. Jahrhundert gerne wieder auf.

Zhang Mu schrieb mit dem *Menggu youmu ji* eine der ersten chinesischen Regionalgeschichten der Mongolei. Auf der Grundlage einer textkritischen Überprüfung der bisherigen Informationen über die Mongolei bietet das Werk einen Überblick über die geographischen Veränderungen und die historischen Ereignisse dieses Teils des Qing-Imperiums. Mit den Historischen Geographen des 20. Jahrhunderts teilte er ein zentrales Ziel: mit gelehrten Untersuchungen zur Stabilisierung des Großstaates beizutragen.

c) He Qiutao und die russische Bedrohung

He Qiutao (1824–1862) gehörte zu den erfolgreichen *jinshi*-Kandidaten und erhielt nach seinem Examen 1844 sogleich ein Amt im Justizministerium, zog sich aber schon 1853 als kaum Dreißigjähriger in seine Heimatprovinz Fujian zurück, um an einer Privatakademie zu lehren. Er gehörte zum Gelehrtenkreis um Xu Song und beteiligte sich an den Diskussionen über die Krisengebiete im Nord-

---

[33] Vgl. dazu Qi Yunzao, Vorwort, in: Zhang Mu (1867), S. 2.

[34] Zhang Mu (1867), Kap. 3, S.7; Kap. 6, S. 8; Kap.9, S. 2.

[35] Zhang Mu (1867), Kap. 10, S. 13; Kap. 13, S. 19; Kap. 16, S. 12.

westen des Reiches. In seinen Forschungen hatte er die gesamte nördliche Peripherie des Qing-Imperiums und dessen Verhältnis zum russischen Zarenreich im Blick. 1858 präsentierte He Qiutao seine „Sammlung über die Nördlichen Gebiete" (*Shuofang beisheng*) dem Xianfeng-Kaiser[36] und erhielt als Anerkennung zwei Jahre später die Leitung der Lianchi-Akademie in Baoding übertragen. Dort starb er 1862.

He Qiutao schrieb das *Shuofang beisheng* in der Zeit sich verschärfender Spannungen zwischen China und den Seemächten. Sein dem Kaiser überreichtes Manuskript fiel der britisch-französischen Brandschatzung des Sommerpalastes im Oktober 1860 zum Opfer. Erst Anfang der 1870er Jahre kam eine persönliche Abschrift aus Familienbesitz zum Vorschein, die 1881 gedruckt wurde. Da He Qiutao neben den umfangreichen chinesischen Privat- und Archivquellen auch die ihm in Shanghai und Guangzhou zugänglichen ausländischen Bücher und Zeitschriften benutzte, stellt sein Werk eine ungewöhnlich umfassende Bestandsaufnahme des zeitgenössischen Wissens über den Norden Qing-Chinas dar.[37] Betrachtet man seine im Vorwort ausgeführten Zielsetzungen, so liegt der Schwerpunkt dieses Buches eindeutig auf der Grenzverteidigung. Die dazu empfohlenen Methoden wirken sehr traditionell wie etwa die „Verbreitung kaiserlicher Tugenden zur Unterwerfung ferner Völker" oder die „Beschreibung strategischer Punkte, um Grenzverbote zu verdeutlichen".[38] Die heutige chinesische Forschung lobt He Qiutao denn auch eher unspezifisch wegen seines „patriotischen Geistes".[39] Wichtig in unserem Zusammenhang ist, dass He Qiutao um die Mitte des 19. Jahrhunderts bereits die gesamte Kontinentalgrenze des späteren nationalen Großstaates im Blick hatte. In den achtzig Kapiteln seines Werkes beschreibt er die zentralasiatischen Völker und Regionen vom mandschurischen Nordosten bis nach Xinjiang und bietet dem Leser Biographien lokaler Herrscher und Militärführer sowie eine Chronologie der Ereignisse und der geographischen Veränderungen in den einzelnen Regionen. Ausführlich geht er auf das Verhältnis zu Russland ein.[40] Als erster veröffentlichte er eine der frühesten Quellen zu den russisch-chinesischen Beziehungen, die „Strategie der Befriedung der Russen" (*Pingding Luosha fanglue*), in der die qingkaiserlichen Militäraktionen gegen das Zarenreich im Vorfeld des Vertrages von Nerčinsk (1689) dokumentiert werden.[41] He Qiutao warnt eindringlich vor einer Missachtung der Kontinentalgrenze, so wie man die Seeverteidigung im Südosten vernachlässigt und dafür mit schlimmen Niederlagen gebüßt habe. Das Zarenreich sei nämlich der wahre Nutznießer und lachende Dritte bei den militärischen Auseinandersetzungen zwischen China und dem Westen und ihren vertraglichen Beilegungen. In Anleh-

---

[36]   Vgl. Hu Fengxiang / Zhang Wenjian (1991), S. 46.
[37]   Vgl. Feng Erkang (1986), S. 147.
[38]   Vgl. Ma Jinke / Hong Jinglin (1994), S. 58.
[39]   Cai Jiayi (1991a), S. 511.
[40]   Vgl. Qu Lindong (1999), S. 753.
[41]   Hummel (1943), S. 283; Qu Lindong (1999), S. 754.

nung an die ersten Ungleichen Verträge hatte sich Russland in den Verträgen von Aigun, Tianjin und Beijing an der Nordgrenze Chinas ein Gebiet von über 1,4 Millionen km² gesichert.[42] He Qiutao gehörte zu den wenigen Stimmen unter den Gelehrtenbeamten, die auf diese Bedrohung aufmerksam machten.[43] Um überhaupt Anhaltspunkte für den Verlauf einer unklaren Grenze zu finden, stellte er alle bis dahin zwischen Qing-China und dem russischen Zarenreich geschlossenen Verträge zusammen. Bei seiner Lokalisierung von Grenzmarkierungen und Wachposten bestimmte er auch den Breitengrad der einzelnen Orte. Die Angabe von Breitengraden war zwar schon von den Jesuiten zu Beginn des 18. Jahrhunderts in China eingeführt worden, wurde aber ein Jahrhundert später von den chinesischen Gelehrten nicht mehr verwendet. He Qiutao war eine Ausnahme und bemühte sich um größtmöglichste Exaktheit.[44] Er glaubte fest daran, dass eine durchdachte Verteidigungsstrategie die Übel an den Grenzen verhindern könne.[45] In dieser einseitigen Fixierung liegt zugleich eine Schwäche seines Werkes. Die *inneren* Schwachstellen der Qing-Ordnung nahm er nicht wahr.

d) Wei Yuan und die Analyse der Qing-Expansion

Wei Yuan (1794–1856) gehörte zu den Herausgebern einer Sammlung von qingzeitlichen Texten über gesellschaftliche, politische und wirtschaftliche Fragen, die 1826 unter dem Titel „Artikel über die Staatskunst unter der regierenden Dynastie" (*Huangchao jingshi wenbian*) erschien. Ähnlich wie Xu Song profitierte Wei Yuan von seiner Amtsstellung. So ermöglichte ihm 1829 seine Berufung als Sekretär der Staatskanzlei den Zugang zu den kaiserlichen Archiven und Bibliotheken, in denen er die umfangreichen Quellenmaterialien für seine späteren Werke fand.[46]

Wei Yuan zählt zu den führenden Vertretern der reformorientierten praktischen Staatskunst-Schule[47] und der Neutext-Lehre des 19. Jahrhunderts.[48] Er richtete seine Studien nach dem Leitsatz aus, dass jegliches Wissen der Entwicklung des Staates und einem praktischen Nutzen in der Welt zu dienen habe (*jingshi zhiyong zhixue*). Daher wandte er sich vor allem politischen Ereignissen, wirtschaftlichen Zusammenhängen und historisch-geographischen Entwicklungen zu. Seine Hauptwerke, die „Aufzeichnungen der Militäraktionen des heiligen Herrscherhauses" (*Shengwuji*) von 1842 und die „Illustrierte Darstellung mariti-

---

[42] Wang Min / Li Yongxiang (1996), S. 67.
[43] He Qiutao (1881), Kap.11, S. 7.
[44] He Qiutao (1881), fanlie, S. 3.
[45] He Qiutao (1881), fanlie, S. 3.
[46] Biographische Daten in Huang Liyong (1985).
[47] Über die Auswirkungen dieser Denkrichtung auf Wei Yuans Studien vgl. Dong Jianping (1997).
[48] Chow Kai-wing (1994), S. 220 f.

mer Reiche" (*Haiguo tuzhi*) von 1844, wurden aus den praktischen Erwägungen geschrieben, dass man in China mehr über die Barbarenvölker in Nah und Fern erfahren und von ihnen lernen müsse, um sie dann besser beherrschen und lenken zu können.[49]

Wei Yuan repräsentiert den Typus jenes chinesischen Gelehrten, der sich angesichts der wachsenden Herausforderung durch die westlichen Imperialmächte zunehmend für die Welt außerhalb des Qing-Reiches interessierte und mit seinen Schriften die Grundlagen für die ersten Modernisierungsbemühungen seines Landes während der zweiten Hälfte des 19. Jahrhunderts legte.[50] Allerdings lässt sich die Behauptung chinesischer Historiker der Gegenwart nicht unterschreiben, dass mit Wei Yuans Werken die Epoche der modernen chinesischen Geschichtsschreibung und politischen Philosophie beginne.[51] Denn trotz seiner thematischen Öffnung zur Außenwelt und seiner Einsicht, dass China keineswegs das Zentrum der Welt bilde,[52] hielt er weiterhin an den traditionellen Normen chinesischer Herrschaftspraxis fest und blieb überzeugt davon, dass man auch der neuartigen Herausforderung der westlichen Imperialmächte mit dem überkommenen historischen Erfahrungswissen und den in den Klassikern empfohlenen Strategien begegnen könne. In seinem Vorwort zum *Shengwuji* empfahl er daher den Qing-Herrschern, sich an den früheren Kaisern zu orientieren.[53] Wei Yuan ging über Xu Song, Zhang Mu und He Qiutao nur insofern hinaus, als er sich nicht auf einen geographischen Abschnitt des chinesischen Imperiums konzentrierte, sondern als einer der ersten Qing-Gelehrten ein Gesamtbild Chinas in seinen kontinentalen und maritimen Grenzen entwarf.[54] Das *Haiguo tuzhi*[55] stellt die erste moderne chinesische Weltgeschichte dar, in der China nicht mehr als Mittelpunkt des Erdkreises angesehen wird und die Auswirkungen der westlichen Expansion auf die asiatische Politik und Wirtschaft erörtert werden.[56] Das Werk basiert auf einem Manuskript von Wei Yuans Freund Lin Zexu, dem großen Gegenspieler der Briten im Opiumkrieg, der als Gouverneur von Guangdong alle möglichen Informationen über westliche Waffen, Schiffe und strategische Methoden gesammelt hatte, aber eine begonnene „Chronik der vier Kontinente" (*Sizhou zhi*) wegen seiner Verbannung nach Xinjiang nicht mehr vollenden und veröffentlichen konnte.[57]

---

[49]   Wei Yuan (1844), S. 207.
[50]   Vgl. Chang Hsin-pao (1964), S. 123; Liu Xuezhao (1994), S. 56 f.
[51]   Vgl. Zhang Xiaohu / Zhang Husheng (1989), S. 64; Ma Jinke / Hong Jinglin (1994), S. 21–29; Hu Fengxiang / Zhang Wenjian (1991), S. 60–66; Yu Dahua (1990), S. 67; Gong Shuze (1994), S. 45; Wang Renzhuan (1997), S. 4; Wang Shoukuan (1999), S. 5–8.
[52]   Yu Dahua (1990), S. 67.
[53]   Wei Yuan (1842), Bd. 1, S. 2. Über sein Reformdenken vgl. Chen Pengming (1997).
[54]   Zhou Weiyan (1991), S. 43.
[55]   Vgl. dazu grundlegend Leonard (1984). Vgl. auch Ma Jinke / Hong Jinglin (1994), S. 30–39; Kuo Heng-yü (1967), bes. S. 43–52.
[56]   Vgl. Lu Liangzhi (1984), S. 201; Hu Fengxiang / Zhang Wenjian (1991), S. 61.
[57]   S.W. Barnett (1970), S. 2.

Wei Yuan kritisiert im *Haiguo tuzhi* das Desinteresse der traditionellen Geschichtsschreibung an der Außenwelt. Für Passagen über fremde Länder habe
man bisher keine ernsthafte Forschung betrieben und keine ausländischen Quellen
benutzt. Das europäische Vordringen in Asien führt er bis auf das 14. Jahrhundert
zurück und bietet im *Haiguo tuzhi* eine geopolitische Analyse der maritimen Expansion des Westens. Aus seiner Lektüre der ihm in Übersetzung vorliegenden
westlichen Quellenmaterialien, die etwa ein Fünftel der verwendeten Literatur
ausmachen,[58] zieht Wei Yuan den Schluss, dass man von den Ausländern durchaus einige „hervorragende Fähigkeiten" erlernen könne.[59] Dazu zählt er neben
dem Bau von Werften und Rüstungsfabriken ebenso eine westliche Armeeaus-
bildung und Kriegstaktik.[60] Auch beschreibt Wei Yuan im *Haiguo tuzhi* den britischen Parlamentarismus.[61]

Im Gegensatz zu dem durch zukunftsorientiertes Reformdenken geprägten
Haiguo tuzhi[62] wirkt das nur zwei Jahre zuvor herausgegebene Werk *Shengwuji*
rückwärtsgewandt und konservativ. Da es die qingkaiserliche Expansion bis in
die eigene Gegenwart verfolgt, gilt es als eine der ersten privaten *zeit*geschichtlichen Darstellungen in der chinesischen Historiographie.[63] Ein methodischer
Fortschritt liegt in Wei Yuans Abkehr vom annalistisch-biographischen Stil der
traditionellen Geschichtsschreibung und seiner Anwendung einer erzählenden
Darstellungsform. Das *Shengwuji* gehört zu den ersten systematischen Studien
über die Qing-Dynastie. Die geographischen Kenntnisse Wei Yuans waren au-
ßergewöhnlich umfassend. Verglichen mit Xu Song, der sich für sein Werke
über den Nordwesten auf die Lektüre der entsprechenden Kapitel in den Han-
Annalen beschränkte, zog Wei Yuan auch die geographischen Werke der Han-,
Wei- und Tang-Zeit heran.[64]

Im ersten Teil, der zehn von insgesamt vierzehn Kapiteln des Werkes ein-
nimmt, bietet das *Shengwuji* eine chronologische Zusammenstellung der bedeutendsten Feldzüge von der Gründungszeit der Qing-Dynastie bis zur Unterdrük-
kung der Yao-Aufstände in Hunan 1832. Wei Yuan unterscheidet zwischen sechs
verschiedenen Strategien qingkaiserlicher Militäraktionen: Staatsgründungsak-
tionen, Unterdrückung lokaler Widerstände in Südwestchina, Befriedung von
Grenzvölkern (Mongolen, Muslimen und Tibetern), Bekämpfung von Seepiraten,
Niederschlagung von Volks- und Soldatenaufständen sowie Aktionen gegen Geheimgesellschaften und Sekten. Mit Hilfe dieses Rückblicks auf die militärischen
Erfolge der Vergangenheit will Wei Yuan Schlussfolgerungen für zukünftige Re-

---

[58] Q.E. Wang (2001), S. 35.
[59] Chen Qingquan (1985), S. 1116. Vgl. Zhang Xiaohu / Zhang Husheng (1989), S. 68 f.; Li
      Hanwu (1986), S. 70 f.; Liu Xuezhao (1994), S. 58 f.
[60] Yu Dahua (1990), S. 65; Li Hanwu (1991), S. 71–73; Liu Xuezhao (1994), S. 43, 61.
[61] Vgl. dazu ausführlich Guo Shuanglin (1998), bes. S. 27–33.
[62] Han Lin (1994), S. 116–18.
[63] Yu Dahua (1990), S. 63.
[64] Zhou Weiheng (1991), S. 43.

formmaßnahmen aufzeigen. Stabile innenpolitische Verhältnisse verbunden mit
staatlicher Einheit gehören seiner Ansicht nach zu den wichtigsten Voraussetzungen für den Sieg über äußere Feinde.[65] Er lässt den Niedergang der Qing-
Herrschaft bereits am Ende der Qianlong-Regierung mit der Ausbreitung der
Aufstände des Miao-Volkes und der Weißen-Lotus-Sekte beginnen. Trotz seiner
Hervorhebung der militärischen Erfolge in den Feldzügen gesteht Wei Yuan
auch Anzeichen einer kaiserlichen Schwäche ein. Die Aufstände führt er auf die
Willkür und die Korruption der lokalen Beamtenschaft zurück. Sie offenbaren
den Autoritätsverlust der Zentralregierung.[66]

In den vier Kapiteln des zweiten Teils analysiert Wei Yuan die Gründe für
den Erfolg der qingkaiserlichen Militärpolitik. Seine Absicht ist es, die Feld-
zugsberichte aus dem ersten Teil als Lehrstücke für die aktuelle Politik Chinas in
den 1840er Jahren zu nutzen. So verwendet er die im 8. Kapitel beschriebene
Rückeroberung Taiwans durch den Kangxi-Kaiser in den 1680er Jahren als Beweis dafür, dass der militärische Erfolg nicht zuletzt auf die unter Kangxi erreichte innenpolitische Stabilisierung des Qing-Reiches zurückzuführen sei.[67]
Aus der gelungenen Unterdrückung der japanischen Piraten an der Küste Chinas
zieht er Lehren für den Umgang mit den westlichen Seemächten im Zeitalter der
Opiumkriege.[68]

In Einklang mit Xu Song, Zhang Mu und He Qiutao fordert Wei Yuan zwar
eine intensive wirtschaftliche Erschließung der Randzonen des Qing-Imperiums
sowie eine Verstärkung der Verteidigungsanlagen, verbindet damit jedoch keine
Sinisierungsstrategie. So „modern" sich seine Gedanken zum Umgang mit den
entfernten Völkern im *Haiguo tuzhi* lesen, so traditionell erscheint die Politik,
die er im *Shengwuji* gegenüber den Völkern an der Reichsperipherie empfiehlt.
Seine Vorschläge zum Umgang mit den Grenzvölkern beschränken sich auf traditionelle Mittel: politische Heiratsverbindungen mit den Stämmen der Mandschurei und mit den Mongolen,[69] Handel und wirtschaftliche Erschließung,[70]
geschickter Umgang mit den lokalen Religionen,[71] Einbeziehung der an der Peripherie lebenden Völker in das staatliche Verteidigungssystem.[72] Wie seine Bemerkungen über das Vorgehen gegenüber den Miao-Stämmen im Südwesten
zeigen, hält Wei Yuan an der Strategie der mandschurischen Herrscher fest, unterschiedliche Gebräuche und Religionen zu achten, um auf diese Weise eine

---

[65]   Wei Yuan (1842), Bd. 1, S. 2. Über das militärische Denken Wei Yuans vgl. auch Li Hanwu
       (1986).
[66]   Wei Yuan (1842), Bd. 2, S. 399, 408.
[67]   Wei Yuan (1842), Bd. 2, S. 336–47.
[68]   Wei Yuan (1842), Bd. 2, S. 375–452.
[69]   Wei Yuan (1842), Bd. 1, S. 13.
[70]   Wei Yuan (1842), Bd. 1, S. 158 f.
[71]   Wei Yuan (1842), Bd. 1, S. 199–208.
[72]   Wei Yuan (1842), Bd. 1, S. 8–10.

stabile kaiserliche Oberherrschaft zu garantieren.[73] Wei Yuan geht in dieser Beziehung nicht über den Denkhorizont der Qing-Politik hinaus.[74]

Xu Song, Zhang Mu, He Qiutao und Wei Yuan gehörten noch zum Typus des
im traditionellen Staat verankerten Beamtengelehrten. Trotz ihres Anspruchs, text-
kritisch überprüftes, anwendbares Wissen zu vermitteln, und ihres Bemühens,
auch die bis dahin von chinesischen Gelehrten kaum beachteten Randgebiete des
Imperiums in die Geschichtsschreibung einzubeziehen, verfassten sie ihre Werke
im alten Stil der Herrschergeschichte und der Ratgeberliteratur. Noch blickten
sie allein auf die Dynastie und deren Wahrung ihrer Autorität über die Völker
des Imperiums.

2. Die Entstehung einer chinesischen
Nationalgeschichtsschreibung im frühen 20. Jahrhundert

Eine Verlagerung der Perspektive vom dynastischen Herrscher zum Staatsvolk
als dem Subjekt der Geschichte war ein zentraler Vorgang bei der Entstehung einer chinesischen Nationalgeschichtsschreibung. Im traditionellen chinesischen
Denken war dem Kaiser als „Himmelssohn" (*tianzi*) eine zentrale Rolle zugesprochen worden. Die mit Liang Qichaos Ideen einsetzende Erosion dieses universalgeschichtlichen Selbstverständnisses bildete eine entscheidende Voraussetzung für
die Transformation eines vom *tianzi* beherrschten potentiell unbegrenzten *tianxia*
in einen modernen Nationalstaat mit eindeutig fixierten Grenzen. Eine solche
Nationalgeschichtsschreibung konnte sich aus der alten Historiographie nicht
evolutionär herausentwickeln. Es bedurfte vielmehr drastischer Herausforderungen der alten Denkweisen: durch eine radikale politische Kritik am Qing-System
und durch die Übernahme westlicher Konzepte von distanzierender Wissenschaftlichkeit.

Die Vermittlung westlicher wissenschaftlicher Methoden erfolgte in den letzten Jahrzehnten des 19. Jahrhunderts vor allem über Japan.[75] Gegen Ende des
19. Jahrhunderts wuchs der Einfluss Japans auf die chinesische Gelehrtenwelt.[76]
Durch Übersetzungen aus dem Japanischen wurde in China westliches Gedan-
kengut vermittelt. Viele moderne geistes- und kulturwissenschaftliche Begriffe
sind Importe aus Japan.[77] Japan zog die erste Generation chinesischer Auslandsstudenten an und bot verfolgten Reformern nach dem Scheitern der Reformversuche von 1898 Exil.[78] Im Gegensatz zu den Staatskunstgelehrten war diese neue

---

[73]   Wei Yuan (1842), Bd. 2, S. 296.
[74]   Das Gegenteil behauptet Ren Jiahe (1996), S. 44.
[75]   Yü Ying-shih (1994), S. 156 f.
[76]   Mittag (1997), S. 367 f.
[77]   Vgl. am Beispiel der marxistischen Terminologie Lippert (1979), L.H. Liu (1995), S. 241.
[78]   Yu Ying-shih (1994), S. 156 f. Über Liang Qichaos Exilerfahrungen vgl. Chang Hao (1971),
       S. 121–48. Zum Einfluß Japans auf Liang Qichao vgl. P.C.C. Huang (1972), S. 36–67.

Historikergeneration nicht mehr im staatlichen Herrschaftssystem verankert. Ihre kritische Haltung trieb manche sogar zur Flucht ins Ausland. So auch Liang Qichao.

Von Japan aus entwickelte Liang Qichao (1873–1929), einer der führenden programmatischen Köpfe der Reformbewegung des Jahres 1898, sein Konzept einer neuen Geschichtsschreibung, welche die traditionelle Dynastiegeschichte durch eine Nationalgeschichte ersetzen sollte. Liang Qichaos „Neue Geschichtswissenschaft" (*xin shixue*) entstand in der Phase einer ersten Auseinandersetzung mit der westlichen Historiographie, deren Theorien der Geschichte und Geschichtsphilosophie ihn vor allem anzogen.[79] Anstoß zum Umdenken gab ihm auch seine Einsicht in die Notwendigkeit politischer Reformen. Bereits 1896 hatte er vorwurfsvoll geschrieben: „Seit Generationen wurden die Regierungssysteme errichtet, um die Familie der Herrscher zu schützen und nicht zum Schutze aller."[80] Als eine wesentliche Ursache für den Niedergang Chinas betrachtete Liang Qichao die Tatsache, dass die Macht der Regierenden ständig an Bedeutung zunahm, der Einfluss des Volkes sich aber zu verringern schien.[81] Die Geschichtsschreibung reflektierte aus seiner Sicht diese Missstände. Denn in China dominierte seit 2000 Jahren die Herrschergeschichtsschreibung in Form von Standardgeschichten, Chronologien, Jahrbüchern, Biographien, Ereignisgeschichten oder kaiserlichen Edikten und Thronberichten. Er vermisste hingegen Werke der Staats- und Volksgeschichte, wie sie im Westen gerade eine Blütezeit erlebten.[82]

Liang Qichao begann seinen Feldzug gegen die dynastische Geschichtsschreibung 1901 mit seiner Schrift „ Eine Beurteilung der Geschichte Chinas" (*Zhongguo shi xulun*), in der er sich um eine Bestandsaufnahme der chinesischen Historiographie im Vergleich zur Geschichtsschreibung im Ausland bemühte. Aus der Tatsache, dass China sich nunmehr nicht als Zentrum der Weltzivilisation fühlen konnte, sondern die westliche Kultur eindeutig die Welt dominierte, zog er für die chinesischen Historiker den Schluss, dass sie sich den neuen methodischen Herausforderungen stellen müssten:

> „Die Historiker früherer Generationen gingen nicht darüber hinaus, die Fakten aufzuschreiben. Die Historiker der heutigen Welt müssen die Beziehungen der festgehaltenen Tatsachen erklären sowie ihre Ursachen und Folgen. Die Historiker früherer Generationen gingen nicht darüber hinaus, die Umstände des Aufstiegs und Niedergangs von ein, zwei mächtigen Personen zu beschreiben. Obwohl man sie [ihre Werke] dem Namen nach als Geschichte bezeichnete, so gingen sie nicht über die Genealogien eines Menschen und einer Familie hinaus. Die heutigen Historiker müssen den Fortschritt in den Aktivitäten der Gesamtheit aller Menschen analysieren, nämlich die Erfahrungen des gesamten Staatsvolkes und die Beziehungen untereinander."[83]

---

[79]   Vgl. Ji Wen (1994), S. 29 f.; A. Schneider (1997), S. 68–73; Q.E. Wang (2000), S. 45.
[80]   Liang Qichao (1936f), S. 128.
[81]   Liang Qichao (1936f), S. 128.
[82]   Liang Qichao (1897), S. 2214. Vgl. auch Hettling (2003).
[83]   Liang Qichao (1936c), S. 1. Vgl. dazu Zhang Qizhi (1996), S. 81.

Yü Ying-shih meint allerdings einschränkend, dass Liang Qichao 1901 die chinesische Geschichte noch nicht vollkommen als „Nationalgeschichte" betrachtete, da er sie nicht in die Geschichte einzelner Länder einreihte, sondern immer am Westen in seiner Gesamtheit maß. Für ihn blieb China zunächst mehr noch eine Zivilisation als eine Nation.[84] Einen Schritt weiter ging Liang Qichao erst im folgenden Jahr, als er seine Kritik an der dynastischen Geschichtsschreibung und seine Gedanken über eine historiographische Reform in der Schrift „Neue Geschichtswissenschaft" (*Xin shixue*) zusammenfasste, die er in der von ihm im Vorjahr gegründeten Zeitschrift „Journal des Neuen Bürgers" (*Xinmin congbao*) veröffentlichte. Den früheren Gelehrten warf er vier Denkfehler vor: Erstens seien sie nur von den regierenden Dynastien ausgegangen, nicht aber vom Staat als solchem. Inhaltlich konzentrierten sie sich nur auf Aufstieg und Fall einzelner Herrschergestalten.[85] Liang Qichao kritisiert, dass man in China nicht zwischen Dynastie und Staat unterscheide, sondern das regierende Herrscherhaus mit dem Staat identifiziere. Entsprechend beschränkten sich die vierundzwanzig Dynastiengeschichten hauptsächlich auf Genealogien der Herrscherhäuser. Zweitens hielten die traditionellen Geschichtswerke aufgrund ihrer überwiegend annalistischen und biographischen Methodik nur die Aktivitäten einzelner Persönlichkeiten fest, äußerten sich aber nicht über China als Gemeinschaft. Daher sei auch das nationale Bewusstsein in China unterentwickelt. Drittens stehe in den Geschichtswerken immer nur die Vergangenheit im Mittelpunkt. Die Geschichte einer Dynastie werde immer nur nach deren Ende geschrieben. Die Historiker sammelten nur lebloses Faktenmaterial und setzten sich nicht mit den aktuellen Geschehnissen ihrer Zeit auseinander. Viertens fehle in den traditionellen ereignisgeschichtlichen Darstellungen ein theoretischer Ansatz.[86]

Aus seiner Feststellung, dass die traditionelle dynastische Geschichtsschreibung nicht die Rolle des Volkes und das nationale Bewusstsein erfasst habe, zog Liang Qichao auch politische Schlussfolgerungen. Da die Geschichtsschreibung „der Spiegel des Staatsvolkes und die Quelle eines patriotischen Herzens" sei, leiste sie einen wichtigen Beitrag zum Nationalismus. Der Qing-Regierung warf er ihre Vernachlässigung vor. Daher fehle in China der nationale Zusammenhalt und es gebe keinen Fortschritt.[87] Eine grundlegende Veränderung der chinesischen Geschichtsschreibung erschien Liang Qichao daher notwendig. Er sprach sogar von einer „Revolution der Geschichtswelt".[88] Aufgabe der Geschichtsschreibung sei es, im Rückblick auf die Vergangenheit die Prinzipien des Fortschritts aufzuzeigen.[89]

---

[84]   Yü Ying-shih (1994), S. 158.
[85]   Liang Qichao (1980), S. 4 f.
[86]   Liang Qichao (1980), S. 4–6. Vgl. dazu auch Li Zehou (1979), S. 432–34.
[87]   Liang Qichao (1980), S. 3.
[88]   Liang Qichao (1980), S. 9. Zur Bedeutung dieser Revolution der Geschichtsschreibung vgl. auch Mittag (1997), S. 363.
[89]   Liang Qichao (1980), S. 10.

Die Einführung eines solchen linearen, progressiven Geschichtsbildes führte auch zu einer neuen Periodisierung nach westlichem Vorbild, die aus einer alten, mittelalterlichen und modernen Epoche bestand. Sie war bereits von dem japanischen Historiker Naka Michiyo (1851–1908), dessen Werk seit 1902 in chinesischer Übersetzung vorlag, auf die chinesische Geschichte angewandt worden.[90] Liang Qichao konkretisierte die neue Dreiteilung der chinesischen Geschichte als die Altertumsphase eines chinesischen China (*Zhongguo zhi Zhongguo*) bis zur Gründung des Kaiserreiches im Jahre 221 v.Chr., als eine mittelalterliche Periode eines asiatischen China (*Yazhou zhi Zhongguo*) bis 1800 und seitdem als die moderne Phase eines China in der Welt (*shijie zhi Zhongguo*), in der sich die Völker Chinas (*Zhongguo minzu*) zusammen mit allen Völkern Asiens (*quan Yazhou minzu*) in Konkurrenz mit den Leuten aus dem Westen (*xiren*) befänden.[91] Liang Qichao bemängelte die dynastische Struktur der klassischen Historiographie, in der die Geschichte des Staatsvolkes (*guomin*) vollkommen ignoriert werde. Er band Chinas Nationsbildung an die Entwicklung eines linearen Geschichtsbildes.[92]

Eine wichtige gedankliche Grundlage für die Nationalgeschichtsschreibung der Republikzeit legte Liang Qichao mit der Propagierung seines Konzepts eines „großen Nationalismus" (*da minzuzhuyi*) im Gegensatz zum „kleinen Nationalismus" (*xiao minzuzhuyi*) der antimandschurischen Revolutionäre, der nach 1911 an Bedeutung verlor. Nur ein Hanchinesen und Mandschu gleichermaßen einschließender Nationalismus könne beide zu einem Staatsvolk zusammenschließen und einen stabilen Staat garantieren.[93] Der multiethnische Charakter Chinas musste aus Liang Qichaos Sicht auch im modernen Staat erhalten bleiben. Die Nation umfasse in der Gegenwart die Hanchinesen und ihre ehemaligen zentralasiatischen Nachbarvölker, wie sie während der Periode des Mittelalters über Jahrhunderte hinweg zu einer politischen Einheit gefunden hätten, die sich nun in der Rivalität mit den westlichen Nationen behaupten müsse.[94] Der Vielvölkerstaat bilde folglich den Ausgangspunkt jeglicher modernen Nationalgeschichte Chinas.

Liang Qichao hatte mit seiner „Neuen Geschichtswissenschaft" die dynastische Historiographie diskreditiert und zu ihrer kritischen Überprüfung aufgerufen. Diese erfolgte zunächst in der Gestalt einer „Reorganisation der Vergangenheit" (*zhengli guogu*). Der an der Columbia University promovierte Historiker, Philosoph und Literaturkritiker Hu Shi (1891–1962), der 1917 nach China zurückgekehrt war und seitdem an der Beijing-Universität lehrte, rief seine Studenten zu einer kritischen Auseinandersetzung mit der gesamten literarischen Tradition Chinas auf. Er gab 1919 mit der Verwendung des Begriffs der „Reorganisation

---

[90]   Vgl. Q.E. Wang (2000), S. 45.
[91]   Yü Ying-shih (1994), S. 157 f. Vgl. dazu auch Karl (1998), S. 1098.
[92]   Vgl. Duara (1995), S. 33 f.
[93]   Vgl. Tang Wenquan (1993), S. 91–95; An Jingbo (1999), S. 281 ff.
[94]   Vgl. Chang Hao (1971), S. 261 f.; Duara (1995), S. 35.

der nationalen Vergangenheit" einer Forschungsrichtung den Namen, die bis Anfang der dreißiger Jahre überlebte.[95] Hu Shi berief sich dabei auf Liang Qichao,
der ihm eine neue Welt eröffnet habe.[96] Er stimmte auch mit Liang Qichao darin
überein, dass China einen eigenständigen Charakter entwickeln müsse, wie er
ihn im amerikanischen Vorbild verwirklicht fand.[97]

Eine wichtige Voraussetzung für die Ausbildung eines solchen eigenständigen Charakters in China sah Hu Shi in der systematischen Neuordnung der nationalen Vergangenheit, wie er sie 1922 im Vorwort zu der von ihm an der Beijing
Universität gegründeten „Vierteljahreszeitschrift für nationale Studien" (*Guoxue
jikan*) der Öffentlichkeit vorstellte.[98] Zwar warnte er davor, die ursprüngliche
Gestalt jeder geistesgeschichtlichen Periode im Zuge der kritischen Überprüfung
ihrer Quellenmaterialien zu zerstören;[99] dennoch sei es besser, „das Alte durch
Zweifel als durch Vertrauensseligkeit zu verlieren."[100]

Die Beziehung zwischen Geschichtsmaterial und Geschichtsinterpretation
fasste Hu Shi in seinem berühmt gewordenen Schlagwort von der mutigen Hypo-
thesenbildung und der sorgsamen Beweisführung zusammen (*dadan de jiashe,
xiaoxin de qiuzheng*) – eine Vorgehensweise, die er bei den Historikern Chinas
grundsätzlich vermisste. Da die Geschichtsmaterialien niemals vollständig sein
könnten, seien sowohl eine strenge Beurteilung der Geschichtsmaterialien wie
auch die Kunst kühner Einbildungskraft gefordert, um die Lücken zu füllen. Zudem bedürfe es der Vorstellungskraft des Historikers, um die Quellen zu erläutern.
Denn zur Ordnung der Geschichtsmaterialien gehöre auch ihre Interpretation.[101]

Einen wichtigen Aspekt dieser neuen Nationalgeschichte stellt auch ihre erwartete „demokratisierende" Wirkung dar. Da sie sich im Rahmen der Neuen-
Kultur-Bewegung (1915–25) entwickelte, wurde sie nicht mehr im klassischen
Chinesisch geschrieben. Ihre Wirkung beschränkte sich nicht mehr auf die gebildete Oberschicht, sie war einer breiteren Leserschaft zugänglich. Ihr organisato-
rischer Ausgangspunkt bildete auch nicht mehr – wie bei Liang Qichao – Japan.
Sie nahm ihren Ursprung in Beijing und fand dank des bereits Anfang der zwanziger Jahre weitverzweigten Universitäts- und Schulnetzes landesweit Anhänger.[102] Hu Shi bezeichnete die am Projekt der Neuordnung beteiligten Forscher
als „Vermittler" (*yunshu ren*) der Vergangenheit gegenüber dem Volk.[103] Er
selbst schrieb zwar 1919 mit seinem „Grundriss der Geschichte der chinesischen

---

[95] Hu Shi (1919), S. 11. Vgl. dazu auch Eber (1968), S. 175 f. Zum zeitlichen Rahmen vgl.
Yü Ying-shih (1994), S. 164; Wang Zijin (2002), S. 42 f.
[96] Vgl. Chang Hao (1971), S. 6.
[97] Hu Shi [1921], in: Chun Xia (1993), S. 24.
[98] Vgl. dazu Grieder (1970), S. 160–66.
[99] Hu Shi (1992), Bd.1, S. 294.
[100] Gu Jiegang (1926–41), Bd.1, S. 22 f.
[101] *Hu Shi de riji* (1985), S. 185. Vgl. dazu auch Q.E. Wang (2000), S. 46 f.
[102] Yü Ying-shih (1994), S. 164 f.
[103] Hu Shi (1921), S. 116.

Philosophie" (*Zhongguo zhixue shi dagang*) ein Werk im Sinne der *guoku*-Tradition, setzte jedoch seine Vorstellungen – abgesehen vom Journal *Guoshi ji-kan* – nicht literarisch und organisatorisch um. Hu Shi verfasste ebenso wenig wie Liang Qichao eine Nationalgeschichte Chinas. Er gründete auch keine Studiengesellschaft oder initiierte eine Bewegung, wie sie Gu Jiegang ein Jahrzehnt später mit seiner *Gushibian*-Sammlung ins Leben rief. Die Neuordnung der Nationalgeschichte blieb ein Slogan, den sogar Hu Shi mit der Zeit unterschiedlich interpretierte.[104] Er war kein Ikonoklast, sondern wollte zunächst die chinesische Tradition wiederbeleben. In den dreißiger Jahren wandte er sich jedoch entschlossen von der nationalen Vergangenheit ab und trat für eine vollkommene Verwestlichung als Rettung für die rückständige chinesische Kultur ein.[105]

Erst sein Schüler Gu Jiegang (1893–1980) gab Hu Shis Idee einer wissenschaftlichen Rekonstruktion der nationalen Vergangenheit einen organisatorischen Rahmen und verschärfte die kritische Grundhaltung seines Lehrers zu einer umfassenden Kritik am Altertum. Einen wichtigen Anstoß dazu hatten ihm nicht zuletzt Hu Shis Vorlesungen zur Geschichte der chinesischen Philosophie gegeben, in denen dieser die Geschichte erst mit Laozi und Konfuzius beginnen ließ. Hu Shi betrachtete die gesamte Genealogie der vorkonfuzianischen Weisen als historisch unhaltbar. An diesem Punkt setzte Gu Jiegang mit seinen Forschungen an und entwickelte sich bald zum „geistigen Führer" der Altertumskritiker.[106] Seine 1923 veröffentlichte These, dass es sich bei dem Großen Yu – dem legendären Gründer der Xia-Dynastie – um keine historische Figur handele, entfachte eine heftige Diskussion über die alte Geschichte, die er unter dem Titel „Diskussionen über das Altertum" (*Gushi bian*) in sieben zwischen 1926 und 1941 herausgegebenen Sammelbänden mit insgesamt 359 Beiträgen dokumentierte.[107] Im Mittelpunkt der *Gushibian*-Reihe standen die Fragen nach der Authentizität der Klassiker sowie nach einer Unterscheidung zwischen Mythos und quellenmäßig gesicherter Geschichte.[108] Gu Jiegang plädierte für eine rein historisierende Sicht der Vergangenheit. Die Männer des Altertums sollten ebenso Männer des Altertums bleiben und nicht Führer der Gegenwart werden wie die alte Geschichte keine moralische Lehre für die Gegenwart und die klassischen Bücher nicht Gesetzesquellen für die Gegenwart darstellen sollten.[109] Gu Jiegang nahm den Klassikern damit auch die religiöse Bedeutung, die ihnen von den Ge-

---

[104]   Vgl. Hummel (1929), S. 716; Eber (1968), S. 173–75; L.A. Schneider (1971), S. 31–33.

[105]   Vgl. A. Schneider (1997), S. 95.

[106]   Q. E. Wang (2001), S. 64; Wang Zijin (2002), S. 51–83. Vgl. zur Bewegung der Altertumszweifler auch ausführlich Peng Minghui (1991).

[107]   Vgl. Richter (1992), S. 178–81, 201.

[108]   Eine frühe Würdigung dieser Leistung im Westen erfolgte durch Arthur W. Hummel bereits im Jahre 1929 in einem Beitrag zur *American Historical Review*. Vgl. Hummel (1929), bes. S. 718–23. Vgl. auch Sun Zhihua (1986), Gao Zengde (1993).

[109]   Gu Jiegang, „Gushibian xu", in: Gu Jiegang (1926-41), Bd. 4 (1933), S. 13 f.

lehrten der Neutextschule verliehen worden war.[110] Er betrachtete sie einfach als historisches Material zur Darstellung früherer Gesellschaften.[111] Nichts Mysteriöses verberge sich hinter diesen Büchern.[112]

Gu Jiegangs textkritischer Umgang mit den Klassikern führte ihn zu einer Neubewertung des chinesischen Altertums. Seine zentrale „Stratifikationsthese" besagte, dass jüngere Quellentexte die beschriebene Geschichte des Altertums in frühere Perioden zurücklegten als Texte älteren Datums. Den Verfassern solcher Texte warf Gu Jiegang vor, meist besser über die ferne legendäre Vergangenheit Bescheid zu wissen als über ihre eigene Zeit. Er war überzeugt, dass diese späten Berichte über ein Goldenes Altertum gefälscht worden seien, um die Herrschaftsverhältnisse ihrer jeweiligen Zeit zu legitimieren.[113] Die Periode der „Drei Dynastien" (Xia, Shang und Zhou) bezeichnete Gu Jiegang als legendäre Vergangenheit. Diese Erkenntnis führte ihn zu einem grundsätzlichen Misstrauen gegenüber klassischen Geschichtswerken. So bezweifelte er nicht nur deren Darstellung des Altertums als Goldenes Zeitalter, sondern auch ihre Behauptung einer historischen Einheit des chinesischen Volkes und seines Territoriums.[114]

Im Gegensatz zum exklusiven Rassebegriff des antimandschurischen Revolutionärs Zhang Binglin, der um die Jahrhundertwende die Qing-Dynastie als Vertreterin einer fremden Rasse abgelehnt und ihre Herrschaft als zerstörerisch für die chinesische Kultur bezeichnet hatte,[115] ging Gu Jiegang in den zwanziger Jahren von einem positiven „barbarischen" Einfluss anderer Völker auf die chinesische Geschichte aus und führte ihre Beiträge zur Entwicklung der chinesischen Kultur als Forschungsthema in die Geschichtsdiskussion ein.[116] Auf der Grundlage eines inklusiven Volksbegriffes entwickelte Gu Jiegang die These, dass das „barbarische Element" wiederholt den Untergang Chinas verhindert habe, und erläuterte dies am Beispiel des am Ende der Han-Dynastie aus Indien eingeführten Buddhismus.[117] Den historischen Beitrag der Barbarenvölker bezeichnete er wörtlich als „infusion of new blood".[118] Auch in der aktuellen Krisenlage Chinas setzte er auf das Entwicklungspotential der Völker in den Randzonen des Landes, da deren Kultur nicht wie die chinesische Hochkultur alt und verkommen sei, sondern aus ihrer Rückständigkeit durch den Aufbau eines modernen Erziehungssystems befreit werden müsse – eine Maßnahme die ebenso

---

[110] Über die Alttext-/Neutextkontroverse in der Periode zwischen den 1890er Jahren und 1940er Jahren siehe ausführlich van Ess (1994).

[111] Vgl. dazu auch Richter (1992), S. 182 f.

[112] Gu Jiegang, „Gushibian xu", in: Gu Jiegang (1926–41), Bd. 4 (1933), S. 10.

[113] Vgl. Richter (1992), S. 184–86.

[114] Vgl. Wang Xuhua (1998), S. 6.

[115] Vgl. Laitinen (1990), S. 77–89. Zhang Binglins Antimandschurismus wird auch mit seiner intensiven Beschäftigung mit den Ming-Loyalisten des 17. Jahrhunderts begründet. Vgl. dazu Hao Chang (1987), S. 104.

[116] Siehe unten Kap.6.

[117] Gu Jiegang (1923), Bd. 1, S. 90. Vgl. dazu auch L.A. Schneider (1971), S. 263–66.

[118] Ku Chieh-kang (1931), S. 167.

für die breite hanchinesische Bevölkerung nützlich sein könne. Der Zustand der
Hinfälligkeit gelte nur für die alte Elitenkultur, nicht die Masse der einfachen
Chinesen, die ebenso wie die anderen Völker erst einmal einem pädagogischen
Heilungsprozeß unterzogen werden müsse. Auch für Gu Jiegang war China näm-
lich krank.[119] Für seine Gesundung vertraute er freilich auf die eigene Kraft der
Völker Chinas. Im Gegensatz zu Hu Shi suchte er niemals in einer Verwestli-
chung den Ausweg aus der chinesischen Staatskrise.[120]

Gu Jiegang sah China als Staat durch Japan und den Westen bedroht und das
Leben der Bevölkerung durch fehlende Aufklärung und Bildung sowie durch
ungesunde Verhältnisse gefährdet. Im Gegensatz zu den *Guocui*-Nationalisten
fürchtete er aber nicht den Verlust der chinesischen Identität, an deren Tragfä-
higkeit er auch für das 20. Jahrhundert festhielt.[121]

Auf der Grundlage einer wissenschaftlich geläuterten, rekonstruierten Vergangenheit ließ sich eine Nationalgeschichte schreiben. Gu Jiegang wurde wiederholt von seinen Freunden dazu aufgefordert, dies zu tun. Er räumte zwar das
Fehlen eines solchen Werkes ein und versprach sich davon auch die Klärung der
Frage, ob sich die chinesische Rasse in einer Periode des Zerfalls befinde, beschränkte sich jedoch auf eine gemeinsam mit Shi Nianhai geschriebene „Geschichte der territorialen Veränderungen Chinas" (*Zhongguo jiangyu yange shi*),
die 1938 erschien und sich der Beantwortung der von ihm an eine Nationalgeschichte gestellten Frage widmete. In diesem Werk dominiert die Perspektive des
Han-Volkes, dem es im Verlauf seiner geschichtlichen Entwicklung trotz der
Auseinandersetzungen mit den Barbarenvölkern immer wieder gelungen sei, sich
selbst zu bewahren. Im Vorwort charakterisieren die beiden Autoren die Hanchinesen als „erstes Volk" (*xianmin*) mit der Fähigkeit, bis in die Gegenwart hinein
sorgfältig seine Geschicke in die Hand zu nehmen.[122] Dieses Bild eines sich kulturell immer wieder durchsetzenden, fremde ethnische Einflüsse integrierenden
Han-Volkes entsprach nicht zuletzt der seit den späten zwanziger Jahren dominierenden Guomindang-Ideologie von der politischen Einheit der Bevölkerung
Chinas als Staatsvolk (*guozu*).[123] Dennoch war Gu Jiegang nicht bereit, dieser
Parole die historische Wahrheit zu opfern. Nur eine auf wirklichen Tatsachen ba-
sierende Vernunft könne das Staatvolk zusammenhalten.[124]

Gu Jiegang forderte die Intellektuellen seiner Zeit auf, selbstbewusst die Einflüsse eines traditionellen chinesischen Forschergeistes mit den neuzeitlichen

---

[119]   Gu Jiegang, Gushibian xu, in: Gu Jiegang (1927–41), Bd. 1, S. 89 f.
[120]   Vgl. Richter (1992), S. 198 f.
[121]   Richter (1992), S. 199.
[122]   Gu Jiegang (1999), S. 1.
[123]   L.A. Schneider (1971), S. 260 f.; Mackerras (1994), S. 58 f.
[124]   L.A. Schneider zitiert hierzu Gu Jiegangs Vorwort zu der von ihm herausgegebenen Zeit-
        schrift *Shixue jikan* (Vierteljahresschrift der Geschichtswissenschaft, Untertitel: Historical
        Journal) von 1936. Vgl. L.A. Schneider (1971), S. 261.

westlichen Wissenschaftsmethoden zu kombinieren.[125] Die aus der *Gushibian*-Bewegung entwickelte überkritische Haltung führte unter den chinesischen Wissenschaftlern zu einer allgemeinen Überzeugung, dass die historischen Texte für eine Rekonstruktion der chinesischen Geschichte nicht genügten. Der Beitrag des Universalgelehrten Wang Guowei (1877–1927) für die Schaffung einer chinesischen Nationalgeschichte lag darin, dass er der grundsätzlichen Quellenskepsis durch den Vergleich der Schriftquellen mit materiellen Quellenfunden aus archäologischen Forschungsprojekten begegnete. Ihm gelang die Synthese zwischen einer starken Verwurzelung in der chinesischen Historiographie und einer Nutzung moderner westlicher Untersuchungsmethoden. Wie die meisten Gelehrten in der Übergangsphase von der Qing-Dynastie zur Republik beschäftigte ihn dabei besonders das Verhältnis zwischen westlicher und chinesischer Kultur, deren Schicksal er eng miteinander verbunden sah. In der gegenseitigen Anerkennung und in einem beidseitigen offenen Austausch lag aus seiner Sicht der Schlüssel zur modernen Wissenschaft.[126] Wang Guowei trug persönlich dazu bei, indem er nach 1912 für seine historisch-archäologischen Studien auf die umfangreichen Materialfunde der europäischen Expeditionen im Nordwesten Chinas zurückgriff. Aurel Stein hatte während seiner beiden ersten Zentralasienexpeditionen (1900–1901, 1906–1908) Holztafeln sowie im Jahre 1906 in Dunhuang buddhistische Manuskripte entdeckt. Ein Jahr später machte Paul Pelliot weitere Funde ähnlicher Art.[127] Zu den großen archäologischen Entdeckungen dieser Periode gehörten Orakelknocheninschriften der späten Shang- und frühen Zhou-Dynastie (13.–11. Jahrhundert v.Chr.) aus den Yin-Ruinen bei Anyang, in Ostturkestan gefundene Bambusstreifen und Holztafeln der Han- und Wei-/Jin-Periode (206 v.Chr.–420 n.Chr.), tangzeitliche Schriftrollen aus den Höhlen von Dunhuang in Gansu sowie die von Wang Guoweis Mentor Luo Zhenyu 1921 vor der Altpapiervernichtung geretteten Akten des ming- und qingzeitlichen Inneren Kabinetts (*neige*).[128] Solche Funde erlaubten eine vollkommene Revidierung des traditionellen chinesischen Geschichtsbildes.

Wang Guowei nutzte die Gunst der Stunde und stieg zu einer internationalen Autorität für eine wissenschaftlich abgesicherte alte Geschichte auf.[129] In den zwanziger Jahren gehörte er zu jenen chinesischen Gelehrten, welche die frühesten wissenschaftlichen Studien über die Orakelinschriften veröffentlichten.[130] Die beschrifteten Orakelknochen waren bei den Ausgrabungen der Ruinen der letzten Hauptstadt der Shang-Dynastie zum Vorschein gekommen, die seit 1888 im Nordwesten des Kreises Anyang in Henan durchgeführt und seit Ende der zwanziger Jahre vom Institut für Geschichte und Philologie auch archäologisch

---

[125] Chen Qitai (1999), S. 536 ff.

[126] Wang Guowei, Vorwort zur *Guoxue zongkan* zitiert nach Zhang Qizhi (1996), S. 122.

[127] Bonner (1986), S. 164 f.

[128] Feng Erkang (1986), S. 90 f.; Bonner (1986), S. 166.

[129] Bonner (1986), S. 169.

[130] Vgl. dazu A. Schneider (1997), S. 83.

exakt dokumentiert wurden. Mit seiner Arbeit über die Genealogie der Shang-Könige bewies Wang Guowei nicht nur den Wert der Orakelknochen als wissenschaftliches Quellenmaterial, sondern belegte außerdem die Textquellen über diese Zeit. Anhand seiner Forschungen konnten die Shang-Genealogie zusammengestellt und eine Datierungsmethode für die Orakelknochen gefunden werden.[131]

Wang Guowei übersetzte zudem die Forschungsergebnisse von Aurel Stein und nutzte einen Aufenthalt in Kyoto, um Steins Fundorte in den klassischen chinesischen Quellen zu identifizieren. Er bearbeitete technische Fragen wie die nach dem Zusammenhang zwischen Textgattung und Größe der Holztafeln und Bambusstreifen, nach ihrer Aufbewahrungsweise, nach den verwendeten Schreibgeräten und nach verwandten Schriftarten.[132] In seiner zusammen mit Luo Zhenyu 1914 herausgegebenen Studie „Holztafeln vergraben im wandernden Sand" (*Liusha zhuijian*) rekonstruierte Wang Guowei die Verteidigungslinien und Militäreinrichtungen im äußersten Westen der Großen Mauer, die entstanden waren, als sich die Han-Dynastie auf dem Höhepunkt ihrer Reichsexpansion befand.[133] Pionierarbeit leistete Wang Guowei ebenso in der Berichterstattung über die vorwiegend tangzeitlichen Textrollen aus den Höhlen von Dunhuang. Seine Beschäftigung mit den neu entdeckten archäologischen Materialien brachte ihn zu der Überzeugung, dass die überlieferten Schriftquellen sich mit Hilfe solcher Funde überprüfen und ergänzen ließen. Dies bildete den Kern seiner berühmten Methode einer doppelten Beweisführung (*er zhong zhengju fa*).[134] Die Einbeziehung der archäologischen Materialien mit Hilfe der doppelten Belegmethode ermöglichte auch die Entwicklung neuer Fragestellungen und die Unterscheidung zwischen Legenden und historischen Begebenheiten.[135] Wang Guowei teilte den radikalen Skeptizismus der Altertumszweifler um Gu Jiegang nicht, die alles als gefälscht ablehnten, was sich nicht eindeutig beweisen ließ.[136] Umgekehrt lobte Gu Jiegang, der seit 1922 im persönlichen Austausch mit ihm stand,[137] zwar in Wang Guoweis Geschichtsforschung „den nach Wahrheit suchenden Geist, die objektive Haltung, den Reichtum an Quellenmaterialien und die umfassende, harmonische Analyse", mit der er einen „neuen, bedeutenden Forschungsweg eröffnet" habe,[138] kritisiert aber seine orthodoxe Darstellung des Altertums.[139]

---

[131]　Bonner (1986), S. 177–90; Kogelschatz (1985), S. 48–51.

[132]　Bonner (1986), S. 165–68.

[133]　Vgl. dazu Bonner (1986), S. 169.

[134]　Vgl. dazu Zhang Qizhi (1996), S. 226; Wang Zijin (2002), S. 383–86.

[135]　Vgl. Zhang Qizhi (1996), S. 227.

[136]　Wang Guowei (1925), S. 265.

[137]　Wang Xuhua (1990), S. 1017 f.

[138]　Gu Jiegang zitiert nach Zhang Qizhi (1996), S. 229. Gu schrieb 1928 auch einen Aufsatz zum Gedenken an Wang Guowei, der in der *Wenxue zhoubao* veröffentlicht wurde. Vgl. dazu auch Richter (1992), S. 188 f. Eine gute Zusammenfassung der Verdienste Wang Guoweis um eine neue Geschichtswissenschaft bietet Xing Yulin (1991). Vgl. auch Yü

Systematisch erfasst wurden die von Wang Guowei in die Historiographie eingeführten archäologischen Quellen in den dreißiger Jahren im Rahmen der Forschungsorganisation, die Fu Sinian (1896–1950) aufbaute. Er gehörte zusammen mit seinem Lehrer Hu Shi und seinem Studienfreund Gu Jiegang zum Kern der sog. Beida-Gruppe an der Universität Beijing.[140] Nach seinem Universitätsexamen setzte er nicht – wie Gu Jiegang – sein Engagement in der Neuen Kulturbewegung fort, sondern entschied sich im Winter 1919 für ein Auslandsstudium. Der Einfluss seiner Erfahrungen in London und Berlin, wo er Psychologie, Chemie, Physik, Mathematik und vergleichende Philologie studierte, zeigte sich nach Fu Sinians Rückkehr Ende 1926 in seiner Forderung, die modernen naturwissenschaftlichen Methoden für die Geschichtsforschung zu nutzen. Schon Gu Yanwu habe im 17. Jahrhundert für seine historischen Studien Ergebnisse aus der Topographie herangezogen. Wie viel größer erst sei der Beitrag, den die moderne Geologie, Geographie, Archäologie, Biologie, Meteorologie und Astronomie leisten könnten![141]

Während Wang Guowei, Hu Shi und Gu Jiegang sich um die methodische Entwicklung einer Nationalgeschichtsschreibung verdient machten, liegt Fu Sinians Beitrag vornehmlich im organisatorischen Bereich. Seine Hervorhebung der zentralen Bedeutung von Philologie und Primärquellen für die Geschichtsschreibung setzte er 1927 bei der Gründung des Instituts für Geschichte und Philologie an der Zhongshan-Universität in Guangzhou organisatorisch um. Die Verlegung des Instituts nach Beijing als Teil der Academica Sinica verwandelte es in eine nationale Forschungseinrichtung.[142] Fu Sinian unterteilte das Institut in drei Forschungsabteilungen: Geschichte, Philologie sowie Archäologie und Anthropologie.[143] Ziel des Instituts sollte es sein, China zur wissenschaftlichen Interpretation der eigenen Geschichte auf einem internationalen Niveau zu verhelfen und dadurch zur Verbesserung der chinesischen Stellung in der Welt beizutragen. Die chinesischen Forscher sollten ihren ausländischen Kollegen zuvorkommen und alle Quellenarten (schriftlich sowie archäologisch) sammeln, um selbst die chinesische Geschichte interpretieren und damit Chinas Vergangenheit erneuern zu können.[144] Zu den zahlreichen von Fu Sinian organisierten Projekten gehörte die Sammlung und Herausgabe der umfangreichen Archivmaterialien der Ming- und Qing-Dynastien. Bereits 1930 erschien eine erste zehnbändige Ausgabe die-

---

Ying-shih (1994), S. 168. Zum Einfluß Wang Guoweis auf Gu Jiegang siehe Wang Xuhua (1988), S. 2 f.

[139] Richter (1992), S. 167.

[140] Vgl. Peng Minghui (1995), S. 139 f.

[141] Vgl. Zhang Qizhi, S. 247.

[142] Über Fu Sinians Rolle bei der Entwicklung des Instituts vgl. ausführlich Wang Fan-sen (2000), S. 74–79.

[143] Vgl. Yü Ying-shih (1994), S. 169; Q.E. Wang (2001), S. 124 f.

[144] Fu Sinian, „Lishi yuyan yanjiusuo gongzuo zhi zhiqu" [1927], in: Fu Sinian (1980), Bd. 4, S. 254.

ser wertvollen Archivquellen.[145] Im Gegensatz zur grundsätzlich skeptischen Haltung des Altertumskritikers Gu Jiegang legte Fu Sinian den Schwerpunkt seiner Arbeit auf eine konstruktive Aufarbeitung der alten Geschichte mit Hilfe moderner wissenschaftlicher Methoden. In den dreißiger Jahren organisierte er mehrere archäologische Veröffentlichungsprojekte,[146] die sich zum Teil auch auf Funde aus den nordwestlichen Landesteilen bezogen: etwa die Herausgabe und Transkription der von der sino-schwedischen Expedition Sven Hedins gefundenen hanzeitlichen Holztäfelchen oder die Überarbeitung der Dunhuang-Manuskripte. Zu den Forschungsfeldern der philologischen Abteilung gehörten vergleichende Studien der sino-tibetischen Sprachfamilie. Die anthropologischen und ethnologischen Arbeiten des Instituts konzentrierten sich auf die Völker Südwestchinas.[147]

Fu Sinian schrieb zwar keine Nationalgeschichte, der „akademische Hegemon" – wie ihn seine Zeitgenossen auch nannten[148] – beeindruckt aber durch seine großen Verdienste als Wissenschaftsorganisator auf nationaler Ebene. Yü Ying-shih bemerkt kritisch, dass er Wang Guoweis und Hu Shis Ideen zur Sammlung neuer Daten zum Extrem trieb, so dass er in der chinesischen Literatur sogar als „Dataist" bezeichnet wird, der mit Gleichgesinnten die „Data-Schule" der modernen chinesischen Historiographie vertrete.[149] Die von ihm initiierte Forschung richtete sich vor allem an chinesische und internationale Wissenschaftler. Sie galt weniger der Wissensvermittlung gegenüber dem eigenen Volk. Angesichts der politischen Krisenlage Chinas stieß eine solche Beschränkung auf die akademische Welt allerdings auf zahlreiche Widerstände.

Zu den vehementen Kritikern der Arbeit des Instituts für Geschichte und Philologie gehörte der Historiker Qian Mu (1895–1990).[150] Er verdankte seinen Karrieresprung vom Grund- und Mittelschullehrer in seiner südchinesischen Heimatregion an die führenden Universitäten in Beijing seinem Förderer Gu Jiegang. Gu war auf Qian Mus Forschungen zur Alten Geschichte aufmerksam geworden und vermittelte ihm eine Lehrtätigkeit zunächst an der Yanjing-Universität und 1931 als Professor für Geschichte an der Beijing-Universität.[151] Im Herbst 1933 begann Qian Mu eine Vorlesungsreihe zur „Gesamtgeschichte Chinas" (*Zhongguo tongshi*), wie sie seit 1931 als Pflichtkurs an allen staatlichen Universitäten eingeführt worden war.[152] Bis zu seiner Flucht vor den Japanern im

---

[145] Wang Fan-sen (2000), S. 88–90.
[146] Vgl. Q.E. Wang (2000), S. 54; Wang Fan-sen (2000), S. 82 f.
[147] Vgl. Wang Fan-sen (2000), S. 91.
[148] Vgl. Wang Fan-sen (2000), S. 92.
[149] Yü Ying-shih (1994), S. 169.
[150] Qian Mu hielt eine Vorlesung über die dreihundertjährige Ideengeschichte der Qing-Periode, in der er die moralischen Erfahrungen des Bewusstseins in dieser Periode herausstellte.
[151] Vgl. dazu Dennerline (1988), S. 56; Lin Xiaoqing (1999), S. 38; Li Mumiao (1995), S. 26.
[152] Li Mumiao (1995), S. 27 f.

Jahre 1937 gehörte sie zu seinen Lehrverpflichtungen. Das Vorlesungsmanuskript bildete 1939 die Grundlage für seine umfassende Nationalgeschichte (*Guoshi dagang*), die er zurückgezogen in den Bergen von Yunnan schrieb und 1940 in Shanghai veröffentlichte.[153]

Qian Mu lehnte eine rein wissenschaftliche Professionalisierung der Geschichtsschreibung im Sinne Fu Sinians ab und trat für eine allgemeine Darstellungsform (*quanshi*) ein, bei der die Popularisierung historischen Wissens im Vordergrund stand.[154] Die Aufgabe des Historikers lag aus seiner Sicht in der Herausarbeitung eines eigentümlichen Charakters (*dute jingshen*) und einer Autonomie der chinesischen Geschichte, die aus den moralischen Prinzipien der chinesischen Kultur ableitbar sei.[155] Im Gegensatz zu Liang Qichao, der in der historischen Entwicklung Chinas und des Westens sowohl eine gegenseitige Beeinflussung als auch analoge Entwicklungsformen fand, bestand Qian Mu auf einer vollkommenen Eigenständigkeit der qingzeitlichen Geistesgeschichte, die er als eine Perfektion der songzeitlichen Gelehrsamkeit beschrieb.[156] Jegliche Übertragung westlicher Modelle und universalhistorischer Konzepte lehnte Qian Mu strikt ab. Im *Guoshi dagang* entwickelte er ein eigenes Muster von Expansion und Kontraktion, ausländischer Invasion und Assimilation, imperialem Druck und innerer Verbesserung sowie wirtschaftlicher, sozialer und geistiger Evolution in der chinesischen Geschichtsentwicklung, das vollkommen von den Deutungsweisen und Schemata abweicht, die in der westlichen Historiographie und Geschichtsphilosophie verwendet wurden.[157] Im Westen verhalfen, so sah es Qian Mu, Revolutionen der Kultur des Volkes zum Sieg über einen starken Staat, der die Kultur unterdrückt hatte. In China hingegen habe sich die Kultur immer dann entfalten können, wenn sich auch der Staat als stark erwies.[158] Für die Entwicklung der modernen Wissenschaft sei es daher wichtig, dass der Staat auf einer einheitlichen Gesellschaft aufbauen könne.

Qian Mu geht im *Guoshi dagang* von der Existenz einer besonderen nationalen Identität aus, die sich vor allem in der Gestalt eines (öffentlichen) Pflichtbewusstseins (*zeren*) äußere, wie es die Vorfahren gegenüber dem Staatsganzen

---

[153] Die Initiative ging auf die Nationalregierung in Nanjing zurück. Fu Sinian organisierte den Kurs an der Beijing-Universität, indem er die bis dahin bestehenden 15 Lehrveranstaltungen zu einzelnen Perioden, die von verschiedenen Mitarbeitern gehalten wurden, zu einem Kurs zusammenfassen ließ, der dann Qian Mu übertragen wurde. Vgl. Li Mumiao (1995), S. 29, 77–79.

[154] Qian Mu (1948), Bd.1, S. 3 f.

[155] Qian Mu (1948), Bd. 1, S. 9.

[156] Vgl. dazu Lin Xiaoqing (1999), S. 35 f. Diesen Anspruch äußerte Qian Mu bereits 1931 in dem Buch „Überblick über die nationalen Studien" (*Guoxue gailun*). Vgl. dazu Dennerline (1988), S. 55.

[157] Vgl. Dennerline (1988), S. 66.

[158] Für eine ähnliche Aussage Qian Mus an anderer Stelle siehe van Ess (1994), S. 155 f.

gezeigt hätten.[159] Da dem chinesischen Volk gegenwärtig jegliches nationalge-
schichtliche Wissen (*guoshi zhishi*) fehle,[160] sei es nun die Aufgabe der Historiker, die Bürger mit der Geschichte ihres Staates vertraut zu machen. Erst dann
könnten sie ihren Staat auch von ganzem Herzen lieben. Wenn aber das Volk die
Geschichte seines Landes nicht wirklich verstehe (*zhenshi zhi liaojie*), könne es
auch nicht zur Verbesserung der aktuellen Lage beitragen.[161] Die Botschaft seiner
„neuen Gesamtgeschichte" (*xin tongshi*) bestand darin, dass China trotz seiner
momentanen Schwäche auf eine große Vergangenheit zurückblicken und eine noch
ruhmreichere Zukunft erlangen könne, wenn sein Volk nur für seine nationale
Identität kämpfe.[162] Qian Mus Biograph Jerry Dennerline hat den Geist dieses
modernen Klassikers der chinesischen Nationalgeschichte gut eingefangen:

> „The history Qian Mu produced in this detached setting was a monument to national
> pride. Drawing on the author's familiarity with the histories, the classics, the institu-
> tional compendia and the literature of the past, it describes a pattern of native expan-
> sion and contraction, imperial coercion and amelioration, economic, social and intel-
> lectual evolution over a period of three thousand years. The pattern, according to
> Qian, is China's and it differs from the West's as a poem differs from a drama. The one
> develops in a meter from rhyme to rhyme, always by the same rules; the other develops
> in stages, from act to act, always with a different end plot. The one expands to fill a
> space when it is ordered and disintegrates when it is not. The other progresses from con-
> flict to conflict toward some inevitable tragic conclusion. The historians who tried to
> understand the course of Chinese history by applying Western science were right to look
> for facts. In this regard they surpassed the New Text revisionists. But they failed to
> comprehend that their theories presumed the universality of the dramatic form."[163]

Trotz mancher Zugeständnisse an Darstellbarkeit und Publikumswirkung, wie sie
bei einem nationalpädagogisch gemeinten Werk unvermeidlich waren, stand
auch Qian Mu auf dem Boden der wissenschaftlichen Geschichtsschreibung.
Niemand um 1940 konnte und wollte hinter den Schnitt zurückgehen, den Liang
Qichao zwischen alter und neuer Historiographie gezogen hatte, und textkritischen Errungenschaften der zwanziger und dreißiger Jahre aufgeben.

Beim Schreiben einer Gesamtgeschichte Chinas traten aber unweigerlich
Probleme auf, wie sie die an Detailfragen arbeitenden Experten in viel geringe-
rem Maße betrafen. Das erste dieser Probleme ergab sich aus dem Gewicht der

---

[159] Qian Mu (1948), S. 7. Qian Mu hatte sich erstmals 1927 mit dem Begriff auseinanderge-
       setzt, als er in seiner Rolle als Mittelschullehrer in Suzhou mit den Drei Volksprinzipien
       Sun Yatsens in Berührung gekommen war. Er betrachtete es als erstes politisches Manifest,
       das die Möglichkeit eines solchen besonderen öffentlichen Bewusstseins in China aner-
       kannte. Vgl. Dennerline (1988), S. 55. Hu Shi sprach von einer Loyalität gegenüber dem
       Gemeinwesen (*gong chong*), die im modernen Staat die privaten Loyalitäten (*si chong*) er-
       setzen sollte. Vgl. dazu Grieder (1970), S. 267.
[160] Qian Mu (1948), Bd. 1, S. 1.
[161] Qian Mu (1948), Bd. 1, S. 2.
[162] Qian Mu (1948), Bd. 1, S. 7 f.
[163] Dennerline (1988), S. 66.

Tradition. Prinzipien einer neuen Geschichtswissenschaft zu formulieren, war etwas anderes, als sie in die Praxis des Historikers umzusetzen. Dies wiederum ließ sich nur langsam und mühevoll bewerkstelligen; am deutlichsten hatte Fu Sinian erkannt, dass es dazu eines umfangreichen Forschungsapparates bedurfte. Eine Gesamtgeschichte Chinas konnte sich daher nur punktuell auf halbwegs gesicherte Ergebnisse stützen und hatte es in vielen anderen Bereichen mit einer immensen, im Vergleich zu den meisten europäischen Ländern geradezu überwältigenden historiographischen Literatur zu tun, die aber noch überwiegend ungeprüft und unkommentiert war. Darauf ließ sich teils durch stillschweigende Kapitulation vor dem Vorgefundenen reagieren, teils durch gewagte interpretierende Konstrukte, durch die sich Kenntnislücken überbrücken ließen. In dieser Hinsicht waren sich Qian Mu und seine marxistischen Zeitgenossen nicht ganz unähnlich. Will man den Akzent anders setzen, dann kann man auch sagen, dass die Unsicherheiten der Empirie einen besonders großen Spielraum für politisch nutzbare „Narrative" schufen.

Ein zweites Problem lag in einer Kontinuität der chinesischen Zivilisation, die trotz aller dramatischen Umwälzungen allgemein als eine ungebrochene aufgefasst wurde. Eine Nationalgeschichte Chinas hatte daher ein bedeutend größeres Pensum aufzuarbeiten als die meisten klassischen Nationalhistoriographien Europas. Sie begnügte sich selten damit, erst mit den Beginn zentraler Staatlichkeit im 3. Jahrhundert v. Chr. einzusetzen. Sowohl die historiographische Tradition als auch die Quellenkritik der neuen Geschichtswissenschaft lenkten den Blick auf geradezu verbindliche Weise zurück zu den Anfängen der chinesischen Hochkultur (*zhongyuan wenhua*). Von einer Gesamtgeschichte Chinas wurde daher erwartet, Jahrtausende, nicht bloß Jahrhunderte zu erfassen. Dies hatte zur Folge, dass sich das Interesse an der jüngeren Vergangenheit sozusagen teleskopartig verkürzte.

Drittens lag es im Wesen der aus dem Westen importierten Form der Nationalgeschichte in einem engeren Sinn – und dies unterschied sie von „Gesamtgeschichten" (*tongshi*) als historiographischer Gattung –, dass sie sich nicht mehr nur auf den Ausstrahlungsbereich der zentralen Kultur beziehen konnte, sondern ein umgrenztes Territorium als Rahmen des Beschriebenen voraussetzen musste. Die Historiker kamen daher nicht umhin, sich Gedanken über die räumlichen Voraussetzungen von Nationalgeschichte zu machen. Wer war die Nation, deren Geschichte man schrieb? Wo hatte sie ihren Ort in einer pluralen Staatenwelt? Solche Fragen rückten die Staatskunstautoren des 19. Jahrhunderts in ein neues Licht. Sie hatten bereits die Notwendigkeit zumindest geahnt, den Referenzbereich chinesischer Geschichtsschreibung bis zur Grenze des politisch beherrschten Raumes auszudehnen. Dies erschien in der Republikzeit notwendiger denn je. Es war jedoch nicht länger möglich und erforderlich, unmittelbar an die Vorläufer aus dem 19. Jahrhundert anzuknüpfen. Denn inzwischen war in China eine moderne Wissenschaft vom Raum, eine Geographie, im Entstehen begriffen.

II. HISTORISCHE GEOGRAPHIE ALS NEUES FELD DES WISSENS

1. Voraussetzungen: Zwischen Tradition und Ideenimport

Im Unterschied zu Soziologie und Anthropologie gehörte die Historische Geographie nicht zu den nahezu vollständig vom Westen übernommenen Wissenschaften.[1] Solche modernen Fächer wurden teilweise von ausländischen Gastprofessoren vermittelt. Chinesische Studenten erhielten daher auch in ihrer Heimat eine Ausbildung westlichen Stils an Universitäten, die nach westlichem Vorbild organisiert waren.[2] Die chinesische Soziologie zum Beispiel verdankt ihre frühe Entwicklung ganz dem amerikanischen Einfluss.[3]

Hingegen standen Geographie und Geschichtsschreibung in einer autochthonen chinesischen Tradition. Die Formierung einer modernen Historischen Geographie lässt sich auf das Zusammentreffen von drei Entwicklungen zurückverfolgen: Sie musste sich zunächst von der klassischen Historiographie emanzipieren und zweitens ihre traditonellen Darstellungen räumlicher Veränderungen weiterentwickeln. Drittens orientierte auch sie sich an westlichen Wissenschaftskonzepten. Der Ansatz der klassischen Geographie war historisch; ihre Methode bestand überwiegend in Textuntersuchungen; ihr Zweck war praktisch, da sie im Allgemeinen der kaiserlichen Verwaltung zugeordnet blieb. Der chinesischen Geographie ging es nicht um die reine Beschreibung der natürlichen geographischen Gegebenheiten, sondern um deren Ordnung. Daher nannte man sie „die Ordnung der Erde" (*dili*). Seit der Han-Dynastie enthalten die offiziellen Geschichtswerke auch „geographische Abhandlungen" (*dili zhi*). Sie dienten hauptsächlich der Rekonstruktion von Veränderungen im Raumgefüge (*yange dili*). Inhaltlich beschäftigte sich die Geographie mit der Chronologie des Wandels von politischen Verwaltungseinheiten, von Verkehrsverbindungen und von Wassersystemen. Außerdem informierte sie über die Orte wichtiger historischer Ereignisse. Geographische Darstellungen bestätigten oder korrigierten die territoriale Ordnung der Herrschaftssphäre einer Dynastie. Sie zeigten die Strukturen des Reiches auf. Innerhalb von Geschichtswerken nahm die Geographie einen beachtlichen Umfang ein. In der Enzyklopädie „Vollständige Sammlung von Illustrationen und Schriften aus alter und neuer Zeit" (*Gujin tushu jicheng*) von 1725 gehört sie zu den sechs Hauptbereichen und wird in die vier Unterabteilungen Erde, politische

---

[1]   Vgl. Gransow (1992), S. 14, 26–70; Guldin (1994).
[2]   Zum allgemeinen Hintergrund des Aufbaus der Universitäten siehe Hayhoe (1996), S. 20 f., 29–70.
[3]   So lehrten an der Yanjing-Universität der Chicagoer Soziologe Robert Ezra Park und an der Qinghua-Universität der russische Anthropologe S. M. Shirokogoroff. Vgl. Arkush (1981), S. 21–26.

Einteilungen, Topographie und fremde Länder differenziert. Von den insgesamt zehntausend Kapiteln der Enzyklopädie lassen sich 2.144 der Geographie zuordnen.[4] Dennoch kann man aus der Sicht des Geographen Wang Yong, der in den dreißiger Jahren eine der ersten Geschichten der chinesischen Geographie schrieb, bis zur Begegnung mit der modernen westlichen Geographie im späten 19. Jahrhundert in China kaum von der Existenz einer geographischen „Forschung" sprechen. Traditionell hatte es keine regelmäßigen und systematischen Aufzeichnungen geographischer Daten gegeben. Zudem blieben die geographischen Abhandlungen – wie auch in Europa bis zum 18. Jahrhundert – nach der zeitgenössischen Klassifikation des Wissens Teil der Geschichtsschreibung.[5]

Die traditionelle historische Geographie konzentrierte sich auf die Beschreibung der Veränderungen in der chinesischen Territorialverwaltung. Einen wichtigen Arbeitszweig bildete die Zusammenstellung historischer Atlanten und Karten. Die von Pei Xiu im 3. Jahrhundert aufgestellten Regeln der Kartographie galten bis in die Qing-Zeit. Der Astronom und Geograph schuf als Erster eine Gesamtkarte Chinas. Mit Hilfe der kartographischen Entwicklung ließen sich nicht nur die früheren spekulativen Weltauffassungen relativieren, sondern auch die Vorstellung eines einheitlichen China stärken.[6]

In der Qing-Periode verbreitete sich das Themenspektrum der historischen Geographie. Man konzentrierte sich weniger ausschließlich auf die Darstellung der Evolution des administrativen Systems, sondern erläuterte ebenso geographische Veränderungen und untersuchte die Bedeutung der Vergangenheit für die Gegenwart. Que Weimin meint sogar, dass China in der historischen Geographie des 19. Jahrhunderts keineswegs der westlichen Forschung unterlegen gewesen sei.[7] Er fasst die Periode der Qing-Dynastie mit der Republikzeit in eine Entwicklungsphase zusammen, in der die moderne historische Geographie entstand. Innerhalb dieser drei Jahrhunderte unterscheidet Que Weimin drei Abschnitte: erstens eine textkritische Phase von 1644 bis 1909, zweitens eine Aufbauphase der Historischen Geographie als eigener Forschungsrichtung, die von der Gründung der Geographischen Gesellschaft durch Zhang Xiangwen im Jahre 1909 bis zur Einrichtung der Yugong-Studiengesellschaft durch Gu Jiegang im Jahre 1934 reichte. Die nachfolgenden Jahre bis 1949 bezeichnet er, drittens, als Übergangszeit bis zur Etablierung der Historischen Geographie als Teilgebiet der geographischen Wissenschaften in der VR China.[8]

Die Gelehrten der praktischen Staatskunst (*jingshi*), allen voran Wei Yuan, setzten im Verlauf des 19. Jahrhunderts nicht nur einen tiefgreifenden Wandel innerhalb der Geschichtsschreibung in Gang, sondern gaben auch der Geographie erste Anstöße zur späteren Übernahme moderner Forschungsmethoden. Sie

---

[4]   Tang Xiaofeng (1994), S. 53.
[5]   Wang Yong (1938), S. 1 f.
[6]   Schmidt-Glintzer (1997), S. 62.
[7]   Que Weimin (1995), S. 362.
[8]   Que Weimin (1995), S. 363.

stellten die Geographie ferner Länder vor und führten gleichzeitig westliches geographisches Wissen in China ein. Zwischen 1851 und 1911 wurden über 58 geographische Werke ins Chinesische übersetzt.[9] Die Forschungsreisen bedeutender ausländischer Geographen in China und ihre wissenschaftlichen Resultate unterstützten diese Entwicklung. So unternahm der deutsche Geograph Ferdinand Freiherr von Richthofen zwischen 1868 und 1872 sieben Reisen durch fünfzehn der achtzehn Provinzen.[10] Sein mehrbändiges China-Werk, von dem einige Teile vorab auf Englisch veröffentlicht worden waren, leistete einen wichtigen Beitrag zur physikalischen und ökonomischen Geographie Chinas. Richthofen, der als ausgebildeter Geologe im europäischen Kontext gegen eine ältere länderkundliche Tradition auftrat, forderte eine Neubewertung der Geographie, die bisher nur die Magd der Historie gewesen sei, dank zeitgemäßer naturwissenschaftlicher Untersuchungsmethoden nun aber eine fachlich eigenständige Rolle verdiene.[11] Allerdings konnte sich selbst in Deutschland, der Hochburg der physikalischen Geographie, Richthofens Programm einer naturwissenschaftlichen Erdkunde niemals völlig durchsetzen. Kultur- und anthropogeographische Ansätze wurden weiterhin von namhaften Fachkollegen vertreten und nach der Jahrhundertwende stärker ausgebaut.[12]

In China verbanden sich die Rezeption europäischer Wissenschaft und die Neudefinition der Aufgaben praktischen Gelehrtentums zu einer Ergänzung der traditionellen geographischen Textexegese durch systematische Beobachtungen an der Natur. Ein wichtiger Vorläufer dieser Umorientierung war der bereits als Historiker erwähnte Gelehrte Xu Song. In seinem Werk *Xiyu shuidao ji* (1824) kombinierte er die textkritische Bearbeitung schriftlicher Quellen mit praktischer Feldforschung. Er führte jene Gattung gelehrten Schrifttums, die im frühen 19. Jahrhundert entstand und heute als „Grenzstudie" (*bianjiang xue*) typologisch gefasst wird, zu einem ersten Höhepunkt. Bereits bei Xu Song, der die Gebiete, über die er schrieb, von eigenen Reisen her kannte, ist die Herrschaft klassischer Texte über das geographische Wissen gebrochen.[13] Im 19. Jahrhundert war der Nordwesten für diese Art von Literatur von besonderer Bedeutung. Während der gesamten Qing-Zeit entstanden mehr als 300 Werke über die Nordwestgebiete, davon vier Fünftel allein seit dem Beginn der Daoguang-Periode (1821).[14] Die Integration der verschiedenen Untersuchungsperspektiven war bei einem führenden Autor der Jahrhundertwende wie Wang Guowei so weit fortgeschritten, dass nunmehr Schrift-

---

[9] Vgl. Zhang Qizhi (1996), S. 358; über den wachsenden Einfluß westlicher Geographie im 19. Jahrhundert vgl. ausführlich Zou Zhenhuai (2000).

[10] Die immer noch beste Darstellung der frühen Forschungsreisen in China stammt von Richthofen selbst: Richthofen (1877), S. 273–725.

[11] Vgl. Osterhammel (1987), S. 180 f.

[12] Vgl. Schultz (1989), S. 16, 114 f., 201.

[13] Dazu ausführlich Hu Fengxiang / Zhang Wenjian (1991), S. 34–51; Zhang Qizhi (1996), S. 364–67.

[14] Vgl. Zhang Qizhi (1996), S. 365.

quellen mit Ausgrabungsfunden, chinesische Materialien mit Zeugnissen der Grenzvölker kombiniert sowie gleichermaßen chinesische wie westliche Verfahren der Quellenkritik eingesetzt wurden. Wang Guowei selbst praktizierte und propagierte zudem den methodisch kontrollierten Vergleich zwischen unterschiedlichen Überlieferungssträngen.[15]

Als um die Jahrhundertwende in China der Aufbau akademischer Strukturen nach westlichen (oder westlich geprägten japanischen) Vorbildern begann,[16] wurde von Anfang an die Geographie berücksichtigt. Ein Grund dafür war die eigenständige Entwicklung, die dieser Wissenszweig während der vorausgegangenen Jahrzehnte genommen hatte. Bereits die im Jahre 1898 in Beijing als Vorläuferin der ersten staatlichen Hochschule gegründete „Hauptstädtische Lehranstalt" (*Jingshi daxuetang*) verfügte über das Lehrfach Erdkunde (*dixue*).[17] Gleichzeitig lehrte der Geograph Zhang Xiangwen (1866–1933) von 1899 bis 1903 an der staatlichen Nanyang-Schule (*Shanghai Nanyang gongxue*) in Shanghai. Bei den meisten Neugründungen höherer Lehranstalten wurde die Geographie berücksichtigt. 1920 wurde an der Dongnan-Universität in Nanjing erstmals in China eine Fakultät für Geowissenschaften (*dixuexi*) eingerichtet; diese Universität wurde 1927 in Zhongyang Daxue umbenannt. Die anderen großen Universitäten richteten in den folgenden Jahren geographische Abteilungen ein.

Obwohl die chinesische Geographie des 20. Jahrhunderts kein Resultat von Kulturimport war, spielten im Ausland ausgebildete Wissenschaftler auch in ihr eine große Rolle. Zu den wichtigsten Vertretern dieses biographischen Typus gehört neben dem ersten berühmten Geologen Chinas, Ding Wenjiang (1887–1936), der in Japan und Großbritannien ausgebildet worden war,[18] vor allem Zhu Kezhen (1890–1974), der 1918 in Harvard promoviert hatte und zwischen 1920 und 1929 an der Dongnan-Universität lehrte, bis er im Jahre 1929 mit der Einrichtung einer Professur für Geographie an der Zhejiang-Universität in Hangzhou beauftragt wurde.[19] Mit der europäischen und nordamerikanischen Geographie kamen chinesische Studenten auch durch Übersetzungen in Berührung. Einige bekannte westliche Geographen lehrten zeitweilig in China. So kam 1923 der Amerikaner George B. Cressey (1896–1963) nach China; bis 1929 unterrichtete er in Shanghai. Während dieser Zeit legte er über 30.000 Meilen in fast allen Teilen Chinas zurück. Er veröffentlichte die Ergebnisse seiner Reisen 1934 unter dem Titel „China's Geographic Foundations: A Survey of the Land and Its Geography": eines der am höchsten gerühmten geographischen Werke seiner Zeit, das in den dreißiger Jahren auch eine wichtige Lektüre für Jungwissenschaftler der Yugong-Gruppe darstellte.[20]

---

[15]   Vgl. Zhang Qizhi (1996), S. 364.
[16]   Vgl. Hayhoe (1992b), S. 47–57, Hayhoe (1996), S. 13–15, 19, 32–42.
[17]   Vgl. Hu Xin / Jiang Xiaoqun (1995), S. 248.
[18]   Vgl. Furth (1970); Fröhlich (2000), S. 91–138.
[19]   Vgl. Hu Xin / Jiang Xiaoqun (1995), S. 245.
[20]   Cressey (1934). Vgl. auch Tang Xiaofeng (1994), S. 125 f., 212.

Die Veränderungen innerhalb der Geographie standen insgesamt in enger Verbindung mit der Entwicklung einer modernen *historischen* Geographie. Die Ausdifferenzierung eines solchen Diskursfeldes wurde erst mit der zunehmenden Verwendung des Begriffs *lishi dili* deutlich sichtbar.[21] Doch waren wichtige intellektuelle Voraussetzungen dafür bereits zuvor geschaffen worden. Die Historische Geographie entstand als Weiterentwicklung der traditionellen Darstellung räumlicher Veränderungen (*yange dili*).[22] Sie löste sich zunehmend aus ihrer Einbindung in die Geschichtsschreibung, ohne die Beziehung zu einer sich ebenfalls reformierenden Historiographie zu verlieren.

2. Grundlagen: Zhang Xiangwen und die „Geographische Gesellschaft" (Dixue hui)

Zhang Xiangwen gilt als Begründer der modernen chinesischen Geographie. Den Chinesisch-Japanischen Krieg von 1894/95 und die Reformversuche Kang Youweis von 1898 erlebte er in seiner Heimatprovinz Jiangsu und in Shanghai. Er unterrichtete an verschiedenen Schulen Geographie und lernte während seiner Tätigkeit an der Nanyang-Schule in Shanghai Japanisch, um Zugang zu japanischen und zu ins Japanische übersetzten westlichen geographischen Werken zu finden.[23] Mit der Veröffentlichung des ersten geographischen Schulbuchs Chinas, des „Lehrbuchs der Geographie für die Elementarstufe" (*Chudeng dili jiaokeshu*), im Jahre 1901 gab er den Anstoß zur Zusammenstellung von Lehrbüchern auch in anderen Fächern. Ein weiteres Buch für die Mittelstufe folgte. Beide Werke waren in sehr hohen Auflagen verbreitet.[24] Während der nächsten Jahre lehrte Zhang Xiangwen an verschiedenen Orten Südchinas. 1908 brachte er in Shanghai mit seiner „Lehre von der Physiogeographie" (*Diwen xue*) ein erstes Lehrbuch der physikalischen Geographie heraus, ein Jahr später erschien ein „Lehrbuch der Geologie" (*Dizhixue jiaokeshu*). Zhang Xiangwen bekleidete verschiedene Rektorenämter an pädagogischen Lehreinrichtungen, bis er schließlich 1911 nach Beijing wechselte, um sich von seiner bisherigen pädagogischen Tätigkeit abzukehren und sich nun ganz der geographischen Forschung zu widmen.

---

[21] Der Begriff wurde ursprünglich aus japanischen Übersetzungen westlicher Geographiewerke übernommen und tauchte in chinesischen Texten erstmals zwischen 1901 und 1904 auf. Zhang Qiyun verwendete ihn 1922 in der *Shidi xuebao* in seiner Besprechung des französischen Werkes „La Géographie de l'Histoire" von Jean Brunhes, das 1921 in Paris erschienen war. Vgl. Peng Minghui (1995), S. 122; Tang Xiaofeng (1994), S. 105 f.; Hua Linpu (2001), S. 11.

[22] Tang Xiaofeng charakterisiert *yange dili* als „dynasty-centered, text-based, and chronologically organized in its descriptions". Vgl. Tang Xiaofeng (1994), S. 104.

[23] Cao Wanru (1983), S. 309–11. Zur Biographie Zhang Xiangwens vgl. auch Lin Chao (1982), S. 150–54; Hu Xin / Jiang Xiaoqun (1995), S. 239–41; Liu Di (1991).

[24] Lin Chao (1982), S. 150. Eine kommentierte Auswahlbibliographie weiterer Geographieschulbücher aus der Zeit zwischen 1903 und 1923 findet sich in Peake (1932), S. 190–93.

Cai Yuanpei, der damalige Rektor der Beijing-Universität, übertrug ihm 1917 eine Professur für Geographie, die er bis 1919 innehatte.[25]

Fünfzehn Jahre bevor Gu Jiegang und Tan Qixiang dieses Thema zur Grundlage der von ihnen gegründeten Yugong-Studiengesellschaft machten, hielt Zhang Xiangwen Vorlesungen über die Geschichte der geographischen Veränderungen Chinas (*Zhongguo dili yange shi*). Das Vorlesungsmanuskript wurde später in der Gesamtausgabe seiner Schriften veröffentlicht.[26] Im Vorwort zu diesem Text hob er die große Bedeutung der geographischen Forschung gerade auch für die Geschichtswissenschaft hervor. Denn in den Geschichtsstudien spiegele sich zwar der „Hergang des Fortschritts der Menschheit" wider, doch finde man die von dieser Entwicklung zeugenden Spuren nur mit Hilfe der Geographie. Denn sie decke die von politischen Ereignissen beeinflussten Veränderungen von Landschaftsformen und von territorialen Verwaltungseinheiten auf und erkläre den Wandel von Ortsnamen, von denen sich gegenwärtig seit der Ming-Qing-Periode von zehn Namen schon zwei oder drei verändert hätten.[27]

Neben seiner Lehrtätigkeit und Publikationsarbeit führte Zhang Xiangwen auch Feldforschungsprojekte durch. 1914 fuhr er in die Innere Mongolei und untersuchte die Wasserregulierungsarbeiten in Hetao.[28] Während der zwanziger Jahre unternahm er Forschungsreisen entlang der Großen Mauer sowie entlang des Gelben Flusses und des Zhun-Flusses, schrieb regionale geographische Chroniken, gab 1928 ein Sammelreihe unter dem Titel „Sammlung der Geographie" (*Dili congshu*) heraus und veröffentlichte schließlich in der „Sammlung vom Südgarten" (*Nanyuan congshu*) sein Gesamtwerk.[29]

Auf der Grundlage seiner Forschungsarbeit stellte Zhang Xiangwen eine der frühesten Unterteilungen des chinesischen Naturraums auf. Zunächst unterschied er sechs Großräume (*bu*): Kernland, Mandschurei, Mongolei, Xinjiang, Tibet und Qinghai. Dann teilte er das chinesische Kernland in acht Regionen auf und die anderen Gebiete in jeweils zwei, so dass er schließlich auf achtzehn Regionen (*qu*) kam.[30]

Gemeinsam mit zwanzig Interessierten gründete Zhang Xiangwen am 28. September 1909 in Tianjin die „Chinesische Geographische Gesellschaft" (*Zhongguo dixuehui*). Ihm gelang es, führende Wissenschaftler wie den Philosophen Zhang Binglin, die Geographen Bai Meichu, Wang Chengzu und Huang Guozhang, die Geologen Kuang Songguang, Ding Wenjiang, Zhang Hongzhao und Weng Wenhao, die Pädagogen Zhang Boling und Cai Yuanpei sowie die Historiker Chen Yuan, Zhang Xinglang und Nie Chongqi als Mitglieder zu gewinnen. Einige von ihnen, etwa Ding Wenjiang und Weng Wenhao, stiegen später zu ho-

---

[25] Vgl. Hu Xin / Jiang Xiaoqun (1995), S. 239.
[26] Vgl. Zhang Xiangwen (1933b).
[27] Zhang Xiangwen (1933b), S. 1273 f.
[28] Vgl. Lin Chao (1982), S. 151.
[29] Vgl. Cao Wanru (1983), S. 313.
[30] Vgl. Lin Chao (1982), S. 153.

hen politischen Ämtern auf.[31] Mit einer Unterbrechung von 1923 bis 1927 führte Zhang Xiangwen bis 1930 den Vorsitz der Geographischen Gesellschaft. Ihre Aktivitäten verteilten sich auf vier Gebiete: Forschung, Vortragsveranstaltungen, Reisen und Veröffentlichungen. Es bestanden Kontakte zu wissenschaftlichen Organisationen im Ausland.[32]

Ein Jahr nach ihrer Gründung war die Geographische Gesellschaft nach Beijing umgezogen. Noch im gleichen Jahr erschien die erste Ausgabe ihrer eigenen Zeitschrift, der „Geographischen Zeitschrift" (*Dili zazhi*), von der 1937 insgesamt 181 Hefte vorlagen.[33] Über 540 Autoren schrieben in den 27 Jahren ihres Bestehens für die Zeitschrift insgesamt 1520 Artikel.[34] Die Geographische Zeitschrift stellte ein wichtiges Diskussionsforum dar, in dem sich die chinesischen Forscher programmatisch über die Einordnung der Geographie in die moderne Wissenschaftswelt äußern konnten. Yao Cunwu zeigte 1922 in seinem Beitrag „Erläuterungen zur geographischen Wissenschaft" (*Dilixue jieshi*) die verschiedenen Definitionsmöglichkeiten auf und setzte die Geographie gegenüber Nachbarfächern wie der Geologie ab.[35] Die chinesischen Wissenschaftler beschäftigten sich in dieser ersten Entwicklungsphase der modernen Geographie mit dem Einfluss der natürlichen Umwelt auf die geschichtliche Entwicklung der Menschheit. „Environmental determinism" war das Schlagwort, das ausländische Geographen wie George B. Cressey in China populär gemacht hatten.[36] Diese Denkweise, in Europa seit der Antike bekannt, im 18. Jahrhundert durch Montesquieu und andere Autoren wiederbelebt und um 1900 vor allem in den USA zu neuem Einfluss gelangt, war im klassischen China nie wichtig gewesen. Nun führte Sheng Xugong die muslimische Nomadenkultur Arabiens auf die geographischen Bedingungen des trockenen Wüstenklimas und die Weitläufigkeit des von Grasland durchzogenen Landes zurück, die selbst das Wesen der Politik und der Religion bei den Muslimen beeinflusst hätte.[37] Auch Deng Guangyu beschäftigte sich in einem Beitrag mit der Beziehung zwischen Geographie und Kultur und dem Einfluss der geographischen Verhältnisse auf die kulturelle Entwicklung eines Volkes. Eines seiner Beispiele ist die Hochebene mit ihrem trockenen Klima und ihrer geringen Vegetation, da dort nur wenige Menschen leben können, der Ackerbau nur schwer möglich ist und schlechte Verkehrsbedingungen den Kontakt zur Außenwelt behindern. Folglich sei das Entwicklungsniveau der auf den Hochebenen lebenden Bevölkerung niedrig. Dies gelte in China für die Mongolei und für Tibet.[38]

---

[31] Zhang Xinglang (1933), S. 2406.
[32] Vgl. Liu Di (1991), S. 104.
[33] Vgl. Ji Tang (1991), S. 110.
[34] Liu Di (1991), S. 104.
[35] Yao Cunwu (1922a).
[36] Vgl. Tang Xiaofeng (1994), S. 124–26.
[37] Sheng Xugong (1923), S.17.
[38] Deng Guangyu (1922), S. 21.

Die Chinesische Geographische Gesellschaft gehörte zu den ersten unabhängigen wissenschaftlichen Vereinigungen Chinas. Das Engagement ihrer Mitglieder war gekennzeichnet von einer tiefen Sorge um das Schicksal der chinesischen Nation. Seit dem späten 19. Jahrhundert sprach man von dem Motiv der „Rettung des Staates" (*jiu guo*). Im Geleitwort zur ersten Ausgabe ihrer Zeitschrift ordnen die Herausgeber Chinas Staatskrise in den Überlebenskampf der Völker ein, in welchem nur die Stärksten bestehen könnten. Gerade geographische Unkenntnis lähme die Staatsführung in ihrer Reaktion auf die imperialistische Herausforderung. China verfüge zwar über viel Land und reiche Ressourcen, lasse aber beides den starken Feinden.[39]

Die Sorge um das Staatswohl war eng verbunden mit der Grenzfrage. Daher widmeten sich zahlreiche Artikel der „Geographischen Zeitschrift" den peripheren Gebieten. Sie lassen sich in acht Themenbereiche zusammenfassen:

1. Neuzeitliche Veränderungen der Grenzlinien und Grenzunruhen;[40]
2. Fragen der Grenzpolitik, insbesondere der nationalen Verteidigungspolitik und der administrativen Integration von Grenzregionen in die Provinzstruktur;
3. Geschichte und Geographie der historischen Grenzgebiete Chinas;
4. Grenzvölker;
5. Wirtschaft und Erschließung der Grenzgebiete;
6. Verkehrswege in den Grenzgebieten;
7. Geographische, kartographische und biographische Darstellungen;
8. Expeditionsberichte und Reisetagebücher.[41]

In ihrer intensiven Beschäftigung mit der Geschichte und Geographie der chinesischen Peripherie nahm die Geographische Gesellschaft im Rahmen der chinesischen Wissenschaft eine Vorreiterrolle ein. Unterstützung in ihrem Bemühen um eine Integration der imperialen Ränder in die chinesische akademische Forschung erhielt die Geographische Gesellschaft während der dreißiger Jahre von den Wissenschaftlern der Yugong-Studiengesellschaft, der sich auch einige Mitglieder der Geographischen Gesellschaft wie Nie Chongqi, Zhang Xingliang und Chen Yuan anschlossen.

Neben der Geographischen Gesellschaft gab es eine weitere frühe Geographenvereinigung. An der Nanjinger Pädagogischen Hochschule war während der zwanziger Jahre die Studiengesellschaft für Geschichte und Geographie (*Shidi xuehui*) aktiv. Sie setzte sich hauptsächlich aus Studenten der historischen und geographischen Fächer zusammen. Anerkannte Wissenschaftler wie der Historiker Liu Yizheng und der Geograph Zhu Kezhen übernahmen nur eine beratende

---

[39]   Zhang Xiangwen (1910), S. 1.
[40]   Dies betraf vor allem die russisch-chinesischen Grenzkonflikte im Nordosten und Nordwesten Chinas sowie die Grenzprobleme im Südwesten in Yunnan und Tibet.
[41]   Vgl. Ma Dazheng / Liu Di (1997), S. 75–77.

Funktion. Unter den Autoren der Zeitschrift *Shidi xuebao*, die zwischen 1921 und 1926 erschien, findet sich auch Liang Qichao. Der Geograph Wang Yong gehörte zur Studentengeneration der *Shidi xuehui*; er schloss sich in den dreißiger Jahren der Yugong-Studiengesellschaft an. Die Aktivitäten der *Shidi xuehui* konzentrierten sich auf die Zusammenstellung historisch-geographischer Texte der chinesischen Historiographie, auf die Vorstellung westlicher Werke über Geschichte und Geographie und auf die Bearbeitung von Lehrmaterialien zur historischen Geographie.[42] Die Erforschung der Randgebiete nahm keine besondere Stellung ein. Unter den Mitgliedern der Gesellschaft entwickelte allein Zhang Qiyun, Professor der Geographie an der Zhongyang-Universität in Nanjing, später ein starkes Interesse an der chinesischen Peripherie. 1931 führte er eine Studentengruppe zur Feldforschung in den Nordosten;[43] 1934–35 hielt er sich ein ganzes Jahr lang im Nordwesten auf.[44] Er wird als Autor in den folgenden Kapiteln eine wichtige Rolle spielen.

3. Blütezeit: Gu Jiegang und die „Yugong-Studiengesellschaft" *(Yugong xuehui)*

Zeigten sich chinesische Patrioten zur Zeit der Gründung der Geographischen Gesellschaft schon sehr besorgt um die Zukunft ihres Landes, so hatte zwei Jahrzehnte später die Bedrohung noch weiter zugenommen. Angesichts des Vordringens der Japaner in der Mandschurei, der Inneren Mongolei und in Nordchina konnte keine politische Richtung das Problem des territorialen Zusammenhalts Chinas übersehen. Zugleich erhielten Fragen von Grenzen, Grenzgebieten und Grenzvölkern eine neue Dringlichkeit. In dieser Lage unterstützte die Nationalregierung der Guomindang verschiedene politisch ausgerichtete historisch-geographische Studiengesellschaften. Die wichtigste unter ihnen war die von Dai Jitao (1891–1949) 1932 gegründete Organisation „Neues Asien" (*Xin Yaxiya*), die eine gleichnamige, monatlich erscheinende Zeitschrift mit dem englischen Untertitel „The New Asia Monthly" herausgab.[45] Dai Jitao hatte seine Karriere in Japan als Journalist der *Minbao* (Volkszeitung), des Organs von Sun Yatsens revolutionärem „Schwurbund", des Tongmenghui, begonnen. Später war er persönlicher Sekretär des Revolutionsführers geworden. John Fitzgerald charakterisiert ihn in seiner Frühphase als einen engagierten Idealisten, der von einem harmonischen Verhältnis zwischen der nationalen Revolution und der chinesischen Gesellschaft träumte. Unter dem Eindruck des Bruches zwischen der Guomindang

---

[42] Vgl. dazu ausführlich Peng Minghui (1995), S. 79–138.

[43] Auf der Grundlage dieser Reise hielt er später an der Zhongyang-Universität eine Vorlesung über die Geographie des Nordostens. Vgl. Peng Minghui (1995), S. 315.

[44] Vgl. Peng Minghui (1995), S. 275 f., 344 f.

[45] Vgl. Chen Tianxi (1968), S. 57, 517.

und den Kommunisten im Jahre 1927 zog er sich zunächst zu Privatstudien zurück.[46] Jiang Kaishek ernannte ihn 1928 zum Präsidenten des Prüfungsamtes (*kaoshi yuan*), eine Position, die er zwei Jahrzehnte lang bekleidete. Nunmehr wurde Dai Jitao zu einem Scharfmacher auf dem rechten Flügel der Guomindang und trat vor allem mit anti-kommunistischen Polemiken hervor.[47]

Während einer Inspektionsreise, die ihn im Jahre 1932 durch den nahen Nordwesten führte, sammelte Dai Jitao persönliche Eindrücke von den chinesischen Randgebieten. Er veröffentlichte seine Ansichten über die nationale Peripherie in umfangreichen Monographien und zahlreichen Artikeln, die vor allem in *Xin Yaxiya* erschienen.[48] Das Ziel der Studiengesellschaft und ihrer Zeitschrift war die „Wiederbelebung der chinesischen Kultur durch die Verschmelzung aller Völker Chinas zu einer neuen chinesischen Kultur". Davon versprach man sich neue Impulse für eine gemeinsame „Zivilisation aller Völker Asiens", die man als Gegengewicht zum westlichen Imperialismus stärken wollte.[49] Dai Jitao schwor *Xin Yaxiya* auf die Drei Volksprinzipien Sun Yatsens ein, mit dem er bis zu dessen Tod im Jahre 1925 eng zusammengearbeitet hatte. Die Integration der Völker der chinesischen Peripherie wurde eingebunden in das Gesamtkonzept eines Schulterschlusses der chinesischen Nation mit den Völkern Asiens.[50]

Die Anbindung der Studiengesellschaft an das Guomindang-Regime wird nicht nur in der Person Dai Jitaos deutlich, sondern auch durch die Tatsache, dass die Nationalregierung in den ersten Jahren die Finanzierung bestritt.[51] Daneben organisierte die Guomindang-Regierung zahlreiche spezielle Vereinigungen zur Erforschung der Randgebiete. Im Jahre 1933 gründeten Mitglieder verschiedener Regierungsabteilungen und des Mongolisch-Tibetischen Komitees (*Mengzang weiyuanhui*) in Nanjing eine „Forschungsgesellschaft zum politischen und religiösen System der Grenzgebiete" (*Bianjiang zhengjiao zhidu yanjiuhui*), die eine Zeitschrift mit dem Titel „Grenznachrichten" (*Bianjiang tongxun*) herausgab. Die „Grenznachrichten" erschienen bis 1948 unregelmäßig in fünf Bänden. Ebenfalls von Regierungsbeamten in Nanjing wurde 1934 die „Forschungsgesellschaft für Grenzangelegenheiten" (*Bianshi yanjiuhui*) mit ihrer

---

[46] Vgl. Fitzgerald (1989b), S. 36–38. In jungen Jahren hatte Dai Jitao „Ansätze einer materialistischen Geschichtsbetrachtung" (Leutner 1982, S. 51) erkennen lassen, die möglicherweise auf seine späteren geographischen Interessen vorausweisen.

[47] Boorman / Howard (1967–71), Bd. 3, S. 200–205.

[48] Shi Xisheng (1929), S.3.

[49] Siehe *Xin yaxiya xuehui chengli hui huiji* (1930), in: Xin yaxiya 2.3, S. 165–168. Bei dem Begriff „Yaxiya" für Asien handelte es sich um eine phonetische Transkription, die bereits die Jesuiten im 17. Jahrhundert in China eingeführt hatten, die allerdings in der chinesischen Geschichtsschreibung bis ins 19. Jahrhundert hinein selten benutzt wurde. Selbst Wei Yuan verwendete 1844 in seinem *Haiguo tuzhi* das Gesamtkonzept noch nicht. Erst Xi Jiyu führte die Klassifikation ein. Vgl. Karl (1998), S. 1100.

[50] Chen Tianxi (1968), S. 517. Zum Panasianismus dieses Programms vgl. Duara (1997), S. 1041.

[51] Chen Tianxi (1968), S. 521.

Zeitschrift „Forschungen über Grenzangelegenheiten" (*Bianshi yanjiu*) ins Leben gerufen. Bis zu ihrer Einstellung im Jahre 1942 erschienen dreizehn Bände.[52] Sie dienen als wichtige Quelle für den offiziellen Guomindang-Diskurs. Allerdings fehlt ihnen die wissenschaftliche Qualität, in den Beiträgen überwiegen propagandistische Töne. Für die akademische Diskussion um die Bedeutung der Peripherie für den Nationalstaat spielten sie keine Rolle.

Die wichtigste Gruppierung von Intellektuellen, die auf die äußere Bedrohung der chinesischen Nation mit einer Hinwendung zu deren territorialen Grundlagen reagierten, stellte die Yugong-Studiengesellschaft (*Yugong xuehui*) dar. Sie wurde von Gu Jiegang und Tan Qixiang im Februar 1934 in Beijing gegründet. Im Unterschied zu den anderen Zirkeln und Vereinigungen, die sich mit aktuellen Fragen der politischen Geographie Chinas beschäftigten, hielt die Yugong-Studiengesellschaft seit Anbeginn an hohen wissenschaftlichen Ansprüchen fest. Zugleich verschlossen sich ihre führenden Mitglieder jedoch nicht den politischen Herausforderungen der Gegenwart. Vor diesem Hintergrund war die Etablierung einer Subdisziplin der Historischen Geographie, die wissenschaftsgeschichtlich als die bedeutendste Leistung der Yugong-Studiengesellschaft gelten kann, nicht nur ein innerakademischer Schritt fachlicher Spezialisierung und Differenzierung, sondern auch der Versuch, durch ein neues Durchdenken der räumlichen Voraussetzungen von chinesischer Zivilisation und Staatlichkeit Antworten auf eine Frage zu finden, die seit der finalen Krise des Kaiserreichs ungelöst geblieben war: den Legitimationsgründen für den Fortbestand – oder überhaupt erst die Formierung – eines multiethnischen Großstaates chinesischer Prägung. Die Yugong-Studiengesellschaft nahm dabei von Anfang an eine Haltung kritischer Distanz zu den verschiedenen zeitgenössischen Ausprägungen von chinesischem Nationalismus ein. Die Skepsis ihres maßgebenden Gründers, Gu Jiegang, gegenüber einer Identitätsstiftung durch Beschwörung einer angeblichen „nationalen Essenz" (*guocui*) war mit den Jahren gewachsen. Gleichwohl suchte auch der Historiker Gu Jiegang bei seiner Neubegründung einer zeitgemäßen Historischen Geographie Vergewisserung in der Klassik.

Die Studiengesellschaft präsentierte sich der chinesischen Öffentlichkeit vor allem durch ihre Zeitschrift *Yugong*, deren erste Nummer im März 1934 erschien. Wie ist der Titel zu verstehen? Eine der frühesten Quellen zur Geschichte der geographischen Veränderungen trägt den Titel „Tribute des Yu" (*Yu gong*) und ist der Textsammlung *Shangshu* eingegliedert, deren älteste Teile auf das 6. Jahrhundert v.Chr. zurückgehen.[53] Mit der Entscheidung für diesen Titel stellte sich die Yugong-Studiengesellschaft bewusst in die Tradition der frühen Texte

---

[52] Vgl. dazu auch den Überblick von Fang Jianchang (1997), S. 93–97.

[53] Die Datierung der Sammlung ist allerdings umstritten. Manche Texte lassen sich auf das 2. vorchristliche Jahrhundert datieren, andere Teile aber wurden von der späteren Forschung als Fälschungen entlarvt, die tatsächlich erst um die Wende vom 3. zum 4. Jahrhundert entstanden sind. Siehe dazu Schmidt-Glintzer (1990), S. 50. Mark Edward Lewis datiert den Yugong-Text auf die Periode der Streitenden Reiche (1999, S. 592).

zur historischen Geographie Chinas.[54] Als Untertitel der Zeitschrift wurde zunächst „The Evolution of Chinese Geography" gewählt, mit dem 24. Heft wechselte man zu „The Chinese Historical Geography". In seiner Autobiographie erläutert Shi Nianhai, einer der Gründer der Yugong-Studiengesellschaft, die enge Beziehung zwischen dem klassischen Text und der modernen Forschungsvereinigung. Da *Yugong* das „älteste und auch systematischste Meisterwerk der Geographie" darstelle, bekenne man sich auf diese Weise zur seinen historischgeographischen Wurzeln.[55] Von Beginn an ging es den Vertretern dieser Studiengesellschaft um die Verbindung von moderner Forschungsmethodik mit eigenständiger chinesischer Wissenstradition.

Dem Inhalt des aus 1.189 Zeichen bestehenden Textes und seiner späteren Instrumentalisierung durch die chinesische Gelehrtenwelt standen die Yugong-Mitglieder allerdings kritisch gegenüber. Gu Jiegang hatte sich seit seinem Universitätsexamen mit dem Text beschäftigt und zählte ihn zusammen mit den „Statuten von Yao" (*Yaodian*) zu den Schlüsselstellen im *Shangshu*-Klassiker. Im Jahre 1934 gab er einen Aufsatzband unter dem Titel „Gesammelte Diskussionsbeiträge über Yugong" (*Yugong taolunji*) heraus, in dem er die Kommentare früherer und gegenwärtiger Autoren sowie Beiträge seiner Studenten von den beiden Beijinger Hochschulen, an denen er unterrichtete, zusammenstellte und in einem dritten Teil eine eigene Abhandlung veröffentlichte.[56]

Der *Yugong*-Text bringt das enge Verhältnis zwischen geographischem Raum und politischer Herrschaft zum Ausdruck.[57] Die Autorität des Herrschers definiert sich durch seine Macht über die Einteilung des Raumes. Aus den neun Teilgebieten seines Reiches erhält er Tribut. Daraus leitet sich der Name des Textes ab.[58] *Yugong* behandelt fünf verschiedene Themenbereiche:

1. die Aufteilung in neun Bezirke (*jiu zhou*),
2. die Geschichte der Wasserregulierungsarbeiten des Xia-Herrschers Yu,
3. die Erzeugnisse der einzelnen Regionen,
4. die Bodenbeschaffenheit der Regionen und ihre Steuerpflichten gegenüber dem Herrscher,
5. die Aufteilung in fünf Herrschaftszonen (*wu fu*).

---

[54]   So lautete die Erklärung der Herausgeber in ihrem Geleitwort zur ersten Ausgabe der Yugong-Zeitschrift, in: YG 1:1 (1934), S. 3. Que Weimin, ein Geograph der Universität Hangzhou, bezeichnet *Yugong* sogar als „frühesten wissenschaftlichen Text zur Geographie Chinas": Que Weimin (1995), S. 361.

[55]   Shi Nianhai (1982), S. 46.

[56]   Siehe Gu Jiegang (1934d). Einen Überblick über Gu Jiegangs *Shangshu*-Forschungen bietet Liu Qiyu (1984).

[57]   Vgl. Wang Chengzu (1988), S. 4–12.

[58]   Li Dexian (1997), S. 115. Der Autor setzt sich in seinem Beitrag quellenkritisch mit den im *Yugong*-Klassiker vorkommenden geographischen Bezeichnungen auseinander.

Über Jahrhunderte hinweg hatten die beiden Modelle der Neun Bezirke und Fünf (Herrschafts-)Bereiche den geographischen Abhandlungen in den Dynastiengeschichten als Grundlage gedient. Gu Jiegang befasste sich eingehend mit dem Ursprung der Legende vom Herrscher Yu, dem Begründer der Xia-Dynastie. Er kam zu dem Schluss, dass es sich nicht um ein Bild des Goldenen Zeitalters handele, sondern um eine machtpolitisch motivierte Konstruktion von Militärstrategen aus der Zeit der Qin-Han-Periode.[59] Die neun Provinzen, aus denen sich das Herrschaftsgebiet des Yu zusammensetzte, wurden zwar durch natürliche Grenzen aus Bergen und Flüssen getrennt, wie sie im ersten Teil der Quelle beschrieben werden, im Vordergrund stand jedoch die politische Ordnung, der wohlgeordnete Einheitsstaat. Im Kaiserreich der letzten vorchristlichen Jahrhunderte wurde ein einheitliches Herrschaftssystem, wie es erst nach 221 v. Chr. aufgebaut worden war, in eine mythische Vergangenheit zurückprojiziert.[60] Ein vereinheitlichendes Geschichtsbild verwischte die kulturellen Unterschiede zwischen den Völkern im Einflussgebiet der Qin- und Han-Kaiser und machte ihre gemeinsame Abstammung von den legendären Herrschern Yao, Shun und Yu des Goldenen Zeitalters erklärbar. Gu Jiegang betont hingegen den wichtigen Beitrag der nicht-chinesischen Völker zur Entwicklung des „Reichs der Mitte". Die im *Yugong* beschriebenen Landschaften entsprachen nicht dem fiktiven Xia-Reich, sondern den Siedlungsgebieten der Rong- und Jiang-Völker im heutigen westlichen Henan und Zentralshanxi, die später ins Reich der Qin-Dynastie eingegliedert wurden[61]

Erstmals wurde in einem chinesischen Text die Zahl „neun" als Maßstab herangezogen; erstmals wurden auch Regionen mit festen geographischen Grenzen dargestellt. Neun entwickelte sich zur Chiffre für eine unbegrenzt große Anzahl und wird in diesem Sinne später häufig verwendet.[62] Durch die beschriebenen Maßnahmen sollten Ackerflächen gewonnen, Verkehrswege erschlossen und die Einnahmen der fürstlichen Regierung („des mittleren Gebietes") gesichert werden. Die politisch-geographische Ordnung in neun Provinzen wurde ergänzt durch ein ideales Bild von fünf hierarchischen und konzentrischen (Herrschafts-)Bereichen, welches das chinesische Reich in eine kosmisch-soziale Ordnung einbettete. Diese Vorstellung inspirierte in den darauffolgenden Jahrhunderten den chinesischen Universalismus.[63]

Das „Fünf-Zonen-Konzept des *Yugong*-Klassikers geht Gu Jiegang und Shi Nianhai zufolge auf die Theorie der Zonen der hauptstädtischen Umgebung zurück, die erstmals Mitte des 4. Jahrhunderts v.Chr. in den „Gesprächen aus den

---

[59]   Vgl. Peng Minghui (1990), S. 88.
[60]   Gu Jiegang (1926–41), Bd. 2 (1930), S. 4.
[61]   Vgl. Gu Jiegang / Tong Shuye (1936), S. 97 ff.. Dieser Frage ist Gu Jiegang auch in einem Beitrag zur Yugong-Zeitschrift nachgegangen. Vgl. Gu Jiegang (1937f).
[62]   Vgl. Lewis (1999), S. 648.
[63]   Legge (1972), S. 142–49.

Staaten" (*Guo yu*) und in den „Gesprächen von Zhou" (*Zhou yu*) erwähnt wird.[64] Die in den fünf Zonen festgelegte Herrschafts-, Wirtschafts-, Verwaltungs- und Vielvölkerstruktur bildete einen wichtigen Bestandteil der dynastischen Reichsvision Chinas. Die Barbarenvölker wurden in den beiden äußersten Bereichen angesiedelt. Auf die Völker des entferntesten Bereichs, Rong und Di, hatte der chinesische Herrscher keinen Einfluss mehr; dazwischen setzte man aber eine Zone, die von Yi- und Man-Völkern bewohnt wurde, über die man Kontrollgewalt beanspruchte. Der Tribut der Bevölkerung aus den einzelnen Zonen spiegelte ihre Stellung zum Herrscherhof wider. Je häufiger dieser Tribut eingefordert werden konnte, desto stärker war der Einfluss des chinesischen Herrschers und – in der Symbolik der fünf Bereiche gesprochen – desto näher zum Zentrum wurde die Bevölkerung angesiedelt. Die tatsächliche Geschichte der Tributbeziehungen zeigt, dass es sich bei der *wufu*-Theorie nicht nur um ein ideales Ordnungsbild handelte, sondern dass daraus durchaus auch politisches Handeln abgeleitet wurde.[65] Für die Yugong-Gelehrten bewies der Text damit eine einprägsame Symbolkraft. Ihre akademische Umwelt und die Leser ihrer Zeitschrift konnten mit dem Namen deutlich die inhaltliche Ausrichtung dieses Gelehrtenkreises verbinden.

Ins Leben gerufen wurde die *Yugong*-Studiengesellschaft im Februar 1934 in Beijing von Gu Jiegang und Tan Qixiang. Gu Jiegang lehrte damals an der Yanjing-Universität und an der Beijing-Universität[66]. Er hielt Vorlesungen über den *Shangshu*-Klassiker und geriet dabei mit seinem Schüler Tan Qixiang in ein Streitgespräch.[67] Einen Briefwechsel mit Tan ließ er an die Kommilitonen verteilen und lobte die Fruchtbarkeit solcher konträren Debatten. Diese Erfahrung soll den unmittelbaren Anstoß zur Gründung der Studiengesellschaft gegeben haben.[68] Tan Qixiang unterrichtete seit 1932 an der Furen-Universität. Beide Historiker boten Vorlesungen zur „Geschichte der geographischen Veränderungen in China" (*Zhongguo yange dili shi*) an und diskutierten viel miteinander.[69] Auch einige ihrer Kollegen wandten sich vermehrt Fragestellungen der Historischen Geographie zu. Zheng Deshen, der 1931 Gu Jiegang auf seiner zweimonatigen Forschungsreise zu Ausgrabungsstätten durch Hebei, Henan, Shaanxi und Shan-

---

[64] Gu Jiegang / Shi Nianhai (1938), S. 72–75.

[65] Vgl. Yü Ying-shi (1986), S. 380 f.

[66] Gu Jiegang schloss 1920 sein Studium an der Beijing-Universität ab. 1929 wurde er an das Harvard-Yenching-Institut berufen und erhielt ein Jahr später zusätzlich eine führende Position im Ausschuss der Nationalakademie zu Beijing (*Guoli Beijing Yanjiuyuan*). Bis zum japanischen Einmarsch im Juli 1937 lehrte er zudem an der Yanjing-Universität.

[67] Auch während ihrer gemeinsamen Herausgebertätigkeit bei der Yugong-Zeitschrift kam es zu Spannungen zwischen den beiden, da sich ihr Arbeitsstil voneinander unterschied. Schließlich zog sich Tan Qixiang 1935 in den Süden zurück und nahm in Guangzhou eine Lehrtätigkeit auf. Vgl. Ge Jianxiong (1997), S. 76–81.

[68] So Tai Lian Soo (1987), S. 142 f.; Gu Chao (1997), S. 159.

[69] Vgl. Peng Minghui (1995), S. 147.

dong begleitet hatte,[70] beschäftigte sich mit dem „Kommentar zum Wasser-Klassiker" (*Shuijingzhu*) und überarbeitete dessen Karten. Zhu Shijia, mit dem Gu im Vorjahr den Taishan bestiegen hatte,[71] erforschte die Lokalchroniken und gab den „Gesamtindex der chinesischen Lokalchroniken" (*Zhongguo difangzhi zonglu*) heraus. Feng Jiasheng, der nach seinem Studium an der Yanjing-Universität seit 1934 dort als Lehrkraft angestellt war, widmete sich der Geschichte der Liao- und Jin-Dynastie. Zhang Weihua schrieb Kommentare zu den Kapiteln über Frankreich, die Philippinen, Holland und Italien in der „Ming-Geschichte" (*Ming shi*). Diese Wissenschaftler stellten zusammen den frühen Kern der Yugong-Studiengesellschaft dar. An ihrem ersten Treffen bei Gu Jiegang im Februar 1934 nahmen auch Wang Yong und Qian Mu teil.[72] Am 1. März erschien die erste Ausgabe der Yugong-Zeitschrift. Einigen Mitgliedern vermittelte Gu Jiegang Lehraufträge an der Yanjing-Universität.[73] Dort entstand auch eine „Forschungsgesellschaft zu Grenzfragen" (*Bianjiang wenti yanjiuhui*), wie sie an der Qinghua-Universität bereits seit 1928 existierte.[74] Eine gute Zusammenarbeit entwickelte sich mit Dai Jitaos Zeitschrift *Xin Yaxiya*. Gu Jiegang traf sich 1936 mit Vertretern der *Xin Yaxiya*-Studiengesellschaft, um die Kooperation zu besiegeln. In der darauffolgenden Ausgabe der Yugong-Zeitschift wurden deren Leser aufgefordert, auch *Xin Yaxiya* beizutreten.[75]

Zu den geplanten Projekten gehörte ein Standardwerk zur Geschichte der geographischen Veränderungen Chinas. Dazu mussten zunächst die noch offenen Fragen einzelner Perioden geklärt werden, z.B. die Bedeutung von klassischen Begriffen wie *zhou* und *fu* oder des *Weisuo*-Systems der Ming-Dynastie. Daneben sollten Kartensammlungen geographischer Veränderungen und ein Lexikon historischer Ortsnamen zusammengestellt werden. Auch eine kritische Überarbeitung aller geographischen Abhandlungen in den Dynastiengeschichten – wie sie zum Teil von qingzeitlichen Historikern bereits begonnen worden war – gehörte zu den ersten Arbeitsaufgaben. Die Geschichtsmaterialien aus den untersuchten Dynastiengeschichten und geographischen Werken sollten außerdem thematisch

---

[70] Vgl. Wang Xuhua (1990), Bd. 2, S. 1034.
[71] Vgl. Wang Xuhua (1990), Bd. 2, S. 1037.
[72] Vgl. Tan Qixiang (1982a), S. 364.
[73] Vgl. Li Guyang (1991), S. 156.
[74] Siehe dazu die von 30 Wissenschaftlern unterschriebene Ankündigung in der Universitätszeitschrift vom 7. 12. 1928 „Ursprung der Studiengesellschaft zur Grenze" (*Bianjiang yanjiuhui yuanqi*) in: Qinghua daxue xiaoshi yanjiuzhi (1991), Bd. 1, S. 556. Die Gründung der Qinghua-Universität geht auf den amerikanischen Boxer Indemnity Fund zurück. In den 1910er Jahren diente sie als Trainingsinstitution für chinesische Studenten, die an amerikanischen Hochschulen studieren wollten. In den dreißiger Jahren hatte sie sich zu einer der führenden Universitäten Chinas entwickelt. Vgl. Arkush (1981), S. 37.
[75] Siehe Bekanntmachungen der Yugong-Studiengesellschaft (*benhui qishi*), in: YG 5:1 (1936), Rückseite des Titelblattes. Leitprinzipien und Statut von „Neues Asien" (*Xin Yaxiya*) wurden in YG 5:2 (1936) abgedruckt.

zusammengestellt werden.[76] Zu Fragen der physikalischen Geographie wollte man zusätzlich Experten aus den Naturwissenschaften heranziehen.[77]

Gu Jiegang holte auch junge Leute aus dem nicht-akademischen Bereich. Unter ihnen befand sich Tong Shuye (1908–1968), der 1935 von einem niedrigen Beamtenposten in der Provinz nach Beijing kam. Gu Jiegang betraute ihn mit redaktionellen Aufgaben und vermittelte ihm an seinen beiden Hochschulen Lehraufträge zur Geschichte der Frühlings- und Herbst-Periode. Er bezahlte den jungen Nichtakademiker aus eigener Tasche. Tong Shuye schrieb später zahlreiche Aufsätze für und mit Gu Jiegang und entwickelte sich zu einem Experten für die Vor-Han-Zeit.[78]

Zwei Jahre lang befand sich die Yugong-Studiengesellschaft zunächst in einem informellen Status. Finanziert wurde sie hauptsächlich privat von Gu Jiegang, Tan Qixiang und Zheng Deshen.[79] Erst am 24. Mai 1936 trat die offizielle Gründungsversammlung der Yugong-Studiengesellschaft in der Yanjing-Universität zusammen.[80] Die Festrede hielt der soeben von Feldforschungen über das Yao-Volk aus Guangxi zurückgekehrte Ethnologe Fei Xiaotong (1910–2005), der während seines Studiums an der Yanjing-Universität Anfang der dreißiger Jahre auch Kurse bei Gu Jiegang belegt hatte.[81] Er berichtete von seiner im Auftrag der Erziehungsabteilung der Provinzregierung durchgeführten Studie über die soziale Organisation der Yao.[82] Ähnlich wie Gu Jiegang gehörte Fei Xiaotong zu einem reformorientierten Wissenschaftlertypus, der bei guter Kenntnis des Westens dennoch ein gewisses Misstrauen gegenüber der Übertragung westlicher Theorien auf chinesische Verhältnisse hegte. Ebenso wie Gu Jiegang war auch Fei Xiaotong bestrebt, Elemente der traditionalen Gesellschaft für die Moderne nutzbar zu machen.[83]

Dem ersten Vorstand der Studiengesellschaft gehörten neben Gu Jiegang, Tan Qixiang, Feng Jiasheng und Xu Bingchang auch drei Mitarbeiter aus dem *Gushibian*-Projekt an, nämlich Qian Mu, Tang Lan und Wang Yong. Ein Statut legte detailliert die Aufgabenbereiche der einzelnen Organe, die Voraussetzungen für eine Mitgliedschaft und die Arbeitsgebiete der Gesellschaft fest. Auf dem ersten Vorstandstreffen am 22. August 1936 wählten die Mitglieder Gu Jiegang zum Vorsitzenden. Seit August 1935 verfügte die Studiengesellschaft über

---

[76]   Gu Jiegang (1934a), S. 4.
[77]   Gu Jiegang (1934a), S. 4.
[78]   Vgl. Huang Yongnian (1982), S. 331 ff.
[79]   Siehe die Notiz der Yugong-Studiengesellschaft (benhui jishi, Nr.7) in: YG 4:10 (1936), Rückseite des Titelblattes.
[80]   Richter (1992), S. 228.
[81]   Vgl. Arkush (1981), S. 34, 68.
[82]   Feis Feldforschungen bei den Yao waren Voraussetzung für ein Stipendium des britischen Boxer Indemnity Fund gewesen, das im 1935 für ein Promotionsstudium an der London School of Economics and Political Science verliehen worden war. Siehe Arkush (1981), S. 40.
[83]   Vgl. Fei Xiaotong (1992), S. 17 f.

ein eigenes Grundstück und eigene Räumlichkeiten. Zhang Guogan (1876–1959), Mitglied der Guomindang-Regierung, schloss sich der Studiengesellschaft an und überließ ihr den zuvor als Schule genutzten Gebäudekomplex im Xiao Hongluo Chang Nr. 8 im Bezirk Xisi.[84] Eine Bibliothek mit eigenen Räumen für Karten, Quellenmaterialien und Handbücher wurde aufgebaut und ein Sekretariat mit vier Angestellten sowie Unterkunftsmöglichkeiten für die Mitglieder der Studiengesellschaft eingerichtet.[85] Die Mitgliederzahl wuchs bis 1937 auf 399 Personen an.[86]

Viel Unterstützung erhielt die Yugong-Zeitschrift von Anfang an von der Jugend. In einem Brief vom 15. August 1935 an Ye Shengtao (1894–1988) schrieb Gu Jiegang, dass die Jugend zwar seine Arbeit mit ganzer Kraft unterstütze, aber kein Geld habe. Er erhalte von allen Seiten Manuskripte, doch bereite die Finanzierung der Publikation große Mühe.[87] 1935 bat Gu Jiegang zunächst seinen Lehrer Hu Shi, bei der Regierung in Nanjing eine finanzielle Unterstützung zu erwirken. Dies schlug fehl. Als erfolgreicher stellte sich eine Anfrage bei seinem einflussreichen Kollegen Fu Sinian heraus, der Zhu Jiahua, den Minister für Verkehrswesen, und einige andere Regierungsbeamte zu Spenden bewegen konnte. Solche unregelmäßigen Finanzspritzen waren nur kurzfristige Überlebenshilfen; langfristig ließ sich die Zeitschrift auf diese Weise nicht am Leben halten. Gu Jiegang wandte sich schließlich auch persönlich an Zhu Jiahua, der inzwischen Generalsekretär der Academica Sinica geworden war. Zhu empfahl ihm, angesichts des Regierungsinteresses an der Bildungsarbeit in den Grenzgebieten direkt beim Erziehungsministerium vorstellig zu werden und dabei das Engagement der Yugong-Studiengesellschaft in der Grenzforschung hervorzuheben. Tatsächlich ging nach sechs Monaten der bescheidene Betrag von 15.000 Yuan ein.[88] Die Yugong-Zeitschrift finanzierte sich durch Spenden aus dem ganzen Land. Die Spender wurden seit dem 8. Heft des 4. Bandes namentlich bekannt gegeben. Die Bibliothek der Gesellschaft verdankte ihr Wachstum vor allem Bücherspenden, die unter der Rubrik „Danksagung für geschenkte Bücherwerke" (*Zeng shuzhi xie*) gleichfalls veröffentlicht wurden. Überstieg der Wert einer Spende 50 Yuan, konnte der Betreffende sich zum „fördernden Mitglied" (*zanchu huiyuan*) ernennen lassen.[89] 1936 erhielt die Gesellschaft umfangreiche Akten-

---

[84] Siehe die Bekanntmachungen der Gesellschaft („benhui jishi"), in: YG 4:2 (1936), Rückseite des Titelblatts. Zhang Guogan hatte vor 1911 mehrere Posten im Nordosten bekleidet und 1916 kurze Zeit auch das Amt des Provinzgouverneurs von Heilongjiang besetzt. Nach 1926 zog er sich aber aus der Politik vollkommen zurück. Vgl. Chen Xulu / Li Huaxing (1991), S. 274.

[85] Wu Fengpei (1988), S. 17; Han Rulin (1983), S. 193.

[86] Ma Dazheng (1993b), S. 79.

[87] Gu Chao (1997), S. 166.

[88] Gu Chao (1997), S. 170 f.

[89] „Benhui zhengqiu dili tushu qishi", in: YG 4:10 (1936), S. 44.

quellen aus der späten Qing- und frühen Republik-Zeit. Ihr Umfang wurde auf 30.000 bis 40.000 Bände geschätzt.[90]

Der japanische Einmarsch in Beijing brachte 1937 die Aktivitäten der Yugong-Studiengesellschaft zum Erliegen. Am 16. Juli erschien die letzte Ausgabe der Yugong-Zeitschrift. Sieben Bände mit 82 Heften und 710 Aufsätzen waren bis dahin veröffentlicht worden. Insgesamt 249 Aufsätze behandelten Themen der Historischen Geographie und 95 Beiträge die Grenzgeschichte. Bemerkenswert ist auch, dass sich insgesamt 49 Artikel mit religiösen und ethnischen Fragen im chinesischen Kernland sowie mit dem Islam und den chinesischen Muslimen, den Hui, beschäftigten.[91] In allen drei Themenbereichen leisteten einige Autoren wichtige Grundlagenforschung, die sie später während ihrer Hochschulkarrieren in der Volksrepublik nutzen konnten. Im Sommer 1937 wurden sie aber erst einmal auseinander getrieben.

Als Mitherausgeber des anti-japanischen Propagandablattes „Popular Readings" (*Tongsu duwu*) und aufgrund zahlreicher propagandistischer Artikel, in denen er zum Widerstand gegen die japanischen Eindringlinge aufgerufen hatte, stand Gu Jiegang an vorderer Stelle auf der Fahndungsliste der japanischen Kwantung-Armee.[92] Er floh zunächst nach Suzhou, ging dann aber auf Einladung des Direktorenkomitees des Boxerentschädigungsfonds nach Gansu, Qinghai und Ningxia, um dort das muslimische Erziehungswesen zu untersuchen.[93] Zwei Yugong-Mitglieder blieben in der Hauptstadt und betreuten die Räumlichkeiten, insbesondere die Bibliothek der Studiengesellschaft. Gu Jiegang versuchte nach seiner Rückkehr 1946 zwar die Yugong-Studiengesellschaft wiederzubeleben, der Bürgerkrieg unterbrach jedoch erneut die Aktivitäten der Studiengesellschaft. Da das kommunistische Herrschaftssystem nach 1949 keinen Freiraum für eine unabhängige akademische Vereinigung bot, löste Gu Jiegang die Studiengesellschaft 1955 auf.[94]

Bleibendes Verdienst der Yugong-Gelehrten war es, mit der Historischen Geographie einen neuen Forschungszweig geschaffen und in der akademischen Öffentlichkeit etabliert zu haben. Gu Jiegangs in der Erstausgabe der Zeitschrift dargelegte Zielsetzung war somit verwirklicht worden.[95] Inhaltlich war es dabei zu einer wichtigen Schwerpunktverlagerung gekommen. Die ersten drei Bände der Yugong blieben noch der traditionellen historischen Geographie gewidmet.

---

[90] Vgl. Zhao Quancheng (1936c).

[91] Vgl. Tang Xiaofeng (1994), S. 190.

[92] Gu Jiegang war seit September 1931 an anti-japanischen Aktivitäten beteiligt. Vgl. Richter (1992), S. 225–27.

[93] Vgl. L.A. Schneider (1971), S. 286. Zu den Fonds aus den Boxerentschädigungszahlungen, welche die USA, Großbritannien und Japan zur Förderung von Bildung und Wissenschaft in China einrichteten, siehe ausführlich Teow (1999), S. 20–45, 92–123.

[94] Ge Jianxiong (1997), S. 93.

[95] Aus dem Nachwort Gu Jiegangs zur ersten Ausgabe der *Yugong*, in: YG 1:1 (1934), S. 23 f.

Tan Qixiang charakterisiert diese Periode im Rückblick als diejenige einer Modernisierung der „chronologische Geographie des Altertums" und deren Umwandlung in eine „wissenschaftliche historische Geographie".[96] Die Autoren analysierten klassische Texte, vor allem die geographischen Abhandlungen der Dynastiengeschichten, beschrieben Lokalchroniken und führten Regionalstudien durch. Um die Zeitschrift für einen breiteren Leserkreis zu öffnen, ließ Gu Jiegang auch einzelne Aufsätze im Stil der Berichtsliteratur (*baogao wenxue*) einfügen. Meistens handelte es sich um Reisenotizen oder Lokalskizzen wie Yang Xiangkuis „Kleines Werk über Fengrun" (*Fengrun xiaozhi*), in dem Yang einen Besuch nach Abschluss des Universitätsstudiums in seinem Heimatkreis in der Provinz Hebei beschreibt.[97] In den Heften des ersten Yugong-Bandes wurden hauptsächlich kurze studentische Übungstexte vorgestellt. Der aufkommenden Kritik an diesen „Jugendstücken" trat Gu Jiegang entschieden entgegen. Schließlich habe man ja erst mit der Forschungsarbeit begonnen.[98] Kritik an den Yugong-Veröffentlichungen kam auch aus Japan. Dort blühte seit Beginn der dreißiger Jahre die China-Wissenschaft an den akademischen Zentren in Tokyo und Kyoto.[99] Mori Shikazō, ein Spezialist für qingzeitliche geographische Indices und Kartenwerke, schrieb einen kritischen Bericht über die Gruppe, den Gu Jiegang in der Yugong-Zeitschrift veröffentlichen ließ. Mori warf darin seinen chinesischen Kollegen vor, unverständliche Aufsätze über enge Spezialfragen zu verfassen, die für einen breiteren Leserkreis uninteressant seien.[100]

Gu Jiegang hielt jedoch an seiner Strategie fest. Er sah, dass ein neuer, institutionell in den akademischen Strukturen erst schwach verankerter Wissenschaftszweig nur durch die forschende Beteiligung möglichst vieler aufgebaut werden konnte. Durch die frühe Chance zu eigenen Veröffentlichungen erhielten studentische Mitarbeiter die Gelegenheit, sich mit dem neuen Vorhaben zu identifizieren und sich zugleich erste Anerkennung in der wissenschaftlichen Öffent-

---

[96] Tan Qixiang (1987), Bd. 1, S. 9.
[97] Yang Xiangkui (1934).
[98] Gu Jiegang (1934e), in: YG 1:2, S. 30.
[99] Im Dezember 1927 wurde ein Peking-Institut für Humanwissenschaften ins Leben gerufen. Seine Forschungsgruppe bestand zunächst aus 18 Chinesen und vier Japanern, bereits 1929 zog sich China aber offiziell aus dem Gemeinschaftsprojekt zurück. Nur sieben chinesische Wissenschaftler setzten ihre Kooperation auf privater Basis fort und kompilierten mit ihren japanischen Kollegen eine Überarbeitung der Enzyklopädie *Siqu quanshu* aus dem 18. Jahrhundert. 1930 legten sie bereits einen Index der im *Siqu quanshu* enthaltenen Quellen vor. Das 1943 vollendete Manuskript mit 50.000 Eintragungen belegt den Erfolg dieses Forschungsprojektes, das selbst den Kriegsausbruch von 1937 überstand. Parallel dazu entwickelten Wissenschaftler der Kaiserlichen Universitäten Tokyo und Kyoto ein japanisches Forschungsunternehmen, die Akademie Orientalischer Kultur. Ihre Forschungsschwerpunkte berührten auch die Yugong-Themen: Frühgeschichte der Mongolen und Mandschuren, Sprachformen in der Wei- und Jin-Periode, Buddhismus der Sui- und Tang-Zeit, Geographische Indices und Karten über Qing-China und architektonische Ornamente in China. Vgl. Teow (1999), S. 181 f.
[100] Mori Shikazo (1936).

lichkeit zu erwerben. Auf lange Sicht war dieses Vorgehen erfolgreich, denn aus der Talentschmiede der Yugong-Studiengesellschaft sind zahlreiche später namhafte Historiker und Geographen Chinas hervorgegangen.

Von Anfang an legte Gu Jiegang der Yugong-Forschung ein umfassendes Konzept des Gegenstandsbereichs zugrunde. Ihr thematischer Rahmen erstreckte sich von Schwerpunkten auf Geographie und Völkerbeziehungen innerhalb der dynastischen Epochen, über regionale Themen wie den Grenzgebieten oder Volksstämmen (*zhongzu*) im Kernland bis zur Untersuchung bestimmter Quellengattungen wie Lokalchroniken oder Reiseberichte.[101] Bereits im 9. Heft des ersten Bandes erschienen Beiträge über die chinesische Peripherie und über einzelne Völker der Randgebiete. Ein deutlicher Schwerpunktwechsel erfolgte im Jahre 1935. Die Themen verlagerten sich nun deutlich von der an der klassischen Geschichte und ihren Quellen orientierten Historischen Geographie zur gegenwartsbezogenen Grenzgeschichte. Als Begründung gaben die Herausgeber die wachsende Bedrohung durch den japanischen Imperialismus in Nordchina an. Gu Jiegang hatte ihn im Sommer 1934 während einer Forschungsreise in die Innere Mongolei bei Gesprächen mit Vertretern der Lokalregierungen in Suiyuan und Chahar unmittelbar erlebt.[102] Die Japaner beherrschten zu dieser Zeit nicht nur die Mandschurei, sondern weiteten ihren Einfluss auch auf die angrenzenden mongolischen Gebiete aus. Gu Jiegang war während dieser Reise in Bailingmiao, dem Sitz der innermongolischen Autonomiebewegung, auch mit deren Oberhaupt De Wang (Demchukdonggrub) zusammengetroffen. Diese Begegnung habe ihm, so schreibt er später in seinem Nordwest-Tagebuch, die hohe Bedeutung der Grenzproblematik verdeutlicht und zu seinem Entschluss geführt, sich nunmehr der Grenzforschung zu widmen.[103]

In den Yugong-Arbeiten ging es nicht nur um wissenschaftliche Beweisführungen, sondern auch um nationale Bewusstseinsbildung. Die Methoden der Forschung sollten in den Dienst der geistigen Landesverteidigung gestellt werden:

„Wer fühlt nicht in dieser schwerwiegenden gegenwärtigen Lage einen erstickenden Schmerz? Wessen Blut kocht noch nicht im Herzen – vorausgesetzt er ist ein mutiger, rechtschaffener Mensch? Alle schreien nach der Rettung des Staates. Die Rettung des Staates stützt sich auf enthusiastische Gefühle, besonders aber auf einen nüchternen Verstand. Die Rettung des Staates ist keine Frage, die sich nur in leeren Worten erschöpft. Sie ist die Gesamtsumme zahlreicher effektiver, realistischer Pläne und Taten. Daher wollen wir nicht nach bisheriger Taktik den Stil diskutieren oder einige gestanzte Sätze und schöne, aber unverbindliche Worte benutzen, um, nachdem wir unserem Groll Luft gemacht haben, in kurzer Zeit Behaglichkeit zu erreichen. Sondern wir wollen unser Haupt senken und ernst den Weg voranschreiten. [Ich] hoffe, dass [wir] mit wirklichem Wissen das Grundprinzip der nationalen Wiedergeburt he-

---

[101] Gu Jiegang erstellte die Aufzählung in Rahmen seines Arbeitsberichtes in der Jubiläumsausgabe vom April 1937, siehe YG 7:1/2/3, S. 4.
[102] Vgl. Gu Chao (1997), S. 165 f.
[103] Gu Jiegang (1948), S. 12–16, referiert bei Lipman (1997), S. 6 f.

rausfinden. Zweifellos ist diese Arbeit zu groß und sicherlich kann unsere [kleine] Schar von Leuten sie kaum auf sich nehmen. Wenn unsere Arbeit aber ständig vorangetrieben werden kann, dann glaube [ich] fest daran, dass wir zwangsläufig einen Teil dieses großen Werkes vollenden können. Wir wollen [die Leute] zu einem tiefergehenden Interesse motivieren und die frühere Angewohnheit verändern, Angst vor dem Gang vor die Tür zu haben. Die öden Grenzgebiete [sollen] dem eigenen Volk mehr und mehr vertraut und von ihm kultiviert werden, um so die begehrlichen Blicke machthungriger Staaten zu unterbinden. Wir wollen das Land, welches unsere Vorfahren mit Fleiß urbar gemacht haben, als eine Hauptstütze betrachten und [ganz] legal dieses Erbe übernehmen, welches unser Staatsvolk genießen sollte. Niemals werden wir vergessen, dass das, wofür wir gegen den gewaltsamen Druck der Nachbarländer und gegen ihre spalterischen Intrigen gekämpft haben, unser eigenes Familienvermögen ist. Wir wollen den Verlauf erforschen, wie unsere Vorfahren aus unbeschreiblichen Härten und Schwierigkeiten emporgestiegen sind und sich zum chinesischen Volk zusammengeschlossen haben. Wir wollen erreichen, dass jeder einzelne Volksstamm (*zhongzu*) im Staat den geschichtlichen Hintergrund und das Schicksal dieses Zeitalters begreift, dass alle sich zusammentun und sich nicht von einanderabspalten, dass wir ein gemeinsames Schicksal teilen, dass wir einander achten, uns gegenseitige Hilfe gewähren und uns zu einem überaus starken Volk zusammenschließen. Daher hoffen wir schon am Anfang dieser Erinnerungsausgabe als drittes, dass unsere Kollegen diese große Zielsetzung klar erkennen, dass sie den Verstand zur Leitung ihres Enthusiasmus gebrauchen und am großen Werk der Rettung des Staates teilnehmen."[104]

Die Beiträge zur Grenzgeschichte konzentrierten sich seit dem fünften Band auf die Sonderhefte. Gu Jiegang und Tan Qixiang, die ihren ursprünglichen Forschungsschwerpunkten – der Alten Geschichte und der Geschichte der geographischen Veränderungen – treu blieben,[105] wählten für jedes Sonderheft Themenexperten aus.

Im Sommer 1937 brachte Tong Shuye schließlich doch noch ein Sonderheft zur klassischen historischen Geographie (YG 7:6/7) heraus. Er rechtfertigte den erneuten Themenwechsel damit, dass man gegenwärtige territoriale Ansprüche nur mit historischen Belegen begründen könne.[106] Das Verhältnis zwischen Geschichte und Gegenwart bildete einen wichtigen Diskussionspunkt der Yugong-Gelehrten. Die patriotisch gesinnten Historiker und Geographen fühlten sich zur Rechtfertigung ihrer Forschungstätigkeit gezwungen und argumentierten mit der Notwendigkeit, den nationalen Standpunkt durch ihre Darstellung früherer territorialer Zusammenhänge historisch zu legitimieren.

Der Geograph Wang Yong verband mit dem Themenwechsel zur modernen Peripherie auch einen methodischen Fortschritt. *Yange-dili*-Untersuchungen arbeiteten mit den klassischen Quellenmaterialien. Da die offiziellen chinesischen Geschichtswerke nur wenige Angaben über die Grenzgebiete und ihre Völker

---

[104] Gu Jiegang (1937b), S. 1 f.
[105] Vgl. Peng Minghui (1995), S. 176–82.
[106] Tong Shuye (1937), S. 1.

enthielten, mußten sich die Yugong-Forscher zwangsläufig von ihrer textkritischen Arbeit lösen und neue Informationswege erschließen.[107]

Überhaupt beeindrucken die Arbeiten der Yugong-Studiengesellschaft durch ihre Methodenvielfalt. Wissenschaftler aus verschiedenen Forschungsbereichen veröffentlichten in ihrer Zeitschrift. Unter den Autoren gab es Historiker, Geographen, Archäologen, Anthropologen, Volkskundler, Kartographen und Sprachforscher. Viele verkörperten noch den Typus des Universalgelehrten, der in den letzten Jahren des kaiserlichen China eine klassische Ausbildung erhalten hatte und nun in den verschiedensten Disziplinen glänzte. Gu Jiegang, sein Lehrer Hu Shi und Qian Mu gehörten zu dieser Kategorie. Die Studentengeneration der dreißiger Jahre hatte ein von westlichen und japanischen Einflüssen geprägtes modernes Erziehungswesen durchlaufen. Sie kannte eine solche Breite nur in Ausnahmefällen. Nunmehr überwog der fachlich festgelegte Spezialist.

Die Bedeutung exakter Wissenschaft bei der Identifizierung der modernen Nation zeigt sich am Beispiel der Kartographie. Die militärischen Niederlagen der Qing-Dynastie in den Grenzkonflikten im Norden mit dem Zarenreich und im Südwesten mit dem British Empire gingen nicht zuletzt auch auf ungenaue kartographische Vorstellungen vom eigenen Imperium zurück. Dieser Fehler sollte sich im 20. Jahrhundert nicht wiederholen. So veröffentlichten Gu Jiegang und Zheng Deshen zehn Sammlungen von Originalkarten.[108] Die Qing-Periode nahm in der Geschichte der chinesischen Kartographie eine wichtige Stellung ein. Zudem war das erste Sonderheft der Yugong-Zeitschrift der Modernisierung der chinesischen Kartographie durch die europäische Jesuitenmission gewidmet. Denn die Jesuiten hatten mit ihren kartographischen Innovationen auch ein neues Weltbild am chinesischen Kaiserhof eingeführt. Das Gradnetz der 1602 von Matteo Ricci entworfenen „Gesamtkarte aller Staaten der Erde" (*Kunyu wanguo quantu*) wies deutlich auf die Kugelgestalt der Erde hin und widersprach den traditionellen chinesischen Vorstellungen eines runden Himmelsgewölbes und einer quadratischen Erde. Die Darstellung der beiden Erdhälften reduzierte folglich das chinesische Kaiserreich zu einem Staat unter vielen anderen.[109] Ricci führte erstmals in der Geschichte der chinesischen Kartographie wissenschaftliche Messungen der Meridiane durch.[110] Seine Übersetzungen westlicher Begriffe bildeten die Grundlage für den chinesischen Fachwortschatz späterer Generationen von Kartographen. Ricci, so sah man es in der Yugong-Zeitschrift, vermittelte der chinesischen Gelehrtenwelt mit seiner Weltkarte Kenntnisse über die neuesten europäischen Entdeckungen.[111] Dennoch wurde bereits in der Mitte des 17. Jahrhunderts sein Werk in den geographischen Schriften nicht mehr berück-

---

[107] Wang Yong (1938), S. 259 f.
[108] Vgl. Wu Fengpei (1988), S. 17.
[109] „Yugong xuehui muji jijin qi", in: YG 4:10 (1936), S. 7.
[110] Vgl. Elman (1981–83), S. 9. Über Matteo Ricci siehe Spence (1985).
[111] Chen Guansheng (1936), S. 58–60.

sichtigt. Seine Arbeiten wurden ebenso wie die „Karten einer Gesamtansicht der kaiserlichen Territorien" (*Huangyu quanlan tu*, auch Kangxi-Jesuitenatlas genannt) aus dem Jahr 1718[112] in den großen Standardwerken des 18. Jahrhunderts sogar offen abgelehnt,[113] da der wissenschaftliche Wert von Karten nur wenigen chinesischen Literati bekannt war und die Weltkarte immer fehlerhafter überliefert worden war. Hinzu kam, dass Ricci die Karte am Rande mit einem Stempel der Jesuiten versehen hatte. Aus chinesischer Sicht gehörte sie dadurch zur fremden Religion des Katholizismus. Im 18. Jahrhundert geriet somit auch das wissenschaftliche Werk der Jesuitenmission in den Sog ihrer religionspolitischen Diskreditierung.[114] Folglich blieb der Einfluss der europäischen Wissenschaft auf die chinesische Kartographie bis ins 19. Jahrhundert gering.[115] Die Yugong-Forscher mussten feststellen, dass nicht nur die physikalischen Kartenwerke der ersten drei Jahrzehnte des 20. Jahrhunderts erhebliche technische Mängel aufwiesen, sondern auch die jüngst veröffentlichten Geschichtskarten. Gu Jiegang und Tan Qixiang bemerkten 1934 kritisch, dass in den letzten drei Jahrzehnten in China und in Japan zwar sehr viele Karten zu den geographischen Veränderungen Chinas erschienen seien, aber unter den etwa 20 bis 30 Werken keine wirklich genaue, präzise und angenehm zu benutzende Ausgabe zu finden sei. Angesichts einer über dreihundertjährigen Stagnation in der Entwicklung der chinesischen Kartographie fühlten sich die Yugong-Autoren verpflichtet, ihre Leser an den hohen Wert der Karten Matteo Riccis zu erinnern. Die Ausarbeitung einer umfangreichen Kartensammlung auf neuestem wissenschaftlichem Niveau wurde im Frühjahr 1933 in Angriff genommen. Im Dezember 1934 lagen zwölf historische Karten vor. Die Kartensammlung sollte den Wissenschaftlern nun als Vorlage dienen.[116] Diese ersten Bemühungen um die Schaffung eines modernen historischen Kartenwerks für China wurden nach Gründung der VR China von Tan

---

[112] Die erste Ausgabe des Kangxi-Jesuitenatlas bestand aus 28 Karten auf Holzblock. 1719 entstand eine Manuskriptversion mit 32 Karten, die Matteo Ripa (1682–1745) auf Kupferplatten im Maßstab 1:1,400.000 eingravierte. Mehrere Editionen folgten. Auch europäische Werke verwendeten das Kartenwerk. Vgl. Yee (1994d), S. 181–84. Vgl. Fuchs (1938; 1943).

[113] Vgl. R.J. Smith (1998), S. 71–77.

[114] Chen Guansheng (1936), S. 66–70.

[115] Laura Hostetler lehnt ein solches pauschales Urteil über die chinesische Kartographie ebenso ab wie die Trennung in eine traditionelle chinesische und eine moderne westliche Kartographie. Sie geht von der Koexistenz einer Vielfalt kartographischer Repräsentationen im qingzeitlichen China aus, von denen einige Exemplare noch traditionelle Darstellungsformen aufwiesen, als andere dem modernen westlichen Standard durchaus schon entsprachen. Ebenso wie die Regierungen Russlands oder Frankreichs stellten auch die Qing-Kaiser ausländische Wissenschaftler für die kartographische Erfassung ihres Imperiums ein. Die von ihnen in Auftrag gegebenen Werke erreichten im 18. Jahrhundert den Standard von „early modern maps", die sich international durch eine wissenschaftliche Rhetorik und exakte Messungen auszeichneten. Vgl. Hostetler (2001), S. 21–25.

[116] Über diese Karten wurde ausführlich in der Zeitschrift berichtet. Siehe „Ditu diben chuban yugao", in: YG 1:4 (1934), S. 30. f.

Qixiang in Shanghai fortgesetzt, der in den achtziger Jahren eine achtbändige Kartensammlung unter dem Titel „Sammlung historischer Karten Chinas" (*Zhongguo lishi ditu ji*) veröffentlichte.

Ein weiteres Feld, in dem die Yugong-Gesellschaft wichtige Anstöße gab, ihre Pläne jedoch aufgrund der Kriegssituation nicht verwirklichen konnte, stellen Forschungsreisen dar. Mit ihrem systematisch verfolgten Erkundungsprogramm und einer intersubjektiv verwertbaren Dokumentation der Ergebnisse gehören sie zu den modernen Arbeitsmethoden der Geographie, wie sie im frühen 20. Jahrhundert in China eingeführt wurden. Traditionell erarbeitete sich der chinesische Gelehrte sein Wissen aus Büchern. Reiseberichte wurden als Quellen in Lokalchroniken und in offiziellen Geschichtswerken eingeordnet. Bei ihren Autoren handelte es sich meist um kaiserliche Feldherren und Regierungsbeamte, die auf Militärexpeditionen und auf administrativen Außenposten ihre Beobachtungen und Eindrücke festhielten. Diese Texte waren nicht mit Blick auf eine regelhafte und geordnete Erkenntnisgewinnung geschrieben. Wissenschaftliche Expeditionen vor allem in den peripheren Gebieten wurden bis zum Beginn des 20. Jahrhunderts nur von ausländischen Forschern durchgeführt. Zumindest eines der Yugong-Mitglieder hatte damit bereits Erfahrungen sammeln können: Der Archäologe Huang Wenbi, der unter anderem eine Studie über die Gebirge und Flüsse Xinjiangs verfasste, gehörte zu den chinesischen Begleitern der von Sven Hedin geleiteten „Wissenschaftlichen Nordwest-Expedition" (*Xibei kexue kaochatuan*), die von 1927 bis 1933 durchgeführt wurde. Er nutzte diese Gelegenheit, um die geographischen Beschreibungen in den klassischen Quellen, die er gut kannte, mit der eigenen Feldforschung zu vergleichen.[117]

Auch Gu Jiegang, der selbst nie ins Ausland gereist war, verfügte in den dreißiger Jahren über zahlreiche Kontakte zu den in China aktiven westlichen Wissenschaftlern. 1929 unternahm er mit Sven Hedin eine Reise zu dem Garnisonsort Guangfu.[118] 1934 besuchte ihn der aus Deutschland in die Türkei emigrierte Wolfram Eberhard. Außerdem traf er mit Herrlee G. Creel, Derk Bodde, Hellmut Wilhelm, Arthur William Hummel und Owen Lattimore zusammen.[119] Gu Jiegang erkannte den Wert ausländischer Hilfe bei der Erforschung Chinas an, war allerdings nicht bereit, das ausländische Explorationsmonopol als selbstverständlich hinzunehmen. Die Ausländer hätten „keine Mühen gescheut, um die Situation in unseren Grenzgebieten fleißig und intensiv zu erforschen und zu diskutieren", seine Landsleute hingegen verhielten sich größtenteils gleichgültig und diskutierten nicht einmal über die Ursachen von Grenzkrisen. Umso mehr solle die Studiengesellschaft die Bedeutung von Forschungsreisen in die peripheren Gebiete würdigen.[120]

---

[117] Vgl. Huang Wenbi (1935) sowie die Aufsätze zur historischen Geographie in Huang Wenbi (1981),bes. S. 3–20.

[118] Wang Xuhua (1990), Bd. 2, S. 1032.

[119] Richter (1992), S. 231 f.

[120] *Benhui cihou san nian zhong gongzuo jihua* (1937), in: YG 7:1/2/3, S. 14.

Die Yugong-Forscher sahen sich einem als schmerzhaft empfundenen Widerspruch gegenüber: Einerseits erschien es ihnen vor dem aktuellen politischen Hintergrund dringlicher denn je, die Geschichte und Geographie der bedrohten Peripherie ihres Landes zu erforschen, andererseits verhinderte gerade die aktuelle Krisenlage die Verwirklichung der notwendigen Forschungsreisen. Die Dominanz der westlichen Wissenschaft ließ sich daher nur schwer brechen. Wollte ein chinesischer Wissenschaftler beispielsweise eine Studie über das Luoluo-Volk in Südwestchina schreiben, musste er auf westliche Arbeiten zurückgreifen, die aber die Luoluo nicht als Teil des chinesischen Volkes (*zhonghua minzu*), sondern als eigenständiges Volk (*duli minzu*) beschrieben.[121] Da andere Völker als Hanchinesen in den offiziellen Geschichtswerken nur am Rande vorkommen, musste erst einmal wissenschaftlich verwendbares chinesisches Material erstellt werden, mit dem sich dann auch der eigene Standpunkt begründen ließ. Man erhoffte sich von den aktuellen Reiseeindrücken auch bei den Lesern im Kernland ein größeres Interesse für die Grenzgebiete. Die Präsenz des japanischen und des russisch-sowjetischen Imperialismus schränkte allerdings das Arbeitsfeld stark ein. Der besetzte Nordosten musste ebenso ausgeschlossen werden wie die Äußere Mongolei, die ein Satellitenstaat der UdSSR war. Sogar immer größere Teile Nordchinas gerieten unter der Camouflage einer angeblich von chinesischen Regionalkräften betriebenen „Autonomie" unter faktische japanische Kontrolle. Die Lage war bereits im Oktober 1935 so ernst, dass 66 Persönlichkeiten aus dem Beijinger Kultur- und Erziehungswesen – unter ihnen Gu Jiegang, Qian Mu und Meng Sen[122] – in der Zeitschrift *Shenghuo xingqi kan* (The Life Weekly) eine Deklaration gegen die Autonomie Nordchinas veröffentlichten und eine Regierung, die ihr eigenes Versprechen, aktiv für die Rettung der Nation einzutreten,[123] nur lauwarm erfüllte, zum Widerstand aufriefen.[124]

Unter diesen Umständen wandten sich die Yugong-Gelehrten der sogenannten „nahen Grenze" im Nordwesten zu. Sie umfasste die Gebiete nördlich der Großen Mauer in der Inneren Mongolei sowie die Provinzen Gansu, Ningxia und Qinghai. Drei Expeditionen wurden geplant, die im jährlichen Abstand durchgeführt werden sollten und jeweils archäologischen, ethnologischen und religionsgeschichtlichen Fragestellungen gewidmet waren. Das archäologische Interesse

---

[121] Vgl. Yang Chengzhi (1934), S. 24.
[122] Vgl. Li Mumiao (1995), S. 28.
[123] So etwa in dem pathetischen Appell zur „Regeneration des Geistes der Nation" im Manifest des Vierten Nationalkongresses der Guomindang vom 23. November 1931. Vgl. Shieh (1970), S. 153–56, hier 155.
[124] Vgl. Xu Xiaoqun (2001b), S. 60. In einer Biographie des Historikers Qian Mu, der ebenso wie Gu Jiegang und Hu Shi an der Deklaration teilnahm, wird von über 100 Intellektuellen gesprochen. Vgl. Li Mumiao (1995), S. 28. Wie riskant eine solche Haltung im China Jiang Kaisheks sein konnte, zeigt die Verfolgung des bekannten Journalisten Zou Taofen und anderer führender Mitglieder der „Vereinigung zur Rettung der Nation" durch das Guomindang-Regime. Vgl. Coble (1984/85), bes. S. 305 f.

der ersten Reise in die damaligen Provinzen Suiyuan und Ningxia galt den tradi-
tionellen Einfallsrouten der Völker des Nordens nach China sowie dem Xixia-
Königreich. Ethnologisch standen die mongolischen Stämme der Yikeshao- und
Alashan-Regionen im Vordergrund. Außerdem wollte man den lokalen Lamaismus und Islam erkunden. Die zweite Reise sollte weiter nordwestlich nach
Qinghai führen, wo man nach archäologischen Spuren der Dulan-, Tuguhui- und
Tufan-Reiche suchen wollte. Tibeter und Qinghai-Mongolen waren hier ethnolo-
gisch zu erforschen; auf religionsgeschichtlichem Feld wollte man die einheimi-
schen Strömungen des Islam näher betrachten. Die dritte Reise wurde entlang
der Großen Mauer bis nach Dunhuang geplant. Sie hatte einen archäologischen
Schwerpunkt, galt aber auch den hanchinesischen Bewässerungsanlagen am
Huanghe; so hoffte man, Aufschluß über die früheren Einwanderer aus dem über-
bevölkerten Kernland zu gewinnen.[125] Unabhängig von der jeweiligen speziellen
Ausrichtung der Reisen stellte Gu Jiegang ein allgemeines Grundraster von For-
schungsaufgaben zusammen. Untersucht werden sollten die Gefühlslage (*ganjing*) unter den Völkern, das Erziehungssystem, die wirtschaftliche Situation, die
Religionen und die regionalen Herrschergenealogien. Archäologische Funde
sollten durch Karten und Tabellen dokumentiert, lokale Schriften, Lieder und Geschichten gesammelt sowie Abdrucke von Steininschriften gemacht werden.[126]

Wegen des Kriegsausbruches von 1937 konnten die Reisepläne größtenteils
nicht verwirklicht werden. Nur eine Expedition zu den Bewässerungsanlagen
von Hetao im Westen der Inneren Mongolei im Juli 1936 und eine Exkursion zu
den alten Steininschriften im Wei-Kreis der Provinz Chahar im November des
gleichen Jahres kamen zustande. Die Ergebnisse der ersten Reise zu den agrarischen Erschließungsprojekten Hetaos wurden in einer Sondernummer der Yugong-Zeitschrift zusammengefasst.[127] Wissenschaftlichen Charakter hatten auch
Gu Jiegangs Reisen durch den Nordwesten, in den er sich nach der japanischen
Besetzung Beipings im April 1937 zurückgezogen hatte. Fast ein Jahr lang leitete er im Auftrag der Regierung eine Kommission zur Erforschung und Entwicklung der Grenzgebiete, organisierte eine Förderungsgesellschaft zur Kolonisierung des Nordwestens (*Xibei yiken zujin hui*) und bildete Grundschullehrer
aus.[128] Auf seinen Reisen durch die Region, die zum Teil unter militärischem
Schutz standen, gewann er einen Eindruck von den lokalen Gebräuchen und Bedürfnissen der verschiedenen Volksgruppen, für die er unterschiedliche Entwick-
lungsprogramme empfahl. Seine Reiseerfahrungen hielt er in einem Tagebuch

---

[125] Gu Jiegang (1937c), S. 14 f.
[126] Gu Jiegang (1937c), S. 15–17.
[127] Zhang Weihua und Li Rongfang besichtigen mehr Projekte als die anderen und kehrten erst
       am 31. Juli nach Beiping zurück. Ihre vier Kollegen hatten sich am 21. Juli auf den Heim-
       weg gemacht und noch die Yungang-Grotten besichtigt. Sie kamen bereits am 26. Juli wie-
       der in der Hauptstadt an.
[128] Auszüge in Wu Fengpei (1983), S. 10. Vgl. dazu auch Richter (1992), S. 236.

fest, das 1948 in Shanghai gedruckt wurde.[129] Im Vorwort erläutert Gu Jiegang
den hauptsächlichen Zweck seines Engagements in der Region: die Propagierung
des anti-japanischen Widerstandes. Diesem Zweck diente auch der von ihm in
Lanzhou gegründete „Volks"-Verlag (*Laobaixing*). Kein Verständnis zeigte Gu
Jiegang für die dominante Stellung der Religion in der Lokalbevölkerung. Er
setzte im Kampf gegen den „Aberglauben" auf Bildung und moderne Technik.
Die Unabhängigkeitsbestrebungen der ethnischen Gruppen führte er auf den Einfluss westlicher Missionare zurück. In Anlehnung an seine These vom Han-Volk
als einer historischen Mischrasse integrierte er konzeptionell die Grenzvölker als
Bürger der Republik China in die moderne Nation. Denn Einheit stellte aus seiner Sicht keine Frage der Rasse dar, sondern bezog sich auf das Staatswesen, in
dem Han, Muslime, Mongolen und Tibeter als Chinesen (*Zhongguoren*) in Frieden zusammenleben könnten. Um die Verständigung zu erleichtern, schlug er
daher die Gründung einer Kommission für Grenzvölkersprachen vor, deren Aufgabe u.a. in der Übersetzung chinesischer Werke von *Lunyu*, *Mengzi* bis zum
Sanmin zhuyi Sun Yatsens in die Lokalsprachen bestehen solle. In seinem Ab-
schlußbericht an die Guomindang-Regierung trat Gu Jiegang zudem für eine
Förderung lokaler Selbstverantwortung in den Grenzgebieten ein. Dazu gehörten
die Verbesserung des einheimischen Handwerks, der Aufbau von Industrie und
eine Ausbeutung der natürlichen Ressourcen.[130]

Gu Jiegangs persönliches Engagement für die Erforschung der Randgebiete
Chinas setzte sich in der 1941 von ihm in Chengdu gegründeten „Studiengesellschaft der Chinesischen Grenzgebiete" (*Zhongguo bianjiang xuehui*) fort,[131] die
sich mit zwei gleichnamigen, von Huang Fensheng und Zhao Shouyu in Chongqing sowie von Ma Tianhe in Xi'an organisierten Vereinigungen zusammen-
schloß. Mit Gu Jiegang, dem Begründer der Yugong-Studiengesellschaft, und
Ma Hetian, dem Mitbegründer von „Neues Asien", hatten sich damit auch Wortführer unterschiedlicher Forschungsrichtungen der dreißiger Jahre zu einem Gemeinschaftsprojekt zusammengeschlossen. Die beteiligten Wissenschaftler fühlten
sich als Vertreter einer „Aufklärungsbewegung" (*qimeng yundong*), deren Aufgabe
darin bestand, dem Staatsvolk Wissen über die Grenzgebiete zu vermitteln.[132]

Im Gegensatz zu den Historischen Geographen der Yugong-Studiengesellschaft widmete sich dieser Gelehrtenkreis seit Kriegsbeginn nun ganz der Staatsperipherie. Wie sehr man sich um eine Integration der innerasiatischen Randgebiete in den Nationalstaat bemühte, zeigt Huang Fenshengs argumentative Taktik,
die „Moral" der dort lebenden Völker und ihre Religionen, den Buddhismus und
den Islam, mit den Drei Volksprinzipien Sun Yatsens in Einklang zu bringen: Sie
alle verträten in ihren philosophischen Grundlagen die Werte von Gleichheit und

---

[129] Vgl. Gu Jiegang (1948). Dieser Text war der Verfasserin nicht zugänglich.
[130] Wu Fengpei (1983), S. 11 f.; Richter (1992), S. 236–38.
[131] Vgl. Zhao Shouyu (1943).
[132] Huang Fensheng (1947), S. 5.

Freiheit. So weit wirkt Huang Fensheng harmonisierend. Gleichzeitig aber kritisiert er an Lamaismus und Islam, dass sie in der Realität diese Prinzipien verletzten und sich daher als nicht zeitgemäß erwiesen.[133] Huang Fenshengs Studie steht am Ende einer Epoche der wissenschaftlichen Erschließung der Peripherie. Er teilt mit seinen Vorgängern den Widerspruch zwischen einem akademischen Interesse an der Erforschung der Randgebiete und der Vermittlung von Kenntnissen über sie einerseits und andererseits den Präferenzen aller bedeutenderen politischen Kräfte, die eine Integration des modernen chinesischen Nationalstaates nur vom Zentrum her zuließen. Diese Integration begann im Herbst 1948 mit der Schlussoffensive der Volksbefreiungsarmee gegen die Truppen der Guomindang-Regierung. Sie führte ein Jahr später zu dem, was John K. Fairbank „die Wiedervereinigung Chinas" genannt hat.[134]

4. Zusammenfassung

Bevor sich die Geographie gegen Ende des 19. Jahrhunderts, zunächst in Deutschland und dort unter dem Einfluss des ehemaligen Chinaforschers und nunmehrigen Doyens der Geographen, Ferdinand Freiherr von Richthofen, zu einer Naturwissenschaft umdefinierte, war sie in verschiedenen Zivilisationen eng mit der Geschichtsschreibung verbunden. Diese Verbindung war dort besonders wichtig, wo mindestens eine von drei Voraussetzungen erfüllt war: (a) Geschichtsschreiber nahmen die Berichte von Reisenden zur Kenntnis oder waren selbst – wie Herodot oder Ibn Chaldun – Reisende; (b) es gab ein starkes Interesse an der konkreten Beschreibung und Inventarisierung lokaler Zustände; (c) die Geschichtsschreibung hatte sich von der Produktion von Mythen und von religiösen Vorgaben gelöst und diente als verschriftlichtes Gedächtnis des Staates. Mindestens die zweite und die dritte Bedingung waren im alten China in besonders hohem Maße gegeben. Daher verwundert es wenig, Landeskunde und Landesbeschreibung früh als Zuträgerin und Bestandteil der Historiographie zu finden. Angesichts der beispiellosen Kontinuität des chinesischen Staates und seiner amtlichen Selbstdokumentation erhielt solche Landeskunde wie selbstverständlich eine diachrone Dimension. Sie wurde zur Rekonstruktion von Veränderungen im Raumgefüge (*yange dili*). Hier liegen die Ursprünge der *historischen* Geographie.

In der neueren Ideengeschichte Chinas hat es selten eine ruhige Evolution der Inhalte und Formen gegeben. Einer der radikalsten Einschnitte war die um die Jahrhundertwende beginnende Auseinandersetzung mit westlichen Vorstellungen von Wissenschaft und Wissenschaftlichkeit.[135] Modifizierende Übernahmen sol-

---

[133] Huang Fensheng (1947), S. 135.
[134] Vgl. Fairbank (1987).
[135] Vgl. dazu brillant Wang Hui (1997b).

cher Vorstellungen – teilweise über Japan – erfolgten im Zusammenhang eines sich gleichzeitig ebenfalls schnell entwickelnden Systems neuer Bildungsinstitutionen. Geographie und ihr Schwesterfach Geologie wurden nun als akademische Disziplinen institutionalisiert. Dies musste nicht per se auch die Modernisierung und Professionalisierung der *historischen* Geographie bedeuten. Einerseits gab es sie in gewisser Weise ja schon, so dass sie nicht, wie etwa Geologie oder Soziologie, weitgehend voraussetzungslos neu aufgebaut werden konnte und musste. Andererseits genoss sie in den maßgebenden Wissenschaftsnationen des Westens, also Frankreich, Deutschland, Großbritannien, Russland und den USA, im frühen 20. Jahrhundert kein besonders hohes Ansehen, stand sie doch etwas verloren zwischen einer sich immer mehr naturwissenschaftlich orientierenden Geographie und einer Geschichtsschreibung, die jegliche „deterministische" Einschränkung des freien Willens von Individuen und Staaten von sich wies, ob sie nun ökonomischer oder geographisch-ökologischer Natur war. Daher gab es im Westen keine ausgearbeitete und prestigereiche historische Geographie, die man in China in der Weise hätte importieren können, wie man es mit anderen Wissenschaften tat.[136]

Unter diesen Umständen trafen zwei besondere Faktoren zusammen, die die Entstehung einer Historischen Geographie als Forschungsrichtung begünstigten und ihr ein eigenständiges Profil verliehen. Erstens ging das Interesse an historischer Geographie nicht – wie in Europa – von Randfiguren des akademischen Lebens aus (in Deutschland etwa von Karl Haushofer), sondern von einem der maßgebenden Humanwissenschaftler und Intellektuellen der Epoche, Gu Jiegang. Gu näherte sich dem Thema mit dem Instrumentarium methodisch fortgeschrittener Forschung, das er und andere in den Jahren zuvor entwickelt hatten. Obwohl die Erfordernisse nationaler Mobilisierung die hohen Motive in der Praxis immer wieder durchkreuzten, war die Historische Geographie in China dadurch in erheblichem Maße gegen Dilettantismus und platte Propagandanutzung gefeit, wie sie zur gleichen Zeit die „Geopolitik" in Deutschland oder Italien diskreditierten. Da sie sich vornehmlich außerhalb des staatlich kontrollierten Universitätsbetriebs in privaten „Studiengesellschaften", allen voran der Yugong-Studiengesellschaft, entwickelte, konnte sie sich allzu großer Staatsnähe erwehren.

Zweitens schob die internationale Entwicklung territoriale Fragen unabweisbar in den Mittelpunkt des öffentlichen Interesses. Man muss hier die langfristige historische Entwicklung im Auge behalten. Die Qing-Dynastie hatte auf dem Höhepunkt ihrer Macht, um 1760 herum, ein größeres Gebiet beherrscht als jedes chinesische Herrscherhaus vor ihr. Etwa hundert Jahre später machten sich drei Entwicklungen bemerkbar, die eine räumliche Kontraktion der chinesischen Machtsphäre einleiteten: der Aufbau des Treaty-Port-Systems, das in einigen Städten Chinas kleine Enklaven („Konzessionen", „Niederlassungen") der Sou-

---

[136] Eine zusammenhängende Darstellung der Geschichte der historischen Geographie gibt es noch nicht. Vgl. aber zahlreiche Hinweise in Butlin (1993); Diekmann u.a. (2000).

veränität Chinas entzog; die eher durch geschickte Diplomatie als durch direkten Zwang herbeigeführte Abtretung großer, allerdings bis dahin nur vage kontrollierter Territorien an das Zarenreich (1860); schließlich der Beginn der Erosion traditioneller Tributbeziehungen zu Vasallenstaaten (die freilich nicht chinesischer Regierungsgewalt unterstanden hatten) wie den Ryūkyū-Inseln, Vietnam, Birma, u.a. Die dramatischsten Gebietsverluste erlitt China jedoch erst nach der Jahrhundertwende. Sie erfolgten konzentriert in zwei Wellen: zunächst zwischen 1895 und 1905 (1895 die Provinz Taiwan, 1898 mehrere „Pachtgebiete" entlang der Küste im „scramble for concessions", 1898/1900/1905 der Süden der Mandschurei nebst einer kolonieartigen Eisenbahnzone entlang der Südmandschurischen Eisenbahn), dann in den Wirren während der Revolution von 1911, als Tibet und die Äußere Mongolei ihre faktische Selbständigkeit erlangten. Die frühe Republik konnte sich territorial vergleichsweise gut behaupten; ausländische Interventionen nahmen nun eher die Form der (zumindest versuchten) Instrumentalisierung einzelner Warlords an, ohne dass es zu weiteren Grenzverschiebungen gekommen wäre. In den zwanziger Jahren ließen sich sogar gewisse, eher symbolische Erfolge erzielen, vor allem der Rückzug der Briten aus ihren Konzessionen in Hankou und Jiujiang (1927) sowie aus ihrem Pachtgebiet Weihaiwei in Shandong (1930). Umso größer war der Schock der Besetzung der drei nordöstlichen Provinzen durch die japanische Kwantung-Armee. Dies war bei weitem die schwerwiegendste territoriale Einbuße, die China im Zeitalter des Imperialismus jemals erlitten hatte. Verschlimmert wurde sie in ihrer Wirkung dadurch, dass Japan alsbald zu erkennen gab, die Mandschurei dauerhaft von China zu trennen, sie zu einem Marionettenstaat zu machen und sie in großem Stil durch japanische und koreanische Siedler kolonisieren zu lassen. Großbritannien, die zweite wichtige Imperialmacht in Ostasien, hatte hingegen zu jener Zeit bereits zu erkennen gegeben, dass man zum Rückzug aus allen verbliebenen Positionen in China (mit der Ausnahme Hongkongs) bereit sei. Ausserdem nutzte Japan seine *De-facto*-Kolonie nördlich der Großen Mauer zu Vorstößen und Infiltrationen in die Innere Mongolei und nach Nordchina.

So stellten sich nach 1931 die Überlebensfragen der chinesischen Nation neuartig und mit bis dahin unbekannter Dramatik. Hatte sich der Anti-Imperialismus der Jahre 1919 bis 1927 gegen Großbritannien gerichtet, also gegen eine Macht ohne neue räumliche Expansionsgelüste in China, die bloß ihre überkommenen Wirtschaftsinteressen verteidigte, so sah sich die Republik (spätestens) nach 1931 einem ungleich gefährlicheren Gegner gegenüber, der es auf die Amputation des „geo-body" der Nation abgesehen hatte, vielleicht sogar auf die Unterwerfung ganz Chinas, das in der japanischen Propaganda als „natürlicher" Expansionsraum des aufstrebenden Kaiserreiches dargestellt wurde. Die politische wie theoretische Kernfrage des chinesischen Nationalismus war nach 1931 die Verteidigung der Restnation, damit verbunden die Rechtfertigung eines chinesischen *Groß*staates gegenüber japanischen Versuchen, dessen historische Legitimation und praktische Zweckmäßigkeit vor der Weltöffentlichkeit zu bestreiten. Weitergehende Visionen richteten sich sogar auf die Wiedererrichtung des quasi-imperialen Großstaates aus einem siegreichen Abwehrkampf gegen den Imperialismus. Dieser historischen Lage waren jene Formulierungen des chinesischen Nationalismus am angemessensten, die ihn als *territorialen* Nationalismus konzeptionalisierten. Der historisch-geographische Diskurs lieferte solche Formulierungen.

III. DAS CHINESISCHE STAATSGEBIET

Historische Legitimationen und aktuelles Krisenmanagement

Die quellenkritische Geschichte der staatlichen Raumordnung über einen Zeitraum von 22 Jahrhunderten gehört zu den wichtigsten Forschungsleistungen der Historischen Geographie der Republikzeit. Unkritisch stellten sich die Autoren dabei ganz in den Dienst des von Hanchinesen dominierten Einheitsstaates und rechtfertigten unter Hinweis auf „natürliche Grenzen" und „historische Zugehörigkeiten" die gewaltsame Reichsexpansion und die Unterwerfung der in den eroberten Gebieten beheimateten Völker. Realistischer diagnostizierten sie hingegen die Ursachen der aktuellen Staatskrise. Gemäß ihrem Grundsatz „nationaler Rettung durch Forschung" machten sie es sich zur Aufgabe, ein entsprechendes „Raumbewusstsein" in der chinesischen Öffentlichkeit zu entwickeln.

1. Geodeterminismus und Raumordnung

Der Faktor „geographischer Raum" bestimmte aus der Sicht der historisch-geographischen Forschungen nicht nur die Möglichkeiten gegenwärtiger Politik, sondern auch die menschliche Gesellschaftsentwicklung schlechthin. Mit einem Interesse daran standen die Historischen Geographen nicht allein. Die Einführung und intellektuelle Verarbeitung des Marxismus in China während der zwanziger Jahre hatte materialistische Erklärungen der geschichtlichen Entwicklung in den Mittelpunkt der Aufmerksamkeit gerückt.[1] Zunächst hatte man sich in den Jahren der stürmischen Massenproteste gegen die ausländischen Mächte um eine materialistische Deutung der Gegenwartslage Chinas in den Kategorien der marxistisch-leninistischen Imperialismustheorie bemüht. Dazu gehörten auch Analysen der tieferen Ursachen von Chinas Schwäche und Rückständigkeit. Zu den Hauptverantwortlichen wurde abermals die Qing-Dynastie gezählt, nunmehr allerdings nicht mehr – wie im Anti-Mandschurismus vor 1911 – als „fremdrassige" Usurpatorin, sondern als historisch letzte Vertreterin der Gesellschaftsformation „Feudalismus". Von dort aus rückwärtsgehend gelangte man zwangsläufig zu den im Schema des „historischen Materialismus" vorausgehenden Perioden, der „Sklavenhaltergesellschaft" und der bereits von Friedrich Engels ausgiebig diskutierten „Urgesellschaft". Die Beschäftigung mit diesen frühen Epochen lag nach 1927 auch deshalb nahe, weil es ein akademischer Marxismus unter Bedingungen anti-kommunistischer Guomindang-Zensur dann am leichtesten hatte, wenn er sich politisch wenig verfängliche Themen vornahm. Das geschah haupt-

---

[1] Das Folgende nach Dirlik (1978), insbes. S. 57 ff.; Leutner (1982), S. 68–73; Wu An-chia (1988).

sächlich in der großen „Debatte über chinesische Sozialgeschichte", die zwischen 1931 und 1933 geführt wurde; Monographien zu den hier angerissenen Themen erschienen noch während der folgenden Jahre.[2]

Wenn sich die dem Marxismus fernstehenden Yugong-Gelehrten auch nicht direkt an dieser Diskussion beteiligten,[3] so lag das Thema doch in der Luft. Zwar lässt sich keine unmittelbare Beeinflussung Gu Jiegangs durch marxistische Autoren erkennen, doch spricht einiges für Arif Dirliks Beobachtung, Gus Weg von der „reinen" Forschung in den zwanziger zum politischen Engagement in den dreißiger Jahren sei „consistent with prevailing historical attitudes".[4] Umgekehrt konnten auch Geographen den großen spekulativen Fragen der gesellschaftlichen Evolution etwas abgewinnen. Während die marxistischen Autoren von der Dialektik von Produktivkräften und Produktionsverhältnissen ausgingen, führte ein geographischer Ansatz dazu, die natürlichen Voraussetzungen unterschiedlicher Zivilisationsformen zu studieren. 1937 betonte Tian Fengzhang die natürliche Umwelt als wichtiges Kriterium zur Erklärung des Verhältnisses zwischen den Bewohnern des Nordostens und Chinas im frühesten Altertum:

„Die Anfänge der Menschheit sind im Großen und Ganzen in den warmen Zonen zu finden. Die kulturelle Erschließung fand [dort] früher statt, die Produktion war üppig. Die Menschheit stellt das ausgezeichnetste Produkt der natürlichen Welt dar. Das menschliche Leben ist in den warmen Zonen etwas leichter. Das schöpferische Wissen [des Menschen] wird von der Natur verliehen und später immer wieder durch sie angeregt. Daher ist in den warmen Zonen in der Umgebung von Bergen und Tälern die Produktion reichhaltig und die Natur hat den Menschen dort mehr kreative Inspiration gegeben [als anderswo]. Und da Nahrung und Wohnen angenehm sind, haben die Menschen nicht das Bedürfnis, in entfernte Gebiete zu ziehen. Sobald sie lange ansässig sind, vermehrt sich ihr Wissen. Um den Übergriffen wilder Tiere Widerstand zu leisten, schließen sie sich allmählich zusammen und formen den Rohentwurf eines kollektiven, gesellschaftlichen Lebens. Die menschliche Kultur hat auch von diesem Punkt an ihren Ausgang genommen.
Wenn wir daher die Beziehungen zwischen den Bewohnern [Chinas und des Nordostens] in alten Zeiten erforschen, gehen wir nicht nur von der Archäologie aus, sondern müssen auch beim geographischen Bezug ansetzen. Erst dann können wir die gegenseitige Beziehung zwischen den Bewohnern dieser Regionen und zwischen ihren Kulturen verstehen."[5]

In einer Äußerung wie dieser zeigt sich die Nähe zwischen alten chinesischen Vorstellungen von der Entstehung von Zivilisation und Gesellschaftlichkeit, wie sie sich etwa auch im *Yugong*-Klassiker finden, und der geodeterministischen

---

[2]   Die Debatte begann mit der Veröffentlichung von Guo Moruos „Forschungen zur chinesischen Gesellschaft des Altertums" (*Zhongguo gudai shehui yanjiu*) im Jahre 1930. Vgl. Dirlik (1978), S. 137 f.

[3]   Selbstverständlich war aber Gu Jiegang als einer der führenden Fachleute für die Anfänge der chinesischen Zivilisation angesprochen.

[4]   Dirlik (1978), S. 266.

[5]   Tian Fengzhang (1937), S. 1.

Tradition Europas, die in einigen Strömungen der Geographie der Jahrhundertwende neu belebt worden war.[6] Tian Fengzhang versucht dann, den Bezug zur Integration der innerasiatischen Randgebiete in den chinesischen Staat herzustellen. Für den Fall des Nordostens deutet er die frühe Assimilation der dort lebenden Völker an China als Folge der geographischen Gemeinsamkeiten des mandschurischen Südens mit den Provinzen Nordchinas. Diese Gemeinsamkeiten begünstigten den interethnischen Kontakt und eine ähnliche gesellschaftliche Entwicklung.[7]

Tian Fengzhangs Studie repräsentiert einen Diskurs, der das Geographische vornehmlich als Bedingungsrahmen staatlich ungeregelter sozial- und ethnohistorischer Prozesse in den Blick nimmt. Im Gegensatz dazu legte ein anderer, von historischen Geographen weiterentwickelter Ansatz das Schwergewicht auf die langfristigen Veränderungen der politischen und administrativen Raumordnung. Diese unterschiedlichen Fragestellungen lassen sich nicht eindeutig einzelnen Autoren zuweisen. Gu Jiegang zum Beispiel widmete sich jeder der beiden mit großer Ausführlichkeit. Dennoch lagen seine Präferenzen letzten Endes eher bei einer Staats- als bei einer Volksgeschichte.[8] Im Jahre 1938 veröffentlichte er zusammen mit Shi Nianhai als ein Hauptwerk dieser Richtung eine „Geschichte der territorialen Veränderungen Chinas" (*Zhongguo jiangyu yange shi*).[9] Gu war Anfang der dreißiger Jahre von der Commercial Press (*Shangwu yinshuguan*) beauftragt worden, eine Studie unter diesem Titel für die Reihe „Gesammelte Werke zur Geschichte der Kultur Chinas" (*Zhongguo wenhua shi congshu*) zu schreiben. Nachdem die Yugong-Studiengesellschaft 1935 ein eigenes Gebäude mit Bibliotheks- und Arbeitsräumen erhalten hatte, übertrug er seinem Schüler Shi Nianhai die Materialsammlung für dieses Projekt, bei dem es sich um eine textkritische Sichtung der Fülle des historisch-geographischen Quellenmaterials aus den früheren Geschichtsepochen handelte.[10] Wie sich Shi Nianhai als alter Herr in seiner Neuauflage des Bandes (1999) erinnert, war Gu Jiegang damals tief von der Schwäche des chinesischen Staates beunruhigt, der durch den japanischen Imperialismus schwere Gebietsverluste im Nordosten und Norden hinnehmen musste und überhaupt nicht mehr den blühenden Reichen einer Han- oder Tang-Dynastie glich.[11] Die Frage, wie es in der Neuzeit zu diesem staatlichen Niedergang kommen konnte (für den die marxistischen Autoren ein

---

[6] Über die traditionellen chinesischen Vorstellungen von der Entstehung von Zivilisation und Kultur vgl. Lewis (1999), S. 648 f.; Tang Xiaofeng (1994), S. 155 f.

[7] Tian Fengzhang (1937), S. 3.

[8] Ob ein sinnvoller Vergleich mit gleichzeitigen Ansätzen einer politisch revisionistischen „Volksgeschichte" in Deutschland gezogen werden kann, wäre weiterführende Überlegungen wert. Vgl. Oberkrome (1993), besonders S. 22 f.

[9] Gu Jiegang / Shi Nianhai (1938). 1999 gab Shi Nianhai eine überarbeitete Neuauflage des Textes heraus. Beide Ausgaben werden in dieser Arbeit verwendet.

[10] Sie werden im Vorwort genannt. Vgl. Gu Jiegang / Shi Nianhai (1999), S. 4–11.

[11] Gu Jiegang / Shi Nianhai (1999), S. 3.

Zusammenwirken von Feudalismus und Imperialismus verantwortlich machten),
bewegte die beiden Autoren bei der Zusammenstellung des Buches. Gu Jiegang
und Shi Nianhai schrieben damit auch einen der ersten Rückblicke auf die Geschichte des Raumes chinesischer Machtentfaltung seit seinen Anfängen. Formal
orientieren sich die beiden noch an der traditionellen Dynastiengeschichte und
unterteilen ihre detaillierte Beschreibung des Staatsgebietes nach den einzelnen
Herrschaftsperioden von der Xia-Zeit bis zur Republik. Sie erläutern die für jede
Dynastie charakteristischen regionalen Verwaltungsmethoden und beziehen besondere territoriale Strategien wie den Bau der Großen Mauer oder die Schaffung des Kaiserkanals ein. Ihre Wortwahl klingt modern und wird auch heute
noch in der chinesischen Geschichtsschreibung verwendet: Völker werden vereinigt (*tongyi*), assimiliert (*tonghua*) und auf diese Weise das Territorium vergrö-
ßert (*kuozhang*). Gu Jiegang und Shi Nianhai unterscheiden dabei nicht zwischen
dem chinesischen Kernland und den Grenzgebieten. Ihrer Studie liegt der verall-
gemeinerte qingzeitliche Einheitsstaat zugrunde.

Tong Shuye, ebenfalls ein Mitglied der Yugong-Gruppe und später ein nam-
hafter Geograph in der Volksrepublik China, geht 1946 in seinem "Überblick
über die territorialen Veränderungen Chinas" (*Zhongguo jiangyu yange lue*) anders vor.[12] Er löst sich von dem traditionellen Schema der Dynastiengeschichte
und teilt seine Darstellung in drei Teile auf. Zunächst bietet er einen chronologischen Überblick über den räumlichen Umfangs unter den einzelnen Dynastien. Im
zweiten Teil erläutert er die regionalen Verwaltungsstrukturen im Kernland. In einem dritten Teil stellt er die Grenzgebiete vor, die bei Gu Jiegang und Shi Nianhai
noch im großen Einheitsstaat aufgegangen waren. Den Grenzraum unterteilt Tong
Shuye in vier geographische Zonen: das Hochland von Yunnan und Guizhou, das
Hochland von Qinghai und Tibet, das Hochland der Mongolei und Xinjiangs sowie
den Nordosten. In seiner politisch-geographischen Studie wählt er zur Strukturie-
rung der Staatsperipherie Kriterien aus der physikalischen Geographie.[13] Zu sehr
klafften zur Zeit der Entstehung dieses Werkes politischer Anspruch und politische
Realität auseinander. Die nationale Einheit ließ sich aus seiner Perspektive nur unter Bezug auf objektiv-naturhafte Eigenschaften des Raumes veranschaulichen.

Freilich äußerten sich nicht nur unabhängige Wissenschaftler zur Frage nationaler Raumordnung. Xia Wei und Xie Bin gehören zu den Stimmen aus dem
Guomindang-Militär und dem Staatsapparat, die sich mit ihren Vorstellungen
von der territorialen Identität der chinesischen Nation gleichfalls an die Öffentlichkeit wandten. Allerdings stand bei diesen Autoren die politische Botschaft
eindeutig im Vordergrund. Xia Wei (1893–1975) sah die Einheit des Staates in
seiner Topographie bestätigt.[14] Er schrieb seine 1941 veröffentlichte „Geschichte

---

[12]   Tong Shuye (1946).
[13]   Darin stimmte er auch mit Cressey überein, der ebenso eine Einteilung in politisch-
       geographische Regionen ablehnte und den bedeutenden Einfluß topographischer Unter-
       schiede auf die Lebensbedingungen hervorhob. Vgl. Cressey (1934), S. 16.
[14]   Xia Wei (1941).

der territorialen Erschließung Chinas" (*Zhongguo jiangyu kuozhan shi*) aus der Sicht des Militärs. Xia Wei stammte aus der Grenzprovinz Guangxi und gehörte zu der sog. Guangxi-Clique um Bai Chongxi und Li Zongren.[15] Nach Abschluss der Militärhochschule von Baoding bekleidete er verschiedene militärische Führungspositionen in seiner Heimatprovinz und an der Südostküste.[16] Xia Wei legt den Schwerpunkt seiner Studie auf den Prozess der kontinuierlichen Vergrößerung des Staatsgebietes. Er unterscheidet zwischen zwei Großräumen, nämlich den Hoheitsgewässern und dem Hoheitsland, und entwickelt seine Darlegungen in höherem Maße, als die anderen Autoren dies tun, aus der Sicht von Landesverteidigung und Geostrategie.[17]

Xie Bin (1887–?) war ein anderer Mann des praktischen Lebens, der sich durch seine Bücher Ansehen als politischer und historischer Geograph erwarb. Die meisten seiner Arbeiten erschienen nicht in der Form wissenschaftlicher Abhandlungen, sondern als Reiseerinnerungen. Seine umfangreiche Xinjiang-Studie aus dem Jahre 1923 galt schon bei den Zeitgenossen als vorbildlich und gehört im Rückblick zu den wichtigsten Quellen über das frühe republikanische Xinjiang.[18] Weniger bekannt ist die 1928 erschienene Studie „Geschichte der Gebietsverluste Chinas" (*Zhongguo sangdi shi*), in der Xie Bin im Vergleich zu Xia Wei den umgekehrten Prozess der territorialen Verkleinerung beschreibt. Unterscheidungsmerkmal für seine Unterteilung des chinesischen Großraums in sechs geographische Bereiche bilden die von einander abweichenden Herrschaftsverhältnisse:

1. das eigentliche Territorium des chinesischen Staates (*benguo lingtu*) mit seiner innerasiatischen Peripherie von der Mandschurei über die (Innere) Mongolei und Xinjiang bis Tibet,
2. die Territorien abhängiger Staaten (*fanshu lingtu*) wie Korea, Vietnam, Birma, Bhutan oder Nepal,
3. Hoheitsgewässer und Meeresstraßen (*linghai, haixia*),
4. Kriegshäfen in den Pachtgebieten (*jungang zujie*),
5. die unter ausländischer Verwaltung stehenden Gebiete (*waiguo xingzheng di*), zu denen die Pachtgebiete, Konzessionen, Niederlassungen sowie das Territorium der in direktem ausländischem Besitz befindlichen Eisenbahnlinien und die Botschaftsquartiere zählen,
6. Einflusssphären ausländischer Mächte (*waiguo sheli fanwei di*), zum Beispiel die Äußere Mongolei und die Nordmandschurei.[19]

---

[15] Vgl. zu dieser Gruppierung Lary (1974).
[16] Vgl. Liu Xuzeng / Zhang Baohua (1991), S. 322.
[17] Xia Wei (1941), S.101-103.
[18] Vgl. auch Wu Fuhuai (1993), S. 17 f.
[19] Xie Bin (1928), S.14–120. Als dies geschrieben wurde, war es nicht unrealistisch, von der Nordmandschurei eine ähnliche Entwicklung wie von der Äußeren Mongolei zu erwarten. Daß Russland nach 1905 in der Mandschurei beträchtliche Interessen zu wahren verstand, darf nicht übersehen werden. Vgl. Quested (1982), Wolff (1999).

Die Entwicklung der unterschiedlichen Herrschaftsräume erläutert Xie Bin an Hand der zum Teil vertraglich festgelegten Gebietsabtretungen. In den einzelnen Kapiteln werden detailliert die Verträge und Aktionen aufgeführt, die zum jeweiligen Gebietsverlust innerhalb der sechs verschiedenen Gebietskategorien führten. Ähnlich wie Gu Jiegang und Shi Nianhai sucht Xie Bin nach einer Erklärung für die aktuelle Schwäche und Bedrohung des chinesischen Staates. Er benutzt nicht die klassischen Geschichtswerke als Ausgangspunkt, sondern legt seiner Untersuchung die Quellen der neuzeitlichen Diplomatiegeschichte zugrunde.

Eine dritte Position repräsentiert Hua Qiyun. Gemeinsam mit Dai Jitao zählte er zu den Gründern der Gesellschaft „Neues Asien" und war als Autor ihrer Zeitschrift *Xin Yaxiya* sehr aktiv. Hua Qiyun veröffentlichte zahlreiche Bücher; er war einer der fleißigsten geographischen Autoren seiner Zeit. Seine Untersuchungen konzentrierten sich ganz auf die Grenzgebiete. Er erforschte die Hintergründe der Grenzkatastrophen (*bianhuan*), um daraus Schlussfolgerungen für eine bessere Landesverteidigung abzuleiten. 1932 veröffentlichte er mit „Chinas Grenzgebiete" (*Zhongguo bianjiang*) eine der ersten Monographien zu dieser Thematik.[20] Das chinesische Staatsgebiet wird in diesem Überblick nach rein politisch-geographischen Kriterien in vier Zonen unterteilt: 1. das chinesische Kernland (*zhongguo benbu*), 2. die Mongolei, 3. Xinjiang und 4. Tibet. Über die einzelnen Grenzregionen publizierte er Studien, die in ihrem Aufbau dem Typus der Länderkunde in der gleichzeitigen europäischen Geographie ähneln.[21] Hua Qiyun betont die Bedeutung jeder einzelnen Region für die Landesverteidigung Chinas. Um dies zu verdeutlichen, stellte er grundlegende Informationen über die jeweilige Topographie, Wirtschaft und Kultur in den Grenzgebieten zusammen. In der Republikzeit entstand eine Fülle von Werken, die sich der Grenzgeschichte zuordnen lassen.[22] Kein anderer Autor hat sich jedoch die chinesische Peripherie so systematisch erarbeitet wie Hua Qiyun. In ähnlicher Breite beschäftigte sich nur Owen Lattimore mit den Grenzländern. Der amerikanische Journalist und Gelehrte, der seit 1925 auf zahlreichen Reisen und Expeditionen China und Innerasien kennen lernte, interessierte sich wie Hua Qiyun für die politische Geographie der peripheren Zonen Chinas. Er beschrieb die verschiedenen Gebiete in zahlreichen Einzelstudien, die schließlich in seiner großen Gesamtdeutung „Inner Asian Frontiers of China" von 1940 mündeten.[23]

Dass die geographische Betrachtung von Geschichte und Gegenwart Chinas selbst auf höchster politischer Ebene Anhänger fand, zeigt schließlich Jiang Kaisheks Buch „China's Destiny" aus dem Jahre 1943, in dem er seine territorialen Kriegsziele darlegen ließ. Auch hier wird die These von den natürlichen Grenzen

---

[20]   Ma Dazheng / Liu Di (1997), S. 70 f.
[21]   Vgl. Schultz (2000), S. 9 f.
[22]   Ma Dazheng / Liu Di (1997), S. 71 f.
[23]   Lattimore (1940). Eine Bibliographie der Werke Lattimores findet sich in ders. (1962), S. 553–61. Zu Lattimores frühen Reisen vgl. Cotton (1989), S. 4 ff.

eines geeinten chinesischen Nationalstaates vertreten, die sich bei zahlreichen Geographen und historisch-politischen Schriftstellern der Epoche findet.[24] Wenngleich die Autorschaft dieses Buches umstritten ist,[25] so hat sich doch Chinas führender Staatsmann hier unter eigenem Namen mit territorialen Vorstellungen an die englischsprachige Weltöffentlichkeit gewandt, die keinen Zweifel daran erlauben, dass das China der Nachkriegszeit in solchen Grenzen wiedererstehen sollte, die sowohl die Mandschurei und Xinjiang als auch Tibet einschließen würden. Die sowjetische Protektoratsstellung in der Äußeren Mongolei – deren „Unabhängigkeit" – erkannte Jiangs Regierung allerdings dann im chinesisch-sowjetischen Vertrag vom 14. August 1945 an. Dies geschah in Moskau, als eine fahrige und unentschlossene chinesische Diplomatie vor der zielstrebigen sowjetischen zurückwich und Jiang Kaishek, der sich telegraphisch zu Wort meldete, vorübergehend der Illusion anhing, Stalin würde ihm – im Bunde mit den USA – helfen, einen Sieg der Kommunisten in China zu verhindern.[26] Eine Einigung über den territorialen Umfang der modernen Nation und ihre Übereinstimmung mit der Perspektive der Guomindang-Regierung bildeten jedoch nur einen der notwendigen Mosaiksteine im Gesamtbild des territorialen Nationalismus. Gleichzeitig musste der nationale Raum auch historisch begründet werden.

2. Geschichtliche Rückblicke auf die territoriale Entwicklung des chinesischen Staates

Die Historischen Geographen des frühen 20. Jahrhunderts legten ihren Forschungen das Territorium des Qing-Reiches zugrunde. Die mandschurische Dynastie hatte bis zur Mitte des 18. Jahrhunderts durch geschickte Bündnisstrategien und gewaltsame Eroberungen ihren Herrschaftsraum auf weite Teile Innerasiens ausgedehnt.[27] Die damals erreichten maximalen Grenzen des Imperiums stellten den Höhepunkt eines langandauernden historischen Prozesses der Gebietserweiterung dar, dessen Ursprünge bis in die vorchristlichen Jahrhunderte zurückreichten. Mit dieser Frühphase der Reichsexpansion beschäftigt sich Gu Jiegang 1934 in seinem Beitrag „Die Gebietserweiterungen in alten Zeiten" (*Gushi zhong*

---

[24] Jiang Kai-shek (1943), S. 8 f. Diese Vorstellungen wurden vom Außenministerium (*waijiaobu*) in detaillierte Pläne für eine Nachkriegsordnung umgesetzt. Vgl. Liu Xiaoyuan (1996), S. 28 f.

[25] Vgl. Dirlik (1976), S. 305, 403 f. (Anm. 1). Sollte Tao Xisheng der Autor sein, dann hätte sich hier einer der führenden Teilnehmer der „Debatte über chinesische Sozialgeschichte" zu einer Frage der historischen Geographie geäußert.

[26] Nicht nur die zeitgenössische Kritik, sondern auch der Verfasser der maßgebenden historischen Analyse sieht darin „humiliating agreements": Liu Xiaoyuan (1996), S. 283.

[27] Siehe dazu Dabringhaus (1994), S. 34–56, sowie als Fallstudie zu Xinjiang: Millward (1998). Vgl. auch die weiter ausgreifende Betrachtung von Perdue (1998).

diyu de kuozhang).[28] Er geht von einem Kerngebiet unter der Xia-Dynastie aus, das sich vom Norden der modernen Provinz Henan bis zum Süden von Shanxi und Hebei erstreckte. Den territorialen Expansionsprozess Chinas lässt er mit der Eroberung des Xia-Reiches durch die aus dem Nordosten stammende Shang-Dynastie beginnen.[29] Jüngste Forschungsergebnisse unterstützen übrigens diese These. Nicola Di Cosmo nimmt bereits zur Shang-Zeit (ca. 1200–1050 v.Chr.) eigenständige nördliche Kulturen an. Folglich tauchten die „Barbarenvölker" keineswegs plötzlich aus dem Nichts auf. Di Cosmo reduziert diese Kulturen allerdings nicht wie Gu Jiegang auf den Nordosten, sondern auf eine breite Zone, die sich von Heilongjiang im Osten bis nach Xinjiang im Westen erstreckt.[30] Er warnt aber auch davor, zu stark die Einheitlichkeit der verschiedenen Zonen zu betonen. Insbesondere in der nördlichen Zone bestanden regional unterschiedliche Kontakte sowohl zur zentralasiatischen Zone wie auch zum Shang-Reich.[31] Di Cosmo lehnt es sogar ab, von einer unabhängigen chinesischen Ordnungswelt und einer Barbarenwelt in verschiedenen Zonen der Distanz zum chinesischen Zentrum zu sprechen.[32]

Chen Gaoyong erklärte 1933 den Herrschaftswechsel von Shang zu Zhou als ein Eindringen von außen in das geographische Kernland der chinesischen Kultur und charakterisiert die von Westen einwandernde Zhou-Dynastie als Besatzungsregime.[33] Um diese Fremderoberung des Kernlandes dennoch als eine Erweiterung des chinesischen Staates interpretieren zu können, hebt Chen Gaoyong die Assimilationskraft der chinesischen Kultur hervor. Einen eigenen chinesischen Volkscharakter (*minzu jingshen*) sieht er schon für die Shang- und Zhou-Zeit gegeben, indem die Barbarenvölker der Yi, Rong, Man und Di nicht nur bekämpft wurden, sondern sich auch durch „Güte" beeinflussen ließen.[34] Diese Überzeugung von der Anziehungskraft der chinesischen Kultur prägt das chinesische Geschichtsbild vom Altertum bis in die Gegenwart. Unter starken hanchinesischen Dynastien legitimierte sie die territoriale Expansion, in Perioden der Fremdherrschaft wurde die Sinisierung der Barbarenkaiser hervorgehoben. Im Chaos der Republikzeit wollte Chen Gaoyong an den in der Geschichte so wirkungsvollen „Volkscharakter" der Chinesen appellieren, um den Widerstandsgeist seiner Landsleute im Kampf gegen die gegenwärtige Bedrohung durch die „imperialistischen Feinde" zu stärken. Die historische Analyse ist auch in diesem Falle nicht ohne aktuellen Bezug. E. L. Shaughnessy hat allerdings nachgewiesen, dass trotz des kulturellen Einflusses der Westlichen Zhou-Dynastie ihre politische Macht weitaus geringer war, als man bisher angenommen hat. Ihr Herr-

---

[28]   Gu Jiegang (1934b).
[29]   Gu Jiegang (1934b), S. 2.
[30]   Vgl. Di Cosmo (1999a), S. 885 f., (2002), S. 13–24.
[31]   Di Cosmo (2002), S. 88.
[32]   Di Cosmo (2002), S. 93.
[33]   Chen Gaoyong (1933), S. 18.
[34]   Chen Gaoyong (1933), S. 18.

schaftsraum beschränkte sich nämlich auf ein relativ kleines Gebiet entlang des mittleren und unteren Laufs des Gelben Flusses.[35]

Das Sammelsurium eigenständiger Staaten und Stammesgruppen vor der Periode der Frühlings- und Herbstannalen (722–481 v.Chr.) fassen Gu Jiegang und Shi Nianhai unter dem Begriff der „Hua-Xia-Zivilisation" zusammen, einer Zivilisation, die sich über das Gebiet der modernen Provinzen Henan, Shaanxi, Shandong, Shanxi und Hebei verteilt habe. Dieses Territorium bezeichnen die beiden Autoren als das damalige China.[36] Die Regionen außerhalb dieser Zone wurden in den Quellen „barbarische Orte" (*man fang*) genannt. Gu Jiegang und Tong Shuye zeigen in einem gemeinsamen Beitrag über die Weltsicht der Chinesen in der Vor-Han-Zeit, dass man sich damals die chinesische Welt als von „vier Meeren" umgeben vorstellte. Das Meer bedeutete für die Menschen der Zhou-Periode auch die Grenze des Himmels. China wurde daher als das Gebiet „innerhalb der Meere" (*hai nei*) und „unter dem Himmel" (*tian xia*) bezeichnet.[37] Gu Jiegang und Shi Nianhai gehen davon aus, dass die Expansion der Großstaaten in der Zeit der Streitenden Reiche die ersten räumlichen Strukturierungskonzepte hervorrief. Der chinesische Kulturraum umfasste die im *Yugong*-Klassiker beschriebenen Neun Bezirke, die dem Territorium der modernen Provinzen Henan, Shanxi, Shandong, Jiangsu, Zhejiang, Hubei, Hunan, Jiangxi, Anhui, Shaanxi, Gansu, Hebei und Liaoning entsprechen.[38] In seinem gemeinsamen Aufsatz mit Tong Shuye weist Gu Jiegang darauf hin, dass die natürlichen Grenzen des in den Quellen beschriebenen Herrschaftsraumes die Chinesen in ihrer Weltsicht auf den eigenen geographischen Horizont beschränkten:

> „Spricht man vom Territorium Chinas, so handelt es sich aus geographischer Sicht selbstverständlich schon um ein eigenständiges Gebiet. In Richtung Westen stößt man auf hohe Berge, in Richtung Norden gibt es eine große Wüste, und im Osten und Süden befindet sich das weite Meer. Wie kann man angesichts solch starker Wände an den vier Grenzen nicht bezweifeln, dass sich jenseits von China noch irgendeine sehr große Welt befindet!"[39]

Tong Shuye legt auch die Entstehung des chinesischen Volkes in diese historische Phase. Die Grenzen seines Lebensraumes identifizierte er mit denen des „kultivierten Landes."[40] Mit diesem Begriff wird die für die chinesische Selbstauffassung charakteristische Identifikation von Zivilisation und agrikultureller Unterwerfung des Raumes deutlich sichtbar. Den chinesischen Reichseinigern gelang damit der „Triumph einer Kultur über die Geographie".[41]

---

[35] Shaughnessy (1989), S. 21 f.
[36] Gu Jiegang / Shi Nianhai (1999), S. 52.
[37] Gu Jiegang /Tong Shuye (1936), S. 97. Siehe ebenso die Monographie von Gu Jiegang / Shi Nianhai (1999), S. 52.
[38] Gu Jiegang / Shi Nianhai (1999), S. 53.
[39] Gu Jiegang / Tong Shuye (1936), S. 97.
[40] Tong Shuye (1946), S. 23.
[41] Schmidt-Glintzer (1997), S. 36.

Mit dem Beginn des chinesischen Kaiserreiches in der Qin-Periode sprechen die Historischen Geographen von einem stabilen territorialen Kern chinesischer Kultur, der die Achse der historischen Kontinuität Chinas bilde. Tong Shuye geht davon aus, dass es in den darauffolgenden Jahrhunderten nur an seinen Rändern noch zu Veränderungen gekommen sei, da die „qinzeitlichen Kommandanturen bereits den größten Teil der heutigen achtzehn Provinzen umfassten."[42] Mit der Reichseinigung setzte auch das Wechselspiel von Phasen chinesischer Expansion und von Perioden der Fremdherrschaft über das Kernland ein. Gu Jiegang und Shi Nianhai ziehen daraus den Schluss, dass „zu Zeiten, wenn das Han-Volk stark war, es die als Yi und Di bezeichneten Leute weit außerhalb des [eigenen] Gebietes zurückdrängte. Wenn es sich aber in einer schwachen Periode befand, fielen die fremden Völker allmählich wieder ins Kernland ein."[43]

Einen Schritt weiter geht Tong Shuye in seiner Übersicht über die territoriale Entwicklung Chinas, in der er die These entwickelt, dass die innerasiatischen Randzonen des modernen Staates in der Frühzeit sogar stärker mit dem Kernland verbunden waren als der chinesische Süden, in dem sich die Hanchinesen sehr viel später – wenn auch stabiler – etablieren konnten. Er zieht daraus den Schluss, dass die Identifizierung Chinas mit dem Territorium der achtzehn Provinzen des chinesischen Kernlandes falsch sei, da ihr nur der Herrschaftsbereich der defensiven Ming-Dynastie zugrunde gelegt werde und man nicht wusste, dass „fern zurück in der Zeit der Streitenden Reiche, Teile von Liaoning, Suiyuan, Chahar und Rehe bereits richtig zum Staatsgebiet unseres Landes gehörten, Yunnan und Guizhou aber erst seit der Yuan-Zeit offiziell der chinesischen Herrschaft unterstellt wurden."[44]

Abgesehen von den unterschiedlichen geographischen Schwerpunkten arbeiteten Gu Jiegang und Shi Nianhai verschiedene Formen der Reichsverwaltung als ein wichtiges Kriterium der Epochenunterscheidung heraus. Dabei habe man sich als „Idealvorstellungen" auf die Mythen des Gelben Kaisers und auf den *Yugong*-Klassiker berufen, aber in der administrativen Praxis so unterschiedliche Systeme wie die hanzeitlichen Bezirke (*Han zhou*), die tangzeitlichen Distrikte (*Tang dao*), die songzeitlichen Kreise (*Song lu*) und die yuanzeitlichen Provinzen (*Yuan sheng*) geschaffen.[45] Anhand der Entwicklung der staatlichen Verwaltungsstrukturen verbinden die beiden Autoren die einzelnen Geschichtsperioden miteinander. Die staatliche Expansion ließ sich durch den Ausbau von Kommandanturen (*jun*) zeigen.[46]

Die Errichtung von Kommandanturen wird auch von anderen Autoren als ein wichtiges Kriterium von Herrschaftserweiterung betrachtet. Xie Bin nimmt die Gründung von drei Kommandanturen in Vietnam durch den Han-Kaiser Wudi

---

[42]   Tong Shuye (1946), S. 18.
[43]   Gu Jiegang / Shi Nianhai (1938), S. 1.
[44]   Tong Shuye (1946), S. 23 f.
[45]   Gu Jiegang / Shi Nianhai (1938), S. 1 f.
[46]   Gu Jiegang / Shi Nianhai (1938), S. 98–106.

(reg. 141–87 v.Chr.) als Beweis dafür, dass „Vietnam seitdem unmittelbar unserem Reichsgebiet unterstand".[47] Er bringt damit deutlich zum Ausdruck, worum es allen Autoren der Werke zur geographischer Veränderung wirklich ging: um die historische Legitimierung Chinas als Territorialmacht.

Der Aufbau von Verwaltungsstrukturen diente der Stabilisierung des chinesischen Staates im Inneren.[48] Gu Jiegang und Tong Shuye zeigen, wie die frühesten Mauerbauten als wichtige Maßnahmen zur Herrschaftssicherung nach außen gemeint waren. Die Ursprünge der Mauerbauten liegen in der Zeit der Frühlings- und Herbstannalen, als sich die Einzelstaaten gegeneinander abgrenzten. Unter dem ersten Kaiser Qin Shihuangdi, der die verschiedenen Mauern miteinander verbinden ließ, erhielt die „Zehntausend Li lange Mauer" (*wanli changcheng*) die Funktion der Abgrenzung der chinesischen Kultur in ihrer Gesamtheit gegenüber den fremden Völkern Innerasiens.[49] Die Präsenz oder Abwesenheit von „Barbarenvölkern" innerhalb des chinesischen Staatsgebietes hing aber nicht von der Symbolkraft einer Steinmauer ab, sondern allein von der Stärke der regierenden Monarchie. Gu Jiegang und Shi Nianhai räumen ein, dass bereits am Ende der Han-Zeit die Xiongnu-Stämme die chinesische Bevölkerung ins Landesinnere abdrängten und sich innerhalb der hankaiserlichen Grenzkommandanturen niederließen.[50] Eine wichtige Folge der gescheiterten Abwehrpolitik im Norden war die zunehmende Besiedlung von Gebieten im Süden, für deren Verwaltung die Organisationsstrukturen des Kernlandes in Form von Bezirken und Kreisen übernommen wurden.[51] Im Gegensatz zum Norden wurde die südliche Peripherie nie als Bedrohung wahrgenommen, sondern als Expansionsraum.

Auch die Gebietserweiterung nach Süden begann zunächst mit militärischen Aktionen. Gu Jiegang und Shi Nianhai zeigen in ihrem Kapitel über die Periode der Drei Reiche (220–280), dass das Vordringen der Hanchinesen zunächst von militärischen Konflikten mit fremden Völkern begleitet war, bis es General Zhuge Liang (181–234) durch die Einbeziehung ihrer Oberschicht in die Verwaltung der neu eroberten Gebiete gelang, die „barbarischen" Widerstände zu brechen. Der Zerfall des Kaiserreiches setzte eine hanchinesische Wanderbewegung nach Süden in Gang, die sich in der Periode der Süd- und Nordreiche (420–581) noch verstärkte.[52] Die Stabilisierung der chinesischen Herrschaft im Süden schlug sich im systematischen Aufbau einer Regionalverwaltung unter dem Liang-Herrscher Wudi (464–549, reg. ab 502) nieder. Er unterteilte sein Reich, das sich bis in den Norden Vietnams und der modernen Provinz Yunnan ausbreitete, im Jahre 502

---

[47] Xie Bin (1928), S. 50.
[48] Siehe auch ausführlich Gu Jiegang / Shi Nianhai (1938), S. 80–85.
[49] Gu Jiegang / Shi Nianhai (1938), S. 86–91.
[50] Gu Jiegang / Shi Nianhai (1938), S. 147. Vgl. auch Crespigny (1984), S. 306–17.
[51] Gu Jiegang / Shi Nianhai (1938), S.153–57.
[52] Gu Jiegang / Shi Nianhai (1999), S. 103. Vgl. auch Barfield (1981); Crespigny (1984), S. 72–77.

in 23 Bezirke, 350 Kommandanturen und 1022 Kreise.[53] Eine wichtige integrative Leistung sehen Gu Jiegang und Shi Nianhai im Bau des Kaiserkanals während der Sui-Dynastie (581–618), den sie in seiner langfristigen Bedeutung mit der Großen Mauer vergleichen.[54]

Die Tang-Dynastie entwickelte für die Verwaltung ihrer Reichsperipherie spezielle Kontrollorgane, die Präfekturen (*duhu fu*). Diese Bezeichnung tauchte bereits in der westlichen Han-Zeit auf. Die Tang-Dynastie verwendete sie erstmals nach ihrer Eroberung der Westgebiete. Der Taizong-Kaiser (reg. 626–649) schuf zur Kontrolle der nordwestlichen Reichsperipherie die Anxi-Präfektur. Insgesamt bauten die Tang-Herrscher sechs Präfekturen in den Randzonen ihres Reiches auf.[55] Die militärische Überwachung der Grenzgebiete wurde Militärkommissaren (*jiedushi*) übertragen.[56] Beziehungen zu den Nachbarreichen bestanden in der Form von Tributbeziehungen. Die Hofrituale zwischen den Tang-Monarchen und den Herrschern der Oasenreiche Ostturkestans interpretieren Gu Jiegang und Shi Nianhai als symbolische Veranschaulichung der chinesischen Oberherrschaft über diese Gebiete.[57] Umso schwerer fällt den beiden Historikern die Beschreibung der Periode von den Fünf Dynastien (907–960) bis zur Song-Dynastie (960–1279), die von staatlicher Zersplitterung und Gebietsverlusten gekennzeichnet war. Es fehlte, so urteilten sie, dem Herrscherhaus der Song an Staatskraft (*guo li*).[58] Das Mongolische Weltreich, ein Begriff, den die chinesischen Historiker ausdrücklich nicht verwenden, setzte sich aus vier Khanaten zusammen. Die Herrschaft der Yuan-Dynastie beschränkte sich auf das chinesische Kernland und die mongolische Heimat der Yuan-Kaiser. Gu Jiegang und Shi Nianhai charakterisieren sie als ein brutales, fremdes Unterdrückungsregime.[59]

Als wichtige Neuerung in der Territorialverwaltung beschreiben die beiden Autoren die Einführung des Provinzsystems im chinesischen Kernland, wie es unter der Ming-Dynastie (1368–1644) weiterentwickelt wurde.[60] Außenpolitisch befanden sich die Ming-Kaiser von Anfang an in der Defensive. Sie errichteten an ihren Grenzen Wehrdörfer (*weisuo*), die sich von Liaohai im Nordosten bis Jiuquan im Nordwesten auf insgesamt neun Punkte konzentrierten.[61] Diese Militäranlagen wurden ergänzt durch den erneuten Ausbau einer Großen Mauer, die nun von der Küste Liaonings bis in den fernen Nordwesten reichte. Das Territorium des Ming-Reiches beschränkt sich auf die Gebiete südlich der Mauer; die Mongolei und die Westgebiete blieben außerhalb des Einflusses der Dynastie.

---

[53] Gu Jiegang / Shi Nianhai (1999), S. 117.
[54] Gu Jiegang / Shi Nianhai (1999), S. 129–31. Vgl. dazu auch Waldron (1990), S. 165–226.
[55] Gu Jiegang / Shi Nianhai (1938), S. 187 f.
[56] Gu Jiegang / Shi Nianhai (1938), S. 190 f.
[57] Gu Jiegang / Shi Nianhai (1938), S. 198.
[58] Gu Jiegang / Shi Nianhai (1999), S. 168.
[59] Gu Jiegang / Shi Nianhai (1999), S. 188.
[60] Gu Jiegang / Shi Nianhai (1999), S. 180–86, 189.
[61] Gu Jiegang / Shi Nianhai (1999), S. 196–98.

Die defensive Strategie zeigte jedoch wenig Erfolg. Die mandschurische Qing-Macht ließ sich durch keine Verteidigungsposten und Mauern aufhalten. Lagen nicht auch hier schon Ursachen dafür, so fragen Gu Jiegang und Shi Nianhai, dass sich China später gegen eine äußere Bedrohung von viel größerem Ausmaß nicht erfolgreich wehren konnte?[62]

Als umso bedeutender werden folglich die Leistungen der qingkaiserlichen Fremdherrschaft für die territoriale Entwicklung Chinas beurteilt. Die Qing-Herrscher setzten im Kernland endgültig die politisch-geographische Einteilung in Provinzen durch. Zu Beginn der Kangxi-Regierung im Jahre 1662 gab es achtzehn Provinzen. Ihre Zahl erhöhte sich Ende des 19. Jahrhunderts durch die Gründung der vier Grenzprovinzen Xinjiang, Fengtian, Jilin und Heilongjiang auf zweiundzwanzig.[63] In den neu eroberten innerasiatischen Gebieten riefen die mandschurischen Herrscher kulturell eigenständige Regionalverwaltungen ins Leben, die unter der Kontrolle der Zentralregierung standen. Die von der Qing-Dynastie „befriedeten" Gebiete der Mongolen und Tibeter beschreiben die Autoren als Vasallengebiete (*fanshu*), die gemäß der lokalen Sitten verwaltet wurden (*yin su er zhi*), so dass sich das „territoriale System eines jeden Barbarenvolkes weitgehend von den Provinzen im Kernland unterschied."[64] Gerade in einer an die regionalen Bedingungen angepassten Oberherrschaft sehen Gu Jiegang und Shi Nianhai die Ursache für die Stabilisierung der Qing-Dynastie im Kernland und in weiten Teilen der angrenzenden Gebiete. Für den Niedergang dieses Großreiches machen sie die wirklichkeitsferne Einordnung der internationalen Staatenwelt in das traditionelle chinesische Barbarenbild verantwortlich. Die Qing-Regierung habe ihre Unkenntnis seit den Opiumkriegen mit Gebietsverlusten und ruinösen Reparationen bezahlt. Eine letzte erfolgreiche administrative Maßnahme der Qing-Dynastie stelle die Integration Xinjiangs und der Mandschurei in das chinesische Provinzsystem dar. Die Autoren beklagen, dass sich die chinesische Bevölkerung des 19. Jahrhunderts für den territorialen Umfang ihres Staates überhaupt nicht interessiert und die Grenzüberschreitungen der fremden Mächte passiv hingenommen habe. Wehmütig erinnern Gu Jiegang und Shi Nianhai an die ruhmreiche Zeit der Han- und Tang-Dynastien, deren Erfolge sich unter solchen Umständen nicht wiederholen ließen.[65]

Betrachtet man die politische Geographie Chinas aus der Perspektive seiner innerasiatischen Ränder, so zeigten sich die Autoren der 1930er Jahre unabhängig von ihrer eher wissenschaftlichen oder eher politischen Ausrichtung einhellig bemüht, die Zugehörigkeit der innerasiatischen Peripherie zum chinesischen Kernland historisch zu beweisen. Von den Mitgliedern der Yugong-Studiengesellschaft beschäftigte sich vor allem Feng Jiasheng mit dieser Perspektive. Der

---

[62] Gu Jiegang / Shi Nianhai (1999), S. 200.
[63] Gu Jiegang / Shi Nianhai (1999), S. 203.
[64] Gu Jiegang / Shi Nianhai (1938), S. 281.
[65] Gu Jiegang / Shi Nianhai (1999), S. 218–23.

mandschurische Historiker gehörte zu den Gründungsmitgliedern der Organisation. Sein Forschungsschwerpunkt lag auf der Integration des Nordostens und des Nordwestens.

Die chinesische Expansion in die südlichen Gebiete der heutigen Mandschurei führt Feng Jiasheng schon in eine Zeit vor der Einrichtung des Kaiserreiches zurück. Er fand bei seinen Studien über den Nordosten heraus, dass nicht erst Han Wudi seine Herrschaft in die Mandschurei ausweitete, sondern bereits in der Zeit der Streitenden Reiche der Staat Yan im Abwehrkampf gegen die Donghu bis in die Südmandschurei vorgestoßen war. Um 290 v.Chr. ließ der Yan-Herrscher eine Große Mauer errichten. In den neueroberten Gebieten wurden die ersten Verwaltungsstrukturen aufgebaut. Es entstanden fünf Kommandanturen, die ihre Abwehrfunktion bis in die Han-Zeit erfüllten.[66] Aus den zeitgenössischen archäologischen Entdeckungen ließen sich frühe Beziehungen zwischen den Kulturzentren Nordchinas und den Völkern des Nordostens erkennen.[67] Feng Jiasheng stimmte Fu Sinian zu, der sich in dem von ihm 1932 verfassten „Historischen Überblick über den Nordosten" (*Dongbei shigang*) von der kulturellen Nähe des Nordostens zu Nordchina überzeugt gezeigt hatte.[68] Eine kulturelle Einheit solle auch zwischen den Anrainern des Bohai-Meeres, Yin-Shang, Korea und Xiaozhen bestanden haben. Anders als die Nomadenstämme im Norden der Gobi und die Hu-Völker im Westen teilten die Stämme des Nordostens Gewohnheiten und Sitten mit den Hanchinesen. Fu Sinian folgerte daraus sogar, dass die Shang-Dynastie vermutlich aus dem Nordosten stammte.[69]

Tian Fengzhang ging in seinem Beitrag zur Yugong-Zeitschrift nicht so weit. Er billigte zwar Fu Sinians Absicht, die historischen Ansprüche Chinas auf die Mandschurei zu bekräftigen, sprach aber unter Berücksichtigung der archäologischen Funde seiner Zeit nur von frühen Kontakten zwischen China und der Mandschurei:

> „Es lässt sich zwar vermuten, dass die Bewohner des Nordostens keinen direkten Zweig des chinesischen Volkes darstellen, dass aber wenigstens die Chinesen in der prähistorischen mythischen Periode schon mit ihnen Kontakt aufgenommen hatten. Solche Beziehungen waren aufgrund der geographischen Bedingungen leicht zu knüpfen. Denn die benachbarten Völker konnten sich ohne Mühe verständigen. Auch in ihrem Lebensstil lässt sich eine enge Beziehung zwischen [den Völkern im Nordosten] und China in Bezug auf Gewohnheiten, Kleidung, Werkzeugen sowie Eß- und Wohnformen feststellen."[70]

Die heutige Forschung zur Mandschurei würde dem nicht völlig widersprechen, äußert sich aber vorsichtiger. Sie bezieht die Gemeinsamkeiten zwischen den prähistorischen Kulturen Nordchinas und des Nordostens vor allem auf die be-

---

[66]   Feng Jiasheng (1935b), S. 13; Wang Yitong (1937), S. 35–49.
[67]   Feng Jiasheng (1936b), S. 24.
[68]   Näheres siehe unten, S. 108 f.
[69]   Feng Jiasheng (1936b), S. 24.
[70]   Tian Fengzhang (1937), S. 6.

wiesene Feststellung, dass es sich um sesshafte Gemeinschaften handelte, die sich von den Nomaden der heutigen Mongolei und Xinjiangs deutlich unterschieden. Allerdings spricht sie nur von einer Analogie und leitet daraus keine politischen Abhängigkeitsverhältnisse ab. Sie betont sogar, dass die frühesten neolithischen Siedlungen im Nordosten *nicht* auf Vorbilder in Nordchina zurückgingen.[71]

Der Süden der Mandschurei wurde in der späten Han-Zeit auch zu einem Zufluchtsort chinesischer Gelehrter aus dem unruhigen Kernland. Feng Jiasheng sieht in den Exilanten einen weiteren Beweis für die kulturelle Zugehörigkeit der Region zu China.[72] Er schreibt ihnen das Verdienst zu, die hanchinesische Kultur über ihre Heimat hinaus verbreitet zu haben. Als Beleg führt er auch archäologische Funde wie Kupfer- und Eisenmesser, Trinkgefäße, Spiegel, Steininschriften, Ziegel sowie Holz- und Lackarbeiten an.[73]

In ähnlicher Weise legten sich die Historischen Geographen die Beziehungen zwischen China und den Gebieten im Nordwesten zurecht. Die dortigen frühesten Kontakte zum chinesischen Reich führte der Historiker Zhang Weihua 1936 auf die Qin-Zeit zurück. Zhang zeigt am Beispiel Hetaos, das sich im Westen der heutigen Inneren Mongolei befindet, wie Qin Shihuangdi im Zuge seiner Reichseinigung dort eine Verteidigungsmauer errichten ließ und Chinesen aus dem Landesinneren in der Region ansiedelte.[74] Das imperiale Ausgreifen der Qin-Dynastie hatte vor allem einen verteidigungsstrategischen Zweck: die Abwehr ihres mächtigsten Gegners, der Xiongnu.[75] Zeng Wenwu äußert sich 1936 in einer umfangreichen Monographie über die chinesische Verwaltung der Westgebiete sehr viel vorsichtiger und spricht erst für die Han-Zeit von einem kulturellen Austausch. Eine frühere Kontaktaufnahme ließ sich zu seiner Zeit nicht belegen.[76] Archäologische Funde von 1953 in Xiaotun und besonders Untersuchungen am Grab des Fu Hao von 1976 belegen übrigens, dass bereits in der Shang-Zeit Kontakte zwischen dem chinesischen Herrscherhaus und den Kulturen der nördlichen Zone bestanden.[77]

Die Kontaktaufnahme der Han-Dynastie mit den Kleinstaaten der Westgebiete[78] führt Tong Shuye auf den kaiserlichen Machtkampf mit den Xiongnu zurück. Die Xiongnu-Stämme machten den Chinesen ihren Einfluss auf die Reiche in den Westgebieten wiederholt streitig. Von einer Zugehörigkeit zu China spricht Tong Shuye nicht, stellt aber für das Ende der Han-Zeit fest, dass die Westgebiete

---

[71] Janhunen (1996), S. 220 f.; Nelson (1995), S. 10.

[72] Feng Jiasheng (1935c), S. 14.

[73] Feng Jiasheng (1935c), S. 16–22.

[74] Zhang Weihua (1936b), S. 9–24.

[75] Zhang Weihua (1936b), S. 15.

[76] Zeng Wenwu (1936), S. 13.

[77] Vgl. Lin Yü (1986), S. 240–68; Di Cosmo (1999a), S. 902.

[78] Gu Jiegang und Shi Nianhai sprechen von 36 und später sogar von über 56 Staaten: (1938), S. 107–109.

„mit China brachen".[79] Hua Qiyun geht sogar davon aus, dass eine Integration
der Westgebiete in den chinesischen Staat erst Mitte des 18. Jahrhunderts erfolgte. Damals vernichtete die Qing-Dynastie sowohl ihre mongolischen Rivalen, die
Dzungaren im Norden des Tianshan-Gebirges, als auch die muslimischen Stadt-
staaten der Region südlich des Tianshan. Hua Qiyun führt die Bezeichnung
„Xinjiang" als „neues Staatsgebiet" auch auf diese Ereignisse zurück.[80] Zum
gleichen Ergebnis kommen Zhu Shijia und Chen Hongshun in ihrer Bibliographie zum Nordwesten. Sie charakterisieren die qingkaiserlichen „Befriedungs-
züge" als Geburtsstunde des modernen Xinjiang. Obwohl es Kontakte zwischen
den Westgebieten und den Dynastien Chinas bereits seit der Han-Periode gegeben habe, betrachteten erst die Qing-Herrscher die Region als Teil ihres Staatsgebietes und integrierten sie 1881 mit der Verleihung des Provinzstatus sogar in
die innerchinesische Verwaltungsstruktur.[81]

Wang Riwei beschäftigte sich im Kreise der Yugong-Forscher vor allem mit
der Bedeutung des Islam in den Nordwestgebieten. Für seine Untersuchungen
zog er auch die Ausgrabungsergebnisse Aurel Steins und anderer ausländischer
Expeditionen heran.[82] In einem Aufsatz über die iranischen Völker Xinjiangs
vergleicht Wang Riwei die moderne Provinz mit dem historischen Turkestan. Er
hebt dessen Rolle in den Jahrhunderten bis zur Tang-Zeit als Ort ost-westlichen
Kulturaustauschs, als Ursprungsland verschiedenster Religionen sowie als Kampf-
platz vieler Völker hervor. Im tangzeitlichen Xinjiang lebten vor allem iranische
Völker. Sie brachten nicht nur ihre eigenen Religionen nach Xinjiang mit, son-
dern dienten auch dem indischen Buddhismus als Vermittler.[83] Im Gegensatz zur
Mandschurei oder zur Mongolei kommt Xinjiang, den Untersuchungen Wang
Riweis zufolge, in seinem Verhältnis zu China auch eine gebende Funktion zu.
Welchen Beitrag die chinesische Kultur in den frühen Beziehungen leistete, wird
nicht erkennbar. Ein wichtiger Aspekt ist, dass Wang Riwei die Iraner im Ge-
gensatz zu den von ihm als „minderwertig" verachteten Turkvölkern als ein „von
Natur aus herausragendes" Volk beurteilt.[84]

Für die chinesische Expansion nach Nordosten wie nach Nordwesten stellte
die Han-Dynastie einen wichtigen Ausgangspunkt dar. Ihre Eroberungen bildeten die Grundlage einer historischen Begründung chinesischer Besitzansprüche
gegenüber den innerasiatischen Regionen.[85] Lou Zuyi versucht eine solche Be-

---

[79] Tong Shuye (1946), S. 117.
[80] Hua Qiyun (1930c), S. 49.
[81] Zhu Shijia / Chen Hong (1936), S. 153.
[82] Wang Riwei (1935b), S. 1–3. Über Steins tangzeitliche Funde in Xinjiang siehe Mirsky
      (1977), S. 153, 378 f.
[83] Wang Riwei (1935a), S. 6.
[84] Wang Riwei (1935a), S. 7; Zhou Zhenhe (1934), S. 29. Zhou schrieb Jahrzehnte später in
      der VR China eine Doktorarbeit über die politische Geographie der Westlichen Han-Zeit:
      Zhou Zhenhe (1987).
[85] Vgl. dazu auch Crespigny (1984), S. 54–89.

weisführung für das innermongolische Suiyuan. Die republikzeitliche Provinz setzt er mit den beiden hanzeitlichen Kommandanturen Dingxiang und Yunzhong gleich. Unter der späten Han-Dynastie habe Suiyuan ganz zur Kommandantur Yunzhong gehört und sei damit Teil des chinesischen Staatsgebietes gewesen. Da es sich um eine strategische Grenzregion handelte, von der aus auch der Kampf mit dem gegnerischen Xiongnu-Reich geführt wurde, errichtete man in der Region ein Netz von Poststationen. Daraus leitet Lou Zuyi eine räumliche Kontinuität Suiyuans ab, die sich von der Han-Zeit bis ins 20. Jahrhundert fortsetze.[86]

Am südlichen Rand des Han-Reiches ging die territoriale Eroberung auf einen Machtkonflikt mit dem Königreich von Nanyue zurück. Kaiser Wudi schickte ein Heer zur Eroberung des Königtums und ließ sein Territorium in Kommandanturen aufteilen. Die meisten der zahlreichen im Südwesten lebenden Stämme, die entweder in der Umgebung städtischer Zentren Ackerbau trieben oder als Viehzüchter umherzogen, hatten zunächst keinen Kontakt zur Han-Dynastie, die sie als „Rong-Barbaren" verachtete. Aber auch sie fielen der chinesischen Verfolgung von Xiongnu-Gruppen zum Opfer und wurden schließlich unterworfen. Gu Jiegang und Shi Nianhai sehen darin eine Bestätigung ihrer These von der Rivalität mit einem starken Gegner wie den Xiongnu als Motor der hanchinesischen Gebietserweiterungen.[87] Yü Ying-shih hat allerdings daraufhin gewiesen, dass bereits die nordchinesischen Reiche der Chunqiu-Periode Verteidigungskämpfe gegen die Xiongnu geführt hatten und als Präventivmaßnahmen Wälle errichteten, die dann später zur Großen Mauer verbunden wurden.[88]

Tong Shuye charakterisiert die Jahrhunderte zwischen der Expansion der Han-Dynastie und einer erneuten Reichseinigung unter den Dynastien Sui und Tang als eine revolutionäre Phase in der räumlichen Entwicklung der chinesischen Zivilisation. In dieser Periode verlagerte sich das kulturelle Zentrum vom Norden in den Süden. Die aus der nordchinesischen Tiefebene vertriebenen Chinesen führten in ihren neuen Heimatregionen nicht nur ihre Ackerbaukultur ein, sondern auch eine Kreis- und Kommandanturverwaltung. Die Folgen dieser räumlichen Schwerpunktverlagerung der chinesischen Kultur zeigten sich in der Ming- und Qing-Zeit, als die Mehrheit der Gelehrten aus südchinesischen Provinzen kam. Auf wirtschaftlichem Gebiet stellte Tong Shuye eine seit dem 14. Jahrhundert wachsende wirtschaftliche Abhängigkeit des Nordens von den Getreidelieferungen aus dem Süden fest.[89] Seine Deutung ist deshalb bemerkenswert, weil er den unter den Historischen Geographen vorherrschenden politisch-territorialen Expansionsbegriff durch eine historisch konkrete Vorstellung von nicht staatlich initiierter Migration, Siedlung und Kulturverbreitung ergänzt. Dieser

---

[86]   Lou Zuyi, (1937), S. 153–56.
[87]   Gu Jiegang / Shi Nianhai (1938), S. 109 f.
[88]   Yü Ying-shih (1967), S. 13; Yü Ying-shih (1990), S. 118–20.
[89]   Tong Shuye (1946), S. 37.

Gesichtspunkt wurde später von Historikern wie Herold Wiens und C. P. Fitzgerald weiterentwickelt.[90]

Welche Schlussfolgerungen hinsichtlich der territorialen Entwicklung Chinas ließen sich grundsätzlich aus solchen Rückblicken gewinnen? Alle Autoren teilten die Überzeugung, dass sich ein sämtliche Regionen einender starker Zentralstaat im Laufe der Geschichte entgegen aller Tendenzen der Zersplitterung erfolgreich durchgesetzt habe. Tong Shuye erläutert diese „Gesetzmäßigkeit" am Beispiel der Periode der Fünf Dynastien und Zehn Reiche. Zwar gingen in dieser Phase weite Gebiete im Nordosten und Nordwesten verloren, jedoch gelang der Tang-Dynastie erneut die Rückeroberung; ein Beweis dafür, dass sich China „eher für die Einheit als für eine Zersplitterung" eigne.[91] Folglich interessierten sich die Historischen Geographen vor allem für diejenigen Dynastien, denen die Schaffung des großen Einheitsreiches gelungen war, nämlich für die Herrscherhäuser der Han, Tang, Yuan und Qing. Der erfolgreiche Staatsaufbau und die territoriale Expansion der Yuan- und Qing-Dynastien führt Tong Shuye auch auf ihre geschickte Ausnutzung der reichen Naturressourcen Chinas zurück. Die Han- und Tang-Kaiser hatten sich ihre neue Herrschaftsgebiete durch wohlerwogene Kampfzüge gegen die Nachbarvölker gesichert.[92] Selbst die defensive Ming-Dynastie leistete einen wichtigen Beitrag zur territorialen Entwicklung Chinas, indem unter ihrer Herrschaft die Provinzeinheit als oberstes Strukturelement der politischen Geographie des Kernlandes Gestalt gewann. Gleichzeitig verloren die Ming-Kaiser allmählich die Kontrolle über den Nordosten und die Innere Mongolei.[93] Die von ihnen restaurierte Große Mauer symbolisierte auch die Grenzen ihrer Macht. Jenseits der Mauern formierte sich im Nordosten eine Gegenmacht und führte schließlich Ming-China in den Untergang. In den Darstellungen der republikzeitlichen Forscher verfügte die Große Mauer noch über keinen nennenswerten nationalen Symbolwert.[94] Tong Shuye hebt die verteidigungsstrategische Bedeutung der Nordostprovinzen und der Inneren Mongolei für das chinesische Kernland hervor; der Verlust dieser Gebiete habe zwangsläufig zu einer Krise des Gesamtstaates führen müssen.[95] Aus dieser Sichtweise lässt sich folgern, dass nur das maximale Großreich mitsamt seinen intakten peripheren Re-

---

[90] Vgl. Wiens (1954); Fitzgerald (1972), der sein Thema als „Chinese cultural expansion and migratory settlement in new lands" bestimmt (S. xv).

[91] Tong Shuye (1946), S. 43.

[92] Tong Shuye (1946), S. 49.

[93] Hier wie oft in der Literatur wird die Einteilung in eine Innere und eine Äußere Mongolei, die erst im 17. Jahrhundert im Zuge der mandschurischen Reichsbildung entstand (vgl. Bawden 1968, S. 39 ff.), aus pragmatischen Gründen historisch verallgemeinert.

[94] Traditionell stand die Große Mauer für die Abwehr der innerasiatischen Nachbarvölker, die in der Republikzeit ja gerade in den Gesamtstaat integriert werden sollten. Erst nachdem die Volksrepublik dieses Territorium als Staatsgebiet gesichert hatte, erhob die kommunistische Regierung die Große Mauer zum nationalen Symbol Chinas. Vgl. Waldron (1990), S. 39–59.

[95] Tong Shuye (1946), S. 46 f.

gionen stabil ist, Gebietsverluste an den Rändern aber den chinesischen Staat auch in seinem Kern bedrohen.

3. Grenzkrisen der Gegenwart und territoriale Integrität Chinas

In ihren historischen Rückblicken hatten die Historischen Geographen Aufstieg und Zerfall der chinesischen Großreiche beschrieben und geographische, administrative sowie kulturelle Argumente für den Einheitsstaat entwickelt. Im Gegensatz zur Vergangenheit befand sich China seit Mitte des 19. Jahrhunderts nunmehr in einer kontinuierlichen Abwärtsentwicklung. Wie ließ sich dieser Trend aufhalten? Vom Schock durch die japanische Besetzung der Mandschurei erhofften sich die Historischen Geographen eine emotionale Mobilisierung der chinesischen Gesellschaft.

a) Diagnosen von Niedergang und Schwäche

Die Historischen Geographen hoben bei ihren Rückblicken auf die territoriale Entwicklung Chinas die Perioden staatlicher Expansion hervor und bemühten sich, Gebietsverluste als Ausdruck temporärer Schwächephasen in ihrer Bedeutung herunterzuspielen. Seit der mit dem Ersten Opiumkrieg (1839–42) beginnenden offenen Konfrontation mit den europäischen Imperialmächten wurden Chinas territoriale Einbußen jedoch zum bestimmenden Merkmal der Epoche. Gu Jiegang und Shi Nianhai bewerteten die Tatsache, dass die Qing-Regierung die Vertreter der modernen Kolonialmächte wie die „unzivilisierten Barbarenvölker" an den Rändern ihres Reiches behandelte und ihre Gefährlichkeit unterschätzte, als eine der wichtigsten Ursachen für den Niedergang des Qing-Staates:

> „China betrachtete von alters her alle Länder der Erde als Barbarenvölker und unterentwickelte Staaten. Es kapselte sich von der Außenwelt ab und hielt alle geltende Umgangsformen für unter seiner Würde. Als daher in der Qianlong-Zeit der englische Abgesandte Macartney von weit her nach China kam, voller Respekt Geschenke [überreichte] und mit demütigen Worten flehentlich um die Aufnahme von Handelskontakten bat, wurde dies nicht gestattet. Als dann das unheilvolle Opium aufkam, Gebiete abgetrennt und Reparationen geleistet wurden, ließ man die Ausländer die Schwäche unseres Staates und die Unfähigkeit der Regierung wahrnehmen. [Diese] strömten ständig herbei, alle nahmen sich unter Drohungen, was sie begehrten. Sie raubten unsere Vasallenstaaten, trennten unsere feinen Häfen ab und fügten uns beispiellose Erniedrigungen zu. Unserem Volk hinterließen sie unendliches Leid. Wenn wir über die Zustände in dieser Periode berichten, dann können wir nicht verbergen, dass es uns weh ums Herz und dass unser Geist traurig ist."[96]

---

[96] Gu Jiegang / Shi Nianhai (1938), S. 296.

Als Folge der Unfähigkeit der Qing-Regierung, auf die Gefahr der Kolonialmächte zu reagieren, verlor China seine Oberherrschaft über Nachbarländer wie
Nepal und Vietnam, die von den europäischen Aggressoren unterworfen wurden.
An Chinas eigenen Küsten kam es zu den ersten direkten Eingriffen in die territoriale Integrität durch die Einrichtung von Vertragshäfen, in denen die Ausländer
mittels Sonderrechten dem Zugriff der Qing-Regierung entzogen wurden. Die
hohen Gebietsverluste führen die beiden Autoren auch auf ein generelles Desinteresse an der Peripherie und auf eine völlige Unkenntnis in der chinesischen
Bevölkerung zurück. Betrübt erinnern Gu Jiegang und Shi Nianhai an die ruhm-
reichen Zeiten der Han- und Tang-Dynastie, unter deren Herrschaft China als
starke Imperialmacht auftrat.[97]

Bei keiner der Abtretungen hatte China auch nur die Spur einer Gelegenheit,
seine historischen Ansprüche auf die verlorenen Gebiete öffentlich geltend zu
machen. Die fremden Mächte beriefen sich entweder auf die fehlende faktische,
also mit staatlichen Machtmitteln durchgesetzte Kontrolle Chinas über die peripheren Länder oder betrachteten Gebietsaneignungen in sozialdarwinistischer
Manier schlichtweg als ein Recht des militärisch Stärkeren. Der japanische Über-
fall auf die Mandschurei im September 1931 und auf Shanghai im Januar 1932[98]
geschah unter veränderten internationalen Umständen, da seit dem Ersten Weltkrieg das Völkerrecht und andere Normen des zwischenstaatlichen Umgangs
zumindest in der Theorie ernster genommen wurden als zuvor. Als 1932 der
Völkerbund eine Kommission unter Leitung von Lord Lytton[99] nach China, Japan und in die Mandschurei entsandte, um siebeneinhalb Monate lang die Gebietsansprüche der Chinesen und Japaner im Nordosten zu untersuchen,[100] bot
sich erstmals eine Chance, vor der Weltöffentlichkeit für die chinesische Position
zu werben. In Beijing wurde der Kommission der von Fu Sinian verfasste „Geschichtliche Überblick über den Nordosten" (*Dongbei shigang*) vorgelegt, den

---

[97] Gu Jiegang / Shi Nianhai (1938), S. 303.
[98] Zur lokal-mandschurischen Vorgeschichte des Mukden-Zwischenfalls vom 18. September
      1931 vgl. jetzt Matsusaka (2001), S. 349 ff. Dass die „Mandschurei"-Krise auch mit einem
      verlustreichen Angriff auf Shanghai verbunden war, wird oft übersehen. Die Bedrohung
      von Chinas größter Metropole machte die Krise zu weitaus mehr als einem „Grenz"-
      Problem. Vgl. Jordan (2001).
[99] Victor Alexander George Robert Bulwer-Lytton, der zweite Earl, Sohn eines Vizekönigs
      von Indien und selbst ehemals Gouverneur von Bengalen, also ein Mann mit gewissen ko-
      lonialistischen Grundsympathien. Siehe Thorne (1972), S. 277.
[100] Einen anschaulichen inoffiziellen Bericht über die Inspektionsreise schrieb das deutsche
      Mitglied der Lytton-Kommission, der vor 1914 als hoher Kolonialbeamter in Samoa, Neu-
      Guinea und Deutsch-Ostafrika tätig gewesene Dr. Heinrich Schnee: Schnee (1933), bes.
      S. 48–135. Schnee zeigte sich freudig überrascht, als Zhang Xueliang, der „Junge Mar-
      schall" in der Mandschurei, mit einem Zitat aus seinem Buch „Die koloniale Schuldlüge"
      aufwartete (S. 82). Schnee machte sich in der Mandschureifrage weitgehend die chinesi-
      sche Position zu eigen.

Fus Mitarbeiter Li Ji gekürzt ins Englische übersetzt hatte.[101] Fu Sinian, der wie Gu Jiegang zur Elite der Historiker seiner Zeit zählte, versuchte in seiner knappen, nur die ältere Zeit behandelnden Schrift darzulegen, dass die Mandschurei eine der Entstehungsregionen der chinesischen Zivilisation gewesen sei, dass sie seit dem Beginn historischer Aufzeichnungen immer zum bürokratischen Herrschaftssystem Chinas gehört habe und dass in prähistorischer und weitgehend auch in historischer Zeit nur minimale Beziehungen zwischen ihr und Japan bestanden hätten.[102] Das waren zum Teil – besonders im zweiten Punkt – unhaltbare Übertreibungen, zu denen sich der berühmte Vertreter quellenkritischer Forschung in dem flüchtig geschriebenen Buch aus Gründen nationalistischer Opportunität hatte hinreißen lassen, noch dazu auf einem Gebiet, auf dem er selbst kein Experte war und wo sich nur auf wenigen gesicherten Kenntnissen aufbauen ließ. Kritiker traten sofort mit detaillierten Einwänden auf den Plan, ohne den Vorwurf zu fürchten, dadurch Chinas nationalen Interessen zu schaden. Gu Jiegang äußerte sich nicht. Das Dilemma zwischen Wahrheitsliebe und dem politischen Willen, zu einer „brauchbaren Vergangenheit" des eigenen Landes beizutragen, war ihm deutlich bewusst. Es ist ein Dilemma aller Nationalgeschichtsschreibung.

Da der im Oktober 1932 dem Völkerbund vorgelegte Lytton-Report seine Quellen nicht nachweist, lassen sich Einflüsse der chinesischen Argumentation nur indirekt erschließen. Am Beginn längerer Ausführungen zur Geschichte des Verhältnisses zwischen der Mandschurei und dem Rest Chinas spricht der Bericht, vorsichtig eine These Fu Sinians aufgreifend, davon, China habe bereits „at a very early date" Souveränität über große Teile der Mandschurei ausgeübt. Seit zweitausend Jahren habe die chinesische Kultur „a permanent foothold" im Süden der Mandschurei besessen und von dort aus durch Städtegründung und andere Formen der Kolonisation den zivilisatorischen Einfluss Chinas verbreitet.[103] Es ist aber bemerkenswert, dass die chinesische Nationalregierung es vermied, die Beweisführung Fu Sinians zu ihrer offiziellen Position zu machen und Chinas historische Ansprüche auf die Mandschurei in den Mittelpunkt ihrer Darlegungen zu stellen. In den 29 ausführlichen Memoranden, die sie durch ihren Stardiplomaten Dr. V. K. Wellington Koo (Gu Weijun) der Lytton Kommission unterbreiten ließ, ist von historischen Legitimationsgründen an keiner Stelle die Rede.[104] China wollte mögliche Zweifel an der Zugehörigkeit der nordöstlichen Provinzen zum Nationalverband nicht thematisieren und legte vielmehr Wert darauf, die Mandschurei-Krise in den *zeit*geschichtlichen Zusammenhang einer japani-

---

[101] Fu Sinian (1932), Li Chi (1932–33). Vgl. Fu Lecheng (1964), S. 33. Das Projekt war ursprünglich breiter angelegt; drei weitere namhafte Historiker sollten zu ihm beitragen. Da der von Fu Sinian geschriebene Teil heftige gelehrte (weniger politische) Kritik auf sich zog, wurde das Vorhaben jedoch abgebrochen. Vgl. Wang Fan-sen (2000), S. 149.

[102] Wang Fan-sen (2000), S. 150.

[103] League of Nations (1932), S. 26.

[104] Koo (1932).

schen Aggressionspolitik gegenüber China einzuordnen, deren Anfänge in der Einbeziehung der Liuqiu-(Ryūkyū)-Inseln, die zuvor unter einer Art von chinesisch-japanischem Kondominium gestanden hatten, in den japanischen Staatsverband im Jahre 1879 gesehen wurden. Erst als Japan in seiner Antwort auf den Lytton-Report die historischen Ansprüche Chinas auf die Mandschurei *ausdrücklich* bestritt und die Anbindung des Nordostens als seit jeher „loose and vague" bezeichnete, sah sich die Nationalregierung veranlasst, Gegenargumente zusammenzustellen. Auch hier ging man allerdings nicht in tiefere historische Zeiten zurück, sondern bezog sich vor allem auf das kaiserliche Abdankungsedikt vom 12. Februar 1912, das die Mandschus als eine der historischen „five races" Chinas bezeichnet hatte, sowie auf die Tatsache, dass die Staatengemeinschaft die Mandschurei stets „as integral part of China" anerkannt habe.[105] China sah sich im Besitz einer völkerrechtlich nahezu unangreifbaren Position und benutzte eine interpretationsfähige historische Herleitung, wie Fu Sinian sie angeboten hatte, nur als sekundäre Verteidigungslinie gegen die japanische Propagandaoffensive.[106]

Obwohl die Lytton-Kommission durchaus Verständnis für die chinesische Sicht der Dinge zeigte, ließen die Großmächte, die den Völkerbund dominierten, sowie mit größeren Vorbehalten auch die USA, Japan bei seiner Expansionspolitik gewähren.[107] Daraus zog die chinesische Öffentlichkeit den Schluss, dass mit geduldigem Argumentieren die Begehrlichkeit Japans nicht beschwichtigt werden konnte. Ein Wiedererstarken Chinas erschien unter solchen Voraussetzungen überaus schwierig zu sein. Dennoch sah sich China nicht hilflos in der Defensive, sondern prüfte seine Möglichkeiten. Im Verborgenen wirkend, erreichten seine brillanten Diplomaten während der folgenden Jahre, dass dem Marionettenstaat „Mandschukuo" (*Manzhouguo*) trotz heftiger Gegenbemühungen Japans die internationale Anerkennung versagt wurde. El Salvador war das einzige Land auf der Welt, das – aus Gründen handelspolitischer Opportunität – Mandschukuo völkerrechtlich anerkannte. Gegen die Rückgabe der Mandschurei an China nach Kriegsende regte sich daher nicht der geringste internationale Widerstand.[108]

In der erhitzten Atmosphäre nach der Mandschurei-Krise schien anderen hingegen die emotionale Mobilisierung schlummernder Kräfte als bester Ausweg denkbar. Ein in markanter Rhetorik agierender Autor wie Chen Gaoyong[109] ap-

---

[105] Waichiaopu (1933), S. 19–21. Vgl. zur chinesischen Haltung in der Mandschurei-Krise auch Thorne (1972), S. 273–303; Nish (1993), S. 107–36; Mitter (2000), S. 5; Chu Paochin (1981), S. 121–41, bes. 136, 139 f.

[106] Das Bemühen Chinas, seine internationale Position völkerrechtlich abzusichern, war 1932 nicht neu. Sie hatte bereits 1919 auf der Versailler Konferenz eine Rolle gespielt und geht auf die Rezeption des Völkerrechts in der späten Qing-Zeit (vgl. Hana 1981) zurück.

[107] Dies zeigt am Beispiel der besonders zynischen Politik Frankreichs Wieck (1995).

[108] Vgl. Kirby (1997), S. 438.

[109] Chen Gaoyong veröffentlichte 1939 in Shanghai eine Tabelle über die Naturkatastrophen und menschlichen Verluste in der chinesischen Geschichte (*Zhongguo lidai tianzai renhuo biao*), die 1986 neu gedruckt wurde.

pellierte an eine Wiedergewinnung der geistigen Kräfte, die das chinesische Volk in der Vergangenheit ausgezeichnet hätten. Sein Leitmotiv und das vieler anderer Kommentatoren hieß die „nationale Wiedergeburt", die sowohl das Verhalten des chinesischen Volkes nach außen, als auch den inneren Zusammenhalt in der Bevölkerung beeinflussen sollte. Chen bedauerte, dass die Chinesen ihren besonderen, in vergangenen Krisen bewährten Volksgeist nunmehr verloren hätten und hilflos den Angriffen des Imperialismus von außen sowie den Umtrieben „feudalistischer Überreste" im Inneren ausgeliefert seien.[110] Zudem kritisierte er, einen alten, auf Sun Yatsens Klage über die sandartige Bindungslosigkeit der Chinesen zurückgehenden Topos aufgreifend,[111] den fehlenden Zusammenhalt seines Volkes, der innenpolitisch zu gegenseitigem Misstrauen und zu gewaltsamen Konflikten geführt habe. Nach außen hin wirke China daher schwach und könne sich in der Welt nicht behaupten. Verstärkt würden diese Tendenzen durch wirtschaftliche Rückständigkeit. China habe es versäumt, seine selbstgenügsame Wirtschaft in ein kapitalistisches System umzuwandeln. In seinem Beitrag ruft Chen zu einer Bewegung der nationalen Wiedergeburt auf, deren Grundlage die Stabilisierung der wirtschaftlichen Verhältnisse sein müsse. „Ohne Volkswirtschaft, kein Volksgeist" lautete, kurz gesagt, seine Parole. Von Geographie und Territorialität ist hier allerdings nicht mehr die Rede.

Sogar besonnene Gelehrte wie Gu Jiegang und Shi Nianhai appellierten hinfort an den Geist des konfuzianischen Ahnenkultes und warnten vor den schlimmen Folgen der Unfähigkeit des chinesischen Volkes, das von seinen Vorfahren geerbte Land nicht mehr beschützen zu können. Ein erster Schritt, in die richtige Richtung seien – von ihnen mit ihrem gemeinsamen Werk bereits verwirklichte – „selbstkritische" Untersuchungen territorialer Gewinne und Verluste in der Geschichte. Daraus ließen sich Erkenntnisse über die früheren Schwierigkeiten bei der Expansion und Erhaltung des Staatsgebietes gewinnen.[112] Tan Qixiang übernahm die Aufgabe, für die Mandschurei eine solche historische Begründung zu entwickeln. Er schrieb eine „Abhandlung über die Verwaltung des Territoriums der drei Ostprovinzen in der Qing-Zeit" (*Qingdai dong san sheng jiangli zhi*), um vor dem aktuellen Hintergrund der japanischen Einverleibung der Mandschurei deren geschichtliche Zugehörigkeit zu China zu belegen.[113]

b) Lohn der Ignoranz

Hua Qiyun legte einen größeren Nachdruck als andere Autoren auf den Zusammenhang zwischen einer Erosion der Randgebiete von außen und ihrer Untermi-

---

[110] Chen Gaoyong (1933), S. 22.
[111] Vgl. Sun Yatsen (1986b), S. 281.
[112] Vgl. Gu Jiegang / Shi Nianhai (1999), S. 3.
[113] Über diesen Aufsatz vgl. Ge Jianxiong (1997), S. 111.

nierung durch innere Unruhen. Er warnte vor einer Missachtung der Grenzregionen, die nach seiner Auffassung das Schicksal der chinesischen Nation maßgeblich bestimmten. Da sie mehr als die Hälfte des Staatsgebietes umfassten, müssten sich Unruhen in diesem Bereich zwangsläufig auf den Gesamtstaat auswirken. Hua Qiyun sah daher die Gefahr einer „halbseitigen Lähmung" voraus.[114] Um ein solches Krankheitsbild zu verhindern, sei es notwendig, die *aktuellen* Grenzkrisen zu untersuchen. Genau in diesem Punkt habe aber die chinesische Forschung bisher versagt und die Augen vor der Grenzthematik verschlossen. Eben dies kritisierte auch Feng Jiasheng in einer Analyse der aktuellen Lage. Eindringlich warnte er vor den schlimmen Folgen des Desinteresses:

> „Das Studium der Grenzgebiete betrachteten unsere Gelehrte von alters her als unwichtig und bedeutungslos. Ich weiß nicht, warum unsere Leute denken, [dieses Thema sei] entlegen und [ihm] nicht vermehrt Aufmerksamkeit schenken. Gerade die ausländischen Wissenschaftler sind fleißig und weisen die größten Erfolge auf. Betrachtet man die Gründe für jene fleißigen Forschungen, so haben sie alle einen politischen Hintergrund – Japan und Russland in Bezug auf den Nordosten, Russland bezüglich der Mongolei und Xinjiang, Großbritannien in Bezug auf Xinjiang und Tibet, Frankreich bezüglich Yunnan und Guangxi. Dies lässt sich sehr deutlich erkennen. Zwar hat jeder seinen eigenen Bereich und strebt danach, bei der Erschließung [dieser Gebiete] der erste zu sein, um sich damit brüsten zu können, aber alles lässt sich auf die staatliche Politik zurückführen. Keiner von ihnen, der nicht von einem aggressiven Wesen durchdrungen wäre. Somit ist der Schaden, der dadurch entsteht, dass sich unsere Leute in den eigenen Grenzfragen auf die Ausländer verlassen, unerträglich und übersteigt alle Worte."[115]

Hinter diesen Äußerungen steckt nicht nur Kritik an Unterlassungen von Kollegen, sondern auch Erbitterung über chinesische Politiker, welche die Wissenschaftler des Landes in solchen brisanten Fragen nicht (mehr) konsultierten. Die Historischen Geographen standen mit ihrem Verdruss nicht allein. So veröffentlichte im Jahre 1933 eine Shanghaier Professorenvereinigung eine „Deklaration zur Nationalen Rettung durch Forschung" (*xueshu jiuguo xuanyan*), in der sie die dramatische Krise ihres Landes auf die fehlende staatliche Förderung der Wissenschaft zurückführte. Sie forderte die Regierung auf, in der nationalen Notlage des Landes endlich dem brutalen japanischen Vorgehen Widerstand zu leisten und als grundsätzliche Maßnahme zur nationalen Rettung die Forschung zu unterstützen.[116]

Am Beispiel der japanischen Besetzung der Mandschurei führte Feng Jiasheng seinen Lesern die Auswirkungen der fehlenden Kenntnisnahme der eigenen Peripherie konkret vor Augen. Bereits in der Qing-Zeit sei es durch die Ignoranz der Regierung zu großen Gebietsverlusten gekommen. Als man sich in der Republikzeit endlich eines Besseren besann, hatten die Japaner bereits „aus krank-

---

[114]   Hua Qiyun (1930b), S. 43.
[115]   Feng Jiasheng (1935a), S. 2.
[116]   Vgl. Xu Xiaoqun (2001b), S. 61.

hafter Gier" wissenschaftliche Argumente für die Unabhängigkeit der Mandschurei und Mongolei von China propagiert, auf die die chinesischen Forscher völlig unvorbereitet gewesen seien. Die schwerwiegenden Folgen müsse man nun mit dem Verlust der Mandschurei tragen.[117]

Tatsächlich hatten die Japaner nach ihrem Sieg über die Russen im Krieg von 1904–1905 nicht nur deren Pachtgebiet in Liaodong übernommen, sondern gleichzeitig auch eine intensive Forschungsarbeit über die Mandschurei in Gang gesetzt. Die im Jahre 1906 gegründete Südmandschurische Eisenbahn-Gesellschaft (Mantetsu) verfügte von Anfang an über ein eigenes Forschungsinstitut. In den Institutsbibliographien werden 6.284 Titel erwähnt, die sich mit einem breiten Themenspektrum von Überblicken über das Eisenbahnwesen bis zu Studien von ethnischen Minderheiten in der Mandschurei befassen.[118] Einige dieser Forschungen wurden auch der internationalen Fachwelt zugänglich gemacht. So erschien bereits 1912/14 in deutscher Sprache (im „Verlag der Südmandschurischen Eisenbahn", Tokyo!) ein fast tausendseitiges Werk zur historischen Geographie der Mandschurei, in dem es darum gehen sollte, mit großer Akribie und auf dem bewusst zum Maßstab genommenen Niveau der, wie es hieß, „okzidentalischen" Orientalistik, „die wahren Umstände der Völkerkonkurrenzen in diesen Ländern [der Mandschurei und Korea] zu ergründen und die Ursachen der jetzigen Sachlage zu erforschen".[119] In seiner Blütezeit Ende der dreißiger Jahre arbeiteten am Mantetsu-Forschungsinstitut bis zu 2.300 Wissenschaftler.[120] Nach der Besetzung der gesamten Mandschurei kam es zu einer gewaltigen Zunahme von Werken (die nun auch in allgemeinen Verlagen erschienen) über die Mandschurei, ein Land, das in Japan nicht als Kolonie, sondern als eine natürliche Erweiterung des japanischen „Lebensraumes" und zugleich als Experimentierfeld zur „Zivilisierung" der rückständigen einheimischen Bevölkerung verstanden und propagandistisch präsentiert wurde. Allein im Jahre 1932 wurden über 500 Titel veröffentlicht.[121] Damit lösten die Japaner die Russen als die besten ausländischen Kenner der Mandschurei ab. Wie umfangreich die europäische Literatur über dieses Gebiet neben den japanischen Bemühungen immerhin am Ende der dreißiger Jahre bereits war, lässt sich daran erkennen, dass der Münchner Geograph und Haushofer-Schüler Gustav Fochler-Hauke eine Bibliographie von nahezu tausend Titeln allein in deutscher, englischer und französischer Sprache zusammenstellen konnte; ein großer Teil der deutschsprachigen Literatur stammte dabei von russischen Wissenschaftlern.[122]

---

[117] Feng Jiasheng (1934b), S. 2. Zum selben Thema auch Liu Xuanmin (1936b).

[118] Vgl. J. Young (1966), S. 2–34. Zum Kontext vgl. Myers (1989).

[119] Shiratori (1912–14), Bd. 1, S. 2. Das Werk enthält eine historische Darstellung vor allem der mandschurischen Territorialverwaltung von der Han-Zeit bis zum Jahre 1616. Es beruht auf den klassischen chinesischen Schriftquellen.

[120] L. Young (1998), S. 278.

[121] L. Young (1998), S. 269 f.

[122] Vgl. Fochler-Hauke (1941), S. 383–419.

In der chinesischen Republik musste zur Zeit der Mandschureikrise ein wissenschaftliches Interesse am Nordosten überhaupt erst einmal geschaffen werden.[123] Die Yugong-Studiengesellschaft leistete mit ihren Veröffentlichungen dazu einen bedeutenden Beitrag. Wie in Bezug auf die Westgebiete begannen ihre Forschungen mit einer kritischen Überprüfung der unterschiedlichen Definitionen des „Nordostens". Zhang Yintang stieß auf sehr widersprüchliche Vorstellungen seiner Landsleute. Die Bezeichnung „die drei Ostprovinzen" bezog sich auf Liaodong,[124] Jilin und Heilongjiang, im Begriff der „vier Nordostprovinzen" war noch die erst in der Republikzeit gegründete Provinz Rehe eingeschlossen, die geographisch zur Inneren Mongolei gehörte. Darüber hinaus gab es die Aufteilung in Südmandschurei, Nordmandschurei und Ostmongolei. Zhang sah in dieser unklaren Nomenklatur eine der Ursachen für die Unkenntnis des chinesischen Durchschnittsbürgers über den Nordosten.[125] Daher trat er für die Verwendung von Kriterien der physikalischen Geographie als Grundlage einer Definition der Mandschurei ein. Dies löste allerdings das heikle Problem nicht, wie das Land nördlich der Großen Mauer wissenschaftlich und politisch korrekt zu bezeichnen sei. Fu Sinian hatte 1932 die Landesbezeichnung „Mandschurei" (*Manzhou*) abgelehnt, weil sie im Zusammenhang der ausländischen Invasion und der Aufteilung des Gebietes in Interessensphären entstanden sei.[126] Seither hat man in der politisch-geographischen Sprache Chinas, sowohl in der Volksrepublik wie auch in Taiwan, überwiegend den als patriotischer betrachteten Namen „Nordosten" (*Dongbei*) verwendet.[127] Mark C. Elliott hat jedoch zeigen können, dass die semantischen Einflüsse komplizierteren Wegen folgten. Bereits am Ende des 18. Jahrhunderts tauchte der geographische Begriff „Mandschurei" auf japanischen Karten auf, die sich auf russische und jesuitische Quellen beriefen. In China erschien 1877 erstmals ein Werk unter dieser Bezeichnung, die daraufhin auch im offiziellen Sprachgebrauch verwendet wurde.[128] Folglich ist der Name „Mandschurei" älter als die imperialistische Durchdringung der Region.

Viele Chinesen empfanden gegenüber den ihnen kulturell fremden und kriegsgeplagten Randgebieten Angst. Lin Jing, der 1916/17 im Auftrag des Finanzministeriums in Xinjiang unterwegs gewesen war, schrieb in seinem Aufsatz „Warum müssen wir die Grenzangelegenheiten untersuchen?", dass viele seiner Kollegen diesen Auftrag aus Furcht nicht angenommen hatten und auf keinen Fall nach Xinjiang gehen wollten. Lin Jing zog nicht unbedingt eine positive Bi-

---

[123] So argumentierte auch Chen Hongshun in seinem Literaturbericht. In China selbst stütze man sich auf Übersetzungen japanischer Werke. Siehe ders. (1936b), S. 233.

[124] Gemeint ist offensichtlich Liaoning (Fengtian).

[125] Zhang Yintang (1936), S. 1.

[126] Vgl. Fu Sinian (1932), S. 3.

[127] Wie seine Kollegen in der Volksrepublik spricht beispielsweise Han Daocheng (1995) nur vom „Nordosten". Li Changzhuan (1931, S. 55 f.) unterscheidet den „ethnischen" Begriff „Mandschurei" von der politischen Bezeichnung "die drei Nordostprovinzen".

[128] Vgl. Elliott (2000), S. 628–32.

lanz seiner Reiseerfahrungen, aber verwandelte sie in konstruktiven Patriotismus. Er war auf seiner Rückreise von Xinjiang durch Sibirien gekommen und empfand im Vergleich zur russischen Peripherie Chinas Nordwesten aufgrund seines Klimas und Rohstoffreichtums als wahres Paradies. Dennoch sei Xinjiang rückständiger, da die Chinesen im Gegensatz zu den Russen in Sibirien die Verwaltung der Region nicht in die eigenen Hände genommen hätten. Er drängte darauf, dass sich endlich Leute, von einem patriotischen Herzen getrieben, fänden, um diese wichtige Aufgabe in Angriff zu nehmen.[129] Lin Jing empfahl eine Ausweitung der chinesischen Administration bis an die Staatsgrenzen. Er vertrat – ob allerdings schon 1917, ist nicht zu entscheiden – einen ziemlich modernen Staatsbegriff. Gleichzeitig appellierte er an die nationale Gesinnung seiner Kollegen im Staatsdienst. Aus seiner Sicht musste die chinesische Verwaltung gleichmäßig und einförmig bis an die Grenzen des Staates durchgesetzt werden. Die natürlichen Voraussetzungen beschreibt er als sehr günstig, was dem traditionellen Bild der Grenzregionen als wildes, nahezu menschenleeres Ödland widerspricht.[130] Sein Hanchauvinismus stand allerdings dem seiner Vorgänger und Zeitgenossen nicht nach: nur eine *chinesische* Verwaltung konnte zu einer positiven Entwicklung dieser Gebiete führen.

Auch der Regierungsbeamte Lin Jing zeigte sich davon überzeugt, dass die Integration der Peripherie mit ihrer wissenschaftlichen Erschließung beginnen müsse. Erst wenn man im Kernland auch über die Peripherie orientiert sei, könne sich China zu einem „blühenden, mächtigen Staat" entwickeln und seine momentane Krise überwinden. Am besten wisse man noch über den Nordwesten Bescheid, der in der Militärgeschichte Chinas Jahrhunderte lang einen wichtigen Platz eingenommen hatte. Entweder schickten chinesische Dynastien ihre Armeen in die Nordwestregionen, oder es versuchten Völker aus dem Nordwesten, ins chinesische Kernland einzudringen. Bedenke man die hohen militärischen Kosten und die menschlichen Opfer, so sei es schon deshalb dringend notwendig, den Nordwesten gründlich zu erforschen.[131] Ein weiteres Problem der Randgebiete, das die Einheit des Gesamtstaates verhinderte, sah Lin Jing in dem unterschiedlichen Entwicklungsniveau der verschiedenen Regionen. Stritt man sich im chinesischen Kernland um das Sowjetsystem, so existierten in der Mongolei und in Gansu noch rein feudale Strukturen, und in Regionen wie Tibet und Qinghai befand man sich noch in einem „theokratischen Zeitalter".[132] Als Regierungsbeamter hob Lin Jing eher die Schwierigkeiten im Umgang mit den Randzonen hervor. An der Peripherie musste er den Zentralstaat vertreten und umgekehrt aus der Sicht der Regierung auf eine erfolgreiche Integration der Gebiete hoffen.

---

[129] Lin Jing (1930), S. 44.
[130] Immerhin lebten in der Mandschurei um 1930 etwa 40 Millionen Menschen. Vgl. Gottschang / Lary (2000), S. 173 (Tabelle A.3.).
[131] Lin Jing (1930), S. 45.
[132] Lin Jing (1930), S. 46.

Andere Autoren fanden weitere Argumente, die für eine intensive Beschäftigung mit den peripheren Regionen und ihre verstärkte Integration sprachen. Zhou Zhenhe sah sogar Möglichkeiten, wie gerade die weitläufigen, dünn besiedelten Grenzgebiete dem chinesischen Staat bei der Bewältigung seiner Probleme helfen konnten. Er argumentierte wirtschaftlich. Im Kernland gebe es – das war 1934, auf dem Tiefpunkt der Weltwirtschaftskrise, eine unübersehbar richtige Beobachtung – einen menschlichen Überschuss an Soldaten, Banditen und Nichtsesshaften, die aufgrund ihrer Belastung für die Gesamtbevölkerung eine Verbesserung des allgemeinen Lebensniveaus verhinderten. Die chinesische Armee sei zu groß und darüber hinaus unfähig, ihre Verteidigungsaufgaben zu erfüllen. Sie belaste nur die Staatskassen. Ihre Reduzierung würde aber das Banditentum vergrößern, aus dem wiederum die (neben der Guomindang weiterbestehenden) Warlords ihre Truppen rekrutierten. Ihre Bekämpfung vermehre dann abermals das Vagabundentum. Überhaupt belaste der Gegensatz zwischen Arm und Reich den Staat. Zhou Zhenhe schlug daher vor, den Überschuss an nutzlosen Soldaten nach Qinghai zu verlagern und diese dort in der Landerschließung und im Straßenbau einzusetzen. Auf diese Weise würden sie nicht nur selbst für ihren Lebensunterhalt aufkommen und die Staatskasse entlasten, sondern auch zur Entwicklung einer peripheren Region beitragen. In akuten Krisensituationen könnten sie als Verteidigungstruppen gegen innere und äußere Feinde eingesetzt werden.[133]

Zhou Zhenhes Vorschläge zur Integration der Peripherie beruhen, anders als diejenigen Lin Jings, auf der für Chinesen typischen Wahrnehmung dieser Gebiete als Wildnis und kaum besiedeltes Ödland. Daher könne man auch beliebig viele chinesische Kolonisten aus den übervölkerten Regionen des Kernlandes ansiedeln und die agrarische Erschließung vorantreiben. Welche Haltung die dort lebenden Völker dazu einnahmen, erörtert der Autor nicht. Zhou Zhenhe dachte vor allem geopolitisch: Die Provinz Qinghai lag demnach im Zentrum des chinesischen Staatsgebietes. Ihre strategische Lage als Knotenpunkt zwischen der hanchinesischen Zivilisation, dem tibetischen Hochland, den mongolischen Nomadenregionen und den islamischen Oasenkulturen Xinjiangs resultierte in einer bemerkenswerten ethnischen Vielfalt der Bevölkerung. Bereits für den Ost-West-Handel der Seidenstraße habe die Region die Rolle eines wichtigen Verkehrsknotenpunktes gespielt. Daher verurteilt Zhou Zhenhe in seiner Qinghai-Monographie die bisherige Missachtung der Provinz und bemüht sich, diese periphere Region als Neuland einer hanchinesischen Kolonisierung für die Entwicklung des Gesamtstaates attraktiv erscheinen zu lassen.[134] Qinghai hatte den Vorteil, dass es nicht an den äußeren Grenzen Chinas lag und daher dem Zugriff der Imperialmächte weniger direkt ausgeliefert war als die Mongolei, Xinjiang, Tibet oder die Mandschurei.

---

[133] Zhou Zhenhe (1934), S. 31.
[134] Zhou Zhenhe (1938), S. 1–7.

Hingegen waren aus Lin Jings militärstrategischer Sicht die äußeren Grenzen der Nation schutzlos der imperialistischen Konkurrenz der drei Mächte Russland, Türkei und Großbritannien ausgesetzt. Das alte „Great Game" von Russen und Briten[135] werde weitergespielt, nunmehr mit der Türkischen Republik als einem gefährlichen dritten Beteiligten:

> „In der Welt gibt es drei eigenartige Staaten, die sich ständig gegenseitig durch Schlauheit und Stärke auszutricksen suchen. Wo auch immer es zu einem Krieg kommt, wirken sie als Hauptakteure mit. Obwohl sich die Methoden heute geändert haben, so wirkt ihre Zauberkunst noch wie ehemals. Diese drei merkwürdigen Staaten sind Großbritannien, Russland und die Türkei. Die Türkei stellt den Staat mit der stärksten religiösen Färbung und kräftigsten ethnischen Ausprägung dar. In Großbritannien und in Russland ist das imperialistische Gedankengut am stärksten entwickelt. Der eine bedroht von Nordwesten und von Südosten her die Mongolei und in unserem Nordwesten Xinjiang und will auch noch nach Tibet und Indien vordringen, um die britische Kolonie in Verwirrung zu stürzen. Der andere bedroht vom Südwesten und von Nordosten her unser Tibet, Qinghai und den Südteil Xinjiangs, um Russlands südliches Vordringen zu verhindern. Was die Türkei betrifft, so kann sie aus religiösen Gründen westlich von Kleinasien her unablässig vordringen, um die Anhänger der islamischen Religion zur Errichtung [ihres] Hirngespinstes einer großen islamischen Allianz zusammenzuschließen. Kann man eine solche außenpolitische Konstellation anders denn als folgenschwer betrachten?"[136]

Vom gleichen Blickwinkel aus warnte Xia Wei, dass die Bedrohung der Großmächte an Chinas Grenzen *permanent* bestehe, da sie durch ihre Kolonialgebiete über einen direkten Kontakt mit den chinesischen Grenzzonen verfügten, also in einem territorialen Sinne Nachbarn Chinas seien. So bedrohte Japan über Korea die Nordostprovinzen Liaoning (Fengtian) und Jilin, Russland über Sibirien Jilin, Heilongjiang und die Äußere Mongolei sowie von Mittelasien aus die Äußere Mongolei und Xinjiang, Großbritannien von Indien aus Tibet und über Sikkim, Yunnan sowie Frankreich über Vietnam die Südprovinzen Yunnan, Guangxi und Guangdong.[137] Die Türkei und der angeblich von ihr geschürte Panislamismus (hinter dem Lin Jing offenbar *keinen* Panturkismus oder Panturanismus sah) spielt in Xia Weis konventionellem Einkreisungsszenario interessanterweise keine Rolle.[138]

---

[135] Gemeint ist der "kalte Krieg" der beiden großen Imperialmächte in Zentralasien, der bereits nach dem Fall Napoleons begann und erst in der Asien-Konvention von 1907 seinen Abschluß fand. Vgl. dazu Gillard (1977); Morgan (1981).

[136] Lin Jing (1930), S. 46.

[137] Xia Wei (1941), S. 99 f.

[138] Die damalige deutsche „Geopolitik", die sich seit Karl Haushofers frühen Japanstudien von Asien fasziniert zeigte, sah nicht so sehr in China als vielmehr in Innerasien ein Objekt von Einkreisung. Walther Heissig, später als Mongolist bekannt geworden, schilderte in einem Buch, das 1941 in der Reihe „Schriften zur Wehrgeopolitik" erschien, in dramatischem Tonfall den „Kampf" um das zentralasiatische Vorfeld", also den „Überschneidungsraum europäischer und asiatischer Kontinentalpolitik". Gemeint waren vor allem Xinjiang und die Mongolei. Vgl. Heissig (1941), Zitat S. 7.

Der Politiker Xie Bin fällt in seiner eindrucksvollen Untersuchung über die Gebietsverluste Chinas, einer der bleibenden Leistungen der politisch-historischen Geographie, ein sehr negatives Urteil über die in seinen Augen nutzlose chinesische Grenzpolitik, der er eine überaus erfolgreiche europäische Kolonialstrategie gegenüberstellt. Die Chinesen hätten neue Gebiete nur hochmütig durch Waffengewalt erobert, den unterworfenen Völkern leere Ehrungen in Gestalt von Tributsymbolen angedeihen lassen und der Bevölkerung im Kernland die Neulanderschließung an der Peripherie verboten. Die europäischen Mächte hingegen hätten nicht nur ihre Herrschaft in den unterworfenen Gebieten entschlossener durchgesetzt, sondern auch die Pionierarbeit ihrer Kolonisten gefördert. China halte von alters her an seiner Selbstisolation fest und wisse nichts von der Welt. Den Gebietsverlust an seinen Grenzen nehme es leichtfertig hin. Die Kolonialmächte hätten im Gegensatz dazu schon früh die Bedeutung von Handelsbeziehungen erkannt, flexibel auf internationale Veränderungen reagiert und um die Seeherrschaft konkurriert. China aber habe bis in die späte Qing-Zeit an seinem starren Prüfungssystem festgehalten und die Entwicklung der Wissenschaften verpasst. Die Folge sei der „demütigende Untergang", den China momentan erlebe.[139] Die Verletzung der chinesischen Gebietshoheit erfolge jedoch nicht nur an seiner Peripherie, sondern auch durch die ausländische Präsenz im Kernland in Form von Pachtgebieten.[140]

Xie Bin veröffentlichte dies im Jahre 1928. Die japanische Besetzung der gesamten Mandschurei drei Jahre später erschütterte die Historischen Geographen und brachte sie, wie mehrere Beispiele gezeigt haben, zu der Erkenntnis, dass man im chinesischen Kernland zu wenig über die von der imperialistischen Aggression befallenen Randzonen wisse. In dem Moment, als das Informationsdefizit über die Mandschurei dramatisch zu Bewusstsein kam, hatte man aber die Möglichkeiten zu Untersuchungen vor Ort eingebüßt. Tibet war zwischen 1912 und 1950 de facto unabhängig. Nur zu offiziellen Anlässen wie dem Begräbnis des 13. Dalai Lama 1933 und dem Auffinden seines Nachfolgers entsandte die chinesische Regierung Vertreter nach Lhasa. Xinjiang wiederum wurde zwar von chinesischen Provinzgouverneuren verwaltet. Deren gespanntes Verhältnis zur Zentralregierung sowie lokale Wirren machten eine Reise in den Fernen Westen jedoch zu einem riskanten Unternehmen. Seit die Mandschurei als Forschungsfeld nicht mehr zugänglich war, richtete sich das wissenschaftliche Engagement daher vor allem auf den nahen Nordwesten Chinas, das einzige Grenzgebiet, in dem sich zu jener Zeit überhaupt noch Forschungsreisen durchführen ließen.

---

[139] Xie Bin (1928), S. 3 f.
[140] Xie Bin (1928), S. 80–94.

c) Letzte Bastionen: der „nahe Nordwesten", Xinjiang, Tibet

Nachdem der Nordosten Anfang der dreißiger Jahre erst einmal verloren schien, wandten sich die Historischen Geographen dem Nordwesten zu, über dessen Ausmaße man sich jedoch erst einmal einigen musste. Fan Ku legte seiner Untersuchungen über die administrative Aufteilung der Provinz Suiyuan ein sehr weiträumiges Gebiet zugrunde, forderte aber zunächst eine Konzentration auf die Erschließung der unmittelbar an das Kernland anschließenden Regionen:

> „Betrachtet man den Rahmen der beiden Schriftzeichen ‚Nordwesten‘, so ist dieser sehr weit gefasst. Von welchem Ort aus man tatsächlich anfangen sollte, stellt wirklich eine im Augenblick schwer zu lösende, große Frage dar. Jedoch verkörpern die Provinzen Xinjiang, Qinghai, Gansu und Ningxia den «fernen Nordwesten», aber die Provinz Suiyuan gehört zum «nahen Nordwesten». Will man den «fernen Nordwesten» erschließen, muss man erst einmal mit dem «nahen Nordwesten» beginnen."[141]

Die nordwestliche Peripherie gehörte zu den wichtigen Gebieten einer hanchinesischen Kolonisierung. Da auch Shaanxi, die südliche Nachbarprovinz von Suiyuan, im staatlichen Nordwest-Erschließungsprojekt einen wichtigen Platz einnahm, warnte Feng Jiasheng vor einem sturen Festhalten an politisch-geographischen Grenzen. Der Forschung schlug er vor, auch solche übergreifenden Zonen in ihre Untersuchungen einzubeziehen.[142] Die gesamte Innere Mongolei befand sich aus der Sicht des Geographen Zhang Yintang allerdings in einem „verschlafenen Zustand" von Gesellschaft und Kultur. Ursache sei ihre wirtschaftsgeographische Zweiteilung in eine nördliche Nomadenregion und ein südliches Agrargebiet. Dass aber von der Inneren Mongolei auch kraftvolle Bewegung ausgehen konnte, zeige die Geschichte. Wiederholt sei sie der Ausgangsort für Überfälle „wilder, brutaler" Nomadenvölker ins chinesische Kernland gewesen. Von ihrer geographischen Stellung aus betrachtet, biete sie für China einen natürlichen Schutzgürtel gegen Übergriffe von außen.[143]

Der Historiker Yang Xiangkui veröffentlichte eine Regionalstudie der innermongolischen Provinz Chahar. Sie lag östlich von Suiyuan zwischen der Mandschurei und der Äußeren Mongolei. Ihr Name ging auf den mongolischen Begriff *jakhar* zurück und bedeutet „Grenzvolk". Die Qing-Dynastie hatte ihn zur Bezeichnung eines mongolischen Bundes verwendet. Mit einem Anteil von über 70 Prozent Hanchinesen war die Bevölkerung Chahars bereits in der Republikzeit weitgehend sinisiert. Yang Xiangkui konzentrierte seine Untersuchung auf

---

[141] Fan Ku (1934), S. 9.
[142] Feng Jiasheng (1934c).
[143] Zhang Yintang (1931), S. 362. Das war noch vorwiegend in der traditionellen Blickrichtung nach Norden gedacht; in der geopolitischen Vision der japanischen Politik erschien die Innere Mongolei spätestens seit 1912 als ein Korridor, der von Osten her Zugang zu Zentralasien verschaffen würde. Schon 1911 war in Japan ein Plan ausgearbeitet worden, dessen Ziel es war, die Innere Mongolei mit Hilfe mongolischer Fürsten von China abzutrennen. Vgl. Barkmann (1999), S. 103 ff., bes. 107.

die verbliebenen nomadischen Gebiete, die noch überwiegend von Mongolen beherrscht wurden. Er erläuterte die lokalen Verwaltungseinheiten und führte die nomadischen Produktionsgrößen sowie die Bevölkerungszahlen auf.[144] Sein Kollege Liu En stammte selbst aus Chahar. In seinem Beitrag zur Yugong-Spezialnummer über die Innere Mongolei erörterte er die Hintergründe der Krisenlage, in der sich seine Heimatprovinz befand.[145] Die regionale Eigenständigkeit und administrative Integration in den chinesischen Staat geht auf die Qing-Zeit zurück. Damals schuf die Regierung den Posten eines Gouverneurs von Chahar. 1913 erhielt Chahar zunächst den Status eines Sondergebietes und wurde in elf Kreise unterteilt.[146] Im Jahre 1928 folgte die Erhebung zu einer der vier neugeschaffenen nichtautonomen Provinzen (die anderen waren Jehol/Rehe, Ningxia und Suiyuan).[147] Die damit verbundenen territorialen Verschiebungen führten zu Spannungen zwischen Mongolen und Hanchinesen, da Chahar Gebiete an die innermongolische Nachbarprovinz Suiyuan verlor und dafür Kreise der Provinz Hebei zugeteilt bekam. Die kritische Lage verschärfte sich durch die anhaltende Armut in der Region und durch die japanische Besetzung ihrer nördlichen Gebiete.

Wie problematisch künstliche administrative Neuschöpfungen sein konnten, zeigte Yang Saisheng am Beispiel des Nordens von Chahar.[148] Dort lebte eine noch in der qingzeitlichen Bannerstruktur organisierte mongolische Bevölkerung neben eingewanderten chinesischen Siedlern, für die ein eigenes chinesisches Kreisverwaltungssystem geschaffen wurde. Die Siedler verdrängten mit ihrer Ackerbaukultur die nomadisierenden Bannermongolen immer weiter nach Norden. Die Sinisierung der gesamten Region schritt unaufhaltsam fort.[149] Chen Zengmin konnte dem Verhältnis zwischen mongolischer Nomadenkultur und chinesischer Ackerbaukultur auch eine positive Seite abgewinnen. Er bezeichnet die Innere Mongolei als wichtige Schnittstelle der Völker Chinas. Da sie sich in der ersten Hälfte des 20. Jahrhunderts auch zum Knotenpunkt des russisch-chinesisch-japanischen Imperialismus entwickelt habe, sei in der Gegenwart ihre strategische Bedeutung für die Stabilität des Gesamtstaates gewachsen.[150]

Es zwar zweifelhaft, ob sich Ähnliches von Xinjiang behaupten ließ. Jiang Junzhang beschrieb 1936 Xinjiang als eine sehr problematische Peripherie, die jahrzehntelang den Nordosten an Krisenanfälligkeit übertroffen habe. Auch er warf seiner Regierung vor, die Verwaltung Xinjiangs vernachlässigt zu haben,

---

[144]   Yang Xiangkui (1937b), S. 89.
[145]   Liu En (1937), S. 167–70.
[146]   Sondergebiete wurden 1914 in Jehol, Chahar und Suiyuan geschaffen. In jedem Sondergebiet hatte ein Militärkommissar die Aufsicht über alle zivilen und militärischen Belange. Vg. Tung (1964), S. 58 f.
[147]   Vgl. J.T. Dreyer (1976), S. 19.
[148]   Yang Saisheng (1937), S. 171.
[149]   Yang Saisheng (1937), S. 172.
[150]   Chen Zengmin (1937), S. 1 f.

obwohl die Labilität des Gebietes seit langer Zeit bekannt sei.[151] Wurden die Spannungen bis in die frühe Republikzeit vor allem von internen muslimischen Unruhen und interethnischen Konflikten hervorgerufen, so dominierte in den dreißiger Jahren die außenpolitische Bedrohung durch den britischen, sowjetischen und sogar den japanischen Imperialismus. Xinjiang wurde zwar nicht wie die Mandschurei von einer fremden Macht annektiert oder wie die Äußere Mongolei in einen völkerrechtlich selbständigen Satellitenstaat verwandelt, sondern stand offiziell weiterhin unter der Verwaltung chinesischer Provinzgouverneure. Diese entzogen sich aber immer wieder der Kontrolle der Zentralregierung. Die Zentrale – vor 1928 Beijing, 1928 bis 1937 Nanjing – verfügte tatsächlich zu keiner Zeit über einen direkten Zugriff auf die Provinz.[152] Der aus Yunnan stammende Yang Zengxin, seit 1899 im kaiserlichen Verwaltungsdienst, war 1908 noch von der Qing-Dynastie zum *daotai* in Aksu, später in Urumchi, also zum höchsten Beamten nach dem Gouverneur, ernannt worden. In den Wirren von 1911 manövrierte er glücklicher als seine Konkurrenten. 1912 wurde er von Yuan Shikai als Gouverneur *de facto* bestätigt. Von 1914, als die mächtige Geheimgesellschaft der Älteren Brüder (*Gelaohui*) unterdrückt und ein Konflikt mit der Mongolei beigelegt war, bis zu seiner Ermordung durch einen rivalisierenden Warlord im Jahre 1928 amtierte er als Alleinherrscher von Chinas größter Provinz.[153] Sven Hedin befand, nirgends auf der Welt gebe es einen unumschränkteren Despoten,[154] nannte ihn aber auch „den scharfblickenden Staatsmann, der siebzehn Jahre lang Bürge für den Bestand des Landes als Teil des chinesischen Reiches gewesen war".[155] Von ihm berichtet Xu Chonghao in seiner Zusammenstellung von Xinjiang-Materialien für die der Guomindang nahen Zeitschrift *Xin Yaxiya*, dass er eine Sinisierung der Provinz verhinderte und sie gegen die Außenwelt jenseits der Staatsgrenzen sowie zum chinesischen Kernland abschottete – wie übrigens ergänzt werden muss, eine nur teilweise erfolgreiche Politik, da

---

[151] Jiang Junzhang (1936), S. 3.

[152] Nyman meint in seiner Monographie über die geopolitische Lage Xinjiangs, dass die chinesischen Machthaber in der Provinz niemals eine totale Unabhängigkeit von China anstrebten, da nur eine nominelle Zugehörigkeit zur chinesischen Republik Xinjiang vor ausländischen Übergriffen schützte. Zudem war die Funktionsfähigkeit ihres Verwaltungsapparates von der ständigen Zufuhr von Bürokraten aus dem Kernland abhängig. Selbst der Handelsverkehr mit China spielte eine gewisse Rolle für ihr politisches Überleben, sicherte er doch die Mittel, aus der sich die allgegenwärtige Korruption speiste. Zur Zeit der Ermordung Yang Zengxins im Jahre 1928 sei Xinjiang de facto unabhängig gewesen. Es unterhielt diplomatische Beziehungen zur Sowjetunion und über Kashgar in gewisser Weise auch zu Großbritannien. Nur formal erkannte die Regierung von Xinjiang die Autorität der Guomindang-Regierung an. Vgl. Nyman (1977), S. 46, 75.

[153] Über die Aktivitäten der *Gelaohui* im Süden Xinjiangs vgl. ausführlich Chen Huisheng / Chen Chao (1999), S. 21–24. Zu Yang Zengxins Maßnahmen gegen die Geheimgesellschaft vgl. *Xinjiang difang shi* (1992), S. 254–60. Zum Aufstieg Yang Zengxins vgl. Forbes (1986), S. 11–13, 253.

[154] Zit. bei Forbes (1986), S. 14.

[155] Hedin (1936), S. 14.

sich Migranten- und Flüchtlingsströme kaum kontrollieren ließen.[156] Muslimische Unruhen im Landesinneren (die Yang aber immer wieder zu unterdrücken verstand) und Übergriffe aus den Nachbarstaaten seien die Folge gewesen.

Yangs Nachfolger Jin Shuren, den Andrew Forbes in seiner maßgebenden Geschichte Xinjiangs „a corrupt and incompetent man" nennt,[157] gelang es noch weniger, die Verhältnisse zu stabilisieren, die 1931 mit der Invasion Xinjiangs durch den jungen Hui-Warlord Ma Zhongying vollends in Unordnung geraten waren.[158] Erst mit Sheng Shicai, einem aus Liaoning gebürtigen ehemaligen Stabsoffizier Jiang Kaisheks (dem er 1949 nach Taiwan folgte), sieht Xu Chonghao seit 1933 einen Mann an der Macht, der die muslimischen Aufstände bezwingen und Xinjiangs Zugehörigkeit zu China wieder unter Beweis stellen konnte. Sein Verdienst sei nicht nur die militärische Befriedung der Region gewesen, sondern auch die Durchsetzung von Verwaltungsreformen, die Xinjiang stärker an die Regionalstrukturen im Kernland anpassten.[159] Dieses Lob aus dem Jahre 1944 reagierte allerdings auf neueste Entwicklungen. Von der sowjetischen Intervention im Januar 1934 bis mindestens zum deutschen Angriff auf die UdSSR und in gewissem Sinne sogar bis zum Rückzug der sowjetischen Truppen 1943 kann Xinjiang nur als Satellit der UdSSR unter nomineller chinesischer Oberhoheit bezeichnet werden.[160] Anders als Yang Zengxin, der seinen Herrschaftsbereich immerhin in altertümlicher Selbstisolation zu halten vermochte und das alte Qing-Rezept des Ausspielens unterschiedlicher Ethnien gegeneinander nicht ohne Erfolg praktizierte, war Sheng Shicai während der längsten Zeit seiner Warlord-Regierung eine sowjetische Marionette.[161]

Die Bedeutung der peripheren Region Xinjiang schreibt Xu Chonghao politisch ihrer enormen Größe sowie wirtschaftlich den günstigen natürlichen Anbaumöglichkeiten und einem Reichtum an Bodenschätzen zu. Die Frage, warum China, das Xinjiang schon seit Jahrhunderten verwaltete, es nicht besser genutzt habe, beantwortet der Autor mit drei Gründen: erstens seien die Verkehrsverbindungen schlecht; zweitens sei Xinjiang nicht nur dünn besiedelt, sondern dazu auch noch von vielen verschiedenen Völkern mit unterschiedlichen Sprachen bewohnt, was die Kommunikation erschwere; drittens warf er der Regionalregierung vor, dass sie „vom rechten Weg abgekommen sei" und eine schlechte Verwaltung praktiziere. Damit brachte Xu Chonghao die typische Haltung eines chinesischen Gelehrten des Kernlandes zum Ausdruck, dem eine Regionalregierung als schlecht erscheinen musste, wenn sie so eigenständig agierte wie es die Gou-

---

[156]   Vgl. Benson / Svanberg (1998), S. 61–63.

[157]   Forbes (1986), S. 239, dort auch 38–42. Auch die chinesische Literatur kommt zu diesem Urteil. Vgl. *Xinjiang difang shi* (1992), S. 268.

[158]   Siehe dazu den Augenzeugenbericht von Sven Hedin (1936).

[159]   Xu Chonghao (1944), S. 8–11.

[160]   So das Urteil von Whiting (1960), bes. S. 38. Forbes (1986, S. 157) meint, das Xinjiang des Jahres 1939 sei „a virtual territorial extension of the Soviet Union" gewesen.

[161]   Vgl. Forbes (1986), S. 251; *Xinjiang difang shi* (1992), S. 271–82.

verneure Xinjiangs in der Republikzeit praktizierten. Trotz dieser Schwierigkeiten beurteilte Xu Chonghao 1944 die Bedingungen in Xinjiang als vielversprechend. Man könne dort eine erfolgreiche Aufbauarbeit in Gang setzen und auch der Bevölkerung im Kernland eine neue Perspektive geben.[162]

Die Yugong-Studiengesellschaft hatte zwar die Erforschung der Randgebiete als Schwerpunktthema erwählt. Ihre Veröffentlichungen hielten sich aber in Bezug auf zwei Regionen sehr zurück, die beide nach dem Ende der Qing-Dynastie im Jahre 1912 ihre Unabhängigkeit vom republikanischen Nachfolgestaat erklärt hatten: die Äußere Mongolei und Tibet. Das im Februar 1937 erschienene Sonderheft zum tibetischen Kulturraum beschränkte sich hauptsächlich auf die Übersetzung von Texten westlicher Autoren sowie auf historisch-textkritische Studien.[163] Tibet war in der Republikzeit vor allem von verteidigungsstrategischem Interesse. Dies zeigt etwa Wang Mous Beitrag über die Bedeutung des tibetischen Kulturraums, den er in einen Ostteil, in Zentraltibet und in den Süden Qinghais unterteilt. Mit Tibets extremen klimatischen und topographischen Bedingungen erklärt Wang Mou, warum seine Bevölkerung – im Gegensatz zu den Völkern des Nordwestens – in der Geschichte nur selten Einfälle in „Han-Territorium" unternommen habe. Seine geographische Lage sei der Hauptgrund für Tibets Stellung als wichtigste verteidigungsstrategische Region im Westen Chinas. Der Autor riet daher, in Tibet entweder Militärkolonien zu schaffen, die sich an die extremen Bedingungen anpassen könnten, oder einfach die einheimische Bevölkerung zur Landesverteidigung heranzuziehen.[164]

Mit der Tatsache, dass der 13. Dalai Lama nach seiner Rückkehr aus dem Exil 1912 seine Heimat für unabhängig erklärt hatte,[165] setzten sich die Autoren des Yugong-Sonderheftes nicht auseinander. Sie richteten ihr Interesse auf den Osten des tibetischen Kulturraumes. Dort kam es während der Republikzeit wiederholt zu militärischen Auseinandersetzungen zwischen chinesischen Truppen und tibetischen Soldaten. Erst Wu Fengpei, der sich später in der Volksrepublik zum führenden Herausgeber chinesischer Quellentexte über Tibet entwickeln würde, bezeichnete im Februar 1937 die Unruhen von Batang im Jahre 1905 als Ursprung der späteren tibetischen Ablösungsabsichten.[166] In seinem Beitrag zur siebenten Ausgabe der Yugong-Wochenschrift, in dem es um die Rolle des Dalai Lama und des Panchen Lama geht, begründet er die Zugehörigkeit Tibets zum

---

[162] Xu Chonghao (1944), S. 1 f.
[163] Es handelte sich um einen allgemeinen Beitrag Sven Hedins in einer amerikanischen Zeitschrift, um ein Kapitel aus Sir Francis Younghusbands Buch „Everest: The Challenge", um den Bericht über ein Gespräch mit dem amerikanischen Tibet-Experten Joseph Francis Charles Rock, um die Korrektur der chinesischen Übersetzung von David Macdonalds „Twenty Years in Tibet" sowie um ein Verzeichnis der in den letzten zehn Jahren in der britischen „Times" erschienenen Artikel über Tibet. Siehe YG 6:12 (Februar 1937).
[164] Wang Mou (1937), S. 21 f.
[165] Goldstein (1991), S. 60 f.
[166] Wu Fengpei (1937b), S. 43.

chinesischen Staatswesen mit der Einsetzung der kaiserlichen Ambane als mächtigsten politischen Vertretern in Tibet im Jahre 1793. Bis zu dieser Zeit sei Tibet
nur ein Tributstaat (*chaogong guo*) gewesen, dessen Oberhäupter, der Dalai Lama und der Panchen Lama, sich der qingkaiserlichen Autorität unterworfen hätten. Die Rolle der Ambane in der tibetischen Regierung seit 1793 sei aber weit
über ein traditionelles Tributverhältnis hinausgegangen. Es sei daher falsch,
wenn das Ausland behaupte, Tibet gehöre nicht zu China.[167] She Yize erläuterte
in zwei Artikeln des Tibet-Sonderheftes die militärischen Auseinandersetzungen
in Xikang, der damaligen Grenzregion zwischen Tibet und der südwestchinesischen Provinz Sichuan. Er verurteilte die Qing-Politik der administrativen Loslösung Xikangs aus dem tibetischen Kulturraum und seiner Angliederung an die
chinesische Provinz als schwerwiegenden Fehler, der zu den späteren Konflikten
geführt habe. Denn die in Xikang lebenden tibetischen Stämme waren seitdem
politisch direkt dem Kaiser unterstellt, fühlten sich aber weiterhin als lamaistische Gläubige dem Dalai Lama untergeben. Die Tibeter hätten folglich die von
der chinesischen Regierung festgelegten administrativen Grenzen einfach miss-
achtet. Daher kam es immer wieder zu Zusammenstößen mit der chinesischen
Regionalarmee, bei denen keine Seite langfristig die Oberhand behielt. So pro-
vozierte das chinesische Militär im Jahre 1917 einen Zwischenfall, musste aber
im April 1918 seinen Vorstoß mit einer Niederlage bezahlen. Der Konflikt führte
zu Vermittlungsbemühungen des in Dajianlu stationierten britischen Konsuls
Eric Teichman. Auch Teichman betrachtete das Problem als kaum lösbar.[168]

Teichman gelang es nur kurzfristig, beide Seiten zur Einwilligung in eine von
ihm vorgeschlagene Grenzlinie zu bewegen. She Yize erwähnt dieses Waffen-
stillstandsabkommen und die darauffolgende Aufteilung der Region in Kreise.[169]
Als es 1931 wieder zum offenen Ausbruch der Gegensätze kam, hatten sich die
Verhältnisse geändert. Die militärischen Auseinandersetzungen endeten nun mit
einem Gebietsgewinn für die chinesische Seite. She Yize reiste im Herbst 1936
selbst nach Kangding, dem Hauptort der Krisenregion Xikang. Sein Bericht an
Gu Jiegang wurde im Tibet-Sonderheft der Yugong-Zeitschrift wiedergege-
ben.[170] Was die umstrittene Gründung einer chinesischen Provinz in Xikang betrifft, so zeigte sich She Yize skeptisch: ohne eine gleichzeitige Verbesserung der
Verkehrsanbindung und der militärischen Versorgung hätten die administrativen
Maßnahmen keine Erfolgschancen. Erschwerend komme die Tatsache hinzu,
dass es sich bei der Xikang-Frage wegen Tibets Unterstützung durch Großbritannien nicht um eine „rein innenpolitische Angelegenheit" handele. Daher sei
ein Engagement der Nationalregierung erforderlich, um das Reformvorhaben zu
verwirklichen.[171]

---

[167] Wu Fengpei, (1937b), S. 44.
[168] Teichman (1922), S. 73.
[169] She Yize (1937a), S. 56 f.
[170] She Yize (1937b), S. 65–67.
[171] She Yize (1937b), S. 67.

Im Rahmen der Forschungen der Yugong-Studiengesellschaft beschränkte sich die Auseinandersetzung mit der aktuellen Tibet-Problematik auf die genannten Beiträge von Wu Fengpei und She Yize. Die für das Tibet-Sonderheft zusammengestellten Bibliographien zeigen, dass sich einige andere Autoren in der Republikzeit mit diesem Thema beschäftigten. Bai Meichu veröffentlichte 1923 eine Studie über die Tibet-Frage, in der er den Konflikt zwischen China und Großbritannien hervorhebt und dabei auf die historischen Ansprüche der chinesischen Seite verweist, die er bis in die Zeit des *Yugong*-Klassikers zurückverfolgt.[172] Ein starker Propagandaton kennzeichnet die Arbeiten der Gesellschaft *Xin Yaxiya*. Ihr bekanntester Vertreter, Dai Jitao, schrieb herausfordernd, dass Tibet selbstverständlich zu China gehöre und die Tibeter treue Untergebene der chinesischen Zentralregierung seien.[173] Der als „Grenzgelehrter" besonders umtriebige Hua Qiyun veröffentlichte selbstverständlich zu Tibet – wie zu den anderen peripheren Regionen – eine eigenständige Monographie.[174]

Auch unter dem wissenschaftlichen Nachwuchs gab es Tibet-Interessierte. Yu Shiyu (1904–1969) zog sich nach ihrem Auslandsstudium in Japan (1926–30) und einer Lehrtätigkeit in Beiping Ende der dreißiger Jahre ins tibetische Kloster Labrang im Süden von Gansu zurück und entwickelte sich dort zur Tibetologin. Sie führte Feldforschungen durch und half beim Aufbau einer Grundschule in der Region.[175] Durch ihr Engagement im tibetischen Kulturraum hoffte sie ein „besseres Verständnis der Grenzbevölkerung für den Staat" zu erreichen. Nicht zuletzt habe der chinesische Staat in der letzten Zeit mit diesem Ziel Leute in die peripheren Regionen geschickt. In den Pilgerreisen tibetischer Mönche ins Kernland sah sie umgekehrt eine gute Gelegenheit, die Mönche unterwegs in speziell eingerichteten „Kulturstationen" (*wenhua zhan*) zu unterweisen. Yu Shiyus Anliegen war es, die tibetische Grenzkultur stärker in den Gesamtstaat zu integrieren. Die Staatstreue der jungen Wissenschaftlerin machte man sich in der Volksrepublik zunutze. Bis 1954 wurde sie von der kommunistischen Regierung in Lhasa eingesetzt.[176]

4. Zusammenfassung

Während die historische Geographie im Westen beim Kleinen und Nahen, beim Lokalen und Regionalen ansetzen konnte, also zunächst so etwas wie Orts- und Landesgeschichte war, standen die Historischen Geographen Chinas vor dem überwältigenden Phänomen eines zweiundzwanzig Jahrhunderte lang mit nur

---

[172] Siehe Bai Meichu (1932).
[173] Dai Jitao (1930b), S. 2.
[174] Vgl. Hua Qiyun (1930d).
[175] Yu Shiyu (1990), S. 1.
[176] Zwischen 1946 und 1949 hielt sie sich zu Forschungszwecken in Harvard, Yale und Großbritannien auf.

vorübergehenden Unterbrechungen bestehenden Großreiches. Frühere Historiker und Geographen hatten die Existenz dieses Großreichs als selbstverständlich voraussetzen können. Die Historischen Geographen der 1930er Jahre befanden sich demgegenüber in einer vollkommen neuartigen Situation. Nicht nur hatte China die beruhigende Gewissheit verloren, im Zentrum einer von ihm selbst gestalteten Weltordnung zu stehen. Erstmals trat nun in einer pluralistischen, ja, anarchistischen internationalen Umgebung sogar ein militärischer Gegner auf, der, anders als die westlichen Imperialmächte seit dem Opiumkrieg, das Recht Chinas auf staatliche Unabhängigkeit und territoriale Unversehrtheit grundsätzlich bestritt. Die westlichen Mächte hatten sich strategisch und kommerziell bedeutsame, dabei aber flächenmäßig unerhebliche Gebietsenklaven angeeignet. Allein Japan entriss China ganze Provinzen: 1895 Taiwan, 1931/32 Fengtian, Jilin und Heilongjiang. Im Unterschied zu früheren Eroberern, etwa den Mongolen und den Mandschu, war von den im Gefühl allumfassender Überlegenheit schwelgenden Japanern der Shōwa-Zeit keine Bereitschaft zu erwarten, sich einem militärisch gedemütigten China kulturell anzupassen. Die Erfahrung Taiwans (und Koreas) lehrte vielmehr, dass japanische Kolonialregime eine rigorose Politik der Japanisierung (Unterdrückung der einheimischen Sprachen, Einführung des Tennō-Kultes, usw.) betrieben; in „Mandschukuo" würde sich dies wiederholen. Das chinesische Reich schien in der Tat das Ende seiner historischen Lebensspanne erreicht zu haben, der Übergang zu einem modernen Nationalstaat unvollendet abgebrochen zu werden.

In dieser Lage war an eine ruhige Kontemplation der Geschichte nicht zu denken. Der Imperativ der Rettung des Landes (*jiuguo*) hatte absolute Priorität. Dennoch fanden die Historischen Geographen Zeit, sich Ausmaß und Gestalt des chinesischen Staatsgebietes Epoche für Epoche zu vergegenwärtigen. Dass die Yugong-Gruppe die Aufgaben chronologisch auf Fachleute verteilt hatte, erleichterte die Realisierung dieses Vorhabens. Die möglichen theoretischen Ansatzpunkte waren im Prinzip vorgegeben: In aller Human- oder Anthropogeographie, also auch der historischen, geht es grundsätzlich darum, ob eher die Natur den Menschen oder der Mensch die Natur prägt. Obwohl sie geodeterministisch-ökologische Fragestellungen nicht übersahen, waren sich die Historischen Geographen dennoch darüber weitgehend einig, dass der Staat den Raum gestaltete und weniger, umgekehrt, die Staatsform ein Produkt natürlicher Umstände sei. Raum-Ordnung wurde als eine Hauptaufgabe des Staates betrachtet, als ein elementares Merkmal von Staatlichkeit überhaupt. Hier schloss man gerne an den kanonischen Ur-Text der eigenen Bemühungen an: Im *Yugong*-Kapitel des *Shangshu* werden die frühesten Vorstellungen von der territorialen Form des chinesischen Staatsgebietes beschrieben.[177] Auf der Grundlage dieses Modells der „fünf Bezirke" entwickelte dann die Han-Dynastie eine Dreiteilung ihres Herrschaftsraumes in (1) ein Gebiet direkter Verwaltung in Form von Kreisen

---

[177] Siehe oben Kapitel 2.

und Distrikten des Kernlandes, (2) Regionen unter indirekter Verwaltung in Gestalt der Vasallenreiche und (3) periphere Gebiete, in denen eine flexible Politik der „losen Zügel" (*jimi*) durch kaiserliche Beamte gegenüber einer nicht hanchinesischen Lokalbevölkerung ausgeübt wurde. Ein solcher abgestufter Umgang mit dem Territorium durchzog die Geschichte des chinesischen Staatsgebietes bis in die Qing-Zeit. Die mandschurische Dynastie versuchte, den peripheren Raum, den sie zum Teil selbst erst hinzugewonnen hatte, stärker als bis dahin in den chinesischen Staat zu integrieren, indem sie zentrale Regierungsorgane mit der Aufgabe der direkten Verwaltung schuf, indem sie die Kolonisierung durch hanchinesische Bauern zuließ und die Außengrenzen deutlicher demarkierte, als dies zuvor geschehen war.[178]

Darin, die Geschichte der staatlichen Raumordnung in China seit Vor-Qin-Zeiten – wie vorläufig auch immer – aus den Quellen rekonstruiert zu haben, liegt einer der wichtigsten Forschungsbeiträge der Historischen Geographen der zwanziger und dreißiger Jahre. Eine weitere ihrer Innovationen bestand darin, von einem eher zeitlos-undynamischen Bild der chinesischen Geschichte abgerückt zu sein und die Metamorphosen des chinesischen Staates in den Veränderungen seines Raumbildes aufgezeigt zu haben. Ein Reich, dessen Herrschaftsordnung und Herrschaftsideologie sich über Jahrhunderte wenig veränderte, war allein durch ständig neue Herausforderungen an seinen Grenzen zu politischer Beweglichkeit genötigt. Die westliche Chinaforschung ist, ohne Kenntnis der chinesischen Beiträge, im Vergleich dazu lange „zentristisch" und „statisch" vorgegangen und hat den politischen Differenzierungen des chinesischen Raumes wenig Beachtung geschenkt. Die Arbeitsteilung zwischen Sinologie und Zentralasienwissenschaft hat dem Vorschub geleistet. Nur wenige westliche Historiker wie Owen Lattimore, Paul Pelliot, Herbert Franke, Joseph Fletcher, Morris Rossabi und Nicola Di Cosmo haben diese Fächergrenze zu überwinden vermocht.

Eine Hauptfrage der Historischen Geographen war die nach den räumlichen Voraussetzungen politischer Stabilität. Sie interessierten sich daher nicht nur für die reine Expansion und Kontraktion des Staatsgebietes, sondern auch für die institutionellen Begleiterscheinungen dieser Prozesse, vor allem für die Verwaltungseinrichtungen, die für Gebiete an der Peripherie des Reiches geschaffen wurden. Wie sollte man aber die katastrophale Destabilisierung Chinas seit der Mitte des 19. Jahrhunderts erklären? Kein Problem bewegte die Historischen Geographen mehr als dieses. Ihre Antworten waren keineswegs einheitlich. Insgesamt lässt sich von ihnen sagen, dass sie sich an Komplexität der Erklärung hinter konkurrierenden Angeboten nicht zu verstecken brauchen und manchen von ihnen sogar überlegen sind. Zunächst fällt auf, dass es sich die in diesem Kapitel vorgestellten Autoren nicht leicht machten, indem sie die Schuld bei anderen suchten. Man findet bei ihnen weder pauschale Attacken gegen die mandschu-

---

[178] Vgl. Chia Ning (1991); Dabringhaus (1994), S. 183–203.

rischen „Fremdherrscher" (wie im Anti-Mandschurismus des frühen 20. Jahrhunderts) noch gegen „feudale" Elemente, die angeblich den patriotischen Eifer des Volkes gebremst oder gar das Vaterland verraten hätten (wie in der maoistischen Geschichtsschreibung). Die Qing-Dynastie und ihre hohen chinesischen Beamten trieben – so sehen es die meisten der Autoren – im 19. Jahrhundert eine zumeist ungeschickte und kurzsichtige Außenpolitik, aber nicht wegen ihres Rassen- oder Klassencharakters. Auch werden die „Imperialisten" keineswegs dämonisiert: es werden ihnen nicht alle nur denkbaren üblen Motive unterstellt. Man erinnere sich an Xie Bins Ansicht, die europäischen Mächte seien China einfach taktisch und strategisch überlegen gewesen. Die Ursachen der chinesischen Misere werden also nicht in erster Linie außerhalb Chinas gesucht.

Die politische Raumordnung der Qing sei, so lässt sich die Diagnose des chinesischen Niedergangs zusammenfassen, der internationalen Situation im 19. Jahrhundert nicht angemessen gewesen; eine Modernisierung dieser Raumordnung sei unterblieben. Die Historischen Geographen favorisieren mithin eine Erklärung aus der Binnenperspektive, eine endogene Erklärung, wie man vielleicht sagen kann. Sie ist selbstverständlich stark politikgeschichtlich akzentuiert, genauer: sie konzentriert sich auf binnenimperiale Herrschaftstechnik. Da sie alles Sozial- und Wirtschaftshistorische ausblendet, wird man sie nicht als vollständig akzeptieren wollen. In deutlichem Einklang mit heutigen kulturgeschichtlichen Interessen der Geschichtswissenschaft steht aber ein anderer Gesichtspunkt, der in den Quellentexten immer wieder auftaucht: der des mangelnden Wissens. Man leistete so wenig Widerstand oder die falsche Art von Widerstand, weil man überhaupt nicht kannte, was man hätte verteidigen sollen. Dies war nach Ansicht der Historischen Geographen auch noch in der Gegenwart der Fall, und daher sahen sie sich als Avantgarde einer intellektuellen Bewegung zur Erweckung der Nation. Vielleicht spielt hier ein alter Intellektuellenhochmut mit, der den einsichtsvollen Denker hoch über das zurückgebliebene Volk stellt. Positiver formuliert: auch die hier vorgestellten Autoren fügen sich in den von verschiedenen Historikern beschriebenen akademischen Nationalismus („student nationalism") der dreißiger Jahre ein. Auf der anderen Seite ist eine solche Interpretation nicht unbedingt der Ansicht unterlegen, das chinesische Volk – im politischen Sinne von *renmin* – sei spontan nationalistisch eingestellt gewesen. Dies mag dort der Fall gewesen sein, wo Chinesen und Ausländer unmittelbar gewaltsam aneinander gerieten; aus solchen ganz konkreten Konflikten waren die großen Boykotte und Generalstreiks entstanden.[179] Aber die Bedrohung der fernen Grenzen blieb für viele Chinesen an der Küste und im Inneren des Landes eine ziemlich unanschauliche Angelegenheit. Dem „Staatsvolk" des zu konsolidierenden Nationalstaates musste erst einmal die Bedeutung der ethnisch-kulturell fremden Randgebiete Chinas erklärt, es musste mit den dortigen geographischen Gegebenheiten, mit der Geschichte und Lebensweise der dort lebenden Völker sowie mit der

---

[179] Skeptisch dazu aber Ye Xiaoqing (1992).

wirtschaftlich-strategischen Bedeutung der Regionen für den Gesamtstaat vertraut gemacht werden. Die Historischen Geographen beklagten nicht ganz zu Unrecht einen Mangel an „Raumbewusstsein", der angesichts der systematischen Anhäufung von Herrschaftswissen durch den japanischen Kolonialstaat umso schmerzlicher auffiel. Dies hieß zugleich, dass in China eine nationalpolitisch bewusste Öffentlichkeit erst schwach entwickelt war. Der Wunsch nach der Rettung oder Wiederherstellung des Großstaates musste also publizistisch geweckt oder wachgehalten werden. Die Nation blieb eine „konstruktive" Aufgabe.

Vollkommen einig war man sich darüber, dass der republikanische Nationalstaat in territorialer Hinsicht berechtigt sei, das Erbe des Kaiserreichs in seiner größten Erstreckung anzutreten. Man glaubte, die historische Normalität des multiethnischen Großstaates unumstößlich nachgewiesen zu haben. Niemand kam auf die Idee, die nicht-hanchinesischen Völker des ehemaligen Qing-Reiches würden unter anderer als chinesischer Herrschaft leben wollen. Die wilsonianische Idee der „nationalen Selbstbestimmung", die man für die Chinesen ohne Zögern in Anspruch nahm, sollte nicht für Mongolen oder Uiguren gelten. Im Detail war man nicht von der Stichhaltigkeit aller Nachweise der Zugehörigkeit zu China überzeugt. Selbst der große Fu Sinian musste sich Kritik gefallen lassen, als er 1932 mit seiner Darlegung der uralten Bindung der Mandschurei an China den Bogen überspannte. Das war jedoch eher eine Frontbegradigung aus dem Geiste wissenschaftlicher Kritik. Auch war es ein kluger Schachzug der Nationalregierung, gegenüber dem Völkerbund nicht historisch, sondern völkerrechtlich zu argumentieren, also sich auf das unverfängliche Argument zurückzuziehen, niemand in der Staatengemeinschaft (selbst das zaristische Russland) habe jemals die Zugehörigkeit der Mandschurei zu China bestritten. Auch dahinter stand der ungeschwächte Glaube an die Legitimität eines maximalen Staatsgebiets.

IV. *ZHONGYANG* UND *BIANJIANG DIQU*

Das Zentrum und seine Peripherien

Wenn es einen thematischen Gesichtspunkt gab, der es den Historischen Geographen ermöglichte, die gesamte chinesische Geschichte einer konsistenten Analyse zu unterziehen, dann war es die Frage, wie die jeweiligen politischen Zentren mit den Peripherien ihrer Herrschaftsgebiete umgingen. Es war, anders gesagt, die Frage nach den längerfristigen Strategien und dem alltäglichen Management von Beziehungen an den Grenzen des Reiches. Nach der Ausweitung des Imperiums unter der Qing-Dynastie war unter „Grenze" auch noch in der Republikzeit *Grenzzone* (*bianjiangqu*) zu verstehen. Von den 30 Provinzen Chinas, die es 1930 gab, wurden 16 als Grenzland verstanden. Wie bei vormodernen, noch nicht durch einen exklusiven Begriff von territorialer Souveränität fixierten Grenzen im allgemeinen, so waren die Beziehungen an der Grenze teils solche „auswärtiger" Natur, teils Beziehungen mit Nachbarn, die sich in ganz unterschiedlichen Graden der Effektivität der Hoheit des Kaisers unterstellt fanden, also „Untertanen" waren.[1] Der sich ständig verändernde Charakter solcher Beziehungen, die – wie auch Lattimore feststellte – zugleich ökonomischer, ökologischer und politischer Natur waren,[2] machte und macht Reiz und Schwierigkeit des Themas aus. Ihre Wechselhaftigkeit war, wie Fan Baohan feststellte, eine Grundtatsache aller weiterführenden Studien:

> „Was den Umgang mit den Lokalregierungen besonders in den Grenzregionen betrifft, so veränderte sich die Grenzpolitik angesichts der Mannigfaltigkeit und der Kompliziertheit der Volkssitten und Gebräuche in den verschiedenen Epochen sehr. Es gab keine einheitliche und flexibel reagierende Organisation [für die Grenzpolitik]. In Friedenszeiten konnte man sich noch mit Mühe und Not miteinander vertragen, kam es aber zu einem Zwischenfall, dann zeigte sich, dass die Handhabung nicht flexibel genug war."[3]

Die Historischen Geographen haben das Thema der Grenzpolitik selbstverständlich nicht völlig neu entdeckt, aber es doch mit einer Systematik und Gründlichkeit bearbeitet, wie es sie bis dahin nicht gegeben hatte. Die folgenden Ausführungen vertiefen Aspekte, die im vorigen Kapitel nur angerissen wurden. Es geht nun weniger um die Makroperspektive der Klassifikation und Ordnung politischen Raumes als um die im Sinne von Mikrostudien genauer betrachteten Verhältnisse in Randzonen. Ein historischer Überblick soll die diversen Strategien der Territorialpolitik und des Grenzmanagements aufzeigen. In der Republikzeit

---

[1] Duara (1993, S. 20) unterscheidet einprägsam zwischen solchen "weichen" Grenzen und den „harten" Grenzen moderner Nationalstaaten.
[2] Vgl. Lattimore (1940), S. 328–34.
[3] Fang Baohan (1934), S. 17.

gehörten zur Grenzpolitik drei zentrale Problemkomplexe: die seit Mitte des 19. Jahrhunderts erlittenen Gebietsverluste Chinas, die Einbeziehung der Grenzvölker in die nationale Landesverteidigung sowie Aspekte der administrativen Eingliederung der Randgebiete in das chinesische Kernland. Wiederum fällt die fehlende Sensibilität der meisten Autoren hinsichtlich der Perspektive der Grenzbevölkerung auf. Die traditionelle arrogante Hochschätzung der eigenen Kultur und die Verachtung der „Barbaren" setzten sich auch im Prozess der Einordnung dieser Völker in das chinesische „Staatsvolk" fort. Dabei wird sich herausstellen, dass die Historischen Geographen – weniger in herausgehobenen Einzelleistungen als in der Summe ihrer gemeinsamen Arbeit – ein bemerkenswert kohärentes Korpus von Forschungsergebnissen zustande gebracht haben.

Die Resultate dieser Arbeit können nicht Punkt für Punkt und Detail für Detail mit dem heutigen Forschungsstand verglichen werden. Dies wäre ein aufwendiges Unternehmen, das vermutlich zu einer eher trivialen Schlussfolgerung führen würde: Die Untersuchungen der Historischen Geographen sind nach siebzig oder achtzig Jahren überwiegend ebenso überholt, wie dies auch bei beliebigen anderen Arbeiten der Geschichtswissenschaft nach einem solch langen Zeitraum der Fall wäre. Auf der anderen Seite sind einige der in den zwanziger und dreißiger Jahren behandelten Gegenstände bis heute nicht wieder aufgegriffen worden; wo dies doch geschah, konnten manche der älteren Darstellungen im Grundzug bestätigt werden. So, als Geschichte kontextfreien Erkenntnisfortschritts, bei dem Späteres zwangsläufig das Frühere in den Schatten stellt, schreibt man heute freilich nicht länger Wissenschaftsgeschichte. Was hier zunächst interessiert, ist die Wissensproduktion der Republikzeit im Bezug auf ihre eigenen Maßstäbe.

1. Territorialpolitik und Grenzmanagement der Dynastien

Die Historischen Geographen beginnen ihren Durchgang durch die Geschichte der Grenzpolitik mit Bildern des Umschlossenseins. Gu Jiegang und Tong Shuye registrieren in ihrer Untersuchung des chinesischen Weltbildes der Vor-Han-Zeit die Tatsache, dass das Meer als Grenze der eigenen Welt und nicht als einladende Herausforderung betrachtet wurde. Sie führen dies auf fehlende Verkehrsverbindungen und Kontakte zur Außenwelt zurück.[4] Wie das Meer, so bildeten auch Gebirge Konstanten der Ein- und Abgrenzung. Han Rulin zeigt dies am Beispiel des Daqing-Gebirges im Norden der republikzeitlichen Provinz Suiyuan, das als Scheidepunkt zwischen hanchinesischer Ackerbau- und innerasiatischer Nomadenkultur für China seit fast 2000 Jahren von hoher verteidigungsstrategischer Bedeutung war.[5] Die großen Mauern waren einer solchen Barriere in gewissem

---

[4]   Vgl. Gu Jiegang / Tong Shuye (1936).
[5]   Vgl. Han Rulin (1937), S. 81.

Maße äquivalent; sie simulierten dort Natur, wo diese als Schutz fehlte. Li Xiujie betrachtet in seinem Kommentar zu Zhang Weihuas Studie über die erste, von menschlicher Hand geschaffene Grenze im chinesischen Kulturraum, die Große Mauer des Zhao-Reiches, die natürliche Geographie offenen Geländes als Hemmnis für die Staatenbildung.[6] In der Periode der Streitenden Reiche erstreckte sich der Staat Zhao über ein Territorium, das in der Republikzeit den Norden der Provinz Shanxi, den Süden von Suiyuan und den Südwesten von Chahar einnahm. Um sich gegen die damals auch im chinesischen Kernland verstreut lebenden Hu- und Di-Völker zu schützen, ließ der König von Zhao eine Große Mauer errichten. Die Historischen Geographen der dreißiger Jahre diskutierten über ihren genauen Verlauf.[7]

Die Grundformen chinesischer Verteidigungs- und Grenzpolitik entwickelten die Han-Kaiser im Zuge der Auseinandersetzungen mit ihrem stärksten Gegner, der innerasiatischen Xiongnu-Konföderation. Gao Pei beschreibt die hankaiserlichen Feldzüge gegen die Xiongnu von einer uneingeschränkt sinozentrischen Warte. Da Versuche der Han-Dynastie, zunächst mit den Xiongnu den jeweiligen Machtbereich vertraglich abzustecken, gescheitert waren und die Xiongnu wiederholt die Grenzen verletzten, griff der Hof zum Mittel der „Strafexpedition" (*zhengfa*).[8] Hier werden alte Stereotypen von der kaiserlichen Geduld oder Ungeduld gegenüber ungezogenen Barbaren reaktiviert. Gao Pei spielt die anfängliche Schwäche der Han gegenüber den Xiongnu ebenso herunter wie die nach 198 v. Chr. mehrere Jahrzehnte lang erfolgreich praktizierte Beschwichtigungspolitik mittels politischer Heiraten (*heqin*).[9] Dass die chinesische Offensive, wie man heute weiß, nicht primär eine Reaktion auf die Angriffslust der Xiongnu war, sondern auf eine militaristische Umorientierung der Han-Aussenpolitik im Jahre 133 v. Chr. zurückging, wird in dieser Darstellung nicht so recht sichtbar.[10] Das Kaiserreich erscheint als gerecht strafende Ordnungsmacht.

Die als Verteidigungskriege deklarierten Feldzüge gegen die Xiongnu-Nomaden dienten vornehmlich dazu, den han-kaiserlichen Machtbereich schrittweise bis in die Westgebiete hinein auszudehnen. Die Kleinstaaten der Westgebiete suchte die Han-Regierung durch Bündnisse an sich zu binden. Ihre Gesandtschaften wurden vom Kaiserhof als Zeichen der Unterwerfung interpretiert. Im Zuge der kriegerischen Allianzen entwickelte sich ein früher Kulturaustausch, den Gao Pei durchaus als Gewinn für die chinesische Zivilisation würdigt. Auch der indische Buddhismus drang über die Westgebiete nach China ein.[11] Unter Berufung auf die Han-Annalen erläutert Shen Huanzhang, dass der dem chinesi-

---

[6] Zhang Weihua (1937), S. 59.
[7] Zhang Weihua (1937), S. 60; Gu Jiegang / Shi Nianhai (1999), S. 65–67.
[8] Gao Pei (1937), S. 69.
[9] Schmidt-Glintzer (1997), S. 90 f.
[10] Vgl. Schmidt-Glintzer (1999), S. 28. Den defensiven Charakter der Han-Sicherheitspolitik gegenüber den Xiongnu betont aber Yü Ying-shih (1967), S. 2.
[11] Gao Pei (1937), S. 73 f.

schen Kernland näher gelegene Teil des Nordwestens, die heutige Provinz Qinghai, bereits in der Han-Zeit als Zufluchtsort chinesischer Rechtsbrecher galt. Seit
der Jin-Dynastie wanderten chinesische Siedler nach Qinghai ein.[12] Für die ferner gelegene Tianshan-Region beschreibt Xu Chonghao das Mächtespiel zwischen Han Wudi, den Xiongnu-Stämmen und den lokalen Nomaden- und Oasen-
reichen, die zunehmend in den Bannkreis der chinesischen Kultur geraten
seien.[13] Zeng Wenwu hebt im Kontakt Han-Chinas mit den Völkern der Westgebiete von Beginn an das Zusammenwirken von militärischen, politischen und
wirtschaftlichen Faktoren hervor. Für die Han-Dynastie sei es wichtig gewesen,
dass der Handelsverkehr in die Westgebiete gewährleistet war und sie unter den
dortigen Völkern über Bündnispartner gegen ihre Widersacher, die Xiongnu,
verfügten; von einer Integration ins Han-Reich könne aber noch nicht gesprochen werden.[14]

Zeng Wenwu führt in seiner umfangreichen Monographie zur Geschichte der
chinesischen Verwaltung der Westgebiete, die auch der heutigen Forschung noch
als Informationsquelle dient,[15] eine Tabelle aller Kleinstaaten an, in der Angaben
über die jeweilige Zentralstadt, über die Entfernung des Staates von der Großen
Mauer und vom Amtssitz des chinesischen Protektorats, über seine Bevölkerungszahl, Armeestärke, ethnische Zusammensetzung, Produktionsweise, besonderen Produkte und seinen heutigen Namen zusammengestellt sind.[16] Die Politik
der Han-Kaiser gegenüber ihren Vasallenstaaten in den Westgebieten charakterisiert er als Kontroll- und Kolonisierungsstrategie. Die Han-Kaiser mischten sich
in die Nachfolgefragen dieser Kleinstaaten ein, verliehen ihren Oberhäuptern
Feudaltitel und chinesische Beamtenränge, traten als Schutzmacht gegen die
Xiongnu auf und beanspruchten die militärische und außenpolitische Oberherrschaft in der Region. Umgekehrt verpflichteten sich die Kleinstaaten gegenüber
dem chinesischen Kaiserhof, Söhne aus der Herrscherfamilie als Geiseln zu stellen, Waffenhilfe zu leisten, die chinesischen Truppen mit Getreide zu versorgen
und Tribut zu überreichen. Zeng Wenwu betont den systematischen Charakter
der hanzeitlichen Grenzkonsolidierung durch Siedlung und geht besonders auf
deren militärische Seite ein. Der Aufbau von Militärbauernkolonien (*tuntian*) in
den Westgebieten verfolgte einen unmittelbaren und praktischen Zweck: die
Versorgung der kaiserlichen Expeditionsarmeen. Die Militärkolonisten erfüllten
in den Westgebieten eine zweifache Aufgabe: Ihre agrarischen Erschließungsprojekte stabilisierten die Versorgungslage an der Peripherie, während ihre militärische Präsenz den Schutz der Grenzregionen garantierte. Zudem wurde durch
die Eigenversorgung der kaiserlichen Armeen aus Militärfarmen die Lokalbevöl-

---

[12]   Shen Huanzhang (1935), S. 20.
[13]   Xu Chonghao (1944), S. 1 f.
[14]   Zeng Wenwu (1936), S. 19–24.
[15]   Etwa Millward (1998), der sich an vielen Stellen auf Zeng Wenwu stützt.
[16]   Zeng Wenwu (1936), S. 33–39.

kerung der Kleinstaaten wenig belastet.[17] Mit dem Zerfall der Xiongnu-Konföderation im 1. Jahrhundert v.Chr. verlor das Netz von Militärkolonien allerdings seine Bedeutung. Die Han-Regierung setzte fortan vermehrt auf eine geschickte Bündnispolitik nach dem Prinzip der „Kontrolle von Barbaren durch Barbaren" (*yiyi zhiyi*). Obwohl das Han-Reich seinen imperialen Anspruch noch nicht dauerhaft durchsetzen konnte, bildete seine Nordwestexpansion die Grundlagen für die späteren Ansprüche Chinas in der Region.[18]

Das Nördliche Wei-Reich (386–534) errichtete entlang seiner Grenzen erstmals Garnisonen (*zhen*). Zhou Yiliang unterscheidet zwischen nördlichen Verteidigungsanlagen, die sich in Nachbarschaft zu den zahlreichen Stammeskulturen des Nordens befanden und einen stärker militärischen Charakter behielten, und Garnisonen des Südens, die in die bestehende Struktur von Kreisen und Präfekturen integriert wurden.[19] Gu Jiguang stieß auf vier verschiedene Garnisonstypen (*hu, zhen, fang* und *fu*), deren Schwerpunkt im Norden bei der Landesverteidigung lag und die an den Südgrenzen auch bei der agrarischen Entwicklung und dem Aufbau von Siedlungsstrukturen eingesetzt wurden.[20]

Die Tang-Dynastie schuf die Grundlagen für ein langfristig stabiles Einheitsreich in China. Zu den wichtigsten grenzpolitischen Maßnahmen gehört die Errichtung von Protektoraten in den neu eroberten Gebieten. Kuang Pingzhang schildert ihre Gründung und ihren Wandel.[21] Die Tang-Dynastie schuf insgesamt sechs Protektorate; im Jahre 640 wurden im Westen die beiden Protektorate Anxi für die Region südlich des Tianshan-Gebirges sowie für Zentralasien und das Protektorat Anbei im Norden für die Region der Wüste Gobi errichtet. Die Ursprünge eines für die Region der modernen Mandschurei und Koreas eingerichteten Protektorats Andong gehen auf das Jahr 649 zurück.[22] Wang Huaizhong erklärt am Beispiel des Protektorats Andong die tangzeitliche Institution der Protektoratsherrschaft. Der General von Andong verfügte über ein Schutzheer von 20.000 Soldaten. Das chinesische Protektorat erstreckte sich über den gesamten Süden der modernen Provinzen Liaoning und Jilin und erreichte sogar die koreanische Halbinsel. Als Amtssitz diente die Hauptstadt P'yŏngyang (chin. *Pingrang*) des koreanischen Königreiches Koguryŏ (chin. *Gaojuli*), das 668 von der Tang-Armee erobert worden war. Wang Huaizhong vergleicht die Protektoratsinstitution mit neuzeitlichen europäischen Kolonialbehörden:

> „Im geographischen Kapitel der Tang-Annalen wird zwischen dem Andong-Protektorat und den Kontrollbezirken der Tujue, Xi und Khitan ein Zusammenhang hergestellt. Daraus lässt sich das Wesen dieser Art von Präfekturen, Bezirken und Kreisen erkennen. Der Satz im Korea-Kapitel der Tang-Annalen „sie berieten sich mit den

[17] Zeng Wenwu (1936), S. 58–62.
[18] Schmidt-Glintzer (1997), S. 92–94.
[19] Zhou Yiliang (1935), S. 5 f.
[20] Gu Jiguang (1935).
[21] Kuang Pingzhang (1936).
[22] Kuang Pingzhang (1936), S. 10.

chinesischen Beamten und führten mit ihnen zusammen die Verwaltung durch" zeigt, dass es sich bei den Tang-Vertretern um Aufsichtsbeamte handelte. Sie hatten die Pflicht, an allen Orten zu wohnen – ähnlich wie sich die heutigen Europäer gegenüber den Kolonien verhalten. Allerdings war diese Art von chinesischen Beamten wahrscheinlich nur in wenigen wichtigen Städten stationiert und nicht systematisch auf alle Bezirke und Kreise verteilt."[23]

Für den Nordwesten hebt Zeng Wenwu das Bemühen der Tang-Dynastie hervor, die Region stärker an das chinesische Kernland zu binden. Diesem Ziel diente die Errichtung von Präfekturen, von denen es zwei verschiedene Typen gab. Die erste Form einer in die Lokalverwaltung integrierten Oberpräfektur (*fu*), die wiederum in eine große Zahl von Präfekturen (*zhou*) unterteilt wurde, erhielt einen hohen Grad der Selbstverwaltung durch die Lokalbevölkerung; die zweite Form bestand aus den von der Zentralregierung aufgestellten Militärgarnisonen (*junfu*) und erfüllte eine stärker verteidigungspolitisch ausgerichtete Kontrollfunktion. Zeng Wenwu charakterisiert die Beziehungen des Tang-Hofes zu den Stämmen und Reichen der Westgebiete als Verhältnis zwischen Suzerän (*zongzhuguo*) und Vasall (*shubang*).[24] Um die Lokalherrscher für sich zu gewinnen, ergriffen die Kaiser verschiedene Maßnahmen, die von der Vergabe von Ehrentiteln und Beamtenrängen bis zu Geschenken und Schutzzusagen reichten. Umgekehrt erwartete die chinesische Regierung Tribut, Truppenversorgung sowie militärischen Beistand.[25] Zu dem Anspruch auf Universalherrschaft gehörte aber auch, dass sich der Tang-Kaiser Taizong sowohl als Herrscher der Chinesen wie als Anführer (*qaghan*) der Nomadenvölker verstand.[26]

Das politische Verhältnis zwischen dem chinesischen Herrschaftszentrum und den peripheren Regionen wurde von den dort lebenden Völkern mitgestaltet. Waren diese besonders aktiv und stark, entstanden in den Randgebieten Chinas eigenständige Reiche. Ihre erfolgreiche Emanzipation von der chinesischen Macht beruhte nicht zuletzt auf der fortschreitenden Sinisierung (*hanhua*) ihrer Oberschicht und der Übernahme chinesischer Regierungsformen. Dies ist ein Gesichtspunkt, den die Historischen Geographen immer wieder unterstreichen. Yin Keming exemplifiziert ihn am Beispiel der Khitan, die im 10. Jahrhundert das Liao-Reich ins Leben riefen. In einem Beitrag zur Yugong-Zeitschrift zeichnet er die Entwicklung der Khitan vom Volksstamm (*buluo*) zum Staat (*guo*) und zur Dynastie nach.[27] Yin Keming beschreibt den Staatsbildungsprozess der Khitan seit seinen Anfängen im 4. Jahrhundert, als sie sich nordwestlich von Jehol niederließen und zunächst noch den Armeen des Wei-Reiches wenig entgegenzusetzen vermochten. Einige Stämme spalteten sich daraufhin als Westliche Khitan ab. Auch das 6. Jahrhundert kennzeichnet der Autor als Phase der Unterwerfung

---

[23]   Wang Huaizhong (1936), S. 31.
[24]   Zeng Wenwu (1938), S. 134.
[25]   Zeng Wenwu (1938), S. 127–35.
[26]   Vgl. Hartman (1986), S. 314–16.
[27]   Yin Keming (1936), S. 47–60.

unter stärkere Nachbarreiche, zunächst der Tujue und danach der Tang-Dynastie. Yin Keming sieht in der politischen Zersplitterung Chinas während der ersten Hälfte des 10. Jahrhunderts die Chance zum Durchbruch des Khitan-Volkes als expansiver Macht. Ihr Eroberungszug begann mit der Unterwerfung der eigenen abtrünnigen Landsleute, der westlichen Khitan. Schließlich gründeten sie um 925/27 den Staat Dongdan. Nun fielen auch die ersten sechzehn chinesische Bezirke an das erstarkende Khitan-Reich, dessen Herrscher sich als Liao-Dynastie bezeichneten. Die Ursprünge ihrer Sinisierung führt Yin Keming auf die chinesischen Flüchtlinge zurück, die seit der späten Tang-Zeit aus den chinesischen Krisenregionen in das Herrschaftsgebiet der Khitan flohen. Der Khitan-Herrscher Abaoji (872–926) ließ zur Einbürgerung der wachsenden chinesischen Bevölkerung „Han-Städte" errichten.

Mit der Sinisierung der Südmandschurei begann ihre Agrarisierung. In der Umgebung der Städte entstanden Felder, deren Erträge die Versorgung der Bevölkerung sichern sollten. Diese Maßnahmen gingen nicht zuletzt auf die chinesischen Berater Abaojis zurück, die Yin Keming als „Lehrmeister der Sinisierung des Khitan-Volkes" bezeichnet.[28] An Beispielen aus den verschiedensten Lebensbereichen veranschaulicht er die Sinisierung aller Schichten der Khitan-Gesellschaft. Selbst Mitglieder der einfachen Nomadenbevölkerung begannen nach chinesischem Vorbild mit dem Ackerbau. Die Repräsentanten des Liao-Herrscherhauses traten als eifrige Förderer chinesischer Kulturimporte hervor. Sie ließen sich in Philosophie, Literatur, Kunst, Recht, Religion und Wissenschaft Chinas unterweisen. Die Aristokratie machte sich mit der chinesischen Schrift und Sprache vertraut und kleidete sich im chinesischen Stil. Bei der Einführung einer Khitan-Schrift setzte sich die chinesische gegenüber der uigurischen Schrift durch.[29] Die zahlreichen Städtegründungen führt Yin Keming ebenso auf den Einfluss der chinesischen Berater am Khitan-Hof und ihre technische Hilfe zurück:

> „Es gab wohl mehr als 27 Städte, die von Han-Leuten allein errichtet wurden (siehe das Kapitel über die Geographie in der Liao-Geschichte). In Zusammenarbeit mit den Khitan gründeten die Han-Leute 11 Städte. Die chinesischen Städte waren teilweise von sehr großem Umfang. Ihre Architektur beinhaltete auch eine Stadtmauer mit Wachttürmen und vier Toren sowie an zentralen Punkten der Straßen einen Wacht- und einen Stadtturm. Es gab außerdem einen Konfuzius-Tempel, ein kaiserliches Erziehungsamt, ein buddhistisches Kloster, einen daoistischen Tempel, eine Ahnenhalle, südliche und nördliche Querstrassen und ein Stadtzentrum. Früh- und Abendmärkte wurden durchgeführt. Es gab eine Innen- und eine Außenstadt. Alles, was eine Architektur nach chinesischem Stil haben sollte, war vorhanden (nachlesbar in Herrn Yao Congwus Werk ‚Untersuchung der Han-Städte' und im Kapitel zur Geographie der Liao-Geschichte). Was die Bevölkerung der Städte betrifft, so handelte es sich bei den

---

[28] Yin Keming (1936), S. 50.
[29] Yin Keming (1936), S. 54. Zur Sinisierung der Khitan siehe auch Tao Jing-Shen (1983), S. 78.

meisten um Einwanderer aus den Gebieten nördlich des Gelben Flusses. Unter ihnen waren Seiden- und Baumwollweber, Eunuchen, Gelehrte der Hanlin-Akademie, Lehrer, Theaterleute, schreibgewandte und gebildete Leute, Mönche und Nonnen."[30]

Die Städtestruktur spiegelt die Orientierung der Administration des Liao-Staates am chinesischen Vorbild wider. Yin Keming stützte seine Darstellung hauptsächlich auf Biographien hanchinesischer Berater in den offiziellen Geschichtswerken über die damalige Zeit (*Liao shi, Zizhi tongjian, Jiu wudai shi, Xin wudai shi*).

Nicht nur China beeinflusste die Entwicklung des Liao-Staates, dessen zentralasiatischen Nachbarkulturen blieben ebenfalls nicht ohne Wirkung. Wang Riwei erläutert die Beziehungen des Khitan-Volkes zu den Uiguren, die als Händlervolk eine wichtige Mittlerrolle in Zentralasien spielten.[31] Als das Uiguren-Reich im Jahre 841 endgültig besiegt wurde, holte sich der Khitan-Herrscher Qushu uigurische Beamte an seinen Hof. Ihren Einfluss stellte Wang Riwei an der Veränderung von chinesischen Begriffen fest. Er führt als Beispiel die Bezeichnung des Herrschers an, der fortan nicht mehr „Großer Mensch" (*da ren*), sondern „Khan" (*kehan*) genannt wurde. Die Hauptstadt hieß nicht mehr *jingcheng*, sondern *woluduo*. Ein weiteres Merkmal war die Missionierung im Liao-Reich durch buddhistische Mönche der Uiguren.[32] Weitaus wichtiger ist allerdings, dass auf die Entsendung einer uigurischen Gesandtschaft an den Liao-Hof im Jahre 925 die Einführung einer am Uigurischen orientierten alphabethischen „kleinen Schrift" im Khitan-Reich folgte. Auf diese Weise verfügte die Liao-Dynastie über die Möglichkeit, eine duale Herrschaftsform zu praktizieren und ihren nördlichen Machtbereich vom chinesisch beeinflussten Süden verwaltungstechnisch zu trennen. Diesen Aspekt hat Feng Jiasheng zusammen mit K. A. Wittfogel in seiner umfassenden Liao-Geschichte herausgearbeitet. Er wendet sich allerdings von der Absorptions- und Sinisierungsthese seiner Yugong-Kollegen entschieden ab.[33]

Sowohl Yin Keming als auch Wang Riwei konzentrierten ihre Untersuchungen des Khitan-Reiches noch auf die Fremdeinflüsse. Die zahlreichen indigenen Besonderheiten der Khitan-Kultur bleiben unerwähnt. So gab es Militärlager, die bis zu 15.000 Haushalte umfassten und den Oberhäuptern der acht Khitan-Stämme in Friedenszeiten zur Rekrutierung von Leibwachen, im Krieg von Elitetruppen dienten. Auch die Tatsache, dass die Khitan-Herrscher in Fortführung ihrer nomadischen Traditionen ihre Residenzen saisonbedingt wechselten, erwähnen sie nicht. Anders als in der chinesischen Gesellschaft, verfügten die Frauen der Khitan über ein Mitspracherecht bei der Eheschließung und bei der Scheidung. Gleichzeitig wurde das – in vielen Nomadengesellschaften – übli-

---

[30]   Yin Keming (1936), S. 53 f.
[31]   Wang Riwei (1935c), S. 5–14.
[32]   Wang Riwei (1935c), S. 13.
[33]   Wittfogel / Feng (1949), S. 4–6; Twitchett / Tietze (1994), S. 67.

chen Phänomen der Raubehe praktiziert.[34] Im Gegensatz zu dem von den beiden Yugong-Autoren entworfenen Bild unwiderstehlicher Sinisierung erscheint das Khitan-Reich in der modernen Forschung eher als eine Mischform von chinesischer, zentralasiatischer und ethnisch eigenständiger Khitan-Kultur.[35] Ein von den Historischen Geographen nicht berücksichtigter Aspekt ist auch, dass es in der Phase der Eroberdynastien des 10. bis 14. Jahrhundert nicht mehr um die Integration und Verschmelzung vielfältiger kultureller und ethnischer Traditionen ging, sondern ihre Herrscher ein Vielvölkerreich regierten, in dem die militärische und politische Macht von einer ethnischen „Minderheit" über eine chinesische Bevölkerungsmehrheit ausgeübt wurde.[36]

Die Völker an der Peripherie Chinas verfolgten durchaus eine eigene Politik und unterwarfen sich keineswegs willig und begeistert den Herrschern auf dem Drachenthron. Ein weiteres Beispiel dafür ist Korea, das im Gegensatz zum Khitan-Reich nicht im chinesischen Vielvölkerreich aufging, sondern langfristig seine kulturelle und politische Eigenständigkeit behaupten konnte und sich, wie oft bemerkt worden ist, zum Musterfall eines Tributstaates entwickelte. Li Yonglin nennt in seiner Studie über die Beziehungen Koreas zur aufstrebenden Mongolenmacht während der ersten Hälfte des 13. Jahrhunderts vier Gründe für die Schwierigkeiten der Mongolen bei der Unterwerfung des damaligen koreanischen Reiches Gaoli (koreanisch *Korguryŏ*), gegen das sie drei Jahrzehnte lang Krieg führten: Erstens handelten die Mongolen nach der militärischen Strategie, „den fernen Gegner anzugreifen und sich mit den nahen anzufreunden". Dies bedeutete, dass sie ihre Militärkraft nicht auf den kleinen und ungefährlichen koreanischen Nachbarn konzentrierten, sondern auf die muslimischen Völker im Westen sowie auf die Jin- und Song-Dynastie im Süden der Mongolei. Vom Norden, dessen ausgedehnte Wildnis einen natürlichen Schutzwall darstellte, und vom Osten, wo Japan durch das Meer auf Distanz gehalten wurde, hätten sie keine Gefahr erwartet. Korea sei also in der mongolischen Gesamtstrategie nur ein Nebenkriegsschauplatz gewesen. Zweitens habe Gaoli von seiner geopolitischen Lage profitiert: Es war an drei Seiten von Wasser umgeben; die Mongolen, die das Wasser fürchteten (nur mit koreanischer Hilfe vermochten sie 1274 und 1281 ihre Versuche der Invasion Japans zu wagen), konnten als Landstreitmacht nur von einer Seite eindringen. Die Koreaner hätten diese für sie günstige strategische Situation geschickt ausgenutzt. Drittens habe den Mongolen, als Korea nach einer Phase indirekter Abhängigkeit 1269–70 dann doch unter mongolische Kon-

---

[34] Twitchett / Tietze (1994), S. 67, 77 f.

[35] Vgl. Twitchett / Tietze (1994), die etwa darauf hinweisen, dass die formale Kopie der Tang-Regierungsstruktur keine Rückschlüsse auf die politische Praxis erlaubt: „Powerful personalities and brute force still far overshadowed institutional niceties in the Khitan world." (S. 80)

[36] Schmidt-Glintzer (1997), S. 154.

trolle (ab 1271 die der Yuan-Dynastie) geriet,[37] bei dessen Verwaltung ein klares Konzept gefehlt. Ihre Politik habe ständig gewechselt. Zudem hätten sie den Fehler begangen, Korea durch Koreaner verwalten zu lassen und nur die Oberaufsicht zu führen, so dass sich eine „dritte politische Kraft" bilden konnte, die sich gegen eine Kooperation mit den Mongolen auflehnte. Viertens hätte die Bevölkerung von Gaoli, die im Laufe der Geschichte häufig Unterjochung durch mächtigere Nachbarvölker erlitten habe, ein starke patriotische Gesinnung an den Tag gelegt.[38]

Li Yonglin zeigt in seiner Untersuchung deutlich die taktischen Fehler der Mongolen im Umgang mit dem Gaoli-Reich sowie den Erfolg der Koreaner, angesichts der Auseinandersetzungen der Mongolen mit mächtigen Gegnern in anderen Teilen Ost- und Zentralasiens zu einer Lösung ohne maximalen militärischen Einsatz zu gelangen. Da die Mongolen keine systematische und direkte Herrschaft – die Li sich offenbar nur als milde und gerechte kaiserliche Fürsorge vorstellen kann – errichteten, sondern die Verwaltung zwielichtigen einheimischen Kollaborateuren überließen,[39] sei der Selbständigkeitswille der unterdrückten koreanischen Bevölkerung niemals erloschen. Li Yonglin hält sein Gesamturteil über das Verhältnis zweier nicht-chinesischer Völker, die er gewissermaßen „von außen" betrachtet, in der Schwebe. Einerseits zeichnet er von den Koreanern ein negatives Bild: Sie seien heuchlerisch und wechselten zwischen einer aggressiven Politik gegenüber den Mongolen und Versuchen, sich beim mächtigen Nachbarn einzuschmeicheln. Die „aufrichtigen" Mongolen hingegen seien ihnen mit „Nachsicht" begegnet und hätten nicht gemerkt, wie sie von den Koreanern an der Nase herum geführt worden seien. Andererseits sympathisiert Li durchaus mit dem koreanischen „Volksbefreiungskrieg", wie er bis 1269 geführt wurde, als einer „notwendigen Maßnahme zur Bewahrung territorialer Integrität, Souveränität und Selbständigkeit".[40]

Der chinesische Historiker suggeriert eine Lehre aus der koreanischen Erfahrung der Yuan-Dynastie, die bestätigen soll, was in der Republikzeit immer wieder den Qing vorgeworfen wird: Mongolen wie Mandschu hätten sich zu stark auf Völkertrennung und „indirect rule" verlassen und so auf eine dauerhafte politische Integration nicht-chinesischer Nebenländer verzichtet. Die Chance, Korea

---

[37] Li Yonglin beschreibt diesen Prozess – weniger harmonisch als ein Teil der späteren sinozentrischen Literatur – als Unterwerfung. Aber auch Rossabi spricht heute von „subjugation" (1994, S. 437). Von den Brutalitäten der mongolischen Eroberungszüge und der Tatsache, dass der mongolische Erfolg erst durch die Entmachtung der koreanischen Kriegspartei durch friedenswillige Zivilbeamte möglich wurde, liest man aber erst bei einem koreanischen Historiker: Li Kee-baik (1984), S. 149–51.

[38] Li Yonglin (1937), S. 51 f.

[39] Zu diesen Kollaborateuren zählte auch die koreanische Monarchie. Als Folge systematischer Heiratspolitik war der koreanische König weniger ein unabhängiger Herrscher als „a son-in-law of the Yüan imperial house": Lee Ki-baik (1984, S. 156)

[40] Li Yonglin (1937), S. 55.

in einen permanenten Bestandteil des Reiches zu verwandeln, sei vertan worden. Einen weiteren unausgesprochenen Subtext des Aufsatzes aus dem Jahre 1937 muss man sich hinzudenken: Die Japaner hatten nach 1910 eine sehr direkte Herrschaft über Korea eingeführt und daher den Kardinalfehler der Mongolen vermieden; sie taten alles, um eine Abhängigkeit von einheimischen Kollaborateuren zu vermeiden. Am koreanischen Patriotismus konnte allerdings kein Zweifel bestehen; er machte die Fremdherrschaft letzten Endes illegitim. Was aus machtpragmatischen Gründen lobenswert gewesen wäre, war nun deswegen inakzeptabel, weil eine richtige Politik gegenüber Korea von den falschen Leuten gemacht worden war.

Zu einem positiveren Urteil über die Politik der Mongolen an den Rändern ihres expandierenden Reiches kommt Zeng Wenwu in Bezug auf die Westgebiete. Die Yuan-Regierung übertrug die Regionalverwaltung drei Befriedungskommissionen (*xuanwei si*), die für die Steuererhebung, für die Betreuung der Poststationen als Verbindungslinien zu den anderen Reichsteilen und für die Einrichtung von Wechselstuben für den Handel zuständig waren. Außerdem förderten die Mongolen eine agrarische Kolonisierung und das lokale Handwerk.[41] Obwohl Zeng Wenwu die Mongolen zu den „kulturell kindlichen" Völkern zählt, bescheinigt er ihnen doch eine erfolgreiche Herrschaftspolitik in den Westgebieten.[42] Umgekehrt wurden die muslimischen Völker aus den Westgebieten an der mongolischen Eroberung des chinesischen Kernlandes beteiligt. Die Mongolenherrschaft brachte ihnen eine immense Verbesserung ihrer Stellung gegenüber den Hanchinesen. Im Yuan-Reich wurden die Muslime sogar sozial den Chinesen übergeordnet. Sie nahmen an der militärischen Kontrolle und der politischen Verwaltung des chinesischen Reichsgebietes teil.[43] In seiner Analyse beschreitet Zeng Wenwu allerdings einen anderen Weg als Chen Yuan, der 1923 die überwältigende Wirkung der Sinisierung auf die Muslime hervorgehoben hatte:

> „Beginning with the Yüan, the doors were thrown open, and tens of thousands of square miles of territory on our northwest were added to the domain. Se-mu people also lived in Chinese territory without restriction. As the culture of our land was open to all, and as the people from the western regions admired it, they took it unconsciously."[44]

---

[41] Zeng Wenwu (1938), S. 229–31.
[42] Zeng Wenwu (1938), S. 231–34.
[43] Zeng Wenwu (1938), S. 234–46. Zeng geht allerdings nicht auf Khubilai Khans Wende zu einer anti-muslimischen Politik nach 1280 ein. Vgl. dazu Rossabi (1994), S. 481. Thomas T. Allsen hat die zunächst herausragende Stellung vor allem der uigurischen Muslime mit ihrer frühen Integration ins Mongolenreich begründet. Vgl. Allsen (1983), S. 245. Igor de Rachewiltz unterscheidet drei Phasen im Verhältnis zwischen den muslimischen Turkvölkern und den Mongolen, in denen ihre Bedeutung im Yuan-Reich von unterschiedlicher Ausprägung war. Vgl. de Rachewiltz (1983), S. 282–92.
[44] Ch'en Yüan (1966), S. 287.

Zeng Wenwu hingegen rechnet die Politik der Yuan-Dynastie gegenüber den Westgebieten nicht zur Geschichte der chinesischen Grenzpolitik in diesen Regionen, sondern gibt ihr eine eigenständige Stellung. Er begründet diesen von der Tradition der chinesischen Yuan-Geschichtsschreibung wegführenden Perspektivenwechsel damit, dass die Machtbasis der mongolischen Herrscher nicht mehr das chinesische Kernland, sondern die Mongolei gewesen sei.[45] Dadurch enthält der genuin mongolische Bedeutungsgehalt der Geschichte der Yuan-Dynastie ein eigenes Gewicht. Zeng hält interpretatorisch die Mitte zwischen einer Überbewertung der sinisierenden Assimilation der Mongolen auf der einen, ihrer Stereotypisierung als minderwertige Barbaren auf der anderen Seite. Die heutige Forschung betont gleichfalls den eigenständigen Charakter der Mongolenherrschaft, die noch vor ihrer Machtübernahme im Kernland eine vom chinesischen System unabhängige Staatlichkeit entwickelt hatte und daher ihre Legitimation auch von außerhalb erhielt.[46]

Die Ming-Dynastie zählt nicht zu den Geschichtsepochen, die bei den republikzeitlichen Historischen Geographen auf besondere Begeisterung stießen. Sie galt und gilt, von einem territorialen Gesichtspunkt aus betrachtet, als eine Periode, in der eine defensive Grenzpolitik dominierte und China seine Kontrolle über weite periphere Räume verlor. Die Studien zur Ming-Geschichte konzentrierten sich folglich vor allem auf jenen Bereich, in dem die Dynastie zunächst Erfolge vorweisen konnte: die Integration des südlichen Teils der Mandschurei in das gesamtstaatliche Verteidigungssystem. Mehrere Aufsätze in der Yugong-Zeitschrift sind diesem Thema gewidmet. So beschreibt Pan Chengbin etwa die Errichtung von Schutzwällen in Liaodong zur Abwehr der Mongolen und Jurchen.[47] Die Ming-Dynastie verfügte auch über ein umfangreiches Garnisonssystem, dessen Aufbau in Liaodong von Zhang Weihua dargestellt wurde. In seiner textkritischen Studie trug er Nachrichten über die Gründungsjahre der einzelnen Wehrbezirke zusammen und zeichnete ein Bild von den beiden Führungsposten, dem Oberkommandierenden und dem Regionalkommandeur.

Kritisiert wurde Zhang Weihuas Darstellung von Li Jinhua, der ihm eine unkritische Quellenverwendung vorwarf. Seine Aussagen sollten sich ehrlicherweise auf Vermutungen beschränken, da er keine direkten Angaben über das Wehrdistriktsystem verwendet habe. Li Jinhua seinerseits stützte sich vor allem auf die „Wahren Aufzeichnungen der Ming" (*Ming shilu*). Diese über Details ausgefochtene Kontroverse aus dem Jahre 1934 ist ein typisches Beispiel für die Anfangsphase der Yugong-Forschung, als man sich auf die Suche nach dem rechten Mittelweg zwischen gelehrter Gründlichkeit und politischem Engagement begab.

Eine Schwäche beider Autoren ist es, dass in ihren Artikeln die Zeit des Niedergangs der mingkaiserlichen Grenzverwaltung unberücksichtigt blieb. Bereits

---

[45]   Zeng Wenwu (1938), S. 206.
[46]   Schmidt-Glintzer (1997), S. 173.
[47]   Vgl. Pan Chengbin (1936).

in der zweiten Hälfte des 15. Jahrhunderts setzte der Zerfall des mingkaiserlichen Kontrollsystems der Wehrdistrikte ein.[48] Die mingzeitliche Art des chinesischen Grenzmanagements an der mandschurischen Peripherie hatte die Formierung einer neuen politischen Macht nicht verhindern können. Diese wichtige Tatsache blieb in den Arbeiten der Yugong-Gelehrten unberücksichtigt. Überhaupt ist bemerkenswert, dass ein generelles Desinteresse an der Ming-Periode die Historischen Geographen daran hinderte, Lehren aus der Geschichte einer eher defensiven, aber dabei ökonomisch und kulturell keineswegs glanzlosen Epoche zu ziehen.

Viel näher lag unseren Autoren die Qing-Zeit, die in ihrem ersten Jahrhundert die maximale Entfaltung des chinesischen Großstaates, in ihrem zweiten seinen Niedergang sah. Grundsätzlich fiel die Bewertung der Qing-Politik bei den Historischen Geographen negativ aus, obwohl sie das von den mandschurischen Herrschern so erfolgreich erweiterte Staatsgebiet als räumliche Form des projektierten modernen Nationalstaates betrachteten. Reichsexpansion und Grenzpolitik der Qing-Dynastie wurden teils als wenig originelle Fortsetzung imperialer Traditionen seit spätestens der Tang-Zeit abgetan,[49] teils im Detail der Durchführung der Kritik unterzogen. Als einen besonders gravierenden Fehler der Qing-Regierung bewerteten es die Historischen Geographen, die mandschurische Heimatregion der Dynastie gegenüber dem chinesischen Kernland isoliert zu haben. Als schwerwiegende Folgen dieser Abschottung der weiträumigen, ressourcenreichen Peripherie im Nordosten gegen eine agrarische Erschließung durch hanchinesische Kolonisten führte Zhou Xin an, dass es dort Jahrhunderte lang keinen Fortschritt gegeben hätte und die Region in der Gegenwart nun Opfer des russisch-japanischen Imperialismus geworden sei.[50]

Zu Beginn der Qing-Dynastie setzte sich die Mandschurei aus Shengjing (Shenyang, Mukden) Ningguta (Jilin) und Heilongjiang zusammen. Ihre Kontrolle wurde Militärgouverneuren unterstellt, die 1662 für Shengjing und Ningguta sowie zwei Jahre später für Heilongjiang eingerichtet wurden.[51] Noch standen diese Gebiete chinesischen Siedlern offen. Erst der Kangxi-Kaiser verhängte 1668 ein Einwanderungsverbot.[52] Eine Sinisierung – abermals interessieren sich die Yugong-Autoren dafür besonders – der einheimischen Bevölkerung erfolgte durch hanchinesische Bannerleute,[53] Händler und illegale Einwanderer aus den nordchinesischen Provinzen. Xi Qing, der um 1810 als Lehrer in Qiqihar tätig war, schildert in seinen von Hou Renzhi in der Yugong-Zeitschrift kommentierten

[48] Twitchett / Grimm (1988), S. 320.
[49] So etwa Zeng Wenwu (1938), S. 282, mit Bezug auf die Westgebiete.
[50] Zhou Xin (1935), S. 10.
[51] Vgl. Zhao Quancheng (1936b), S. 93–103.
[52] Cao Shuji (1997), S. 474 f., 477–84.
[53] Die auf das Jahr 1637 zurückgehenden hanchinesischen Banner besaßen aus der Sicht der Dynastie in besonderem Maße „the potential for acculturation and softening of Manchu soldiers". So Elliott (2001), S. 131.

Aufzeichnungen „Notizen von draußen in Heilongjiang'"(*Heilongjiang waiji*) den wachsenden chinesischen Einfluss in den Eßgewohnheiten, Feierlichkeiten und im Häuserbau.[54] In den Städten der nördlichen Provinz Heilongjiang entwikkelte sich eine Vielfalt religiösen Lebens. Es gab konfuzianische, buddhistische und daoistische Tempel. Im Jahre 1696 wurde die erste Beamtenschule gegründet. Ein Jahrhundert später folgten private Schulen.[55] Trotz ihrer Erfolge im kulturellen Bereich scheiterte die Qing-Politik in einem wichtigen Entwicklungsfeld: bei der bereits unter dem Qianlong-Kaiser geplanten und dann unter den beiden Kaisern Daoguang (reg. 1821–1851) und Guangxu (reg. 1875–1909) in Angriff genommenen agrarischen Erschließung der Region mit Hilfe mandschurischer Bannerleute. Liu Xuanmin meint, die Qing-Regierung habe ein richtiges Ziel mit den falschen Leuten zu realisieren versucht. Ihr Anliegen war es gewesen, der wachsenden Verarmung der in der chinesischen Hauptstadt und ihrer Umgebung stationierten mandschurischen Bannerangehörigen dadurch zu begegnen, dass sie einen Teil von ihnen in den Gebieten der heutigen Provinzen Jilin und Heilongjiang ansiedelte. Das Problem war, dass sich Mandschu, die sich im Qing-Staat als herrschende Klasse fühlten, für ein Landwirtschaftsprojekt nicht gewinnen ließen: „Die Mandschu waren nicht gewöhnt, Felder zu bestellen. Sie waren nicht mit dem Schmerz von Schwielen an Händen und Füßen vertraut. Und so verpachteten oder verkauften sie einfach unerlaubt das ihnen zugeteilte Bannerland."[56]

Erst als in der Guangxu-Regierungsperiode das Umsiedlungsprojekt für Bannerleute als gescheitert aufgegeben wurde,[57] ging die Qing-Regierung dazu über, eine hanchinesische Kolonisierung des Nordostens endlich doch zuzulassen. 1905 erfolgte der entscheidende Schritt: die uneingeschränkte Erlaubnis, auch in der Mandschurei Eigentum von Bannerleuten in die Hände chinesischer Zivilisten übergehen zu lassen.[58] Die Furcht der Qing vor einer hanchinesischen Besiedlung ihrer Heimat erklärt Gong Weihang mit dem kulturellen Gegensatz zwischen beiden Völkern. Er beschreibt die Mandschu als ein „neu aufstrebendes, starkes, kriegerisches Volk von „einfachem Geiste". In ihrer Arroganz hätten sie die chinesische Kultur als feige und schwächlich betrachtet und als Vorbild abgelehnt. Um nicht unter diesen negativen Einfluß der Chinesen zu geraten, hätten sie ihre Heimat abgeriegelt und Heiraten zwischen Chinesen und Mandschu verboten.[59] Gong Weihang zog daraus den Schluss, dass „das Vorhandensein einer solchen argwöhnischen, misstrauischen Gesinnung tatsächlich die Ursache für ihre Absperrungsstrategie im Nordostens ist."[60]

---

[54] Hou Renzhi (1936b).
[55] Hou Renzhi (1936b), S. 181.
[56] Liu Xuanmin (1936a), S. 82.
[57] Liu Xuanmin (1936a), S. 89.
[58] Vgl. Rhoads (2000), S. 77.
[59] Gong Weihang (1936), S. 105. Der Autor benutzt den Ausdruck *hanhua*.
[60] Gong Weihang (1936), S. 105.

Abermals wird hier die Weigerung zur Selbst-Sinisierung als Vorwurf an nicht-chinesische Eroberer gerichtet. Dies reflektiert auf der einen Seite eine gewisse Arroganz der Wertmaßstäbe. Auf der anderen Seite ist es aber bemerkenswert, dass Gong und andere Autoren seines Kreises nicht länger auf die angeblich automatische, sich aus einem natürlichen Kulturgefälle ergebende Assimilationskraft der chinesischen Zivilisation (*lai hua*) vertrauen. Auch kommen sie empirisch zu ähnlichen Einschätzungen wie die neueste Forschung, die eine beharrlich gepflegte eigene Identität der Mandschu wiederentdeckt hat, nachdem die ethnische Besonderheit des letzten Kaiserhauses zumindest in der westlichen Historiographie lange Zeit kaum eine Rolle gespielt hatte.[61]

Im weiteren Verlauf seiner Studie zeigt Gong Weihang, dass es der Qing-Regierung nicht gelang, ihre Abschirmungspolitik langfristig durchzuhalten.[62] Phasen einer Duldung der Zuwanderer wechselten mit Perioden strikter Verbotspolitik. Schon Shunzhi, der erste in China regierende Kaiser der Qing-Dynastie, habe Einwanderer zugelassen. Zwar sei sein Nachfolger Kangxi dann um 1668 zu einer Blockadepolitik übergegangen; die ersten militärischen Zusammenstöße mit den Russen im Amurgebiet hätten ihn jedoch zu der Einsicht gebracht, dass sich die Mandschurei gegenüber den russischen Eindringlingen nur durch eine stärkere chinesische Präsenz halten lasse. Bereits Kangxi duldete daher stillschweigend eine gewisse Zahl chinesischer Siedler. Im Verlauf des 18. Jahrhunderts trug die zunehmende Bevölkerungsdichte im chinesischen Kernland zu einer Lockerung der Einwanderungsverbote an den Peripherien des Qing-Reiches bei. 1861 wurden die ersten chinesischen Siedler in den entfernteren Regionen des Nordostens, in Jilin und Heilongjiang, sowie in den kaiserlichen Jagdgebieten zugelassen. Auch die Verwüstungen durch die Aufstandsbewegungen im Kernland hätten die Qing-Regierung zu diesem Schritt bewogen. Schließlich wurde im Jahre 1879 eine staatliche Einwanderungspolitik festgelegt. In Jilin wurde zur Beaufsichtigung der chinesischen Agrarprojekte eine Kultivierungsbehörde (*kenwu ju*) eingerichtet. Zwei Jahre später gab es festgelegte Bodenpreise. Die chinesischen Siedler erhielten für fünf Jahre Steuerfreiheit und pachteten zunächst Land, hatten aber später die Möglichkeit zum Kauf des von ihnen erschlossenen Landes. Für die Landerschließung im äußersten Norden der Mandschurei gewährte die Qing-Regierung sogar Finanzhilfen.[63] Gong Weihong beschreibt in seiner innovativen Studie, wie sich die chinesischen Siedler in ihrer neuen Heimat einrichteten:

„Zu Beginn kamen die Leute von Shandong aus über die Grenze. Die Angehörigen eines Klans schlossen sich zusammen und errichteten Hütten als Behausungen und als Stützpunkte, von denen aus sie in der Umgebung Ödland durch Feuer rodeten. Im er-

---

[61] Vgl. Rawski (1998), S. 59 ff. – noch stärker sozial- als ethnohistorisch; Crossley (1997), S. 4 f.; Crossley (1999), S. 11 f.; Rhoads (2000); Elliott (2001), S. 16 ff.
[62] Die moderne chinesische Forschung bestätigt dies. Vgl. Cao Shuyi (1997), S. 496–502.
[63] Gong Weihang (1936), S. 107.

sten Jahr bauten sie Buchweizen an. Im zweiten Jahr stellten sie eine Reihenfolge auf, nach der zunächst Gaoliang und dann Reis gepflanzt wurde. Die Sippschaften wohnten beisammen und hielten in Sprache und Gewohnheiten an ihren Traditionen fest. Diejenigen, die aus ihrer Provinz nachwanderten, folgten ihrem Beispiel. Auf diese Weise begannen die Han-Leute, das Familiensystem des chinesischen Kernlands auf den Nordosten zu übertragen. So sah die früheste Gesellschaftsform aus, die sich aus der chinesischen Erschließung des Nordostens ergab."[64]

Gong Weihang verurteilt, wie andere Historiker neben ihm, die wiederholten Einwanderungsverbote der Qing-Kaiser. Sie hätten den wirtschaftlich-sozialen Bedürfnissen in der Mandschurei geschadet und das Eindringen des russischen und japanischen Kolonialismus erleichtert. Der Verlust des Nordostens an Japan stelle auch einen Verrat an der erfolgreichen Erschließung durch die chinesischen Siedler der späten Qing-Zeit dar.[65] Der Autor liefert mit seinem Beitrag bessere historische Argumente für die Zugehörigkeit des Nordostens zu China, als zum Beispiel Fu Sinian sie 1932 aus der alten Geschichte abzuleiten vermochte. Die chinesische Durchdringung der mandschurischen Peripherie erscheint als zwangsläufige Entwicklung, die sich selbst von kaiserlichen Widerständen nicht aufhalten ließ, mit anderen Worten: als ein Beispiel für die historische Subjekthaftigkeit des einfachen Volkes.

Republikzeitliche Gelehrte aus Studienkreisen unterschiedlicher Couleur waren sich in der Bewertung der qingkaiserlichen Politik einig. Fang Baohan schrieb über das Thema für die Zeitschrift *Xin Yaxiya*. Er bemängelt in einem Artikel über die Verwaltung der Grenzgebiete die Widersprüchlichkeit der qingkaiserlichen Maßnahmen. Einerseits habe die Regierung die unterschiedlichen traditionellen Gesellschaftsformen der Völker an der Peripherie bestehen lassen und dort mit äußerst komplizierten Lokalverwaltungen operieren müssen, andererseits habe es offiziell geheißen, man müsse die peripheren Administrationen an die Verwaltung im chinesischen Kernland angleichen.[66] Fang Baohan bezeichnet die innerasiatischen Randgebiete als „Barbarenbereiche", die nur nominell der Qing-Dynastie unterstanden, tatsächlich aber selbständig von ihren lokalen Notabeln verwaltet wurden.[67]

Hua Qiyun, der in der gleichen Zeitschrift einen Artikel über die territorialen Verluste an der Peripherie veröffentlichte, stieß auf weitere Schwächen der Qing-Politik. So wurden unter der mandschurischen Dynastie erstmals in der chinesischen Geschichte Verträge mit Nachbarstaaten über einen gemeinsamen Grenzverlauf geschlossen. Zur Überwachung einiger dieser Grenzen wurde ein System von Wachtürmen (*kalun*) eingerichtet. Dessen Realisierung barg jedoch schwerwiegende Fehler, auf die Hua Qiyun in seiner Beschreibung der drei verschiedenen Arten von Wachtürmen, die im 18. Jahrhundert entstanden, hinweist.

---

[64] Gong Weihang (1936), S. 109.
[65] Gong Weihang (1936), S. 110.
[66] Fang Baohan (1934), S. 18.
[67] Fang Baohan (1934), S. 20 f.

Feste Wachtürme habe es nur im Landesinneren oder in der Nähe von Grenzstädten gegeben. Entlang der internationalen Grenzen existierte nur ein flexibles Wachtturmsystem mit temporären und jahreszeitlich wechselnden Standorten. Für die Grenzverhandlungen mit den Kolonialmächten im 19. Jahrhundert sei dies von großem Nachteil gewesen, da in den Verträgen nur die festen Wachtürme anerkannt wurden und China dadurch manche seiner Gebietsansprüche nicht durchsetzen konnte.[68] In den Verträgen der zweiten Hälfte des 19. Jahrhunderts einigte man sich schließlich auf die Errichtung von Schildern und Wachposten und löste die Wachtürme auf.[69]

Gu Jiegang selbst beschäftigte sich erst 1947 mit grundsätzlichen Fragen der traditionellen chinesischen Politik gegenüber den peripheren Gebieten und versuchte in für ihn charakteristischer Weise eine systematisierende Durchdringung des Problems. Er stieß in der chinesischen Geschichte auf zwei Typen von grenzpolitischen Verhaltensweisen: Entweder hätten die Kaiser den Dingen ihren freien Lauf gelassen und ein Wohlverhalten der Nachbarvölker auf die eigene Tugendhaftigkeit zurückgeführt; bei Schwierigkeiten hätten sie dann klein beigegeben. Oder man sei davon ausgegangen, dass die Unterschiede zwischen dem chinesischen Kernland und der Peripherie ausschließlich kultureller Art seien, so dass sich die Völker der Randzonen mit zunehmendem Kontakt zum chinesischen Kulturzentrum diesem zwangsläufig assimilieren würden. Dies hatte auch Konsequenzen für die Interpretation der Entstehung des chinesischen Volkes. Gu Jiegang kam zu dem Ergebnis, dass die Chinesen ursprünglich aus ethnischer Vermischung entstanden seien. Den Begriff „Han" für die Chinesen allgemein reduzierte er auf eine historisch-geographische Beschreibung und erteilte damit jeder rassisch-exklusiven Definition eine deutliche Absage: „Die wahre Bedeutung der Han-Leute liegt darin, dass es sich um diejenigen Leute handelte, die auf dem Territorium des Han-Reiches lebten. Es ist nur eine geographische Bezeichnung, die in keinerlei Beziehung zur Blutsverwandtschaft steht."[70] Gu Jiegang stellt die Han-Dynastie als Höhepunkt der Assimilierung (*tonghua*) heraus, die auf der Grundlage einer weiträumigen territorialen Expansion erfolgte. Zwar gab es auch danach noch eine Phase, in der ethnische Staaten (*minzu guojia*) eine erhebliche Rolle spielten. Im Zuge des erneuten Aufbaus eines großen chinesischen Imperialreiches unter den Dynastien Sui und Tang hätten sich dann jedoch die „typischen Hanchinesen" endgültig etabliert. Die traditionelle Politik des „freien Laufes", die immer wieder zur Kontraktion des Staatsgebietes geführt habe, beurteilt Gu Jiegang ebenso kritisch wie eine Politik ethnischer Segregation. Nur die „natürliche Vermischungsmethode" – unabhängig von blutsver-

---

[68] Hua Qiyun (1931a), S. 42.
[69] Hua Qiyun (1931a), S. 43.
[70] Gu Jiegang (1947a), S. 2.

wandtschaftlichen Bindungen – habe die Existenz Chinas langfristig garantiert und sogar seine territoriale Expansion ermöglicht.[71]

Die zweite Art traditioneller Grenzpolitik kennzeichnet Gu Jiegang als ein planmäßiges, systematisches Vorgehen in Gestalt einer „Herrschaft durch Teilung" (*fenhua tongzhi*), wie sie am erfolgreichsten von der Qing-Dynastie angewandt worden sei. Gu erkannte die reichsbildende Leistung der Qing grundsätzlich an und richtete seine Kritik auf einige negative Auswirkungen. Denn diese Strategie beinhaltete auch eine Unterdrückung regionaler Oberschichten. So hätte die Qing-Regierung sich die geistige Elite im chinesischen Kernland durch den Zwang zur Mitarbeit bei der Zusammenstellung von staatstreuen Enzyklopädien unterworfen. Den Mongolen und Tibetern gegenüber sei eine „Politik der Verdummung und der Verbote" betrieben worden, indem der kaiserlich geförderte Lamaismus die Gedankenwelt der einheimischen geistigen Elite usurpiert und das hypertrophe Klosterwesen die Lokalbevölkerung ihrer Manneskraft beraubt habe. Gu Jiegang geht sogar so weit zu behaupten, dass eine Fortsetzung der Qing-Herrschaft den ethnischen Untergang der beiden Völker bedeutet hätte. Die mandschurischen Kaiser hätten mit ihrer Trennungspolitik nicht nur den Kontakt zwischen Hanchinesen und den innerasiatischen Völkern verhindert, sondern in Bezug auf die muslimischen Völker eine regelrechte Vernichtungsstrategie (*cansha zhengce*) verfolgt. Dass der Kaiserhof deren Ausführung seinen hanchinesischen Generälen überließ, betrachtet Gu Jiegang als Ursache für die ansonsten überflüssigen Spannungen zwischen Hanchinesen und Muslimen. Insgesamt gelangt auch er zu einem sehr negativen Urteil über den Umgang der Qing-Dynastie mit den Randgebieten ihres Imperiums und macht sie letztlich für den Hass innerhalb des modernen Nationalstaates verantwortlich. Die Qing-Dynastie habe langfristig China ebenso nach außen hin geschwächt und es gegenüber den Angriffen der Imperialmächte wehrlos gemacht.[72]

Als ein weiterer Faktor, der dem chinesischen Staat in seiner jüngsten Geschichte geschadet habe, nennt Gu Jiegang die westliche Mission. Wenige Jahre, bevor die neue kommunistische Regierung der missionarischen Präsenz mit ähnlichen Begründungen ein gründliches Ende bereitete, wirft er den in China lebenden Missionaren vor, als Geheimagenten der Imperialmächte die peripheren Gebiete von innen her vom chinesischen Kernland lösen zu wollen. Vielen Missionaren sei es gelungen, die Lokalbevölkerung an sich zu binden und deren Loyalität gegenüber der eigenen Zentralregierung zu schwächen.[73]

Auf der Grundlage dieser historischen Analyse entwickelt Gu Jiegang am Ende seiner Überlegungen ein Zehn-Punkte-Programm für eine zukünftige Grenzpolitik, deren vorrangiges Ziel es sein solle, das Verhältnis zwischen der innerasiatischen Peripherie und dem chinesischen Kernland zu verbessern: 1. Aus-

---

[71] Gu Jiegang (1947a), S. 2.
[72] Gu Jiegang (1947a), S. 3.
[73] Gu Jiegang (1947a), S. 3.

bildung von wissenschaftlichem Nachwuchs, um die Unkenntnis über die Grenzgebiete abzubauen, 2. Entwicklung des Verkehrswesens, 3. Förderung von Industrie und Handel, 4. Bekämpfung von Krankheiten, 5. Ausbau des Erziehungswesens, 6. Praktizierung eines fairen Austausches, 7. Säuberung von ausländischen Missionaren, 8. Kulturaustausch zwischen Kernland und Grenze, 9. Heiratsbeziehungen, 10. Entsendung von Jugendlichen in die Grenzgebiete.[74]

Gu Jiegang machte dafür, dass sich China endlich zu einem geeinten Nationalstaat entwickeln solle, die Hanchinesen und die Völker der Peripherie gleichermaßen verantwortlich. Von den Hanchinesen forderte er in ihren wissenschaftlichen Aktivitäten ein stärkeres Interesse an den Grenzregionen der Nation. Die chinesischen Kaufleute und Beamte sollten sich gegenüber den Grenzvölkern ehrlich und respektvoll verhalten, und die Jugend aus dem Kernland müsse dazu bereit sein, Aufgaben in den Grenzgebieten zu übernehmen sowie familiäre Bindungen mit der Lokalbevölkerung einzugehen. Umgekehrt forderte er von der einheimischen Bevölkerung in den Randzonen die Bereitschaft, sich den chinesischen Einflüssen in allen Lebensbereichen zu öffnen. Gu Jiegang band damit eine bessere Integration der peripheren Gesellschaften in den Gesamtstaat an ihre Sinisierung.

2. Die Republikzeit: Randzonen unter Druck

Die Analysen, die die Historischen Geographen der aktuellen grenzpolitischen Lage widmeten, konzentrierten sich auf drei Aspekte: die durch den Imperialismus erlittenen Gebietsverluste, die Beteiligung der Peripherie an der Landesverteidigung und die administrative Eingliederung der Randzonen in den Gesamtstaat. Autoren im Umkreis der Studiengesellschaft *Xin Yaxiya* fühlten sich durch diese Themen in besonderem Maße angesprochen. Viele waren Mitglieder der Guomindang; manche, wie Xie Bin, Dai Jitao oder Xia Wei, bekleideten zeitweise Staatsämter auf unterschiedlichen Rängen der Hierarchie. Mehr als die Yugong-Wissenschaftler bezogen sich die *Xin-Yaxyia*-Leute explizit auf die Lehren Sun Yatsens. Diese wurden teils in eher ritualisierter Weise zitiert, teils aber auch konkret auf Gegenwartsfragen angewendet. So schwärmt Huang Fensheng 1942 von den Vorteilen, die eine Ausweitung der „Drei Volksprinzipien" auf die peripheren Gebiete den dort lebenden Völkern brächte: neben Gleichberechtigung (*ge minzu yilü pingdeng*) auch die Durchsetzung des Prinzips der Selbstbestimmung und Selbstverwaltung (*zijue zizhi*). Bei genauerem Hinsehen sollte eine solche Eigenständigkeit nur nach außen hin gegenüber den Imperialmächten gelten, innenpolitisch hob Huang Fensheng die Notwendigkeit der Integration in den republikanischen Einheitsstaat hervor.[75] Nur während der Periode des anti-

---

[74]   Gu Jiegang (1947a), S. 4–8.
[75]   Huang Fensheng (1942), S. 7 f.

imperialistischen Kampfes sei eine Durchsetzung der Integration hinter dem gemeinsamen Widerstand aller Völker Chinas gegen die Angriffe von außen zunächst zurückzustellen – eine Analogie zur kommunistischen Vertagung des Klassenkampfes unter Bedingungen der anti-japanischen Einheitsfront.[76] Huang sieht als Ziel eine „freiwillig verbundene chinesischen Republik" (*ziyou lianhe de zhonghua minguo*) vor sich, deren Wurzeln wiederum in einem gemeinsamen Ursprung (*yiyuanxing*) der Völker Chinas zu finden seien.[77]

Bei der Analyse der aktuellen Situation in den Randgebieten der Nation nutzten den Historischen Geographen im Umfeld der Yugong-Studiengesellschaft die textkritischen Methoden wenig, auf die viele von ihnen als gelernte Historiker spezialisiert waren. Wo immer es ging, holten sie sich Vergewisserung in der Geschichte. Dennoch mussten sie sich in erster Linie mit den modernen Aspekten der Grenzverwaltung auseinandersetzen. Die Peripherie war auf traditionelle Weise erobert worden. Nun galt es, sie mit zeitgemäßen Mitteln als Bestandteil der Nation zu bewahren. Sie war längst nicht mehr die öde, von ein paar Barbaren bewohnte Wildnis, auf die viele Gelehrte der Kaiserzeit verachtungsvoll oder paternalistisch-mitleidig hinabgeblickt hatten. Je heftiger das Kernland selbst von Aggressoren bedroht wurde, desto mehr wuchs die strategische Bedeutung der Randzonen.[78] Auf längere Sicht ging es um die äußere Form des polyethnischen Großstaates. Diejenigen Wissenschaftler, die sich in der Republikzeit mit der Peripherie beschäftigten, bemühten sich um eine Stabilisierung der Nation von ihren äußeren Grenzen her. Die Grenzlinien boten den territorialen Rahmen, in dem sich der moderne Nationalstaat erst noch bewähren musste.

a) Grenzlinien (bianjie) und Gebietsverluste (shidi)

Die Festlegung von Grenz*linien* geht auf die Qing-Zeit zurück.[79] Die Historischen Geographen erkannten die Neuartigkeit einer solchen linearen Grenzkonzeption, konnten aber insgesamt auf der Grundlage der ihnen verfügbaren Quellen wenig Originelles über einzelne Grenzregelungen, vor allem diejenigen seit dem Opiumkrieg, aussagen. Diplomatiehistorische Dokumente waren ihnen nur in geringer Zahl zugänglich. Zeitgenössische westliche Historiker des europäisch-chinesischen Kontakts wie Henri Cordier und Hosea Ballou Morse befanden sich hier in einer bei weitem günstigeren Position. Aufschlussreich an den chinesischen Stellungnahmen der zwanziger und dreißiger Jahre ist indessen, dass sie auf der Suche nach den Ursprüngen von Chinas aktuellen Grenzproblemen zum

---

[76]   Huang Fensheng (1940), S. 8.
[77]   Huang Fensheng (1940), S. 5 f.
[78]   Einen Überblick über die verschiedenen sicherheitspolitischen Aspekte gibt Song Yiqing (1936), bes. S. 16–18.
[79]   Vgl. auch Dabringhaus (2001).

einen hinter das Epochenjahr 1842, als der erste „ungleiche Vertrag" mit Großbritannien geschlossen wurde, zurückgehen, zum anderen der kontinentalen
Grenze mindestens dieselbe Aufmerksamkeit schenken wie den vergleichsweise
weitaus weniger erheblichen Gebietsregelungen, die mit der vertraglichen Errichtung des Treaty-Port-Systems und später der Ausgrenzung von Pachtgebieten
verbunden waren.

Hua Qiyun sieht in einer historischen Übersicht die Festlegung einer Grenzlinie zwischen dem sino-mandschurischen Imperium und Korea im Jahre 1689
als den Beginn neuzeitlicher Grenzfixierung. Damals wurden in einer Zone jahr-
zehntelanger Kontakte zwischen Koreanern und Mandschu (Jurchen) der Yalu-
Fluss im Süden und der Tumen im Norden als Demarkationslinien gewählt,[80] für
Hua das Beispiel einer verbindlich bestimmten „natürlichen" Grenze. Diese
Grenze wurde im Wesentlichen beibehalten.[81] Das hieß aber auch, dass sie in jenem Moment definitiv zur Grenze des chinesischen Machtbereichs wurde, als
Japan die chinesischen Versuche, über die Yalu-Tumen-Grenze hinaus in Korea
Einfluss auszuüben, schrittweise vereitelte. Spätestens mit der Annexion Koreas
1910 wurde aus der immer noch durchlässigen alten Qing-Grenze eine strikte
Linie, an der sich China und der japanische Kolonialstaat unmittelbar gegenüber-
standen.

Von Gebietsverlusten kann in Korea nicht die Rede sein, war das Land der
Yi-Dynastie doch niemals ein Teil des Qing-Imperiums. Anders an der russisch-
mongolischen Grenze.[82] Hier schildert Hua Qiyun die Entwicklung seit der russisch-chinesischen Vertragsregelung von Kjachta aus dem Jahre 1727, in der ein
neues Nachbarschaftsverhältnis recht ausgewogen festgelegt wurde. Östlich von
Kjachta wurden seither 63 qingkaiserliche Grenzposten aufgestellt, westlich der
Grenzstadt entstanden 24 Anlagen.[83] Aber auch hier schon wittert der patriotische Geograph eine mangelnde Wachsamkeit der Qing-Regierung gegenüber einem arglistigen russischen Gegner, der im späten 19. Jahrhundert sein wahres
Gesicht gezeigt und allein an der russisch-mongolischen Grenze fast 1,4 Millionen Quadrat-Li an sich gerissen habe.[84] Auch in Xinjiang brachten, wie Hua
Qiyun erläutert, die im Laufe des 19. Jahrhunderts geschlossenen russisch-
chinesischen Grenzverträge Gebietsverluste für die chinesische Seite mit sich.
Abermals nimmt er die Zahl der Grenzstationen als einen konkret nachweisbaren
Indikator. Von den damals aufgestellten Wachposten existierte in der Republikzeit nur noch ein kleiner Teil. Insgesamt erzählt Hua eine melodramatische Geschichte territorialer Schrumpfung an Chinas Landgrenzen, der jeder Flächenver-
lust ohne Rücksicht auf seine konkrete Bedeutung als gleich schmerzhafte
Amputation am „geo-body" des Großstaates erscheint.

---

[80] Über die vorausgegangenen Kontakte vgl. Crossley (1997), S. 40; Janhunen (1996), S. 152.
[81] Vgl. auch Lee Ki-baik (1984), S. 190 f.
[82] Vgl. auch Dabringhaus (2001).
[83] Hua Qiyun (1931a), S. 40–42.
[84] Hua Qiyun (1931a), S. 45.

Xie Bin, der die Peripherie von seinen eigenen Inspektionsreisen kannte und auch das amtliche Schriftmaterial überschaute, ging das Thema handfester an und gelangte so zu originelleren Einsichten. Er stellte fest, dass Chinas Grenzlinien trotz der zahlreichen Verträge seit der Qing-Periode an vielen Abschnitten immer noch nicht vertraglich fixiert seien. An vielen Stellen gebe es nur einige alten Grenzstelen, aber keine modernen Grenzmarkierungen. Daher seien die hohen Gebietsverluste in der späten Qing-Zeit nicht verwunderlich.[85] Xie Bin klassifizierte in durchaus plausibler Weise die unterschiedlichen Anlässe und Ursachen dieser Verluste. Im Falle Hongkongs und Taiwans gingen ihnen verlorene Kriege voraus. Macau und Ladakh fielen offiziell als kaiserliche Schenkungen an die Imperialmächte. In Xinjiang, in der Mandschurei und in Yunnan führten Inspektionsreisen kaiserlicher Beamter zu territorialen Einbußen, da die Vertreter der Zentralregierung nicht das gesamte Territorium erfassten, zum Beispiel nicht die Insel Kuye in der Amur-Mündung oder ein Gebiet am Unterlauf des Sebangge-Flusses. Xie Bin nahm dabei stillschweigend eine Art von natürlichem Idealumfang des Staatsgebietes an. Zu den wichtigeren Ursachen für Verluste zählte er die schlechten geographischen Kenntnisse in China. Man habe bis in die Gegenwart überhaupt keine genauen Vorstellungen von den räumlichen Ausmaßen des chinesischen Hoheitsgebietes und lasse sich daher immer wieder übertölpeln.[86] Als das früheste Beispiel führt er die Gebietsverluste aus dem (bei Hua Qiyun nicht erwähnten) Vertrag von Nerčinsk des Jahres 1689 an. Dieser werde in China stolz als erster erfolgreicher Vertragsabschluss mit einer europäischen Macht gepriesen; in Wirklichkeit habe er jedoch an Amur und Ussuri einen Gebietsverlust von ungefähr 700.000 Quadrat-Li mit sich gebracht.[87]

1932 ging Bai Meichu in der „Geographischen Zeitschrift" (*Dixue zazhi*) in seiner Kritik noch weiter. Er fasst die territorialen Einbussen in einer Tabelle übersichtlich zusammen und diskutiert ihre Ursachen dann im Einzelnen. Es habe den Chinesen nicht nur an geographischen Kenntnissen über ihr eigenes Land und an der Einsicht in die Bedeutung der Peripherie für den Gesamtstaat gefehlt, sondern ebenso sei eine völlige Unkenntnis der weltpolitischen Lage, der geltenden internationalen Gesetze, des wissenschaftlichen Fortschritts und der rasanten Entwicklung der Verkehrssysteme festzustellen.[88]

Zeng Wenwu merkt an, dass man sich in China mit „Grenzangelegenheiten" (*jiewu*) traditionell nicht auseinandergesetzt und erst der russisch-britische Imperialismus in Zentralasien das Problem konkreter Grenzlinien und der damit verbundenen Gebietsverluste geschaffen habe. In der Vergangenheit dienten abhängige Reiche (*fanbu*) an der Peripherie des chinesischen Kaiserreichs als „natürliche" Schutzschilder. Die zwischen den Tributstaaten und China errichte-

---

[85]   Xie Bin (1928), S. 4.
[86]   Xie Bin (1928), S. 14 f.
[87]   Xie Bin (1928), S. 22 f.
[88]   Bai Meichu (1932), S. 55.

ten Wachtürme sowie Ein- und Ausreisekontrollen ließen sich jedoch nicht mit modernen Staatsgrenzen (*guojie*) vergleichen.[89] Zeng Wenwu beschreibt in seiner Monographie eingehend die erste internationale Festlegung eines genauen Grenzverlaufs in Xinjiang durch die Grenzverträge des 19. Jahrhunderts.[90]

Ähnlich argumentiert auch Xu Chonghao in seiner Xinjiang-Studie: Da es keine modernen Staatsgrenzen gab, habe sich bis in die jüngste Zeit auch nicht das Problem von „Grenzangelegenheiten" (*jiewu*) gestellt. Dieser Begriff tauche ebenso wie der Terminus „Grenzvertrag" (*jieyue*) erst in Werken des frühen 20. Jahrhunderts auf. Deutlicher als die übrigen Autoren betont er, dass im 19. Jahrhundert Grenzverträge China nicht bloß aufgezwungen worden seien, sondern auch in seinem eigenen defensiven Interesse gelegen hätten. Eine Fixierung von exakt festgelegten Grenzlinien sei im Zuge der Eroberung der Vasallenreiche und Tributstaaten Chinas durch die Imperialmächte notwendig geworden, um deren weiteres Vordringen in die direkt von der chinesischen Zentralregierung verwalteten Gebiete aufzuhalten.[91] Gestützt auf die Informationen aus Xie Bins Xinjiang-Bericht, schildert Xu Chonghao die Vereinbarungen in den dreizehn zwischen Russland und China abgeschlossenen Verträgen und die allein daraus erwachsenen Gebietsverluste.[92] Xu Chonghao teilt den Vorwurf der anderen Autoren, die Chinesen hätten sich bisher viel zu wenig für den Verlauf der Landesgrenzen interessiert. Viel zu lange habe man sich auf die traditionellen Vorstellungen eines von Bergketten und Flussläufen bestimmten natürlichen Grenzverlaufs gestützt. Im Zeitalter internationaler Grenzverträgen sei aber eine ganz andere Haltung gefordert. Xu Chonghao macht dabei auf einen weiteren wichtigen Aspekt aufmerksam: In den Verträge würden nur die Grenzlinien festgelegt, die Grenzsicherung betreffe aber nach wie vor ein weitläufiges Gebiet. Neben den Befestigungsanlagen und Wachtürmen – alle Kommentatoren hängen an diesem antiquierten Bild – entlang der Grenzlinien gehörten zu einer erfolgreichen Landesverteidigung auch eine wachsame Bevölkerung und eine vernünftige Politik.[93]

b) Landesverteidigung

Schwerwiegende Fehler wurden der Qing-Regierung nicht nur in Bezug auf die Herrschaftsausübung an der Reichsperipherie vorgeworfen, sondern auch im Verhältnis zu den Vasallenreichen. Xie Bin beklagt die Unfähigkeit der Qing-Kaiser, eine nominelle Oberherrschaft über die abhängigen Nachbarländer tatsächlich durchzusetzen. Stattdessen hätten sie nur Wert auf leere Ehrerbietungen

---

[89] Zeng Wenwu (1936), S. 454.
[90] Zeng Wenwu (1936), S. 455–99.
[91] Xu Chonghao (1944), S. 168–70.
[92] Xu Chonghao (1944), S. 188-90. Vgl. auch Xie Bin (1923), S. 104–18.
[93] Xu Chonghao (1944), S. 198.

in Form von Tributmissionen gelegt. Daher sei der Einfluss Chinas auf seine
Nachbarn am Ende der Qing-Zeit dramatisch zurückgegangen. Die meisten ehemaligen Vasallenreiche gerieten unter die Herrschaft der europäischen Kolonialmächte.[94] Als Beispiel nennt Xie Bin Vietnam und Korea, die beide wichtige
Schutzschilde im Süden und Nordosten des Qing-Reiches bildeten.[95] Der mandschurische Kaiserhof habe im 19. Jahrhundert nicht einmal bemerkt, dass sich
sein Einfluss in diesen Ländern stetig verminderte. Erst im Jahre 1886 habe die
Qing-Regierung den Verlust von Vietnam und Birma als Vasallenreichen einge-
standen. Tatsächlich sei Vietnam bereits seit 1859, als französische Truppen Sai-
gon besetzten, nicht mehr im chinesischen Machtbereich gewesen; Birma sei
schon 1827 unter die Kontrolle Großbritanniens geraten.[96] Xie Bin zieht daraus
den Schluss, dass die Qing-Kaiser über die Außenwelt nicht Bescheid wussten
und dass sie keinerlei politisches Konzept für den Umgang mit den Tributstaaten
besaßen.[97]

Unter den Historischen Geographen wurde nicht nur Kritik an der Qing-
Dynastie geäußert. Man suchte auch nach neuen Wegen in der Landesverteidigung. So schlug Zhou Zhenhe vor, wegen der strategisch bedeutenden Stellung
der Provinz Qinghai dort Truppen der Zentralregierung zu stationieren. Diese
sollten sich zwar im allgemeinen nicht in die politischen Angelegenheiten der
Provinz einmischen, aber punktuell einen Beitrag zum dringend notwendigen
Aufbau einer regionalen Infrastruktur (Landkultivierung, Straßenbau) leisten, um
auf diese Weise Qinghai vor russischen oder britischen Übergriffen zu schützen.
Qinghai nahm in den strategischen Überlegungen des Autors eine wichtige Mittlerrolle ein: Es sollte der Zentralregierung (zum Zeitpunkt der Veröffentlichung
des Artikels befand sich diese allerdings auf der Flucht vor der japanischen Armee) direkt unterstellt werden; eine in Qinghai stationierte militärpolitische Leit-
stelle sollte dann Befehle in die ferneren Regionen des Nordwestens weiterlei-
ten.[98]

Zur Landesverteidigung im weiteren Sinn zählten die Historischen Geographen auch eine bessere Integration der Bevölkerung der Peripherie in den Gesamtstaat. Diesem Ziel diente der Aufbau eines chinesischen Schulsystems in
den Randgebieten, mit dem bereits begonnen wurde. Sun Aizhen, die an der Expedition der Yugong-Studiengesellschaft in die Suiyuan-Region teilnahm, beschreibt in ihrem Reisebericht ein solches Projekt:

„Als wir in die Stadt kamen, gingen wir zunächst zur Zweigschule Baotou der Zentralen Politischen Schule. Die Schule ist unterteilt in eine Grundschule und in eine einfa-

---

[94]   Xie Bin (1928), S. 42–72.
[95]   Xie Bin (1928), S. 48.
[96]   Als Folge des Ersten britisch-birmesischen Krieges (1824–26) verlor Birma tatsächlich nur
       die Provinzen Manipur, Cachar und Tennasserim. Erst der Dritte britisch-birmesischen
       Krieg (1885) führte zur Kolonialisierung des gesamten Landes.
[97]   Xie Bin (1928), S. 67 f.
[98]   Zhou Zhenhe (1938), S. 30.

che Pädagogische [Lehranstalt]. Es gibt über 80 Schüler, größtenteils Mongolen. Sie erhalten die gleiche Behandlung wie Schüler der Zentralen Politischen Schule in Nanjing – [und dies] sehr reichlich. Ihr Alltag ist sehr militarisiert. Ziel [der Ausbildung] ist die Förderung von qualifiziertem mongolischem Personal zur Stabilisierung der Grenzverteidigung."[99]

Die Beziehung zwischen Landesverteidigung und Erziehungspolitik verdeutlichte Zeng Wenwu am Beispiel des fernen Nordwestens. In Xinjiang ging die Einführung eines staatlichen Schulsystems bis in die Qing-Zeit zurück.[100] Sein Schwerpunkt lag zunächst in der Region nördlich des Tianshan-Gebirges, wo sich im Zuge des Aufbaus von Militärstationen Hanchinesen, Hui und Mandschu aus dem Kernland als Soldaten und Kaufleute niedergelassen hatten. In Youhua wurde bereits im späten 18. Jahrhundert eine Akademie (*shuyuan*) errichtet, Schulen (*xuetang*) verbreiteten sich dort erst nach der Provinzgründung von 1881. Für den Süden sieht der Autor die Entwicklung eines chinesischen Schulsystems wegen der Konkurrenz mit islamischen Erziehungseinrichtungen als schwierig an. Einen schweren Rückschlag habe der Aufbau eines chinesischen Schulwesens zu Beginn der Republikzeit unter der Herrschaft des Provinzgouverneurs Yang Zengxin erlitten. Zeng Wenwu, der Yang in anderer Hinsicht günstiger beurteilt, wirft ihm vor, eine regelrechte „Verdummungspolitik" gegenüber der einheimischen Bevölkerung verfolgt zu haben.[101] Wie er statistisch nachzuweisen versucht, verblieben nur noch die Grundschulen auf Kreisebene, während höhere Schulen verschwanden. Auch Huang Fensheng und Dai Jitao sahen im Aufbau eines chinesischen Erziehungs- und Bildungssystems in den peripheren Regionen ein erfolgversprechendes Mittel zu deren stärkerer Anbindung an den Gesamtstaat.[102]

Ein für die republikzeitliche Landesverteidigung wichtiges Problem stellte der Grenzverlauf in Xinjiang dar. An drei Stellen kam es seit dem 19. Jahrhundert ständig zu offenen Konflikten. Xu Chonghao erläutert in seiner Xinjiang-Monographie von 1944 die komplizierten Zusammenhänge. Um das Pamir-Gebirge stritten sich im späten 19. Jahrhundert gleich drei Mächte: Russland, Britisch-Indien und Qing-China. Die beiden europäischen Kolonialmächte teilten 1894 den Pamir untereinander auf und riefen damit den Protest der Qing-Regierung hervor. Obwohl Xu Chonghao davon ausgeht, dass die gesamte Pamir-Region zum traditionellen Herrschaftsgebiet Chinas gehört und er Besitzansprüche auf der Grundlage von Ungleichen Verträgen ablehnt, schlägt er einen Auf-

---

[99] Sun Aizhen (1935a), S. 32.
[100] Schmidt-Glintzer (1997, S. 51) hat bereits in der Nördlichen Song-Zeit Beispiele für Integration durch das staatliche Schul- und Prüfungssystem gefunden.
[101] Die moderne chinesische Forschung bestätigt dieses Urteil. Vgl. *Xinjiang difang shi* (1992), S. 263; Chen Huisheng / Chen Zhao (1999), S. 172–76.
[102] Huang Fensheng (1938), S. 546–682; Dai Qitao (1931), S. 57–60. Eine parallele Entwicklung lässt sich übrigens in Rußland feststellen.

teilungsmodus vor, der alle Beteiligten Hoheitsteile zugestehen würde.[103] Hua Qiyun führt die Zugehörigkeit des Pamirs zum chinesischen Reich auf die qing-kaiserliche Eroberung von 1759 zurück. Mit der Rückeroberung Ilis von den Russen im Jahre 1878 hätten die Grenzbeamten der Qing-Regierung die histori-schen Ansprüche bekräftigt, indem sie in der Pamirregion Verteidigungsanlagen errichten ließen.[104] Auch Hua Qiyun beklagt die Missachtung der chinesischen Ansprüche im russisch-britischen Vertrag von 1894, meint aber, dass die briti-sche Seite eigentlich kein Interesse am Pamir hatte, sondern dort nur ihre Kon-kurrenz mit der russischen Kolonialmacht austrug.[105]

Die Spannungen in der Ili-Region führt Xu Chonghao auf die Öffnung des Gebietes für den russischen Handel zurück, die im Jahre 1851 zwischen dem dort stationierten kaiserlichen General von Ili (*Yili jiangjun*) und russischen Vertre-tern vereinbart worden war. Die russische Besetzung der Ili-Region von 1871 er-klärt er mit der qingkaiserlichen Unfähigkeit, die muslimischen Aufstände in Xinjiang zu unterdrücken. Erst die Feldzüge Zuo Zongtangs, der die Rebellen vernichtete, vertrieben auch die Russen wieder aus der Region.[106] Seinen starken handelspolitischen Einfluß behielt Russland (bzw. die UdSSR) in der Republik-zeit bei. Das musste Xu Chonghao anerkennen.[107]

Hua Qiyuns Schilderung der Ili-Problematik stimmt weitgehend mit Xu Chonghao überein. Er zeigt zunächst, wie sich die Region nach der Eroberung durch die Qing-Armeen im 18. Jahrhundert entwickelte. Nach der militärischen Eroberung in der Mitte des 18. Jahrhunderts schuf die Regierung in Ili ein Gene-ralgouvernement. Militärkolonien sollten die Versorgung der Verteidigungspo-sten garantieren.[108] Neue Städte wurden gegründet. Zu einem Krisenherd ent-wickelte sich die Region aus der Sicht Hua Qiyuns erst infolge der muslimischen Aufstände in der Mitte des 19. Jahrhunderts und durch die russische Besetzung. Im Handelsvertrag von 1920 sicherte sich die russische Seite ihren Einfluss in der Ili-Region, wenn auch den russischen Händlern erstmals steuerliche Pflichten auferlegt wurden.[109] Grundsätzlich betrachtet Hua Qiyun das moderne Xinjiang als eine hochgefährdete periphere Region. Es ist bemerkenswert, dass er noch 1931 Großbritannien, das bereits begonnen hatte, sich aus dem Treaty-Port-System zurückzuziehen, in Zentralasien als aggressive imperiale Macht bewertet,

---

[103] Xu Chonghao (1944), S. 199–206. An dem historischen Anspruch wird auch in der volks-republikanischen Literatur festgehalten. Siehe *Xinjiang difangshi* (1992), S. 237.

[104] Die chinesische Forschung berichtet von der Errichtung von 8 Wehrtürmen (*kalun*) und Verteidigungstruppen. Vgl. *Xinjiang difang shi* (1992), S. 237.

[105] Hua Qiyun (1931c), S. 26–30.

[106] Über die erfolgreiche Organisation der Expedition Zuo Zongtangs siehe Hsü (1968).

[107] Xu Chonghao (1944), S. 207–15. Vgl. dazu auch *Xinjiang difang shi* (1992), S. 245–47.

[108] Vgl. dazu auch Millward (1998), S. 50–52, 77–80.

[109] Hua Qiyun (1931c), S. 30-34. Millward hat den wichtigen Beitrag der Händler zur Stadt-entwicklung in Xinjiang hervorgehoben, die aus dem chinesischen Kernland, aber auch aus Süd- und Zentralasien nach der Qing-Eroberung von 1759 in Xinjiang aktiv wurden. Vgl. Millward (1998), S. 125 f.

der Sowjetunion ebenbürtig. Die Chinesen des Kernlands müssten, so die Schlussfolgerung, Xinjiang mehr Beachtung schenken, und die Muslime der Region sollten als Mitglieder des chinesischen Staatvolks für die nationale Revolution gewonnen werden.[110]

Zeng Wenwu warnt 1936 vor den Gefahren einer Ausbreitung der bolschewi-
stischen Revolution auf die fernen Grenzgebiete, da politische Veränderungen an
der Peripherie immer auch die Gefahr einer Einmischung von außen mit sich
brächten.[111] Umso wichtiger sei die militärische Ausstattung der Grenzprovinz
Xinjiang, die in der Republikzeit bedeutende Veränderungen erfuhr. Zeng skiz-
ziert sie: Erstmals in der Geschichte der Region waren am Beginn der Republik
die Mehrzahl der Soldaten Hanchinesen. Im Rahmen der von Gouverneur Yang
Zengxin neu aufgestellten Truppen übertrafen sie die muslimischen Soldaten um
ein Sechsfaches. Allerdings sei die Qualität der Han-Soldaten miserabel gewesen.
Zeng Wenwu zitiert dabei die schlichte Begründung des Provinzgouverneurs, mit
der er die Aufstellung muslimischer Truppenteile rechtfertigt: Hanchinesen seien
einfach schwächer. Bei den Muslimen müsse man jedoch ihre patriotische Gesinnung stärken, damit sie auch gegen ihre auf russischer Seite kämpfenden
Glaubensbrüder entschlossen aufträten.[112] Zeng Wenwu meint, dass Yang Zengxin die Festigung seiner Herrschaft nicht ohne seine muslimischen Truppenkon-
tingente gelungen wäre und nennt einige Beispiele für Auseinandersetzungen mit
der Lokalbevölkerung, bei denen gerade die muslimischen Soldaten zum Einsatz
gekommen seien. Er hebt Yang Zengxins Verdienste bei der Bekämpfung lokaler
Krisenherde hervor: Die Rädelsführer der chinesischen Geheimgesellschaften
seien ausgeschaltet, muslimische Aufstände vermieden oder niedergeschlagen
und die Konflikte mit der in den Westen Xinjiangs eingefallenen Äußeren Mongolei vertraglich geregelt worden.[113] Zeng Wenwu zeichnet ein insgesamt positives Bild von Yang Zengxin, wie es sich ähnlich auch bei dem zeitgenössischen
Beobachter Owen Lattimore findet, der Yang Zengxin als „an honest and a com-
petent official by old Mandarin standards" beschreibt und betont, dass er die Ereignisse, die auf die chinesischen, mongolischen und russischen Revolutionen folgten, erstaunlich gut gemeistert habe.[114] Viele chinesische Xinjiang-Experten –
einige ihrer Urteile wurden bereits zitiert – werfen Yang Zengxin hingegen vor,
dass er autokratisch über die Region geherrscht, nichts zu ihrer inneren Entwicklung beigetragen und ihre politische wie kulturelle Sinisierung behindert habe.[115]

---

[110] Hua Qiyun (1931c), S. 35.
[111] Zeng Wenwu (1936), S. 532.
[112] Zeng Wenwu (1936), S. 669–71. Siehe auch R. Yang (1961), S. 270–74.
[113] Zeng Wenwu (1936), S. 672 f.
[114] Lattimore (1950), S. 52–64. Im wesentlichen ähnlich, aber etwas zynischer im Ton: Forbes
(1986), S. 33.
[115] Vgl. auch Jiang Junzhang (1936), S. 2. Die heutige chinesische Forschung bezeichnet ihn
als „bürokratischen Warlord" (*guanliao junfa*) – dessen Leistung allerdings die Einigung
Xinjiangs gewesen sei. Vgl. *Xinjiang difang shi* (1992), S. 260 f.

Schließlich die Innere Mongolei. Über sie – er spricht von der „Mongolei südlich der Wüste" (*Mo'nan Menggu*) – hat Xu Chonghao 1945 eine kleine Landeskunde geschrieben. Xu will die Bedeutung der Inneren Mongolei als strategischem Knotenpunkt für den gesamten Norden Chinas historisch anschaulich machen. In diesem Gebiet fanden in der Geschichte nicht nur die meisten Auseinandersetzungen der chinesischen Dynastien mit den Völkern Zentralasiens statt; auch im Rahmen der modernen nationalen Verteidigung bilde die Innere Mongolei aufgrund ihrer Zwischenstellung zwischen den chinesischen Provinzen des Kernlandes und den von Imperialmächten kontrollierten Grenzgebieten die vorderste Linie.[116] Im Mittelpunkt des historischen Teils der Studie steht eine detaillierte Schilderung der qingzeitlichen Verteidigungsanlagen.[117] Xu sieht die Qing-Periode als eine Übergangszeit in der strategischen Funktion der Südmongolei. Seit alters her war sie eine Art von breiter Pufferzone mit beidseitig ziemlich offenen Rändern, daher zugleich auch immer wieder Schlachtfeld. Erst das Vordringen der Russen in die Nordmongolei und der Japaner in den Osten der Inneren Mongolei verwandelte sie in eine Frontregion.

c) Administrative Reformen

Mit Beginn der Nanjing-Dekade 1928 wurden wichtige Reformen zur Integration der nahen innerasiatischen Peripherie in das Kernland in die Wege geleitet. Ohne ursächliche Verbindung zum Abschluss von Jiang Kaisheks „Nordfeldzug" vergrößerte im gleichen Jahr die Ermordung der beiden unbeherrschbaren Regional-Warlords Yang Zengxin in Xinjiang und Zhang Zuolin in der Mandschurei zumindest potentiell die Zugriffsmöglichkeiten der Zentrale auf diese beiden Gebiete. Zu dieser Zeit verfügte Jiang Kaisheks Regime in einigen Provinzen des Kernlandes von Shanxi im Norden über Sichuan und Guangxi bis Yunnan im Süden noch über nahezu keine Kontrolle über eigenwillige Militärmachthaber, die der „nationalen Revolution" der Guomindang nur Lippendienst zollten. Für die frühen dreißiger Jahre hat man es nicht mit einer konzentrischen Machtgeographie zu tun, bei der sich der Einfluss der Zentrale mit wachsendem Abstand proportional vermindert, sondern, ähnlich wie zuvor in der Warlordzeit, mit einem Flickenteppich militärischer Allianzen. Aus solcher Zersplitterung einen einheitlich verwalteten Nationalstaat zu schaffen, verlangte viel Einbildungskraft. Dai Jitao verkündete 1930 als prominenter Sprecher des Regimes, dass man sich von der administrativen Homogenisierung eine Stärkung der nationalen Integration erhoffe. Ziel sei Chinas Einheit und Wiedererstarken. Er musste freilich einräumen, dass längst nicht alle Teile der Peripherie einbezogen werden könnten. In Tibet erschwere das dort herrschende veraltete System eines theokra-

---

[116] Xu Chonghao (1945), S. 1 (Vorwort).
[117] Xu Chonghao (1945), S. 43–69.

tischen Königtums die Umwandlung in eine Provinz – eine euphemistische Umschreibung der Tatsache, dass Tibet de facto ein selbständiges Land war.[118] Ein weiteres Hindernis für eine weiträumige Durchsetzung von territorialen Verwaltungsreformen sah Fang Baohan im Widerstand der Imperialmächte. Die Erklärung lag für ihn auf der Hand: sie wollten verhindern, dass durch eine administrative Integration der Peripherie ans Kernland ihr weiteres Eindringen erschwert werden würde.[119]

Ob die Völker der Peripherie überhaupt eine stärke Eingliederung in die chinesische Republik wünschten, wird bei Dai Jitao, Fang Baohan und allen übrigen Autoren, die sich zur Verwaltungsreform äußerten, nicht gefragt. In den Studien über die Randgebiete wird die Haltung der einheimischen Bevölkerung niemals zur Diskussion gestellt. Man spricht von nichts anderem als den Maßnahmen der Zentralregierung zur Integration dieser Territorien in den Gesamtstaat.

Die neue Regierung in Nanjing konzentrierte sich zunächst auf diejenigen Teile der Peripherie, in denen sie auf die Durchsetzbarkeit ihrer Pläne hoffen konnte. Dies war vor allem die Innere Mongolei. Die vier Sondergebiete Rehe, Chahar, Suiyuan und Chuanbian wurden wieder aufgelöst und in Provinzen verwandelt.[120] Gu Jiegang und Shi Nianhai schildern, wie 1928/29 im Nordwesten aus mehreren Bannern und Kreisen die beiden Provinzen Ningxia und Qinghai entstanden.[121] Xia Wei, der selbst in der Staatsverwaltung tätig gewesen war, gestand 1941 offen ein, dass die Reformen zur administrativen Anbindung der Peripherie nur in den an das Kernland anschließenden Regionen umgesetzt worden waren.[122] Damit hatte sich die Gesamtzahl der chinesischen Provinzen auf dreißig erhöht. Die Umwandlung in Provinzen bedeutete einen weiteren Schritt zur Integration in den Gesamtstaat, da ein besonderer Status, wie er in den Sonderverwaltungszonen der frühen Republikzeit bestanden hatte, aufgegeben wurde.[123] Andere Autoren machten allerdings darauf aufmerksam, dass zum einen eine seit längerem bestehende Militärverwaltung in manchen dieser Regionen nicht von heute auf morgen „zivilisiert" werden würde, und zum anderen alte Praktiken dessen, was im westlichen Kolonialismus „indirect rule" genannt wird, weiterhin funktional blieben. Shen Huanzhang berichtete 1936 in der Yugong-Zeitschrift aus dem 1928 in eine Provinz umgewandelten Qinghai, dass die zahlreichen ethnischen Gruppen der Provinz trotz der politischen Veränderungen ihre jeweiligen

---

[118] Dai Jitao (1930b), S. 2.

[119] Fang Baohan (1934), S. 17.

[120] Die Region von Chuanbian wurde nun in Xikang umbenannt, die anderen Gebiete behielten ihren Namen. Siehe Tung (1964), S. 138–40.

[121] Gu Jiegang / Shi Nianhai (1999), S. 224–26. Die Neuordnung wurde zum 1.1. 1929 wirksam. Zur Entwicklung der Provinz Ningxia in der Republikzeit vgl. ausführlich Hu Pingsheng (1988).

[122] Xia Wei (1941), S. 94 f.

[123] Zugleich bedeutete dies in der Regel „a further encroachment upon Mongol interests". P. P'ei-sen Ho (1999), S. 27.

Gewohnheiten beibehielten. Jedes Volk unterstehe der Leitung eines Vorstehers, dem entsprechend der Bevölkerungszahl erbliche Beamte zur Seite gestellt würden. In der Praxis verfüge dieser Vorsteher über die höchste politische Autorität. Dies gelte für die Tibeter der Provinz gleichermaßen wie für die mongolischen Stämme oder das Tu-Volk.[124] Die administrative Modernisierung schlug hier noch keineswegs auf das Alltagsleben durch.

Wie instabil die vorrepublikanische Verwaltung zuweilen gewesen war, zeigt Xia Wei am Beispiel der Mandschurei. Dass eine frühzeitige Reform misslang, schreibt er den seit dem Boxeraufstand von 1900 andauernden kritischen politischen Verhältnissen in der Mandschurei zu. Daher gelang es dem noch von der Qing-Regierung eingesetzten Generalgouverneur nicht, eine administrative Einigung des gesamten Nordostens durchzusetzen. In den ersten Jahren der Republik existierten dort zunächst drei Provinzgouverneure gleichberechtigt nebeneinander. Nach 1916 geriet die gesamte Mandschurei außerhalb der Enklave der Südmandschurischen Eisenbahn unter die Herrschaft Zhang Zuolins.[125] Hua Qiyun meint, dass erst als dessen Sohn Zhang Xueliang sich 1928 der Guomindang-Regierung unterordnete und dafür den Posten eines Oberkommandierenden für den gesamten Nordosten erhielt, eine Integration der Mandschurei in den Gesamtstaat erreicht zu sein schien.[126] Damit war es freilich drei Jahre später schon wieder vorbei. Die endgültige Integration begann erst mit der territorialen Zusammenfügung der späteren Volksrepublik China, die zu Beginn des Bürgerkrieges von der Mandschurei her ihren Ausgang nehmen sollte.

Ganz anders verliefen die Verwaltungsreformen in der benachbarten Inneren Mongolei. Fang Fanjiu beschreibt die in der Republikzeit für die Kontrolle dieser Region gegründeten zentralstaatlichen Organe. Als Erbe des qingkaiserlichen „Amtes zur Verwaltung der Außenvölker" (*Lifanyuan*)[127] entstand zu Beginn der Republikzeit ein „Büro für mongolische und tibetische Angelegenheiten" (*Meng Zang shiwu ju*), das dem Staatsrat unterstand. 1914, unter Yuan Shikai, wurde es zu einem Amt (*yuan*) aufgewertet und war nun dem Präsidenten direkt verantwortlich.[128] In Beijing gab es zudem ein Komitee zur Verwaltung der lamaistischen Klöster, eine Mongolisch-Tibetische Schule sowie ein politisches Trainingszentrum für mongolische und tibetische Kader. Fang Fanjiu erwähnt nicht, dass das Amt für mongolisch-tibetische Angelegenheiten sich hauptsächlich um

---

[124]   Shen Huanzhang (1935), S. 15 f.
[125]   Eine Übertreibung, denn die Sowjetunion konnte bis 1931/32 in der Nordmandschurei noch einen erheblichen Einfluß bewahren. Vgl. Clausen / Thøgersen (1995), S. 42–47. Zur Herrschaft Zhang Zuolins vgl. MacCormack (1977). Zu den vergeblichen Anstrengungen Chinas, die Russische Revolution zu einer Dekolonisation der Nordmandschurei zu nutzen, vgl. Leong Sow-theng (1976), S. 93 ff.
[126]   Hua Qiyun (1930c), S. 39.
[127]   Das Amt wurde unter der späten Guangxu-Regierung in ein Ministerium (*Lifanbu*) umgewandelt.
[128]   Siehe dazu auch Chen Xinhai (1997), S. 59.

die staatlichen Erschließungsprojekte in der Inneren Mongolei und in den benachbarten Gebieten des Nordwestens kümmerte und auf die Politik in Tibet und in den anderen Teilen der Mongolei keinen Einfluss hatte. Selbst in der Inneren Mongolei beschränkten sich die Aktivitäten dieser Behörde auf die Überwachung von Agrarprojekten sowie die Betreuung der Bannerfürsten und der lamaistischen Klöster. In der Nanjing-Periode wurde das Amt zu einem Komitee (*weiyuanhui*) degradiert. Dennoch bezeichnet Fang Fanjiu das Komitee als bedeutendes Vermächtnis Sun Yatsens, das zur Unterstützung der schwachen Völker der chinesischen Nation gedacht sei und der Erschließung der peripheren Gebiete sowie der Befreiung ihrer Völker diene. Als seine konkreten Aufgaben nennt er Kontrollreisen in die Regionen, den Aufbau eines chinesischen Erziehungswesen, die Betreuung von mongolischen und tibetischen Lokalbeamten während ihres Aufenthaltes in der Hauptstadt und der mongolischen und tibetischen Studenten während ihres Studiums im chinesischen Kernland sowie die Propagierung der Parteipolitik in den Grenzgebieten und die Vermittlung von Informationen aus den Regionen im chinesischen Kernland und weltweit. Den gleichen Informationszwecken dienten ein Mongolisch-Tibetischer Zeitungsverlag und die Mongolisch-Tibetische Halbmonatsschrift.[129]

Im Mittelpunkt der Untersuchungen Huang Fenshengs über die Innere Mongolei stand deren Autonomiebewegung, die im Sommer 1933 als Reaktion auf die Destabilisierung der Region nach dem Mukden-Zwischenfall durch den mongolischen Fürsten De Wang offenbar mit stillschweigender Billigung des japanischen Militärs gegründet worden war, ohne dass man De Wang als eine Marionette Japans bezeichnen könnte.[130] 1935 veröffentlichte Huang Fensheng eine Studie über Ursprünge, Verlauf und zentralstaatliche Behandlung dieser Bewegung. Er hielt es dabei für notwendig hervorzuheben, dass seine Darstellung vollkommen der objektiven Realität entspreche und von keinerlei chinesisch-mongolischen Missverständnissen belastet sei.[131] Gemeinsam mit Vertretern der Guomindang-Regierung war Huang nach Bailingmiao, dem Sitz der mongolischen politischen Versammlung (*Meng zhenghui*), gereist. Nach der Besichtigung yuanzeitlicher Relikte traf man mit dem mächtigsten Repräsentanten der Autonomiebewegung, De Wang, zusammen. Seine Reiseerfahrungen resümierte Huang Fensheng in dem Bericht „Eine Pilgerfahrt zum Bailingkloster" (*Bailingmiao xunli*).[132] Ein Höhepunkt von Huang Fenshengs Engagement als historisch-geographischer Autor stellt die „Neue Abhandlungen über die Mongolei und Tibet" (*Meng Zang xinzhi*) aus dem Jahre 1938 dar.[133] In diesem Werk erläutert er die Regierungspolitik gegenüber den beiden peripheren Gebieten. Er führt Nan-

---

[129] Fang Fanjiu (1934), S. 36 f.
[130] Vgl. Narangoa (1998), S. 21 f.; Morley (1983), S. 212 ff.; Underdown (1990); Sechin (1973), S. 45 f.; Sechin (1999).
[131] Huang Fensheng (1935), S. 1 f.
[132] Huang Fensheng (1936).
[133] Huang Fensheng (1938).

jings Strategie in den Jahren zwischen 1928 und 1936 auf das ideologische Vermächtnis Sun Yatsens zurück. Ebenso wie eine Schrift von Li Shengbo,[134] einem weiteren chinesischen Zeugen der innermongolischen Autonomiebewegung, rechtfertigt das Werk vor allem die offizielle Politik, die, grob gesagt, darin bestand, den Mongolen auf dem Papier und durch symbolische Akte Zugeständnisse zu machen (um sie nicht den Japanern in die Arme zu treiben), deren Verwirklichung aber zu sabotieren.[135]

Hua Qiyun, der für jede Grenzregion eine eigene Studie anfertigte, schloss die Innere Mongolei aus, da er sie angesichts ihrer administrativen Aufteilung in chinesische Provinzen bereits nicht mehr als Grenzgebiet betrachtete.[136] Ihren peripheren Charakter behielt die Innere Mongolei jedoch durchaus noch bei. Dafür war auch die Doppelstrategie der Zentralregierung verantwortlich, welche die traditionellen Organisationsformen von Banner und Bünden konservierte und dem mongolischen Adel weiterhin eine privilegierte Stellung zusicherte. Daran änderte die Gebietsreform von 1928 nichts. Erst die Volksrepublik China setzte dem System der Bannerfürsten ein Ende.[137]

Den Mongolen der Äußeren Mongolei warf Hua Qiyun vor, dass sie sich zwar äußerlich noch mit den Chinesen verbunden zeigten, innerlich aber zunehmend auf Distanz gingen. Das ursprünglich einfache politische System der Banner und Bünde sei dort durch die Unabhängigkeit in eine republikanische Regierungsform umgewandelt worden, die ständigen Veränderungen ausgesetzt sei. Zwar könne China in der Äußeren Mongolei nicht mehr direkt eingreifen, umgekehrt übten die dortigen Reformen aber einen großen Einfluss auf China aus, zumal sich die Russen ständig in den mongolischen Reformprozess einmischten. In zahlreichen Verwaltungsämtern seien russische Berater tätig und auch unter den Funktionären gebe es überwiegend Sowjetrussen (sowie einige Japaner), aber keinen einzigen Chinesen. Ein deutlicher Gegensatz bestehe zudem zwischen Chinesen und Mongolen in ihrer Haltung gegenüber dem einzigen Produktionszweig der Äußeren Mongolei, der Nomadenwirtschaft: „Die Viehwirtschaft ist aus unserer Sicht ohne Bedeutung", schrieb Hua Qiyun, „aber aus der Perspektive der Mongolen stellt sie ihr zweites Leben dar." Alle Aktivitäten in dem sich nur langsam entwickelnden Industrie- und Handelsbereich würden vollkommen von Russen und von Chinesen beherrscht. Generell zog Hua Qiyun nur neun Jahre nach der sowjetischen Militärintervention den Schluss, dass Chinas Einfluss in der Äußeren Mongolei erloschen, das Gebiet daher ein für allemal verloren sei.[138]

Fang Fanjiu blieb in seiner Landeskunde zur Inneren Mongolei nicht bei der Darstellung der Vergangenheit stehen, sondern entwickelte auch ein Konzept für

---

[134] Chen Jianfu (1934); Li Shengbo (1935).
[135] Vgl. Narangoa (1998), S. 23 f.
[136] Hua Qiyun (1930c), S. 40.
[137] Vgl. Chen Xinhai (1997), S. 59.
[138] Hua Qiyun (1930c), S. 41, 44 f.

den verbesserten Umgang mit der Landesperiphere. Im Jahre 1933 skizzierte er einen 22-Punkte Plan politischer Maßnahmen für die Mongolei und Tibet. Seine Vorschläge betreffen sieben Bereiche: die ethnische Politik, die Finanzpolitik, das Erziehungswesen, die Verkehrsverbindungen, die Religionen, Industrie und Handel sowie das Rechtswesen. Ziel seines Reformkonzeptes war es, die *gesamte* Mongolei wieder fest in chinesische Hand zu bekommen. Die bestehenden Regierungen der peripheren Gebiete, die auch Xinjiang miteinbezogen, sollten als Lokalverwaltungen der Zentralregierung in Nanjing unterstellt werden und Provinzcharakter erhalten. Wichtige integrative Impulse versprach er sich von der Einführung von nationalem Unterrichtsmaterial in den mongolischen, tibetischen und muslimischen Schulen sowie von einer Anbindung der gesamten Peripherie an das nationale Telekommunikationsnetz und Postwesen. Darüber hinaus schlug der Autor vor, wegen fehlender Impulse aus der Lokalbevölkerung in den Randgebieten staatliche Handelsfirmen und Fabriken zur Verarbeitung nomadischer Produkte zu errichten.[139] Ob diese Pläne allerdings je auch nur spurenweise verwirklicht wurden, muss offen bleiben. Die volksrepublikanische Forschung jedenfalls moniert, dass viele Reformpläne für die peripheren Gebiete nicht umgesetzt wurden und lastet dies einer korrupten Innenpolitik der Republik sowie der äußeren Bedrohung durch die imperialistischen Großmächte an.[140]

Was den tatsächlichen Einfluss der Regierungen im Kernland auf die peripheren Regionen betrifft, so war er sogar in Xinjiang gering, das bereits Ende des 19. Jahrhunderts Provinzstatus erhalten hatte und während der gesamten Republikzeit von chinesischen Provinzgouverneuren verwaltet wurde. Unterhalb der Provinzebene bestand in der „Republik der fünf Völker" (*wu zu gonghe*) ein doppeltes Verwaltungssystem: Einerseits wurde für einige mongolische und muslimische Bevölkerungsgruppen die erbliche Lokalführung der Jasaken aus der Qing-Zeit beibehalten; andererseits existierte die übliche chinesische Bezirks- und Kreisstruktur, die 1928 umbenannt wurde. Zeng Wenwu spricht nunmehr von den acht Verwaltungsbezirken (*xingzheng qu*), die das Bindeglied zwischen der Provinzverwaltung in Ili und den Kreisverwaltungen bildeten.[141] Die Probleme bei der Verwaltung Xinjiangs legt Zeng Wenwu, der vielleicht führende chinesische Xinjiang-Kenner der Zeit, weniger den drei Gouverneuren der Republikzeit als, gut konfuzianisch, korrupten und unfähigen Beamten zur Last. Solche Leute hätten die Verwirklichung der „Fünfvölker-Familie" in Xinjiang sabotiert und durch ihre schlechte Amtsführung auch Tibet und die Äußere Mongolei in die Sezession getrieben. Er verurteilt sowohl eine „rassische Sichtweise" (*zhongzu guannian*) als auch religiöse Einstellungen, die beide für die gegenwärtigen Auflösungserscheinungen an Chinas Peripherien verantwortlich seien. Damit rückt er die ethnisch-religiösen Auseinandersetzungen zwischen

---

[139] Fang Fanjiu (1934), S. 38–41.
[140] Zhao Yuntian (1993), S. 433.
[141] Zeng Wenwu (1936), S. 642–44.

Hanchinesen und anderen Völkern in die Nähe des Nord-Süd-Gegensatzes im Kernland, der ebenso die Einheit Chinas bedrohe.[142] Zeng Wenwu schiebt die Schuld für die Erosion der Peripherie nicht auf die bösen Imperialisten. Er sieht die Nachteile einer separaten administrativen Behandlung der Außenregionen und plädiert für eine Politik, die für das chinesische Kernland ebenso gelten solle wie für die peripheren Gebiete. Ein Beispiel für eine nationale Maßnahme, in die Xinjiang einbezogen wurde, ist in seinen Augen die Opium-Unterdrückung, die allerdings in der Republikzeit niemals so radikal gelang wie nach 1949. Die Region verfügte mit der Kunlun-Handelsroute über einen direkten Einfuhrweg für die Droge, der vor allem die hanchinesische Einwanderer verfielen.[143] Für die Selbständigkeitstendenzen unter der einheimischen Bevölkerung zeigt er größeres Verständnis als die meisten seiner schreibenden Zeitgenossen. Solche Bestrebungen ließen sich nicht durch Gewehrfeuer lösen, sondern nur durch eine besonnene Politik und eine Bestrafung des Fehlverhaltens der Staatsdiener.[144]

Der später berühmte Ethnologe Ling Chunsheng (1902–1981), der sich 1934 in seinem Aufsatz „Die ethnische Frage in Xinjiang und die internationale Politik" (*Xinjiang zhi minzu wenti ji guoji guanxi*) mit dem schwierigen Verhältnis zwischen dieser Region und der Zentralregierung auseinander setzte, diagnostizierte ebenfalls innere Fehlentwicklungen. Er sah in der willkürlichen Unterdrückungspolitik der Lokalregierung und in der Ignoranz im Kernland gegenüber der innenpolitischen Situation die tieferen Ursachen für die Krise Xinjiangs. Er kritisiert den einseitigen Blick seiner Landsleute, der sich nur auf die äußere Bedrohung Xinjiangs richte, sowie die verfehlte staatliche Völker- (im heutigen Sprachgebrauch: Minderheiten-) Politik. Ling Chunsheng forderte neben einer stärkeren Anbindung an das Kernland vor allem – und hier äußerte er sich deutlicher als andere – eine bessere Behandlung der Völker Xinjiangs, die in den Nachbarländern Autonomie besäßen und deren politische Verhältnisse sich dort zunehmend verbesserten.[145]

Aus einem wiederum anderen Blickwinkel führte Gu Jilun 1936 die negativen Entwicklungen in Chinesisch-Turkestan auf die Zeit der Provinzgründung in den 1880er Jahren zurück.[146] Er betonte mit besonderer Entschiedenheit die wirtschaftliche und strategische Rolle Xinjiangs für den Gesamtstaat. In einem Sechs-Punkte-Programm zur besseren Ausnutzung von Xinjiangs materiellem Reichtum (Land, Bodenschätzen) trat er für eine stärkere Regulierung der wirtschaftlichen Aktivitäten in der Provinz ein und forderte die Gründung eines Staatsunternehmens für den Vertrieb nomadischer Produkte, die Katasteraufnahme der bereits kultivierten und der noch zu erschließenden Flächen, die Regulierung der lokalen

---

142 Zeng Wenwu (1936), S. 654 f.
143 Zeng Wenwu (1936), S. 664 f.
144 Zeng Wenwu (1936), S. 656.
145 Referiert nach Mende (1988), S. 149–58.
146 Gu Jilun (1936), S. 13–23.

Handelsaktivitäten sowie die Organisation eines regionalen Bankwesens.[147] Derlei lag Mitte der dreißiger Jahre ganz auf der Linie der Guomindang, die während der Weltwirtschaftskrise, Vorstellungen Sun Yatsens aus seinen letzten Lebensjahren folgend, staatliche Wirtschaftskontrolle (*tongzhi jingji*) und sogar Planwirtschaft für sich entdeckt hatte und in den Kernzonen ihres Herrschaftsbereichs zum Teil auch praktizierte.[148] Der zentralisierte Entwicklungsstaat, dessen Aufbau man ins Auge fasste, sollte von Grenze zu Grenze vereinheitlichend wirksam werden.

Unkontrollierbar und de facto autonom blieb in der Republikzeit das Land Tibet. Hua Qiyun führt diese Tatsache auf die Unfähigkeit der späten Qing-Regierung zurück, ihre Herrschaft über ganz Tibet zu konsolidieren. Daher habe sie sich auf die Kontrolle Xikangs beschränkt und dort einen kaiserlichen Repräsentanten eingesetzt. Der Dalai Lama habe diesen Schritt falsch verstanden und sich zunächst nach Indien geflüchtet, um dann nach dem Zusammenbruch der Qing-Herrschaft Tibets Unabhängigkeit zu erklären und seine Soldaten nach Xikang zu schicken. Hua Qiyun meint, dass auf der Konferenz von Simla, die den Status Tibets klären sollte, die Haltung der drei Verhandlungspartner China, Tibet und Großbritannien zu widersprüchlich gewesen sei, um einer Lösung der Problematik näher zu kommen. Die chinesische Regierung verlangte die politische Federführung über Tibet, die Tibeter selbst aber ihre vollkommene Eigenständigkeit, während Großbritannien eine „Selbstverwaltung" für die Region anstrebte. Die Briten setzten im Vertragstext eine Teilung Tibets in einen inneren, von China verwalteten Bereich und in einen äußeren Teil mit einer selbständigen Regierung fest, die nominell der chinesischen Oberherrschaft unterstand, aber innenpolitisch unabhängig war. Hua Qiyun rechtfertigt die Haltung der chinesischen Seite, die einer solchen Lösung nicht zustimmen konnte. Der Vertrag wurde nicht unterschrieben. Tibets Stellung blieb unklar.[149] Anders als bei der Äußeren Mongolei ging es aus chinesischer Sicht bei Tibet nicht um die Frage seiner politischen Unabhängigkeit, sondern um das Zugeständnis lokaler Selbstverwaltung.[150] 1936 warnte She Yize, einer der wenigen Tibet-Autoren in der Yugong-Zeitschrift, vor einer übereilten Umwandlung des der Provinz Sichuan unterstellten ethnisch tibetischen Gebietes Xikang: Um es administrativ an das chinesische Kernland angleichen zu können, müsse man erst die Verkehrsverbindungen verbessern und die militärische Aufstellung neu regeln. Denn in Xikang herrschten große Ressentiments gegen die chinesische Armee. Ohne ein vielseitiges Engagement der Zentralregierung seien daher die Provinzpläne für Xikang nicht realisierbar.[151]

---

[147] Gu Jilun (1936), S. 22 f.
[148] Vgl. Kirby (1984), S. 206–17; Kirby (2000), S. 150–52.
[149] Hua Qiyun (1930b), S. 50.
[150] Dies zeigt die Tabelle von Hua Qiyun (1930b), S. 53.
[151] She Yize (1937b), S. 68.

3. Übergang: Von „weichen" zu „harten" Grenzen

In allen grenzpolitischen Studien über die peripheren Gebiete stand in den dreißiger Jahren *eine* Frage im Mittelpunkt des Interesses: Welchen Beitrag kann eine bestimmte Region für das Wohl des Gesamtstaates leisten? Dies zeigt sich
auch in sehr speziellen, den Einzelfall beschreibenden Texten wie den Reiseerinnerungen von Sun Aizhen. Sie berichtet von einem Gespräch bei der Kreisregierung in Baotou (Innere Mongolei):

> „In der frühen Qing-Zeit war Baotou nur ein kleiner Garnisonsort. Später blühte lang-
> sam der Handel auf. Erst im Jahre 1925 wurde Baotou in einen Kreis umgewandelt.
> Gegenwärtig bereitet man wiederum seine Reform in eine «Stadt» [-verwaltung] vor.
> Die Finanzeinnahmen des gesamten Kreises verdanken sich hauptsächlich der Han-
> delssteuer. Die Grundsteuer ist sehr gering. Seinerzeit fragte nun jemand, er habe ge-
> hört, dass die Einnahmen aus der Opiumsteuer in diesem Gebiet sehr hoch seien: wie
> sehe die exakte Situation aus? Die Antwort lautete: Diese Steuer gehöre zu den Pro-
> vinzsteuern. Die Kreisregierung wisse über die Einzelheiten nicht Bescheid. Im Er-
> ziehungswesen betrugen die jährlichen Kosten im ganzen Kreis nur etwas über 12.000
> Yuan. Insgesamt sind acht Grundschulen errichtet worden.
> Am interessantesten sind die Bevölkerungsverschiebungen Baotous. Im Frühling und
> im Sommer versammelt sich das Volk auf den Feldern zur Ackerarbeit. Hinzu kom-
> men die Wanderbauern aus Shanxi und Henan, die alle ihre Viehkarren anspannen
> und hierher kommen, um als Pächter die Felder zu bewirtschaften. In diesen Perioden
> steigt die Bevölkerungszahl auf dem Lande plötzlich auf 80.000 bis 90.000 Leute an.
> Im Herbst und im Winter, wenn die Feldarbeiten beendet sind, kehren die Wander-
> bauern in ihre Heimatorte zurück, und ein Teil der Lokalbevölkerung zieht in die
> Stadt. In diesen Perioden geht die Landbevölkerung auf ungefähr 30.000 Leute zu-
> rück. Was die Veränderungen bei der Stadtbevölkerung betrifft, so verhält diese sich
> gerade gegenläufig zur Situation auf dem Lande. Sie ist im Frühjahr und Sommer
> niedrig und im Herbst und Winter hoch. Warum entschließen sich diese Leute vom
> Lande dazu, den Winter in der Stadt zu verbringen? Der einzige Grund liegt in der Si-
> cherheit von Leib und Gut."[152]

Hier wird das Bild einer noch wilden „frontier" gezeichnet, wo Leib und Gut
nicht sicher sind. Aus der Garnison ist eine kleine Landstadt geworden. Der Staat
hat Schulen errichten lassen, alimentiert sie aber kümmerlich. Von geplanter
Modernisierung ist noch nicht viel zu spüren. Wahrscheinlich sind die Opium-
einnahmen unentbehrlich, doch die Vertreter der Kreisregierung sind über rechtliche und ideologische Korrektheit im Bilde und geben vor, mit Opium nichts zu
tun zu haben. Was die Besucherin aus Beijing besonders interessiert, sind die
saisonalen Migranten. Die regelmäßige Fernwanderung über große Distanzen
trägt zur nationalen Integration bei. Gleichzeitig schafft die Peripherie Beschäfti-
gungsmöglichkeiten. Wichtiger als staatliche Programme ist hier der Rhythmus
des Arbeitsmarktes. Er sorgt ganz ungesteuert für eine Komplementarität von

---

[152] Sun Aizhen (1935a), S. 33.

Kernland und Außenregionen. Strategische Nützlichkeit hat sich in ökonomische verwandelt.

Das größte Problem bei der Umsetzung einer nationalen Politik in den Grenz-räumen Chinas bildete die Tatsache, dass es bis dahin immer die Strategie des chinesischen Herrschaftszentrums gewesen war, die verschiedenen Reichsregio-nen unterschiedlich zu verwalten. Die berühmte, in Europa lange bewunderte monolithische Geschlossenheit der chinesischen Staatsbürokratie erstreckte sich nicht auf die Randgebiete. Nun aber sollten landesweit einheitliche Vorgehens-weisen und Strukturen durchgesetzt werden. Daher verurteilten entschiedene Anhänger eines starken und unitarischen Nationalstaates wie Hua Qiyun die re-gionale Beibehaltung des mongolischen Bünde- und Bannersystems, die theokra-tische Herrschaft in Tibet oder auch die fortdauernde Lokalherrschaft von Stam-mesführern in Yunnan. In der Zurückdrängung oder Abschaffung solcher Institutionen und Praktiken sah man den entscheidenden Bruch mit der Grenzpo-litik der Qing-Dynastie. Dem widersprachen diejenigen, die – wie Zeng Wenwu oder Ling Chunsheng – ein gewisses Maß an Respekt für nicht-hanchinesische und überhaupt traditionale Lebensformen einforderten. In den dreißiger Jahren war dies eine Minderheitsmeinung. Wie Hua Qiyun, so glaubten viele andere, nur eine rigorose Vereinheitlichung könne die Voraussetzungen dafür schaffen, in der bedrohlichen internationalen Umwelt der Gegenwart nach außen hin stark aufzutreten.[153] Wer aber sollte eine einsinnige administrative Durchformung des gesamten Landes bewerkstelligen? Hier schien es vor 1937 keine Alternativen zur Nationalregierung der Guomindang zu geben. Einige Warlords, etwa Yan Xishan in Shanxi, bewahrten weiterhin ihre provinzialen Herrschaftsbereiche – aber eben nicht *mehr*, und die Kommunistische Partei Chinas erlitt 1927 und 1934 (mit der Zerstörung des Jiangxi-Sowjets) die schlimmsten Niederlagen ih-rer Geschichte. Die Nanjing-Regierung war jedoch ein schwaches Instrument für die großen Pläne der Nationsbildung. Obwohl ihre Fähigkeit zur Durchdringung lokaler Gesellschaften mit Instrumenten des modernen Staates (Polizei, Steuer-behörden, Munizipalverwaltung, Justiz, Einheitspartei) nach den Ergebnissen der neueren Forschung nicht unterschätzt werden darf,[154] besaß die Regierung vor 1937 keineswegs die Machtmittel, um China zu einigen und ihre gesamte nomi-nelle Kontrollsphäre einförmig durchzurationalisieren.[155]

In einem Beitrag aus dem Jahre 1936 lenkt Song Yiqing die Aufmerksamkeit auf ein zentrales Thema, das sonst im historisch-geographischen Diskurs er-staunlich wenig beachtet wurde: Wenn sich das alte Vielvölkerreich in einen modernen Nationalstaat verwandelt, dann müssen die einzelnen Völker, die sich

---

[153] Hua Qiyun (1937), S. 58.

[154] Grundlegend ist hier immer noch Kuhn (1975, 1986). Vgl. auch die summarischen Bemer-kungen bei Strauss (1997), S. 342–44, sowie Myers (2000), S. 60–65.

[155] So zusammenfassend auch Myers aus prinzipiell Guomindang-freundlicher Sicht (2000, S. 64).

ja nicht von heute auf morgen wegdefinieren lassen, als gleichberechtigte Mitglieder des Staatsvolkes behandelt werden. Song Yiqing verurteilt die traditionelle Geringschätzung der „vier Barbaren" (*si yi*) und macht nicht zuletzt diese Form von Arroganz dafür verantwortlich, dass die Fremdheit der Grenzvölker gegenüber den Hanchinesen im Kernland über die Jahrhunderte hinweg aufrechterhalten wurde. Gewaltsame Konflikte als Folge einer solchen Fehlentwicklung würden im Allgemeinen – und bis in die Gegenwart der dreißiger Jahre – als „äußeres Unglück" (*wai huan*) bezeichnet. Song Yiqing wendet dagegen ein, dass es sich im 20. Jahrhundert in Wahrheit um interethnische Auseinandersetzungen handele, die man eher als „innere Unruhen" (*nei luan*) auffassen sollte. Die Imperialmächte des 19. Jahrhunderts hätten das Missverhältnis zwischen dem Kernland und den peripheren Gebieten ausgenutzt, um den internen Krisen den Charakter eines externen Unglücks zu verleihen, damit aber zur Selbsttäuschung über die wahren Zusammenhänge beigetragen.[156] Die zahlreichen Widerstände der Grenzvölker gegen die Zentralregierung Chinas seit der Qing-Periode bewertet Song Yiqing nicht als „barbarische" Widerspenstigkeit oder Feindschaft gegen Modernisierung und Nationsgedanken, sondern als Zeichen ihrer Stärke, die es nun für den chinesischen Gesamtstaat zu nutzen gelte.[157]

Um die Mitte der dreißiger Jahre war ein Prozess weit vorangeschritten, den man mit Prasenjit Duara als die Verwandlung von „weichen" in „harte" Grenzen bezeichnen könnte. Ein solcher Prozess spielte sich überall auf der Welt beim Übergang von Imperien in moderne Nationalstaaten ab. Im Falle Chinas war er allerdings am Vorabend des Chinesisch-Japanischen Krieges noch nicht abgeschlossen. Dies hatte sowohl äußere als auch innere Gründe. Was die außenpolitische Situation betraf, so verhinderte das mit der Proklamation „Mandschukuos" im Jahre 1932 keineswegs gestoppte Vordringen Japans in Nordchina und der Mongolei eine bilaterale Fixierung der Grenzen im Nordosten. Mit dem anderen schwierigen Nachbarn, der Sowjetunion, war zwar so etwas wie ein *modus vivendi* erreicht worden, doch blieb die Situation vor allem in Xinjiang weiterhin labil und unberechenbar. Die „Verhärtung" der Grenzen ging eher von einer inneren als von einer internationalen Dynamik aus. Entscheidend war hier der Wille der Guomindang, China mit einem einheitlichen Verwaltungssystem zu überziehen. Doch auch dies wurde in der Praxis immer wieder in Frage gestellt. In *einer* Hinsicht jedoch war die Umwandlung von Grenzzonen in Grenzlinien weitgehend erreicht worden: Die nicht-hanchinesischen Völker wurden eindeutig dem „Staatsvolk" zugeordnet; unklare Loyalitäten waren zumindest in der Theorie nicht länger vorgesehen; Grenzüberschreitungen, wie sie in Innerasien seit jeher gang und gäbe gewesen waren, sollten nicht mehr vorkommen. Wenn der Raum zur Quelle nationaler Kraft werden sollte, dann durfte es keine Unklarheit mehr darüber geben, wo er endete.

---

[156]   Song Yiqing (1936), S. 18 f.
[157]   Song Yiqing (1936), S. 19 f.

V. WIEDERGEBURT DURCH KOLONISIERUNG

Der Raum als Quelle nationaler Kraft

Dass Raum mehr ist als bloße Fläche für strategische Schachzüge und bürokratische Ordnungsmaßnahmen, dass er auch Erde ist, Boden, aus dem sich Werte schöpfen lassen, kurz: ein Produktionsmittel – dies musste einem Volk von Landwirten wie den Chinesen nicht erst beigebracht werden. Der Nationalismus war schon in Europa früh, etwa bei Friedrich List, mit dem Gedanken einer National-Ökonomie verbunden, also einer räumlich abgrenzten Einheit von Produktion, Handel und staatlicher Wirtschaft, einem Makro-Organismus, der mit ähnlich beschaffenen Einheiten in internationalem Wettbewerb steht. Blickt man aus solcher Perspektive auf den Raum, dann erscheint er vor allem anderen als Potential für Wertschöpfung im Interesse der Nation. Die Schätze des Bodens müssen gehoben, seine Möglichkeiten bis zur vollen Entfaltung realisiert werden. Eine Nation, die ihre natürlichen Kraftquellen ungenutzt lässt, versündigt sich an ihrer Zukunft. Solche Gedanken lagen im China der Zwischenkriegszeit besonders nahe. Schon in seiner anti-imperialistischen Ausprägung trug der chinesische Nationalismus eine ungemein starke wirtschaftliche Note. Er war in dieser Hinsicht ein eher *abwehrender* ökonomischer Nationalismus: Den Fremden sollte der chinesische Markt, den der Verlust der Zollautonomie schon 1842 zumindest in der Theorie weit geöffnet hatte, durch die Propagierung nationaler Produkte (*guohuo*) und Boykotte so weit wie möglich versperrt, Ausländern die Nutzung ihrer bereits erworbenen Bergbau- und Eisenbahnkonzessionen erschwert werden.

Seit den Versuchen bürokratischer Frühindustrialisierung im letzten Drittel des 19. Jahrhunderts wurden immer wieder Versuche unternommen, Importen durch den Aufbau chinesischer Industrien entgegenzutreten. Nachdem schwerindustrielle Projekte wie das Hanyeping-Eisen- und Stahlwerk hohe Erwartungen nicht erfüllt hatten, geschah dies seit dem Kriegsboom nach 1915 vor allem durch private Initiative – in einigen Fällen nicht ohne zumindest zeitweiligen Erfolg.[1] Welche anderen Chancen gab es für einen *konstruktiven* Wirtschaftsnationalismus? Die importsubstituierenden Industrien waren in den großen Treaty Ports oder gar in Hongkong angesiedelt und befanden sich dort angesichts der wachsenden japanischen Bedrohung in einer ungeschützten Lage. Auch aus diesem Grunde drängte sich die Frage auf, was die Tiefe des chinesischen Raumes zum wirtschaftlichen Wiederaufstieg des Landes beitragen könnte.

Die Historischen Geographen stellten diese Frage nicht nur, sondern versuchten teilweise sogar sie in der Praxis zu beantworten. Da sie sich mehr für die kontinentalen Ränder Chinas interessierten als für die vergleichsweise hoch ent-

---

[1] Das vielleicht beste Beispiel, die Zigarettenindustrie, stellt Cochran (1980) vor.

wickelten Regionen im Umkreis von Shanghai, Tianjin, Hankou (Wuhan) und Hongkong/Guangzhou, geht es dabei weniger um Industrialisierung als um agrarische Erschließung. Urbarmachung und Kultivierung von ungenutztem Land (*kenzhi*) war eine der großen Parolen der dreißiger Jahre.[2] Solches *kenzhi* sollte nicht länger den individuellen Entscheidungen von Siedlern überlassen, es sollte planvoll und mit dem nationalen Gesamtinteresse im Auge angeregt und gesteuert werden. Dies wiederum setzte möglichst gründliche Kenntnisse der so zu erschließenden und zu öffnenden (*kaifa*) Gebiete voraus. Wieder waren also die Intellektuellen als Fachleute gefragt. Da China, ganz anders als Japan, nicht an koloniale Expansion denken konnte, musste es sich notwendig um *innere* Erschließung handeln, um die Nutzung von „internal peripheries". Hier war China mit seinem gewaltigen Landreservoir in einer ähnlichen Lage wie die anderen großen Flächenstaaten der Erde, vor allem die USA und das Zarenreich bzw. die Sowjetunion, die ebenfalls ihr wirtschaftliches Wachstum langfristig aus inneren natürlichen Ressourcen gespeist hatten. Im Unterschied zu einem externen Kolonialismus (*zhimin zhuyi*) à la Japan, dem es um die Ausbeutung fremder Gebiete ging, musste bei solcher inneren Kolonisierung im Sinne von *kaifa* der Eindruck asymmetrischer Nutzenverteilung vermieden werden. *Alle* sollten davon profitieren. Zwischen Erschließung und Nationsbildung sollte kein Widerspruch auftreten, beide sollten auf das engste miteinander verbunden sein.

1. Geographische Ressourcen und wirtschaftliche Grundlagen

a) Potentiale in Geschichte und Gegenwart

Die Versuche zur Erschließung des Nordwestens und des Fernen Westens in der Republikzeit haben bei Historikern wenig Interesse gefunden. Es ist bezeichnend, dass in den beiden Republik-Bänden (Bde. 12 und 13) der maßgebenden *Cambridge History of China* Fortsetzungen von Joseph Fletchers wertvollen Kapiteln über die kontinentalen Peripherien während des 19. Jahrhunderts (Bd. 10) fehlen. Eine frühe und immer noch wegen ihres Materialreichtums aufschlussreiche historische Arbeit über die Erschließung Xinjiangs wurde 1932 in Paris als Dissertation angenommen. Der Verfasser, Chen Tsu-yuen, führte sein Interesse für das Thema auf Sun Yatsens Pläne zurück, mit Hilfe von zehn Millionen Siedlern und Soldaten aus dem Kernland die Inwertsetzung Xinjiangs und der Mongolei planmäßig in Angriff zu nehmen.[3] Chen Tsu-yuen war davon überzeugt, dass aus der Analyse der qingkaiserlichen Erschließungsprojekte wichtige Aufschlüsse für die Verwirklichung zukünftiger Vorhaben zu gewinnen seien.[4] In

---

[2]   Vgl. etwa An Han (1932).
[3]   Chen Tsu-yuen (1932), S. 1.
[4]   Chen Tsu-yuen (1932), S. 2.

einem historischen Rückblick unterscheidet Chen vier Perioden des *défrichement* in Xinjiang: eine erste, noch stark von der militärischen Eroberung geprägte Phase (1715–1754), in der die Kultivierung vor allem von Soldaten in Militärkolonien durchgeführt wurde;[5] eine zweite Phase, mit einem gemischten System von Militärkolonien mit chinesischen und mandschurischen Soldaten auf der einen, privaten muslimischen und chinesischen Siedlern auf der anderen Seite (1755–1820), nach Ansicht des Autors der Höhepunkt der Qing-Bemühungen; eine dritte Phase des Zerfalls der Agrarprojekte vor dem Hintergrund der politischen Kämpfe in der Region (1821–1874); und schließlich eine vierte Phase der Erholung und Weiterentwicklung der zivil-privaten Kultivierungsaktivitäten, während die Militärkolonien aufgegeben wurden (1875–1911).[6]

Verbindungen zwischen Chen Tsu-yuen und den Yugong-Gelehrten sind nicht nachweisbar. Der Duktus ihrer Untersuchungen ist indessen ähnlich. In China selbst hat man erst spät nach der wirtschaftlichen Bedeutung der Peripherie für den Gesamtstaat gefragt. Über eine Art von lokaler Produktenkunde und vielleicht noch Handelsgeschichte ist man lange nicht hinausgekommen. Wie der namhafte Geologe Weng Wenhao einräumen musste, las man seit dem 18. Jahrhundert Wichtigeres über die ökonomischen Potentiale der zentralasiatischen Reichsteile bei Jesuiten und anderen europäischen Gelehrten.[7] Erst zu Beginn des 20. Jahrhunderts erschienen in China erste Aufsätze in Fachzeitschriften sowie einige wissenschaftliche Monographien. Sie ersetzten die traditionellen Informationsquellen der Tagebücher und Reiseerinnerungen, die von Militärführern der kaiserlichen Strafexpeditionen oder von Regierungsbeamten der Grenzgebiete zusammengestellt worden waren.

1935 äußerte sich Lian Shisheng in der Yugong-Zeitschrift grundsätzlich zu der engen Beziehung, die er zwischen geographischer Kenntnis und wirtschaftlicher Erschließung sah: Ohne eine Analyse der natürlichen Umgebung könne man auch die Wirtschaft der peripheren Gesellschaften nicht verstehen; deren Untersuchung wiederum verlange den Rückblick auf die Geschichte. Hier war folglich die Zusammenarbeit von Wirtschafshistorikern und Historischen Geographen gefragt.[8] Tatsächlich begann in den dreißiger Jahren die geographisch fundierte Wirtschaftsgeschichte der Randgebiete des chinesischen Staates ein professionelleres Niveau zu erreichen. Ein nationalpolitisches Engagement war dabei unverkennbar. Alle republikzeitlichen Autoren teilten die Überzeugung, dass man die innerasiatischen Staatsgebiete einer systematischen agrarischen Er-

---

[5]   Die neueste Forschung präzisiert: Seit 1716 wurden in Xinjiang zur Truppenversorgung Militärkolonisten eingesetzt. Ihre Farmen befanden sich in den Orten Hami, Musang, Barkol, Turfan und Altai, von denen alle bis auf Hami 1725 zunächst wieder aufgegeben wurden. Erst nachdem die Qing-Regierung seit 1756 die Region endgültig erobert hatte, stabilisierten sich die Situation der Militärfarmen. Millward (1998), S. 50.

[6]   Chen Tsu-yuen (1932), S. 28–51.

[7]   Vgl. Weng Wenhao (1930).

[8]   Lian Shisheng (1935), S. 45.

schließung unterwerfen sollte. Nach der japanischen Besetzung der Mandschurei hieß das Schlagwort der dreißiger Jahre „Öffnet den Nordwesten" (*Kaifa Xibei*)! Dies könne nicht nur durch Weisung von oben geschehen, sondern bedürfe einer umfassenden Aufklärung und Mobilisierung. Auch der geographische Unterricht müsse dazu einen Beitrag leisten. Er solle, so wurde 1930 in der „Geographischen Zeitschrift" empfohlen, bei den „Drei Volksprinzipien" Sun Yatsens ansetzen:

> „(a) Auf der Grundlage des [Volksprinzips des] Nationalismus sollen die Verhältnisse und Sitten aller Regionen dieses Staates erklärt werden, um einen [gemeinsamen] Volksgeist heranzubilden, sowie die internationale Situation, um eine globale Perspektive zu entwickeln.
>
> (b) Auf der Grundlage der Volksrechte sollen die Richtlinien der politischen Praxis sowie der geographische Hintergrund der außenpolitischen Maßnahmen erklärt werden. Dadurch sollen die Schüler veranlasst werden, Interesse an der Politik zu entwickeln und sich zu perfekten Staatsbürgern zu entwickeln.
>
> (c) Auf der Grundlage der Volksfürsorge sollen die vier großen Bedürfnisse eines Staatsvolkes, nämlich Kleidung, Nahrung, Wohnraum und Beschäftigung, erläutert werden. All dies beruht auf der Erschließung natürlicher Ressourcen. Auf diese Weise lässt sich ein fröhlicher, aktiver Geist wachrufen."[9]

Im gleichen Jahr stellte Wen Zirui in einem Beitrag zu *Xin Yaxiya* eine noch engere Verbindung zwischen der offiziellen Staatsphilosophie Guomindang-Chinas und dem Aufbruch in die Randgebiete her. Er betrachtete die Durchdringung und Erschließung der innerasiatischen Peripherie als nichts weniger denn die Voraussetzung für die Verwirklichung der Drei Volksprinzipien und den Aufbau eines modernen Nationalstaates. Das dicht besiedelte Kernland brauche die weiten, menschenleeren Grenzräume, um sich entwickeln zu können. An der Peripherie müssten Grundlagen für ein neues Bevölkerungswachstum gelegt werden, damit China mit anderen Staaten mithalten könne – ein Echo auf Sun Yatsens Obsession mit der angeblichen Gefahr einer *Unter*völkerung Chinas.[10] Wen Zirui erwartete die landesweite Umsetzung der „Volksrechte" (*minquan*) durch lokale Selbstverwaltungsstrukturen. Zu deren Verwirklichung in den Randgebieten fehlten dort allerdings wichtige Voraussetzungen: Die Bevölkerungszahlen seien unbekannt; es gebe keine Verwaltungsorgane, keine Klarheit über den Bodenbesitz, keine Verkehrswege, kein ausgewiesenes Erschließungsland und keine Schulen. Diese Voraussetzungen sollten Hanchinesen an Ort und Stelle schaffen.[11] Dies liege auch im Interesse der Kernprovinzen, biete die Peripherie doch neben freiem Land reichhaltige Bodenschätze, die für eine Entwicklung des materiellen

---

[9]   Lun Bo (1930), S. 210.
[10] Vgl. zu diesem Motiv bei Sun Yatsen Strand (1998), S. 49. Mao Zedong dachte ähnlich und maßregelte daher noch in den 1950er Jahren den bekannten Ökonomen Ma Yinchu, der vor einem unkontrollierten Bevölkerungswachstum gewarnt hatte.
[11] Wen Zirui (1930), S. 68–75.

Wohlstands in ganz China unerlässlich seien.[12] Wen Zirui schlug die Gründung eines Planungskomitees vor, das in den einzelnen Gebieten die natürlichen und wirtschaftlichen Bedingungen untersuchen solle. Es solle außerdem die regionale Verteilung der chinesischen Kolonisten festlegen, deren vorbereitende Schulungen im produktiven, politischen und verteidigungsstrategischen Bereich organisieren, den Aufbau einer nationalen Verteidigungsarmee planen sowie Vorsorge für den Lebensunterhalt der ersten Einwanderer treffen. Später müsse man an die Einrichtung eines Verwaltungskomitees für Einwanderer gehen. Dieses Organ sei für die Verstaatlichung des Bodens zuständig, der den Kolonisten zur Verfügung gestellt werde. Es solle die Umsiedlung organisieren, vor Ort Finanzierungsmöglichkeiten bereitstellen und Trainingsprogramme sowie Schulen und öffentliche Einrichtungen aufbauen.[13] Hier wird zu einer Zeit, als der Nanjing-Regierung noch elementare Machtmittel fehlten, die Blaupause eines umfassenden Kolonisierungsprogramms entworfen, das in manchem an die Pläne der Japaner zum staatlich organisierten Bauernexport aus Japan und Korea in die Mandschurei erinnert.

Gingen solche Vorschläge ganz ins Praktische, so bemühten sich andere Autoren – ähnlich wie Chen Tsu-yuen in Paris – um die historische Grundlegung der angestrebten Siedlungswelle. Ebenso wie territoriale Besitzansprüche als historisch legitimierungsbedürftig angesehen wurden, so sollte auch die wirtschaftliche Erschließung der Randzonen an Traditionen anknüpfen. In seinem Standardwerk über die „Westgebiete" (*Xiyu*) verfolgt Zeng Wenwu eine Entwicklungslinie bis zu den ersten Militärkolonien in der Han-Zeit zurück, die zur Versorgung der kaiserlichen Expeditions-, bzw. Besatzungsarmeen vor allem im Norden des Tianshan-Gebirges eingerichtet wurden.[14] In den Kapiteln der Tang-Annalen über die Völker der Westgebiete wird wiederholt von Hanchinesen berichtet, die dem politischen Chaos ihrer Heimat entflohen und sich im Nordwesten niederließen.[15] Zeng Wenwu führt den Beginn *systematischer* agrarischer Erschließung auf das 18. Jahrhundert zurück, als zur Versorgung der kaiserlichen Truppen Kolonisten aus dem Kernland in die Westgebiete geholt wurden. Die Qing-Regierung durchbrach damit den Grundsatz, die Völker ihres Imperiums mit Hilfe einer strikten Separationspolitik zu regieren. Aus dem begrenzten Unternehmen entwickelte sich eine „Durchdringung der Grenze mit Hilfe von Kolonisten" (*yimin shibian*).[16] Von dort aus sieht Zeng eine Kontinuität bis zur Ödlanderschließung

---

[12]   Wen Zirui (1930), S. 76 f.
[13]   Wen Zirui (1930), S. 81–85.
[14]   Zeng Wenwu (1936), S. 58–66. Bereits zu Beginn des 20. Jahrhunderts war dieser Befund durch archäologische Funde bestätigt worden. Vgl. Wang Zhilai (1997), S. 17.
[15]   Zeng Wenwu (1936), S. 135–41, 176–82.
[16]   Zeng Wenwu (1936), S. 316; ähnlich Chen Tsu-yuen (1932), S. 16–18. Siehe auch Millward (1998), S. 50–52.

(*kenhuang*) in der Republikzeit.[17] Im gegenwartsbezogenen landeskundlichen Teil seines Werkes lässt Zeng Wenwu keinen Zweifel daran, dass er Xinjiang nicht generell als Ödland versteht. Vielmehr sieht er hinter dem Erscheinungsbild der Provinz ein noch größeres Entwicklungspotential, vor allem bei der Gewinnung von Bodenschätzen. Historische Kenntnis erlaubt ihm, auf verschüttete Möglichkeiten hinzuweisen.[18] Xu Chonghao pflichtet ihm bei und zeigt sich von den wirtschaftlichen Voraussetzungen des Südens von Xinjiang sogar dermaßen beeindruckt, dass er schwärmend den Vergleich mit der fruchtbaren Jiangnan-Region in Südostchina wagt: Xinjiangs landwirtschaftliche Erzeugnisse seien ebenso reichhaltig, seine Landschaften ebenso wunderbar.[19] Der alte Topos von den Gold- und Wunderländern des Südens wird auf den Kopf gestellt und eingenordet.

Trotz einer umfangreichen Berichtsliteratur über Xinjiang spielt die fernwestliche Provinz im *Kaifa*-Diskurs der dreißiger Jahre nur eine Randrolle.[20] Weder unter der Abschottungspolitik des xenophoben und zunehmend Nanjing-feindlichen Gouverneurs Jin Shuren (1928–33), noch unter der sowjetlastigen Tyrannei seines Nachfolgers Sheng Shicai war einem nationalistischen Erschließungsenthusiasmus freier Lauf gegönnt. Im Mittelpunkt stand vielmehr der nahe Nordwesten, also die Innere Mongolei, das große Projektionsfeld vieler Hoffnungen. Immer wieder kehrten die Gedanken der Entwicklungsbefürworter aber auch zur Mandschurei zurück. Der Vergleich zwischen den benachbarten Regionen war zu verlockend, der Ärger über den geraubten Nordosten vielleicht nötig, um die Begeisterung für den zugänglichen Nordwesten anzufachen. Da es im Falle der Mandschurei vor allem um die historische Legitimierung ihrer Zugehörigkeit ging, blickten die Darstellungen eher in die Vergangenheit zurück. Angesichts der Besetzung durch die Japaner schien die Zukunft einer chinesischen Kolonisierung auch ohne Staatshilfe zweifelhaft zu sein. Der Verlust wertvoller Teile

---

[17] Zeng Wenwu (1936), S. 708. Millward weist daraufhin, dass die Landerschließung in der
       Qing-Periode ein bis dahin unbekanntes Ausmaß erreichte. So waren bis 1840 über 3 Mio.
       mu kultiviert worden und bis 1850 kamen noch 600.000 mu allein im Süden des Tianshan-
       Gebirges dazu. Siehe Millward (1998), S. 51. Zeng Wenwu nennt für die späte Guangxu-
       Periode eine Zahl von 13 Mio. mu für ganz Xinjiang. Siehe Zeng Wenwu (1936), S. 708.
       Dies erscheint aber nicht realistisch. Die Aufstände und Kriegszüge in der zweiten Hälfte
       des 19. Jahrhunderts lassen eher einen Rückgang des bebauten Landes vermuten als eine
       derart ungewöhnliche Steigerung.
[18] Vgl. etwa Zeng Wenwu (1936, S. 726–32) über die Geschichte des Abbaus von Boden-
       schätzen in Xinjiang. Zu neueren Gewinnungsprojekten vgl. Xu Chonghao (1944), S. 111–
       18.
[19] Xu Chonghao (1944), S. 95.
[20] Eine regionale Erschließungsstrategie hatte allerdings Xinjiangs erster Gouverneur Yang
       Zengxin verfolgt. Der „Aufbau von Wasserkanälen und die Urbarmachung von Ödland"
       (*kailiang kenhuang*) gehörten zu den „dringlichen politischen Maßnahmen Xinjiangs"
       (*Xinjiang yaozheng*). Allerdings fehlten ihm bei der Durchführung erhebliche Finanzmittel.
       Vgl. dazu ausführlich Chen Huisheng / Chen Hao (1999), S. 160–65.

der Mandschurei 1898/1905 und der gesamten Großregion 1931 war um so bitterer, als sie für die Modernisierung des Landes den wesentlich größeren Beitrag hätte leisten können. Während sich der Nordwesten besonders für die Viehzucht eignete, aber sonst für weniges, waren die Nordostprovinzen seit dem Beginn des Sojabohnenbooms in den 1890er Jahren ein Überschussproduzent von Grundnahrungsmitteln und verfügten über reiche Kohle- und Eisenerzvorkommen.[21] In den zwanziger Jahren war das seit 1905 von der Südmandschurischen Eisenbahngesellschaft betriebene Fushun-Bergwerk die größte Kohlegrube Asiens, das Stahlwerk im benachbarten Anshan eines der modernsten der Welt.[22] Im Gegensatz zum Nordwesten, der sich wirtschaftlich kaum selbst tragen konnte, war der Nordosten potentiell in der Lage, für die ganze Nation als wichtiger Lebensmittel- und Industrielieferant zu dienen. Außerdem war er, allein schon von seinen natürlichen Voraussetzungen her gesehen, für die hanchinesische Kolonisierung weitaus besser geeignet. Man hat ihn daher nicht zu Unrecht als „Lebensnerv" Chinas bezeichnet.[23]

b) Nostalgisches über die Mandschurei

Gibt es über den Nordwesten drei Sonderhefte der Yugong-Zeitschrift – YG 5:8/9 über Nordwestforschungen, YG 6:5 über Hetao und YG 7:8/9 über Chahar/Suiyuan –, so beschränkte man sich hinsichtlich der Mandschurei auf das dreihundertseitige Sonderheft YG 6:3/4 von 1936. Es enthält wenig über die Situation seit 1931, über die man sich vielleicht nicht zureichend unterrichtet fühlte, dafür um so mehr über die früheren Beiträge von Chinesen zur Zivilisierung und landwirtschaftlichen Erschließung des Nordostens. Ein wenig dichter am Geschehen hielt sich *Xin Yaxiya*. Die wichtigste Gruppe, die hier allein schon aus patriotischen Gründen Erwähnung verdiente, aber auch ein wirtschaftsgeschichtlich-geographisches Thema ersten Ranges darstellt, waren Migranten aus Nordchina, für die der Nordosten als Auswanderungsziel eine ähnliche Bedeutung hatte wie Südostasien, Hawaii und Kalifornien für die Bewohner der Küstenprovinzen Fujian und Guangdong – mit dem Unterschied, dass die Wanderung in den Norden oft keine Emigration für immer bedeutete.[24] Man schätzt heute, dass die Migration aus den Provinzen Hebei und Shandong 1927 mit 1,2 Millionen Menschen ihren Höhepunkt erreichte. Danach war sie rückläufig, unterlag seit 1933 immer schärferen japanischen Reglementierungen und kam 1937 auf einem Tiefpunkt von 360.000 Personen an; der Krieg belebte den Verkehr dann wieder.[25]

---

[21] Jiang / Zhang / Yan (1944), S. 4–8.
[22] Vgl. Osterhammel (1989), S. 287.
[23] Jiang / Zhang /Yan (1944), S. 10.
[24] Cao Shuji (1997), S. 477–84, 496–503, 505–508.
[25] Gottschang / Lary (2000), S. 36, 38 (Schaubild 1.1.), 171 (Tabelle A.2).

Die Zuwanderung aus Nordchina war der entscheidende Grund dafür, dass sich die landwirtschaftliche Nutzfläche in der Mandschurei von der Mitte des 17. Jahrhunderts bis zur Mitte der 1920er Jahre um mehr als das Dreißigfache vergrößerte.[26] Sie nahm zwischen 1924 und 1931 noch einmal um 69 Prozent zu. Da die Qing-Dynastie ihr Heimatland zunächst für Hanchinesen gesperrt hatte, kamen die meisten Kolonisten erst in den ersten Jahrzehnten des 20. Jahrhunderts in den Nordosten.[27] Die räumliche Nähe zu den Kernprovinzen und die milderen klimatischen Bedingungen machten die Mandschurei zu einem angenehmeren Kolonisierungsland, als es der Nordwesten war. Die Kriegsherren der Mandschurei zeigten sich an den chinesischen Einwanderern als wichtiger Geldquelle interessiert und ließen überall in ihrem Machtbereich Einwanderungsbehörden errichten. Die Bevölkerungszahl stieg in den Nordostprovinzen von 4,5 Millionen 1900 auf 22 Millionen im Jahre 1927.[28] Damit verlor die Mandschurei auch den – aus chinesischer Sicht – typischen Charakter einer „wilden, dünn besiedelten Grenzregion".

Zhang Zhenzhi, der diese Vorgänge 1931 in *Xin Yaxiya* materialreich dokumentierte, hielt sie nur für den Anfang einer noch gewaltigeren Expansion. Er nannte den Nordosten sogar ein „größtenteils noch nicht erschlossenes Neuland", das immer noch sehr dünn besiedelt sei.[29] Diese Einschätzung unterstützte Liang Minshi in einem Beitrag derselben Zeitschrift über den Ressourcenreichtum der Mandschurei. Er berief sich auf japanische Angaben, nach denen erst 12,5 Prozent des gesamten Nordostens landwirtschaftlich erschlossen seien.[30] Ähnliche Zahlen legte Zhang Yintang im Mandschurei-Sonderheft der Yugong vor.[31] Liang Minshi hatten dabei am Vorabend der plötzlichen japanischen Übernahme noch die glanzvollen Zukunftsaussichten einer *chinesischen* Mandschurei vor Augen. Von der Baumwollproduktion, die sich auf die Provinz Liaodong konzentrierte, erhoffte er sich einen wesentlichen Industrialisierungsbeitrag. Wichtig seien auch Zuckerrüben, deren Verarbeitung 1907 begonnen hatte und seit 1914 offiziell gefördert wurde. Die klimatischen Bedingungen des Obstanbaus bezeichnete er als mit den amerikanischen Verhältnissen vergleichbar, viel besser als in Korea oder in Japan. Die Seidenproduktion stelle einen wichtigen bäuerlichen Nebenerwerbszweig dar. Zu den natürlichen Reichtümern der Mandschurei gehörten auch umfangreiche Waldgebiete. Es gebe über 300 verschiedene Baumarten, von

---

[26]   Mao Yingpin (1997, S. 86) spricht von 2,1 Millionen *mu* am Ende des 17. Jahrhunderts und 65,5 Millionen1924.

[27]   Vgl. Wu Xiaosong (1995), S. 47; Zhang Genfu (1997), S. 36. Eine Öffnung der Mandschurei erfolgte erstmals nach 1860, systematisch aber ab dem frühen 20. Jahrhundert. Einen Überblick über die Einwanderung von Hanchinesen in der Qing-Zeit, die trotz des offiziellen Verbots auch illegal erfolgte, gibt Diao Shuren (1995b).

[28]   Mao Yingping (1997), S. 87–91.

[29]   Zhang Zhenzhi (1931b), S. 27.

[30]   Liang Minshi (1931), S. 46.

[31]   Zhang Yintang (1936), S. 4.

denen zwanzig wirtschaftlich genutzt würden. Sehr ertragreich seien ebenso die Vieh- und die Wasserwirtschaft.[32]

Schmerzliches Bedauern über den Verlust einer solchen Schatzkammer findet man nach 1931 in jedem einschlägigen chinesischen Text. Zhang Yintang geht noch einen Schritt weiter und weist auf das bedrückende Paradox hin, dass die Mandschurei nicht nur der harmonisch gefügten National-Ökonomie abhanden gekommen sei, sondern nun sogar in eine Waffe gegen China umgeschmiedet werde:

> „Die Ausläufer des Nordostens unseres Landes und seine Ebene sind sehr groß, und ihr Boden ist sehr fruchtbar. Das Klima eignet sich zur Entwicklung der Landwirtschaft. Es lässt sich sehr reichhaltig Getreide anbauen. Die Bevölkerung[-zahl] ist sehr gering. Es gibt viel kultivierbares Land. Folglich kann der Nordosten einerseits die von der Bevölkerung im Kernland benötigten Nahrungsmittel liefern; andererseits kann er auch eine große Anzahl unseres überschüssigen Bevölkerungsanteils aus dem Landesinnern aufnehmen. Wie groß ist doch der Nutzen des Nordostens für das Volkswohl unseres Landes! Betrachtet man dann außerdem seine strategische Stellung und die Fülle seiner natürlichen Ressourcen, so zeigt sich seine Bedeutung für die politisch-wirtschaftliche Zukunft unseres Gesamtstaates. Falls aber er weiterhin von unseren starken Nachbarn besetzt wird und wir ihn nicht zurückerobern können, wie lässt sich dann die Vorstellung ertragen, dass er zukünftig eine Gefahr für das Schicksal unseres Landes bedeutet?"[33]

Das war 1936 ganz richtig beobachtet und prognostiziert. Der chinesische Zentralstaat, der 1931 durch die japanische Übernahme der Zollstationen in einem der außenhandelsaktivsten Gebiete Chinas einen beträchtlichen Teil der für ihn – und die Tilgung ausländischer Anleihen – unentbehrlichen Seezolleinnahmen verloren hatte,[34] würde bald von der Mandschurei aus militärisch unmittelbar herausgefordert werden. Dass im Übrigen die chinesischen Autoren kein gutes Wort über den 1932 ausgerufenen Marionettenstaat Mandschukuo fanden, versteht sich von selbst. Eine detaillierte Studie über das von Japan dort eingeführte Währungssystem gelangt zu der drastischen, wenngleich nicht völlig aus der Luft gegriffenen Schlussfolgerung, die „japanischen Schlächter" ließen sich keine Möglichkeit entgehen, um „das Knochenmark der Bevölkerung des Nordostens auszusaugen".[35]

c) Maßvoll Optimistisches über den Nahen Nordwesten

Auch der – von Beijing aus gesehen – *nahe* Nordwesten der innermongolischen Provinzen und keineswegs nur der Ferne Westen Turkestans lag vom Kernland

---

[32] Liang Minshi (1931), S. 50–52.
[33] Zhang Yintang (1936), S. 8.
[34] Li Jingmin (1936), S. 143.
[35] Hong Yisheng (1936), S. 153.

weiter entfernt als die Mandschurei, denn er war, anders als diese, nur schwer durch die Eisenbahn erreichbar. Nicht zuletzt aus diesem Grunde war er noch kein integrierter Bestandteil einer chinesischen National-Ökonomie. In der Mandschurei war man als Reisender eher gewesen als im Nordwesten. Über sie war mehr bekannt. Fleißige nordchinesische Siedler hatten, so konnte man es südlich der Großen Mauer sehen, große Teile des südmandschurischen Raumes schon in kultivierenden Besitz genommen. Der Nordwesten war im Vergleich dazu Terra Incognita.

So verwundert es nicht, dass ein Yugong-Autor seine Leser mit der Aussage zu beeindrucken versuchte, allein die beiden innermongolischen Provinzen Chahar und Suiyuan seien zusammen fünfmal so groß wie die ostchinesische Provinz Jiangsu, das Hinterland von Shanghai.[36] Dieses riesige Gebiet sei nahezu vollkommen unerschlossen. Die einheimische Bevölkerung habe, auch mangels äußerer Hilfe, die geographisch-wirtschaftlichen Möglichkeiten der Inneren Mongolei nicht genutzt. Fang Fanjiu sah dies in seiner Landeskunde nicht unbedingt als Versagen und Verschulden der Mongolen, sondern durchaus als natürliche Folge ihrer pastoralen Lebensweise: „Obwohl die Mongolei über viel Land verfügt, ist es doch schwer zu bebauen. Obwohl es dort Bodenschätze gibt, wurden sie bisher nicht gefördert. Die Nomadenwirtschaft ist die einzige Einnahmequelle der Mongolen."[37] Wenn man einen Verantwortlichen für die Vernachlässigung suchte, dann war es eher der Staat.[38] Was Gu Jiegang, der sich während des Antijapanische Krieges in den Nordwesten zurückgezogen hatte, 1947 darüber schrieb, zog bereits eine kurze Bilanz jüngster Verbesserung, hielt sich aber weiterhin innerhalb einer Rhetorik der ungenutzten Möglichkeiten:

> „In Hetao reihen sich von Ningxia bis nach Suiyuan Bewässerungskanäle dicht aneinander. Die Bewässerung ist sehr bequem. Landwirtschaft und Wasserwirtschaft sind auf beiden Seiten [des Flusses] tatsächlich in bestem Zustand. In Zukunft kann sich [die Region] sicher zu einem Landwirtschaftsgebiet entwickeln. Die Grenzvölker sind alle Nomaden. Daher befürworten sie eine Kultivierung überhaupt nicht. Aber nur aufgrund eines solchen Vorurteils ein so gutes Landwirtschaftsgebiet aufzugeben, wäre doch sehr bedauerlich!"[39]

Bei der Beschreibung des Nahen Nordwestens sahen sich die Historischen Geographen zunächst einmal aufgefordert, dessen physische Oberfläche zu erläutern. Gemäß ihrer unterschiedlichen Topographie unterteilt Zhang Yintang die Innere Mongolei in drei Landschaftszonen – Hochebenen, niedrige Regionen und Gebirge – mit zwei unterschiedlichen Wirtschaftsformen. Die Hochebenen im Norden würden vom Nomadentum beherrscht, das Land südlich der Gebirgsketten

---

[36] Ge Qiyang (1937), S. 17.
[37] Fang Fanjiu (1934), S. 20.
[38] Zhang Weihua (1936a), S. 71.
[39] Gu Jiegang (1947b), S. 6.

sei bereits stärker vom Ackerbau geprägt.[40] Zhang unterscheidet bei einem zweiten, genaueren Blick nach dem Kriterium ihrer wirtschaftsgeschichtlichen Nutzung und ihrer künftigen ökonomischen Nutzbarkeit mehrere Naturräume voneinander:

(1) Die Ebenen und Flusstäler um Zhangjiakou sowie die Ebene von Guisui, zu der auch Baotou gehörte, das einzige Handelszentrum im Westen der Inneren Mongolei, seien bereits von chinesischen Einwanderern erschlossen worden.

(2) Das Alashan-Gebiet im äußersten Westen der Inneren Mongolei, auch ‚kleine Gobi' genannt, das im Gegensatz zur Großen Gobi-Wüste Xinjiangs und der Mongolei auch für die Weide- und Landwirtschaft geeignet sei. Die Städte Zhenfan und Yuanying dienten bereits jetzt als wichtige Umschlagplätze des Handels zwischen chinesischen Kaufleuten und mongolischen Hirten.

(3) Die Hochebene von Fengzhen werde von Bauern aus dem benachbarten Nordshanxi seit längerem für eine „extensive trockene Landwirtschaft" genutzt.

(4) Die Ordos-Hochebene lasse sich mit Hilfe moderner Bewässerungsmethoden in eine fruchtbare Landschaft umwandeln. Ihre nomadische Bevölkerung sei in einem hundertjährigen chinesischen Kolonisierungsprozess bereits in entlegene Gegenden abgedrängt worden.

(5) Das Grasland von Chahar sei zwar ein ausgezeichnetes Weidegebiet, doch chinesische Siedler hätten auch hier die mongolischen Nomaden nach Norden vertrieben, so dass sich sehr gute landwirtschaftliche Entwicklungsmöglichkeiten böten.

(6) Anders das nördlich von Chahar gelegene Grasland von Xilingolor sowie das nordöstlich gelegene Grasland von Ulanchabu: diese ließen sich nur für Weidewirtschaft gebrauchen.[41]

Nutzlose Flecken schien es nach dieser Klassifikation in der Inneren Mongolei nirgends zu geben.[42] Zhang Yintang übersieht auch die weitere Ausstrahlung der Region nicht. Dank ihrer geographischen Lage stelle die Innere Mongolei die wichtigste Verbindung zur Äußeren Mongolei dar und vermittle ebenso alle Arten von Transfers zum ferneren Nordwesten Chinas. Auch Li Xiujie hebt ihre Schlüsselposition als Kulturbrücke hervor, da hier seit alters her die Völker des Südens und des Nordens zusammenträfen. Der grenzpolitische Akzent fehlt selbstverständlich nicht: Eine erfolgreiche Herrschaft über die Innere Mongolei würde Chinas Grenzen insgesamt stabilisieren und ein altes Einfallstor ins chine-

---

[40] Zhang Yingtang (1931), S. 361 f.
[41] Zhang Yintang (1931), S. 367.
[42] Lou Zuyi (1937), S. 163–65.

sische Kernland für immer verriegeln.[43] Nicht ganz damit einverstanden ist Chen Zengmin: Auf vielfältige Weise seien seit der Frühlings- und Herbstperiode (8.–5. Jahrhundert v. Chr.) nomadische und bäuerliche Wirtschaftsformen und Lebensweisen in der Region aufeinandergetroffen. Neben Handelsbegegnungen und Assimilierungen dürfe man im Schwunge der neuen Nordwest-Euphorie die vielen Konflikte und Kriege der Vergangenheit nicht übersehen. Die wirtschafts- und kulturgeographische Zweiteilung der Inneren Mongolei könne sich langfristig auch negativ auf ihre wirtschaftliche Erschließung auswirken. Käme es nämlich zwischen den beiden Wirtschafts- und Lebensformen erneut zum Konflikt, dann würde er in der Übergangszone am schärfsten ausgetragen werden.[44]

In Bezug auf Bodenschätze stand der Nordwesten weit hinter der Mandschurei zurück. Immerhin gab es eine Förderung und Verarbeitung von Silber, das vor allem von lamaistischen Tempeln abgenommen wurde. Shen Huanzhang zeigt am Beispiel Qinghais die komplizierte Organisationsweise der Edelmetallproduktion. Stammesführer und klösterliche Oberhäupter verboten grundsätzlich den Abbau der wertvollen Naturressourcen und ließen nur einige chinesische, meist vom Kernland aus betriebene Goldschürfunternehmen zu, die lokale Muslime als Arbeiter einsetzten. So beschäftigte das Datong-Goldwerk ein- bis zweitausend Arbeiter.[45] Von Datong aus wurde auch die Kohleförderung der geographisch zur Inneren Mongolei gehörenden Kohlelager südlich der Daqing-Berge organisiert.[46] Kohle gehörte mit Eisen, Salz und Alkali zu den wichtigsten industriell verwendbaren Rohstoffen der Inneren Mongolei.[47] Aus den Seen Qinghais und der Mongolei wurde seit Jahrhunderten Salz gewonnen. Soda und Gips wurden in neuerer Zeit in der Nähe von Zhangjiakou produziert.[48]

Im Gegensatz zum innermongolischen Suiyuan, in dem sich seit dem späten 19. Jahrhundert chinesische Einwanderer niedergelassen hatten,[49] fehlte es in der weiter nordwestlich gelegenen Provinz Qinghai vor allem an menschlicher Arbeitskraft. Shen Huanzhang schildert Qinghai geradezu als einen *locus amoenus*: als ein weitläufiges Land mit angenehmem Klima und fruchtbaren Böden, die sich sowohl für die Landwirtschaft als auch für die Weidewirtschaft eigneten. Außerdem gebe es reiche Bergwälder und wertvolle Bodenschätze. Es fehle nur an Leuten, die diesen Reichtum produktiv umzusetzen wüssten. Nur auf einem Zehntel des kultivierten Landes, so erfährt man, wurde bisher auch geerntet.[50] Eine führende Stellung nahm Qinghai in der Weidewirtschaft ein. Wenige Hirten hüteten riesige Herden. Shen Huanzhang schätzt die Zahl der Pferde auf 120.000,

---

[43]   Li Xiujie (1937), S. 35.
[44]   Chen Zengmin (1937b), S. 1 f.
[45]   Shen Huanzhang (1935), S. 17.
[46]   Zhang Yintang (1931), S. 374.
[47]   Siehe dazu Ge Qiyang (1937), S. 21 f.
[48]   Ge Qiyang (1937), S. 19.
[49]   Vgl. dazu Cao Shuji (1997), S. 503–505.
[50]   Shen Huanzhang (1935), S. 16.

der Rinder auf 200.000, der Kamele auf 100.000 und der Schafe auf 2 Millionen Stück. Qinghai sei geradezu ein chinesisches Australien. Die Wolle der Schafe werde bis nach Tianjin und Shanghai verkauft und sogar nach Japan exportiert.[51]

Bei aller Begeisterung über die schlummernden Möglichkeiten des noch unerweckten Nordwestens galt es doch Hindernisse zu bedenken, die einer erfolgreichen wirtschaftlichen Erschließung entgegenstanden. Zhang Weihua prangerte die Korruption der Lokalbeamten an, die nicht nur willkürliche Abgabenforderungen an die Bevölkerung stellten, sondern sie auch zum Opium-Anbau zwängen. Die Armut der Bauern nehme daher in jüngster Zeit dramatische Ausmaße an.[52] Vor den negativen Folgen einer Agrarisierung von Nomadengebieten warnte der grundsätzlich skeptisch gestimmte Chen Zengmin. In seiner Untersuchung der historischen Geographie der Provinzen Chahar und Suiyuan stellte er fest, dass es dort aufgrund klimatischer Bedingungen und der Bodenbeschaffenheit Regionen gab, die sich keinesfalls für die Landwirtschaft eigneten. Dazu gehöre zum Beispiel die Landschaft nördlich des Yinshan-Gebirges.[53] Yang Shi wurde noch etwas präziser. Er warf 1937 der Regierung vor, sie habe es bei aller Begeisterung für die Erschließung des Nordwestens in den letzten Jahren unterlassen zu prüfen, ob eine bestimmte Gegend überhaupt für die dort vorgesehene Form der Agrarisierung geeignet sei. In Chahar sei der Süden bereits in das chinesische Kreisverwaltungssystem integriert und gleichzeitig sei dort Ackerland geschaffen worden. Nun schicke man sich an, diese Programme auszuweiten. Die natürlichen Bedingungen im Norden der Provinz sprächen jedoch gegen eine landwirtschaftliche Nutzung solcher Art. Yang Shi begründet dies durch klimatische Unterschiede und die daraus jeweils resultierenden agrarischen Optionen. Die Niederschlagsmenge entscheide über die Anbaumöglichkeiten. Über solche wichtigen Faktoren müsse man Bescheid wissen und nicht blindwütig überall Erschließungsprojekte durchführen.[54] Welche Gebiete der Inneren Mongolei bereits agrarisiert waren, ließ sich an der örtlichen Verwaltungsstruktur erkennen. Die Umwandlung von Weide- in Ackerland erfolgte im Gleichklang mit dem Aufbau einer chinesischen Lokalverwaltung. In der republikzeitlichen Inneren Mongolei existierte daher die traditionelle Bünde- und Bannerstruktur parallel zur chinesischen Kreisverwaltung.[55] Fang Fanjiu berichtete schon 1934, dass nur im Xilingol-Bund und in der nordöstlichen Hulunbuir-Region bislang überhaupt keine Kreise eingeführt und die Formen einer reinen Nomadenwirtschaft beibehalten

[51] Shen Huanzhang (1935), S. 17.
[52] Zhang Weihua (1936a), S. 71, 74.
[53] Chen Zengmin (1937b), S. 9.
[54] Yang Shi (1937), S. 23–31.
[55] Xing Chijian unterscheidet drei verschiedene Phasen der agrarischen Erschließung in der Mongolei (*Meng ken*): eine Periode des Verbots (*jinken shi*) 1634–1857, eine Periode der begrenzten Erschließung (*xianken shi*) 1858–1901, eine Periode der Zulassung (*fangken shi*) 1902–11. Vgl. Xing Chijian (1995), S. 276–85.

worden seien.[56] Aus seiner Untersuchung der klimatischen Bedingungen in der Mongolei zieht Fang, ähnlich wie Yang Shi, den Schluss, dass viele Maßnahmen der Verwaltungsreform übereilt eingeführt worden seien – auch in solchen Gebieten, die sich ökologisch nicht für den Ackerbau eigneten. Eine Lösung dieses Problems ließe sich allenfalls durch die Technisierung der Landwirtschaft erreichen.[57] Solche nüchternen Stimmen blieben freilich in der Minderheit.

2. „Auf in den Nordwesten !" Neue Lebenskraft aus der Wildnis ?

a) Reiseziel Hetao

Auf die Beipinger Studenten der dreißiger Jahre übte der Nordwesten eine starke Faszination aus. Viele nutzten die Angebote einer Bus- oder Zugreise in die Regionen jenseits der Großen Mauer. Studenten und Dozenten der verschiedenen Hochschulen bedienten sich der expandierenden Verkehrsverbindungen in die peripheren Regionen, um sich mit Erschließungsprojekten vertraut zu machen. Zu Beginn der dreißiger Jahre brach ein richtiges Reisefieber aus. Die Universitäten organisierten „Nordwest-Touren" in die benachbarten Grenzprovinzen Chahar und Suiyuan. Zumindest nach Suiyuan gelangte man von Beiping einigermaßen bequem. Xu Wence, der eine solche Reise unternommen hatte, räumt dabei ein, dass die jungen Intellektuellen aus der Großstadt zumeist nicht daran dachten, sich persönlich an der Erschließung des Nordwestens zu beteiligen – so wie es später von der Jugend in Mao Zedongs „Kulturrevolution" verlangt wurde. Sie wollten sich nur über die Situation vor Ort informierten, um dann nach ihrer Rückkehr „entschlossene, kräftige Leute" für das Opfer der Tat zu begeistern.[58] Unter den Nordwest-Touristen war die Mitarbeiterin der Yugong-Studiengesellschaft Sun Aizhen. Auch sie ließ sich durch den Slogan „Auf in den Nordwesten!" und die zahlreichen Artikel über die „Erschließung des Nordwestens" zu einer Reise dorthin motivieren. Sie folgte einer Einladung der Eisenbahngesellschaft in der Beipinger Morgenzeitung und fühlte sich wie „Kolumbus, als er von der spanischen Königin den Erlass [zum Aufbruch nach Übersee] bekommen hatte".[59]

Die hochherzigen Reisen in den Nordwesten konzentrierten sich auf die Region Hetao im Westen der Inneren Mongolei. Yi Zhi erläutert in einem Beitrag zur Yugong-Zeitschrift die historische Entwicklung dieser nahen Peripherie, die etwa eine Tagesreise per Bahn von Beiping entfernt lag. Er führt den Namen „Hetao" auf die Periode der Ming-Dynastie zurück, als die historische Große

---

[56] Fang Fanjiu (1934), S. 6–18.
[57] Fang Fanjiu (1934), S. 19.
[58] Xu Wence (1935), S. 35.
[59] Sun Aizhen (1935a), S. 28.

Mauer teilweise wiedererrichtet wurde.[60] Die frühesten Bewässerungsprojekte seien für das 3. vorchristliche Jahrhundert dokumentiert. Chinesische Agrarisierungsbemühungen fielen aber immer wieder Nomadeneinfällen zum Opfer. Erst die im 18. Jahrhundert zunehmende Präsenz chinesischer Händler, im Zusammenwirken mit der Abgelegenheit der Region von den lokalen Machtzentren der mongolischen Bannerfürsten, schuf die Voraussetzungen für eine dauerhafte landwirtschaftliche Kolonisierung. Der Daoguang-Kaiser gestattete zu Beginn des 19. Jahrhunderts den chinesischen Bauern auch offiziell die Bewirtschaftung der Hetao-Region.[61]

In der Hetao-Sondernummer der Yugong-Zeitschrift beschrieb Li Xiujie die naturräumliche Beschaffenheit der Gegend.[62] Wang Zhe stellte ausführlich die Geschichte und Leistungsfähigkeit der neuzeitlichen Bewässerungsanlagen Hetaos seit ihren Anfängen im 19. Jahrhundert vor. Teilweise liegen den neun verschiedenen Kanalsystemen natürliche Flussläufe zugrunde, zum Beispiel dem Huangtulagai-Kanal südlich des Gelben Flusses.[63] Wang Zhe erzählt anschaulich, wie die Erschließung des Flusses durch einen Kaufmann aus Shaanxi begann, der während der späten Tongzhi-Regierungsperiode, also um 1870 herum, im Mongolenhandel tätig war und Land von den Mongolen pachtete, um es dann vom Huangtulagai-Fluss bewässern zu lassen. Entlang des Flusses ließ er Kanäle graben und verbesserte auf diese Weise die Bedingungen für den Ackerbau. Als Folge der Boxerunruhen von 1900 und der chinesischen Entschädigungszahlungen an die ausländischen Missionen wurde das Land an die katholische Kirche verpachtet. Die Missionare ließen das Bewässerungssystem weiter ausbauen. In dem neugewonnenen Erschließungsgebiet entstanden rasch zahlreiche Dorfgemeinden. Im Jahre 1925 wurden die Bewässerungsanlagen mit dem dazugehörenden Ackerland schließlich von den ausländischen Kirchenbehörden zurückgegeben und danach durch das Linhe-Erschließungsamt an die Lokalbevölkerung verpachtet. Eine Bewässerungsgesellschaft übernahm die Verwaltung der Kanäle. Huangtulagai entwickelte sich zu einer Musteranlage im Bezirk Hetao.[64]

Wang Zhe berichtet von den meisten anderen Kanalsystemen der Hetao-Region, dass sie bereits im Jahre 1904 vom staatlichen Erschließungsbüro an Bauern verpachtet worden seien, die dafür Kanalgebühren zu entrichten hatten. Ab 1913 nahm die Lokalregierung chinesische Kaufleute oder Unternehmer

---

[60]   Yi Zhi (1934), S. 7.
[61]   Wang Zhe (1937), S. 123 f. Eine wichtige natürliche Ursache für die Attraktivität Hetaos als Erschließungsland stellt die Veränderung des Flusslaufes des Huanghe dar. Nachdem der Fluß sich weiter südlich einen neuen Weg gebahnt hatte, entstand in dem nördlich davon gelegenen Hetao ein ideales Gebiet für den Aufbau eines an Nebenarme des Huanghe angeschossenen Wasserkanalsystems. Vgl. Cao Shuji (1997), S. 503 f.
[62]   Vgl. Li Xiujie (1936), der bei der Erschließung eine Kooperation zwischen Chinesen und Mongolen empfahl (S. 7).
[63]   Wang Zhe erklärt den mongolischen Namen, der „gelber Sand" bedeutet, mit der versandeten Umgebung des Flusses. Siehe Wang Zhe (1937), S. 134.
[64]   Wang Zhe (1937), S. 134 f.

(*shang*) für die Wartung der Bewässerungsanlagen unter Vertrag. Im Jahre 1923 gründeten Mitglieder der lokalen Gentry eigene Firmen, die diese Aufgabe übernahmen. 1926/27 griff erneut der Staat ein und rief ein Amt für Wasserkraft ins Leben. Wang Zhe kritisiert, dass dieser von den letzten Qing-Jahren bis 1928 andauernde Wechsel der Verantwortlichkeiten Hetaos Bewässerungsprojekten erheblichen Schaden zugefügt habe. Zudem seien in dieser Periode nur geringe Fortschritte bei der Entwicklung der Kanäle möglich gewesen. Schließlich ging man 1928 zu einer Mischform über, indem den Lokalbeamten die Oberaufsicht übertragen wurde und die Bevölkerung die Instandhaltung der Kanäle selbsttätig durchführte.[65]

Die Kolonisation beruhte nicht allein auf Initiative von oben. Neuankömmlinge, meist arme Leute aus dem Kernland, siedelten sich in teilweise selbstverwalteten Dörfern an, in denen Selbstverteidigungsmilizen (*ziweituan*) und Produktionsgenossenschaften (*hezuoshe*) geschaffen wurden, die auch die Verteilung offizieller Hilfsgelder an die einzelnen Haushalte durchführten. Staatliche Stellen und Siedler waren sich in der Abwehr monopolisierender oder gar betrügerischer Händler einig. Die Vermarktung der Produkte wurde genossenschaftlich organisiert. Einige Dörfer besaßen ein Erziehungskomitee, das für Kinder wie Erwachsene gleichermaßen zuständig war; Ziel war eine produktionsnahe Grundbildung. Zur Bewältigung von Schwierigkeiten und Pannen, etwa der Milderung der Folgen von Naturkatastrophen, wurde ein dorfübergreifender „Einwandererverband" (*yimin xiehui*) gegründet.[66]

Hetao, der Schauplatz dieser Reformen und Neuansätze, wurde in den dreißiger Jahren berühmt – nicht zuletzt durch historische Darstellungen wie diejenige Wang Zhes und durch zahlreiche Pressenotizen. Neben Schülern und Studenten unternahmen selbst Wissenschaftler aus den chinesischen Metropolen damals Erkundungsreisen in diesen Musterbezirk.[67] Jeder brachte irgendwelche Berichte und Erlebniserzählungen mit nach Hause. Die Helden solcher oft romantischen und geradezu wildwesthaften „Grenzergeschichten" waren teils die anonymen Mitglieder der chinesischen Lokalbevölkerung, teils berühmte Führerfiguren wie Wang Tongchun, von dem noch die Rede sein wird.[68]

Abgesehen von Hetao und wenigen anderen sich auf den *nahen* Nordwesten konzentrierenden wirtschaftlichen Kolonisierungsprojekten blieben die Grenzgebiete für den Durchschnittschinesen im Kernland jedoch weiterhin fremd und unerreichbar. Nur ein winziger Ausschnitt der endlosen peripheren Räume wurde den Bewohnern von „China proper" medial anschaulich. Das am leichtesten zugängliche Erschließungsgebiet Chinas lag eigentlich – das wurde nach 1931 nie vergessen – im Nordosten, der zuweilen in einer Art von utopischer Verklärung

---

[65]   Wang Zhe (1937), S. 124–26.
[66]   Hou Renzhi (1936c), S. 60 f., 64–67.
[67]   Gu Jiegang (1935a), S. 2.
[68]   Vgl. unten in diesem Kapitel 2c.

erschien. Seit der Jahrhundertwende hatten Millionen aus der notleidenden, von Kriegen bedrückten und von Naturkatastrophen heimgesuchten Bevölkerung der nordchinesischen Tiefebene in der Mandschurei Zuflucht gefunden. Sogar die Warlord-Herrschaft war unter dem Ex-Banditen Zhang Zuoliang dort erträglicher als unter Zhang Zongchang, dem „Hundefleisch-General", in Shandong. Der *Xinyaxiya*-Autor Zhang Zhenzhi schwärmt angesichts der fortschreitenden Vermischung hanchinesischer Immigranten mit der einheimischen Bevölkerung sogar von der Entstehung eines „neuen Volkes". Die physisch kräftigen Mandschu würden sich dort mit den kulturell überlegenen Hanchinesen zu einem leistungsstarken Volk geradezu genetisch verbinden. Die Mischung erfolge sogar auf zweifache Weise, da auch hanchinesisches Erbgut aus den verschiedensten Provinzen steigernd in einer neuen Gesamtheit aufgehe. Der für das alte Volk der Chinesen dringend notwendige biologische Erneuerungsprozess sei auf diese Weise im Nordosten bereits vollzogen worden.[69] Die japanische Besetzung und administrative Abtrennung der Mandschurei setzte diesem integrativen Großexperiment ein jähes Ende. Im Nordwesten, der einzigen für nationale Erschließungsprojekte noch zugänglichen peripheren Region Chinas, musste man bescheidener sein.

b) Theorie und Praxis der wirtschaftlichen Erschließung

Das Beispiel der Mandschurei im frühen 20. Jahrhundert zeigte auf geradezu atemberaubende Weise, welche demographische Entlastungsfunktion eine Peripherie unter günstigen Umständen übernehmen konnte. Ein Autor namens Zhao Shouyu räsonierte Anfang der vierziger Jahre, der Imperialismus hätte sich auf Distanz halten lassen, wären die Qing-Kaiser rechtzeitig von ihrer Strategie einer räumlich-ethnischen Trennung der Reichsuntertanen abgerückt und hätten die Peuplierung der peripheren Pufferzonen betrieben. Außerdem wäre es klug gewesen, dadurch die Bevölkerungsdichte im Kernland zu verringern und auf diese Weise die Ernährungsbasis Chinas zu entlasten.[70] Tatsächlich haben die Qing wohl die Möglichkeiten einer aus wirtschaftlichen Gründen gesteuerten Binnenmigration nicht erkannt. Als dann der große Strom in die Mandschurei begann, lag dies an einer Kombination nicht-politischer Faktoren: der Erschwerung der Übersee-Emigration durch verschärfte Einwanderungsgesetze der Länder am westlichen Pazifik, des zunehmenden Massenelends in Nordchina und der Zugkräfte der entstehenden mandschurischen Exportökonomie.[71]

---

[69] Zhang Zhenzhi (1931b), S. 43. Zhang nennt als zweites Beispiel die Bevölkerung von Guangdong, wo sich in früheren Zeiten die Han aus Zentralchina mit der einheimischen Bevölkerung Südchinas verbunden hatten.

[70] Zhao Shouyu (1943), S. 2.

[71] Dai Zhuanxian (1931), S. 13.

Obwohl die Datenlage für die Innere Mongolei schlechter ist und einen methodisch befriedigenden Vergleich eigentlich ausschließt, sollte man ihre Bedeutung als Emigrationsgebiet neben dem Nordosten nicht unterschätzen. Ein Unterschied (der auch die Zahlen für die Mandschurei so besonders hoch erscheinen lässt) liegt darin, dass in der Mongolei der Anteil der permanent ausgewanderten Siedler im Verhältnis zu den saisonal – im Sinne einer „circular migration" – mobilen Arbeitskräften höher war.[72] Man hat es also in der Hauptsache mit einer irreversiblen Expansionsbewegung zu tun. Im frühen 20. Jahrhundert dominierten in der gesamten Inneren Mongolei bereits die Hanchinesen. Die chinesische Kolonisierung hatte im 19. Jahrhundert begonnen und von da die „frontier" stetig vorangeschoben.[73] 1875 erstreckten sich die agrarischen Erschließungsgebiete bis zu einer Linie 10 *li* nördlich von Zhangjiakou. 1921 hatten sie sich bis zu einer Entfernung von 100 *li* ausgeweitet, und in den frühen dreißiger Jahren gingen sie 250 *li* über den Verkehrsknotenpunkt Zhangjiakou hinaus.[74] Ein unüberwindbares Hindernis sah Zhang Yintang im Norden nur in der Wüste Gobi. Zhang vermutete, dass sich in den drei Provinzen Chahar, Suiyuan und Ningxia zukünftig über 26 Millionen Menschen ansiedeln ließen. Die Zahl der Mongolen schätzte er auf gegenwärtig nur noch etwa eine halbe Million. Drei Viertel der Bevölkerung seien bereits hanchinesische Einwanderer.[75] Zhang und die anderen chinesischen Entwicklungsstrategen nahmen diesen Befund mit Gelassenheit, meist sogar mit Wohlgefallen zur Kenntnis. Das Schicksal der verdrängten Mongolen, deren angestammte Lebensweise sogar dort untergraben wurde, wohin die Front der Ackerkultur noch nicht vorgedrungen war, interessierte sie nicht.[76] Unter dem Gesichtspunkt gesamtwirtschaftlicher und national-ökonomischer Entwicklung zweifelte niemand daran, dass es unumgänglich sei, die Potentiale der Inneren Mongolei mit Hilfe zusätzlicher menschlicher Arbeitskraft aus dem chinesischen Kernland zur Entfaltung zu bringen und die Weidewirtschaft durch eine agrarisch-nomadische Mischform zu ersetzen.[77] Die Mongolen seien zu solcher Verbesserung außerstande.

Auf einen weiteren Aspekt der Erschließungsprojekte wies Zhou Zhenhe in seinem Buch über Qinghai hin. Er entwickelte ein Konzept, wie zahlreiche Arbeitslose des Kernlandes, von denen es mehr als genug gab, wieder in den gesell-

---

[72]   Um die Dimension der mandschurischen Migration klarzustellen: Zwischen den 1890er Jahren und dem Beginn des Zweiten Weltkriegs machten sich etwa 25 Millionen Menschen von Hebei und Shandong auf den Weg in die Mandschurei. Davon blieben ca. 8 Millionen dort dauerhaft ansässig. Es handelte sich um „one of the greatest population movements in modern history". Gottschang / Lary (2000), S. 2.

[73]   Vgl. Rossabi (1975), S. 207–13.

[74]   Zhang Yintang (1931), S. 374–79.

[75]   Zhang Yintang (1931), S. 370.

[76]   Zu den traurigen Folgen der hanchinesischen Kolonisation für die Mongolen vgl. zum 19. Jahrhundert Fletcher (1978c), S. 352–58; Atwood (2000), S. 81.

[77]   Zhang Yintang (1931), S. 373.

schaftlichen Produktionsprozess integriert werden könnten. Diejenigen, die über einen höheren Bildungsstand verfügten, könnten die Verantwortung für die Erschließungsprojekte übernehmen. Diejenigen mit einer guten Konstitution sollten bei den Bauvorhaben eingesetzt werden. Die Regierung habe die Aufgabe, die Umsiedlung der Arbeitslosen zu organisieren. Auf diese Weise könne sich aus dem Übel hoher Arbeitslosigkeit ein positiver Nutzen für die Umsetzung der Kultivierungsprojekte entwickeln.[78] Zhou plädierte zudem für eine rasche Erschließung Qinghais, da die Region vom Kolonialismus der Großmächte noch unberührt sei und man dort jetzt noch Neues aufbauen könne. Dabei zog er eine Analogie zur europäischen Erschließung Nordamerikas, die der „weißen Rasse" ein Aufblühen beschert habe. Die staatlich veranlasste Umsiedlung in die dünn besiedelten Randgebiete Chinas stellte aus seiner Sicht eine nationale Überlebensnotwendigkeit dar.[79]

In ähnlicher Weise sah der Historiker Feng Jiasheng in einer chinesischen Kultivierung des Nordwestens einen wichtigen Beitrag zur Lösung der Modernisierungsprobleme des chinesischen Staates durch extensive Ressourcennutzung.[80] Da Chinas Produktionsformen vielfach vollkommen veraltet seien, könne die Produktivität nicht ohne weiteres gesteigert werden. Das einzige, was gegenwärtig zunehme, seien die Bevölkerung und die Kosten. Solange ein Fortschritt in der Produktionstechnik ausbleibe, könne man die Produktionsleistung nur dadurch verbessern, dass man für den Bevölkerungsüberschuss neue Betätigungsräume suche. Dafür seien die Randregionen ideal geeignet. Allein Suiyuan mit einer noch nicht urbar gemachten Landfläche von über 1,7 Millionen *qing* könne mindestens 7 Millionen Arbeitslose auf nützliche Weise absorbieren.[81] Ge Suicheng, der 1935 ein Buch über Probleme der Grenzgebiete veröffentlichte, war der Ansicht, China werde infolge der Übervölkerung des Südens und Südostens niemals den Lebensstandard Europas erreichen, wenn es nicht gelinge, dem Bevölkerungsdruck ein Ventil zu eröffnen.[82]

Feng Jiasheng dachte zudem darüber nach, warum viele Chinesen ins Ausland abwanderten, statt ihre Arbeitskraft im eigenen Lande sinnvoll einzusetzen: „Ich wundere mich oft, dass unsere Auslandschinesen den weiten Ozean überqueren und für Andere Land erschließen, aber nicht bereit sind, ein paar Schritte für die Erschließung [des eigenen Landes] zu tun. Sie lassen sich lieber von Anderen rücksichtslos behandeln, als vom eigenen Volk ausgezeichnet zu werden. Warum ist dies so? Vielleicht liegt die Verantwortung bei der Kraftlosigkeit der

[78] Zhou Zhenhe (1934), S. 31.
[79] Zhou Zhenhe (1934), S. 31 f.
[80] Über diese Zusammenhänge wurde zur gleichen Zeit auf nationaler Ebene auch die Debatte zum Verhältnis von Landwirtschaft und Industrie im gesamtwirtschaftlichen Aufbau geführt. Vgl. Birk (1998), S. 164–71.
[81] Feng Jiasheng (1934c), S. 28. Ähnlich hinsichtlich Xinjiangs Zeng Wenwu (1936), S. 708.
[82] Ge Suicheng (1935), S. 33.

Regierung?!"[83] Daher trat Feng Jiasheng dafür ein, dass Auslandschinesen wieder in ihre Heimat zurückkehren und sich am wirtschaftlichen Aufbau des
Nordwestens beteiligen sollten. Auch von den reichen Unternehmern Shanghais
könne erwartet werden, dass sie ihre finanziellen Möglichkeiten zur Erschließung des Nordwestens einsetzten.[84]

In der Realität brachte die Agrarisierung der Grenzgebiete zahlreiche Schwierigkeiten mit sich, die mitunter von ausländischen Beobachtern unbefangener gesehen und beschrieben wurden. Owen Lattimore, ein nüchterner Zeuge des Ge-
schehens, zeigte sich nach einer Reise 1929–30 betroffen von der Brutalität der
chinesischen Kolonisten gegenüber den mongolischen Viehzüchtern:

> „Among the places that we visited was a Chinese colonisation project in the western
> part of Liaoning Province, the Xingan (Hsingan) Tun Ken Chu, a modern version of
> an ancient Chinese practice in the margin of contact between Chinese farmers and
> Mongol herdsmen: a military garrison settlement, supporting itself by agriculture.
> This colonisation was brutally carried out: the Mongols were evicted at the point of a
> bayonet and Chinese colonists planted on their land. If any Mongol resisted, they were
> dealt with as «bandits»."[85]

Außerdem fiel Lattimore ein wichtiger Unterschied zu den Kolonisten des amerikanischen Westens auf: Bei den chinesischen Siedlern handelte es sich nicht
um Pioniere, die eine frische, selbstbewusste Tradition mit sich brachten und op-
timistisch eine neue Existenz gründeten, sondern um Flüchtlinge, die sehnsüchtig
nach einer unfreiwillig aufgegebenen Heimat zurückblickten. Schwierigkeiten
anderer Art schilderte Sun Aizhen in ihrem Reisebericht aus der Inneren Mongolei. Sie hatte mit einem Vertreter der Kreisregierung von Baotou gesprochen, der
die größten Probleme in der öffentlichen Sicherheit sah. Plünderungen seien in
den Dörfern und entlang der Bahnlinien an der Tagesordnung, was viele Einwanderer abgeschreckt habe. Erst die Truppenstationierung habe die Lage etwas
entspannt. Dennoch sei das Leben an der Peripherie hart, es fehle ein „offener
Geist", stattdessen herrsche eine Atmosphäre des Guerillakrieges: selbst brave
Bauern schlossen sich plötzlich zu Räuberbanden zusammen. Sun Aizhen zog
aus ihren Eindrücken den Schluß, dass nur eine agrarische Kultivierung in Verbindung mit dem Aufbau eines Erziehungswesens sowie von Handel und Industrie langfristig zum Erfolg führen könne.[86] Sie kam zu einem vergleichsweise
klaren Urteil über die Schwierigkeiten der Nordwesterschließung, da sie sich als
Historikerin mit den Problemen beschäftigte, die während einer früheren Phase
dieses Prozesses aufgetreten waren. Einige dieser Probleme hatten sich aus dem
Verhalten von Staatsvertretern ergeben. Die Qing-Regierung griff erst am Ende
des 19. Jahrhunderts, also ziemlich spät, in die Agrarisierung der Peripherie ein.

---

[83] Feng Jiasheng (1934c), S. 28.
[84] Feng Jiasheng (1934c), S. 28.
[85] Zit. nach Cotton (1989), S. 10.
[86] Sun Aizhen (1935a), S. 33.

Sun Aizhen zeigt dies am Fall des mandschurischen Beamten Yi Gu. Dieser überwachte zwischen 1903 und 1910 die staatlichen Erschließungsprojekte in der Inneren Mongolei. Mit der Ernennung zum Militärgouverneur von Suiyuan und zum Minister im *Lifanyuan* baute ihn die Qing-Regierung zum mächtigsten Mann in der Inneren Mongolei auf. Die Erfolge seines siebenjährigen Wirkens in der Region waren allerdings spärlich. Yi Gu band zwar einige mongolische Fürsten und Adlige an sich und bewog sie, Kultivierungsland zur Verfügung zu stellen. Er vernachlässigte jedoch, so sieht es Sun Aizhen, das Verhältnis zwischen Hanchinesen und Mongolen.[87] Die Ressentiments innerhalb der mongolischen Bevölkerung gegenüber der kaiserlichen Regierung nahmen zu. Yi Gu brachte die Angehörigen des Yikezhao-Bundes gegen sich auf, als er von dem Bundführer wegen dessen Zahlungsunfähigkeit Land zurück forderte, das ihm für die Kultivierung zur Verfügung gestellt worden war.[88] Sun Aizhen wirft den kaiserlichen Beamten und den mit ihnen assoziierten mongolischen Bannerfürsten gleichermaßen vor, gewaltsame Widerstände der mongolischen Bevölkerung gegen die Kultivierungsprojekte provoziert zu haben. Schließlich mussten sogar die vor Ort stationierten kaiserlichen Truppen eingesetzt werden.[89] Yi Gu selbst verlor seinen Posten, als herauskam, dass er sich persönlich bereichert hatte. Er wurde strafversetzt und später in die Verbannung geschickt. Die Beschäftigung mit diesem Fall hatte in der Hauptstadt immerhin den Nebeneffekt, ein stärkeres Interesse an der Grenzerschließung zu wecken. Der zur Untersuchung des Yi-Gu-Falles entsandte Regierungsvertreter Lu Wenrui forderte Reformen für die Innere Mongolei. Er schlug den Aufbau eines Schulwesens, die Ausbildung einer mongolischen Armee, den Bau einer Eisenbahn zwischen Zhangjiakou und Suiyuan und sogar die Errichtung eines Elektrizitätsnetzes vor.[90]

Was die Qing-Dynastie noch nicht gekannt hatte, war eine propagandistische Begleitung von Nordwestinitiativen. Deren Wichtigkeit wurde in den dreißiger Jahren begriffen. Mit Sven Hedin konnte die chinesische Regierung sogar einen berühmten ausländischen Forschungsreisenden für ihre Kolonisierungspläne im fernen Nordwesten gewinnen. Der Schwede leitete im Jahre 1931 die „Xinjiang Highway Expedition". Sie sollte einen geeigneten Streckenverlauf für den Bau einer Verbindungsstrasse zwischen Xinjiang und dem chinesischen Kernland erkunden. In einem von Hou Renzhi für die Yugong-Zeitschrift übersetzten Artikel gibt Hedin offen zu, dass es bei diesem Projekt darum ging, Xinjiang zu einem Kolonialgebiet Chinas zu machen. Der Imperialist Hedin, der auch den Großraumplänen der deutschen Geopolitiker nahe stand, begrüßte ein solches Vorgehen ohne Vorbehalte.[91] Hedin plante als ersten Schritt den Bau von zwei Straßen:

---

[87]   Sun Aizhen (1935b), S. 29.
[88]   Sun Aizhen (1935b), S. 30.
[89]   Sun Aizhen (1935b), S. 30 f.
[90]   Sun Aizhen (1935b), S. 32.
[91]   Hedin (1935), S. 45. Über Hedins Hintergrund in der deutschen Geographie und Geopolitik vgl. Mehmel (2000).

einer südlichen Route von Xi'an über Lanzhou bis nach Hami und einer nördlichen Trasse über Suiyuan und Ningxia zum gleichen Ziel. In einem zweiten Schritt sollte parallel zur Südroute eine Eisenbahnlinie gebaut werden, die über Kashgar den Anschluss an die Westsibirische Eisenbahn finden und auf diese Weise China unter Umgehung der Mandschurei direkt mit Europa verbinden würde. In einem Vortrag an der Qinghua-Universität am 18. März 1935 versuchte der Schwede, seinen Zuhörern diese Pläne schmackhaft zu machen, indem er einerseits als Folge einer solchen verkehrstechnischen „Verbindung der gelben und weißen Rasse" ein Wiederaufblühen Zentralasiens in Aussicht stellte, andererseits im internationalen Wettstreit um Handelsvorteile in Xinjiang den Chinesen bessere Chancen versprach. Zudem stärke eine verkehrsmäßige Erschließung Xinjiangs auch Chinas westliche Grenzverteidigung. Darüber hinaus erwartete Hedin von einer direkten verkehrstechnischen Lösung der Probleme an der fernen Nordwestgrenze einen indirekten Beitrag zur Linderung der Armut in den nahen peripheren Gebieten wie Gansu, die nun auch an moderne Verkehrswege angebunden würden.[92]

Hedin dachte „geopolitisch", also in langen Zeiten, großen Räumen und weiten Entfernungen. Mit dem Grenzkolonisten auf seiner Ackerparzelle befasste er sich nicht. Von seinen Zentralasieninteressen und seinem intensiven Anti-Bolschewismus her wurde er zu einem der wenigen ausländischen Befürworter des neoimperialen chinesischen Großstaates, wie er auch den Historischen Geographen vorschwebte. Während die deutschen Geopolitiker um Karl Haushofer und die „Zeitschrift für Geopolitik", mit denen Hedin persönlich und programmatisch vieles verband, über den unaufhaltsamen „Reichsaufbau" Japans in Begeisterung gerieten und sich die japanische Auffassung zu eigen machten, China sei das natürliche Expansionsfeld des in seinem „Lebensraum" eingeschränkten Inselstaates, favorisierte Hedin ein Wiedererstarken Chinas als Gegenmacht gegen die Sowjetunion. Er nutzte die Gelegenheit zu kontinentalen Visionen.

c) Wang Tongchun, der „Volksheld" der Nordwest-Kolonisierung

Als Gu Jiegang im Frühjahr 1934 nach Baotou reiste, stieß er in seinen Gesprächen mit der örtlichen Bevölkerung erstmals auf den Namen Wang Tongchun. Wie Gu bald feststellte, hatte Wang Tongchun mit bahnbrechenden Bewässerungsprojekten in Hetao einen wichtigen Beitrag zur wirtschaftlichen Erschließung der Region geleistet.[93] Unter seinen Landsleuten in der Inneren Mongolei galt er geradezu als Volksheld. Dies war im chinesischen Kernland unbekannt.

---

92 Hedin (1935), S. 46.
93 Auch die heutige chinesische Forschung hat die Leistungen Wang Tongchuns gewürdigt. Sie stützt sich allerdings hauptsächlich auf Gu Jiegangs Darstellung. Siehe Xing Chijian (1995), S. 286–92.

Landesweit berichteten die Zeitungen zwar ausführlich über die „Volkskanäle"
im Nordwesten, aber Wang Tongchun, der viele von ihnen geschaffen hatte,
blieb unerwähnt. Gu Jiegang rätselte über die Hintergründe dieser Diskrepanz
und begann mit Nachforschungen über die Figur. Seine erste Veröffentlichung
über Wang Tongchun beruhte auf mündlichen Berichten, die er während seiner
Reise gesammelt hatte, sowie auf einer kurzen Biographie in der Kreischronik
von Linhe.[94]

In Gu Jiegangs Faszination mit Wang Tongchun mischten sich die Freude
des Historikers über einen unverhofften Quellenfund mit der Ahnung des engagierten Patrioten, hier vielleicht das modernisierungskräftige Gegenstück eines
konfuzianischen Musterbeamten gefunden zu haben. Nichts war angesichts der
lethargischen Chinesen, die den Yugong-Gelehrten so viel Verdruss bereiteten,
willkommener als ein aktivierendes Vorbild, kurz: ein Held.

> „Wang Tongchun gilt als Volksheld. Die armen Leute stützen sich auf ihn. Denn
> Zehntausende wurden von ihm ernährt. Der Staat verließ sich auf ihn, als er die drei
> Kreise [in der Region] einrichtete. Dennoch waren seine Aktivitäten von persönli-
> chem Misserfolg begleitet. Sein Ruhm erstreckte sich nur auf das Gebiet von Suiyuan.
> Wenn wir ihn vergessen haben, dann beweist dies nicht, dass China nicht mehr über
> Leute wie ihn verfügt."[95]

Gu Jiegang rekonstruierte Wang Tongchuns Lebensweg: Wang Tongchun
stammte aus Xingtai, einer kleinen Kreisstadt in der Provinz Zhili (Hebei). Vermutlich wurde er 1851 oder 1852 in einer Bauernfamilie geboren, die in den folgenden Jahren während der Taiping-Wirren verarmte. Über Kindheit und Jugend
konnte Gu so gut wie nichts in Erfahrung bringen. Erst als der Sechzehnjährige
einen Mord beging und aus seiner Heimat fliehen musste, wurde er aktenkundig.
Gegen 1868 tauchte er im Hetao-Gebiet auf. Gu Jiegang beschreibt diese Region
zur damaligen Zeit als „Land des Reichtums und der Fülle", das die Ming-
Dynastie leider den dort lebenden Mongolenstämmen als Weideland überlassen
hatte, anstatt seine Vorzüge auszunutzen. Bis in die Mitte des 19. Jahrhunderts
hätten sich nur wenige Hanchinesen in der Region niedergelassen und das Land
kultiviert. Einwanderer aus der Provinz Shanxi hatten in Hetao bereits die ersten
Bewässerungskanäle errichtet, als Wang Tongchun auf der Bildfläche erschien.
1875 wurde er von dem aus Sichuan eingewanderten Pionier Gou Youyuan angestellt und mit der Verwaltung von dessen neu errichteten Bewässerungskanälen beauftragt. Er heiratete die Tochter seines Dienstherrn und pachtete selbst
Land von den Mongolen, um sich mit Rinderzucht eine eigene Existenz aufzu-
bauen. Wang Tongchun war sehr erfolgreich, gründete weitere Viehzuchtbetriebe und begann 1881 mit dem eigenständigen Bau von Bewässerungskanälen, die
mit der Zeit zu einem weitgespannten System vernetzt wurden. Ein neuerer Hi-

---

[94] Gu Jiegang (1935a), S. 2–15.
[95] Gu Jiegang (1935a), S. 3. Vgl. als weiteren wichtigen Beitrag in der *Yugong* Zhang Weihua
(1936c).

storiker ergänzt, dass dieses System mit dem Gelben Fluss verbunden wurde und
Wang Tongchun auf diese Weise auch ein Engagement in der Handelsschifffahrt
ermöglichte.[96]

Die wachsende Konkurrenz im Kanalbau führte unter den chinesischen Siedlern zu bewaffneten Konflikten, aus denen Wang Tongchun siegreich hervor-
ging. Er baute sich nun eine Stellung als mächtiger Patron der Gegend auf. Dazu
gehörte eine starke Privatarmee, die sich aus entlaufenen Soldaten und Faust-
kämpfern zusammensetzte. Die lokalen Chroniken werfen ihm vor, dass selbst
Vagabunden und Kriminelle sowie Armutsflüchtlinge aus den Provinzen Zhili,
Shandong und Henan bei ihm Schutz fanden. Diese Leute hätten an seinen Erschließungsprojekten teilnehmen müssen und seine Obhut nicht mehr verlassen
dürfen.[97] Von den insgesamt acht Zonen Hetaos, von denen jede sich über mehrere hundert *li* erstreckte, wurden allein fünf von Wang Tongchun erschlossen.
Sein Gesamtbesitz soll über 10.000 *qing* Land sowie 70 Viehzuchtbetriebe um-
fasst haben.[98] Am Ende der Qing-Zeit unterstützte Wang insgeheim die revolutionäre Bewegung und machte sich öffentlich durch philanthropische Katastro-
phenhilfe einen Namen. 1893 und 1903 half er der unter Dürre leidenden Region
nördlich der Hauptstadt mit Getreidespenden. Berüchtigt war seine Brutalität, der
in einem einzigen Jahr über 3.500 Menschen zum Opfer gefallen sein sollen, die
er auf grausame Weise umbringen ließ. Kritisch äußert sich Gu Jiegang nicht nur
darüber, sondern auch über Wang Tongchuns Verachtung der Mongolen, deren
aristokratische und kirchliche Oberschicht er, der gut Mongolisch gelernt hatte,
listig hofierte. Mit solcher Hilfe zwang er die mongolische Bevölkerung zur billigen Verpachtung ihres Weidelandes oder vertrieb sie einfach aus ihrer Heimat.[99] Zu seinen Gegnern zählte er die ausländischen Missionare, da ihre durch
internationale Verträge geschützten Kirchenländereien in direkter Konkurrenz zu
seinen Erschließungsprojekten standen.[100] Wang Tongchun war – ohne Prüfungs-
rang und öffentliches Amt – ein *padrone* und Lokaldespot großen Stils: *Hetao
wang*, der König von Hetao.

Als im Sommer 1900 die Kaiserin-Witwe Cixi vor den in Beijing einrücken-
den ausländischen Truppen in die Provinz Shaanxi floh, wurde die Qing-Regierung auf die erfolgreichen Erschließungsprojekte in Hetao aufmerksam. 1902
ernannte der Kaiserhof Yi Gu, von dem oben bereits die Rede war, zum Kon-
trollbeamten für die Kultivierung des Ostteils der Inneren Mongolei und später
auch Suiyuans. Yi Gu bediente sich aus Wang Tongchuns Erfahrungsschatz und

---

[96]   Zhang Zhihua (1990), S. 92.
[97]   Gu Jiegang (1935a), S. 5.
[98]   Gu Jiegang (1935a), S. 4.
[99]   Vgl. dazu auch Zhang Zhihua (1990), S. 93 f.
[100] Gu Jiegang (1935a), S. 7.

setzte ihn als Projektleiter ein.[101] In dieser Partnerschaft zeigte sich rasch, wer der stärkere war. Yi Gu zwang Wang Tongchun, die von ihm errichteten Bewässerungskanäle zur Verfügung zu stellen. Die Regierung richtete ein Bewässerungsamt ein und erhob Bewässerungssteuern. Staatlicher Druck und die Denunziation durch alte Rivalen zerstörten schließlich Wang Tongchuns lokale Macht. Er wurde von den Vertretern des Kultivierungsamtes des Mordes an seinem Hauptgegner beschuldigt, 1907 ins Gefängnis gesteckt und seiner Ländereien beraubt. Nach seiner Freilassung gelang es ihm, sein altes Charisma bei der Lokalbevölkerung wiederzubeleben. Der Militärgouverneur von Suiyuan beauftragte ihn mit der Leitung einer Volksmiliz, die er bereits im darauffolgenden Jahr erfolgreich gegen die Truppen der Äußeren Mongolei einsetzte. Allerdings gewann Wang Tongchun seine wirtschaftliche Position nicht mehr zurück; die republikanische Regierung behielt, was die kaiserliche ihm genommen hatte. Er bekleidete zwar das Amt des Vorsitzenden der Landwirtschaftsgesellschaft, verfügte aber nur noch über einen Bruchteil seines ursprünglichen Landbesitzes.[102]

Erst die Begegnung mit dem Geographen Zhang Xiangwen, dem Gründer der „Geographischen Gesellschaft",[103] der ihn 1914 auf einer Reise durch Hetao befragte, verbesserte seine Situation wieder. Zhangs positives Urteil, Wang Tongchun sei „eine dörfliche Vorbildpersönlichkeit",[104] beeinflusste sogar die Regierung in Beijing. Wang Tongchun wurde zum Berater für Wasserwirtschaft ernannt, zwei seiner Söhne erhielten eine Ausbildung an einer Pädagogischen Hochschule.[105] Das Landwirtschafts- und Handelsministerium lud ihn zu Gesprächen in die Hauptstadt ein. Dort war er drei Monate lang Gast der Geographischen Gesellschaft und wurde von der Regierung zu Beratungen über die weitere Erschließung Hetaos hinzugezogen. Mit finanzieller Unterstützung des Ministeriums und der Geographischen Gesellschaft gründete Wang Tongchun 1915 eine Firma für landwirtschaftliche Erschließung und Viehzucht. Er erhielt dafür 18.000 *mu* Land im Kreis Wuyuan. Dennoch scheiterte dieses staatlich unterstützte Projekt bereits nach sechs Monaten wegen ungünstiger Verkehrsbedingungen, Korruption der Lokalbehörden, Belästigungen durch das Militär und Störungen durch Banditen.[106] Die gesamte Kultivierungsarbeit litt unter diesen Behinderungen und kam für den Rest der Warlordzeit auf staatlicher Seite vollkommen zum Erliegen. 1925 starb Wang Tongchun im Alter von etwa 73 Jahren.[107]

---

[101] Yi Gu erpresste Wang Tongchun zu diesem Dienst. Da damals das Gerücht umherging, Wang habe seinen alten Rivalen Chen Si umgebracht, ließ er ihn gewissermaßen sein Strafmaß abarbeiten. Vgl. Sun Aizhen (1935b), S. 31.
[102] Gu Jiegang (1935a), S. 8.
[103] Siehe oben Kapitel 2.
[104] Zit. bei Gu Jiegang (1935a), S. 9
[105] Gu Jiegang (1935a), S. 8 f.
[106] Vgl. auch Zhang Xiangwen (1933a), S. 2416–18.
[107] Gu Jiegang (1935a), S. 8 f.

Zwar versuchte die Nanjing-Regierung 1928, Wang Tongchuns Kultivie-
rungs- und Bewässerungsprojekte wiederzubeleben, aber Gu Jiegang kritisiert,
dass das Niveau der von Wang Tongchun privat errichteten Kanäle nicht mehr
erreicht worden sei. Von achtzehn Kreisen der Provinz Suiyuan waren drei von
Wang Tongchun erschlossen worden. Auch Wang Zhe gesteht Wang Tongchun
eine Schlüsselrolle bei der Urbarmachung Hetaos zu. Zwar hätten die Chinesen
von je her immer wieder Bewässerungsprojekte in der Region durchgeführt, aber
erst Wang Tongchun habe aufgrund seines Wissens und seiner Erfahrung die
Grundlagen für eine erfolgreiche langfristige Bewässerung und Agrarisierung der
Hetao-Region gelegt.[108] Zhang Xiangwens Resümee über Hetaos „Volkshelden"
lautete: „Es war ein Unglück für Wang Tongchun, dass er in China geboren
wurde".[109]

Die Ironie, die in dieser Einschätzung aus den zwanziger Jahren verborgen
lag, wurde nach 1928 offenbar. Denn Zhang Xiangwen hatte beklagen wollen,
dass der kurzsichtige und inkompetente Qing-Staat ein vielversprechendes priva-
tes Entwicklungsprojekt abgewürgt und der Warlord-Staat auch nichts Nen-
nenswertes dafür getan hatte. Wang Tongchun erschien in solchem Licht als ein
Märtyrer eigenverantwortlicher Modernisierung. Die Kolonisierungsaktivisten
der dreißiger Jahre hofften aber erneut auf staatliche Unterstützung, dieses Mal
des „developmental state" (William Kirby) der Nanjinger Nationalregierung.[110]
Private Entwicklungsunternehmer wie Wang Tongchun würde man nicht so einfach finden. Als „Volksheld" war der einstige „König von Hetao" dennoch gut
zu gebrauchen. Es war der „Geist" der Grenzlanderschließung, der selbst kritische Köpfe wie Gu Jiegang den finsteren Lokaldespoten in Wang Tongchun vergessen ließ und ihn zum Symbol eines neuen Aufbruchs machte.

3. Die Eisenbahn als Motor hanchinesischer Kolonisation an der Peripherie

Mit Recht ist die Landwirtschaft der späten Kaiserzeit und der chinesischen Republik als *Intensiv*kultur beschrieben worden, bei der nicht vermehrbarer Boden
und stagnierende Technologie Produktionszuwächse nur durch immer weitere
Steigerung des Einsatzes von Arbeitskraft zuließen. Daneben hat es aber auch eine *extensive* Ausweitung der Produktion durch Nutzung marginaler Böden und
Erschließung neuer Flächen für den Pflanzenanbau gegeben. Die Kolonisierung
des Nordens war im 19. und 20. Jahrhundert der mit Abstand wichtigste Prozess
einer solchen Extensivierung. Ob es sich dabei um die Fortsetzung traditionaler
Urbarmachung oder um einen *modernen* Vorgang handelte, hing hauptsächlich

---

[108] Wang Zhe (1937), S. 124.
[109] Gu Jiegang (1935a), S. 10.
[110] Vgl. Kirby (2000a; 2000b, S. 216–23).

von der Beteiligung industriezeitlicher Verkehrsmittel ab: des Dampfschiffs (das zum Beispiel den billigen Transport von Arbeitskräften aus Shandong zur Liaodong-Halbinsel ermöglichte) und vor allem der Eisenbahn. Erst die Eisenbahn ermöglichte die bequeme und schnelle Anreise von Siedlern mit ihrem Inventar, erst sie stellte für die Erzeugnisse der neuen Landwirtschaftsgebiete eine kostengünstige Verbindung zu Häfen und binnenländischen Absatzmärkten her. Auch in dieser Hinsicht bewährte sich die Eisenbahn als wichtigstes Vehikel ökonomischer Integration. Ob diese Integration im Einzelfall wie im allgemeinen dem national-wirtschaftlichen Zusammenhang zugute kam oder nicht eher die Einbindung isolierter Produktionsgebiete in die Weltwirtschaft erleichterte, war ein Diskussionsthema der chinesischen Zeitgenossen und ist bis heute unter Wirtschaftshistorikern kontrovers geblieben. Die Frage ist auf genereller Ebene nicht leicht zu entscheiden und braucht hier auch nicht entschieden zu werden. Die Streckenführungen der seit 1895 in großem Stil gebauten chinesischen Eisenbahnen – so viel lässt sich mit Zuversicht sagen – spiegelten überwiegend, wenngleich nicht ausschließlich, die wirtschaftlichen Interessen der initiierenden, finanzierenden und den Bahnbau durchführenden ausländischen Mächte.[111] Das verkehrsgeographische Grundmuster war vor 1914, als die Hauptphase des Bahnbaus endete, geschaffen worden. Die Feststellung, die Nationalregierung habe nach 1928 nicht umhin gekonnt, die „Eisenbahnstrategie" der Mächte zu übernehmen, um die chinesische Binnenkolonisation voranzutreiben, ist daher auf eine geradezu triviale Weise richtig.[112]

Sie trifft freilich nur den Aspekt praktischer Durchführbarkeit. Im Prinzip hatte man in China seit langem erkannt, dass die Eisenbahn hier wie zuvor schon in anderen Ländern ein unentbehrliches Instrument von „nation-building" sein könne. Bereits Sun Yatsen hatte im Sommer 1912 einen Plan zum Auf- und Ausbau des chinesischen Eisenbahnnetzes entwickelt, dessen Realisierung er als eine der wichtigsten Voraussetzungen für die Entwicklung seines Landes betrachtete.[113] Anders als die Reformer des späten 19. Jahrhunderts, hatte Sun begriffen, dass eine Modernisierung nicht sektoral begrenzt sein konnte, sondern dass allein der Nationalstaat den Aktionsraum für eine wachstumsorientierte staatliche Wirtschaftspolitik zu bieten vermochte. Der Eisenbahnverkehr war zur ökonomischen – natürlich auch zur politisch-militärischen – Integration des Großstaates ideal geeignet. Es ist seit der klassischen Sun-Biographie von Lyon Sharman üblich geworden,[114] Sun Yatsen als einen schematischen, visionslosen und vergleichsweise wenig originellen Denker abzutun. Dies mag in mancher Hinsicht nicht falsch sein. Zumindest hinsichtlich seiner Ideen zur infrastruktu-

---

[111] Vgl. Huenemann (1984). Grundlegend zu den einzelnen Bahnlinien bleiben Chao Yung Seen (1939); Chang Kia-ngau (1943); Mi Rucheng (1980); Zhang Ruide (1991); Li Zhancai (1994).

[112] Jiang Junzhang u.a. (1944), S. 1–3.

[113] Sun Yatsen (1986a). Vgl. dazu auch Li Zhancai (1994), S. 157 ff.

[114] Sharman (1934).

rellen Erschließung Chinas wird man jedoch eher seiner neuesten Biographin Recht geben: „Par l'ampleur de ses visions, la justesse des certaines de ses intuitions et prémonitions, Sun Yat-sen mérite de prendre place auprès d'un Saint-Simon ou d'un Fourier."[115]

Sun Yatsen nannte den Bahnverkehr die „Mutter der Kommunikation" und betrachtete die Länge des Eisenbahnnetzes als Maßstab für den Wohlstand eines Landes. Sein Plan von 1912 war detailliert ausgeführt. Er sah drei Hauptrouten vor, mit denen die Erweiterung des bestehenden Schienennetzes beginnen sollte. Sie schlossen auch Abschnitte mit ein, die durch Grenzgebiete führen und bis zu den Landesgrenzen vorstoßen würden. Die Nordroute sollte in der Äußeren Mongolei enden, eine mittlere Route Xinjiang erreichen und die Südroute sogar Tibet mit dem nationalen System verbinden. Den Schwerpunkt legte Sun Yatsen aus verteidigungsstrategischen Überlegungen auf die Nordlinie. Sein Ziel war es, ganz China durch Eisenbahnverbindungen zu erschließen, einen nationalen Markt zu schaffen und die Isolation einzelner Regionen zu beseitigen, bzw. für die Zukunft einen Rückfall in solche Isolation zu verhindern.[116] 1921 veröffentlichte Sun in englischer Sprache sein Buch „The International Development of China", mit dem er ausländisches Kapital für seine ehrgeizigen Vorhaben gewinnen wollte. Hier wurden die Eisenbahnpläne gegenüber der Fassung von 1912 erweitert und konkretisiert. Dem Ausbau großer Häfen wurde ein noch größeres Gewicht beigemessen. Das zentrale Projekt war ein gigantischer „Great Northern Port" zwischen Dagu und Qinhuangdao. Er sollte „as large as New York in a reasonable limit of time" ausgebaut werden[117] und über ein verzweigtes Eisenbahnnetz ein Hinterland mit 100 Millionen Bewohnern erschließen, das von Shandong im Osten bis Xinjiang im Fernen Westen reichen würde.[118]

Aus diesen Plänen ist vor 1949 wenig geworden; manche der Bahnstrecken, die Sun Yatsen sich für China wünschte, sind bis heute nicht gebaut worden. Yuan Shikai, der Präsident der jungen Republik, ernannte Sun zwar im September 1912 zum Direktor für das Eisenbahnwesen (ein Amt, das er unter beschränkenden Umständen nur einige Monate lang ausübte), genehmigte ihm zu Verwirklichung seiner Pläne jedoch nur ein Drittel der vorgesehenen Streckenlänge. Selbst davon wurde nur ein kleiner Teil realisiert. Nachdem bis 1912 in allen Provinzen Chinas 9.600 km Gleisstrecke gelegt worden waren, kamen zwischen 1912 und 1927 nur 3.400 km hinzu. Zwischen 1928 und 1937 baute die Nationalregierung noch einmal 2.200 km[119] – nicht viel, wenn man andere großräumige Länder wie Russland, Indien, Kanada oder gar die USA, die Sun Yatsen vor Augen standen, zum Vergleich heranzieht.

---

[115] Bergère (1994), S. 319.
[116] Vgl. S.H. Chang / L. Gordon (1991), S. 50–52; Tang Wenquan (1993), S. 158–61.
[117] Vgl. Sun Yatsen (1928), S. 16.
[118] Vgl. Sun Yatsen (1928), S. 17; zu den geplanten Streckenführungen im „Central Railway System" und dem „Northwestern Railway System" vgl. S. 98–105.
[119] Yan Zhongping u.a. (1955), S. 180.

Die speziellen Verkehrsprobleme der Peripherie waren ein Dauerthema der chinesischen Politik wie des geographisch-historischen Diskurses. Es wurde bereits erwähnt, dass sich auch eine Koryphäe wie Sven Hedin im Regierungsauftrag damit befasste. Dass keineswegs überall an der innerasiatischen Peripherie Chinas die hanchinesische Durchdringung mit einer bäuerlichen Siedlerbewegung aus dem Kernland begann, hatte vorwiegend verkehrsgeographische Ursachen. Vor allem im fernen Xinjiang musste der Raum überhaupt erst einmal verkehrstechnisch zugänglich gemacht werden.[120] Eine Eisenbahnverbindung gab es bereits von russischer Seite aus, was, wie 1930 in der Zeitschrift *Xin Yaxiya* bemerkt wurde, den wirtschaftlichen Notwendigkeiten politischen Druck hinzufügte:

> „Das Verkehrssystem stellt den Lebensnerv einer Gesellschaft dar. Die Ursachen für das niedrige kulturelle Niveau des Nordwestens lassen sich nur durch Veränderungen der dortigen Verkehrssituation beheben. Auch müssen wir wissen, dass die kürzeste Straßenverbindung im Verkehr zwischen Europa und Asien sich im Nordwesten befindet. Heute haben sich nun die Eisenbahnen der Anderen bis zum Eingang unseres Hauses vorgedrängt. Sollen wir etwa die große Tür verschließen und uns nicht darum kümmern, was sie leisten könnten?"[121]

Der Ingenieur Lin Jing, von dem diese Bemerkung stammt, hatte bereits 1923 im Auftrag der Warlord-Regierung in Beijing alternative Streckenführungen für Bahnen nach Xinjiang und in die Mongolei studiert und einen Bericht darüber geschrieben.[122] Der Aufbau von Verkehrsverbindungen zwischen Xinjiang und dem chinesischen Kernland beschränkte sich aber zunächst auf Straßen und Fluglinien. Sie wurden von Tan Xiwu in einem ungewöhnlich langen Beitrag zur Yugong-Zeitschrift in allen Einzelheiten dargestellt.[123] Die quasi-autonomen Militärherrscher Xinjiangs waren aus offensichtlichen Gründen von Eisenbahnplänen weniger erbaut als die nationalen Verkehrsstrategen in Beijing und Nanjing. Aber auch die Sprecher der einheimischen muslimischen Bevölkerung wandten sich gegen sie, da sie eine verstärkte hanchinesische Zuwanderung fürchteten.[124] Als die kommunistische Regierung die Macht in Ostturkestan übernahm, gab es dorthin noch immer keine Eisenbahnverbindung aus dem chinesischen Kernland.

Wu He – ein besonders nationalistisch gestimmter Autor, der 1930 die Äußere Mongolei als „Provinz" Chinas in seine Entwürfe einbezog – forderte, Nordchina sollte mit den nordwestlichen Randprovinzen als einheitlicher Wirtschafts- und Kommunikationsraum aufgefasst werden.[125] Damit ging er bewusst über den

---

[120] Vgl. dazu Chen Huisheng / Chen Zhao (1999), S. 166–72.

[121] Lin Jing (1930), S. 47.

[122] Vgl. Wei Yongli u.a. (1993), S. 401.

[123] Tan Xiwu (1936), S. 51.

[124] Noch gegen Ende der Republikzeit wurden solche Bedenken geäußert. Vgl. Benson (1990), S. 116. Von ähnlichen Widerständen in der Mongolei berichtet Hua Qiyun (1930c), S. 42.

[125] Weitergehend wäre hier auf einen gleichzeitigen Versuch hinzuweisen, ökonomische Schwerpunktregionen in der chinesischen Geschichte neu zu bestimmen: Chi Ch'ao-ting (1936).

zum Klischee gewordenen Gegensatz zwischen Ackerland und Steppe hinaus,
der im Zeitalter industrialisierten Verkehrs seine Schärfe verloren habe. Auch
der Gegensatz der Ethnien sollte in dieser konsequent modernistischen Sicht in
der Einheitlichkeit des nationalen Staatsvolks (*Zhonghua minzu*) über Binnengren-
zen hinaus aufgehen. In den Vereinigten Staaten sei der große wirtschaftliche
Aufschwung auch erst durch die Integration des Nordens im Gürtel zwischen
New York und Chicago möglich geworden. China müsse diesem Beispiel folgen.[126] Nur so könne es selbständig und stark werden (*ziqiang*).

Wie man die aktuellen Probleme des Eisenbahnverkehrs in eine langfristige
historisch-geographische Perspektive rücken konnte, zeigte Qian Mu in einem
weit ausgreifenden Essay über das Machtverhältnis zwischen Nord- und Südchina.[127]
Ausgangspunkt seiner Betrachtung ist die Überprüfung der geläufigen These, der
Norden sei immer stärker als der Süden gewesen. Aus Qian Mus Sicht bildete
die Qualität der Kavallerie einen entscheidenden Faktor in diesem machtpoliti-
schen Ungleichgewicht. Der Norden habe über den strategischen Vorteil verfügt,
buchstäblich mehr physische Kampfkraft in die Wagschale werfen zu können.
Die besonders erfolgreichen Dynastien Han, Tang, Yuan und Qing hätten denn
auch der Pferdezucht und dem Pferdehandel stets größte Aufmerksamkeit geschenkt und den Reiterkrieg für ihre Machtexpansion auszunützen verstanden.
Von den Herrschern der Song- und Ming-Dynastien sei dieser Punkt hingegen
nicht genügend beachtet worden. Hinzu komme die ökologische Grundtatsache,
dass sich der Süden Chinas für den Ackerbau eigne, nicht aber für die Weidewirtschaft. Darin sieht Qian Mu das Geheimnis des starken Nordens. Erst der Eisenbahnbau des frühen 20. Jahrhunderts habe dieses alte Prinzip außer Kraft gesetzt: „Als der Eisenbahnverkehr möglich war und die Leute aus dem Süden die
Gelegenheit hatten, in Gebiete des Nordens vorzudringen, waren auch keine
Pferde mehr notwendig. Folglich ließ sich die Behauptung, dass der Süden in der
Geschichte Chinas immer schwach und der Norden stark sei, nicht länger halten."[128]

Gu Jiegang selbst war in seiner Eigenschaft als Fachhistoriker kein Freund
solcher geschichtsphilosophischen Spekulationen. Gegenüber dem Eisenbahnbau
nahm er eine gegenwartsbezogen-pragmatische Haltung ein. Er sah ihn ganz auf
der Linie Sun Yatsens als einen wichtigen Faktor bei der Lösung der Probleme in
den peripheren Regionen, fügte aber einen Gedanken hinzu, der sich sonst nicht
findet: Die periphere Situation der Randzonen sei überhaupt erst ein Ergebnis
moderner Entwicklungen, vor allem der Einführung von Dampfschiff und Eisenbahn in China; sie sei erst durch die schlechten Verkehrsverbindungen zwischen
dem Kernland und den Grenzgebieten entstanden. Desintegration zwischen Kern
und Peripherie sei eine Folge der dichteren Integration im Kern selbst. Große

---

[126] Wu He (1930b), S. 25 f.
[127] Qian Mu (1935).
[128] Qian Mu (1935), S. 8.

Distanzen werden erst dort sichtbar, wo objektiv ähnliche Entfernungen schrump-fen. Mehr noch: die schlechte verkehrstechnische Anbindung hätte zu der neuarti-gen Situation geführt, dass sich Tibet, Xinjiang und die Mongolei über die gut er-schlossenen Nachbarländer leichter erreichen ließen als auf direktem Wege aus dem Landesinneren. Diese verkehrstechnischen Probleme erzeugten nach außen hin den Eindruck, dass die Völker der Randgebiete Chinas „nicht zu einer Fami-lie gehören" würden. Die Verbesserung der Verkehrsverbindung zwischen dem chinesischen Kernland und seiner innerasiatischen Peripherie solle solchen zen-trifugalen Tendenzen entgegenwirken und eine Integration dieser Völker in den chinesischen Staat zu Konditionen der verkehrstechnischen Moderne ermögli-chen. Kulturelle Sinisierung und die Entstehung eines nationalen Solidaritätsge-fühls seien die zwangsläufige Folge. Mit dem Aufbau von Verkehrsverbindun-gen zwischen Beiping und der Inneren Mongolei hätte sich auch das Verhältnis zu den Mongolen verbessert. Freundschaftliche Gefühle seien entstanden, und die Mongolen hätten sich kulturell angepasst.[129]

Dass die ersten und wichtigsten Eisenbahnverbindungen in China von den Imperialmächten geschaffen und für ihr Vordringen auf dem Kontinent instru-mentalisiert worden waren, machte es zu einer patriotischen Aufgabe, den weite-ren Ausbau des Verkehrswesens in chinesische Hände zu nehmen, auch wenn an der schon von Sun Yatsen vorgesehenen Finanzierung über den internationalen Kapitalmarkt vorerst kein Weg vorbeiführte.

Die großen Hauptlinien hätten zwar ohne Zehntausende chinesischer Arbeiter nicht gebaut werden können, doch lagen Planung und Bauaufsicht bis kurz vor dem Ende des Kaiserreiches unweigerlich in ausländischer Hand. Ausgerechnet – und symbolisch hochwillkommen – die einzige Bahn in den Nordwesten, die es zu Beginn der dreißiger Jahre gab, bildete hier eine bedeutsame Ausnahme, auf die man stolz sein konnte. Zhan Tianyou, der sich Jeme T'ien-yow schrieb, hatte in den 1880er Jahren an der Yale University das Eisenbahningenieurwesen studiert, war dann als Lehrer an der Marine- und Militärakademie in Guangzhou tätig, trat 1888 in die chinesische Eisenbahngesellschaft ein und wurde bald als Ingenieur am Bau der Tianjin-Shanhaiguan-Bahn beteiligt.[130] In den folgenden Jahren wirkte er an mehreren bedeutenden Bauprojekten mit, bei denen er auch im Vergleich mit ausländischen Fachleuten durch seine Kompetenz auffiel. Als im Oktober 1905 mit dem Bau einer Bahnlinie von Beijing nach Kalgan (Zhang-jiakou) begonnen wurde, lag die technische Leitung bei dem „assistant manager" Zhan Tianyou, bereits 1906 Leiter des Projekts. Er wurde als Chinas erster heroi-scher Ingenieur des Industriezeitalters im ganzen Lande berühmt. Die Bahnlinie wurde bereits 1909 einstweilen in Kalgan abgeschlossen; später wurde sie bis Guisui, dem heutigen Hohot, in der Inneren Mongolei fortgesetzt und endete

---

[129] Gu Jiegang (1947a), S. 5.
[130] Zu seiner Biographie vgl. Li Zhancai (1994), S. 543–50; Xu Qihong / Li Xibi (1957), S. 23–92.

1923 schließlich in Baotou.[131] In Beijing gab es einen Übergang zur Eisenbahn nach Tianjin, so dass seit Inbetriebnahme der Linie ein Anschluss des Karawanenhandels aus der Mongolei und aus Gansu an den bedeutendsten Exporthafen Nordchinas bestand.[132] Die Beijing-Suiyuan-Bahn (*Jing-Sui tielu*), als die sie bekannt wurde,[133] war die erste vollkommen eigenständige chinesische Bahnkonstruktion. Sie galt auch bei ausländischen Experten als imposante technische Leistung, auf teilweise besonders schwierigem Terrain zügig und mit relativ geringen Kosten realisiert. Zhan Tianyou hatte bewiesen, dass ein chinesischer Konstrukteur Eisenbahnen auf Weltniveau zu bauen verstand; in- und ausländische Ehrungen honorierten diese Leistung.[134] Seit Zhans Erfolg lag die Verantwortung für Bahnbauten, an denen chinesisches Kapitel mehrheitlich beteiligt war, fast ausschließlich bei chinesischen Ingenieuren, die an verschiedenen technischen Spezialschulen ausgebildet wurden.[135] 1912 beriet Zhan Tianyou Sun Yatsen bei seinem großen Eisenbahnplan.[136]

A. Doak Barnett, der die Jing-Sui-Bahn Ende der vierziger Jahre als amerikanischer Konsul kennen gelernt hatte, fand sie damals bequem, funktionstüchtig und „less crowded and more comfortable" als bei einer neuerlichen Reise Ende der achtziger Jahre.[137] Er bestätigt auch ihre hohe Bedeutung für die chinesische Kolonisierung der Inneren Mongolei: „From the time that it was first built, this railway had brought increasing numbers of Han Chinese into the region, fundamentally changing its character. Well before 1949, the entire railway zone, as well as the irrigated land west of Baotou and north of the Yellow River, had become essentially a Chinese area, extending the Han heartland of China into the southwest of Inner Mongolia. Even in the 1940s, this zone could well have been called «Outer China», despite its location in Inner Mongolia."[138]

Dieser lang anhaltende Kolonisationserfolg war auf eine infrastrukturelle Errungenschaft, die Jing-Sui-Bahn der späten Qing-Zeit, zurückzuführen. Eine ähnlich spektakuläre Erschließungsleistung gelang in der Republikzeit nicht. So wenig Sun Yatsens Eisenbahnvisionen verwirklicht wurde, so sehr beflügelten sie weiterhin Phantasie und Planungen. Beim „Aufbruch in den Nordwesten" war es mit bloßer Begeisterung nicht getan. Auch lokale Projekte, darin waren sich viele einig, reichten nicht aus. Das Umpflügen von Grasland, das Ausheben von Be-

---

[131]   Zum Streckenverlauf vgl. Lou Zuyi (1937), S. 159; Li Zhancai (1994), S. 183.
[132]   Vgl. zur wirtschaftsgeographischen Bedeutung der Bahn: United Kingdom (1945), Bd. 3, S. 478.
[133]   Bis 1909 *Jing-Zhang tielu* nach dem Endpunkt Kalgan,
[134]   Vgl. Chang Jui-te (1993), S. 288 f.; Li Zhancai (1994), S. 549. Zhan Tianyou publizierte auch einen wissenschaftlichen Bericht über die von ihm gebaute Bahn (Xu Qihong / Li Xibi, 1957, S. 49).
[135]   Vgl. Zhang Ruide (1991), S. 165 f.
[136]   Li Zhancai (1994), S. 548 f.
[137]   Barnett (1993), S. 46.
[138]   Barnett (1993), S. 46 f.

wässerungskanälen und die Gründung lokaler Wirtschaftsbetriebe waren notwendige, aber noch nicht hinreichende Voraussetzungen für die Festigung chinesischer Kontrolle über die innermongolischen Provinzen. Zur kleinräumig-lokalen Perspektive musste die großräumig-nationale hinzutreten. Wenn das Gebietskonglomerat des vom Kaiserreich ererbten Großstaates zu einem homogen durchgeformten nationalen Territorium werden sollte, bedurfte es der Integration durch moderne Verkehrs- und Kommunikationstechnologie.[139]

4. Zusammenfassung

Ökonomischer Nationalismus hat eine negative und eine positive Seite. „Negativ" bedeutet er, die wirtschaftspolitische Souveränität des eigenen Landes gegen fremde Staaten, ausländische Privatinteressen und unkontrollierbare Weltmarkteinflüsse zu verteidigen. Dies muss nicht bis zum Extrem rigider Selbstabschottung gehen, wie es die Volksrepublik China nach 1949 und vor allem in der Zeit zwischen dem Bruch mit der Sowjetunion und der Annäherung an die Vereinigten Staaten betrieb. Im Kern bedeutet ein solcher abwehrender Wirtschaftsnationalismus aber, dass eine nationale Regierung Art und Ausmaß der ökonomischen Öffnung des eigenen Landes selbst bestimmen will und sich durch mächtige Nachbarn, multinationale Konzerne und internationale Organisation ihre Außenwirtschaftspolitik nicht vorschreiben lässt. „Positiver" ökonomischer Nationalismus hat eine ressourcenerschließende Stoßrichtung: Die produktiven Kräfte innerhalb der eigenen Grenzen sollen so gut und so weit wie möglich im Interesse der National-Ökonomie genutzt werden. Der nationale Raum wird als wichtigste Lebensgrundlage gesehen. Im Zweifelsfalle produziert man lieber teurer zu Hause, als kostengünstiger im Ausland einzukaufen. Das radikale Ziel wäre in dieser Hinsicht Autarkie, wie sie sich in der Wirklichkeit selten erreichen lässt.

Im China des frühen 20. Jahrhunderts war der abwehrende Wirtschaftsnationalismus stark ausgeprägt. Er bestimmte das Regierungshandeln während der letzten Jahre der Qing-Herrschaft und insbesondere während des Nanjing-Jahrzehnts (1927–37), wenngleich in beiden Fällen längst noch nicht so extrem wie dann später in den etwa dreißig Jahren nach 1949. Er kam außerdem in den von breiten Aktionsbündnissen getragenen Boykotten der Epoche zum Ausdruck. Solcher anti-imperialistische Nationalismus wurde von den Zeitgenossen im In- und Ausland stark beachtet und hat auch viel Interesse in der historischen Forschung gefunden. Dies kann über den „positiven" Wirtschaftsnationalismus nicht gesagt werden. Er ist weniger deutlich sichtbar, entlädt sich nicht in spektakulären Massenaktionen und führt nicht zu schnellen Ergebnissen. Längerfristig ist er

---

[139] Dazu passte, dass die Yugong-Zeitschrift regelmäßig Inserate der Eurasia-Luftfahrtgesellschaft (*Ou-Ya hangkong gongsi*), einem chinesisch-deutschen Gemeinschaftsunternehmen, veröffentlichte.

von größerer Bedeutung, da nur er mit den konstruktiven Aufgaben von Nationsbildung verbunden ist. Träger eines solchen konstruktiven Nationalismus ist in der Regel ein starker, oft ein diktatorischer Staat. Die dreißiger Jahre des 20. Jahrhunderts waren eine Zeit, in der überall Regierungen in ganz besonderem Maße in die Wirtschaft eingriffen und – während einer beispiellosen Krise der Weltwirtschaft – ökonomische Autonomie oder gar Autarkie anstrebten.

China bildete keine Ausnahme. Alle politischen Kräfte, die irgendwo Herrschaft über Territorien ausübten, waren sich einig, dass der Staat die Wirtschaft lenken und ein möglichst hohes Maß an Unabhängigkeit erzielen müsse. Die KPCh sah dies so und praktizierte es in ihren „Basisgebieten". Die Guomindang war bereits durch ihren Gründer Sun Yatsen auf eine Erziehungs- und Entwicklungsdiktatur („Vormundschaftsregierung") festgelegt worden, eine Tendenz, die sich unter dem militärischen Einfluss Jiang Kaisheks und seiner deutschen Berater verstärkte. Daneben gab es weiterhin eine Reihe von nahezu autonomen Provinzmachthabern, die ähnliche Ziele verfolgten.[140] Was es aber, anders als etwa in den Nachbarländern Japan und der UdSSR, nicht gab, war eine Zentralregierung, die stark genug war, um ihren Willen überall innerhalb der Landesgrenzen durchzusetzen. Der konstruktive Wirtschaftsnationalismus hatte daher eigentlich kein Subjekt. Umso mehr war er ein Intellektuellenprojekt. Man könnte sagen, die Intellektuellen – wie zuvor schon Sun Yatsen in seinen utopisch-ehrgeizigen Plänen zur „internationalen Entwicklung Chinas" – simulierten den starken Staat, der in der Realität fehlte. Hier spielten abermals die Historischen Geographen eine herausragende Rolle. Sie waren sozusagen vom Fach her für die naturräumlichen Voraussetzungen des nationalen Wirtschaftsaufbaus zuständig. Dass gleichzeitig Geologen wie Ding Wenjiang und Weng Wenhao, der langjährige Vorsitzende der mächtigen „Nationalen Ressourcenkommission" (*Ziyuan weiyuanhui*) der Nanjing-Regierung, führende Positionen in der Politik innehatten, ist kein Zufall.[141]

Mehr als solche Praktiker der Regierung, denen es zunächst einmal um das Überleben ihres eigenen, begrenzt handlungsfähigen Regimes gehen musste, hatten die Historischen Geographen den virtuellen Gesamtstaat im Auge. Die reichsten Ressourcen an Land und Bodenschätzen wussten oder vermuteten sie in den riesigen und dünn besiedelten Zonen am Rande des früheren Qing-Reiches. Dort lägen, wie es mit den beiden beliebten Schlagworten jener Jahre hieß, die Kraftquellen für die nationale „Wiedergeburt" (*fuxing*), die genutzt und in konstruktiven Aufbau (*jianshe*) umgesetzt werden sollten.[142] Nun war es die Tragik dieses

---

[140]   Etwa Yan Xishan in Shanxi, der sein Reich als „Musterprovinz" feiern ließ. Vgl. Gillin (1967).

[141]   Vgl. Kirby (2000a), S. 148–52, zur Wirtschafts- und Ressourcenplanung der Nationalregierung.

[142]   Die Semantik der Erneuerung und Verjüngung hatte im China der dreißiger Jahre viele Anhänger. *Fuxing* war zum Beispiel eine zentrale Metapher in der Programmatik der 1934 von Jiang Kaishek gestarteten „Bewegung Neues Leben" (*Xin shenghuo yundong*). Vgl. Dirlik (1975), S. 961.

Konzepts eines auch ökonomisch verstandenen territorialen Nationalismus, dass die mit Abstand günstigsten Bedingungen hinsichtlich der Verfügbarkeit von Bodenschätzen und fruchtbarem Land ausgerechnet in jenem Teil der Peripherie lokalisiert waren, der vor 1931 teilweise und seit 1931 zur Gänze chinesischer Souveränität entzogen war: der Mandschurei. An zweiter Stelle, was die Potentiale betraf, stand Xinjiang, das in den dreißiger Jahren, ebenso wie das arme und karge Tibet, nur nominell zu China gehörte. Aller theoretische und praktische Enthusiasmus richtete sich unter solchen Umständen *nolens volens* auf den nahen Nordwesten, also die innermongolischen Provinzen. Praktisch konnte dieser Enthusiasmus werden, weil er sich an eine Bewegung hanchinesischer Kolonisation heftete, die es bereits seit längerem gab, die aber nun mit großen patriotischen Hoffnungen befrachtet wurde. Die tatsächlichen „Erfolge" – aus der Sicht der Mongolen stellten sich die Dinge etwas anders dar – blieben vor Kriegsbeginn 1937 sehr begrenzt. Dies ändert nichts daran, dass die Probleme des Wirtschaftsaufbaus im nationalen Interesse den Anstoß zu weitreichenden Überlegungen zur Bedeutung der chinesischen Nation gaben.

Die Historischen Geographen schrieben wenig über industriellen Aufbau. Das war eher ein Thema für Ökonomen und Wirtschaftshistoriker sowie für diejenigen, welche die japanische Industrialisierung der Mandschurei und Taiwans beobachteten. Die Randzonen, auf die sie ihre Aufmerksamkeit richteten, versprachen industriell nicht viel. Mit ihrer Betonung der Landwirtschaft rückten die Historischen Geographen daher in die Nähe der „ländlichen Aufbaubewegung", deren Beginn man um 1926 ansetzen kann und die von Anfang an in recht unterschiedliche Richtungen und Einzelvorhaben zerfiel.[143] Aber man sollte diese Nähe, so unverkennbar sie ist, nicht überbewerten. Auf der gemeinsamen Grundlage einer Hochschätzung der Landwirtschaft und des Bestrebens, sie zu „revitalisieren", ging es den Vertretern des *nongcun jianshe* um die Verbesserung von Lebensqualität im Rahmen der dörflichen Gemeinschaft, den Historischen Geographen hingegen um Integration und Produktionssteigerung im Rahmen der nationalen Ökonomie. An Sozialreform oder sozialer Revolution oder deren prophylaktischer Vermeidung waren sie wenig interessiert. Ein „philosophical agrarianism", wie man ihn bei dem namhaften Denker und Wortführer ländlicher Reformen Liang Shuming findet,[144] also etwa ein Lob des harmonischen Dorflebens, war ihnen fremd. Sie wollten das uralte China der Bauern nicht von seinen Missständen befreien, sondern Bauernwirtschaft dort einführen, wo es sie noch nie gegeben hatte. „Agrarisierung" oder „Urbarmachung" (*kenzhi, tunken*) hießen ihre wichtigsten Parolen. Ihr historischer Ansatzpunkt war nicht die interne Entwicklung der dörflichen Gesellschaft, sondern der Gegensatz zwi-

---

[143] Vgl. die gründlichen Arbeiten von Keating (1997), vor allem Birk (1998).
[144] Die Charakterisierung stammt von Alitto (1976), S. 239 f. Vgl. auch Gransow (1994), sowie Thøgersen (1998) zu den volkspädagogischen Vorstellungen Liang Shumings. Zu dem erziehungsbetonten Ansatz von James Yen vgl. Hayford (1990).

schen hanchinesischer Bauernzivilisation und den Lebensweisen nicht-chinesischer Hirtenvölker. In solcher Sicht erschien Landwirtschaft nicht als statisch oder als ein Zeichen von Rückständigkeit. Sie war, ganz im Gegenteil, eine Form aggressiver Modernisierung. Die „frontier society",[145] in klassischer chinesischer Sicht eine misstrauisch beäugte Abweichung, verwandelte sich zum Ideal. Sie besaß den großen Vorteil – so argumentierte Hou Renzhi, einer der genauesten Beobachter der Nordwestkolonisation –, sich ohne räumliche Beengung entfalten und sich ohne Belastung durch alte Strukturen zu einer „neuen Gesellschaft" (*xin shehui*) entwickeln zu können.[146]

Neulandgewinnung würde mehrere Fliegen mit einer Klappe schlagen: die gesamtwirtschaftliche Produktion steigern, den Arbeitsmarkt im Kernland entlasten, den hanchinesischen Zugriff auf Gegenden verstärken, die von Völkern mit zweifelhafter politischer Loyalität bewohnt wurden, und schließlich diese Völker dem zivilisierenden Einfluss der chinesischen Kultur unterziehen.[147] Ob die Lokalbevölkerung sich überhaupt assimilieren *wollte* und wie sie mit den Folgen der hanchinesischen Zuwanderungs- und Kolonisierungsprogramme wie Enteignung, Vertreibung, Unterdrückung und kulturellen Entfremdung fertig wurde, interessierte die Historischen Geographen jedoch nicht. Im Grunde ging es ihnen nur um wirtschaftliche, technische und infrastrukturelle Maßnahmen zur Schaffung eines nationalen Wirtschafts- und Kommunikationsraumes. Während die ländliche Aufbaubewegung auf eine soziale und innenpolitische Krise reagierte,[148] war die agrarische Kolonisation als Antwort auf eine *nationale* Herausforderung gedacht.[149]

---

[145] Vgl. die schöne Charakteristik als Typus bei Naquin / Rawski (1987), S. 130–33.

[146] Hou Renzhi (1936d), S. 108, 113; Hou Renzhi (1936e), S. 162.

[147] Den gleichen Anspruch erhebt erneut die im Jahre 2000 begonnene Kampagne zur Erschließung des Westens (*Xibu kaifa*). Vgl. Goodman (2004), S. 326. Goodman bezeichnet sie daher auch als ein „colonial enterprise or colonization project" (S. 327).

[148] Innenpolitisch insofern, als man in der ländlichen Aufbaubewegung einen großen Teil der Schuld an der ländlichen Misere der Warlordherrschaft zuschob. Vgl. Birk (1988), S. 150–52.

[149] Petrus P'ei-sen Ho hat jüngst in einer vorzüglichen Studie zu Ningxia gezeigt, dass die Begeisterung für die Landreklamation auf chinesischer Seite nicht ungetrübt war. Gegen Ende der 1930er Jahre richtete sich zum einen die Aufmerksamkeit auf Chancen der Modernisierung nun auch der Weidewirtschaft. Zum anderen begann man da und dort, die ökologische Schutzwürdigkeit des Graslandes zu erkennen und erste Konservierungsmaßnahmen einzuleiten (1999, S. 30–34).

VI. VÖLKERVIELFALT UND NATIONALER ZUSAMMENHALT

Eine Integration der innerasiatischen Randgebiete wurde aus chinesischer Sicht vor allem durch die ethnische und religiöse Fremdheit der dort lebenden Völker erschwert. Die Sitten und Gebräuche der Menschen, die in den endlosen Weiten der Steppen und Hochländer lebten, wichen ebenso wie ihre Religionen grundlegend von den „konfuzianischen" Normen, Werten und kulturellen Selbstverständlichkeiten der Chinesen ab. Die Intellektuellen, die am ideologischen Gewand des post-imperialen Großstaates schneiderten, mussten sich dem Problem des „Anderen" innerhalb der eigenen Landesgrenzen stellen. Die historischgeographische Sichtweise, die viele von ihnen an dieses Problem herantrugen, verhinderte, daß man es bloß als eines von zeitloser Ethnizität definierte.

Betrachtet man rückblickend Chinas traditionelles Verhältnis zu den „Barbarenvölkern" aus der zentralstaatlichen Perspektive, so konnten diejenigen Herrscher die größten Erfolge im Umgang mit den Barbaren vorweisen, die wie die mongolische Yuan-Dynastie und die mandschurischen Qing-Kaiser selbst innerasiatischer Herkunft waren. Das Verhalten hanchinesischer Dynastien, in neuerer Zeit der Song und der Ming, stellt sich hingegen als eher defensiv und ablehnend dar. So hielt die dynastische Geschichte, grob unterschieden, zwei Ordnungsmodelle bereit: ein großchinesisch-inklusives und ein kleinchinesisch-exklusives. Beide hatten Vorteile und Nachteile erkennen lassen. Die Lehren, welche die klassische Geschichtsschreibung anbot, waren nicht eindeutig. Sie bedurften der Interpretation im Lichte gegenwärtiger Problemlagen. Wer wie Gu Jiegang und seine Mitstreiter der vorhandenen Geschichtsschreibung misstraute, suchte das eigene Urteil sogar auf ein neues Studium der Quellen zu stützen.

Die Republik des frühen 20. Jahrhunderts wurde von Han-Chinesen gegründet und regiert. In dieser Hinsicht griff man also den Faden der Geschichte dort auf, wo er 1644 gerissen war. Das Land, das man 1912 vom Qing-Kaiser übernahm, hatte aber einen ganz anderen Umfang als das der Ming-Dynastie. Es endete nicht mit Yunnan, Sichuan, Shaanxi und der Großen Mauer, und es wurde nicht nur von Chinesen bewohnt. Trotz heftiger anti-mandschurischer Polemik in den letzten Jahren des Kaiserreiches und der schnellen Musealisierung von Qing-Reminiszenzen nach der Revolution,[1] kam niemand, der Macht besaß und öffentlich gehört wurde, auf die Idee, China solle freiwillig zu den Außengrenzen der letzten „nationalen" Dynastie zurückkehren. So begann die Republik mit einem Widerspruch: Man hatte ein – an den Rändern ziemlich gefleddertes – Vielvölkerreich geerbt, aber mit ihm nicht auch zugleich die Ideologien und Herrschaftstechniken, um es zusammenzuhalten und zu regieren. Drei Säulen des Qing-

---

[1] Die teilweise Öffnung der Verbotenen Stadt für die Bevölkerung trug wesentlich zu solcher Demystifizierung und Musealisierung bei. Vgl. Zarrow (1997), S. 24.

Reiches standen nicht länger zur Verfügung: (1) eine landesweite Zivilverwaltung, wie sie Yuan Shikai als Diktator in den Jahren 1913/14 noch einmal erfolglos zu rekonstruieren versucht hatte, (2) die Strategie des Ausspielens der ethnisch-kulturellen Gruppen gegeneinander, die nahezu einmütig als Fehlschlag und als eine der Ursachen für Chinas Schwäche gesehen wurde, (3) die integrierende Herrschaftssymbolik der Monarchie, die es ermöglichte, dass sich dennoch jeder im Reich, der es wollte, als Untertan des Kaisers fühlen durfte. Durch den Systemwechsel zu einer nur sehr eingeschränkt demokratischen Republik, die keineswegs in einem konkreten Sinne „citizenship" für alle anzubieten hatte, wurde es erforderlich, nach neuen Methoden der Integration der nicht-chinesischen Völker in den Gesamtstaat zu suchen.

Um dies erfolgreich tun zu können, musste sich die hanchinesische Seite erst einmal mit der Kultur und Religion dieser Völker in einem Maße vertraut machen, das sie bisher gegenüber den „Barbaren" als nicht notwendig erachtet hatte. Hier war die Gelehrtenwelt gefordert, und so ist es nicht verwunderlich, dass Ethnologie und Anthropologie sich gerade in dieser Periode entwickelten.[2] Auch in den Regionalstudien der Historischen Geographen beschäftigte man sich mit dieser Thematik. Die Yugong-Gelehrten arbeiteten das historische Verhältnis zwischen Chinesen und Barbarenvölkern auf, untersuchten die ethnischen Ursprünge der einzelnen Völker und erläuterten, welchen Beitrag diese für die Konsolidierung der modernen chinesischen Nation leisten konnten.

Die Ethnologen und Historischen Geographen arbeiteten sich dabei zu Fragen vor, die gleichzeitig auch Owen Lattimore, einen der bahnbrechenden Individualisten in der Asienforschung des 20. Jahrhunderts, beschäftigten. Die Historischen Geographen kannten manche der frühen Bücher und Aufsätze Lattimores, die sich mit Tagesfragen Innerasiens befaßten. Sein wissenschaftliches Hauptwerk erschien erst, nachdem der Krieg die historisch-geographische Debatte unterbrochen hatte.[3] Hier entwickelt Lattimore, ohne sich seinerseits auf verwandte Gedanken des Yugong-Kreises zu beziehen, einen „geographischen Ansatz". Er unterteilt Innerasien in Schlüsselregionen mit einer jeweils eigenen kulturellen Entwicklungsdynamik. Unterstützung für ihre Vorstellungen hätten Gu Jiegang und seine Kollegen auch bei Lattimores Modell gestufter Übergänge vom „Steppenpastoralismus" über Zwischenzonen nomadisch-agrarischer Mischung bis zu den Bauerngesellschaften Nordchinas finden können. Lattimore sieht die gesamte chinesische Geschichte durch einen Zyklus nomadischer Herrschaft geprägt, die zeitweise bis ins chinesische Zentrum reichen konnte. Abermals waren die Historischen Geographen durchaus auf der Höhe der damaligen internationalen

---

[2]   Siehe dazu Guldin (1994), S. 23–35. Das chinesische Grundwerk zum Thema registriert
      ein erstes chinesisches Interesse an Ethnologie kurz nach der Jahrhundertwende und datiert
      den „take-off" als wissenschaftliche Disziplin in die Jahre um 1926–28. Vgl. Wang Jianmin
      (1998), S. 35, 102 ff.
[3]   Lattimore (1940).

Forschung.[4] Allerdings waren sie chinesische Nationalisten. Lattimore hingegen sah die Welt letzten Endes mit den Augen eines patriotischen Mongolen.

1. Merkmale der Vielvölkerstaatlichkeit Chinas

Die Integration der in der Qing-Zeit eroberten Völker hatte in der Republik eine neue Qualität bekommen, da es nach dem Ende des Kaiserreiches und der Diskreditierung des Konfuzianismus nicht mehr möglich war, auf die traditionellen integrierenden Faktoren zurückzugreifen. Gleichzeitig stärkten die westlichen Einflüsse nationalistischen Gedankenguts – wie etwa die Idee nationaler Selbstbestimmung – auch unter den Völkern der chinesischen Peripherie die zentrifugalen Kräfte. Die Historische Geographie suchte daher in den Ursprüngen und in der Evolution des chinesischen Vielvölkerstaates nach Argumenten für sein Überleben in der modernen Nation. Methodisch entstanden dabei Verbindungen zur Anthropologie und Ethnologie.

a) Von den „Barbaren" zu den „Fünf Völkern"

„In terms of geography there are Chinese and barbarians, but in terms of ethics, are there Chinese and barbarians? The difference between Chinese and barbarians is to be found in the heart. To find out the difference in the heart, one has to ascertain in what direction a man inclines. Some people are born in the central state, but their actions are contrary to rites and righteousness. In such a case they are Chinese in appearance but barbarians at heart. Some people are born in barbarian lands but their actions are in harmony with rites and righteousness. In that case they are barbarians in appearance but Chinese in heart."[5]

Chen Yuan, ein Spezialist für die Geschichte der Yuan-Dynastie und Mitglied der Yugong-Gruppe, zitiert 1923 in seiner Studie über die yuanzeitliche Sinisierung der Völker der Westgebiete diese Stelle aus dem Traktat „Chinese im Herzen" (*Hua xin*) von Chen An, einem Autor des 9. Jahrhunderts. Sie bringt besonders schön das herkömmliche Barbarenbild in einer Fassung zum Ausdruck, die man eine inklusiv-kosmopolitische nennen könnte. Es dürfte kein Zufall sein, dass zur Zeit der weltoffenen Bewegung für Neue Kultur ein Historiker der kosmopolitischen Mongolenzeit in dieser Weise auf die Tang-Periode zurückgreift. Die Kategorie des „Barbaren" definiert sich danach moralisch am Maßstab einer jeder Relativität enthobenen kulturellen Norm. Ein Barbar ist, wer in seinem Handeln, ob willentlich oder nicht, diese Norm verletzt. Objektive, unveränderliche Merkmale wie Herkunft und Aussehen sind von nachrangiger Bedeutung.

---

[4] Im Westen wurden Lattimores Ansätze vor allem aufgegriffen bei Barfield (1989), S. 11–14 und passim.

[5] Chen An, zitiert bei Ch'en Yüan (1966), S. 9.

Der Barbar, der erfolgreich lernt, kann Chinese werden. Einer solchen Theorie stand die in der Geschichtsschreibung immer wieder zum Vorschein kommende Verachtung der fremden Völker entgegen. Sie betraf vor allem den Barbar nicht als einzelnen, sondern als Kollektivwesen. Hinter dem moralisch-kulturellen Barbarendiskurs verbarg sich ein ethnographischer. Beide waren jeweils anderen Argumentationszwecken zugeordnet. Der Einfluss rassistischen Gedankengutes aus dem Westen und die taktischen Erfordernisse des Kampfes gegen eine sich rabiat wehrende mandschurische Dynastie ließen in den ersten Jahren des Jahrhunderts eine ethnisch-deterministische Sichtweise in den Vordergrund treten: Selbst dem lern- und anpassungswilligen Barbaren würde es dank seiner unabänderlichen Vorprägung niemals gelingen, den Anforderungen der zentralen Zivilisation zu genügen. Dies war ein ethnisch-rassischer Diskurs, nicht zugleich auch ein ethnographischer, denn von hier aus führte kein direkter Weg zu Studien der Anderen, „wie sie tatsächlich waren". Der Anti-Mandschurismus der frührevolutionären Propaganda machte keine wissenschaftlichen Mandschu-Studien erforderlich.

Mit dem Wandel zur Republik war, politisch gesehen, weder ein assimilatorischer noch ein anti-assimilatorischer Barbarenbegriff für sich genommen brauchbar. (Dass Sun Yatsen, der „Vater der Republik", in abgeschwächter Form an letzterem festhielt, führte eine gewisse autoritätsbezogene Asymmetrie in die Debatte ein.)[6] Der anti-assimilatorische Barbarenbegriff hätte entweder bedeutet, China exklusiv auf den mingzeitlichen Kernraum zu beschränken, oder er hätte die offene koloniale Unterdrückung, die Vertreibung oder gar die „ethnische Säuberung" der Nicht-Chinesen nach sich ziehen müssen. Dem assimilatorischen stand einfach die Einsicht entgegen, dass man hinter die anthropologische Wende des modernen Denkens nicht zu einem unverwässerten kulturellen Universalismus zurückgehen konnte, sowie die Erfahrung, dass seit den Muslimaufständen des 19. Jahrhunderts die Anderen auch innerhalb des Reiches gewillt waren, ihre eigenen Interessen zu vertreten. Als die Tibeter 1913 kurzerhand die chinesische Garnison vertrieben, hatte sich auch das sanftmütigste der Randvölker zu solcher Interessenwahrung bekannt. Seit während der Wirren der Xinhai-Revolution die zentrifugalen Kräfte im Reich unübersehbar geworden waren, musste der junge chinesische Nationalismus nicht nur mit dem „Imperialismus", sondern auch mit dem eigenen Nationalismus der kleinen asiatischen Nachbarn rechnen, denen von russischer und britischer, türkischer und japanischer Seite Alternativen zur Einbeziehung in oder Anlehnung an das Reich der Mitte geboten wurden. Der qualitative Sprung ist hier offensichtlich: Es ging nun weniger um die nur symbolisch manifestierte Loyalität der Völker gegenüber einer chinesischen Zentralmacht als um ihre positive und eindeutige, keine Schaukeltaktik

---

[6]   Vgl. Bergère (1994), S. 406; auch Dikötter (1992), S. 124 f., der aber Suns Konzept für theoretisch dermaßen unausgegoren hält, dass er es nicht näher analysieren will.

erlaubende Identifizierung mit dem Gesamtstaat. China oder Nicht-China: das wurde zur ethnopolitischen Leitfrage des 20. Jahrhunderts.

Damit veränderte sich die Natur des Interesses an den Anderen. Das Interesse der qingzeitlichen Autoren an den unterworfenen Völkern der peripheren Gebiete war noch oberflächlich gewesen. Laura Newby zeigt am Beispiel Xinjiangs, wie sich die chinesischen Beobachter kaum für das dortige eigenständige Erziehungswesen und Gelehrtentum interessierten. Ihnen schien ein deskriptiv-enzyklopädisches Wissen über die nordwestliche Reichsperipherie zu genügen.[7] Der Islam wurde in der chinesischen Literatur auf lokales Brauchtum (*fengsu*) reduziert, obwohl er nicht nur im Nordwesten, sondern auch bei der Hui-Bevölkerung in vielen Städten des Kernlandes eine große Rolle spielte. Newby führt die chinesische Ignoranz auf die beschränkten Zwecke der Grenzstudien zurück. Den kaiserlichen Beamtengelehrten ging es nicht darum, tiefere Einsichten in die Kultur der innerasiatischen Reichsperipherie zu gewinnen und zu vermitteln, sondern bloß um die Harmonisierung des Verhältnisses der dort lebenden Völker zum chinesischen Zentrum.[8] Ein Aufdecken von Andersartigkeit oder konkurrierenden Lebensweisen konnte dabei nur störend wirken. Hinzu kam, dass die Geschichtsschreibung der späten Qing-Zeit textorientiert war. Ihr lag vor allem die Verbindung von zwei damals modernen Forschungsrichtungen am Herzen, der *Kaozheng*-Gelehrsamkeit und den Regionalstudien über die Westgebiete. Die Wissenschaftler der Republikzeit waren hingegen allein schon durch ihr unwirtliches politisches Umfeld zu stärkerer Praxisorientierung gezwungen. Fern davon, bloßes Gelehrtenwerk zu sein, diente ihre Arbeit – so sahen sie es selbst – dem Ziel, die untersuchten Völker in den modernen Staat zu integrieren und damit die chinesische Nation insgesamt nach außen hin zu stabilisieren.

Nach 1911 sprach man vielfach mit Sun Yatsen von der „Republik der fünf Völker" (*wuzu gonghe*) und griff auf das vereinheitlichende Bild aus der Zeit der Streitenden Reiche zurück, demzufolge alle in der damaligen chinesischen Welt lebenden Völker von den legendären Kaisern Yao, Shun und Yu abstammten. Eine ungenaue – und zudem durch Übersetzung in europäische Sprachen nicht ungebrochen abbildbare – Semantik der Begriffe „Rasse", „Staat" und „Nation" blieb nach der Gründung der Republik als Erbe der vorrevolutionären Publizistik im Umkreis von Sun Yatsens Tongmenghui.[9] Sun selbst bekräftigte in seinen letzten, später kanonisierten Schriften aus dem Jahre 1924, den Vorlesungen über die Drei Volksprinzipien und dem Manifest des Reorganisationskongresses der Guomindang, seine Auffassung von der Deckungsgleichheit von Volk als Abstammungsgemeinschaft (*minzu*) und Staatsvolk oder Nation (*guozu*). Plakativer gesagt: im Unterschied zum zersplitterten Europa habe in China eine einzige

---

[7]   Vgl. Newby (1999), S. 459.
[8]   Newby (1999), S. 461.
[9]   Gasster (1969), S. 78 f.

Rasse eine einzige Nation hervorgebracht.[10] Wie Marie-Claire Bergère in ihrer
Interpretation von Sun Yatsens Vorlesungen über das Volksprinzip des Nationalismus (*minzu zhuyi*) bemerkt, sind die Äußerungen Suns über das Verhältnis des
chinesischen *minzu* zu den kleinen Ethnien undeutlich und inkonsistent. Einerseits wies er auf das Zahlenverhältnis zwischen 400 Millionen Chinesen und
(wie er schätzte) nicht mehr als 10 Millionen Angehörigen von Minderheiten-
völkern (*wailai de* [*ren*]) hin, die man deshalb als nahezu unerheblich außer Be-
tracht lassen könne. So ließ sich das Bild der „reinen" chinesischen National-
Rasse bewahren; die Minderheiten wurden schlichtweg zu etwas andersartigen
Chinesen umdefiniert. Andererseits sprach Sun Yatsen von 1912 bis zu seinem
Tode immer wieder von den „fünf Rassen" unter den *Zhongguoren*, also den
Bewohnern Chinas: Chinesen (*hanren*), Mandschu, Tibetern, Mongolen, und
Muslimen (*huijiao zhi tujueren*). Sie begründeten gemeinsam die Souveränität
Chinas.[11] Seit der Annäherung zwischen Sun Yatsen und der Sowjetunion 1923
war sogar in Guomindang-Dokumenten in zumindest verbalem Einklang mit Pa-
rolen, die Lenin seit 1903 vertreten und die Woodrow Wilson 1918 umgedeutet
hatte, von „Selbstbestimmung" und „Selbstregierung" für die kleinen Völker die
Rede.[12] Sun meinte damit nicht das Recht auf Sezession und nationalstaatliche
Unabhängigkeit, sondern bloß die Freiheit von imperialistischer Beherrschung.[13]
In der ersten republikanischen Flagge jedenfalls wurde für jedes der *wu zu* jeweils ein Farbstreifen von gleicher Breite reserviert. Dies ging allerdings zu einem erheblichen Teil auf Yuan Shikai zurück, den mächtigsten Mann Chinas im
Jahre 1912, der als gewiefter Machtpolitiker und alter Funktionär der mandschurischen Dynastie keine große Neigung zum überhitzten Han-Chauvinismus der
Revolutionäre besaß und symbolische Zugeständnisse an die nicht-chinesischen
Minderheiten für politisch zweckmäßig hielt.[14] Die Provisorische Verfassung
vom März 1912 (die „Sun Yatsen-Verfassung") gewährte – wie später auch die
beiden Verfassungsdokumente der Guomindang vom Juni 1931 und vom April
1937 – allen Staatsangehörigen ohne Ansehung von Rasse, Religion und Klas-
senzugehörigkeit gleiche Rechte. Die Yuan-Shikai-Verfassung vom Mai 1914

---

[10]   Sun Yatsen (1986b), S. 185. Die Übersetzung der Begriffe ist heikel. Mit Recht wurde
       minzu „un term obscur et malaisé à traduire" genannt (Allès 2000, S. 10). Erschwerend
       kommt hinzu, dass *minzu* im Englischen meist als „race" wiedergegeben wird, ein Wort,
       das weniger eindeutig biologisch konnotiert ist als das deutsche „Rasse". Hier dient die
       kräftige Übersetzung bloß der Verdeutlichung.
[11]   Sun Yatsen (1986b), S. 188.
[12]   Im Manifest des Ersten Nationalkongresses der Guomindang vom 30. Januar 1924 findet
       sich das Versprechen von „the right of self-determination of all races within the country".
       Vgl. die Übersetzung des Dokuments bei Shieh (1970), S. 75–85, hier 80. Näheres wird
       nicht ausgeführt.
[13]   Bergère (1994), S. 407. Seit ihrer Annäherung an die Komintern 1923 konnte die Guomin-
       dang nicht umhin, sich mit der leninistischen Nationalitätentheorie auseinanderzusetzen.
[14]   Vgl. Harrison (2000b), S. 17–19; Harrison (2001), S. 147.

sah sogar „favourable treatment" für Mandschu, Mongolen, Tibeter und Muslime vor.[15]

Sun Yatsens Widersprüche schufen Klärungsbedarf, zugleich aber auch die Bedingungen für eine einigermaßen offene Diskussion, da man selbst nach 1927, als der Sunyatsenismus den Status einer offiziellen Staatsphilosophie erlangte, für die verschiedensten Auffassungen Unterstützung in den Werken des *guofu* zu finden vermochte. Gu Jiegang wandte sich entschieden gegen die Doktrin vom „Pan-Han-Chinesentum", die in Teilen der Guomindang Anhänger fand. Er bezeichnete sie als historisch unwahr und moralisch unverantwortlich.[16] Im Jahre 1929 kam es zum offenen Disput zwischen Gu Jiegang und dem Guomindang-Ideologen Dai Jitao über die Frage, ob es eine kontinuierliche Genealogie mythologischer Figuren gegeben habe, die man als Gründungsväter der Völker Chinas bezeichnen könne und von denen nicht nur die Hanchinesen, sondern auch die Vorfahren der Mongolen, Tibeter, Mandschu und Muslime abstammten. Von einer solchen Grundlage her entwickelte Dai Jitao das Bild eines ethnisch einheitlichen und kulturell homogenen chinesischen Staatswesens. Die Nanjing-Regierung erfülle mit ihrer pan-hanchinesischen Strategie nur die historische Mission der Einigung Chinas. Auf der Grundlage seiner textkritischen Studien hielt Gu Jiegang dem entgegen, dass ein einheitliches China in Wirklichkeit erst das Ergebnis eines langen Prozesses von Eroberung und Zwang gewesen sei. Die Eroberer aus der Periode der Streitenden Reiche hätten das Bild des Einheitsstaates in Gestalt der „neun Regionen" des *Yugong*-Klassikers in die entfernte Frühgeschichte zurückprojiziert und dabei die ethnische und kulturelle Vielfalt im frühen China verwischt.[17] Gu Jiegang entlarvte so mit Mut und Offenheit die Guomindang-Propaganda als Lüge. 1936 veröffentlichte er gemeinsam mit Yang Xiangkui eine Studie über die Drei Kaiser (*San huang kao*),[18] in der er die früheren Wirkungen des von der Guomindang neu aufgetischten Mythos analysierte und zeigen konnte, dass der Mythos des Einheitsstaates der Drei Kaiser die Chinesen in der Geschichte keineswegs geeint hatte. Der Mythos, so die Schlussfolgerung, sei nicht nur falsch, sondern auch dysfunktional. Solche Lügen seien überhaupt nicht notwendig, um das Land zu einigen. Im Gegenteil, ihre homogenisierende Kraft sei sogar trügerisch. Sobald sich der Wissensstand in der Bevölkerung verbessere, würde sie auf diesen Trick nicht mehr hereinfallen.[19] Auf Dai Jitaos Drängen hatte die Nanjing-Regierung bereits 1929 Gu Jiegangs Schulbuch für den gymnasialen Geschichtsunterricht verboten, das seit seinem ersten Erscheinen 1923 in einer Auflage von 1,6 Millionen Exemplaren verbreitet worden

---

[15] Vgl. Ts'ao Wen-yen (1947), S. 238, 297; Tung (1964), S. 322 f., 331, 344, 349. Die Verfassungen von 1931 und 1937 gewährten den Minderheiten aber kein Recht auf Selbstbestimmung mehr.
[16] L.A. Schneider (1971), S. 260 f.
[17] Vgl. Hon (1996), S. 322 f.
[18] Vgl. dazu auch Schmidt-Glintzer (1997), S. 53.
[19] Gu Jiegang / Yang Xiangkui (1936), S. 25 f.

war.[20] Später gelang es ihm, einige hohe Beamte für eine Kampagne gegen Gu Jiegangs ikonoklastischen Ansatz zu gewinnen.[21] Gu Jiegang hielt dennoch an seinem Standpunkt fest und ließ in der Yugong-Zeitschrift Untersuchungen über die kulturellen Beiträge der anderen Völker Chinas veröffentlichen. Er bezeichnete die mandschurischen Qing-Herrscher nicht als fremde Eroberer, sondern als eine ethnische Gruppe, die in der dynastischen Tradition der chinesischen Geschichte stehe. Unter ihrer Regierung hätten die anderen Völker ebenso gelitten wie die Hanchinesen. Sie bildeten daher einen wichtigen Bestandteil der multiethnischen Kultur Chinas.[22]

Vor dem Hintergrund dieser Kontroverse, in der fundamental unterschiedliche Ansichten aufeinander prallten, müssen andere Beiträge zum Thema gesehen werden. Hua Qiyun brachte seine Interpretation der chinesischen Völkergemeinschaft 1934 in einem Artikel der von Dai Jitao gegründeten Zeitschrift *Xin Yaxiya* zu Papier. Er setzte den Begriff *zhonghua minzu* aus einer Vereinigung der sechs ethnischen Gruppen (*zhongzu*) Han, Mandschu, Mongolen, Muslime, Tibeter und Miao zusammen; die Miao waren seine persönliche Zutat zur orthodoxen Fünferzahl. Diese Rassen hätten sich im chinesischen Kernland in der Gegenwart schon längst angeglichen, nur in den Grenzgebieten seien aufgrund der regionalen geographischen Besonderheiten die Lebensgewohnheiten und Sitten noch unterschiedlich.[23] Hua Qiyun unterschrieb also Dai Jitaos These von der gemeinsamen Abstammung nicht. Er vertrat eine ziemlich schlichte assimilatorische Position, die kulturell begründet war und der Kategorie von Ethnizität oder ethnischer Besonderheit nicht bedurfte. Hua kann unter den chinesischen Autoren seiner Zeit am ehesten als Geopolitiker bezeichnet werden. Seine Studien konzentrierten sich auf die regional unterschiedlichen Problemfelder, die eine territoriale Einheit Chinas behinderten. Folglich nannte er seine Bücher „Mandschurei-Frage", „Mongolei-Frage", „Tibet-Frage", „Xinjiang-Frage" und „Yunnan-Frage". Diese „Fragen" waren ihrem Wesen nach nicht ethnischer oder kultureller Natur, sondern solche der internationalen Politik.

b) Umrisse einer „Völkergeschichte"

Die großen interpretierenden Würfe kamen weniger von den Geopolitikern als von den historischen Anthropologen, die sich nun zu Wort meldeten. Der Ethnologe und Soziologe Lin Huixiang, Professor an der Universität Xiamen und Direktor des dortigen Völkerkundemuseums,[24] veröffentlichte 1939 eine zweibän-

---

[20]   Vgl. Richter (1992), S. 176 f.
[21]   Gu Jiegang (1981), S. 391 f.
[22]   L.A. Schneider (1971), S. 271.
[23]   Hua Qiyun (1934c), S. 37–39.
[24]   Biographische Angaben in Wang Jianmin (1998), S. 108, 389 f.

dige Geschichte der Völker Chinas. Deutlicher, als dies bis dahin geschehen war, entwickelt er hier das Konzept einer Völkergeschichte (*minzu shi*). Er nennt vier Wesenszüge dieses Ansatzes: Erstens erfülle die Völkergeschichte eine entlastende Hilfsfunktion gegenüber einer Gesamtdarstellung, bei der eine Beschreibung der Völker immer nur einer von vielen Aspekten sein könne; nur eine separate Völkergeschichte ermögliche eine umfassende Behandlung. Zweitens sei sie Teil der Anthropologie. Drittens diene sie als wichtige Nachschlagequelle für die politische Praxis. Viertens propagiere sie den Nationalismus sowie die „große Gemeinschaft" (*datong*) der Welt. Beides schließe sich keineswegs aus, denn Nationalismus stehe für die Gleichheit aller Völker, auf deren Grundlage erst eine „große Gemeinschaft" möglich sei.[25]

Der Zuschnitt von Lin Huixiangs Werk ist grandioser als die Arbeiten der über Details räsonnierenden Yugong-Autoren; er erinnert an die anspruchsvollen National- und Gesamtgeschichten der Zeit. Im Unterschied zu den meisten der Historischen Geographen geht er über die Betrachtung einzelner Regionen hinaus und sucht nach großen Zusammenhängen. Lin Huixiang nimmt an, dass sich die Völker im Verlauf der Geschichte verändern. Die Veränderung betreffe nicht nur ihre Namen, sondern auch ihre ethnische Zusammensetzung und Verschmelzung.[26] Er unterscheidet daher zwischen „historischen Völkern" (*lishi shang zhi minzu*) und „modernen Völkern" (*xiandai minzu*). Erstere unterteilt er in 16 Systeme (*xi*). Das Hua-Xia-System (*huaxia xi*) habe sich in der Neuzeit zum Han-Volk (*Han zu*) entwickelt, aber in diesem Prozess auch Einflüsse anderer ethnischer Systeme wie des Dongyi-Zweigs oder des Baiyue-Zweigs integriert.[27] Für jedes Volk untersucht Lin Huixiang im Hauptteil seines Werkes dessen Ursprünge, seine Beziehungen zu anderen Völkern, seine geschichtlichen Veränderungen sowie seine aktuellen Lebensumstände. Aus den neun Prinzipien der Völkergeschichte, die er aufstellt, geht hervor, dass die Zusammensetzung der Völker Chinas sehr komplex sein muss. Auch Elemente der weißen und der schwarzen Rasse seien vorhanden. Die allmähliche Vermischung habe dennoch zur Entstehung eines einheitlichen chinesischen Volkes geführt, was nicht zuletzt auf die Dominanz des hanchinesischen Zweiges zurückzuführen sei, der Elemente aus den anderen ethnischen Gruppen in sich aufgenommen habe.[28] Lin Huixiang kann als empirischer Ethnologe mit Felderfahrung vor allem in Südchina nicht der Vorwurf haltloser Spekulation gemacht werden, wie ihn Gu Jiegang gegen Dai Jitao erhob. Er bemühte sich zumindest um Belege für seine ehrgeizigen Konstruktionen. In gewisser Hinsicht war dies ein Versuch, einen Mittelweg zwischen Dai Jitao und Gu Jiegang zu finden: Im Ergebnis war das große chinesische Einheitsvolk entstanden, dies aber im Laufe eines vielschichtigen Prozes-

---

25 Lin Huixiang (1939), Bd. 1, S. 1 f.
26 Lin Huixiang (1939), Bd. 1, S. 6.
27 Lin Huixiang (1939), Bd. 1, S. 9.
28 Lin Huixiang (1939), Bd. 1, S. 39 f.

ses der Ethnogenese, bei dem es weniger um das Wegschleifen barbarischer Besonderheiten als um die Vereinigung von Vorzügen der verschiedenen Völker ging.

Lü Simian[29] gliederte seine 1934 veröffentlichte „Geschichte der Völker Chinas" (*Zhongguo minzu shi*) konventioneller und schematischer. Die Darstellung ist eher statisch, der Volksbegriff weniger biologisch aufgeladen. Lü ordnet die zwölf Völker Han, Xiongnu, Xianbei, Dingling, Hao, Xiaozhen, Miao, Ao, Pu, Qiang und Zang (Tibeter) der „gelben Rasse" (*huang zong*) zu und unterteilt ihren Lebensraum wiederum in drei geographische Zonen: Einen nördlichen Flügel bilden Xiongnu, Xianbei, Dingling, Hao und Xiaozhen, einen südlichen Flügel die Völker der Qiang, Zang, Miao, Ao und Pu. Das Han-Volk nimmt nach seinem Konzept eine mittlere Position ein. Die ethnogeographische Aufteilung präge auch die Verhaltensweisen der Völker, die er in einer an Montesquieu erinnernden klimadeterministischen Weise herleitet. Lü beschreibt die nördlichen Völker als kriegerisch aufgrund ihrer schwierigen klimatischen Lebensbedingungen. Sie hätten China Krisen und Chaos gebracht. Die in den warmen Zonen lebenden Völker des südlichen Flügels hingegen seien eher schwacher Natur, sie ließen sich schwer vereinigen und seien daher auch nicht so gefährlich. Dennoch habe die Erschließung ihrer Gebiete Schwierigkeiten bereitet. Nur eine jahrtausendelange kulturelle Beeinflussung durch die Hanchinesen habe sie allmählich aus ihrer Rohheit hinausgeführt. Die herausragende Stellung des Han-Volkes wird bei Lü Simian ebenfalls geographisch-ökologisch erklärt: Seine Kultur entwickelte sich in den fruchtbaren Ebenen und Tälern entlang der Flusssysteme von Huanghe, Changjiang und Aojiang. Ein weitläufiges Territorium mit guten Verkehrsverbindungen und günstigem Klima habe dort zur frühen Entfaltung der Zivilisation beigetragen.[30] Geographisch begründet Lü Simian auch die Unterscheidung zwischen den in seinem 12. Kapitel summarisch diskutierten „weißen Rassen" (*bai zhong*) und den gelben Völkern Chinas.

Lü beteiligt sich an einer Debatte, die damals die chinesische Gelehrtenwelt in Aufregung hielt: War die chinesische Zivilisation im Osten oder im Westen entstanden?[31] Lü vertrat – wie die Mehrheit des Diskutanten – die Osttheorie, nahm jedoch frühe Einflüsse aus dem Westen an. Östlich des Congling-Gebirges spreche man von den gelben Rassen, westlich davon lebten die Völker der weißen Rassen, von denen die meisten sich auf dem europäischen Kontinent niedergelassen hätten, aber einige auch nach China eingewandert seien und sich allmählich mit den Hanchinesen verbunden hätten.[32] Der auch im Europa des 18. Jahrhunderts beliebte Topos vom gemeinsamen Ursprung der Kultur im Her-

---

[29]   Lü Simian kooperierte auch mit den Yugong-Leuten. So gab er zusammen mit Tong Shuye
       für Gu Jiegang den 7. Band des *Gushibian* 1941 in Shanghai heraus. Vgl. Richter (1992),
       S. 210.
[30]   Lü Simian (1934), S. 6.
[31]   Ausführlich dazu Wang Fen-sen (2000), S. 101 ff.
[32]   Lü Simian (1934), S. 305 f.

zen Asiens, findet hier einen gebrochen Reflex. Die besondere Bedeutung der Hanchinesen vor dem Hintergrund dieser frühen Völkervielfalt im chinesischen Kulturraum liege darin, dass sie als erste eine staatliche Organisation hervorgebracht hätten. Ihre Sprache, Sitten und Kultur bildeten schon sehr früh eine Einheit, die über Generationen weitergegeben worden sei und die ihre dominierende Stellung innerhalb der chinesischen Völkergemeinschaft begründe.[33] Obwohl das Han-Volk zeitweise von anderen Völkern unterworfen wurde, sei es ihm immer wieder gelungen, die Eroberer bald zu assimilieren. Den neuzeitlichen Niedergang Chinas begründet Lü Simian mit dem fehlenden Kampfgeist der Han, deren zunehmende Schwäche von den modernen Gegnern ausgenutzt worden sei, um China zu unterwerfen.[34] Die Originalität des Werkes liegt in seiner vergleichenden Methodik, die gegenüber der Untersuchung von Beziehungen in den Vordergrund tritt. Lü unternimmt als einer von wenigen Autoren der dreißiger Jahre den Versuch, die Eigenart der Hanchinesen – als Zivilisation eher denn als „Rasse" – innerhalb der ost- und zentralasiatischen Völkerfamilie kontrastiv herauszuarbeiten.

Bereits 1933 hatte Zhang Qiyun, Professor für Geographie an der (regierungsnahen) Zhongyang-Universität in Nanjing,[35] in der Reihe „Geschichte und Geographie des Neuen Zeitalters" (*Xin shidai shidi*) eine „Abhandlung über die Völker Chinas" (*Zhongguo minzu zhi*) herausgebracht, die sich von den beiden später erschienenen Werken Lin Huixiangs und Lü Simians schon in der Darstellungsform unterscheidet. Ihm geht es nicht um einen chronologischen Überblick; vielmehr gliedert er seine Studie nach den wichtigsten Diskussionspunkten. In einer einführenden historischen Betrachtung steht die Frage der Assimilierung im Vordergrund.[36] Eine sich daran anschließende aktuelle Analyse betrifft vor allem die landesweite Zusammensetzung und die Verteilung der Bevölkerung sowie die Frage der Nahrungsmittelversorgung, bei der besonders große Hoffnungen in die weitere Erschließung des Nordwestens gesetzt werden. Zhang Qiyun bezieht als einer von wenigen Autoren auch den Aspekt der Überseechinesen (*huaqiao*) in seine Studie mit ein. Schon Sun Yatsen hatte die chinesischen Minderheiten in anderen Ländern, unter denen er Teile seiner Jugend verbracht und später viel Unterstützung für seine revolutionären Ziele gefunden hatte, ohne Umschweife der chinesischen Nation zugerechnet.[37] Die Überseechinesen stellten, wie Zhang Qiyun im Einzelnen nachweist, jetzt schon eine wichtige finanzielle Stütze der chinesischen Republik dar und könnten in Zukunft einen bedeutenden Beitrag zur wirtschaftlichen Entwicklung leisten. China wiederum sei verpflichtet, für einen besseren Schutz seiner Landsleute vor Diskriminierungen

---

[33] Lü Simian (1934), S. 1.
[34] Lü Simian (1934), S. 7.
[35] Zur Biographie vgl. Wang Jianmin (1998), S. 410 f. Zhang Qiyun hatte später auf Taiwan hohe politische Ämter inne.
[36] Zhang Qiyun (1933), S. 21–55.
[37] Vgl. Bergère (1994), S. 406.

in den Gastländern einzutreten.[38] Damit setzt Zhang einer nationalbewussten
Außenpolitik ein zusätzliches Ziel, allerdings ein überaus heikles – heikel, nicht
nur, weil viele das Land ja gerade deshalb verlassen hatten, um der unerwünsch-
ten Fürsorge des chinesischen Staates zu entrinnen.[39] Bereits die späte Qing-
Regierung hatte sich in einer eher deklaratorischen Weise als Protektorin emi-
grierter „Kulis" verstanden, allerdings konkret wenig für sie tun können. Vor allem war es ihr nicht gelungen, die Entschärfung von Einwanderungsbestimmun-
gen in den USA, Kanada und anderen Ländern zu erwirken. Dennoch reagierten
andere Staaten empfindlich auf den bloßen Verdacht, China würde Minderheiten
als „fünfte Kolonnen" für sich arbeiten lassen. Dass die Guomindang unter diesen Minderheiten um Anhänger warb, vor allem in Südostasien, nährte solche
Befürchtungen. Der Verdacht allein genügte, um die Position der chinesischen
Minderheiten zu gefährden. Ein Nationsbegriff, der in einem offensiven Verständnis von „Greater China" auch die Auslandschinesen einschloss, konnte daher zu unerfreulichen internationalen Verwicklungen führen.

Zhang Qiyun befürwortet nachdrücklich die Siedlungs- und Erschließungs-
bewegung in den Grenzgebieten, die mehrere Probleme der chinesischen Gesell-
schaft lösen würde: neben der Arbeitslosigkeit im Kernland vor allem auch die
Reintegration entlassener Soldaten, von denen es Anfang der dreißiger Jahre
Hunderttausende gab.[40] Unter der „Zivilisierung" (*kaihua*) der „primitiven"
(*yuanshi*) Völker versteht er ganz konkret eine Verbesserung der Rechte der
Frau, den Wandel vom Nomaden zum Bauern sowie die Einführung von Schrift,
Geld und medizinischer Versorgung.[41] In seinem sechsten Kapitel entwirft Zhang
Qiyun ein Bild der Muslime Chinas, die er in zwei Gruppen unterteilt: die chine-
sischen Muslime, die vor allem in Gansu und im Norden des Tianshan-Gebirges
leben, und die im Süden des Tianshan beheimateten Muslime „mit Turban".[42]
Als Hanchinese spitzt er die Problematik der Unabhängigkeit der Äußeren Mongolei und Tibets zur Frage der Abwehr des russischen und britischen Imperialismus zu und übersieht völlig jegliche nationalen Aspirationen. Er hofft auf einen
Zusammenschluss der drei Völker gegen die „externen Feinde".[43] Zhang Qiyun
schließt mit einer Hymne auf den chinesischen Volksgeist (*minzu jingshen*), dem
propagandistischsten Teil des sonst sachlich geschriebenen Werkes. Die Bedeutung dieser Studie liegt in ihrem Blickwinkel: Indem der Autor eine Art von politischer Ethnologie Chinas entlang der Spannungsfelder in dieser Völkergemein-

---

[38] Dies gehöre ebenso wie die Befreiung Chinas von den Sonderrechten der Ausländer zu den
wichtigsten Aufgaben der „Volksbefreiungsbewegung". Siehe Zhang Qiyun (1933), S. 76–
101.

[39] Wie lang der Arm des chinesischen Staates sein konnte, zeigte der Versuch, Sun Yatsen
1896 in London entführen zu lassen.

[40] Zhang Qiyun (1933), S. 101–20.

[41] Zhang Qiyun (1933), S. 121–40.

[42] Zhang Qiyun (1933), S. 141–46.

[43] Zhang Qiyun (1933), S. 147–62.

schaft entwickelt, offenbart er eine gesamtnationale Perspektive, die in den chronologisch berichtenden oder systematisch nach Völkern angeordneten Werken verborgen bleibt.

2. Ursprünge und Evolution der chinesischen Völkergemeinschaft

a) Das Problem der Herkunft der Chinesen

Im Jahre 1937 erschien in der Yugong-Zeitschrift eine Spezialausgabe mit dem Titel „Klassische Geographie". Ihre Beiträge waren vor allem der Frage nach den Ursprüngen des chinesischen Vielvölkerreiches gewidmet. Der Verlust der Mandschurei und von Teilen der Inneren Mongolei an die Japaner hatte zu einem Ausbruch patriotischen Eifers unter chinesischen Wissenschaftlern geführt. Eine reine Wissenschaft ohne praktischen Bezug erschien nunmehr selbst bei einem solch zeitentrückten Thema unmöglich. Tong Shuye, der das Heft federführend gestaltet hatte, und seine Yugong-Kollegen zogen die historische Geographie des Altertums heran, um die moderne Vielvölkerstaatlichkeit Chinas historisch zu beleuchten und zu belegen.

Eine Frage, die weiterhin die Gemüter bewegte, war die der Herkunftsregion der Chinesen. Sie war keineswegs nur von antiquarischem Interesse. Denn wenn die Wiege des chinesischen Volkes und seiner Zivilisation im „Westen", und das hieß bei den meisten Autoren: im ethnisch mannigfaltigen Zentralasien, gelegen haben sollte, dann sagte dies einiges über die ursprüngliche Nähe der Chinesen zu den „Barbaren". Ein Gelehrter namens Ma Peichang hatte bereits im 19. Jahrhundert die Ansicht vertreten, dass die Völker, die in den ersten geschichtlichen Jahrhunderten China besiedelten, ursprünglich aus dem Westen gekommen und erst allmählich nach Ostasien eingesickert seien, um dann im späteren China die Zivilisation der Hua-Xia zu gründen. Chinesen und Barbaren hätten damit die gleichen geschichtlichen Wurzeln. Diese Behauptung fand neue Anhänger.[44] Eine ähnliche These wiederholte noch 1942 Jing Sanlin in seinen „Studien über die Völker des Nordwestens" (*Xibei minzu yanjiu*): Dort, im Nordwesten, liege der Ursprung der chinesischen Kultur.[45] Alle Völker Chinas seien daher von gemeinsamer Herkunft (*minzu de yiyuan*).[46] Meng Wentong, ein besonders origineller Kopf, ging sogar so weit, mit Hilfe textkritischer Untersuchungen darzulegen, dass es sich bei der ersten Dynastie Chinas, dem Qin-Herrscherhaus, um Rong-Barbaren gehandelt haben müsse.[47] Der monarchische Zentralstaat, gemeinhin als eine der Spitzenleistungen der chinesischen Zivilisation betrachtet, wäre

---

[44] Tong Shuye (1937), S. 2.
[45] Jing Sanlin (1942), S. 13.
[46] Jing Sanlin (1942), S. 211.
[47] Meng Wentong (1936b), S. 17.

demnach keineswegs eine alleinige Schöpfung der „Han-Rasse". Meng Wentong hatte bereits 1927 als erster die These von den pluralen Ursprüngen des chinesischen Altertums vorgebracht, mit der Fu Sinian einige Jahre später Aufsehen erregen würde, blieb damit aber zunächst unbeachtet.[48] In seinem Yugong-Beitrag diskutierte Meng Wentong die Wanderbewegungen der Völker Chinas. Seine langjährige Beschäftigung mit der Völkergeschichte des Altertums hatte ihn zu der Überzeugung geführt, dass die Yi-, Man-, Rong- und Di-Völker keineswegs bestimmten Regionen zuzuordnen, sondern in verschiedenen Gebieten beheimatet gewesen seien.[49] In Einklang mit Gu Jiegang wandte er sich auch gegen die traditionelle Trennung in eine Hua-Xia-Kultur und eine Barbarenkultur. Darüber, dass sich die Völkergeschichte des Altertums teilweise aus Mythen zusammensetze und dass selbst deren sorgfältige Interpretation keine eindeutigen Schlussfolgerungen zulasse, war man sich überwiegend einig.[50] Eine wissenschaftlich zufriedenstellende Beantwortung der Herkunftsfrage schien daher nicht erreichbar zu sein. Keiner der Historischen Geographen ging übrigens so weit wie einige Anhänger der Lehre von der „nationalen Essenz" (*guocui*), die, dubiosen Spekulationen europäischer Autoren folgend, den Ursprungsort der Chinesen sogar nach Mesopotamien verlegen und China damit aus seiner Position am Rande der „Weltgeschichte" des Altertums befreien wollten.[51] Gu Jiegang und Shi Nianhai setzten der Debatte 1938 mit all ihrer Autorität ein vorläufiges Ende, als sie resümierten, die Entstehung des chinesischen Vielvölkerreiches bleibe weiterhin ungeklärt:

> „Über die Ursprünge des chinesischen Volkes gibt es bis heute kein endgültiges Urteil. Die europäischen Wissenschaftler haben schon die verschiedensten Hypothesen aufgestellt. Manche behaupten, es hätte von der malaiischen Halbinsel her das Meer überquert; manche meinen, es hätte von Yuzhen her die Berge überquert; manche sagen es käme aus Zentralasien; manche meinen, es stamme aus Mesopotamien. Sogar von Indien, der Türkei und Amerika wurde schon behauptet, dass sie alle die Entstehungsorte des chinesischen Volkes seien. Aber obwohl es sehr viele Aussagen darüber gibt, so ist keine [von ihnen] überzeugend; über eine gewisse Kraft verfügt das Argument für Zentralasien. Vor zehntausend Jahren war die Bodenbeschaffenheit jenes Gebietes fruchtbar; ein Land, das sich für die Verbreitung der Kultur des Altertums eignete. Danach veränderte sich die Bodenbeschaffenheit und es verwandelte sich in eine Wüste. Die Bewohner konnten nicht anders als sich nach allen Seiten zu verstreuen. Unser chinesisches Volk kam vielleicht aus der Hochebene von Kaschmir

---

[48] 1934 kam Fu Sinian zu der gleichen Schlussfolgerung, ohne vermutlich Meng Wentongs Darstellung zu kennen. Erst Xu Xusheng integrierte beide Autoren in seine Darstellung. Eine neue Studie führt die Nichtbeachtung Meng Wentongs auf dessen Beschränkung auf eine traditionelle textkritische Argumentation zurück. Vgl. Wang Fan-sen (2000), S. 101; auch A. Schneider (1997), S. 196.

[49] Meng Wentong (1937); ähnlich Tong Yi (1937), S. 16.

[50] Tong Shuye (1937), S. 1 f.

[51] Vgl. Yü Ying-shih (1984), S. 162. Im Hintergrund stand dabei der Franzose Terrien de La Couperie (1844–1894).

über das Congling-Gebirge nach Osten. Später entfaltete und entwickelte es sich. So gibt es die heutige Kultur Chinas, aber dies ist eine hypothetische Aussage über die vorgeschichtliche Zeit. Wenn man sich auf die Aufzeichnungen in den klassischen Werken Chinas stützt, dann weiß man, dass die Xia- und Shang-Dynastien aus dem Osten stammen, die Zhou-Dynastie aber in westlichen Gebieten anfing."[52]

Nicht alle Autoren teilten solche Skrupel. Nach wie vor war es üblich, Abhandlungen über das China der Gegenwart durch Erzählungen über den heroischen Siegeszug der Chinesen einzuleiten. Ein schönes Beispiel dafür findet sich 1934 bei dem „Grenzgelehrten" Hua Qiyun. Er schildert, wie sich die Han von der Hochebene des Pamir aus trotz natürlicher Hindernisse nach Osten bis zum Yangzi und zum Gelben Fluß durchgeschlagen hätten. Von dort habe eine systematische Reichsexpansion begonnen, die bis zur Han-Zeit den chinesischen Einfluss im Osten bis Korea, im Norden bis zu den Xiongnu, im Westen bis Ostturkestan und im Südwesten bis Vietnam ausgeweitet habe. Auf diese Weise konnte er behaupten, dass damals schon die Gebiete der Han, Mandschu, Mongolen und Hui vereinigt worden seien.[53] Gu Jiegang und Shi Nianhai erhoben Einspruch gegen allzu lineare Konstruktionen wie diese und brachten die geschichtsphilosophische Figur des Niedergangs in der Form der Annahme kultureller Erschöpfung ins Spiel: „Aber diejenigen Völker, die über eine lange historische Tradition und eine hohe Kultur verfügen, tendieren gewöhnlich zur Dekadenz und werden von neu aufstrebenden, etwas wilderen Völkern annektiert."[54]

Trotz unterschiedlicher Vorstellungen über die Entstehung der Völkergemeinschaft des Kaiserreiches war die Ansicht unumstritten, dass die Überlegenheit des hanchinesischen Volkes schon in der Frühphase chinesischer Staatsbildung hervorgetreten sei. Aber auch hier wurden feine Akzente gesetzt. Während die einen eine *autonom* erlangte frühe zivilisatorischen Reife der Chinesen postulierten,[55] zeigten andere mit größerem Untersuchungsaufwand, dass bereits die frühen Zhou-Herrscher Kontakte zu den Völkern der Westgebiete pflegten und sogar von ihnen Dinge übernahmen, etwa die Unterteilung in eine siebentägige Woche und die Jahreszählung.[56] Einen weiteren Verbindungspunkt bildeten die Heiratsbeziehungen zwischen Herrscherhäusern. Gu Jiegang und Shi Nianhai beschrieben, wie die verschiedenen Barbarenvölker auch durch solche Heiratsallianzen zunehmend unter den Einfluss der Han-Kultur gelangten und schließlich nach ihrer politischen Unterwerfung völlig assimiliert wurden.[57]

---

[52] Gu Jiegang / Shi Nianhai (1938), S. 24.
[53] Hua Qiyun (1934a), S. 1.
[54] Gu Jiegang / Shi Nianhai (1938), S. 36.
[55] Yuan Zhongsi (1934), S. 29.
[56] Ding Shan (1937), S. 23–27.
[57] Gu Jiegang / Shi Nianhai (1938), S. 57.

b) „Assimilation"

„Assimilation" (*tonghua*) war der zentrale Begriff des ethno-kulturhistorischen Diskurses.[58] Er war in der Regel kulturell und nicht biologisch gemeint. Man konnte ihn unterschiedlich betonen und entweder die Absorptions- und Umgestaltungskraft der chinesischen Zivilisation, die Benachbartes nach ihrem Bilde formte, hervorheben oder aber die Grenzen der Anpassung unterstreichen und so eine Erklärung dafür finden, dass eine vollkommene kulturelle Einförmigkeit innerhalb der chinesischen Ökumene nicht erreicht wurde. Gu Jiegang, der zu der zweiten Position neigte, wandte sich deshalb Wanderungsbewegungen mit besonderer Aufmerksamkeit zu. Wanderungen führten nämlich nicht unweigerlich in den großen Schmelztiegel der Zentralkultur, sondern bedeuteten in der Geschichte auch oft Verdrängung und Dislozierung ohne Aufhebung kultureller Differenzen. In der Zeit der Drei Reiche (220–280) zum Beispiel verließen viele Bewohner des chinesischen Kernlandes ihre kriegszerrüttete Heimat und zogen sich in südlichere Gefilde zurück. In die verlassenen Gebiete rückten Grenzvölker aus dem Norden nach.[59] Auf diese Weise entstand ein ethnisch sehr heterogenes Gesamtbild Chinas in jener Zeit.

Chen Gaoyong hob gegenüber einem simplistischen Klischee von Assimilation hervor, dass China, nachdem es sich unter den Qin- und Han-Herrschern zu einem Einheitsstaat entwickelt hatte, bei der Begegnung mit dem indischen Buddhismus erstmals auf eine gleichwertige Gegenkultur gestoßen sei. Neue Methoden im Umgang mit dem Anderen wurden dadurch erforderlich. Die „rohen" Barbarenkulturen der Yi, Rong, Man und Di habe man durch eine flexible Strategie von Widerstand und Milde erobern und schrittweise assimilieren können. Die Vertreter des indischen Buddhismus repräsentierten jedoch eine „gelehrte" Kultur.[60] Hier habe man vieles übernehmen können, ohne sich die Anderen einzuverleiben. Die Völker Innerasiens wurden allerdings niemals als kulturell ebenbürtig gesehen, zumindest nicht als stark genug, um dem Sog Chinas Widerstand entgegenzusetzen. Chen Gaoyong, der in *Xin Yaxiya* schrieb und daher als verhältnismäßig regierungstreu betrachtet werden kann, trieb die Assimilierung, wie sie in den dreißiger Jahren offizielle Guomindang-Politik war,[61] so weit, dass von dem einstigen Anti-Mandschurismus der Partei nichts mehr übrig blieb und sogar den Mongolen der Yuan-Zeit die erfolgreiche Assimilation bescheinigt wurde. Chen beruft sich auf einen „besonderen Geist" des chinesischen Volkes, durch den es gelinge, den Fremden gegenüber einerseits mit Tole-

---

[58]   Vgl. auch die Bemerkungen zur großen Bedeutung von „Assimilation" in der Doktrin der Guomindang bei Deal (1971), S. 62–67.

[59]   Gu Jiegang / Shi Nianhai (1938a), S. 138–40. Über die Qiang-Siedlungen im China der Drei Reiche siehe Scott (1953).

[60]   Chen Gaoyong (1933), S. 20.

[61]   Vgl. J.T. Dreyer (1976), S. 17; zur Haltung Jiang Kaisheks in der Nationalitätenfrage vgl. Benson (1990), S. 12–15.

ranz zu begegnen, andererseits ihren kulturellen Einflüssen unbeugsam zu widerstehen.[62] Die Hoffnung, das „Fremdvolk" der Japaner werde sich ebenfalls vor der „Größe des chinesischen Geistes" beugen, dürfte allerdings sogar dieser Autor nicht gehegt haben. Auch Nachsicht war hier nicht am Platze.

In seinem „Abriss der territorialen Veränderungen Chinas" (*Zhongguo jiangyu yange lue*) von 1946, der am Ende der republikzeitlichen historisch-geographischen Debatten vieles aus ihnen zusammenfasst, verbindet Tong Shuye die beiden Stränge der territorialen und der ethnischen Form der chinesischen Geschichte. Er unterscheidet fünf verschiedene Entwicklungsphasen des chinesischen Volkes:

> „Die Entwicklung des chinesischen Volkes besteht nach der Qin-Zeit aus fünf Perioden:
>
> 1. Die Qin- und Han-Zeit bilden die erste Entwicklungsphase nach der Reichseinigung Chinas;
> 2. die Drei Reiche, Jin sowie die Südlichen und Nördlichen Dynastien stellen die erste Phase der Zersplitterung nach der Reichseinigung dar;
> 3. Sui und Tang repräsentieren die Entwicklungszeit der zweiten Reichseinigung;
> 4. die Fünf Dynastien und die Song-Zeit sind die zweite Phase der Zersplitterung und territorialen Verminderung;
> 5. seit den Dynastien Yuan, Ming und Qing bis heute befinden wir uns in der Periode der Auseinandersetzungen und Vermischungen, des gegenseitigen Aufstiegs und Zerfalls des Han-Volkes und der anderen Völker."[63]

Die Perioden unterscheiden sich nicht nur nach dem Kriterium von territorialer Integration oder Desintegration, sondern auch nach Ausmaß und Form von Assimilationsvorgängen. Am Beispiel der in den südlichen Grenzgebieten Chinas lebenden Völker zeigt Tong Shuye, wie deren Assimilierung mit der Einwanderung von Hanchinesen und dem Aufbau chinesischer Verwaltungsstrukturen auf Kreis- und Bezirksebene begann. Für die Miao-Stämme – die in der republikanischen Doktrin der „fünf Völker" überhaupt nicht vorgesehen waren – setzte der Wandel bereits in der Periode der Süd- und Norddynastien ein.[64] Dennoch konnten die Miao im Gegensatz zum Nomadenvolk der Xiongnu (dessen Herkunft Anlass zu wilden Spekulationen gab)[65] ihre ethnische Identität bewahren. Unter der Herrschaft der Westlichen Jin wurden sie schließlich von der Han-Kultur vollkommen assimiliert.[66] Ein ähnliches Schicksal schildert Tong Shuye auch für das Volk der Xianbei, das im 2. Jahrhundert n.Chr. der Han-Dynastie schwer zugesetzt hatte.[67] Tong hebt hervor, dass alle Völker, die sich der Han-Kultur

---

[62] Chen Gaoyong (1933), S. 22.
[63] Tong Shuye (1946), S. 28.
[64] Tong Shuye (1946), S. 90.
[65] Tong Shuye (1946), S. 108 f., referiert einige davon.
[66] Tong Shuye (1946), S. 111–13.
[67] Tong Shuye (1946), S. 114.

näherten, in der Periode der Drei Reiche unter der Herrschaft des Militärführers Cao Cao sinisiert worden seien. Hier erscheint Sinisierung realistisch nicht als bezwingende Ausstrahlung eines „chinesischen Geistes", sondern als kalkuliert eingesetztes Instrument von Machtpolitik.

In den folgenden Jahrhunderten politischer Zersplitterung fanden die Historischen Geographen wenig Lehrreiches für die Gegenwart, zumal keine spektakulären Beweise für die Assimilationskraft der chinesischen Kultur. Diese Epoche wurde meist teleologisch auf die Wiedereinigung durch die Sui-Dynastie bezogen. „Erst zu Beginn der Tang-Zeit konnte das Han-Volk allmählich erleichtert aufatmen und wieder stolz den Kopf hoch tragen."[68] An der Reichsbildung unter der Tang-Dynastie sah man eher die administrative Integration als die kulturelle Durchsetzung als darstellenswert an.[69] Das sollte nicht überraschen, war die Tang-Zeit doch eine Periode, in welcher China in besonders großem Umfang Impulse von außen aufnahm. Die unmittelbar nach der Etablierung der Song-Dynastie einsetzende Reichsbildung der Khitan im Nordosten fand dann wieder mehr Interesse, sah man hier doch umgekehrt die Ausstrahlung Chinas wirksam werden. Eine in ihren Ursprüngen typische Barbarenzivilisation hob sich – wie unbeholfen und unvollkommen auch immer – durch Selbstsinisierung aus ihren Niederungen empor. Als Beispiel nennen Gu Jiegang und Shi Nianhai die Khitan, deren nomadische Vorfahren aus dem Norden stammten und als „kulturell unterentwickeltes Volk" über einfache Herrschaftsstrukturen verfügten.[70] Aus ihrer Sicht war auch das spätere Liao-Reich der Khitan kulturell dem Song-Reich nicht ebenbürtig. Ihre Stärke hätten die Khitan nicht zuletzt aus der Nachahmung des Tang-Staates gewonnen. Die gleichzeitige Existenz mehrerer Staatswesen im chinesischen Kulturraum spiegelte sich in den ethnischen Unterscheidungen zwischen Han-Leuten, Liao-Leuten und Jin-Leuten wider.[71]

Die Song-Zeit konfrontiert eine assimilatorische Interpretation der chinesischen Geschichte mit einem Widerspruch. Einerseits galt die Song-Periode seit jeher als eine Blütezeit der chinesischen Kultur. Sie wird in der modernen Forschung sogar als Beginn der chinesischen Neuzeit beschrieben.[72] Andererseits scheint in diesem Fall Chinas Assimilationskraft bei den Barbaren ohne Wirkung geblieben zu sein. Die Historischen Geographen stellten sich diesem Widerspruch nicht. Sie mussten zugeben, dass China die Initiative verloren hatte. Schuld waren die Fremdvölker. Zhang Huigeng zeigt am Beispiel der songzeitlichen Grenzunruhen, dass das chinesische Staatswesen in dieser Periode von außen her so stark unter Druck geriet, dass es schließlich von den mächtigen Mongolen eingenommen wurde.[73]

---

[68]   Gu Jiegang / Shi Nianhai (1938), S. 196.
[69]   Vgl. Gu Jiegang / Shi Nianhai (1938), S. 132–46.
[70]   Gu Jiegang / Shi Nianhai (1938), S. 231.
[71]   Gu Jiegang / Shi Nianhai (1938), S. 169.
[72]   Vgl. das Referat der Deutungen bei Schmidt-Glintzer (1999), S. 142–48.
[73]   Zhang Huigeng (1934), S. 58.

Ein Mitglied der Yugong-Gruppe, Chen Zengmin, löste sich von sich solch konventionellem Lamento. In seinen Augen war die mongolische Eroberung geradezu ein Glück für China. Die Krise der Song-Dynastie war von innen her unlösbar. Die Mongolen einigten China erneut. Als Teil des mongolischen Weltreichs profitierte es von dessen Ehrgeiz und Kraft. Kurz: Die Mongolen legten die Fundamente für Chinas neuzeitliche Rolle als Großmacht.[74] So war es möglich, nicht nur die Integration von Fremdvölkern in das dominierende chinesische Staatswesen als wichtigen Entwicklungsschritt auf dem Weg zum modernen Nationalstaat einzuordnen, sondern selbst einer vorübergehenden Dominanz der Barbarenmacht im chinesischen Herrschaftszentrum ihren tieferen Sinn abzugewinnen. Einige Jahre später gelangte Qian Mu in seinem *Guoshi dagang* von unterschiedlichen Voraussetzungen aus zu einem ähnlichen Ergebnis: Die Mongolenherrschaft bedeutete eine politische und soziale Revolution und bereitete so den Wiederaufstieg Chinas vor. Dies tat sie, obwohl die Mongolen – anders als später die Mandschu auf dem chinesischen Thron – die Assimilation verweigerten. Da sie die Chinesen schließlich dazu brachten, sich im Widerstand gegen die „feudale Militäraristokratie" (*guizu fengjian wuzhuang*) der Eroberer abermals auf ihre eigene Kraft zu besinnen, leisteten sie, rückblickend gesehen, einen wichtigen Beitrag zur Kontinuität der chinesischen Geschichte seit der Ming-Zeit.[75] Noch deutlicher als Qian Mu sprach der Ethnohistoriker Lin Huixiang aus, dass sich die Mongolen weder der chinesischen Kultur angepasst noch mit den Chinesen biologisch vermischt hätten, wie es langfristig bei den muslimischen Einwanderern im Kernland geschehen sei.[76] Schließlich wurde es als eine Besonderheit und Neuerung der Mongolenherrschaft empfunden, dass sie nach rassischen Kriterien – als eine Art von Apartheid-Staat – geschichtet gewesen sei, mit den Hanchinesen auf der untersten Stufe.[77]

Zum Aufbau einer konsequenten Entwicklungslinie des chinesischen Staatsbildungsprozesses gehörte für die Historischen Geographen auch das Aufzeigen geographischer und ethnischer Namensveränderungen im Laufe der Geschichte. Feng Jiasheng, einer der sorgfältigsten und innovativsten Forscher unter den Yugong-Gelehrten, stieß bei den Völkern der Mandschurei auf mehrere Bezeichnungen. So wurden im Verlauf der Geschichte die ‚Ostbarbaren' (*Dongyi*), ‚Osthunnen' (*Donghu*), ‚Khitan' (*Qidan*) und ‚Mandschu' (*Manzhou*) erwähnt. Der Name ‚Ostbarbaren' beispielsweise habe sich in den Klassikern auf die in Shandong, Jiangsu und Anhui lebenden Yimo bezogen. In den Werken ‚Die Drei Reiche' (*Sanguo zhi*) und ‚Spätes Han-Buch' (*Hou Hanshu*) stehe er aber für die in den drei Nordostprovinzen, Korea und Japan lebenden Völker.[78] Während in der

---

[74] Chen Zengmin (1937b), S. 3.
[75] Qian Mu (1948), S. 451, 455, 473 (Zitat), 474.
[76] Lin Huixiang (1939), Bd. 2, S. 35 f.
[77] Gu Jiegang / Shi Nianhai (1938), S. 185.
[78] Feng Jiasheng (1934d), S. 2.

früheren Historiographie die Barbaren nur dann punktuell auftauchten, wenn sie
China bedrohten oder zu Objekten chinesischer Ordnungsmaßnahmen wurden,
nimmt Feng ihnen ihre eigene „Geschichtslosigkeit" und entdeckt hinter den
wechselnden Namen einen diachronen Zusammenhang. Er wendet gleichsam das
Prinzip der *Yange-dili*-Untersuchungen, also der langfristigen Verfolgung territorialer Metamorphosen, auf Fragen gesellschaftlicher Evolution an. Ethnische Kontinuität betont Feng Jiasheng auch in einem Artikel über die Stämme der Xiaoshen,
deren Entwicklungslinie er bis zu den neuzeitlichen Mandschu spannt.[79]

Zur Zeit der Ming-Dynastie fiel es den Hanchinesen schwer, sich auf die anderen Völker in ihrem ohnehin reduzierten Herrschaftsbereich einzustellen. Abermals
waren, so sah man es in den dreißiger Jahren, keine auffälligen Assimilationserfol-
ge vorzuweisen. Trotz Ansätzen zu einer aktiven Grenzpolitik zeigten sich die
Ming-Herrscher den Übergriffen ihrer innerasiatischen Nachbarvölker nicht gewachsen. Lin Huixiang weist auf die allseitige Bedrohung hin, der China damals
ausgesetzt gewesen sei, bis schließlich Angehörige des mingkaiserlichen Militärs
den Mandatswechsel zur Fremddynastie der Qing mit einleiteten.[80] Im Gegensatz
zu den Mongolen entdeckt der Anthropologe bei der mandschurischen Qing-
Dynastie eine starke Tendenz zur Sinisierung. Mit ihrer großräumigen Unterwer-
fungsstrategie erfüllten sich die integrativen Tendenzen der chinesischen Geschichte. Diese manifestierten sich allerdings im Kernland und an der Reichsperipherie in unterschiedlicher Weise. Im China der Provinzen übernahmen die
Eroberer das Herrschaftssystem der Ming-Dynastie und das Rollenrepertoire der
chinesischen Monarchie.[81] Nachdem der rabiate Anti-Mandschurismus aus der
Gründungszeit der nationalrevolutionären Bewegung seit langem gegenstandslos
geworden war, scheuten sich die Autoren der dreißiger Jahre nicht, die Qing für
ihre weitgehende Bereitschaft und Fähigkeit zur Assimilation zu loben. An der
Peripherie betrieb das Herrscherhaus aber eine prononcierte Politik der Förde-
rung kultureller und religiöser Unterschiede, eines *divide et impera*, das auf dem
Prinzip *yinsu er zhizhi* (Verwaltung gemäß der Sitten und Gebräuche) beruhte.
Dies verdiente aus nationalistischer Sicht strenge Missbilligung.[82]

Auf die vergangenen Jahrzehnte zurückblickend, charakterisierte Huang Fensheng 1947 im Gegensatz dazu die Republik als eine Zeit, in der die „Minderhei-
tenstämme" (*shaoshu zongzu*)[83] erstmals administrativ in den Gesamtstaat inte-

---

[79]   Feng Jiasheng (1935d), S. 1.
[80]   Lin Huixiang (1939), Bd. 2, S. 37.
[81]   Erst die neueste westliche Forschung hat inmitten solcher Selbstsinisierung eine weiter ge-
       pflegte „Mandschu-Identität" entdeckt. Vgl. vor allem Crossley (1999), Elliott (2001).
[82]   Vgl. Gu Jiegang / Shi Nianhai (1999), S. 201, 203, 208, 212 f. Siehe auch oben Kapitel 4.
       Auch heutige chinesische Historische Geographen verurteilen die qingzeitliche Völker-
       trennung. Wang Hui spricht sogar von einer „Verdummungspolitik" gegenüber den Mon-
       golen (*yumeng zhengce*) aufgrund ihrer Isolation von der fortschrittlicheren Han-Kultur.
       Vgl. Wang Hui (1991), S. 128.
[83]   Huang Fensheng (1947), S. 7.

griert und kulturell nicht nur sporadisch, sondern systematisch der Mehrheitskultur assimiliert worden seien.[84] In Huangs Wortwahl spiegelt sich eine Veränderung zumindest der Sichtweisen, Klassifikationen und Bedeutungen. Der in der frühen Republikzeit und auch beim Sun Yatsen der *Sanminzhuyi*-Vorträge von 1924 bevorzugte und auch auf Mongolen, Tibeter, Uiguren (usw.) angewendete Begriff von *minzu* als „Volk" mit wenigstens einem Minimum politischer Konnotationen wurde allmählich durch *zongzu* ersetzt, also „Stamm" im Sinne einer ethnischen Gemeinschaft. Dem politisch berechtigten und befähigten chinesischen Volk (*minzu*) standen minoritäre Stämme (*zongzu*) als Objekte einer gesamtstaatlich vorteilhaften, aber auch – jedenfalls in der Theorie – wohlmeinenden Sinisierungspolitik gegenüber. Auch Xu Chonghao zum Beispiel verwendet in seiner Xinjiang-Monographie für die dortige ethnische Vielfalt nicht mehr den Volksbegriff (*minzu*),[85] sondern spricht nur noch von *zongzu* und ihren jeweiligen Religionen.[86] Stämme sind, anders als *minzu*, keine embryonalen Nationen, sie sind keine politischen Subjekte. Der Sprachgebrauch weist auf die Anfänge jener Ethnisierung und Folklorisierung der nicht-chinesischen Völker innerhalb des Großstaates hin, die dann die Minderheitenpolitik der Volksrepublik China charakterisieren würde. Selbst wer vor extremer Sinisierung zurückschreckte und den Minderheiten einen Teil ihrer Sitten und Gebräuche lassen wollte, sah ihren politischen Handlungsspielraum auf ein Modell eingeschränkt, das bereits das späte 17. Jahrhundert bereitstellte: die „freiwillige Unterwerfung" der Qalqa-Mongolen unter den Kaiser.[87]

3. Ethnische Profile der „Anderen" am Beispiel von Mandschu, Mongolen und Kasachen

Die Historischen Geographen unterhielten persönliche und institutionelle Beziehungen zur gerade erst entstehenden chinesischen Völkerkunde und Anthropologie. Sie waren sich der Bedeutung nichtliterarischer Quellen, wie sie die Grundlage der Völkerkunde bilden, deutlicher bewusst, als sich dies vermutlich zur gleichen Zeit von den meisten westlichen Historikern sagen ließe. Zumindest Gu Jiegang gehörte neben seinen zahlreichen anderen Aktivitäten auch zu den Pionieren der Volkskunde oder Folkloristik (*minsu xue*), einer Wissenschaft, die sich zwischen Ethnologie, Soziologie, Kulturgeschichte und Literaturwissenschaft ansiedelte und die ebenso wie die Historische Geographie von einem Geist patriotischer Erweckung inspiriert war, ohne damit zugleich schon mit dem offiziell-dogmatischen Nationalismus der Guomindang konform zu gehen, der in

---

[84]   Huang Fensheng (1947), S. 16.
[85]   So noch Zeng Wenwu in seinem Xinjiang-Buch von 1936.
[86]   Xu Chonghao (1944), S. 45 f.
[87]   Als Vorbild gelobt bei Chen Zengmin (1937b), S. 13.

den dreißiger Jahren eine regional und sozial undifferenzierte chinesische Einheitskultur propagierte.[88] Gleichwohl waren die Historischen Geographen selbstverständlich keine professionellen Ethnologen. Im engeren Sinne ethnologische, zumeist auf methodisch betriebene Feldforschungen gestützte Untersuchungen findet man in Zeitschriften wie Yugong und *Xin Yaxiya* so gut wie nicht dokumentiert. Ein Interesse für Chinas multiethnische Struktur, für Grenzfragen und für Völkergeschichte oder Ethnohistorie (*minzu shi*) zog aber zwangsläufig eine zumindest amateurhafte Hinwendung zu ethnologischen Fragestellungen und Verhältnissen nach sich. Angesichts der quantitativen wie qualitativen Schwäche der jungen chinesischen Ethnologie fallen die literarischen Folgen dieses Interesses durchaus ins Gewicht.

Von größter Bedeutung waren Fragen der Terminologie. Auch die Geschichtsschreibung musste sich darum kümmern, wie sie die kollektiven Einheiten, mit denen sie es im Übergang zu Volks- und Völkergeschichte zu tun hatte, bezeichnen sollte. Im späten 19. Jahrhundert führten die politischen Reformer den Begriff „Clan" oder „Abstammungsgemeinschaft" (*zu*) in China ein, um sich deutlicher gegen ihren Kontrahenten, die regierende Qing-Dynastie, abzusetzen. Die traditionelle Bezeichnung „Leute" (*ren*), die man bisher einfach an die ethnischen Namen angehängt hatte, vermittelte einen viel offeneren Sinn. Der neue Begriff *Hanzu* signalisierte nun eine verwandtschaftliche Beziehung, wie sie nur zwischen Menschen gleicher Herkunft, also Hanchinesen bestehen konnte und andere „Völker" wie Mandschu, Mongolen oder Tibeter *per definitionem* ausschloss.

Qi Sihe ging in einem ausführlichen Beitrag zur Yugong-Zeitschrift diesem semantischen Wandel nach. Er betrachtet das neue ethnische Verständnis als einen Fortschritt. Der enge Rassebegriff der frühen Reformer um Zhang Taiyan (d.i. Zhang Binglin) sei unter dem Einfluss von Sun Yatsens Nationalismusbegriff zu einem weiter gefassten Volksbegriff fortentwickelt worden, der alle Völker des traditionellen chinesischen Imperiums zu einer Nation zusammenfasse. Allerdings kritisiert Qi Sihe auch Sun Yatsens Kriterien für die Anwendung des Volksbegriffs. In der Geschichte sei es immer wieder zu Völkermischungen gekommen. Daher sei die „reine Rasse", von der Sun gelegentlich orakelte, in der Realität unmöglich. Als Vorbild zieht er die Nordamerikaner heran: Unter ihnen sind alle Rassen der Welt vertreten, dennoch halten sie sich für ein Volk. Auch die Sprache sei kein hinreichendes Definitionsmerkmal, da es Nationalstaaten wie die Schweiz gebe, in denen mehrere Sprachen gesprochen werden. Noch weniger sei die Religion ein einigendes Band eines Volkes. So habe China schon viele Religionen aufgenommen, aber immer nur ein Teil der Bevölkerung bekehre sich zu einer bestimmten Religion. Kulturelle Kriterien wie Lebensstil oder Sitten und Gebräuche hingen von natürlichen Gegebenheiten und äußeren Ein-

---

[88]   Vgl. L.A. Schneider (1971), S. 137–52; Chin Wan-Kan (1997), S. 112 f., 121

flüssen ab. Qi Sihe hebt die Bedeutung des Geistes und der Gesinnung eines Volkes hervor. Subjektive Kriterien seien wichtiger als materielle Bedingungen. Die einigende Kraft einer gemeinsamen Gesinnung sei nicht zu unterschätzen. Sie entstehe durch eine gemeinsame Geschichte, geteilte Krisenerfahrungen und intersubjektiv vermittelbare Erinnerungen an Ruhm und Schmach. Als ein äußerer Faktor komme hinzu, dass Unterdrückung von außen den internen Zusammenhalt fördere.

Aus diesen geistigen Kriterien setzt Qi Sihe einen, wie er es sich vornimmt, zeitgemäßen Volksbegriff zusammen. Damit verbindet er den Wunsch, obsolete Konflikte zu überwinden. Den Rassebegriff sieht er als Ausdruck eines alten Denkens und eines niedrigen kulturellen Entwicklungsniveaus. Ein Rassedenken, das Qi nicht als eine moderne Erscheinung, sondern als einen Atavismus begreift, fördere Konkurrenz und Krieg. Als Beispiele nennt er das Verhältnis der Xia-Kultur zu den Yi- und Di-Barbaren, die Beziehungen der hanzeitlichen Chinesen zu den Völkern im Norden und die Eroberung Chinas durch Mongolen und Mandschu. Dabei seien die Rasseunterschiede zwischen Hanchinesen, Mongolen und Muslimen objektiv aber gar nicht so groß wie die zwischen den Chinesen und den Indern oder Japanern. Folglich könne man die Völker Chinas auch im Großen und Ganzen in eine einzige Kategorie einordnen.[89] Qi Sihe gesteht allerdings ein, dass auch die „objektiven" Unterscheidungsmerkmale zwischen Rassen willkürlich seien und es keine wissenschaftlichen Maßstäbe gebe, auf die man sich einigen könne. Daher seien die Abgrenzungskriterien historisch variabel. Qi Sihe nennt hier abermals die verschiedenen europäischen Immigrantengruppen in Amerika, die sich von ihren Heimatvölkern immer mehr unterschieden.

Vergleiche man „Rasse" und „Volk", so seien auf *theoretischer* Ebene die Unterschiede allerdings sehr deutlich:

1. Rasse sei ein materielles Phänomen und weise auf die körperlichen Unterschiede der Menschen hin; Volk sei ein psychisches Phänomen und weise auf den Zusammenhalt einer menschlichen Gemeinschaft hin;
2. Rasse sei ein biologisches Phänomen, das sich aus Vererbung und Umgebung forme; Volk sei ein politisches Phänomen, das sich aus einer Verbindung im Inneren und einer Unterdrückung von außen zusammensetze;
3. Rasseunterschiede seien angeboren und ließen sich von den Menschen nicht verändern; die Zugehörigkeit zu einem Volk sei erworben und lasse sich ändern;
4. Rasse sei ein natürliches Phänomen und eine objektive Kategorie; der Volksbegriff sei Sache des Bewusstseins und subjektiv.

Qi Sihe wirft in einer scharfsinnigen Kritik Sun Yatsen vor, dass er die beiden Kategorien auf unzulässige Weise durcheinander gebracht habe, da sein Denken

---

[89] Qi Sihe (1937), S. 31.

ursprünglich vom anti-mandschurischen Rassebegriff ausgegangen sei, dem er
später einen Volksbegriff aufgepfropft habe. Die politischen Folgen seien
schwerwiegend: In der Republik spreche man nun von den fünf Völkern der
Han, Mandschu, Mongolen, Muslime und Tibeter und gestehe den vier letzteren,
kleinen und schwachen Völkern ein Selbstbestimmungsrecht zu. Dies beruhe auf
der Annahme, sie seien kaum veränderliche Rassen. Auf diese Weise sei eine
künstliche Zersplitterung Chinas herbeigeredet worden. Qi Sihe bezweifelt die
„Wissenschaftlichkeit" des Konzepts der fünf Völker Chinas und hält es für leere
Rhetorik. Er möchte es entbiologisieren und in einem allumfassenden Assimila-
tionsdenken aufgehen lassen. Die Hanchinesen hätten über die Jahrhunderte andere Völker aufgenommen. Die Unterschiede der „Einwanderer" zu den im chinesischen Kernland lebenden Völkern beschränkten sich mittlerweile auf die
Religion, die aber bei den Mandschu auch schon längst in ihrer Eigenart verwischt sei. Tibeter und Mongolen unterschieden sich noch deutlicher von den
Hanchinesen. Ihre langfristige politische Kooperation mit den Han habe aber zu
einer kulturellen Angleichung geführt, die sich in der Zukunft fortsetzen werde.
Qi Sihe appelliert an ein modernes Volksgefühl und erkennt in seiner Gegenwart
einen durch den Druck immer weiter verstärkten Zusammenhalt.[90] Er spricht
damit ein Kernparadox der chinesischen Begriffsgeschichte von Volk/Rasse/Na-
tion an, das man heute so formulieren würde: Die Biologisierung ethnischer Unterschiede betont die Differenzen zwischen den Hanchinesen und allen anderen
Völkern und fixiert damit die Anderen in ihrer Andersartigkeit. Auf der anderen
Seite garantiert sie einen gewissen Schutz vor erzwungener Assimilierung, der
man nur begrenzte Chancen einräumt. Ein rein „subjektiver" Volksbegriff hingegen, der nicht unter Rassismusverdacht steht und sich deswegen nicht nur im
Sinne Qi Sihes als „moderner" ausnimmt, sieht Andersartigkeit kulturell als
durch Erziehung und Verwaltungsmaßnahmen therapierbare Abweichung, politisch im schlimmsten Fall als Rebellion. Zu diesem zweiten Pol tendierte die Nationalitätenpolitik der Guomindang in den dreißiger Jahren, der Qi Sihe eine
theoretische Begründung geliefert hat.

    Qi Sihes Aufsatz ist der einzige in Yugong, der sich einem theoretischen
Grundaspekt der Frage von Volk und Nation zuwendet. Im Übrigen werden die
Völker der Peripherie einzeln und separat ethnohistorisch kommentiert. Wenig
Interesse unter den Historischen Geographen fanden die Mandschu, die immerhin in der offiziellen frührepublikanischen Doktrin der Fünf-Völker-Republik als
eine der tragenden Ethnien anerkannt worden waren. Neben der immensen Text-
produktion zu den territorialen, militärischen und ökonomischen Aspekten der
„mandschurischen Frage" gibt es kaum etwas über die ethnische Geschichte und
Gegenwartslage der Nordostprovinzen und so gut wie nichts über die nach 1911
im Kernland weiterlebenden Mandschu, deren Bannersystem immerhin bis Mitte

---

[90] Qi Sihe (1937), S. 32–34.

der zwanziger Jahre rudimentär weiterbestand.[91] Die Autoren der dreißiger Jahre bestätigten durch ihr Desinteresse und Schweigen, dass die etwa fünf Millionen Mandschu, die es um 1911 gegeben hatte, und ihre Nachkommen sich zwar nicht durch Identitätsveränderung und Mimikry vollkommen im Meer des Hanchinesentums aufgelöst hatten, dass sie aber doch, da sie kein besonderes Territorium besiedelten, der Entwicklung eines modernen Nationalstaates weniger als andere im Wege standen. Die symbolische Reverenz vor den Mandschu als einem der staatstragenden Völker der Republik galt daher keiner tatsächlich zusammenlebenden ethnischen Gemeinschaft, sondern dem Qing-Herrscherhaus, das 1911 und später besser behandelt wurde als die Vertreter der Ancien Régimes in allen anderen großen Revolutionen der Neuzeit und dessen Leistungen als „empirebuilder" man dankbar anerkannte. Noch 1957 erklärte der kommunistische Ministerpräsident Zhou Enlai, gewiß kein Freund des Mandschu-„Feudalismus": „The extensive territory of our country today is a legacy of the Qing dynasty."[92] Genauso dachten die politischen und intellektuellen Eliten in der Republik. Von der Warte eines territorialen Nationalismus war die mandschurische Minderheit der Gegenwart, nur noch herausgehoben durch schwache „cultural markers", unerheblich; das ganze Interesse galt dem territorialen Erbe des vergangenen mandschurischen Kaisertums. Übrigens umgingen die Historischen Geographen auch eine Frage, die heute debattiert wird, sich aber im Prinzip schon damals hätte stellen lassen: ob es sich bei den Mandschu der späten Kaiserzeit überhaupt um eine sich eindeutig durch eine eigene Identität stabilisierende ethnische Gruppe handelte oder nicht vielmehr, wie Edward Rhoads heute meint, um „an occupational caste", die in der Fremdbeschreibung wie im Selbstbild erst um die Jahrhundertwende zu einer solchen ethnischen Gruppe wurde.[93]

Am ausgiebigsten beschäftigte man sich mit den Mongolen. Deren Ursprünge fanden besonderes Interesse. Einige Autoren vermeinten, schon in der Tang-Zeit die Konturen einer mongolischen Ethnie (*zhongzu*) erkennen zu können.[94] Andere wollten gar eine mongolische Ethnogenese bereits in der Xia-Zeit in Gestalt der Xunyu beginnen lassen.[95] Skeptischer (und heutigen Erkenntnissen näher) äußerte sich Tong Shuye. Er definiert die Bezeichnung „Mongolen" als „Sammelbegriff für die Völker des nördlichen China". Zu den Ahnen der modernen Mongolen gehören aus seiner Sicht Xiongnu, Donghu, Tujue und Xiaozhen. Die Mongolen seien folglich eine „Mischrasse".[96] Die Ursprünge der Mongolen verfolgt Tong Shuye nicht hinter die Südliche Song-Zeit zurück, als Ghengis Khan zahlreiche Stämme unter seiner Herrschaft vereinigte.[97] Ethnogenesis fällt in die-

---

[91] Vgl. Rhoads (2000), S. 289.
[92] Zit. bei Elliott (2001), S. 360.
[93] Rhoads (2000), S. 291.
[94] Zum Beispiel Zhang Zhenzhi (1931a), S. 42, 50.
[95] Hua Qiyun (1930c), S. 39.
[96] Tong Shuye (1946), S. 123.
[97] Tong Shuye (1946), S. 124.

ser Sicht mit politischer Formierung zusammen.[98] Die Mongolen treten plötzlich
ins Licht historischer Dokumentation. Zhang Yintang setzt eine Kontinuität in der
politischen Organisationsform der Mongolen sogar erst ab der Mitte des 16. Jahrhunderts an. Diese unterscheide sich vom locker organisierten, nomadischen
Stammessystem früherer Jahrhunderte ebenso wie von der zentralisierten Herrschaft der autokratischen Kaiser von China. Zhang denkt hier auch in territorialen
Vorstellungen: Nach 1544 erfolgte die Aufteilung der Mongolei in einen inneren
und in einen äußeren Bereich, eine bis zur Gegenwart folgenreiche Entscheidung.[99]

Die Mongolen werden selten ganz negativ stereotypisiert. Die Kritik an ihnen, mit der die chinesischen Autoren nicht geizen, ist meist spezifisch. So verurteilt Hua Qiyun den unausrottbaren „Aberglauben" der Mongolen. Denn dieser
habe es zunächst der Yuan-Dynastie, später auch den Qing ermöglicht, die lamaistische Religion als Herrschaftsmittel zu instrumentalisieren.[100] Auch Fang
Fanjiu verurteilt die Religiösität der Mongolen als eine Art „Betäubung", die für
den Verlust ihres Kampfgeistes, ihrer Unkenntnis der Produktivität und für den
Niedergang ihrer Bevölkerungszahl aufgrund des lamaistischen Zölibats verantwortlich sei. Selbst die im chinesischen Kernland ausgebildeten Mongolen hätten
es nicht vermocht, nach ihrer Rückkehr den lamaistischen Aberglauben zu beseitigen.[101] Gu Jiegang kritisiert die mongolische Ablehnung einer wirtschaftlichen
Erschließung ihrer Weidegebiete, die er während seiner Forschungsreise in
Suiyuan beobachtet hatte. Zwar würden einige Mongolen wenigstens Hanchinesen mit der Agrarisierung ihres Landes beauftragen und dabei von einer wirtschaftlichen Blüte ebenfalls profitieren, aber es gebe auch „böse, faule" Mongolen, die weiterhin alles der Natur überließen.[102] Gu betrachtete die Mongolen
seiner Zeit ganz unter dem Gesichtspunkt der Erschließung eines rückständigen
Landesteils durch die Kräfte von Modernität und Zivilisation. An der tradierten
Lebensweise der Mongolen zeigte der gelehrte Kenner der Volkskultur von Suzhou
kein Interesse.

Das war nicht die allein mögliche Haltung. Yang Xianggui bietet in seiner
Darstellung der politischen Geographie von Chahar und Suiyuan eine scharf
beobachtete Soziologie der mongolischen Gesellschaft der Gegenwart.[103] Diese
unterteilt sich in den aus den Nachfahren Ghengis Khans bestehenden Adel, das

---

[98]   Ähnlich argumentiert auch Joseph Fletcher. Er betrachtet die Mongolen des 12. Jahrhunderts nicht als linguistische oder ethnische Gruppe, sondern einfach als einen dominierenden Stamm innerhalb einer Stammeskonföderation der mongolischen Steppenlandschaft.
         Vgl. Fletcher (1986), S. 12 f.
[99]   Zhang Yintang (1931), S. 362.
[100] Hua Qiyun (1930c), S. 43.
[101] Fang Fanjiu (1934), S. 24 f.
[102] Gu Jiegang (1935a), S. 6.
[103] Sie ist in den groben Zügen nicht weit von einer heutigen Analyse ähnlicher Art entfernt:
         Jagchid / Hyer (1979), S. 283–92.

einfache Volk und die Haussklaven. Die lamaistische Führungsschicht bildet im
Gegensatz zum weltlichen, „allgemeinen" Adel einen „besonderen Adel". Anders als in der chinesischen Gesellschaft ist das einfache Volk zu Dienstleistun-
gen gegenüber der Oberschicht verpflichtet. Yang Xianggui vergleicht die Stellung der einfachen Produzenten mit derjenigen der bäuerlichen Leibeigenen im
Feudalsystem, ohne dass es sich aber um richtige Sklaven handele. Die mongolischen Sklaven unterlägen nicht der Militärpflicht und zählten nicht als Haus-
haltsmitglieder. Ihre Abhängigkeit sei eine rein persönliche gegenüber ihrem
Herrn. Meistens handele es sich bei den Menschen, die auf die unterste Stufe der
mongolischen Gesellschaft geraten waren, um Kriegsgefangene und ihre Nachfahren.[104] Diese Zustände werden sachlich beschrieben. Gegenüber der chinesischen Gesellschaft, die seit langem weder Adel noch Sklaven kannte, erscheint
die mongolische als vollkommen andersartig verfasst. Mit Werturteilen hält der
Autor sich dennoch zurück. Die Existenzberechtigung der antiquierten mongolischen Ordnung wird nicht bestritten, und die Stichworte „Feudalismus" und
„Sklaverei" lösen keinen Befreiungsreflex aus. Yang Xianggui geht mit seinem
Kulturrelativismus so weit, wie man im Denkhorizont eines modernisierungswilligen Nationalismus im China der dreißiger Jahre überhaupt gehen konnte.

Xu Gongwu wiederum nimmt in seiner „Geographie der Inneren Mongolei"
den Standpunkt fortschreitender Modernisierung ein und begnügt sich mit einer
viel schematischeren soziologischen Analyse. Ein wichtiges Merkmal der Mongolen seien ihre regional sehr unterschiedlichen Sitten und Gebräuche, die auf
eine weitläufige räumliche Verteilung zurückzuführen seien. Diese Vielfalt würde im Zuge der hanchinesischen Kolonisierung und Erschließung immer weiter
reduziert.[105] Jetzt lebten in der Inneren Mongolei nur drei verschiedene Typen
von Mongolen: reine Bauern, Mongolen, die sowohl Landwirtschaft als auch
Nomadentum betrieben und reine Nomaden.[106] Die alte mongolische Gesellschaft sei dem Untergang geweiht. Manche ihrer Schattenseiten lebten allerdings
fort, zum Beispiel die schlechten hygienischen Verhältnisse, die Xu den religiösen Vorlieben der Mongolen anlastet. Sie verfügten über keinerlei realistische
Vorstellungen vom Zusammenhang zwischen Unsauberkeit und Krankheit, sondern suchten nach Erklärungen für alle Übel in der lamaistischen Götterwelt und
vertrauten sich suspekten lamaistischen Wunderheilern an.[107]

Stärker ethnologisch fiel schließlich der Kommentar Li Changzhuans aus, der
über die Mongolen in der Mandschurei schrieb. Er unterschied zwischen den
verschiedenen mongolischen Ethnien und diskutierte vergleichend deren jeweilige Bräuche und Lebensformen. Simple Unterscheidungen wie die von West- und
Ostmongolen genügten ihm nicht. Seine Sensibilität für Differenzen schärfte ihm

[104] Yang Xianggui (1937b), S. 96–98.
[105] Xu Gongwu (1937), S. 105.
[106] Xu Gongwu (1937), S. 107.
[107] Xu Gongwu (1937), S. 150, 154.

auch die Wahrnehmung für feinere Abstufung von Assimilation. Dies verbindet sich mit einem Interesse an Wanderungen ebenso wie an den verschiedenartigen Auswirkungen einer geographischen Nähe zur Äußeren Mongolei, zu China und zur Sowjetunion.[108]

Zu einigen der Turkvölker Xinjiangs gab es Einzelstudien. Als Beispiel dafür kann eine Studie von Yuan Fuli über die hauptsächlich im Norden des Tianshan-Gebirges lebenden Kasachen dienen, unter denen der Autor während einer Xinjiang-Reise im Jahre 1928–29 Feldforschung betrieben, das hieß vor allem: Erzählungen und Genealogien aufgeschrieben hatte. Ihre Ethnogenese lässt er bereits in der Tang-Zeit beginnen. Ihre Vorfahren waren Tujue- und Gelong-Stämme sowie die Jigesi und großen und kleinen Bulüe. Der Name „Kasache" kam erst im Zuge der qingkaiserlichen Vernichtungsfeldzüge gegen die Dzungaren während des 18. Jahrhunderts auf, als man ihre Selbstbezeichnung als *Hasake* ins Chinesische übernahm.[109] Europäische Reisende sprachen in ihren Aufzeichnungen von „Kirgisen" und schlossen alle muslimischen Nomadenvölker in diesen Begriff mit ein. Erst nach 1928 korrigierte man diese Bezeichnung. Denn hinter dem chinesischen und dem europäischen Begriff verbargen sich zwei verschiedene Völker, wie Yuan Fuli aus eigener Anschauung berichtet. Sie unterschieden sich nicht nur im Aussehen, sondern auch in ihrer Kleidung und Sprache. Die Kasachen ähneln mehr den Hanchinesen, die Kirgisen eher den Mongolen. Die Kasachen setzten sich aus drei Stämmen zusammen, von denen der große und der mittlere Stamm in dem von China beherrschten Teil Zentralasiens und der kleine Stamm im russischen Machtbereich beheimatet war.[110] Die Kasachen lebten von der Viehhaltung. Neben den eigenen Herden pachteten sie auch Schafe von anderen Völkern, etwa den Xibo-Leuten, die wiederum von den Hanchinesen und den Muslimen Ackerland pachteten. Yuan Fuli bezeichnet die Kasachen als „Leute mit geringem Wissen, uninformiert über externe Dinge, die leicht betrogen werden".[111] Die in den letzten Jahren aufkommende Welle ethnischen Selbstbewusstseins habe auch die Kasachen erfasst, die sich jedoch nicht den nach Unabhängigkeit strebenden Uiguren anschlossen. Denn sie verfügten mit Sharif Khan im Altai-Gebiet über ihre eigene politische Führerfigur. Ihre Kinder schickten die Kasachen in mongolisch-kasachische Schulen, wo sie ebenso Chinesisch wie auch Russisch lernten. Generell würde der Fortschritt in ganz Zentralasien aber durch die großen Wüstengebiete, die schlechte Verkehrsanbin-

---

[108] Li Changchuan (1931), S. 68.
[109] Das heutige Standardwerk ist sich da weniger sicher: Der Ursprung des Namens „Kasachen" sei „a topic of conjecture and dispute" (Benson / Svanberg 1998, S. 35).
[110] Yuan Fuli (1937), S. 35 f.
[111] Wegen eines besonders hohen Grades an Analphabetismus waren sie dies offenbar auch im Vergleich zu islamischen Nachbarvölkern. Kritisch zu den Möglichkeiten, sich darüber ein Urteil zu bilden: Benson / Svanberg (1998), S. 44–46.

dung, die geringen kulturellen Verbreitungsmöglichkeiten und ein unterentwickeltes Erziehungswesen behindert.[112]

4. Übergang: Grenzen klassischer Ethnologie

Die Historischen Geographen beschäftigten sich zu einer Zeit mit Fragen, die wir heute als ethnologisch bezeichnen würden, als eine Wissenschaft von fremdartigen Gesellschaften in China gerade erst im Entstehen begriffen war. Während der ersten Hälfte der zwanziger Jahre gingen erstmals junge Chinesen zum Ethnologiestudium nach Europa und Amerika. Nach 1923 wurden allmählich an einigen Universitäten Chinas Stellen für Anthropologie (*renleixue*) eingerichtet. 1926 legte Cai Yuanpei, der bei seinem Bemühen, sich eine umfassende westliche Bildung anzueignen, 1910/11 in Berlin bei Wilhelm Wundt auch Kollegs über Völkerpsychologie und „Ursprünge und primitive Formen von Kultur" besucht hatte,[113] mit seiner Schrift „Über Ethnologie" (*Shuo minzuxue*) die Grundlagen einer chinesischen Wissenschaft von der „Kultur der Völker" (*ge minzu de wenhua*).[114] Damit meinte er eher beschreibende und vergleichende Völkerkunde im deutschen Sinne als eine auf Fallstudien beruhende Sozialanthropologie, wie sie gleichzeitig in London von Bronislaw Malinowski begründet und später von dessen Schüler Fei Xiaotong auch in China bekannt gemacht wurde. Als Präsident der Academica Sinica schuf Cai Yuanpei 1927 eine „Ethnologische Abteilung" (*minzuxue zu*), die erste ethnologische Forschungseinrichtung in China.[115]

Eine fortwirkende Weichenstellung nahm 1932 Wu Wenzao vor, als er dekretierte, der Forschungsgegenstand von *minzuxue* seien „die Lebensumstände der primitiven (*yuanshi renleide*), in der Moderne noch nicht zivilisierten Völker".[116] Damit wurde der Begriff des Primitiven, der im angelsächsischen Evolutionismus des späten 19. Jahrhunderts geprägt worden war und den die deutschen Völkerkundler und Völkerpsychologien eher vermieden, in China eingeführt. Alle Forschungen über Hanchinesen, also die per definitionem „Zivilisierten", wurden nun unmissverständlich der Soziologie zugewiesen. Ein weiterer einflussreicher Theoretiker, Wang Xingrui, sprach 1934 sogar von den „Wilden": den „sich auf einem niedrigen kulturellen Niveau befindlichen wilden Völkern" (*wenhua dijide yeman minzu*), die in der Vergangenheit das Leben der eigenen Vorfahren beeinflusst hätten.[117] Ihr Studium sei die Hauptaufgabe der Ethnologie.

Selbstverständlich fanden die chinesischen – wie die sowjetischen und die frühen US-amerikanischen – Ethnologen die „wilden" Völker innerhalb der ei-

---

[112] Yuan Fuli (1937), S. 41–44.
[113] Vgl. Cai Jianguo (1998), S. 107 f.
[114] Zitiert nach Wang Jianmin (1998), S. 102.
[115] Wang Jianmin (1998), S. 107 f.
[116] Wang Jianmin (1998), S. 133 f.
[117] Wang Jianmin (1998), S. 134.

genen Landesgrenzen vor. Zu einigen von ihnen musste man regelrechte Expeditionen durchführen, aber es war nicht nötig, sich nach Übersee zu bemühen. Die Konzepte der westlichen Ethnologie ließen sich nicht ohne Schwierigkeiten auf China übertragen. Zum einen konnte an der historischen Wirksamkeit der Vorfahren heutiger „Wilder" überhaupt kein Zweifel bestehen, so dass das westliche Ideologem von der „Geschichtslosigkeit" der „Primitiven" nur insofern eine eingeschränkte Anwendung finden konnte, als die historiographische Tradition sie in die Geschichte Chinas eingemeindet hatte, sich aber für ihre *eigene* Geschichte wenig interessierte. Zum anderen war es überall dort mit der „Primitivität" nicht gar so weit her, wo man es mit schriftbesitzenden Zivilisationen zu tun hatte: Mongolen, Mandschu, muslimischen Turkvölkern, Tibetern. Zumindest die vier nicht-hanchinesischen Völker der republikanischen Staatsflagge waren also fragwürdige Kandidaten für eine Völkerkunde im Sinne der westlichen Klassiker, die sich mit Südseeinsulanern, australischen Aborigines, nordischen Inuit und afrikanischen Stämmen beschäftigt hatten.

Die Historischen Geographen konnten in dieser Lage einen eigenen Blickwinkel ins Spiel bringen. Sie standen im Übergang vom altchinesischen Barbarendiskurs, den sie gut kannten, zur modernen Ethnologie. Dabei behielten sie stets den historischen Wirkungszusammenhang zwischen Hanchinesen und Nachbarvölkern im Auge, erlagen also nicht der Gefahr, einzelne Ethnien anders als bloß aus pragmatischen Gründen der Darstellung zu isolieren. Der ständige Bezug auf die Gegenwartsfragen des chinesischen Großstaates hielt ihre ethno*politische* Aufmerksamkeit wach. In solcher Sicht wäre es unsinnig gewesen, sich mit der Existenz von „Primitiven" im eigenen Lande sozusagen kontemplativ abzufinden. Gu Jiegangs Auffassung war daher als Grundlage der Übereinstimmung besonders gut geeignet: Die zivilisatorisch rückständigen Völker im eigenen Lande und entlang seiner Grenzen seien weder dekadent noch in ewiger Stagnation befangen. Sie verfügten über gute Entwicklungsanlagen und seien durch überlegten Einfluss bildbar und erziehbar. So könnten sie wichtige Beiträge zur Wiedererweckung des Gesamtstaates leisten. Dafür gab es bereits ein Vorbild: die Hui.

Eine Möglichkeit wird bei den chinesischen Autoren nicht gesehen: dass die Assimilation auch in „umgekehrter" Richtung erfolgen konnte. Dies wäre zu erwarten gewesen, und anthropologische Studien haben tatsächlich Beispiele dafür gefunden. Dort, wo hanchinesische Siedler sich anfangs in einer Minderheit befanden und daher auch in örtliche Familien einheirateten, und vor allem unter Bedingungen, wo man die ökologisch angepasste Lebensweise der Einheimischen übernehmen musste, um in einer ungewohnten Umwelt überhaupt existieren zu können, ging nicht selten von den Nicht-Chinesen die stärkere Assimilationskraft aus. Man hat sogar im Grenzgebiet zwischen Gansu und Tibet Beispiele dafür gefunden, dass Grundelemente chinesischer Gesellschaftsorganisation aufgrund mehr oder weniger freier Entscheidung aufgegeben wurden. Zum Beispiel sahen chinesische Zuwanderer „the Tibetan communal ideals and customs relating to village loyalty and communal activity" als überlegen an und versicherten dem ethnologischen Fragesteller, „that village loyalty such as the Tibetans have is preferable to the greater individualism in the Chinese village, for one its results is a somewhat greater degree of community security".[118] Dass dergleichen überhaupt passieren könne, lag außerhalb des Denkhorizonts selbst der aufgeklärtesten Chinesen, von wenigen Ethnologen mit Felderfahrung vielleicht abgesehen. Zu stark war das Dogma als unhinterfragbare Selbstverständlichkeit verankert, die Hanchinesen seien zivilisatorisch in allen Hinsichten den „rückständigen" (*luohou*) Völkern im Grenzland (*bianjiang qu*) überlegen. Assimilation war nur als Einbahnstraße der Belehrung, Bestrafung und Anwendung administrativer Maßnahmen vorstellbar. Dass die republikanische Staatsform auf dem Papier den allgemeinen Staatsbürgerstatus auf alle Menschen im Geltungsbereich der Verfassung ausdehnte, bedeutete keineswegs, sie alle auch als Subjekte ihres eigenen Schicksals zu begreifen. Selbst der immer wieder beschworene „Beitrag", den die Nicht-Hanchinesen zum Wiederaufstieg des Gesamtstaates leisten sollten, wurde von den intellektuellen und politischen Vertretern der Mehrheitskultur geplant und organisiert.

---

[118] Ekvall (1939), S. 48.

VII. SELBSTINTEGRATION UND IDENTITÄTSWAHRUNG

Die chinesischen Muslime (*Hui*)

Wer unter den Bedingungen republikanischer Politik den multiethnischen Großstaat wiederbeleben und zum Nationalstaat aufbauen wollte, musste die Frage
der Integration in den Mittelpunkt stellen. Es genügte nicht länger, wie unter den
Qing, die nicht-chinesischen Völker teils durch Zwang, teils durch taktisches
Geschick als ruhige und möglichst sogar loyale Untertanen unter Kontrolle zu
halten. Jene ethnischen Gruppen in den Grenzregionen, die als rückständig betrachtet wurden, sah man nicht anders denn als *Objekte* hanchinesischer Erzie-
hungs- und Kultivierungspolitik. Die Guomindang-Regierung hatte, wie June
Teufel Dreyer es formuliert, ihnen gegenüber die wenig durchdachte Haltung,
„[that] a little education would solve all problems".[1] Es gab indessen *eine* Minderheit, die ihr kulturelles Schicksal und ihre Identitätsbildung in die eigenen
Hände genommen hatte, ohne, wie die Mandschu, dabei den Übergang in die
Moderne zu verpassen: die chinesischen Muslime (*Hui*). Sie erschienen vielen
Beobachtern als ein Musterfall erfolgreicher Selbstintegration, von dem auch für
das gesamtstaatliche „nation-building" manches zu lernen sei.

Die Hui waren ein anschauliches Beispiel für die Anpassung einer importierten Kultur an eine neue Umgebung. Dieser Prozess dauerte bereits seit Jahrhunderten an. In der Republikzeit hofften viele, die sich Gedanken über die Zukunft
Chinas machten, dass die Hui auch bei der Integration der peripheren muslimischen Völker des Nordwestens helfen könnten. Dies unter anderem erklärt, warum die Geschichte und die aktuelle Lebenssituation der chinesischen Muslime in
den dreißiger Jahren zu einem Forschungsthema nicht nur bei einzelnen muslimischen Gelehrten, sondern auch bei den Historischen Geographen der Yugong-
Studiengesellschaft wurden. Die räumliche Dimension war hier weniger deutlich
sichtbar, denn die Hui gehörten nicht zu den Grenzvölkern (*bianjiang minzu*),
sondern lebten überwiegend im Kernland als Bürger der chinesischen Republik.[2]

---

[1] J.T. Dreyer (1976), S. 21.

[2] Dru Gladney hat gezeigt, dass die Anpassung der Hui zu regional sehr unterschiedlichen
Merkmalen der chinesischen Muslime geführt hat. Dennoch erhielten sie aus machtpoliti-
schen Gründen in der VR China den einheitlichen Status einer chinesischen Minderheit
(*shaoshu minzu*). Seitdem erst werde vom Hui-Volk (*huimin*) gesprochen – eine Kategorie,
die es zuvor nicht gegeben hatte. Gladney beruft sich auf Bai Shouyis Argumentation Anfang der fünfziger Jahre. Vgl. Gladney (1998), S. 113–22.

1. Hui-Studien: Die selbstreflexive Minderheit

In der Republikzeit entstanden die ersten wissenschaftlichen Werke über die in China lebenden muslimischen Völker und den Islam.[3] Getragen wurde die Forschung vor allem von chinesischen Muslimen, die im Kernland ebenso mit der chinesischen Kultur vertraut waren wie mit ihren eigenen islamischen Traditionen. Jonathan Lipman bezeichnet die chinesischen Muslime als „Mittelsmänner" (*people-in-between*), die gegenüber den peripheren Völkern die chinesische Kultur repräsentierten, ohne selbst mit dieser vollkommen identifiziert zu sein.[4] Seit Mitte des 17. Jahrhunderts hatte sich sogar ein vom chinesischen Konfuzianismus beeinflusster Kanon sino-islamischer Schriften entwickelt, den man als *han-kitab* bezeichnet.[5] Die chinesischen Muslime lebten über ganz China verstreut. Bereits in den zwanziger Jahren, der großen Expansionsphase des höheren Erziehungswesens in China, gründeten ihre weltoffenen geistlichen Führer, Ahong (pers. *Ākhond*) genannt, die ersten nationalen höheren Bildungseinrichtungen für Muslime, vor allem die Chengda-Pädagogische-Hochschule in Beijing, die eine chinesische, eine modern-westliche und eine islamische Ausbildung miteinander verband. Im Jahre 1935 rief Bai Shouyi, ein muslimischer Historiker und Mitglied der Yugong-Studiengesellschaft, die Zeitschrift „Islam" (*Yisilan*) ins Leben. Im Vorwort führte er sein Engagement auf die Tatsache zurück, dass eine (wenn auch noch geringe) Anzahl von jungen chinesischen Muslimen sich sehr für ihre eigene Religion und Kultur interessierten und mehr darüber erfahren wollten.[6] Außerdem setzte sich Bai Shouyi für die Herausgabe von Geschichtsmaterialien ein, die neben den üblichen überlieferten Quellen auch Steininschriften und Genealogien umfassten. 1944 erschien seine „Kleine Geschichte der Hui-Religion in China" (*Zhongguo huijiao xiaoshi*).[7] Sie war gleichermaßen an Han wie Hui adressiert.

Zu den frühesten systematischen Forschungen zählen die 1926 von Chen Hanzhang verfasste „Geschichte der chinesischen Hui-Religion" (*Zhongguo huijiao shi*) sowie die Aufzeichnungen über eine 1927 von Chen Yuan, einem bekannten hanchinesischen Historiker, an der Beijing-Universität gehaltene Vorlesung „Geschichtlicher Abriss des Eindringens der Huihui-Religion nach China" (*Huihuijiao ru Zhongguo shilüe*).[8] Ein Werk aus der Perspektive eines chinesischen Muslims stellen die im Jahre 1935 im Verlag der Chengda-Pädagogischen-

---

[3]   Über die Entstehung einer westlichen Hui-Forschung siehe Federlein (1997), S. 11–15.
[4]   Lipman (1996), S. 110.
[5]   Sie dazu Lipman (1997), S. 72.
[6]   Die Zeitschrift erschien zwischen Januar 1935 und Mai 1937 im monatlichen Turnus in Kaifeng. Sie war eines von zahlreichen Periodika, die aus der muslimischen Gemeinschaft hervorgingen. Vgl. Qiu Shusen (1996), Bd. 2, S. 957–66, bes. 962.
[7]   Bai Shouyi veröffentlichte den Text 1982 erneut in seiner Aufsatzsammlung zum Islam. Vgl. Bai Shouyi (1982), S. 1–44.
[8]   Vgl. Qiu Shusen (1996), Bd. 2, S. 936.

Hochschule erschienenen „Forschungen zur Geschichte der Hui-Religion Chinas" (*Zhongguo huijiao shi yanjiu*) von Jin Jitang dar, der selbst an der Hochschule arbeitete. Seine Studie beginnt mit einem systematischen Teil, in dem er Fragen nach den Ursprüngen der Muslime, ihrer ethnischen Zusammensetzung und der chinesischen Wahrnehmung behandelt. In einem sich anschließenden chronologischen Teil unterscheidet Jin Jitang dann drei Phasen der historischen Entwicklung des Islam in China: eine erste Periode, in der China für die muslimischen Einwanderer noch den Ort eines Auslandsaufenthalts (*qiaoju*) darstellte, eine zweite Periode ihrer Assimilierung (*tonghua*) und eine dritte Periode ihrer räumlichen Ausbreitung (*pubian*).[9] Der junge muslimische Wissenschaftler spart nicht mit Polemik gegen historische Fehleinschätzungen auf chinesischer Seite.[10] Dennoch ist dieses Buch ein typisches Beispiel für die neue quellenkritische chinesische Geschichtsschreibung. Bedenkt man den biographischen Hintergrund des Autors, so spiegelt es deutlich die erfolgreiche Integration einer jungen Generation chinesischer Muslime in die republikzeitliche Wissenschaftswelt wider.

Fu Tongxian, ebenfalls ein Hui-Autor, veröffentlichte im Jahre 1940 eine bis heute als Standardwerk konsultierte „Geschichte des Islam in China" (*Zhongguo huijiao shi*). Fu hatte an der St. John's University in Shanghai 1932 ein Philosophiestudium abgeschlossen; er promovierte später an der Columbia University, kehrte 1950 in die Volksrepublik zurück und wurde – als Nicht-Marxist – auf einer Philosophie- und Psychologieprofessur in Jinan untergebracht.[11] In seinem Buch von 1940 übernimmt er das dynastische Gliederungsschema der chinesischen Geschichtsschreibung und schildert die Entwicklung des Islam in China von der Tangzeit bis zur Gegenwart. Als erster formulierte er die These, daß Fernhändler in der Song-Zeit sowie Soldaten und Kriegsgefangene unter dem Mongolischen Weltreich für die Einwurzelung des Islam in China entscheidend gewesen seien.[12] Fus Absicht war es, von Epoche zu Epoche die Beiträge von Muslimen zur politischen, ökonomischen und kulturellen Entwicklung Chinas vorzustellen, während es Jin Jitang eher um eine immanente Geschichte der muslimischen Religion gegangen war. Ma Yiyu, ein Philosoph (Spezialist für das *Yijing*) und Nachkomme eines berühmten Astronomen der nördlichen Song-Zeit, legte 1941 seinen „Historischen Spiegel des chinesischen Islam" (*Zhongguo huijiao shijian*) vor, ein Werk, das vor allem der Ausbreitung islamischer Lebensformen in China nachgeht.[13]

---

[9] Jin Jitang (1936a), S. 3–5.
[10] Jin Jitang (1936a), S. 70–76.
[11] Zur Biographie vgl. Qiu Shusen (1996), Bd. 2, S. 944 f. Marxist ist Fu als Philosoph offenbar nicht gewesen.
[12] Fu Tongxian (1940), S. 30–34, 51–57. Neuere Belege dafür bei Allès (2000), S. 51.
[13] Vgl. Ma Yiyu (1941), S. 17–33. Zur Biographie des Autors vgl. Qiu Shusen (1996), Bd. 2, S. 944.

Diese Arbeiten bilden den Grundstock der neuzeitlichen chinesischen For-schungen über den Islam und die Hui-Kultur in China.[14] Auch die Aufsätze in den Sonderheften der Yugong-Zeitschrift der Jahre 1936 und 1937 gehören zu den Pionierarbeiten über die chinesischen Muslime. Sie beschäftigen sich vor al-lem mit den Ursprüngen muslimischer Kultur und Religion in China während ih-rer Frühphase unter den Dynastien Tang, Song und Yuan sowie mit der aktuellen Situation der Hui-Bevölkerung in den verschiedenen Landesteilen der chinesi-schen Republik. Beide Hefte wurden von Bai Shouyi herausgegeben. Bai stammte aus einer Hui-Familie in Kaifeng. Von 1929 bis 1934 studierte er an der Yan-jing-Universität Philosophie. Nach seinem Examen übernahm er einen Heraus-geberposten an Fu Sinians Geschichtsinstitut der Academica Sinica und schloss sich der Yugong-Studiengesellschaft an. Bai Shouyi erklärt die Tatsache, dass die frühen systematischen Studien über den Islam in China von Hui-Leuten stammen, nicht nur mit den Bedürfnissen der Selbstverständigung einer religiösen Minderheit, sondern auch mit der Notwendigkeit, angesichts der hohen sprachli-chen Anforderungen die Grenzen eines chinesischen Bildungskanons zu über-schreiten. Außerdem müsse man den „Geist" (*jingshen*) des Islam von innen her-aus verstehen und Zugang zum „Herzen der chinesischen Muslime" finden. Niemand erfülle bis heute alle diese Voraussetzungen.[15] Damit meinte Bai Shouyi keineswegs eine Abschottung muslimischer Gelehrsamkeit. Noch eindringlicher ermahnte Fu Tongxian seine Glaubensbrüder, über die Grenzen ihrer Gemein-schaften hinauszublicken und sich zu ihrer hanchinesischen Umgebung hin zu öffnen. Sie sollten sich nicht zur arabisch-türkischen Welt des sunnitischen Islam hin orientieren, sondern aktiv am Aufbau einer gesamtchinesischen Nationalkul-tur mitwirken. Die geistlichen Oberhäupter rief Fu zur Aufgeschlossenheit ge-genüber einem „wissenschaftlichen Geist" auf.[16] Mit seiner „Geschichte des Islam in China" wollte er solche Tendenzen stärken. Die Vergewisserung über die *ei-gene* Geschichte und die Grundprinzipien ihrer eigenen Kultur sollte den Hui helfen, sich in die geistige Welt Chinas einzufügen. Fern davon, die Hui-Identität durch Anpassung verschwinden zu lassen, forderte Fu Tongxian die Hui-Bevöl-kerung dazu auf, ihr kulturelles Niveau zu heben und einen aufgeklärten Sinn für die eigene Identität zu entwickeln. Dies müsse im Dialog mit chinesischen Intel-lektuellen geschehen. Hier wird Gu Jiegang als Anreger und Gesprächspartner namentlich genannt.[17]

---

[14] So auch das Urteil von Qiu Shusen (1996), Bd. 2, S. 937.
[15] Bai Shouyi, zit. nach Qiu Shusen (1996), Bd. 2, S. 937 f.
[16] Fu Tongxian (1940), S. 2.
[17] Fu Tongxian (1940), S. 2–4.

2. Historische Spurensuche

Die Geschichte des Namens „Hui" und seiner verschiedenen Komposita ist überaus kompliziert, vor allem, wenn man beachtet, wer wen zu welchem Zeitpunkt
mit diesem Namen belegte. Zudem ist die Begriffsverwendung in Schrift und,
soweit dies rekonstruierbar ist, im gesprochenen Wort niemals ganz konsistent
gewesen. Im heutigen chinesischen Sprachgebrauch werden meist die phoneti-
schen Nachbildungen *yisilanjiao* (islamische Religion) und *musilin* (Muslim) zur
Bezeichnung von Islamischem im Allgemeinen, innerhalb wie außerhalb Chinas,
benutzt. Sie sind Termini der Fremdbeschreibung, während *mumin* (muslimische
Gläubige) nur von Muslimen selbst verwendet wird.[18] *Hui* bezieht sich heute
ausschließlich auf jene chinesischen Muttersprachler, die seit langem in den
Kernprovinzen ansässig sind und in ihrer Lebenspraxis den Geboten des Islam
folgen. Dies muss in einem atheistischen Staat nicht unbedingt regelmäßigen
Gottesdienstbesuch in der Moschee bedeuten; es genügt, sich als Nachkommen
chinesischer Muslime zu betrachten. Meist lebt man in eigenen städtischen oder
dörflichen Nachbarschaften. 1953 bekamen die Hui von der kommunistischen
Regierung den Status einer Minderheit (*shaoshu minzu*) zuerkannt. In der offiziellen Nomenklatur werden sie deutlich von den übrigen neun muslimischen Völkern (*Yisilan minzu*) unterschieden, die nicht muttersprachlich Chinesisch sprechen – sondern überwiegend Turksprachen – und in den Grenzgebieten leben,
also Uiguren, Kasachen, Dongxiang, Kirgisen, usw.[19] Nach der Volkszählung
von 1990 machten die Hui mit 8,6 Millionen Menschen etwas weniger als die
Hälfte der muslimischen Bevölkerung der Volksrepublik China aus.[20]
  Die objektivistischen Ordnungskategorien der VR China stehen am Ende jener Ethnisierung von Gruppenzuschreibungen oder „Identitäten", die sich in Ansätzen bereits während der Republikzeit beobachten lässt. Diese Kategorien sind
von religiösen Überzeugungen unabhängig. Ein Chinese oder Tibeter, der zum
Islam konvertiert, würde dadurch heute nicht zum Hui werden, sondern zu einem
Han oder Tibeter, „der an den Islam glaubt". *Vor* der Volksrepublik hätte Kon-
version dagegen die Bezeichnung als Hui nach sich gezogen.[21] Als „Hui" bezeichnete man bis zur späten Qing-Zeit generell alle, die an die „Hui-Religion",
d.h. den Islam, glaubten und ihren Vorschriften in der Lebenspraxis folgten, ei-
nerlei, ob sie innerhalb oder außerhalb Chinas lebten. Gemeint waren also Muslime im Allgemeinen. Eine Differenzierung erfolgte mit Hilfe von beschreibenden Adjektiven wie „beturbante" Muslime, „chinesischsprachige" Muslime oder
gar „räuberische" Hui.[22] In der Republikzeit wurde der Begriff sehr unterschiedlich verwendet. Gleichzeitig begann seine wissenschaftliche Erkundung.

---

[18] Vgl. Allès (2000), S. 29.
[19] Vgl. die Gliederung im Inhaltsverzeichnis von Ma Qicheng / Ding Hong (1998).
[20] Vgl. Allès (2000), S. 24 (Tabelle 1).
[21] Vgl. Lipman (1997), S. xxiii, Fn. 12.
[22] Lipman (1996), S. 108.

Man versuchte, Etymologie und Wortgeschichte systematisch zu klären und, eng und manchmal unauflöslich damit verwoben, auch der Herkunft eines „Hui-Volkes" auf die Spur zu kommen. Wang Riwei, neben Bai Shouyi der zweite Islam-Spezialist der Yugong-Studiengesellschaft, führt die Ursprünge der Bezeichnung des Islam als „Hui-Religion" auf den ethnischen Namen *Huihe*, ein Volk im mittleren Turkestan, zurück. Der Begriff „Hui-Religion" habe sich in der Ming-Zeit durch Übertragung daraus weiterentwickelt.[23] Diese These, schon anfangs des Jahrhunderts von europäischen Gelehrten aufgestellt, hat sich lange gehalten, bis in den 1980er Jahren in China Versuche unternommen wurden, den Hui-Begriff und mit ihm eine korrespondierende ethnische Entität bis in die Yuan-Zeit oder gar hinter sie zurückzuverfolgen.[24] Je länger die Genealogie, desto größer das Prestige der Nachfahren. Bei Tong Shuye findet sich eine solche Interpretation 1946 bereits vorgezeichnet. Er zog eine direkte Linie von dem bereits im *Shiji* erwähnten Stamm der Huihe über die yuanzeitlichen Huihui zum modernen „Hui-Volk". Ein Teil der Huihe siedelte sich während der Tang-Zeit in den Gebieten der heutigen Provinzen Gansu und Xinjiang an und vermischte sich mit den westlichen Qiang und Völkern der sog. „weißen Rasse".[25] Jin Jitang, der Hui-Historiker, bestritt eine solche historische Kontinuität. Er berief sich auf mingzeitliche Quellen, in denen der Name *Huihui* nur für die aus den Westgebieten stammenden Muslime verwendet werde. Die von der maritimen Seite eingewanderten Muslime hätte man traditionell *Nanfan Huihu* genannt. In den meisten Fällen habe es sich bei ihnen um Kaufleute gehandelt, deren Handelsbeziehungen sich bis nach Südostasien erstreckten.[26] Jin wollte damit eine einseitige Herleitung der Hui-Genealogie aus dem kontinentalen Westen durch die These vom multiplen Ursprung der muslimischen Gemeinschaft ersetzen, das Problem damit im Grunde aus dem ursprungsmythischen Diskurs einer „romantischen" Völkergeschichte herauslösen. Auch Bai Shouyi beschrieb ausführlich die maritimen Verbindungen, vor allem den songzeitlichen Handel mit Aromastoffen.[27] Dieser konzentrierte sich auf die Städte Guangzhou und Yangzhou, wo er schon für die Tang-Zeit belegt ist. In der Wudai-Periode drangen die muslimischen Händler auch ins chinesische Binnenland vor. Während der Song-Zeit galten diese Kaufleute als typische Repräsentanten der Muslime in China: Sie waren langfristig in China ansässig und verfügten über eigene Wohnanlagen, Moscheen und Friedhöfe. Bai Shouyi ordnete sie als „permanente Gäste" der chinesischen Bevölkerung zu.[28]

---

[23] Wang Riwei (1935b), S. 1; ähnlich Xu Chonghao (1944), S. 62 f.
[24] Vgl. Allès (2000), S. 32–34.
[25] Tong Shuye (1946), S. 119 f.
[26] Jin Jitang (1936a), S. 3.
[27] Bai Shouyi (1937).
[28] Bai Shouyi (1937), S. 77. Die moderne chinesische Forschung über die heutige Minderheit der Hui sieht deren Ursprung auch in muslimischen „Gastarbeitern" seit der Tang-Periode. Siehe Ma Qicheng / Ding Hong (1998), S. 224 f.

Jin Jitang untermauert seine Auffassung von der ethnogenetischen Pluralität der chinesischen Muslime weiterhin durch das Argument, die tangzeitlichen Huihe und die yuanzeitlichen Uiguren besäßen zwar einen gleichen Ursprung, wiesen aber eine unterschiedliche geographische Verbreitung auf. Sie stammten alle von den Huihe ab, lebten aber in voneinander entfernten Regionen. Dies habe zu verschiedenartigen kulturellen Ausprägungen (Gestalt, Sprache, Gewohnheiten, Glaubensleben) geführt. Jin Jitang unterscheidet in der Gegenwart drei verschiedene muslimische Gruppen in China: (1) das Gansu-Hui-Volk, das sich selbst als „muslimisches Volk" bezeichne; (2) das Xinjiang-Hui-Volk, das sich selbst „Uiguren" nenne und seinerseits die Muslime im chinesischen Kernland als „Donggan" bezeichne;[29] und (3) das Hui-Volk des Kernlandes, das sich „Huihui" nenne und die nicht-islamischen Nachbarn als ‚Han-Leute" bezeichne.[30]

Trotz unterschiedlicher Vorstellungen über die ethnischen Ursprünge der modernen Hui war man sich mehrheitlich darüber einig, dass ihre Vorfahren aus verschiedenen Ländern stammten. Ihr gemeinsames Band sei, so Jin Jitang, nicht die Blutsverwandtschaft, sondern der islamische Glaube und der Entschluss, in China zu bleiben. Die Integration zum Volk der „Hui-Religion" sei im Laufe der Jahrhunderte vor allem durch Heiratsverbindungen erfolgt.[31] Jin Jitang verzichtet also auf einen Regress zu vermeintlichen Anfängen. Er tritt aus seiner eigenen Hui-Perspektive nicht in einen „Wettbewerb" mit den anderen Völkern Chinas um einen möglichst weit zurückreichenden Stammbaum ein, sondern betont die Einzigartigkeit der modernen Hui im chinesischen Völkerkosmos, die darin liege, dass sie eine in dokumentierbarer Zeit durch Willensakte – religiöses Bekenntnis, Ansiedlungsentschluss, Partnerwahl – konstituierte Gemeinschaft seien.

Die chinesischen Kontakte zur arabischen Welt gehen auf die Tang-Dynastie zurück. Bis zur Yuan-Zeit bezeichnete man im chinesischen Sprachgebrauch den muslimischen Raum in Anlehnung an das persische Wort „Tadji" als *Dashi*. Auch die „Besucher" aus dem Mittleren Osten, die in China Tempel und Moscheen erbauten sowie eigene Friedhöfe anlegten, wurden mit dieser Bezeichnung identifiziert.[32] Der Islam hieß entsprechend „Gesetz von *Dashi*". Araber und Perser kamen seit dem 7. Jahrhundert über den See- und Landweg als Kaufleute nach China. In den südchinesischen Handelshäfen gründeten sie eigene Wohnviertel. Die Tang-Annalen sowie die „Reisenotizen" des chinesischen Kriegsge-

---

[29] Zeng Wenwu (1936, S. 639 f.) erläutert, dass die Muslime aus dem chinesischen Kernland, die Han-Hui oder Donggan, seit der Qianlong-Periode zur Agrarisierung der Region nach Xinjiang eingewandert seien. Sie stammten hauptsächlich aus den Provinzen Gansu und Shaanxi. Da sie einer anderen muslimischen Glaubensrichtung angehörten als die lokalen muslimischen Völker, waren die Konflikte des 19. Jahrhunderts bereits angelegt. Siehe auch Filchner (1928), S. 124–31.

[30] Jin Jitang (1936a), S. 23 f.

[31] So auch Jin Jitang (1936a), S. 25 f.

[32] Bai Shouyi (1982), S. 3. Vgl. auch Leslie (1986), S. 19–25; Dillon (1999), S. 12.

fangenen Du Huan berichten ausführlich über sie.[33] Du Huan hatte im Jahre 751 die chinesische Armee auf ihrem Feldzug gegen die Perser begleitet und war in persische Gefangenschaft geraten. Er bereiste die Staaten der Westgebiete und kehrte erst nach zwölf Jahren auf einem Handelsschiff in seine Heimat zurück. Sein Erinnerungsbericht gilt als eine der ältesten chinesischen Aufzeichnungen über den Islam.[34] Bai Shouyi schildert ihn als den ersten Chinesen, der sich persönlich mit dem Islam vertraut gemacht habe und als eine der frühesten Stimmen, welche die islamische Lehre im Osten verbreiteten.[35]

Bai Shouyi zeigte, dass mit der Yuan-Zeit eine neue Phase der Beziehungen zwischen Chinesen und muslimischen Völkern begann. Nun kamen nicht mehr nur vorwiegend Kaufleute nach China; die mongolischen Eroberer brachten vor allem Soldaten, Handwerker und Gelehrte persischen und arabischen Ursprungs mit, von denen viele als Kriegsbeute aus Überfällen auf Turkvölker mitgeführt wurden. Sowohl der Krieg als auch der Frieden unter den Mongolen förderte großräumige Mobilität. Die muslimischen Siedlungsgebiete beschränkten sich seitdem nicht mehr auf die Küstenhäfen und Handelszentren im Kernland. Muslime ließen sich nun auch in vielen anderen binnenländischen Städten des chinesischen Reiches nieder. Da die Muslime während der Yuan-Periode eine hohe soziale Stellung genossen und als „Semu-Leute" über die Chinesen gestellt wurden, entwickelte sich die Yuan-Dynastie zu einer Blütezeit für die muslimische Kultur in China.[36] Jin Jitang spricht sogar vom „Goldenen Zeitalter" der chinesischen Muslime.[37] Auch die Entstehung muslimischer Gemeinschaften in der südwestchinesischen Provinz Yunnan geht auf die Eroberungen der zweiten Hälfte des 13. Jahrhunderts zurück, als sich ehemalige Soldaten zentralasiatischer Herkunft dort niederließen. Während vieler Jahrzehnte danach wurde die Provinz im kaiserlichen Auftrag von einer muslimischen Gouverneursdynastie regiert.[38] Die Ming verwendeten Hui-Einheiten bei der Rückeroberung Yunnans von den Mongolen und förderten die Ansiedlung von Muslimen aus dem chinesischen Kernland.[39]

Die Entwicklung eines eigenständigen muslimischen Erziehungswesens im Einflussbereich der Moscheen geht auf die Ming-Periode zurück. Hu Puzhao richtete in seiner Heimatprovinz Shaanxi eine erste Schule in der örtlichen Moschee ein, die finanziell von den Gläubigen getragen wurde. Eine muslimische Gelehrsamkeit entstand, in deren Zentrum die muslimischen Oberhäupter, die Ahongs, standen. Es entwickelten sich zwei verschiedene Schulrichtungen, der

---

[33] Du Huans Bericht ist im Tang-Kodex enthalten. Vgl. Bai Shouyi (1982), S. 12–16.
[34] Bai Shouyi (1982), S. 16; Leslie (1986), S. 21 f.
[35] Vgl. Bai Shouyi (1936), S. 74–77.
[36] Bai Shouyi (1982), S. 21–24; Mees (1984), S. 25–32; Leslie (1986), S. 86–101; Lipman (1997), S. 32–38, Ma Qicheng / Ding Hong (1998), S. 225–33; Dillon (1999), S. 18–26.
[37] Jin Jitang (1936a), S. 42.
[38] Vgl. Fu Tongxian (1940), S. 61 f.
[39] Vgl. Wang Jianping (1996), S. 43–54.

Shaanxi-Zweig und der Shandong-Zweig, dessen Anfänge allerdings auch in Shaanxi liegen. Pang Shiqian nennt Shaanxi das Ursprungsgebiet und das Zentrum muslimischer Kultur in China. Erst am Ende der Qing-Periode habe sich der Schwerpunkt nach Ostgansu verlagert.[40] Der muslimische Gelehrte Ma Songting (Imam Hajji Abd Rahim) geht in einem Beitrag zur Yugong-Zeitschrift auf die staatliche Förderung der Muslime Chinas durch die Dynastien Yuan und Ming ein. Er hebt die Tatsache hervor, dass die Mongolen die muslimischen Vorfahren der modernen Hui sogar an ihrer Herrschaft über das hanchinesische Kaiserreich beteiligten. Auch der Dynastiegründer Ming Taizu habe sich muslimischer Beamter bedient, um seine Herrschaft über das chinesische Reich zu stabilisieren. Ma Songting zufolge wurde in der mittleren Ming-Zeit der Wandel von Muslimen in China zu chinesischen Muslimen vollzogen. Überall im Ming-Reich gab es Wohngebiete der Hui. Ihre Architektur und Lebensweise spiegelten die Vermischung persischer und chinesischer Kulturelemente wider.[41] Die Islam-Historiker der dreißiger Jahre sahen die Mingzeit als entscheidende Phase der „Assimilierung" (*tonghua*).[42] Die sino-muslimische Gelehrsamkeit (*Han kitab*)[43], die damals entstand, war ein Vorbild für die neue wissenschaftliche Synthese, die man in der Moderne der dreißiger Jahre erstrebte.[44]

Der Dynastiewechsel von Ming zu Qing wurde im Rückblick allgemein als ein Rückschlag oder gar eine Katastrophe für den chinesischen Islam betrachtet. Die Muslime des östlichen Turkestan gerieten erstmals unter chinesische Herrschaft. Als Folge der Eroberungen ließen sich von nun an die muslimische Bevölkerungsgruppen im Süden des Tianshan-Gebirges (dem späteren Xinjiang) von denen im Kernland (*neidi*) räumlich unterscheiden.[45] Bai Shouyi bezeichnet die Qing-Periode als Phase ständiger Unterdrückung und Konfrontation.[46] Nach ihrer Eroberung des Hui-Gebietes im Südteil des modernen Xinjiang musste sich die Qing-Regierung immer wieder mit muslimischen Gegenkräften in Xinjiang,

---

[40] Pang Shiqian (1937), S. 99 f.
[41] Ma Songting (1936), S. 2.
[42] Fu Tongxian (1940), S. 89; Jin Jitang (1936a), S. 160 f. Wang Jianping (1996, S. 86) nennt in seinem vorzüglichen Buch über die Geschichte der Muslime in Yunnan die Regierungszeiten der Kaiser Hongwu (1368–1398), Zhengde (1506–1521) und Wanli (1573–1620) „the high water marks of Huihui adaptation to Chinese society". In den Worten von Donald Leslie veränderten sich die Muslime von „Muslims in China" zu „Chinese Muslims". Vgl. Leslie (1986), S. 105.
[43] Vgl. Lipman (1996), S. 102–104.
[44] Fu Tongxian (1940), S. 104–108. Zentrum muslimischer Gelehrsamkeit wurde die Ming-Hauptstadt Nanjing. Vgl. dazu Dillon (1999), S. 36–39.
[45] Fu Tongxian (1940), S. 112.
[46] Die heutige Forschung zeichnet ein weniger negatives Bild. Vgl. resümierend Lipman (1997), S. 56, 84. Wang Jianping (1996, S. 228) sieht vor dem großen nordwestchinesischen Muslimaufstand des späten 18. Jahrhunderts keine Anzeichen für *religiöse* Unterdrückung.

Gansu, Shaanxi und Yunnan auseinandersetzen.[47] Anders als in der Mongolei und in Tibet, wo die Qing-Kaiser sich glaubhaft als Patrone der lamaistischen Kirchen gerieren konnten, vermochten sie aus der Sicht vieler der neuen muslimischen Untertanen als Ungläubige niemals die höchste politische Legitimität zu beanspruchen.[48] Nicht alle Muslime begehrten auf. Bereits im 18. Jahrhundert spalteten sie sich in Rebellen und Loyalisten.[49] Die ganz großen Erhebungen trugen sich erst gegen Ende der Dynastie zu. Noch 1895 wurden Unruhen in Gansu mit äußerster Grausamkeit unterdrückt.[50] Warum sich die Muslime auf lokaler Ebene leicht zu Aufständen mobilisieren ließen, untersucht Dan Huapu am Beispiel der Hui-Unruhen in Shaanxi und Gansu während der 1870er Jahre. Er kommt zum Schluss, dass drei Aspekte zu beachten seien:

1. die natürliche Geographie: die zerklüfteten Täler des Kunlun-Gebirges eigneten sich gut als Verteidigungs- und Rückzugsgebiete;
2. die kulturelle Geographie: beide Provinzen waren seit alters her eng miteinander verbunden, die Muslime selbst verfügten über einen engen Zusammenhalt;
3. die Wirtschaftsgeographie: Muslime waren vor allem im Handel tätig und verfügten daher über einen weiten Bewegungsradius, durch den sich Nachrichten leicht erfahren und weiterverbreiten ließen.[51]

Jin Jitang hebt die mandschurische Verachtung gegenüber dem Islam hervor und nennt dafür zahlreiche Beispiele.[52] Der Gegensatz zu der anderen innerasiatischen Erobererdynastie, den Yuan, war dramatisch. Der zu Beginn des 20. Jahrhunderts offensichtliche Zerfall muslimischer Kultur sei, so Jin Jitangs Urteil, nicht zuletzt auf die blutige Unterdrückungspolitik der Qing-Kaiser zurückzuführen, welche die Bevölkerung dezimierte und auch keine muslimischen Talente mehr aufkommen ließ. Die Mandschu hätten die intellektuelle Kraft der chinesischen Muslime brach liegen lassen.[53] In einer solchen Bewertung kommt die allgemein kritische Haltung der Republikzeit gegenüber der Nationalitätenpolitik der Qing in zugespitzter Form zum Ausdruck. Der muslimisch-mandschurische Gegensatz war eine der tiefsten Konfliktlinien im China des 18. und 19. Jahrhunderts. Aus der Sicht der muslimischen Bildungselite war nach den Ansätzen zu einer sino-muslimischen Kultursynthese unter den Ming die Entfremdung unter deren Nachfolgern besonders bitter. Die schlimmen Erfahrungen der Qing-

---

[47]   Bai Shouyi (1982), S. 28–30.
[48]   Vgl. Fletcher (1978c), S. 407.
[49]   Vgl. auch Leslie (1986), S. 134. Über die Ursprünge der Konflikte siehe Fletchers posthum veröffentlichte Studie über den Naqshanbidyya-Orden im Nordwesten, mit dessen Auftreten im 18. Jahrhundert die Auseinandersetzungen begannen. Vgl. Fletcher (1995), Kap. xi.
[50]   Vgl. Lipman (1997), S. 142–65; Dillon (1999), S. 70–72.
[51]   Dan Huapu (1936a), S. 94. Zu den Aufständen vgl. Chu Wen-Djang (1966).
[52]   Jin Jitang (1936a), S. 172–83.
[53]   Siehe dazu Jin Jitang (1936a), S. 211.

Zeit wurden immer wieder als Kontrastfolie für die Annäherung beschworen, die man in der Republikzeit anstrebte und zum Teil auch erreichte.

Shen Huanzhang weist darauf hin, dass sich der Islam auch durch aktive Bekehrung in China ausbreitete. In Qinghai, dem Gegenstand seiner Studie, konnte er das missionarische Engagement der Muslime bis in die Tang-Periode zurückverfolgen. Die aus Turkestan einwandernden muslimischen Missionare erzielten sowohl unter Tibetern und Mongolen als auch unter Hanchinesen Bekehrungserfolge. Der Islam entwickelte sich sogar zur führenden Religion der Qinghai-Region. Die Rivalität zwischen einzelnen Fraktionen führte allerdings wiederholt zu gewaltsamen Konflikten, die das gesamte Gebiet in Chaos stürzten und sich auf die muslimischen Nachbarprovinzen Ningxia, Gansu und Xinjiang ausweiteten.[54]

3. Volk oder Religionsgemeinschaft?

a) Huizu: das Volk der Hui

Jin Jitang setzte sich in einem Beitrag zur Yugong-Zeitschrift mit der Frage auseinander, warum man in China von einem islamischen Volk spreche, diesen ethnischen Begriff aber nicht auf Buddhisten, Christen, Konfuzianer oder Daoisten anwende.[55] Er zieht aus seinen Nachforschungen den Schluss, dass die Chinesen mit den Muslimen eher einen Volksbegriff verbanden als eine religiöse Bezeichnung.[56] Dass eine solche ethnische Grenzziehung zustande kam, erklärt er mit dem erfolgreichen Widerstand der Muslime, die nach dem Untergang der Yuan-Dynastie in China verblieben und sich gegen ihre Sinisierung zur Wehr setzten. Muslime würden allein Allah verehren, nicht aber wie Gläubige anderer Religionen sich vor fremden Idolen verbeugen, wie z.B. die Buddhisten auch Konfuzius ihre Ehre erwiesen oder Christen in der Republik sich vor dem Bildnis Sun Yatsens verneigten.[57] Die Muslime verfügten außerdem über ein eigenständiges Gesellschaftssystem, an dem sie gegen Druck von außen festhielten.[58] Daher sah Jin Jitang bei den Muslimen auch die fünf Faktoren als vorhanden an, die gemäß der Drei Volksprinzipien Sun Yatsens ein Volk auszeichneten:

1. eine Heirat mit Nicht-Muslimen sei nur möglich, wenn diese sich zum Islam bekehrten;

---

[54] Shen Huanzhang (1935), S. 21, 25.
[55] Jin Jitang (1936b), S. 39.
[56] In ähnlicher Weise unterscheidet Mark Hudson zwischen einer Hui-Perspektive, welche in der Religion den Ausdruck ihrer Distanz zu den Hanchinesen wahrnahm, und einer hanchinesischen Sicht, deren Vorurteile sich weniger auf religiöse als auf kulturelle und ethnische Faktoren bezogen. Vgl. Hudson (1987).
[57] Jin Jitang (1936b), S. 29–39.
[58] Jin Jitang (1936b), S. 30.

2. Muslime hielten sich an bestimmte Kleidungs- und Eßgewohnheiten, lebten in eigenen Wohnvierteln und verfügten über bestimmte Verhaltensregeln;
3. abgesehen von der arabischen und persischen Sprachtradition, verfügten Muslime auch im Chinesischen über eine eigene Sprachfärbung;
4. ihre ethnische Eigenständigkeit habe sich gerade aus ihrem Religionssystem entwickelt;
5. Muslime pflegten eine Fülle von besonderen Gebräuchen und Sitten.[59]

Es handelte sich hier um ein vollkommen auf kulturellen Identitätselementen aufbauendes Verständnis von „Volk", das die Ambivalenzen von Sun Yatsens Volksbegriff glättet und auf die *zu*-Komponente von Abstammung und biologischer Verwandtschaft verzichtet. Die Muslime werden hier ganz durch die Eigenarten und die Einheitlichkeit ihrer Lebensweise definiert.

Auch Wang Riwei stellte die Frage zur Diskussion, in wie weit es sich bei den Muslimen, bzw. den Hui um ein Volk oder eine Religion handele. Beide Begriffe würden oft vermischt. Wang suchte in der Namens- und Begriffsgeschichte eine Antwort. Er ging zu den Ursprüngen der Huihe zurück, die er dem Volk der *Tiele* zuordnete.[60] Am Ende des 8. Jahrhunderts hätten sie sich in Huige umbenannt. Folglich seien beide Begriffe identisch. Auch der in der Song-Zeit auftretende Name „Huihui" lasse sich auf eine solche Umbenennung zurückverfolgen, ohne dass er zunächst mit der islamischen Religion gleichgesetzt worden wäre. In der Yuan-Periode seien die Uiguren ebenfalls unter diese Bezeichnung subsumiert worden. Gleichzeitig sei eine entscheidende semantische Umwertung erfolgt: „Huihui" sei nun nicht länger ein Volksname gewesen, sondern habe fortan allgemein die Anhänger des Islam bezeichnet. Zu Beginn der Ming-Zeit habe sich dieser Wandel verfestigt. Unter der Qing-Dynastie sei der geographische Begriff „Hui-Gebiet" (*Huibu*) hinzugekommen, der sich auf den islamischen Teil im Süden des Tianshan-Gebirges beschränkte, da bis in die Mitte des 18. Jahrhunderts der Norden noch von lamaistischen Mongolen beherrscht wurde.[61] Wang Riwei schließt aus dieser Entwicklungslinie, dass der moderne Begriff „Hui-Volk" folglich auf "eine an den Islam glaubende Rasse" hindeute.[62] Den Ursprung von „Hui-Volk" führt er erst auf die Gründung der Chinesischen Republik zurück.[63]

Eine der größten Autoritäten zur Hui-Geschichte, Fu Tongxian, lehnte noch 1940 die Bezeichnung der Hui als einheitliche Ethnie kategorisch ab. Er verwen-

---

[59] Jin Jitang (1936b), S. 31–34.
[60] Über die Zuordnung der Tiele ist man sich nicht einig. Eine Richtung betrachtet sie als Nachfahren der Xiongnu, eine andere als Nachfahren der Dingling, Am Ende des 6. Jahrhunderts wurden sie jedenfalls von den Tujue unterworfen und schließlich 646 vom Tang-Kaiser in sein Imperium eingegliedert. Siehe dazu Wen Dujian / Liu Rongjun (1995), S. 565.
[61] Wang Riwei (1936b), S. 41–46.
[62] Wang Riwei (1936b), S. 46.
[63] Wang Riwei (1936b), S. 48.

dete durchweg den Begriff *huijiaotu* (Anhänger des Islam) für die Muslime im chinesischen Kernland, während die Turkvölker Xinjiangs bei ihm als *huimin* vorkommen. Explizit im Widerspruch zu Sun Yatsen hält er die Zusammenfassung dieser beiden Kategorien zu dem Einheitsbegriff *huizu* für nicht gerechtfertigt. Die entgegengesetzte Ansicht vertrat die Kommunistische Partei Chinas. Bereits im Jahre 1941 legte sie in Yan'an ein Dokument mit dem Titel „Die Frage der Huihui-Nationalität" (*Huihui minzu wenti*) vor, das zur Richtschnur für ihre Hui-Politik nach 1949 werden sollte. Hier wird der Auffassung verbindliche Kraft verliehen, es handele sich bei den Hui um eine eigenständige Volksgruppe.[64] Die chinesischen Kommunisten waren 1935 auf ihrem Langen Marsch in Gansu und in Ningxia erstmals mit kollektiv siedelnder Hui-Bevölkerung in Berührung gekommen (als Einzelpersonen hatte es Hui in der Partei zuvor schon gegeben). Da die Führung der Roten Armee strikt auf eine Respektierung der muslimischen Sitten achtete, blieben mit den Hui Konflikte aus, wie sie sich mit einigen anderen Minderheiten entwickelten. Eine gewisse Zahl von Muslimen ließ sich sogar für eine Hui-Abteilung der Roten Armee rekrutieren. Im Oktober 1936 wurde als eine der ersten kommunistischen Kreisverwaltungen die Autonome Regierung der Hui des Shaanxi-Gansu-Ningxia-Yuhai Kreises gegründet.[65] Um einen engen (ethnischen) Nationalismus zu verhindern, setzte die KP auf das Zugeständnis von Selbstverwaltungsrechten.[66] Mit einem Hui-„Volk" ließ sich viel leichter umgehen als mit einer schwer kontrollierbaren Religionsgemeinschaft. In der VR China wurde später das Bild einer homogenen ethnischen Minderheit der Hui entwickelt, mit dessen Hilfe sich die verschiedenen religiösen Gruppierungen und lokalen Unterschiede überdecken ließen.[67] (Die westliche Forschung hat hingegen die religiöse Vielfalt der Hui-Gruppen herausgearbeitet, wie sie sich noch in der Republikzeit entfalten konnte).[68] Im Unterschied zu Sun Yatsens Begriffsverwendung werden in der Volksrepublik China die muslimischen Turkvölker *nicht* zur „nationalen Minderheit" der Hui gerechnet. Der Hui-Begriff unter dem atheistischen Sozialismus sieht vom Definitionskriterium des Religiösen so weit wie möglich ab, ohne sich konsistent auf konkret fassbare Merkmale von Ethnizität beziehen zu können. Selbst wer nicht jede Form von ethnischer Identität als „konstruiert" betrachtet, wird an den chinesischen Hui ein Beispiel für „the state's authority to label" finden[69], eine Macht, die in dem Glauben der Etikettierten an eine gemeinsame ethnische Geschichte mit der Zeit ihr Echo gefunden hat.

---

[64] Dillon (1999), S. 2.
[65] Mackerras (1994), S. 74 f.; Dillon (1999), S. 87–89.
[66] J.T. Dreyer (1976), S. 70 f.
[67] Federlein (1997), S. 3.
[68] Vgl. ausführlich Gladney (1991), S. 36–63; Federlein (1997), S. 32–96; Dillon (1999), S. 113–52.
[69] Gladney (1991), S. 300.

b) Der Islam als geistige Kraft

Nahezu die gesamte chinesische Hui-Literatur der späteren Republikzeit, ob sie nun von Angehörigen der muslimischen Gemeinschaft selbst oder von Nicht-Muslimen stammte, begegnet dem Islam mit Respekt oder gar mit Wohlwollen. Die Furcht, die muslimische Bevölkerung Xinjiangs könne sich als eine „fünfte Kolonne" der Türkei entpuppen, wurde mehr als aufgewogen durch die Anerkennung der muslimischen Assimilationsleistung. Das Besondere dieses Falls von Sinisierung war, dass sie aus einer Position eigener kultureller Selbstgewissheit von der Minderheit selber aktiv betrieben wurde. Die Muslime wurden also nicht einseitig und passiv einer chinesischen „mission civilisatrice" unterzogen, sondern bemühten sich selbst um eine kulturelle Koexistenz oder gar Synthese.

Die Sinisierung des Islam hatte am Ende der Ming-Zeit begonnen, als eine Fülle chinesischer Übersetzungsliteratur und eigenständiger chinesischer Veröffentlichungen zum Islam entstand.[70] Die Autoren der dreißiger Jahre stellten mit Vorliebe Muslime dar, die über eine solide konfuzianische Bildung verfügten und damit den einheimischen kulturellen Maßstäben in hohem Umfang genügten. Wang Daiyu (ca.1592–1658)[71], einer der berühmtesten Vertreter dieser Epoche, hatte sich auch mit den anderen „großen Lehren" Chinas, dem Konfuzianismus, Daoismus und Buddhismus, auseinandergesetzt. Er veröffentlichte im Jahre 1642 sein Hauptwerk mit dem Titel „Ein wahrer Kommentar zum rechten Glauben" (*Zhengjiao zhenquan*)[72] und galt als „großer alter Mann des wahren Islams" (*chen hui laoren*).[73] Bai Shouyi unterscheidet in dieser Frühphase chinesisch-muslimischer Gelehrsamkeit zwei Perioden: In einer ersten Phase konzentrierten sich die Gelehrten auf Klassikerübersetzungen und theoretische Abhandlungen zur Religionsphilosophie sowie auf religiöse Standardwerke; in der zweiten Phase wurden die Veröffentlichungen auf Themen wie Zeitrechnung, Geographie sowie Koranübersetzungen ausgeweitet.[74]

Nachdem die Qing-Dynastie gegenüber dem Islam als resistenter ideologischer wie politischer Gegenmacht eine ablehnende und harte Haltung eingenommen hatte, begann die Republikzeit Bai Shouyi zufolge für den Islam zunächst sehr positiv: Seine Völker kamen erstmals in der Geschichte der Muslime Chinas in den Genuss nomineller politischer und rechtlicher Gleichstellung mit den Hanchinesen[75] und wurden offiziell im Rahmen der Doktrin von den „fünf

---

[70]   Vgl. Leslie (1986), S. 115–21; Ma Qicheng / Ding Hong (1998), S. 137–40.
[71]   Vgl. Murata (2000), S. 19–24.
[72]   Vgl. Israeli (1980), S. 147; Dillon (1999), S. 36–39.
[73]   Vgl. Murata (2000), S. 19.
[74]   Vgl. Bai Shouyi (1982), S. 34–39.
[75]   Unter dem Qianlong-Kaiser begann eine rechtliche Diskriminierung der Muslime, die bis zum Ende der Monarchie fortbestand. Der Qing-Staat „gradually created a body of law that distinguished Muslims as a special category of persons who, if they violated the criminal law, should be dealt with more harshly than others". (Lipman 1997, S. 100)

Völkern der Republik" als Mitglieder des chinesischen Staatsvolks anerkannt. Die Einführung eines nationalen Schulsystems führte auch zu muslimischen Schulgründungen. Über siebzig muslimische Zeitschriften wurden ins Leben gerufen. Die Muslime hatten die Möglichkeit, sich in eigenen Vereinigungen wie der „Islamischen Gesellschaft Chinas" zu organisieren. So verwundert es aus der Sicht Bai Shouyis nicht, dass sie sich an dem patriotischen Aufbruch des „Neuen China" beteiligten.[76]

Dem starken Gemeinschaftsgeist der muslimischen Gesellschaft wiesen die islamischen Autoren der dreißiger Jahre sogar eine Vorbildrolle für das gesamte chinesische Staatsvolk zu. Ihr „besonderer Glaube" sei die Ursache dafür, so betonte Ma Songting einleitend in seinem Beitrag zum Hui-Sonderheft der Yugong-Zeitschrift, dass die Muslime ein eigenständiges Gesellschaftssystem mit charakteristischer Kultur und besonderen Lebensgewohnheiten bewahren konnten. Im Zentrum stünden die Moscheen, deren Bedeutung sich nicht auf ihre religiösen Funktionen beschränkte, sondern die auch den Mittelpunkt des Alltagslebens darstellten. Als zweiten wichtigen Aspekt nennt Ma Songting die allumfassende Autoritätsstellung der muslimischen Oberhäupter, der Ahongs, die nicht auf Gewalt, Priestertrug oder ererbter hierarchischer Stellung beruhte. Da er selbst zu diesen Geistlichen gehörte, schrieb er dies aus eigener Erfahrung. Das Charisma eines Ahong führt Ma Songting auf dessen hervorragende Bildung und seine besonderen Charaktereigenschaften sowie auf die Einheit stiftende Lehre des Islam zurück.[77] Die Gläubigen wählten den Ahong der Moschee ihres Wohnviertels für drei Jahre. Er war sowohl für die Religion als auch für die Politik innerhalb des Bezirks, in dem sich seine Moschee befand, verantwortlich. Seit der Song-Zeit musste der Ahong im Konfliktfall zwischen zerstrittenen muslimischen Gruppen vermitteln und Recht sprechen. Daher konnte er eine so hervorstechende Machtposition innerhalb der muslimischen Gemeinschaften gewinnen. Die enge Bindung des Volkes an den Ahong verhindere auch einen Identitätsverlust der Muslime. Ma Songting folgert daraus, dass der „besondere Stil" der Ahongs das Überleben der muslimischen Kultur in der chinesischen Gesellschaft garantiere.[78] Zugleich stellt er ein Modell kommunaler Kohäsion vor. Mit dem Ende des chinesischen Prüfungssystems und dann dem Untergang des Kaisertums als stabilisierendem Fixpunkt von Amt und Ehre waren politische Macht und geistige Autorität in China auseinander getreten. Das Ahong-System gewährleistete demgegenüber einen viel höheren Grad an gesellschaftlichem Zusammenhang.

Die Entwicklung muslimischer Gelehrsamkeit in der Übergangsphase vom Kaiserreich zur Republik spiegelt sich in der Autobiographie Wang Jingjis.[79] Er wurde im Jahre 1879 in Tianjin geboren und lernte von seinem achten Lebens-

---

[76] Bai Shouyi (1982), S. 40–44.
[77] Ma Songting (1936), S. 1.
[78] Ma Songting (1936), S. 2.
[79] Wang Jingji (1937)

jahr an Arabisch und Persisch, weigerte sich aber beharrlich, auch Chinesisch zu
lernen. 1896 sandte ihn sein Vater zu dem muslimischen Geistlichen Li Chunsheng, der zu jener Zeit in Tianjin ein großes Kloster führte.[80] Schon im folgenden Jahr gab er die anspruchsvolle Ausbildung in acht Fächern, von denen er nur
vier bewältigte, auf und wechselte ein Jahr später zu einem Lehrmeister auf dem
Lande. Danach besuchte er weitere Moscheen in Beijing, Tianjin und in verschiedenen Landkreisen, zeigte sich aber bei jedem Aufenthalt mit der dortigen
Ausbildung unzufrieden und zog daraufhin weiter. Erst als Zwanzigjähriger begann Wang Jingji, Chinesisch zu lernen. Seine Odyssee führte ihn auch in Regionen, in denen die Muslime in bitterster Armut lebten.[81] Im Jahre 1904 kam er
zu dem reformorientierten Ahong Hai Jinlao, dessen Gelehrsamkeit ihn sehr be-
eindruckte. Hai Jinlao führte ihn in die Textkritik der Schriften früherer Ahongs
ein. Zwei Jahre später wurde Wang Jingji selbst der Ahong-Status verliehen, und
er begann mit der Betreuung einer eigenen muslimischen Gemeinde. In Tianjin
nahm Wang Jingji erstmals die sich rasch entwickelnde Presse wahr und las die
Werke führender chinesischer Intellektueller wie Liang Qichao. 1910 trat er der
revolutionären Bewegung Sun Yatsens bei, zog sich aber schon 1913 wieder zurück. In den folgenden Jahren wirkte er zunächst als Ahong in Jinan und Beijing,
widmete sich dann aber vorwiegend der Herausgabe von Werken über den Islam
und schließlich der Lehrtätigkeit. Im Jahre 1922 erfüllte er sich dank finanzieller
Unterstützung zahlreicher Bekannter endlich einen alten Wunsch und brach zum
Studium nach Kairo auf, dem wichtigsten Zentrum islamischer Gelehrsamkeit. In
Ägypten musste er feststellen, dass auch dort viele textkritische Fragen nicht be-
friedigend beantwortet wurden. 1924 kehrte er nach China zurück, um seine Arbeit als Lehrer, Autor und Übersetzer fortzusetzen. Mitte der dreißiger Jahre
wurde Wang Jingji in Richtungskämpfe verwickelt und sogar denunziert. Dennoch gelang es ihm 1937, eines seiner wichtigsten Projekte abzuschließen: eine
kommentierte Übersetzung des Koran.[82] In den letzten Jahren vor seinem Tod
1949 widmete er sich der Übersetzung eines Hauptwerks der klassischen persischen Literatur, des „Golistan" (Rosengarten) des Saadi (vor 1213–1292). Sie
wurde zur Pflichtlektüre in den islamischen höheren Schulen Chinas.

4. Muslime in der Chinesischen Republik

a) Konfrontation und Kooperation

Nicht nur die historische Entwicklung der Muslime Chinas und ihre islamische
Religion stießen bei den Historischen Geographen der Republikzeit auf Interesse;

---

[80]   Über die historische Entwicklung der Hui in Tianjin vgl. auch Dillon (1999), S. 35 f.
[81]   Zum Beispiel nach Hejian: vgl. Wang Jingji (1937), S. 106.
[82]   Wang Jingji (1937), S. 113.

sie kommentierten ebenfalls die aktuelle Lage der Muslime. Zur Gegenwartsana-
lyse gehörte eine genaue Beschreibung ihrer kulturellen Besonderheiten wie
Kleidung, Speisevorschriften, Wohnbezirke, Verhaltensregeln[83], Sprachtönungen
und Namensgebung. Aufgrund dieser vielfältigen Unterschiede zur Han-Kultur,
so argumentierte Jin Jitang, habe es in der Vergangenheit zwischen Muslimen
und Hanchinesen nur Handelskontakte, aber kein alltägliches Zusammenleben
gegeben. Umgekehrt habe der ständige Druck, dem die inmitten von Chinesen
lebenden Muslime ausgesetzt gewesen seien, ihren internen Zusammenhalt gestärkt. Folglich könne man beim „Hui-Volk" auch nicht nur von einer „an die
Hui-Religion glaubenden Han-Bevölkerung" sprechen. Zur Unterstreichung seiner Argumentation weist Jin Jitang auch auf die „Huihui-Lager" Nordchinas und
die vor allem in den Städten Xi'an und Guangzhou deutlich hervortretenden rein
muslimischen Stadtviertel hin.[84] Er tritt entschieden für eine „kulturalistische"
Definition des „Volks" der chinesischen Muslime ein:

> „Hui-Volk, Glaubensbrüder, Glaubensgenossen lauten schon immer die Bezeichnun-
> gen des Hui-Volkes. Von einer Bezeichnung wie Buddhistenvolk oder Christenvolk
> hat man nie etwas gehört, aber es gibt den Namen Han-Volk. Dies zeigt genügend,
> dass Hui und Han einen Gegenpart bilden. Jeder nennt sich selbst Volk. Es ist aber
> nicht möglich, dass man [nur] an die Religion glaubt. Die Gläubigen ihrer Religion
> wiederum nennen sich gegenseitig Freunde des rechten Weges oder Glaubensfreunde.
> Die muslimischen Gläubigen bezeichnen sich nicht als Glaubensbrüder, sondern als
> Glaubensgenossen. Wie können sie dann nicht ein Volk sein?"[85]

Auf den ethnischen Unterschied führt er auch zurück, dass die Muslime Hanchinesen nicht als Han-Volk (*Hanmin*) oder Han-Leute (*Hanren*) bezeichnen, sondern *Han'er ren* nennen – ein Ausdruck, den seit der Jin- und Yuan-Zeit Ausländer zur Bezeichnung der Hanchinesen verwendeten.

Im Jahre 1936 schätzte Ma Songting überaus großzügig die muslimische Bevölkerung Chinas auf etwa 50 Millionen Menschen und damit auf rund acht Prozent der Gesamtbevölkerung der Republik. Laut Jin Jitang lebten die meisten
von ihnen in den Provinzen Gansu, Qinghai, Ningxia, Xinjiang und Yunnan.
Aber selbst die innerchinesischen Provinzen Zhili, Shandong, Henan und Anhui
verfügten über einen hohen muslimischen Bevölkerungsanteil. Darüber hinaus
erwähnt er auch muslimische Wohngebiete in Fengtian (Liaoning), Jilin, Heilongjiang, Sichuan, Suiyuan und Jiangsu. Mehrere Faktoren werden zur Erklärung dieser breiten geographischen Streuung angeführt:

1. eine generelle Völkerbewegung in der Ming-Zeit, welche zur Vertreibung
   vieler Muslime aus ihren frühen Siedlungsgebieten führte;

---

[83] Dazu gehörte beispielsweise, dass einer Frau nicht erlaubt war, auf einem Pferd zu reiten.
Vgl. Jin Jitang (1936b), S. 32.
[84] Jin Jitang (1936b), S. 33–38.
[85] Jin Jitang (1936b), S. 39.

2. die vom 17. Jahrhundert bis Ende des 19. Jahrhunderts währende Kette von
   Moslem-Aufständen, die Flüchtlingsströme über große Entfernungen auslö-
   sten und manchmal auch Deportationen nach sich zogen;
3. die chinesische Politik der Selbstisolation, welche die Jahrhunderte lange
   Zuwanderung von Muslimen aus dem arabischen Raum, Persien und Turkestan beendete;
4. Veränderungen im Handelsverkehr, die den Zerfall des traditionellen muslimischen Handels zur Folge hatten.[86]

Als Anzeichen des im frühen 20. Jahrhundert offensichtlichen Zerfalls muslimischer Kultur in China führt Jin Jitang Armut, Schwäche und Ungebildetheit an.
Deren Ursachen lägen im arabischen Einwanderungsverbot, das den Kontakt der
chinesischen Muslime zu ihren arabischen Glaubensbrüdern behindere; im Be-
deutungsverlust islamischer Gelehrsamkeit für den chinesischen Staat – besonders in Bezug auf die Kalenderzählung; sowie in der Gesetzmäßigkeit, dass auf
eine Blütezeit zwangsläufig eine Phase des Niedergangs folgen müsse.[87] Dennoch war Jin Jitang nicht grundsätzlich pessimistisch gestimmt.

Auch Ma Songting hielt an der Überzeugung fest, dass die Muslime des
20. Jahrhunderts einen wichtigen politischen Faktor darstellten, der auch das
Schicksal der jungen chinesischen Nation mit beeinflussen könne.[88] Umso mehr
beklagte er den Verlust der unter den Dynastien Yuan und Ming bedeutenden
politischen Stellung der Muslime in China. Ihr Erziehungswesen sei gegenwärtig
völlig rückständig, das kulturelle Niveau niedrig, die Muslime selbst gälten nur
noch als passive Untertanen, ohne wie früher an der Regierungs- und Verwal-
tungsarbeit beteiligt zu sein. Solcher Niedergang schade nicht nur dem Islam,
sondern auch der chinesischen Nation insgesamt. Die tieferen Ursachen für diese
betrübliche Entwicklung sah Ma Songting in der zunehmenden Lethargie der
muslimischen Bevölkerung und in der Verachtung durch das lange Zeit regierende Volk der Mandschu. Die Sinisierung der Qing-Dynastie und ihre Hochschätzung der Han-Kultur hätten zur Unterdrückung der islamischen Kultur geführt. Durch ihren Ansehensverlust seien die chinesischen Muslime in eine
zunehmend defensive Haltung geraten.[89] Ma griff weit in die Geschichte zurück:
Nicht zuletzt sei die weitere Entfaltung des Islam in China schon durch den Ab-
bruch der Beziehungen zum arabischen Raum unter den Mongolen verursacht
worden. Den in China verbliebenen Muslimen fehle seitdem der Austausch mit
dem Ursprungsgebiet ihrer Kultur, sie erstarrten in einer Abwehrhaltung gegenüber der Han-Kultur. Die Schwäche der Hui-Kultur belastete aus der Sicht Ma
Songtings auch das China der Gegenwart. Da die Hui aufgrund ihrer Anzahl,

---

[86] Jin Jitang (1936a), S. 162–64.
[87] Jin Jitang (1936a), S. 167–72.
[88] Ma Songting (1936), S. 1.
[89] Zhao Zhenwu teilt dieses negative Urteil über die qingzeitlichen Hui. Siehe ders. (1936),
     S. 15.

Kultur und geographischen Verteilung in China eine bedeutende Rolle spielten, sich aber nun nicht wie in früheren Jahrhunderten im Staat einbrächten, würde die gesamte chinesische Völkergemeinschaft unter ihrer Kraftlosigkeit leiden.[90] Ihr grundsätzlich loyales, tapferes Wesen sah Ma Songting in der Neuzeit nur noch stellenweise wieder aufflammen. Er führt mehrere Beispiele der jüngsten Geschichte an: Zuo Shigui zur Zeit des Chinesisch-Japanischen Krieges von 1894/95 oder die engagierte Verteidigung der Hauptstadt durch Ma Fuyuan während der Boxerunruhen von 1900 sowie die muslimischen Widerstände gegen den kommunistischen Vormarsch in Westchina 1934/35. Ma Songting schrieb es dem Gründervater der Republik, Sun Yatsen, zu, dass die Muslime in der Republikzeit zu jenen Völkern gehörten, die in die „revolutionäre Bewegung zur Befreiung der Völker" miteinbezogen wurden.[91] Politisch engagierte Autoren wie Ma Cibo sahen in der Sun-Yatsen-Lehre sogar die wahre „Befreiung" für die Muslime, da die „Drei Volksprinzipien" den Völkern Chinas Gleichberechtigung gebracht hätten.[92]

b) Islamisches Bildungswesen

Von der Konfrontation der vorausgehenden beiden Jahrhunderte ging man in der Republikzeit auf beiden Seiten wieder zu einer Strategie der Kooperation zwischen Hanchinesen und Muslimen über.[93] Im Mittelpunkt der chinesisch-muslimischen Annäherung standen die Hebung des Bildungsniveaus der Muslime und eine Ausbildung nationalen „Staatsbewusstseins", wie sie auch bei anderen Bevölkerungsgruppen für notwendig erachtet wurde. Mit Hilfe der Gründung einer eigenen akademischen Institution, der Chengda-Pädagogischen-Hochschule, sollten diese Ziele erreicht werden. Der Aufbau eines integrierten muslimisch-weltlichen Bildungssystems raubte allerdings den Ahongs ihr traditionelles Erziehungsmonopol. Zwar wurden die traditionellen Islam-Schulen der Moscheen mit der Gründung der Republik ebenso modernisiert und ihr Curriculum dem aktuellen ägyptischen Vorbild angepasst; die in der Qing-Zeit gewachsene Distanz zwischen einer am traditionellen Islam orientierten muslimischen Jugend und einer Modernität und Staatsbewusstsein hochschätzenden städtischen chinesischen Gesellschaft ließ sich jedoch nur langsam beheben.

Vom Aufbau eines modernen Erziehungswesens erhoffte man sich auch eine Integration der Muslime in die chinesische Nation. Im Alter von sieben Jahren hatten die Muslime ihre Kinder traditionell in die Koranschulen der Moscheen

---

[90] Ma Songting (1936), S. 3.
[91] Ma Songting (1936), S. 4.
[92] Ma Cibo (1947), S. 6.
[93] So auch ein neueres Historikerurteil: Die Republikzeit habe für das Hui-Han-Verhältnis „a temporary renaissance" bedeutet (Leslie 1986, S. 134).

geschickt. Dort lernten sie die Sprachen des Korans, Arabisch und Persisch, nicht aber Chinesisch. Folglich wuchsen sie in einer „vollkommen von der islamischen Religion geprägten Umgebung" auf.[94] Einige von ihnen besuchten dann später noch eine chinesische Schule. Wang Haoran gehörte im Jahre 1909 zu den ersten Gründern muslimischer Grundschulen, die neben den religiösen Fächern auch eine allgemeine Ausbildung anboten. Acht Jahre vor der Provinzgründung entstand in Qinghai im Jahre 1921 eine „Gesellschaft zur Förderung islamischer Erziehung", deren Hauptaufgabe im Aufbau von Schulen für die muslimische Bevölkerung lag. Bis zu den dreißiger Jahren wurden überall dort, wo Muslime lebten, Grundschulen eingerichtet. Liu Fengwu schränkt allerdings ein, dass trotz der zunehmenden Säkularisierung der Lehrpläne das Bildungsniveau der Muslime unter dem der Hanchinesen geblieben sei.[95] Wie Su Shenghua am Beispiel seiner Mittelschule in Gansu zeigt, hatten muslimische Schüler in einer von Hanchinesen dominierten Schule keinen leichten Stand und zogen sich meist bald wieder in ein rein muslimisches Umfeld zurück.[96] Zhao Zhenwu schilderte in einem Situationsbericht über die Hui auch das Schicksal der frühen muslimischen Auslandsstudenten. Die ersten Muslime verließen ihre chinesische Heimat im Jahre 1921 und besuchten Universitäten in Ägypten, in der Türkei und in Indien. Seit 1933 gab es an der Universität in Kairo eine eigene Abteilung für chinesische Studenten, die den akademischen Austausch organisierte.[97]

Ein Schwerpunktthema des Yugong-Sonderheftes über den chinesischen Islam bildete die Chengda-Pädagogische-Hochschule, die im Jahre 1925 von führenden muslimischen Geistlichen unter der Leitung von Tang Kesan in Jinan gegründet wurde; 1929 zog sie nach Beijing um. Ihre Entstehungsgeschichte erzählt Ma Songting. Der Name *Chengda* stand für „die Erlangung der Tugend und Gewinnung von Talenten". Es gab zahlreiche Anfangsschwierigkeiten: Das zur Verfügung stehende Gelände der Mujiachemen-Moschee erwies sich als viel zu klein für eine solche Doppelfunktion. Es fehlte an Geld (alle muslimischen Bildungseinrichtungen waren weitgehend von privatem Mäzenatentum abhängig), Lehr- und Verwaltungspersonal sowie geeigneten Studenten. Mit dem Unterrichtsstoff musste man experimentieren. Umso eindeutiger definierte sich aber die Zielsetzung einer eigenen muslimischen Hochschule: Im Zuge des Aufbaus eines allgemeinen Bildungssystems sollten die Muslime zu einem loyalen Staatsvolk erzogen werden.[98] Die Verwirklichung dieses Ziels schien durch die Einbeziehung der im Volk hochgeachteten Ahongs als Lehrpersonal der Hochschule garantiert zu sein; manche von ihnen unterrichteten unentgeltlich. Die Hochschule bildete selbst wiederum Ahongs aus, dazu Lehrer für Grund- und

---

[94]   So beschreibt es Su Shenghua in seiner Autobiographie. Vgl. Su Shenghua (1937), S. 115.
[95]   Sieh dazu ausführlich Liu Fengwu (1936).
[96]   Su Shenghua (1937), S. 116.
[97]   Zhao Zhenwu (1936), S. 18.
[98]   Ma Songting (1936), S. 6.

Mittelschulen. Ma Songting versprach sich von der Modernisierung und Institutionalisierung des muslimischen Bildungswesens auch einen Nutzen für die chinesische Kultur: Angesichts der geistigen Krisenlage könne die kampferprobte muslimische Kultur dem intellektuellen Projekt der „Rettung des Staates" (*jiuguo*) Auftrieb geben. Im Grunde ging es um die Verweltlichung der Autoritätsstellung der muslimischen Ahongs zugunsten des chinesischen Staates. Als religiöse Vorsteher und Religionslehrer sollten sie „das gesamte Hui-Volk führen". Im pädagogischen Bereich unterstand ihnen die Leitung der Grundschulen, auch Verwaltungsposten im Erziehungswesen oder Hochschularbeit konnten von einem Ahong übernommen werden. Sie sollten zudem für den Zusammenhalt in ihrem Volk sorgen und auf diese Weise zur Integration der Hui in die chinesische Gesellschaft beitragen.[99]

Als Ma Songting im Jahre 1932 nach Kairo reiste, begleitete ihn eine erste Gruppe chinesisch-muslimischer Auslandsstudenten, deren Studium von der ägyptischen Regierung finanziert wurde. Ma Songting erhielt während seines Aufenthaltes 440 islamische Werke für die Bibliothek seiner Universität geschenkt und konnte sechs ägyptische Lehrer für die Chengda-Hochschule mit nach China zurückbringen. 1936 folgte eine zweite Kairo-Reise des Chengda-Rektors. Während dieses Aufenthalts traf er auch mit dem ägyptischen König und zahlreichen Regierungsvertretern zusammen. Die regelmäßige Entsendung zweier ägyptischer Lehrkräfte und die Lieferung weiterer Lehrmaterialien wurden vereinbart. Außerdem erklärte sich die ägyptische Regierung bereit, auch in Zukunft zwanzig Studenten an der Universität Kairo aufzunehmen und für ihre Kosten aufzukommen.[100]

Die Chengda-Hochschule verfügte zunächst über keine eigene Bibliothek. 1930 stiftete Xiao Honghua eine umfangreiche Sammlung, und als zwei Jahre später die Büchergeschenke aus Kairo hinzukamen, entschloss sich Ma Songting, die Errichtung eines Bibliotheksgebäudes voranzutreiben, das nach dem ägyptischen König benannt werden sollte. Die Finanzierung erwies sich aber als schwierig. Erst 1936 konnte das Gebäude mit Unterstützung der Yugong-Studiengesellschaft errichtet werden. Ein Vorbereitungskomitee aus 27 Mitgliedern wurde gegründet; Gu Jiegang, Bai Shouyi und Tang Kelan wurden mit seiner Leitung betraut. Große finanzielle und materielle Unterstützung erhielt die Bibliothek weiterhin von ägyptischer Seite. Im Inland engagierten sich neben der Yugong-Studiengesellschaft auch andere Hochschulen und Studienvereinigungen. Angeführt von Jiang Kaishek gehörten selbst Vertreter der Guomindang-Regierung zu den Förderern des Projekts.[101] Umgekehrt demonstrierten Mitglieder der Chengda-Hochschule wie Ai Yizai in ihren Veröffentlichungen über dieses Projekt eine nationale Gesinnung, indem sie die Bildungsinstitution als Stütze der islamischen Kultur

---

[99] Ma Songting (1936), S. 6 f.
[100] Ai Yizai (1937), S. 139 f.
[101] Ai Yizai (1937), S. 140–42.

und zugleich als Beitrag zu Stärkung Chinas beschrieben. In ihrer Realisierung sahen sie die Möglichkeit, durch religiöse Erziehung ihren Teil zur Rettung der Nation zu leisten. Religiöses Bewusstsein und Staatsbewusstsein waren im Denken der republikzeitlichen muslimischen Gelehrten eng miteinander verbunden. Von diesem Standpunkt aus betrachtet, ließen sich, wie Ai Yizai es ausdrückte, von muslimischer Seite mit wenig Mühe große Erfolge erzielen.[102]

Im Jahre 1936 gab es an der Chengda 20 Lehrkräfte und 97 Studenten. Im Unterricht wurden chinesische wie auch muslimische und westliche Themen vermittelt. Die Fächer umfassten Chinesisch, klassische Ethik, Philosophie, Englisch, Naturwissenschaften, Mathematik, Recht, Geographie, Erziehungswissenschaften, Sport, Musik, klassisches Arabisch, Kunde von den islamischen Völkern und „Heilige Lehre". Der eigene Universitätsverlag hatte bereits über hundert Publikationen veröffentlicht. Dazu gehörten zwei eigene Periodika: das „Magazin der Chengda-Schule" (*Chengda xiaokan*) erschien in einem fünftägigen Turnus; die alle zehn Tage erscheinende „Yuehua-Dekadenzeitschrift" (*Yuehua xunbao*) charakterisiert Ma Songting als Diskussionsforum für islamische Kultur.[103]

Schon in den allerletzten Jahren des Kaiserreiches waren die ersten modernen Bildungseinrichtungen für Muslime entstanden. Unter der Republik setzte sich diese Expansion fort. Die meisten Gründungen erfolgten auf der Mittelschulebene. Pädagogische Hochschulen gab es Mitte der dreißiger Jahre in Jinan, Beijing, Shanghai sowie in Wanxian am mittleren Changjiang.[104] Neben ihrer Lehrtätigkeit widmeten sich die Dozenten der muslimischen Hochschulen einer umfangreichen Publikationstätigkeit. Dazu gehörten Übersetzungen des Korans, anderer kanonischer Texte und theologischer Werke aus dem Arabischen. Der aus Yunnan stammende Ma Jian war einer der angesehensten und produktivsten Übersetzer aus dem Arabischen. Er hielt sich zwischen 1931 und 1939 zum Studium in Ägypten auf. Dort übertrug er die Gespräche des Konfuzius (*Lunyu*) in die arabische Sprache. Auf Arabisch schrieb er ein Buch über die Lage des Islam in China. 1944 wurde er an der Universität Yunnan Professor und wechselte 1946 an die Beijing-Universität, wo er eine Fakultät für Orientalische Sprachen (*Dongfang yuyan*) aufbaute.[105] Als Hilfsmittel für Übersetzungsarbeiten veröffentlichten Ma Jian ein arabisch-chinesisches Wörterbuch und Wang Jingji ein „Neues Lexikon Chinesisch-Arabisch" (*Xin Han-A cidian*).[106] Die umfangreiche chinesische Übersetzungsliteratur bekam nicht zuletzt großen Auftrieb durch die großzügigen Büchersendungen aus den islamischen Ländern. Sie wurde ergänzt durch eigene Werke chinesischsprachiger Autoren, die den muslimischen Leser in die arabische Sprache, die Lehren des Islam sowie die Geschichte des Islam in China ein-

---

[102] Ai Yizai (1937), S. 144.
[103] Ma Songting (1936), S. 13.
[104] Vgl. auch die Zusammenstellung in Qiu Shusen (1996), Bd. 2, S. 947 f.
[105] Qiu Shusen (1996), Bd. 2, S. 942.
[106] Vgl. auch Qiu Shusen (1996), Bd. 2, S. 941 f.

führten oder über Reiseerfahrungen im Ausland berichteten.[107] Im Rahmen des
seit dem späten 19. Jahrhundert stark expandierenden Zeitschriftenwesens erschienen allein sechzig verschiedene muslimische Publikationen. Viele dieser
Journale hielten sich nur kurze Zeit. Zu Beginn der Republikzeit entstanden außerdem die ersten muslimischen Verlage und Buchhandlungen.[108]

c) Lebensformen

Zu den wertvollsten sozialwissenschaftlichen Arbeiten, die überhaupt je in der
Yugong-Zeitschrift erschienen, gehören eine Reihe von empiriesatten Fallstudien
zu Hui-Gemeinschaften in mehreren Gegenden Chinas. Meist handelte es sich
um Städte, denn die Hui waren ein überwiegend städtisch siedelnder Bevölke-
rungsteil.

Wang Mengyang schätzte die muslimische Bevölkerung Beijings in den
dreißiger Jahren auf ungefähr 170.000 Menschen, die sich auf sechs Stadtviertel
verteilten. Die 3.000 muslimischen Haushalte des Niujie-Distrikts, die Wang genauer beschrieb, lebten weithin für sich. Im Chongdong-Distrikt hingegen wohnten Muslime in nachbarschaftlicher Nähe zu Hanchinesen.[109] Die Hälfte der
Muslime im Niujie-Bezirk waren Frauen. Ihre Integration in die Gesellschaft erfolgte mit Hilfe spezieller Lehrvereinigungen. Den Niujie-Muslimen standen
zwei Moscheen und ein Frauenkloster zur Verfügung. Die Gesamtzahl der Beijinger Moscheen und Frauenkonvente gibt Wang Mengyang mit 46 Einrichtungen an. Die älteste Moschee stammte aus der Yuan-Zeit, die meisten Gebäude
datierten aber aus der frühen Qing-Periode. Die Muslime der Stadt betätigten
sich hauptsächlich als Kaufleute. Nur wenige besuchten allgemeine öffentliche
Schulen. Da sie wegen ihres Glaubens und ihrer Lebensgewohnheiten von der
chinesischen Bevölkerung verachtet würden, hätten sie nach 1911 zahlreiche
muslimische Schulen gegründet. Wang Mengyang selbst rief im Jahre 1922 gemeinsam mit Liu Boyu in der Niujie-Straße eine Grundschule ins Leben, die
über 200 Schüler aufnahm und eine eigene Bibliothek erhielt. 1930 wurde mit finanzieller Unterstützung der Regierung die öffentliche Xibei-Schule eingerichtet,
die Grund- und Mittelschulbildung anbot. Einen wichtigen Entwicklungsschub
erhielt das Erziehungswesen der Stadt durch die Übersiedlung der Chengda-
Pädagogischen Hochschule im Jahre 1929 von Jinan nach Beijing. Sechs Jahre
später hatten die zwanzig muslimischen Grundschulen Beijings über 1.455 Schüler –
unter ihnen auch Hanchinesen. Um die Allgemeinbildung der religiös erzogenen
Muslime zu verbessern, wurde 1936 eine „Chinesisch-Übungsklasse" eingerichtet,
in der neben Chinesisch auch Geschichte, Geographie, Naturwissenschaften,

---

[107] Einige Autoren werden von Zhao Zhenwu (1936, S. 21) bibliographisch vorgestellt.
[108] Zhao Zhenwu (1936), S. 20–24.
[109] Wang Mengyang (1937), S. 105.

Recht, Mathematik und Redekunst unterrichtet wurden. Seit Beginn der Republikzeit existierte zudem eine Islamische Fortschrittsgesellschaft, deren Zweigstellen sich über ganz China verteilten. Hui-Jugendliche versammelten sich in einer eigenen Jugendvereinigung.[110] Die Propagierung des Islam erfolgte in Beijing nicht nur durch Bücher, Zeitschriften und Zeitungen, sondern seit Anfang der dreißiger Jahre auch über den Rundfunk in Form eines zweimal wöchentlich gesendeten halbstündigen Programms, das den Islam, seine Schriften und seine historischen Ursprünge in China vorstellte.[111] Um die Einhaltung der strengen islamischen Speiseregeln zu gewährleisten, wurde eine Untersuchungskommission für muslimische Lebensmittelgeschäfte ins Leben gerufen. Schließlich zählten zu den muslimischen Einrichtungen der Stadt auch sieben Friedhöfe.[112]

Ein anderes Beispiel städtischen Lebens der chinesischen Muslime beschreibt Hu Shiwen in seinem Beitrag über Chengdu, die Provinzhauptstadt von Sichuan. Dort lebten seit Mitte des 17. Jahrhunderts Muslime, die vor den Unruhen während des Dynastiewechsels vor allem aus Shaanxi und Gansu geflohen waren. In den dreißiger Jahren des 20. Jahrhunderts betrug ihre Anzahl ungefähr 10.000 Menschen. Ihr Wohngebiet konzentrierte sich auf drei Bezirke der Stadt; in einem dieser Bezirke siedelten sich während der Republikzeit zunehmend auch Hanchinesen an. Nur wenige Hui-Familien verdienten über 10.000 Yuan und konnten damit als reich bezeichnet werden. Etwa zehn Familien nahmen mehrere tausend Yuan ein, und hundert Familien hatten ein Einkommen von weniger als 1000 Yuan. Über die Hälfte der Muslime waren in der Armee oder beim Staat (viele bei der Post) angestellt, die übrigen waren Kaufleute und Handwerker.[113] Seit 1904 gab es in den primär muslimischen Stadtteilen von Chengdu ein privat getragenes Grundschulwesen für Jungen, seit 1927 auch für Mädchen, das muslimische und hanchinesische Schüler aufnahm. Die Schüler erhielten eine allgemeine Ausbildung, der Arabisch-Unterricht beschränkte sich auf wöchentlich zwei Stunden. Daneben bestanden die traditionellen Koranschulen fort; sie waren den elf Moscheen der Stadt angeschlossen. 1926 wurde eine Art Ausbildungsstätte für einfache Leute im Erwachsenenalter eingerichtet, die im ersten Jahr von 68 Muslimen absolviert wurde. Angesichts dieses breiten Angebots meinte Hu Shiwen, das Bildungsniveau der Muslime Chengdus stehe dem allgemeinen Niveau der Bevölkerung nicht nach.[114]

Lu Zhenming berichtete vom Alltagsleben der Muslime in Kaifeng, jener Stadt in der Provinz Henan, die für ihre alte jüdische Gemeinde berühmt ist. In den dreißiger Jahren gab es dort etwa 50.000 Hui. Die grösste und älteste unter den zehn Moscheen der Stadt umfasste über 200 Räume. Über 3.600 Haushalte

---

[110]   Wang Mengyang (1937), S. 110–15.
[111]   Wang Mengyang (1937), S. 116.
[112]   Wang Mengyang (1937), S. 117 f.
[113]   Hu Shiwen (1937), S. 148.
[114]   Hu Shiwen (1937), S. 152.

gehörten in ihren Bezirk. Die männlichen Gemeindemitglieder waren für ihre Faustkampfkunst bekannt, den sie auf zehn Übungsplätzen praktizierten.[115] Alle Moscheen Kaifengs besaßen gleiche Verwaltungsstrukturen: Es gab jeweils einen Ahong, bzw. Vorsteher, einen Imam (*zhangjiao*), einen Verwalter, einen Arabisch-Schüler[116], einen Bediensteten für verschiedene Aufgaben innerhalb einer Moschee[117], einen Ahong ohne Amt und einen Verantwortlichen für die Ausstellung der Metzgerlizenzen.[118] Die Ursprünge islamischer Kultur gingen in Kaifeng auf die Tang-Dynastie zurück. Viele Muslime wanderten im Laufe der Jahrhunderte vom Nordwesten ein. Auch in der Gegenwart waren die meisten Muslime als Kaufleute tätig. Außerhalb der Moscheen existierten nur zwei Grundschulen, die sich aufgrund ihrer finanziellen Schwäche in einem schlechten Zustand befanden. Die Schulsituation war in Kaifeng also rückständiger als bei den zahlenmäßig kleineren islamischen Gemeinden in Chengdu.[119]

Von Wang Shaomin für die Yugong-Zeitschrift zusammengestellte und redigierte Kurzberichte skizzierten die Situation von Muslimen in weiteren Landesteilen.[120] In der Inneren Mongolei konzentrierte sich die muslimische Bevölkerung auf die Stadt Baotou. Dort lebten etwa 20.000 Muslime. Es gab vier öffentliche und eine private Moschee. Die älteste Moschee stammte aus dem Ende des 18. Jahrhunderts, die jüngste war erst 1930 errichtet worden. In der Stadt gab es nur eine einzige Grundschule, die schlecht besucht wurde. Die meisten Muslime lebten auch hier vom Handel. Wichtigste Einnahmequelle stellte der Viehhandel dar, gefolgt vom interregionalen Handelsverkehr, Herbergen, Metzgereien und anderen Läden. Im Südosten der Provinz Hebei lebte im Kreis Bo eine Gesamtbevölkerung von 30.000 Menschen. Zwei Fünftel von ihnen waren Muslime, die sich auf den Süden des Kreises konzentrierten und daher auch als „Südköpfe" bezeichnet wurden – im Gegensatz zu den buddhistischen „Nordköpfen". Muslime betätigten sich vor allem im Kleingewerbe und im Transportwesen. Es gab unter ihnen so viele Arme, dass die Stadtverwaltung 1935 eine spezielle Hilfsorganisation schuf. Zudem war die Schulsituation katastrophal.[121] In den Provinzen Hebei und Henan verteilte sich die Hui-Bevölkerung auf mehrere Kreise. In Shandong konzentrierte sie sich auf die Stadt Tai'an. Überall lebten einige tausend muslimische Haushalte, die sich im Umfeld von Moscheen

---

[115] Lu Zhenming (1937), S. 153.
[116] Diese Position stammte noch aus dem traditionellen Erziehungssystem der Koranschulen. Es handelte sich um Leute, die sich während ihrer 8-10 jährigen Studienzeit auf das Erlernen der arabischen Sprache konzentriert hatten. Danach wurden sie von einer Moschee angestellt.
[117] Zu seinen Aufgaben gehörte beispielsweise die Verwaltung der Badeeinrichtungen.
[118] Das Metzgergeschäft stellte einen wichtigen Gewerbszweig der Kaifenger Muslime dar. Dazu brauchten sie die Berechtigung dieses Moschee-Vertreters.
[119] Lu Zhenming (1937), S. 161.
[120] Wang Shaomin (1937), S. 163–178.
[121] Wang Shaomin (1937), S. 165.

zumeist durch Handel und Landwirtschaft ernährten. Hier war man weit vom Milieu der aufgeklärten und modernisierungswilligen Muslimelite der Metropolen entfernt.

Der wichtigste südliche Siedlungsschwerpunkt der Hui war die Provinz Yunnan. Sie hatte im 19. Jahrhundert zu den Brandherden der großen Aufstände gehört.[122] Die muslimische Bevölkerung galt als selbstbezogen und konservativ. Dennoch, so Wang Shaomin, sei dort auch ein besonderes Augenmerk auf die Errichtung eines allgemeinen Schulsystems gelegt worden, das die jungen Muslime mit einem hanchinesisch geprägten modernen Wissen ausstatten und dadurch das Konfliktpotential zwischen Muslimen und Han mildern sollte. In jeder Moschee von Kunming wurde eine Grundschule eingerichtet, in der neben Arabisch und Persisch auch Chinesisch auf dem Lehrplan stand. 1929 erfolgte die Gründung einer ersten Mittelschule. Ihre Absolventen wurden zur Weiterbildung nach Beijing oder Shanghai geschickt; sechs von ihnen gehörten zur Gruppe der ersten Auslandsstudenten, die nach Kairo gingen. In der muslimischen Bevölkerung fehle dennoch eine breite Unterstützung für das moderne Schulwesen. Folglich falle die finanzielle Hilfe gering aus. Zudem sei es schwierig, gutes Lehrpersonal zu finden. Ein gutes Zeichen sei, dass sich in den Moscheen Kunmings ein „moderner Typ" von Ahongs herausbilde, die zweisprachig seien und vom religiösen Umfeld her Reformschritte unterstützen könnten.[123] Ganz anders sah die Lage auf dem Lande aus. Im Kreis Yuxi südöstlich von Kunming gab es ungefähr 1100 muslimische Haushalte, die sich auf elf Dörfern verteilten und hauptsächlich von der Landwirtschaft lebten. Die muslimischen Bauern waren selbstverständlich von den Reformbemühungen subjektiv wie objektiv am weitesten entfernt.[124]

d) Die Politik der Assimilation

Politisch einflussreich blieben die Muslime während der Republikzeit in den Nordwestprovinzen. Trotz ihrer „Befriedung" durch Zuo Zongtang in den späten 1870er Jahren, behielten Mitglieder einzelner Hui-Familien als regionale Militärführer und politische Machthaber die Kontrolle über Gansu, Qinghai und Ningxia in der Hand und stellten bis zur kommunistischen Machtübernahme zahlreiche Gouverneure dieser Provinzen.[125] Dies war eine Absonderlichkeit republikanischer Politik. Andernorts fehlte den Hui eine starke politische Repräsentation.

---

[122] Vgl. umfassend zur Geschichte der Muslime in Yunnan: Wang Jianping (1996), S. 43 ff.
[123] Wang Shaomin (1937), S. 174–77.
[124] Wang Shaomin (1937), S. 177 f.
[125] Lipman (1984); Barnett (1993), S. 104 f.

Das Verhältnis zwischen Muslimen und Hanchinesen blieb in der Republikzeit vielerorts sehr gespannt.[126] Su Shenghua berichtete in seiner Autobiographie
ausführlich darüber. Er hatte sich in seiner Heimatprovinz Gansu als Regierungsbeamter für die Verbesserung der Schulbildung unter den Muslimen eingesetzt. Den chinesischen Machthabern warf er vor, dass sie die positiven Eigenschaften der muslimischen Bevölkerung nicht erkannten. Die Muslime seien
keineswegs Unruhestifter, sondern wohlorganisiert und diszipliniert, aber auch
entschlossen, sich gegen jegliche Art von Unterdrückung zu wehren. Würde die
Regierung kluge, bedachtsame Beamte für die Verwaltung der muslimischen
Bevölkerung auswählen und ihre Politik besser vermitteln, käme es nicht zu
Konflikten.[127] Die Ursachen für das gespannte Verhältnis zwischen Hanchinesen
und Muslimen sah Su Shenghua schon in früher Kindheit angelegt: Vor allem im
Nordwesten wüchsen Hui und Han getrennt voneinander in einer nur auf ihre
jeweils eigene Kultur beschränkten Umgebung auf und kämen erst als Erwachsene mit den anderen in Kontakt. Ihre unterschiedlich geprägten Auffassungen
führten dann leicht zu Konflikten. In den wenigen gemischten Schulen unter
staatlicher Trägerschaft würden muslimische Schüler häufig diskriminiert.[128]
Außerdem hingen die meisten Beamten und einflussreichen Leute noch traditionellen Vorstellungen an, weitsichtige, kluge Menschen gebe es hingegen zu wenige.[129] Su Shenghua wurde für sein kritisches Auftreten mehrfach bestraft, blieb
aber dennoch im Wesentlichen regimetreu. Als er 1933 bei der ersten Versammlung der neu konstituierten Provinzregierung von Gansu für eine Reform des Erziehungswesens eintrat, berief er sich – was man immer ohne Risiko tun konnte –
auf die Drei Volksprinzipien Sun Yatsens. Ihre Umsetzung im muslimischen
Nordwesten setze voraus, dass die feudalen Strukturen aufgehoben, die landwirtschaftliche Erschließung mit Hilfe chinesischer Einwanderer verwirklicht und
die Kooperation zwischen den verschiedenen ethnischen Gruppen angeregt würde.
Nur durch eine Assimilierung der Mongolen, Tibeter und Muslime ließe sich die
„große chinesische Völkergemeinschaft" verwirklichen.[130]

Su Shenghua plädierte außerdem dafür, dass die Ahongs in den Moscheen die
Politik der Guomindang vermittelten. Möglichst viele Muslime sollten für eine
Mitgliedschaft in der Guomindang geworben, mit Hilfe der Medien solle das
Verhältnis zwischen muslimischer und chinesischer Kultur harmonisiert werden.
Von einer völligen Säkularisierung und Verstaatlichung des Erziehungswesens
riet er ab. Die Moscheen sollten ihre zentrale Aufgabe bei der Erziehung der Ju-
gend beibehalten. Es solle aber in allen Moscheen zusätzlich eine chinesische
Lehrkraft eingestellt werden. Auf diese Weise könne man die Konflikte zwi-

---

126 Zeitungen in Nanjing und Shanghai schlugen sogar anti-muslimische Töne an. Vgl. dazu
     Lipman (1996), S. 107.
127 Su Shenghua (1937), S. 123.
128 Su Shenghua (1937), S. 116 f.
129 Su Shenghua (1927), S. 136.
130 Su Shenghua (1937), S. 133.

schen Muslimen und Hanchinesen lösen und zugleich auch die Stellung der chinesischen Bevölkerung im Nordwesten festigen.[131]

Im zweiten Yugong-Sonderheft über den Islam wurden 1937 aktuelle Stellungnahmen zum Konflikt zwischen Muslimen und Hanchinesen veröffentlicht.[132] Die Herausgeber wollten dadurch einerseits auf eines der neuesten Themenfelder der chinesischen Geistes- und Sozialwissenschaften hinweisen, andererseits zur Hebung des Niveaus der Diskussion um den Konflikt beitragen. Anstoß zu dieser Debatte in der Zeitschrift hatte ein Artikel Gu Jiegangs gegeben, in dem er mahnend darauf hingewiesen hatte, dass angesichts der zahlreichen Zwischenfälle im ganzen Land die Aktualität dieses Problems keinesfalls nachgelassen habe. Oft sei nur ein kleines Missverständnis oder ein loses Wort von einer Seite der Anlass zum gewaltsamen Ausbruch des schwelenden Konflikts. Dessen eigentliche Ursache sah der Historiker Gu Jiegang im diskriminierenden Umgang der Qing-Dynastie mit den unterworfenen Völkern. Die Qing-Regierung habe den Hass zwischen Hanchinesen und Muslimen überhaupt erst heraufbeschworen. Die grausame Unterdrückung der Muslime, besonders während und nach den Aufständen der 1860er und 1870er Jahre, habe nicht nur Muslime und Han in zwei Lager gespalten, sondern auch zur hanchinesischen Verachtung der Muslime geführt. Ein über Jahrhunderte währendes friedliches Zusammenleben als „eine Familie" sei damit zerstört worden. Aufgabe der Wissenschaft sei es nun, Hanchinesen und Muslime wieder zusammenzubringen. Gu Jiegang schlug vier Maßnahmen vor:

1. In jeder Universität sollten Studiengänge für arabische Sprache und muslimische Geschichte eingerichtet und Forschungsprojekte zu diesen Themen auf den Weg gebracht werden.
2. Die Muslime sollten eigene Schulen und Hochschulen mit dem Ziel gründen, ihrer Religion zu neuer Blüte zu verhelfen, sich mit dem modernen politischen Denken vertraut zu machen und den muslimisch-hanchinesischen Konflikt zu beseitigen.
3. Nach dem Vorbild der Fude-Bibliothek in der Chengda-Pädagogischen Hochschule sollte eine islamische Bibliothek eingerichtet werden, aber auch die vorhandenen Universitätsbibliotheken sollten dieser Thematik mehr Aufmerksamkeit schenken.
4. Mit staatlicher Unterstützung sollte eine muslimische Forschungsgesellschaft gegründet werden, die gleichermaßen muslimische wie hanchinesische Gelehrte aufnehmen, spezielle Forschungsprojekte durchführen und ihre Ergebnisse einem breiten Publikum in allen relevanten Sprachen (Chinesisch, Arabisch, Persisch und Türkisch) vorlegen solle.[133]

---

[131] Su Shenghua (1937), S. 136.
[132] YG 7:4 (April 1937), S. 179–93 (Fu lu).
[133] Gu Jiegang (1937d), S. 180 f.

Gu Jiegang war überzeugt, dass durch ein umfangreiches beidseitiges wissenschaftliches Engagement die Hanchinesen die muslimische Kultur besser verstehen und auch die Muslime selbst eine tiefere Beziehung zu ihrer eigenen Tradition erlangen würden. Auf diese Weise lasse sich die chinesische Geringschätzung der Muslime abbauen. Langfristig könne man wieder zur verlorengegangenen Einheit zurückfinden.[134] Er selbst war auf die Thematik aufmerksam geworden, nachdem er sich mit Grenzfragen zu beschäftigen begann und dabei im Nordwesten und in Yunnan mit Muslimen in Berührung gekommen war.[135] Die Reaktion seiner muslimischen Kollegen fiel erwartungsgemäß zustimmend aus. Schließlich teilten sie sein Ziel der Schaffung eines guten Verhältnisses zwischen der chinesischen und muslimischen Kultur. Interessant ist der Debattenbeitrag eines Bi Wenpo. Er schrieb es der Stärke der islamischen Kultur zu, dass die Muslime trotz ihrer zahlenmäßigen Schwäche in China als Gemeinschaft überlebt hätten. Für eine Weiterentwicklung der islamischen Kultur sei deren konservatives und defensives Wesen jedoch ein großes Hindernis. Dennoch stimme die Behauptung nicht, die man immer wieder höre, dass Muslime nur ihre Religion, nicht aber den Staat liebten. Die „Drei Volksprinzipien" Sun Yatsens erleichterten die Annäherung an den Staat.[136] Auch Bai Shouyi äußerte sich in dieser Diskussion und plädierte für den Aufbau einer Forschungsinstitution zur islamischen Kultur. Aus wissenschaftlicher Sicht gehöre der Islam zu den weltweit bedeutendsten Kultursystemen; bereits seit der Tang-Dynastie habe er im Austausch mit China gestanden. Ein großer Pluspunkt des Islam sei es, dass er keinen engstirnigen Rassebegriff vertrete. Bai argumentiert wie seine hanchinesischen Kollegen für ein integratives Islam-Verständnis, das die Hui als Teil der chinesischen Welt betrachte. Die von den Mandschu zerstörte Einheit, die unter der letzten nationalen Dynastie bereits erreicht worden sei, gelte es nun mit Hilfe wissenschaftlicher Forschung wiederzufinden.[137]

Im Jahre 1937 veröffentlichte Gu Jiegang in der führenden Tageszeitung *Dagongbao* eine kritische Darstellung der islamischen Kulturbewegung in China.[138] Diese nahm ihren Anfang um das Jahr 1908, nachdem Wang Haoran von einer Reise nach Europa, Afrika und Westasien zurückgekehrt war; er wurde zu einem der Begründer eines modernen muslimischen Erziehungswesens in China. Nach der Gründung der Chengda-Hochschule lag in den zwanziger Jahren der Schwerpunkt der Kulturbewegung bei der Vermittlung von Grundkenntnissen des islamischen Religionssystems. Es wurde außerdem versucht, die Einheit zwischen Muslimen und Nicht-Muslimen zu propagieren, durch Übersetzungen das gebildete chinesische Publikum für die Thematik zu gewinnen und die Kenntnis über

---

[134] Gu Jiegang (1937d), S. 181.
[135] Gu Jiegang (1937e), S. 187.
[136] Brieflicher Beitrag zum Diskussionsteil in YG 7:4 (April 1937), S. 183 f.
[137] Brieflicher Beitrag zum Diskussionsteil in YG 7:4 (April 1937), S. 184 f.
[138] Nachgedruckt in YG: Gu Jiegang (1937e).

die westasiatischen Nachbarstaaten zu verbreiten. Gu Jiegang honorierte die gute
Absicht, bedauerte aber verschiedene Schwächen der muslimischen Aktivisten:
ihr Engagement sei zu dezentral organisiert und bediene sich altmodischer Methoden. Dies gelte vom Grundschulaufbau bis zur Forschungsorganisation auf
Hochschulebene. Außerdem würden wissenschaftliche Forschung und religiöse
Emotionen nicht getrennt. Die Bewegung blicke inzwischen auf eine über drei-
ßigjährige Geschichte zurück, habe aber noch keine zentrale Forschungseinrichtung höchster Qualität hervorgebracht. Für diesen Misserfolg sei allerdings auch
die fehlende Unterstützung durch chinesische Wissenschaftler und durch die Regierung verantwortlich. Dennoch hoffe er, dass die muslimischen Forscher unbe-
irrt an ihrem Weg festhielten.[139]

Wang Wenxuan fand in einer polemischen Erwiderung Gu Jiegangs Darstellung viel zu pro-muslimisch. In China herrsche Religionsfreiheit, daher sei es
überhaupt nicht die Aufgabe des Staates, eine der zahlreichen Religionen auf
privilegierende Weise finanziell zu unterstützen. Gu Jiegangs Schätzung der
muslimischen Bevölkerung auf 50 Millionen Menschen liege um 20 Millionen
zu hoch. Die islamische Kulturbewegung müsse zudem stärker als Teil der gesamtchinesischen Entwicklung und nicht isoliert verstanden werden. Man dürfe
Religion und Volk nicht vermischen, Religion sei eine Privatsache und habe
nichts mit der ethnischen Zugehörigkeit eines Menschen zu tun. Der Islam solle
sich nicht bloß zaghaft anpassen, sondern sich von innen heraus erneuern. Wang
Wenxuan hoffte auf einen großen islamischen Reformer – so wie ihn der Lamaismus mit Zongkaba (Tsongkhapa) und das neuzeitliche Christentum mit
Martin Luther hervorgebracht hätten.[140] Wang Zengshan widersprach vehement.
Er warf Wang Wenxuan Unkenntnis und ein Missverständnis Gu Jiegangs vor.
Es sei ein großer Fehler der Regierung, dass sie die Muslime nicht wie die Mongolen und die Tibeter beim Aufbau eines modernen Erziehungssystems unterstütze. So gebe es zwar eine Mongolisch-Tibetische Schule, aber den Muslimen
Xinjiangs werde der Zugang zu dieser nationalen Bildungseinrichtung verwehrt.
Die Muslime könnten aber nur gemeinsam mit den anderen Völkern der chinesischen Nation Auftrieb geben, wenn umgekehrt auch sie beim Aufbau eines modernen islamischen Erziehungswesens vom chinesischen Staat unterstützt würden.[141]

5. Zusammenfassung

Die Hui wurden in den dreißiger Jahren politisch umworben. Nicht nur die
Kommunistische Partei sah sie als begehrte Bündnispartner an. Japanische Agen-

---

[139]   Gu Jiegang (1937e), S. 188 f.
[140]   Wang Wenxuan (1937), S. 189 f.
[141]   Wang Zengshan (1937), S. 192 f.

ten versuchten, die chinesischen Hui im Nordwesten anzusprechen; Japan gerierte sich sogar rhetorisch als „Protektor des Islam" in Asien. Die Gegenpropaganda der Guomindang verwies auf zwei der besten und am höchsten geachteten Generäle Chinas, Li Zongren und Bai Chongxi, die Hui waren.[142] Beide hatten sich zwar in ihrer Hochburg Guangxi lange dem direkten Kommando Jiang Kaisheks entzogen, stellten sich aber nach dem Zwischenfall an der Marco-Polo-Brücke im Juli 1937 in den Dienst der nationalen Sache und bewährten sich als ausgezeichnete Militärführer. Kein Angehöriger einer der anderen Nationalitäten machte in Realität wie Wahrnehmung eine ähnliche Karriere.

Obwohl es auch in der Republikzeit zahlreiche Beispiele für die Diskriminierung und Missachtung chinesischer Muslime gab, nicht zuletzt in der Presse,[143] genossen die Hui in Politik und Öffentlichkeit besondere Wertschätzung. Dies hing selbstverständlich damit zusammen, dass viele Hui, vor allem die im städtischen Raum lebenden, schlecht zu alten und neuen Barbaren-Klischees passten. Wichtiger war etwas anderes: Im Unterschied zu den übrigen Minderheiten, den „Grenzvölkern", stellten die Hui für den chinesischen Nationalismus kein Integrationsproblem dar. Sie waren vielmehr selbst so etwas wie der Vorgriff auf die Lösung dieses Problems. Die Hui, obwohl Anhänger einer wenig kompromissfreudigen Religion, waren in Alltagsleben wie Politik eine assimilationswillige Bevölkerungsgruppe, die ihre Einfügung in die gesellschaftliche Umwelt selbst in die Hand nahm, aktiv betrieb sowie publizistisch und wissenschaftlich reflektierte. Die Assimilation führte jedoch nicht zur Aufhebung kultureller Grenzen und zum Verlust der eigenen Identität.[144] Gerade der Gemeinschaftssinn, den die Hui in ihren religiösen Gemeinden und Siedlungsnachbarschaften an den Tag legten, erschien als mikrokosmisches Vorbild für jene patriotische Einsatzbereitschaft, deren Mangel unter den Chinesen bereits Sun Yatsen mit seinem Bild vom „losen Sand" beklagt hatte und die unter den dramatischen Umständen der dreißiger Jahre noch schmerzlicher vermisst wurde. Die Hui selbst trugen zu einer solchen Fremdeinschätzung bei. Während andere Minderheitenvölker entweder als national wenig aufgeschlossen galten oder gar im Verdacht standen, den Avancen der Nachbarstaaten nicht immer abweisend entgegenzutreten, boten die Hui durch zahlreiche ihrer Wortführer eine aktive Mitarbeit an Verteidigung wie innerem Aufbau der Nation aus freien Stücken an. Fu Tongxian etwa, einer ihrer maßgebenden Historiker, erklärte: „Die chinesischen Muslime sind ein Teil des chinesischen Staatsvolkes (*Zhongguo guomin*)."[145] Durch bewusst gepflegte Bikulturalität – arabisch-islamische Kultur auf chinesischer Grundlage – wollten

---

[142] J.T. Dreyer (1976), S. 28.
[143] Beispiele stellt Fu Tongxian (1940, S. 186–94) zusammen.
[144] Es wäre interessant, eine ähnliche Fragestellung auf die andere erfolgreiche „Musterminderheit" im China des 20. Jahrhunderts, die Hakka (*Kejia*), anzuwenden und Vergleiche zu den Hui zu ziehen. Vgl. über die Hakka Leong Sow-theng (1997).
[145] Fu Tongxian (1940, S. 234).

sie zur Stärkung der Gesamtnation beitragen. Nur ein chinesischer Nationalismus, der sich nicht selbst primär durch ethnische Zugehörigkeit definierte, konnte ein solches Angebot annehmen. Die Hui als „familiar strangers" (Jonathan Lipman) schienen zu zeigen, welchen Gewinn der chinesische Großstaat aus seinem multiethnischen Charakter zu ziehen vermochte.

EPILOG

1947, als Japan geschlagen war und das Schicksal Chinas aus inneren Gründen in der Schwebe lag, sann Gu Jiegang über sein bisheriges Engagement für eine historisch-geographische Grundlegung der chinesischen Nation nach. Die Gründung der Yugong-Gesellschaft war unmittelbar als Reaktion auf den japanischen Einfall in der Mandschurei erfolgt. Tatsächlich war es ihm in den letzten Jahren auch gelungen, durch die Veröffentlichungen der Yugong-Zeitschrift die Bevölkerung im Kernland für die Probleme an der Peripherie zu interessieren. Seine Eindrücke aus dem Nordwesten, in den er sich auf der Flucht vor den Japanern zurückgezogen hatte, führten ihn nun zu der Erkenntnis, dass die Grenzproblematik nicht nur durch externe Faktoren bedingt war, sondern gleichermaßen innenpolitische Ursachen hatte.[1] Er konnte kurz nach Beginn der letzten Phase des chinesischen Bürgerkrieges nicht ahnen, dass innerhalb weniger Jahre sowohl die Grenzprobleme als auch das Thema der innerstaatlichen Minderheitengebiete energisch in Angriff genommen werden würden. Die Historischen Geographen der dreißiger Jahre hatten die chinesische Nation als letzte und höchste Form des multiethnischen Großstaates beschworen. Erkämpft wurde sie aber schließlich nicht von der Guomindang-Regierung, an die sie sich mit ihren Vorschlägen und Appellen gewandt hatten, sondern von den Kommunisten. Diese propagierten 1949 die Volksrepublik China als „einheitlichen Vielvölkerstaat" (*tongyi duominzu guojia*) und setzten diesen Anspruch im Verlauf des folgenden Jahrzehnts mit rabiaten Mitteln in die Realität um.[2] Eine direkte Verbindung zum Engagement der Historischen Geographen bestand allerdings nicht. Gu Jiegangs Yugong-Studiengesellschaft hatte die Zusammenarbeit mit den Kommunisten strikt abgelehnt; über die persönlichen politischen Vorlieben der meisten Mitglieder wissen wir wenig. Die meisten der im „Neuen China" verbliebenen Historischen Geographen – eine kleine Zahl von ihnen ging nach Taiwan – arrangierten sich mit dem kommunistischen Regime.

Gu Jiegang musste zwar 1951 zunächst an einer Kampagne gegen den abwesenden Hu Shi teilnehmen und geriet dann selbst als Wortführer der sog. „Gushibian-Clique" in die Kritik,[3] wurde dann aber 1954 zum Leiter der Historischen Abteilung der Chinesischen Akademie der Wissenschaften ernannt. Er behielt diese Position auch nach deren Umstrukturierung zur Chinesischen Akademie für Sozialwissenschaften im Jahre 1977. Seinen ehemaligen Yugong-Mitarbeitern gelangen individuelle Karrieren an der Akademie oder an namhaften Universitäten

---

[1] Gu Jiegang (1947a), S. 1.
[2] 1959 wurde mit der Flucht des Dalai Lamas aus Tibet auch der letzte Widerstand gegen diesen Anspruch gebrochen.
[3] Richter (1982), S. 289–92.

des Landes. Einige von ihnen entwickelten sich auf der Grundlage ihres in der Yugong-Phase erworbenen Fachwissens zu führenden Spezialisten.

Früh auch im Westen bekannt wurde vor allem Feng Jiasheng. Er machte sich einen Namen als einer der führenden Chinahistoriker seiner Zeit. Im März 1949 erschien im Verlag der American Philosophical Society „History of Chinese Society: Liao (907–1125)", ein Quartband von über siebenhundert Seiten. Die auf dem Titelblatt gleichberechtigt genannten Autoren waren Feng Jiasheng (als Fêng Chia-shêng) und Karl August Wittfogel. Das monumentale Werk ist bis heute die umfassendste Darstellung einer einzigen chinesischen Dynastie in einer westlichen Sprache geblieben.[4] Noch 1994 urteilte die „Cambridge History of China", der Band sei „unquestionably the most important single contribution to Liao historical studies yet published in any language".[5] Behandelt werden in systematischer Gliederung alle Aspekte der politischen, gesellschaftlichen und ökonomischen Organisation der Liao; der Anhang enthält ausführliche Übersetzungen aus den Quellen. Im Buch selbst finden sich keinerlei Hinweise auf die Umstände seines Entstehens.[6] Obwohl die Struktur des Werkes und viele seiner Thesen die Handschrift Wittfogels tragen, der ohne eine schulgerechte sinologische Ausbildung (er hatte bei Erkes und Conrady in Leipzig etwas Sinologie studiert) doch ein scharfsinniger, an Karl Marx und Max Weber geschulter Analytiker der chinesischen Wirtschaftsgeschichte war, so kann doch kein Zweifel daran bestehen, dass Feng Jiasheng als ebenbürtiger Mitverfasser und nicht bloß als Forschungsgehilfe mitarbeitete. In der Bibliographie zum Liao-Werk konnte er auf neun eigene Forschungsaufsätze verweisen, von denen fünf in Yugong erschienen waren.[7] Wittfogel hatte zu dieser Zeit noch nicht speziell über die Liao-Dynastie publiziert. Feng Jiasheng, der zuvor schon an Arthur Hummels biographischem Lexikon „Eminent Chinese of the Ch'ing Period" mitgearbeitet hatte, besaß seit 1949 einen Namen als Historiker von Weltformat. Nach seiner Rückkehr in die Volksrepublik China erhielt er eine Position als wissenschaftlicher Mitarbeiter am Ethnologischen Institut der Akademie der Wissenschaften in Beijing.[8]

Drei ehemaligen Yugong-Forschern war es zu verdanken, dass die Historische Geographie als Forschungszweig in der Volksrepublik fortgeführt wurde und sich als Teilgebiet der Geographie in den Universitäten und Forschungsinstituten etablierte. In China bezeichnet man Tan Qixiang, Hou Renzhi und Shi

---

[4]   Wittfogel / Fêng (1949).
[5]   CHOC, Bd. 6 (1994), S. 670 („Bibliographical Essays", ungez.).
[6]   Auch eine umfangreiche Biographie Wittfogels schweigt sich darüber aus. Ulmen (1978, S. 244 f.) berichtet nur, Feng Jiasheng sei durch Empfehlung Arthur W. Hummels, des China-Bibliothekars der Library of Congress, sowie durch Chi Ch'ao-ting (Ji Chaoding) an Wittfogel empfohlen worden. Im Abschnitt über die Liao-Geschichte (S. 232–36) ist von Fengs Mitarbeit nicht die Rede.
[7]   Vgl. Wittfogel / Fêng (1949), S. 677 f.
[8]   Zhang Xiuling (1987), S. 506–509.

Nianhai heute sogar als die „drei Helden" (*san jie*) der chinesischen Historischen Geographie.[9] Der an der Fudan-Universität Geographie lehrende Tan Qixiang gab 1982 das heutige Standardwerk der historischen Kartographie Chinas heraus. Hou Renzhi, Professor der Geographie an der Beijing-Universität, gehörte bereits zu der Wissenschaftlergeneration ohne klassische Bildung, da er in seiner Jugend eine Missionsschule besucht hatte. Außerdem studierte er als einziger Historischer Geograph dieses Fach auch im Ausland. 1949 kehrte er nach seiner Promotion an der Universität von Liverpool nach China zurück. Dieser biographische Hintergrund erklärt, warum Hou Renzhi im Gegensatz zu Gu Jiegang und vielen seiner Kollegen die traditionelle chinesische Gelehrsamkeit ablehnte und vollkommen auf westliche Forschungsmethoden setzte. Nach seiner Rückkehr leitete Hou Renzhi eine „zweite Phase in der Entwicklung einer modernen Historischen Geographie" ein.[10] Tang Xiaofeng charakterisiert ihn sogar als Begründer der „wahren" Historischen Geographie Chinas. Seinem Einfluss ist es zuzuschreiben, dass die historisch-geographische Forschung sich endgültig von der Geschichtswissenschaft löste und heute der naturwissenschaftlich ausgerichteten Geographie zugeordnet wird.[11] Damit wurde sie politisch neutralisiert.

1962 formulierte Hou Renzhi mit seinem Beitrag „Eine vorläufige Erörterung der Historischen Geographie" (*Lishi dilixue chuyi*) eine Art von Manifest dieser Neudefinition. Hou Renzhi setzte diese Umdeutung der Historischen Geographie auch in seiner eigenen Forschungsarbeit um, die freilich ebenso sehr von seinen Erfahrungen aus der Yugong-Mitarbeit profitierte. So hatte er Mitte der dreißiger Jahre an der Nordwestexkursion der Studiengesellschaft teilgenommen und Beiträge zu den Sonderheften über die Region verfasst. In den sechziger und siebziger Jahren setzte er sein damals gewonnenes Interesse an den peripheren Regionen im Rahmen umfangreicher Studien über die Wüstengebiete Chinas fort.[12] Hou Renzhi sah in einer falschen menschlichen Nutzung von Landschaftszonen die wesentliche Ursache für deren Desertifikation. Diese Hinwendung zu Naturräumen unterschied die volksrepublikanische historisch-geographische Forschung nicht nur von der auf den Wandel administrativer Regionen konzentrierten traditionellen *Yange-dili*-Gelehrsamkeit, sondern auch von den Arbeiten der Republikzeit, die den Schwerpunkt auf die Einheit des Staatsraumes gelegt hatten.

Auch Shi Nianhai, der Geographie an der Pädagogischen Hochschule in Xi'an lehrte, stellte mit seinen Studien über den Gelben Fluss eine natürliche Landschaftszone ins Zentrum seines Forschungsinteresses. Sein Verdienst um die Entwicklung der Historischen Geographie der Volksrepublik liegt in ihrer Aufteilung in verschiedene Teilgebiete, zu denen er eigene Forschungsbeiträge

---

[9] Wang Shuanghuai (2001), S. 1.
[10] Tang Xiaofeng (1994), S. 29.
[11] Hou Renzhi (1979), S. 3. Vgl. auch Tang Xiaofeng (1994), S. 30.
[12] Hou Renzhi (1979), S. 43–140; Hou Renzhi (1998), S. 247–346.

leistete. So unterscheidet er zwischen Agrargeographie, Militärgeographie, Kulturgeographie, ethnischer Geographie, Verkehrsgeographie, Bevölkerungsgeographie
und Regionalgeographie. 1984 rief Shi Nianhai mit der „Aufsatzsammlung zur
Historischen Geographie Chinas" (*Zhongguo lishi dili luncong*) das erste Periodi-
kum nach 1949 zu diesem Forschungszweig ins Leben.[13] Neben einer neuen Generation historisch-geographischer Wissenschaftler äußerten sich hier auch alte
Weggefährten der Yugong-Periode wie Tan Qixiang, Hou Renzhi und Ge Jianxiong.[14] Die republikzeitlichen, ursprünglich von Liang Qichao konzipierten
Studiengesellschaften hatten Strukturen wissenschaftlicher Kommunikation geschaffen,[15] die zwar als Organisationen zerschlagen wurden, als Netze persönlicher
Beziehungen aber auch in der Volksrepublik überlebten. Die Yugong-Gruppe stellt
sogar einen bedeutenden Ausgangspunkt von akademischen Karrieren nach 1949
dar. Die Ende des 19. Jahrhunderts entstandene Form der Studiengesellschaft
war nicht nur ein akademisches Diskussions- und Publikationsforum. Sie verfügte
auch über eine politische Funktion. Sie bot dem modernen Typus des national
gesinnten, aber Distanz zu den Machthabern des Tages haltenden Intellektuellen
eine Organisationsform. Beim Aufbau einer geeinten chinesischen Nation wirk-
ten die Studiengesellschaften nicht nur identitätsstiftend nach innen, sondern
auch durch ihre Publikationen nach außen auf einen größeren Leserkreis.

Der wichtigste Bruch, den die Historische Geographie in der Volksrepublik vollzog, war ihre Loslösung vom Nationalismus. Der von ihr entwickelte territoriale
Nationalismus hatte mit der Wiederherstellung des Großstaates seine Erfüllung
gefunden. Die zeitgeschichtlichen Voraussetzungen, die in der Republikzeit zu
seiner Propagierung geführt hatten, waren verschwunden. Vom Projekt eines
privaten Intellektuellenzirkels hatte er sich in die offizielle Staatsräson einer
wiederhergestellten Großmacht verwandelt. Die kommunistische Partei selbst
wurde zur obersten Hüterin des Prinzips maximaler territorialer Staatlichkeit.
Zugleich ließ sie keinen Zweifel an ihrer Berufung und Fähigkeit, in modifizier-
ter Anwendung der Stalinschen Nationalitätentheorie eine multiethnische Gesamtnation zu regieren.

Die Historischen Geographen der dreißiger Jahre wollten mit ihren Forschungen Bewusstsein und Institutionen ändern. Ein solches politisches Engagement ist
unter dem kommunistischen Regime freilich nicht mehr möglich und letztlich auch
nicht mehr nötig. So lässt sich etwa der von den Historischen Geographen beklagte
Mangel an Raumbewusstsein bei den heutigen Hanchinesen nicht mehr feststellen: Sie betrachten die innerasiatische Peripherie als einen selbstverständlichen
Bestandteil der chinesischen Nation. Auch eine stärkere Anbindung der Randgebiete an den Zentralstaat wurde nach 1949 schrittweise vollzogen. Dabei setzte

---

[13] Vgl. dazu Wang Shuanghuai (2001), S. 9.
[14] Wang Shuanghuai (2001), S. 9.
[15] Vgl. Wang Hui (2000), S. 248 f.

die Regierung der VR China teilweise auf Maßnahmen der Binnenkolonisation und Sinisierung, wie sie bereits die Historischen Geographen vorgeschlagen hatten.

Evelyn S. Rawski hat sich in ihrer Debatte mit Ho Ping-ti über die Bedeutung der Qing-Dynastie in der chinesischen Geschichte dagegen ausgesprochen, die Sinisierung des mandschurischen Herrscherhauses zu stark zu betonen. Ho Ping-ti vertrat den eher konventionellen Standpunkt, die Erfolge der Dynastie verdankten sich ihrer geschmeidigen Anpassung an das vorgefundene Modell chinesischen Kaisertums. Rawski machte demgegenüber geltend, nur der über zweieinhalb Jahrhunderte hinweg bewahrte Doppelcharakter der Qing als chinesische Kaiser *und* mandschurische Stammesführer mache die Besonderheit ihrer Herrschaft aus.[16] Der moderne chinesische Staat sei das Produkt einer langen historischen Interaktion zwischen Inner- und Ostasien.[17] Es ging in dieser Kontroverse über Weichenstellungen der amerikanischen Qing-Forschung, nicht um die ideengeschichtliche Herleitung der jeweiligen Standpunkte. Evelyn S. Rawski hätte sich aber ohne Mühe auf die Schriften der Historischen Geographen vor 1949 berufen können. Bereits sie hatten in zum Teil detaillierten Forschungen ein Bild von der chinesischen Geschichte innerhalb ihres asiatischen Umfeldes entworfen. Sie hatten einerseits den Beitrag anderer Völker analysiert und veranschaulicht, andererseits aber argumentiert, dass angesichts der neuartigen Bedrohung Chinas in einer imperialistisch-„darwinistischen" Staatenwelt nur eine Sinisierung des gesamten Staatsraumes dessen Überleben sichern könne. Eine gewisse Eigenständigkeit der Randvölker lasse sich erst dann zugestehen, wenn sich der von ihnen bevölkerte Teil des Staatsgebietes fest unter hanchinesischer Herrschaft befinde. Schon im Denken nicht-kommunistischer Intellektueller der Republikzeit wurden auf diese Weise aus den frei schweifenden „Grenzvölkern" der älteren Geschichte jene kontrollierten „Minderheiten", die dann nach 1949 von den politischen Machthabern tatsächlich geschaffen wurden.

Eine weitere Gemeinsamkeit zwischen der kommunistischen Führung und den Historischen Geographen um Gu Jiegang liegt in ihrer Suche nach einer eigenen, chinesischen Begründung der modernen Nation. Beide nahmen zwar Impulse aus dem politischen Denken des Westens auf, wollten die eigenen Vorstellungen aber nicht als Imitationen ausländischer Theoriemodelle verstanden wissen. Gerade darin liegt die Stärke des historisch-geographischen Diskurses, dass er sich nicht an fremden Vorbildern orientierte, sondern mit Hilfe eines Rückgriffs auf die Geschichte und die besondere chinesische Problematik staatlicher Raumordnung den eigenständigen Charakter des chinesischen Nationalismus zu begründen versuchte. Jene Auffassungen in der Nationalismusforschung, die nichteuropäischen geistigen und politischen Eliten nur einfallslose Kopien

---

[16] Rawski (1996), S. 842.
[17] Rawski (1996), S. 838.

westlicher Vorstellungen von Nation und Nationalstaat zuzutrauen bereit sind, geraten hier an ihre Grenze.

Der chinesische Nationalismus trat während der großen Periode der Umorientierung, also etwa zwischen 1895 und 1937, in verschiedenen Ausprägungen auf. Unter ihnen wurde keine umsichtiger und mit höherem Anspruch an die Qualität argumentativer Begründung entwickelt als jener territoriale Nationalismus, den man bei den Historischen Geographen findet. Es ist symptomatisch, dass kein Agitator und Parteiideologe zum wichtigsten Sprecher dieser Richtung wurde, sondern einer der angesehensten Geisteswissenschaftler des Landes: Gu Jiegang. Der territoriale Nationalismus der Yugong-Gruppe entstand am Schnittpunkt einer sich neu und auf methodisch-kritischen Grundlagen bildenden Geschichtswissenschaft mit einer ebenfalls ältere Traditionen revidierend fortsetzenden Geographie zu einem Zeitpunkt, als die beispiellose Bedrohung Chinas selbst die zurückgezogensten Gelehrten aus ihren Studierstuben trieb. Eine rein ideen- und wissenschaftshistorische Betrachtung kann ihm daher allein ebenso wenig gerecht werden wie eine bloß tagespolitische und das Reagieren auf äußere Umstände betonende Interpretation.

Eine weitere Schlussfolgerung von allgemeinerer Tragweite ist möglich: Dass Nationen „erfunden" oder „konstruiert" seien, ist eine mittlerweile zum Gemeinplatz abgesunkene kulturwissenschaftliche Einsicht. Wie viele Gemeinplätze ist sie nicht falsch. Im chinesischen Fall darf jedoch neben dem Aspekt des Phantasierten und Imaginierten die Realitätsbezogenheit gerade des historisch begründeten territorialen Nationalismus nicht unterschätzt werden. Diese Realitätsbezogenheit hat zwei Seiten. Zum einen zeigt sie sich in dem Versuch, die unmittelbar beobachteten zeithistorischen Veränderungen zu verstehen. Zum anderen kommt sie in einer kritischen Erkenntnishaltung zum Ausdruck, die gerade auch auf die Rekonstruktion historischer Geltungsgründe für aktuelle Herrschaftsansprüche angewendet wurde. Wenngleich man die Deutbarkeit der historischen Überlieferungen manchmal großzügig nutzte, so war doch jener Geschichtsklitterung, die nationalistischen Mythenerfindern oft unterläuft, ein Riegel vorgeschoben. Dies soll nun allerdings nicht heißen, dass es im republikanischen China eine Art von Nationalismus mit wissenschaftlicher Begründungskraft gegeben hätte. Ohne Ausnahme teilten alle Autoren, die in dieser Arbeit vorgestellt wurden, eine als selbstverständlich vorausgesetzte Überzeugung von der Überlegenheit der chinesischen Zivilisation gegenüber den Lebens- und Denkweisen von „Barbaren" in Geschichte und Gegenwart. Der territoriale Nationalismus, eigentlich sogar der chinesische Nationalismus überhaupt (wenn man einmal von vorübergehenden Exzessen eines rassistischen Anti-Mandschurismus absieht), war weniger stark als andere Nationalismen, gerade auch in Asien, auf schroffe Trennungen und Abgrenzungen angelegt. Er verband auf komplizierte und sich immer wieder ändernde Weise exklusive und inklusive Elemente. Der traditionelle Barbarendiskurs wurde auch im Prozeß des Übergangs vom Reich der Mitte zum postimperialen Großstaat niemals vollständig biologisiert. Die kulturellen Anpassungsleistungen, die man von Nicht-Hanchinesen innerhalb der Landesgrenzen erwartete, fanden von Fall zu Fall unterschiedliche Definitionen; so propagierte Jiang Kaisheks Guomindang in den dreißiger Jahren eine extreme Assimilationspolitik als noch Sun Yatsen sie ein Jahrzehnt früher empfohlen hatte. Aber immer blieb die Möglichkeit vorgesehen, die Anderen zu erziehen und zu „kultivieren". Besonders gelobt wurden sie, wenn sie – wie die „Musterminderheit" der Muslime – ihre Kultivierung selbst in die Hand nahmen.

Vor diesem Hintergrund wird man der heute in der anglo-amerikanischen Literatur vorherrschenden Interpretation des chinesischen Nationalismus nicht bedenkenlos zustimmen können. Henrietta Harrison hat diese Deutung, die man pauschal eine kulturwissenschaftliche nennen mag, in einem 2001 erschienenen Buch zusammengefasst, das bezeichnenderweise in einer Reihe mit dem Titel „Inventing the Nation" erschienen ist.[18] Harrison trägt viel Material und manche wertvollen Beobachtungen zusammen und entwickelt einen in sich weitgehend schlüssigen Gedankengang. Obwohl sie chinesischen Stimmen großen Raum gibt, schränkt sie das Feld ihrer Betrachtung jedoch *a priori* auf Nationalismus als treibende Kraft von Identitätsbildung und kultureller Modernisierung ein. Staat, Raum, der Rückgriff auf die Geschichte und die sich verändernde politische Lage Chinas spielen in dieser Konzeption keine Rolle. Die Frage nach einer besonderen chinesischen Form von Nationalismus wird nicht gestellt. Nationalismus erscheint als wenig mehr denn ein kulturelles Programm, das es der chinesischen Elite ermöglichte, den gesamten symbolischen Apparat eines „modernen", also westlichen Nationalstaates in angepasster Form zu importieren. Nationalismus ist hier also ein Ausdruck von Verwestlichung.[19] Dazu gehört auch die Einführung westlicher Vorstellungen von „citizenship", die jedoch nach den verhältnismäßig liberalen zwanziger Jahren für ein weiteres halbes Jahrhundert in China keine Rolle mehr spielten. Die bei Harrison ausführlich beschriebene Verknüpfung von Nationalismus und Modernisierung[20] stellt indessen nur einen Teilaspekt des chinesischen Nationalismus dar, einen Aspekt, der dem westlichen Leser durch seine Nähe zu europäischen Formen vertrauter erscheint. Die Wirkung solcher Faktoren wie der Erfahrung von Rassismus[21] und der Ausstrahlung der Treaty-Port-Kultur[22] war regional und zeitlich beschränkt. In der Krisenlage der dreißiger Jahre, als die Politik sich unabweisbar zu Wort meldete, konnte die moderne Symbolik in Kleidung, Verhaltensweisen, Medien oder Bildungswesen nicht mehr im Vordergrund stehen. Kulturelle Identitätsbildung trat zurück hinter der „Rettung der Nation". Der chinesische Nationalismus musste Antworten auf die Frage nach Staat und Raum finden.

---

[18] Harrison (2001).
[19] Für diese Denkfigur gilt die Kritik von Mühlhahn (1999), S. 59.
[20] Vgl. vor allem Harrison (2001), S. 150–66.
[21] Harrison (2001), S. 71.
[22] Harrison (2001), S. 72–74.

Prasenjit Duara hat Nationalismus als „relationship between a constantly changing Self and Other" bezeichnet.[23] Diese schlichte, aber nützliche Formel gilt nicht nur für das Verhältnis zwischen den Hanchinesen und den anderen Völkern Chinas, das Duara an der zitierten Stelle im Sinn hat, sondern auch für die Beziehung Chinas zu seiner internationalen Umwelt. Chinas „Other" war in den zwanziger Jahren der Westen. Obwohl man seine allmählich schwächer werdende „imperialistische" Präsenz scharf und bitter kommentierte, war doch insbesondere die angelsächsische Welt eine Quelle zahlreicher modernisierender Einflüsse, die gerne übernommen wurden. Auch der Marxismus erschien zu Recht als ein „westliches" Ideensystem. In den dreißiger Jahren änderte sich Chinas Stellung in der Welt und damit seine nationale Problemlage deutlich. Anders als (nach dem Ersten Weltkrieg) die Westmächte, griff Japan chirurgisch in den „geo-body" Chinas ein; zur gleichen Zeit verstärkte die Sowjetunion ihre Durchdringung Xinjiangs. Beide Großmächte unterstützten – was die Westmächte stets vermieden hatten – Unabhängigkeitsbestrebungen der Grenzvölker gegenüber der chinesischen Zentralregierung. Als Chinas „Other", das die Aufmerksamkeit der Öffentlichkeit absorbierte, wurde nun der kulturell attraktive Westen durch den wenige kulturelle Angebote offerierenden territorialen Imperialismus von Chinas unmittelbaren Nachbarn abgelöst.

Die Historischen Geographen reagierten auf diese Situation, indem sie Staat und Raum in den Mittelpunkt ihrer Untersuchungen und ihrer Publizistik stellten. Sie schufen das Bild eines, an den Maßstäben wissenschaftlicher Beweisführung gemessen, historisch legitimierten „Geokörpers" der chinesischen Nation. Um die Vision eines verteidigungsfähigen, seine geschichtlich herleitbaren Rechte durchsetzenden Nationalstaates zu realisieren, bedurfte es nach Auffassung der Historischen Geographen eines starken Staatsapparates (wie man ihn eher in Japan vor sich sah als in Gestalt des Guomindang-Regimes), aber ebenso einer wachsamen, zu patriotischem Einsatz bereiten Gesellschaft. Wenn John Fitzgerald, ein anderer Interpret des chinesischen Nationalismus, „community consciousness" außerhalb des staatlichen Rahmens gegen Staatsorientierung ausspielt,[24] dann konstruiert er einen Gegensatz, den zumindest die Historischen Geographen gerade abzuschwächen versuchten. Ihre Absicht war es, durch die eigenen Schriften ein gemeinschaftliches Bewusstsein für nationale Prioritäten zu schaffen, in dem staatliche Machthaber und öffentliche Meinungsführer zusammenfanden.

Im Gesamtzusammenhang der neueren chinesischen Ideengeschichte ist es wichtig zu sehen, dass das in der Tat zentrale „Prinzip der Integration"[25] nicht notwendig durch essentialistische Begründungsstrategien untermauert werden muss. Gu Jiegang und seine Mitstreiter hatten jeglichen Rassismus, wie er in besonders ausgeprägter Form im Anti-Mandschurismus kurz vor der Revolution

---

[23]   Duara (1993), S. 9.
[24]   Fitzgerald (1995), S. 103.
[25]   Schmidt-Glintzer (1997), S. 239.

von 1911 aufgetreten war, längst hinter sich gelassen. „Kulturalistisch" argumentierten sie nur dort, wo sie die Assimilationskraft der chinesischen Zivilisation als Integrationsfaktor unterstrichen; dies war keine chinesische Besonderheit, sondern steht im Einklang mit der von Ernest Gellner hervorgehobenen Tendenz des Nationalstaats zu kultureller Homogenisierung. Kultur war bei ihnen kein Kriterium der Abgrenzung und Ausgrenzung. Die Falle eines ethnischen Nationalismus, der zwangsläufig zu einem hanchinesischen Klein-China hätte führen müssen, vermieden sie. Ihr Nationalismus hatte eine politische Zielrichtung, die freilich die eigene nationale Selbstbestimmung der Minderheiten ignorierte. Seine Begründung ruhte auf einer – dem Anspruch nach – rational überprüfbaren Rekonstruktion der chinesischen Vergangenheit als Evolution des multiethnischen Großstaates. Die Diagnose von Chinas Gegenwartproblemen sollte ebenfalls realitätsnah und dokumentarisch abgesichert sein. Rhetorische Beschwörungen von Essenzen wie der kulturellen Substanz (*guocui*) Chinas, einer hanchinesischen „Rasse", der angeblichen Wünsche des „Volkes" oder eines weltrevolutionären Auftrags waren überflüssig. Es hat im China der Republikzeit keine modernere Form nationalistischen Denkens gegeben.

ANHANG

Karten

Die Karten 1 bis 7 stammen aus: Patricia Buckley Ebrey, China. Eine illustrierte Geschichte. Aus dem Englischen von Udo Rennert. Frankfurt/New York 1996. Abdruck der Karten mit freundlicher Genehmigung des Campus Verlages Frankfurt am Main.

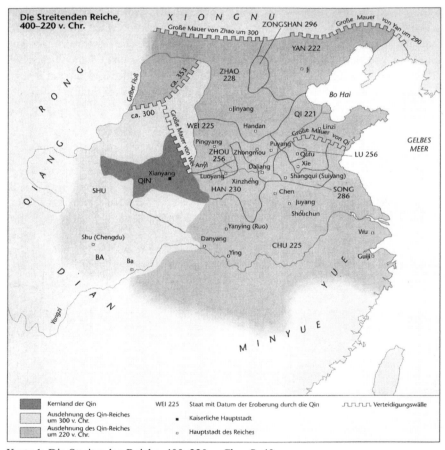

Karte 1: Die Streitenden Reiche, 400–220 v. Chr., S. 40

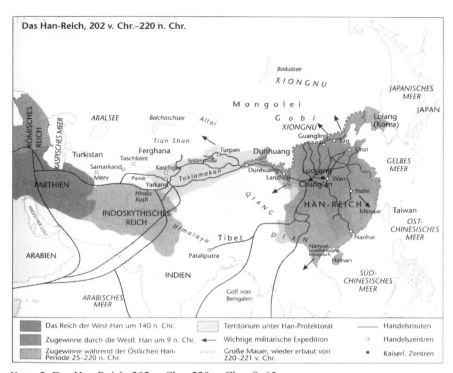

Karte 2: Das Han-Reich, 202 v. Chr.–220 n. Chr., S. 65

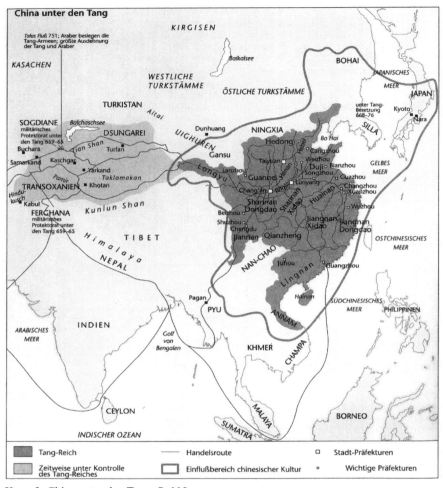

Karte 3: China unter den Tang, S. 110

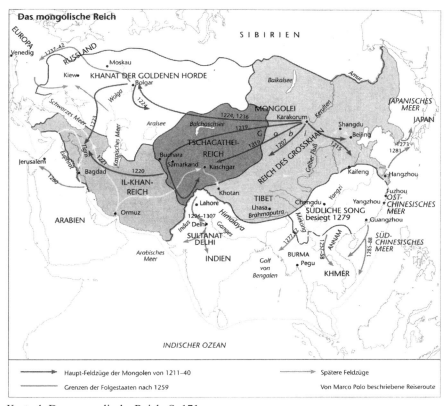

Karte 4: Das mongolische Reich, S. 171

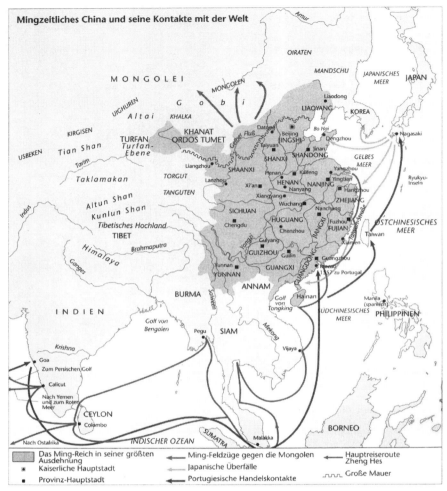

Karte 5: Mingzeitliches China und seine Kontakte mit der Welt, S. 196

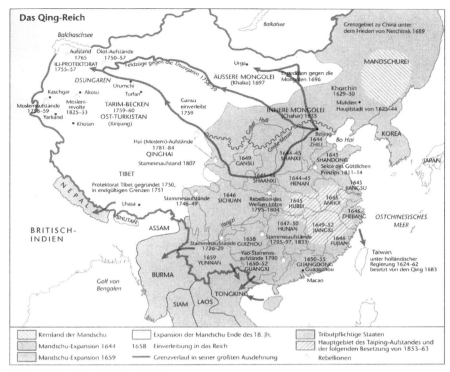

Das Qing-Reich

Baikalsee

Grenzgebiet zu China unter
dem Frieden von Nerchinsk 1689

Balchaschsee

Aufstand   Olot-Aufstände
1765   1750–57
ILI-PROTEKTORAT   Feldzüge gegen die Dsungaren 1755–59
1755–57

Urga
AUSSERE MONGOLEI   Expedition gegen die
(Khalka) 1697   Mongolen 1696

MANDSCHUREI

DSUNGAREN

Kaschgar   Akosu
Urumchi
Turfan

Moslemaufstände   Moslem-   TARIM-BECKEN
1758–59   revolte   1759–60   Gansu
1825–33   OST-TURKISTAN   einverleibt
Yarkand   1759
Khotan   (Xinjiang)

INNERE MONGOLEI
(Chahar) 1635

Khorchin
1629–30

Mukden
Hauptstadt von 1625–44

Beijing
1644   Bo Hai
ZHILI

KOREA

Hui (Moslem)-Aufstände
1781–84   1644–45   1645
QINGHAI   SHANXI   SHANDONG
1649   Sekte des Göttlichen   JAPAN
Stammesaufstand 1807   GANSU   Prinzips 1811–14

TIBET   1645–46   1644–45
SHAANXI   HENAN
Protektorat Tibet gegründet 1750,   1645
in endgültigen Grenzen 1751   1646   JIANGSU
SICHUAN   Rebellion des
Lhasa   Stammesaufstände   Weißen Lotos   1645
1746–49   1795–1804   1645
HUBEI   ANHUI
1646
ZHEJIANG   OSTCHINESISCHES
MEER

BRITISCH-
INDIEN   ASSAM   1647–50   1649–52
HUNAN   JIANGXI
1658   Stammesaufstände   1646
Stammesaufstände   1795–97, 1833   FUJIAN
1726–29   Yao-Stammes-
1659   aufstände 1790   1650–55   Taiwan
YUNNAN   1650–52   GUANGDONG   unter holländischer
GUANGXI   Guangzhou   Regierung 1624–62
BURMA   Macao   besetzt von den Qing 1683
Golf von
Bengalen   TONGKING

SIAM   LAOS

	Kernland der Mandschu		Expansion der Mandschu Ende des 18. Jh.		Tributpflichtige Staaten
	Mandschu-Expansion 1644	1658	Einverleibung in das Reich		Hauptgebiet des Taiping-Aufstandes und der folgenden Besetzung von 1853–63
	Mandschu-Expansion 1659		Grenzverlauf in seiner größten Ausdehnung		Rebellionen

Karte 6: Das Qing-Reich, S. 223

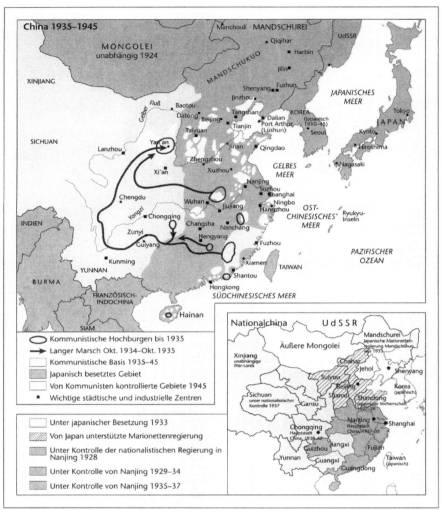

Karte 7: China 1935–1945, S. 263

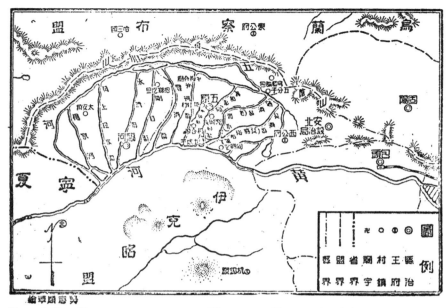

Karte 8: Das Bewässerungssystem von Hetao, aus: Yugong, Band 2, Nr. 11 (Februar 1935), S. 4

图 11　1937 年 3 月，禹贡学会全体职员合影（前排左三起：吴
　　　志顺、张维华、冯家昇、顾颉刚、陈增敏、史念海、赵贞
　　　信；后排左二起：栾植新、冯世五、童书业、韩儒林、李
　　　秀洁、顾廷龙）。

Foto einer Mitgliederversammlung der Yugong-Gesellschaft im März 1937, aus: Gu Chao,
Lique zhong jiaozhi buhui. Wode fuqin Gu Jiegang, Shanghai 1997, S. 172

Zeichenglossar

Ahong 阿訇
aiguozhuyi 愛國主義
Aihui (Aigun) 璦輝
Ai Yizai 艾宜栽
Alashan 阿拉山
Anbei duhu fu 安北都護府
Andong duhu fu 安東都護府
Anhui 安徽
Annan duhu fu 安南都護府
Anxi 安西
Anxi duhu fu 安西都護府
Anyang 安陽
Balebu jilue 巴勒布紀略
Batang 巴唐
Bayanhala 巴燕哈拉
Bai Chongxi 白崇溪
Bailingmiao 百灵廟
Bailingmiao xunli 百灵廟巡禮
Bai Meichu 白眉初
Bai Shouyi (Djamal alDin, 1909–2000) 白壽彝
Baiyue 百越
baizhong 白種
Baoding 保定
Baogao wenxue 報告文學
Baotou 包頭
Beihai 北海
Beijing 北京
Beijing daxue 北京大學
Beiping 北平
Beiting duhu fu 北庭都護府
Beiyang junfan 北洋軍閥
Beiyang nüzi gaodeng xuexiao 北洋女子高等學校
Beizheng riji 北徵日記
benguo lingtu 本國領土
Ben hui cihou san nian zhong gongzuo jihua 本會次候三年中工作計劃
benhui qishi 本會啟事
Bi Wenpo 碧文波
bianhuan 邊患
Bianjiang congshu 邊疆叢書

bianjiang diqu 邊疆地區
bianjiang minzu 邊疆民族
bianjiangqu 邊疆區
bianjiang tongxun 邊疆通訊
bianjiang wenti yanjiuhui 邊疆問題研究會
bianjiangxue 邊疆學
bianjiang xuehui 邊疆學會
bianjiang yanjiuhui yuanqi 邊疆研究會緣起
bianjiang zhengjiao zhidu yanjiuhui 邊疆政教制度研究會
bianjie 邊界
bianshi yanjiu 邊史研究
bianshi yanjiuhui 邊史研究會
Bohai 渤海
bu 部
buluo 部落
Cai Yuanpei (1868-1940) 蔡元培
cansha zhengce 殘殺政策
Cao Cao (155-220) 曹操
Cao Wanru 曹婉如
Chaha'er 察哈爾
Chaha'er dutong 察哈爾督統
Chang'an 長安
Changjiang 長江
Chang Jun 昌君
chao 朝
Chaogong guo 朝貢國
Chen An 陳安
Chen Gaoyong (1901-59) 陳高傭
Chen Hanzhang (1863-1938) 陳漢章
Chen Hongshun 陳鴻舜
Chen Kesheng 陳可生
Chen Yinke (1890-1969) 陳寅恪
Chen Yuan (1880-1971) 陳垣
Chen Zengmin 陳增敏
Chengda 成達
Chengda xiaokan 成達校刊
Chengfu jiangjia hutong 成府蔣家胡同
Chong Li 崇禮
Chongqing 重慶
Chudeng dili jiaokeshu 初等地理教科書
Chuanbian 川邊
Cixi (1835–1908) 慈禧
Congling 葱嶺

Dagongbao 大公報
Dagu 大估
Dajianlu 打箭爐
Dalian 大連
da minzuzhuyi 大民族主義
Daning 大寧
Daqing 大青
Da Qing yitong zhi 大清一統志
daren 大人
Dashi 大食
Datong 大同
Dayuan 大宛
Dayuezhe 大月氏
da ziran 大自然
Dai Jitao (1891–1949) 戴季陶
Danyu duhu fu 單于都護府
Daoguang 道光
daotai 道太
De Wang (Demčogdongrub, 1902–1967) 德王
Di 狄
dili 地理
Dili congshu 地理叢書
Dili xue jieshi 地理學解釋
Dili zazhi 地理雜誌
Dili zhi 地理志
Diwen xue 地文學
Dixue zazhi 地學雜誌
Dizhen xue jiaoke shu 地址學教科書
Dingling 丁零
Ding Wenjiang (1887–1936) 丁文江
Dingxiang 定襄
Dongbei 東北
Dongbei shigang 東北史剛
Dongdan 東丹
Dongfang yuyan 東方語言
Donggan 東干
Donghu 東胡
Dongnan Daxue 東南大學
Dongxiang 東鄉
Dongyi 東夷
duhu fu 都護府
duju zhi texing 獨具之特性
Dulan 杜蘭

duli minzu 獨立民族
dute qingshen 獨特精神
Du Yuan 杜元
Dunhuang 敦煌
Dunhuang suibi 敦煌隨筆
Dunhuang zachao 敦煌雜鈔
Erzhong zhengju fa 二種證據法
fatuan 法團
Fan Ku 樊庫
fanbu 藩部
fanshu 藩屬
fanshu lingtu 藩屬領土
fang 防
Fang Baohan 方保漢
Fang Fanjiu 方範九
fangken 防墾
Fangshan 枋山
Fei Xiaotong (1910–2005) 費孝通
fenhua tongzhi 分化統治
Feng Jiasheng (1904–70) 馮家昇
Feng Meng 豐孟
Fengrun xiaozhi 豐潤小志
fengsu 風俗
Fengtian 豐天
fu 府
Fude 福德
Fu Hao 婦好
Fujian 福建
Fu Jun 福君
Furen daxue 輔仁大學
Fu Sinian (1896–1950) 傅斯年
Fu Tongxian (1907–1985) 傅統先
fuxing 復興
ganjing 感情
Gansu 甘肅
Gaojuli 高句麗
Gaoli 高麗
Gaoliang 高粱
Gao Pei 高珮
Ge Qiyang 葛啟揚
Ge Suicheng 葛綏成
gong chong 公崇
Gong Weihang 龔維航

Gong Zizhen (1792–1841) 龔自珍
Gou Jinghui 郭敬輝
Gelaohui 哥老會
ge minzu de wenhua 個民族的文化
ge minzu yilü pingdeng 個民族一律平等
Gucheng 古城
Gu Jiguang 谷濟光
Gu Jilun 顧季倫
Gu Jiegang (1893–1980) 顧頡剛
Gushibian 古史辨
Gu Yanwu (1612–82) 顧炎武
Gujin tushu jicheng 古今圖書集成
Gushi zhong diyu de kuozhang 古史中地域的擴張
Gu Tinglong 顧廷龍
Gu Weijun 顧威君
Guangfu 光府
Guangning 光寧
Guangxi 廣西
Guangxu (1871–1908) 光緒
Guangzhou 廣州
Guizhou 貴州
guizu fengjian wuzhuang 貴族封建武裝
guo 國
guocui 國粹
guofu 國父
Guohuo 國貨
guojie 國界
Guo Jinghui 郭敬惠
guoli 國力
Guoli Beijing Yanjiuyuan 國立北京研究院
guomin 國民
Guomindang 國民黨
guomin zhengfu 國民政府
Guonei dilijie xiaoxi 國內地理界消息
Guoshi dagang 國史大綱
Guoshi zhishi 國史知識
Guoxue gailun 國學概論
Guoxue jikan 國學季刊
Guoxue zhoukan 國學周刊
guozu 國族
Hami zhi 哈密志
Hasake 哈薩克
Haiguo tuzhi 海國圖志

hai nei 海內
haixia 海峽
Hanhai duhu fu 瀚海都護府
Han 漢
hanhua 漢化
Hankou 漢口
Han Rulin (1903–83) 漢儒林
Hanshu 漢書
Han wang 漢王
Han Wudi (181–87 v.Chr.) 漢武帝
Hanshu Xiyu zhuan buzhu 漢書西域傳補注
Han zhou 漢州
Hanzu 漢族
He Cijun 賀詞軍
Hebei 河北
Henan 河南
heqin 和親
He Qiutao (1824–62) 何秋涛
Hetao 河套
Hetao wang 河套王
hezuoshe 合作社
Heilongjiang 黑龍江
Heilongjiang waiji 黑龍江外紀
Hong Ye 洪業
Hou Hanshu 後漢書
Hou Renzhi (geb. 1911) 侯仁之
Hu 胡
hu 戶
Hubei 湖北
Hunan 湖南
Hu Puzhao 胡浦昭
Hu Shi (1891–1962) 胡適
Hu Shiwen 虎世文
Hunan 湖南
Hua Qiyun 華企云
huaqiao 華僑
huaxiaxi 華夏系
Hua xin 華心
Huaihe 淮河
Huangchao fanbu yaolüe 黃朝藩部要略
Huangchao jingshi wenbian 黃朝經世文編
Huangdi 皇帝
Huang Fensheng 黃奮生

Huang Guozhang (1896–1966) 黃國璋
Huanghe 黃河
Huangshan 黃山
Huangyu quanlan tu 黃與全覽圖
Huang Wenbi (1893–1966) 黃文弼
huangzhong 黃種
Huang Zongxi (1610–95) 黃宗羲
Hui 回
Huibu 回部
Huihe 回紇
Huihui 回回
Huihui jiao ru zhongguo shilue 回回教入中國史略
Huihui minzu wenti 回回民族問題
huijiaoren 回教人
huijiaotu 回教徒
huijiao zhi tujueren 回教之 突厥人
huimin 回民
Jilin 吉林
jimi 羈縻
Jinan 濟南
Jiaqing (1760–1820) 嘉慶
jianshe 建設
Jiang Jieshi (Jiang Kaishek, 1887–1975) 將介石
Jiang Junzhang (1905–86) 蔣君章
Jiangnan 江南
Jiangsu 江蘇
Jiangxi 江西
Jiaoyu zonghui 教育總會
jiedushi 節度使
jiewu 界物
jieyue 界約
jinken shi 禁墾史
Jin 金
Jin Jitang 金吉堂
Jin Shuren (1879–1941) 金樹仁
jinshi 進士
Jinshi 金史
Jingcheng 京城
Jing Sanlin 荊三林
Jingshan 京山
jingshen 精神
Jingshui 涇水
Jingshi daxuetang 京市大學堂

jingshi xue 經世學
jingshi zhiyong zhexue 經世致用哲學
Jingsui tielu 京綏鐵路
Jingzhao 經昭
jiuguo 救國
Jiujiang 酒江
Jiuquan 九泉
Jiu wudai shi 舊五代史
jiu zhou 九州
jun 郡
junfu 軍府
jungang zujie 軍港租界
kaifa 開發
kaifa Xibei 開發西北
Kaifeng 開封
kaihua 開化
Kaiyuan 開元
kalun 卡倫
Kangding 康定
Kangxi (1654–1722) 康熙
Kang Youwei (1858–1927) 康有為
kaoshiyuan 考試院
kaozheng 考證
Kebuduo zhengwu zongce 科布多政務總冊
Kehan 可汗
kenhuang 墾荒
Kenwu ju 懇務局
kenzhi 墾殖
Koubei 口北
Kuye 庫頁
Kuang Pingzhang 鄺平樟
Kuang Songguang 鄺松光
Kunlun 昆仑
Kunming 昆明
Kunzu wanguo quantu 坤與萬國全圖
kuozhang 擴張
laihua 來華
Lanzhou 蘭州
Laobaixing 老百姓
Li Changzhuan 李長傳
Li Chunsheng (1838–1924) 李春生
Lidai yudi tu 歷代與地圖
Lifanyuan 理藩院

Li Ji (1896–1979) 李濟
Lijian shizhi 理監事制
Li Jinhua 李晉華
Li Shengbo 李升伯
lishi shang zhi minzu 歷史上之民族
Li Shuhua (1890–1979) 李書華
Li Xiujie 李秀潔
Li Yonglin 李詠林
Li Zikui 李自奎
Li Zongren (1891–1969) 李宗仁
Lianchi shuyuan 蓮池書院
Lian Shisheng 連士升
Liang Minshi 梁敏時
Liang Qichao (1873–1929) 梁啟超
Liang Shuming (1893–1988) 梁漱溟
Liaodong 遼東
Liaohai 遼海
Liaoning 遼寧
Liao shi 遼史
Liaoyang 遼洋
Lin Chao 林超
Lin Huixiang (1901–1958) 林惠祥
Lin Jing (1894–?) 林競
Lintao 臨洮
Lin Zexu (1795–1850) 林則徐
Ling Chunsheng (1902–81) 凌純聲
Linghai 領海
Liu Boyu 劉柏玉
Liu En 劉恩
Liu Fengwu 劉鳳五
Liuqiu 琉球
Liusha zhuijian 流沙墜簡
Liu Xuanmin 劉選民
Liu Yizheng 柳诒徵
Lou Zuyi 樓祖詒
Lüshun 旅順
Lü Simian (1884–1957) 呂思勉
Lu Wenrui 魯文瑞
Lu Zhenming 陸振明
Lunyu 論語
luohou 落後
Luo Zhenyu (1866–1940) 羅振玉
Ma Cibo 馬次伯

Ma Fuyuan 馬福緣
Ma Peichang 馬培長
Ma Tianhe 馬天合
Ma Jian (1906–1978) 馬堅
Ma Songting (1895–1992) 馬松亭
Ma Yiyu (1900–1961) 馬以愚
Ma Zhongying (ca. 1910–ca. 1937) 馬仲英
Man 蠻
man fang 蠻芳
Manzhou 滿洲
Manzhouguo 滿洲國
Mao Zedong (1893–1976) 毛澤東
Menggu youmu ji 蒙古遊牧記
Meng ken
Meng Sen (1868–1938) 孟森
Meng Wentong (1894–1968) 蒙文通
Mengzang shiwu ju 蒙藏事務局
Mengzang weiyuanhui 蒙藏委員會
Mengzang xinzhi 蒙藏新治
Mengzhenghui 蒙政會
Mengzi 孟子
Miao 苗
min 民
Minbao 民報
minquan 民權
minsuxue 民俗學
Minzhengting 民政廳
minzu 民族
minzu de yiyuan 民族的一源
minzu guojia 民族國家
minzu jiefang de zhanzheng 民族解放的戰爭
minzu jingshen 民族精神
minzushi 民族史
minzuxing 民族性
minzuxue 民族學
minzuxue zu 民族學組
minzu yanjin 民族演進
minzu yanjiusuo 民族研究所
minzuzhuyi 民族主義
Ming Chengzu (1360–1424) 明成祖
Mingshi 明史
Ming shilu 明實錄
Ming Taizu (1328–1398) 明太祖

Mohe 靺鞨
Mo'nan Menggu 漠南蒙古
mu 亩
mumin 穆民
musilin 穆斯林
nanfan huihe 南藩回紇
Nanjing 南京
Nanyue 南越
Nanyuan congshu 南園叢書
neidi 內地
neige 內閣
neiluan 內亂
Nie Chongqi 聶崇歧
Ningan (Ninguta) 寧安
Ning wang 寧王
Ningxia 寧夏
Niujiazhuang 牛家庄
nongcun jianshe 農村建設
Ou Ya hangkong gongsi 歐亞航空公司
Pan Chengbin 潘承彬
Pang Shiqian 龐士謙
Pei Xiu (224–71) 裴秀
Peng Minghui 彭明輝
Pingding Luosha fanglue 評定羅莎方略
Pingrang 平壤
pubian 普遍
obo 鄂博
Qidan 契丹
Qi Junzao 祁寯藻
qimeng yundong 啟蒙運動
Qi Sihe (1907–80) 齊思和
Qi Yunshi (1751–1815) 祁韻士
Qian Daxin (1728–1804) 錢大昕
Qianlong (1711–99) 乾隆
Qianlong neifu yutu 乾隆內賦與圖
Qian Mu (1895–1990) 錢穆
qiaoju 僑居
Qin 秦
Qinghuangdao 秦皇島
Qin Shihuangdi (259–209 v.Chr.) 秦始皇帝
Qing 清
qing 頃
Qingdai dili yange biao 清代地理沿革表

Qingdai dong san sheng jiangli zhi 清代東三省疆立志
Qinghai 青海
Qinghua 清華
Qingshigao 清史稿
qu 區
quanshi 全史
qushu 屈戍
Quan zhongguo ji Zhongyaxiya ditu 全中國及中亞西亞地圖
Rehe 熱河
ren 人
renleixue 人類學
Rong 戎
sai bei 塞北
Sanguozhi 三國志
Sanhuang kao 三皇考
sanminzhuyi 三民主義
san wan 三萬
semu 色牧
Shanxi 山西
Shandong 山東
Shanhaiguan 山海關
Shanhaijing 山海經
shang 商
Shanghai 上海
Shanghai nanyang gongxue 上海南陽公學
Shangshu 尚書
Shangwu yinshuguan 商務印書館
shaoshu minzu 少數民族
shaoshu zongzu 少數種族
shehuixue jie 社會學界
She Yize 佘貽澤
Shen Huanzhang 沈煥章
Shenyang 瀋陽
Shen Yao (1798–1840) 沈堯
Shenghuo xingqi kan 生活星期刊
Shengjing 盛京
Sheng Shicai (1895–1961) 盛世才
Shengwuji 聖武記
Sheng Xugong 盛敘攻
shibu 師部
shichao 史潮
shidi 失地
Shidi xuebao 史地學報

Shidi xuehui 史地學會
Shiji 史記
shijie de guojia zhuyi 世界的國家主義
Shi Nianhai (1912–2001) 史念海
Shixue jikan 史學季刊
shu 戍
shubang 屬邦
Shuijingzhu 水經注
Shun 舜
shuyuan 書院
Shuofang beisheng 朔方備乘
shuo minzuxue 說民族學
si chong 私崇
Sichuan 四川
Sichuan daxue 四川大學
Sima Qian 司馬遷
siyi 四夷
Sizhou zhi 四洲志
Song Daye 送達業
Song lu 宋路
Songshi 宋史
Song Yiqing 宋益清
Su Erde 蘇爾德
Su Shenghua 蘇盛華
Suzhou 蘇州
Sui 隋
Suiyuan 綏遠
Sun Aizhen 孫嬡貞
Sun Zhongshan (Sun Yatsen, 1866–1925)
Ta'erbahatai 塔爾巴哈台
Ta'erbahatai shiyi 塔爾巴哈台事宜
Tai'an 泰安
Taimiao 太廟
Taiping 太平
Taiwan 台灣
Taizong 太宗
Tan Qixiang (1911–92) 譚其驤
Tan Xiwu 譚裼吾
Tang 唐
Tang dao 唐道
Tang Gaozong (628–683) 唐高宗
Tang Kesan (1882–1950) 唐珂三
Tang Lan (1901–79) 唐蘭

Tang shu 唐書
Tang Taizong (566–635) 唐太宗
tebie qu 特別區
Tian Fengzhang 田風章
Tianjin 天津
Tianshan 天山
Tiantaishan 天臺山
tianxia 天下
Tianxia junguo libing shu 天下軍國利病書
Tiele 貼勒
Tingzhou 汀州
tonghua 同化
Tongmenghui 同盟會
Tong Shuye (1908–68) 童書業
Tongsu duwu 通俗讀物
Tongxun yishu 通訊一束
tongyi 統一
Tongzhi 同治
tongzhi jingji 統治經濟
Tufan 吐藩
Tujue 突厥
Tuguhui 土古輝
Tumen 圖們
tunken 屯墾
tuntian 屯田
waiguo sheli fanwei di 外國勢力範圍地
waiguo xingzheng di 外國行政地
waihuan 外患
wailai de ren 外來的人
Wanli changcheng 萬里長城
Wanxian 万縣
Wang Chengzu 王成祖
Wang Daiyu (1570–1660) 王岱與
Wang Fuzhi (1619–92) 王夫之
Wang Guowei (1877–1927) 王國維
Wang Huaizhong 王懷中
Wang Haoran 王浩然
Wang Jingji (1880–1949) 王靜齊
Wang Jingwei (1883–1944) 汪精衛
Wang Mengyang 王夢揚
Wang Mou 王謀
Wang Riwei 王日蔚
Wang Shaomin 王紹民

Wang Tao 王套
Wang Tongchun (1851–1925) 王同春
Wang Wenxuan 王文萱
Wang Xingrui 王興瑞
Wang Yong (1900–56) 王庸
Wang Yuyi 王育以
Wang Zhe 王哲
Wang Zhenduo 王振鐸
Wei 魏
Weihaiwei 威海衛
weisuo 衞所
Wei Yuan (1794–1857) 魏源
weiyuanhui 委員會
wenhua diji de yeman minzu 文化低及的野蠻民族
wenhuazhan 文化站
wenren 文人
Wenxue zhoubao 文學周報
Wen Zirui 溫子瑞
Weng Wenhao (1889–1971) 翁文灝
woluduo 斡魯朵
Wu Fengpei 吳豐培
Wuhan 武漢
Wu He 吳龢
Wuji 勿吉
Wulumuqi shiyi 烏魯木齊事宜
Wu Wenzao (1901–85) 吳文藻
Wuyuan 五原
Wu Zhishun 吳志順
wuzu gonghe 五族共和
xi 系
Xi'an 西安
Xibei kaochao tuan 西北考察團
Xibei minzu yanjiu 西北民族研究
Xibei nonglin zhuanke xuexiao 西北農林專科學校
Xibei yiken zujin hui 西北移墾租金會
Xibo 錫伯
Xikang 西康
Xining 西寧
Xi Qing 西慶
Xisi 西四
Xi Xia 西夏
Xixing riji 西行日記
Xiyu 西域

Xiyu duhu 西域都護
Xiyu shuidao ji 西域水道記
Xiyu yiwen 西域貽聞
Xizang riji 西藏日記
Xia 夏
Xia Dingyu (1902–79) 夏定域
Xiamen 廈門
Xia Wei (1893–1975) 夏威
Xianfeng (1831–1861) 咸丰
xianken 限墾
xianmin 先民
Xianbei 鮮卑
Xiandai dili 現代地理
xiandai minzu 現代民族
Xiaofanghu zhai yudi congchao 小方壺齋輿地叢鈔
Xiao Honghua 蕭洪華
Xiaohongluo chang 小紅羅廠
xiao minzuzhuyi 小民族主義
Xie Bin (1887–?) 謝彬
Xinhai 辛亥
Xin Han A cidian 新漢阿辭典
Xinjiang 新疆
Xinjiang difang shi 新疆地方史
Xinjiang fu 新疆賦
Xinjiang huibu zhi 新疆回部志
Xinjiang yaozheng 新疆要政
Xinjiang zhi minzu wenti ji guoji guanxi 新疆之民族問題及國際關係
Xinjiang zhishi 新疆知識
Xinmin congbao 新民叢報
Xinmin shuo 新民說
xin shehui 新社會
xin shidai shidi 新時代史地
xin shixue 新史學
xin tongshi 新通史
Xin wudai shi 新五代史
Xin Yaxiaya 新亞西亞
Xing'an 興安
Xing'anling 興安嶺
Xingtai 興泰
Xiongnu 匈奴
Xu Bingyong 徐炳昶
Xu Chonghao (1881–1957) 許崇灝
Xu Daoling 許道齡

Xu Gongwu 許公武
Xu Jiyu (1795–1873) 徐繼畬
Xu Song (1781–1848) 徐松
Xu Wence 徐文珊
Xuandi 宣帝
xuanweisi 宣慰司
xuehui 學會
xueshu jiuguo xuanyan 學術救國宣言
xuetang 學堂
Yalu 鴨綠
Yan 燕
Yanjing daxue 燕京大學
Yandangshan 雁蕩山
yange dili 沿革地理
Yang Daxin 楊大信
Yang Saisheng 楊塞生
Yang Shi 楊寔
Yang Xiangkui 楊向奎
Yang Zengxin (1867–1928) 楊增新
Yangzhou 楊州
Yao 堯
Yao 瑤
Yao Congwu (1894–1970) 姚從吾
Yaodian 堯典
Yao Shiao 姚士鰲
Ye Guoqing 葉國清
yi 夷
Yi Gu 貽穀
Yijing 易經
Yikezhao 伊克昭
Yili 伊犁
Yili jiangjun 伊犁將軍
Yilou 挹婁
Yimin shibian 移民實邊
Yimin xiehui 移民協會
yimin zhanzheng 移民章程
yisilan 伊斯蘭
yisilan minzu 伊斯蘭民族
yitihua zhengce 一體化政策
yiyi zhiyi 以夷制夷
Yi Zhi 伊志
Yin 殷
Yin Keming 尹克明

Yinshan 陰山
yinsu erzhi 因俗而治
Yinghuan zhilue 瀛環志略
Yong Bao 庸包
Yongle 永樂
Yongzheng (1678–1735) 雍正
Youji congshu 遊記叢書
youji zhi tongyi 有機之統一
youli zhi zhixu 有力之秩序
Yu 禹
Yu Dagang 于大綱
Yugong 禹貢
Yugong taolun ji 禹貢討論集
Yugong tongxun 禹貢通訊
Yugong xuehui 禹貢學會
Yugong xuehui huizhang 禹貢學會會章
Yugong zhoukan 禹貢周刊
Yuhai 豫海
yumeng zhengce 愚蒙政策
Yu Shiyu 于式玉
yuan 院
Yuan 元
Yuan Fuli 袁復禮
Yuan sheng 元省
Yuan shi 元史
yuanshi 原始
Yuan Shikai (1859–1916) 袁世凱
yuanshi renleixue 原始人類學
Yuan Zhongsi 袁忠思
Yuehua xunbao 月華旬報
Yunnan 雲南
yunshuren 運輸人
zanchu huiyuan 贊助會員
Zang 藏
zengshu zhixie 贈書致謝
Zeng Wenwu 曾問吾
Zhan Tianyou (Jeme T'ien-yow) 詹天佑
Zhang Binglin (Zhang Taiyan, 1869–1936) 章炳麟 (章太炎)
Zhang Boling 張柏苓
Zhang Guogan (1876–1959) 張國淦
Zhang Huigeng 張會更
Zhangjiakou 張家口
zhangjiao (Imam) 長教

Zhang Qijun 張啟君
Zhang Mu (Zhang Shizhou,1805–49) 張穆 (張石州)
Zhang Qiyun (1901–1985) 張其昀
Zhang Tianlin (geb. 1906) 張天麟
Zhang Tianze 張天澤
Zhang Weihua (1902–87) 張維華
Zhang Xiangwen (1866–1933) 張相文
Zhang Xinglang (1888–1951) 張星烺
Zhang Xueliang (1898–2001) 張學良
Zhang Yintang 張印堂
Zhang Zhenzhi 張振之
Zhang Zuolin (1873–1928) 張作林
Zhao 趙
Zhao Huiren 趙惠人
Zhao Juntong 趙君通
Zhao Quanzheng 趙泉正
Zhao Shouyu 趙壽玉
Zhejiang 浙江
zhen 鎮
zhenshi zhi liaojie 真實之了解
zeren 責任
Zheng Deshen 鄭德珅
zhengfa 征伐
zhengjiao zhenquan 正教真權
Zheng Pingzhang 鄭平樟
zhengli guogu 整理國庫
Zhili 直隸
zhiminzhuyi 殖民注意
Zhong Fan 重帆
Zhongguo benbu 中國本部
Zhongguo difangzhi zonglu 中國地方志總錄
Zhongguo dili yange shi 中國地理沿革史
Zhongguo dili xuehui 中國地理學會
Zhongguo dili xue shi 中國地理學史
Zhongguo dixuehui 中國地學會
Zhongguo guomin 中國國民
Zhongguo jiangyu kuozhang shi 疆域擴展
Zhongguo jiangyu yangge lue 中國疆域沿革略
Zhongguo jiangyu yange shi 中國疆域沿革史
Zhongguo huijiao shi 中國回教史
Zhongguo huijiao shijian 中國回教史鑑
Zhongguo huijiao shi yanjiu 中國回教史研究
Zhongguo huijiao xiaoshi 中國回教小史

Zhongguo keyi shuo bu 中國可以說不
Zhongguo lidai tianzai renhuo biao 中國歷代天災人禍表
Zhongguo lishi ditu ji 中國歷史地圖集
Zhongguo minzu shi 中國民族史
Zhongguo minzu zhi 中國民族志
zhongguoren 中國人
Zhongguo shixu lun 中國史序論
Zhongguo sangdi shi 中國喪地史
Zhongguo tongshi 中國通史
Zhongguo wenhua congshu 中國文化史叢書
Zhongguo yange dili shi 中國沿革地理史
Zhongguo zhexue shi dagang 中國哲學史大綱
zhonghua minzu 中華民族
Zhongshan daxue 中山大學
Zhongyang daxue 中央大學
zhongyuan 中原
zhongyuan wenhua 中原文化
zhongzu 種族
zhongzuguannian 種族觀念
Zhou 周
Zhou Enlai 周恩來
Zhou Xin 周信
Zhou Yiliang (geb. 1913) 周一良
Zhou Zhenhe 周振鶴
Zhuge Liang (181–234) 諸葛亮
Zhu Jiahua (1893–1963) 朱家驊
Zhu Kezhen (1890–1974) 竺可楨
zhuquan 主權
Zhu Shijia 朱士嘉
zhuyi 主義
Zhunhe 準河
zijue zizhi 自覺自治
ziqiang 自強
Ziqing 自清
ziran dili 自然地理
ziweituan 自衛團
ziyou lianhe de Zhonghua minguo 自由聯合的中華民國
ziyou zhiye tuanti 自由職業團體
ziyuan weiyuanhui 資源委員會
Zizhi tongjian 資治通鍵
zongzhuguo 總主國
zu 族
Zuo Zongtang (1812–85) 左宗棠

Abkürzungen

AHR	American Historical Review
AJCA	Australian Journal of Chinese Affairs
BJOF	Bochumer Jahrbuch zur Ostasienforschung
CAJ	Central Asian Journal
CHOC	John K. Fairbank / Denis Twitchett (Hg.) *The Cambridge History of China*, Cambridge 1978 ff.
CQ	China Quarterly
CSWT	Ch'ing-shih wen-t'i
DFZZ	Dongfang zazhi
DLZZ	Dili zazhi
DXZZ	Dixue zazhi
HJAS	Harvard Journal of Asiatic Studies
JAS	Journal of Asian Studies
LIC	Late Imperial China
LSYJ	Lishi yanjiu
MAS	Modern Asian Studies
MC	Modern China
MS	Monumenta Serica
QSYJ	Qingshi yanjiu
TP	T'oung Pao
XYXY	Xin Yaxiya
YG	Yugong
ZBSDY	Zhongguo bianjiang shidi yanjiu

QUELLEN- UND LITERATURVERZEICHNIS

1. Quellen

Ai Yizai 艾宜栽 1937. Bannian laide Beiping Chengda shifan xuexiao 半年來的北平成達師範學校 (Die Chengda Pädagogische Hochschule in Beiping im letzten halben Jahr), in: *YG* 7:4 (April), S. 139-44.

An Han 安漢1932. *Xibei kenzhi lun* 西北墾殖論 (Über die Urbarmachung des Nordwestens), Nanjing.

An Mutao 安慕陶 1937. Zhongguo shuzhong huijiaotu de shiwu jinji 中國書中回教徒的食物禁忌 (Die Essensverbote für chinesische Muslime in den chinesischen Büchern), in: *YG* 7:4 (April), S. 26.

Bai Meichu 白眉初 1932. Bianjiang shidi shilue 邊疆失地史略 (Geschichtlicher Abriss der Gebietsverluste in den Grenzregionen), in: *DXZZ* 20:1/2, S. 55-68,189-205.

Bai Meichu (Hg). 1930. *Xizang shimo jiyao* 西藏始末紀要 (Überblick über die Entwicklung in Tibet), Beiping.

Bai Shouyi 白壽彝 1936. Cong Poluosi zhanyi shuodao Yisilanjiao zhi zui zao de huawen zhilu 從倩瑒 戰役說到伊斯蘭教之最早的華文記錄 (Die frühesten chinesischen Aufzeichnungen über den Islam nach den Aussagen persischer Gefangener), in: *YG* 5:11 (August), S. 57-77.

Bai Shouyi. 1937. Songshi Yisilan jiaotu di xiangliao maoyi 宋時伊斯蘭教徒底香料貿易 (Der Gewürzhandel der Muslime in der Song-Zeit), in: *YG* 7:4 (April), S. 47-77.

Bai Shouyi. 1944. *Zhongguo Huijiao xiao shi* 中國回教小史 (Kleine Geschichte der muslimischen Religion in China), Shanghai.

Cao Hongwen 曹鴻文 1917. Zhongguo minzu tonghua zhi yanjiu 中國民族同化史研究(Forschungen über die Assimilierung der chinesischen Völker), in: *DXZZ* 8:6/7, S. 1-9.

Chen Gaoyong 陳高傭 1933. Zhonghua minzuxing de lishiguan 中華民族性的歷史觀 (Die historische Betrachtungsweise des chinesischen Volkscharakters), in: *Xin Zhonghua* 1:24, S. 17-22.

Chen Guansheng 陳觀勝 1936. Li Madou dui Zhongguo dilixue zhi gongxian jiqi yingxiang 利瑪竇對中國地理學之貢獻及其影響 (Matteo Riccis Verdienst und Einfluss auf die Geographie Chinas), in: *YG* 5:3/4 (April), S. 51-72.

Chen Jie 陳捷 1934. *Huijiao minzu yundong shi* 回教民族運動制 (Geschichte der Volksbewegung der Hui-Religion), Shanghai.

Chen Tianxi 陳天錫 1970. *Dai Jitao xiansheng wencun san xu bian* 戴季陶先生文存三緒編 (Aufbewahrte Schriften von Herrn Dai Jitao. Drei fortgesetzte Ausgaben), Taibei.

Chen Tsu-yuen. 1932. *Histoire du défrichement de la Province du Sin-jiang sous la Dynastie Ts'ing*, thèse de doctorat, Paris.

Chen Zengmin 陳增敏 1937a. Nanyang qundao de ziran huanjing yu qi zai guoji shang suo fascheng de guanxi 南洋群島的自然環境與其在國際上所發生的關係 (Die natürliche Umgebung der Inseln im Südchinesischen Meer und die von ihnen international entwickelten Beziehungen), in: *YG* 6:8/9 (Januar), S.1-18.

Chen Zengmin. 1937b. Cha Sui zhi lishi dili kaiguan 察綏之歷史地理概觀 (Geographie und Geschichte von Chahar und Suiyuan), in: *YG* 7:8/9 (Juli), S. 1-16.

Chi Ch'ao-ting. 1936. *Key Economic Areas in Chinese History*, London.

Chiang Kai-shek. 1943. *China's Destiny and Chinese Economic Theory*, New York.

Cressey, George B. 1934. *China's Geographic Foundations: A Survey of the Land and Its Geography*, New York.

Cressey, George B. 1944. *Asia's Land and Peoples: A Geography of One-third of the Earth and of Two-thirds Its People*, New York/London.

Dai Jitao 戴季陶 1930a. Xin yaxiya xuehui zhi shiming 新亞西亞學會之史命 (Das Schicksal der Studiengesellschaft Neues Asien), in: *XYXY* 2:3, S. 166-67.

Dai Jitao. 1930b. Zhongguo zhi tongyi yu fuxing 中國之統一與復興 (Chinas Einigung und Wiedererstarken), in: *XYXY* 2:6, S. 1-10.

Dai Jitao (Hg.) 1931. *Xibei* 西北 (Der Nordwesten), Shanghai.

Dai Zhuanxian 戴傳賢 1931. Zhongguo bianjiang zhi shikuang xuyan 中國邊疆之實況序言 (Vorwort zu den wirklichen Zuständen in den Grenzgebieten Chinas), in: *XYXY* 1:5, S. 13-14.

Dan Huapu 單化普 1936a. Shuo Shaan Gan 'Hui luan' chuqi shizhi dili guanxi 說陝甘回亂初起時之地理關係 (Über die Entstehungszeit der muslimischen Unruhen in Shaanxi und Gansu und ihre geographische Beziehung), in: *YG* 5:11 (August), S. 91-94.

Dan Huapu. 1936b. Shaan Gan jieyu lu 陝甘劫餘錄 (Aufzeichnungen über den Raub von Überschüssen in Shaanxi und Gansu), in: *YG* 5:11 (August), S. 95-102.

Deng Guangyu 鄧光禹 1922. Dili yu wenhua zhi guanxi 地理與文化之關係 (Die Beziehungen zwischen Geographie und Kultur), in: *DXZZ* 13:1, S. 15-22.

Ding Shan 丁山 1937. Kaiguo qian Zhouren wenhua yu Xiyu guanxi' 開國前周人文化與西域關係 (Die Beziehungen zwischen der Kultur der Zhou-Leute und den Westgebieten vor ihrer Staatsgründung), in: *YG* 6:10 (Januar), S. 23-26.

Duan Shengwu 段繩武 1936. Kaifa Houtao de shangque' 開發後套的商榷 (Die kommerzielle Diskussion bei der Erschließung des Nordwestens) in: *YG* 6:5 (November), S. 51-58.

Fan Ku 樊庫 1934. Suiyuan xianzhuang yanjiu 綏遠現狀研究 (Aktuelle Untersuchung Suiyuans), in: *Kaifa Xibei* 1:3, S. 9-16.

Fang Baohan 方保漢 1931. Dong san sheng zhi nongye zhuangkuang 動三省之農業狀況 (Die landwirtschaftliche Lage in den drei Nordostprovinzen), in: *XYXY* 2:3, S. 59-67.

Fang Baohan. 1934. Jindai bianjiang zhengzhi shulue 近代邊疆政制述略 (Überblick über das politische System in den Grenzgebieten der Neuzeit), in: *XYXY* 8:3, S. 17-30; 9:2, S. 53-66.

Fang Baohan 1936. Bianjiang tunkeng lun 邊疆屯墾論 (Über die Agrarisierung der Grenzgebiete), in: *XYXY* 11:2, S. 13-38.

Fang Fanjiu 方範九 1934. *Menggu gaiguang yu Neimeng zizhi yundong* 蒙古概況與內蒙自治運動 (Die Situation in der Mongolei und die innermongolische Selbstverwaltungsbewegung), Shanghai.

Feng Jiasheng 馮家昇 1934a. Jieshao dao Xibei qu de liang bu shu 介紹到西北去的兩部書 (Vorstellung zweier Bücher über den Aufbruch in den Nordwesten), in: *YG* 1:9 (Juli), S. 28-31.

Feng Jiasheng. 1934b. Wode yanjiu Dongbei shidi de jihua 我的研究東北史地的計劃 (Meine Pläne zur Erforschung von Geschichte und Geographie des Nordostens), in: *YG* 1:10 (Juli), S. 2-6.

Feng Jiasheng. 1934c. Zai jieshao dao Xibei qu de yi bu shu 再介紹到西北去的 一 部書(Erneute Vorstellung eines Buches über den Aufbruch in den Nordwesten), in: *YG* 1:12 (August), S. 26-29.

Feng Jiasheng. 1934d. Dongbei shi zhong zhu mingcheng zhi jieshi 東北史中諸名稱之解釋 (Erläuterung zahlreicher bekannter Begriffe innerhalb der Geschichte des Nordostens), in: *YG* 2:7 (Dezember), S. 2-7.

Feng Jiasheng. 1935a. Dongbei shidi yanjiu zhi yiyou chengji 中國史地研究之已有成績 (Die bereits erzielten Erfolge bei der Erforschung der Geschichte und Geographie des Nordostens), in: *YG* 2:10 (Januar), S. 2-8.

Feng Jiasheng. 1935b. Zhou, Qin shidai Zhongguo jingguan Dongbei kaolue 周秦時代中國營東北考略 (Die Verwaltung des Nordostens in der Zhou- und Qin-Zeit), in: *YG* 2:11 (Februar), S. 12-17.

Feng Jiasheng. 1935c. Han Wei shidai Dongbei wenhua 漢魏時代東北之文化 (Die Kultur des Nordostens in der Han- und Wei-Zeit), in: *YG* 3:3 (April), S. 13-23.

Feng Jiasheng. 1935d. Shu Xiaoshen xi zhi minzu 述肅慎系之民族 (Erläuterungen zum Volk der Xiaoshen), in: *YG* 3:7 (Juni), S. 1-5.

Feng Jiasheng. 1935e. Shu Donghu xi zhi minzu 述東胡系之民族 (Erläuterungen zum Volk der Donghu), in: *YG* 3:8 (Juni), S. 1-7.

Feng Jiasheng. 1936a. Riren duiyu wo Dongbei de yanjjiu jinkuang 日人對于爲我東北的研究現狀 (Die aktuellen Forschungen der Japaner über unseren Nordosten), in: *YG* 5:6 (Mai), S.1-6.

Feng Jiasheng. 1936b. Yuanshi shidai zhi Dongbei 原始時代之東北 (Der Nordosten in der frühgeschichtlichen Zeit), in: *YG* 6:3/4 (November), S. 11-27.

Feng Jiasheng. 1937a. Xiongnu minz jiqi wenhua 匈奴民族及其文化 (Das Volk der Xiongnu und seine Kultur), in: *YG* 7:5 (Mai), S. 21-34.

Feng Jiasheng. 1937b. Ruru guohao kao 蠕蠕國號考 (Untersuchung des Staatsnamens Ruru), in: *YG* 7:8/9 (Juli), S. 77-80.

Filchner, Wilhelm. 1928. *Hui-Hui. Asiens Islamkämpfe*, Berlin.

Fochler-Hauke, Gustav. 1941. *Die Mandschurei. Eine geographisch-geopolitische Landeskunde*, Heidelberg/Berlin/Magdeburg.

Fu Sinian 傅斯年 1932. *Dongbei shigang* 東北史綱 (Geschichtlicher Überblick über den Nordosten), Beiping.

Fu Sinian. 1980. *Fu Sinian quanji* 傅斯年全集 (Gesammelte Werke Fu Sinians), 7 Bde., Taibei.

Fu Tongxian 傅統先 1940. *Zhongguo Huijiao shi 中國回教史*(Geschichte des Islam in China), Shanghai.

Fuchs, Walther. 1935-36. Materialien zur Kartographie der Mandju-Zeit, Teil 1, in: *MS* 1, S. 386-427.

Fuchs, Walther. 1938. Materialien zur Kartographie der Mandju-Zeit, Teil 2, in: *MS* 2, S. 189-232.

Fuchs, Walther. 1943. *Der Jesuiten-Atlas der Kanghsi-Zeit,* Peking.

Gao Pei 高珮. 1937. Liang Han zhengfa Xiongnu zhi yingxiang 兩漢征伐匈奴之影響 (Der Einfluß der Strafexpeditionen der beiden Han-Dynastien gegenüber den Xiongnu), in: *YG* 7:8/9 (Juli), S. 69-76.

Ge Qiyang 葛啓揚 1937. Cha Sui er sheng zhi ziran dili wugan 察綏二省之自然地理鳥瞰 (Überblick über die natürliche Geographie der beiden Provinzen Chahar und Suiyuan), in: *YG* 7:8/9 (Juli), S. 17-23.

Ge Suicheng 葛綏成 1933. Zhongguo bianjie de guoqu yu xianzhuang 中國邊界的過去與現狀 (Vergangenheit und aktuelle Situation der chinesischen Grenzlinien), in: *Xin zhonghua* 1:12, S. 41-47.

Ge Suicheng. 1935. *Bianjiang wenti* 邊疆問題 (Grenzfragen), Shanghai.

Gong Weihang 龔維航 1936. Qingdai Hanren tuozhi Dongbei shulue 清代漢人拓殖東北述 (Bericht über die Urmachung des Nordostens durch die Han-Leute in der Qing-Zeit), in: *YG* 6:3/4 (November), S. 105-10.

Gu Jiegang 顾頡剛 1923. Benguo shi 本國史 (Geschichte des eigenen Staates), Shanghai.

Gu Jiegang (Hg.) 1926-41. *Gushibian* 古史編 (Diskussionen über die alte Geschichte), 7 Bde., Beijing.

Gu Jiegang. 1933. Gu xu 顧序 (Vorwort), in: Gu Jiegang,*Gushibian* (1926-1941), Bd.4, S. 1-24.

Gu Jiegang. 1934a. Fakan ci 發刊詞 (Vorwort), in: *YG* 1:1 (März), S. 2-5.

Gu Jiegang. 1934b. Gushi zhong diyu de kuozhang' 古史中地域的擴張 (Die Gebietserweiterungen in klassischer Zeit), in: *YG* 1:2 (März), S. 2-6.

Gu Jiegang. 1934c. Jiao hou 校後 (Nach der Korrektur), in: YG 1:3 (April), S.31.

Gu Jiegang. 1934d. *Yugong taolun ji* 禹貢討論記 (Diskussionssammlung über *Yugong*), Beiping.

Gu Jiegang. 1934e. Bian hou 編后 (Nach der Herausgabe), in: *YG* 1:2 (März), 30 f.

Gu Jiegang. 1935a. Wang Tongchun kaifa Hetao ji 王同春開發河套記 (Notizen über Wang Tongchuns Erschliessung Hetaos), in: *YG* 2:12 (Februar), S. 2-15.

Gu Jiegang. 1935b. Jieshao sanpian guanyu Wang Tongchun de wenzi 介紹三篇關於王同春的文字 (Vorstellung dreier Schriften über Wang Tongchun), in: *YG* 4:7 (Dezember), S. 1-12.

Gu Jiegang. 1937a. Jinian ci 紀念詞 (Erinnerungswort), in: *YG* 7:1/2/3 (April), S. 1-2.

Gu Jiegang. 1937b. Benhui san nian lai gongzuo shulue本會三年來工作略述 (Abriss über die Arbeit dieser Gesellschaft in den letzten drei Jahren), in: *YG* 7:1/2/3 (April), S. 3-8.

Gu Jiegang. 1937c. Benhui cihou san nian zhong gongzuo jihua 本會此后三年中工作計劃 (Arbeitsplan dieser Gesellschaft für die nächsten drei Jahre), in: *YG* 7:1/2/3 (April), S. 13-23.

Gu Jiegang. 1937d. Hui Han wenti he muqian ying you de gongzuo 回漢問題和目前應有的工作 (Das Problem des Streits zwischen Muslimen und Han und die unmittelbar zu leistenden Arbeit), in: *YG* 7:4 (April), S. 179-81.

Gu Jiegang. 1937e. Huijiao de wenhua yundong 回教的文化運動 (Die Kulturbewegung der Muslime), in: *YG* 7:4 (April), S. 187-89.

Gu Jiegang. 1947a. Zhongguo bianjiang wenti jiqi duice 中國邊疆問題及其對策 (Die Grenzfragen Chinas und ihre Gegenmaßnahmen), in: *Xibei tongxun* 1:3, S. 1-3; 1:4, S. 2-8.

Gu Jiegang. 1947b. *Dangdai Zhongguo shixue* 當代中國史學 (Neuzeitliche Historiographie Chinas), Nanjing.

Gu Jiegang 1948. *Xibei kaocha riji* 西北考察日記 (Tagebuch der Nordwestexpedition), Beijing.

Gu Jiegang. 1981. Wo zenme chuban Gushibian 我怎麼出版古史辨 (Wie ich die "Sammlung zur Altertumskritik" herausgegeben und geschrieben habe), in: *Zhongguo zhexue* 5, S. 387-400.

Gu Jiegang / Shi Nianhai 史念海 1938. *Zhongguo jiangyu yange shi* 中國疆域沿革史 (Die territoriale Entwicklung Chinas), Shanghai.

Gu Jiegang / Shi Nianhai. 1999. *Zhongguo jiangyu yange shi* 中國疆域沿革史 (Die territoriale Entwicklung Chinas), Überarbeitete Neuauflage, Beijing.

Gu Jiegang / Tong Shuye 童書業 1936. Handai yiqian Zhongguoren de shijie guannian yu yuwai jiaotong de gushi 漢代以前中國人的世界觀念與域外交通的故事 (Bericht über die Weltsicht der Chinesen vor der Han-Zeit und über ihren Verkehr mit der Welt ausserhalb ihres Gebietes), in: *YG* 5:3/4 (April), S. 97-120.

Gu Jiegang / Yang Xiangkui 楊向奎. 1936. *San huang kao* 三皇考 (Studie über die drei Kaiser), Beiping.

Gu Jiegang / Zheng Deshen 鄭德神 1933. Yanjiu jingji dili jihua chuyi 研究經濟地理計劃 (Pläne zur Erforschung der Wirtschaftsgeographie), in: *DFZZ* 30:5 (1. März), S. 13-15.

Gu Jiguang 谷霽光 1935. Zhenshu yu fangfu 鎮戍與防府 (Garnisonen und Verteidigungsbezirke), in: *YG* 3:12, S. 1-12.

Gu Jilun 顧季倫1936. Zhengli Xinjiang sheng zhengwu chuyi 整理新疆省政務芻義 (Meine bescheidene Meinung über die politischen Aufgaben in der Provinz Xinjiang), in: *XYXY* 11:3, S. 13-24.

Gu Tinglong 顧廷龍 1934. Suiyuan fangzhi linzhao 綏遠方志鱗爪 (Fragmente der Lokalchronik von Suiyuan), in: *YG* 2:7 (Dezember), S. 36-37.

Guo Jinghui 郭敬輝 1936. Huafen Xibei ziran quyu zhi wojian 劃分西北自然區域之我見 (Meine Ansicht über die Aufteilung der natürlichen Räume des Nordwestens), in: *YG* 6:5 (November), S. 25-31.

Han Rulin 韓儒林 1937. Suibei de jige diming 綏北的幾個地名 (Einige Ortsnamen aus dem Norden von Suiyuan), in: *YG* 7:8/9 (Juli), S. 81-88.

He Qiutao 何秋濤 1881. *Shuofang beisheng* 朔方備乘 (Historische Quelle über die nördlichen Regionen), Beijing.

Hedin, Sven, u.a. 1934-45. *History of the Expedition in Asia 1927-1935*, 4 Bde., Stockholm.

Hedin, Sven. 1935 (übers. Hou Renzhi). Xinjiang gonglu shicha ji 新疆公路視察記, (Aufzeichnungen einer Untersuchung der Verkehrsstraßen von Xinjiang), in: *YG* 3:3 (April), S. 43-46.

Hedin, Sven. 1936. *Die Flucht des Großen Pferdes*, 2. Aufl., Leipzig.

Hedin, Sven. 1937 (übers. von Jiangyang Nima 絳央尼馬). Xizang 西藏 (Tibet), in: *YG* 6:12 (Februar), S. 1-20.

Heissig, Walther. 1941. *Das gelbe Vorfeld. Die Mobilisierung der chinesischen Au-ßenländer*, Heidelberg.

Herrmann, Albert. 1910. *Die alten Seidenstraßen zwischen China und Syrien*, Berlin.

Herrmann, Albert. 1935. *Historical and Commercial Atlas of China*, Cambridge,MA.

Herrmann, Albert. 1966. *An Historical Atlas of China*, hrsg. v. Norton Ginsburg, Amsterdam.

Hong Dijian 洪滌塵 1935. Xinjiang shidi dagang 新疆史地大綱 (Überblick über die Geschichte und Geographie Xinjiangs), Nanjing.

Hong Yisheng 洪逸生 1936. Riben duiyu Manzhou tonghuo zhi tongzhi 日本對于滿洲通貨 之統治 (Die japanische Beherrschung des Warenverkehrs in der Mandschurei), in: YG 6:3/4 (November), S. 145-57.

Hou Renzhi 侯仁之 1934. Heicheng tanxian ji 黑城探險記 (Notizen über eine Expedition nach Heicheng), in: *YG* 1:9 (Juli), S. 23-28.

Hou Renzhi. 1936a. Yanyun shiliu zhou kao 燕云十六州考 (Untersuchung der 16 Kreise von Yanyun), in: *YG* 6:3/4 (November), S. 39-45.

Hou Renzhi. 1936b. *Du Heilongjiang waiji* suibi 讀黑龍江外記隨筆 (Lektüre der Aufzeichungen außerhalb Heilongjiangs), in: *YG* 6:3/4 (November), S. 167-82.

Hou Renzhi. 1936c. He bei xincun fangwen ji 河北新村訪問記 (Aufzeichnungen eines Besuches in den neuen Dörfern nördlich des Flusses), in: *YG* 6:5 (November), S. 59-68.

Hou Renzhi. 1936d. Longxian xin nongshi shiyanchang jiqi xincun 龍縣新農試驗場及其新村 (Die neue landwirtschaftliche Versuchsanstalt im Kreis Long und ihre neuen Dörfer), in: *YG* 6:5 (November), S. 105-17.

Hou Renzhi. 1936e. Lüheng riji 旅程日記 (Tagebuch einer Reise), in: *YG* 6:5 (November), S. 149-90.

Hu Shi 胡適 1919. Xin sichao de yiyi 新思潮的意義 (Die Bedeutung der neuen geistigen Strömung), in: *Xin Qingnian* 7:1, S. 5-12.

Hu Shi. 1992. *Hu Shi sanwen* 胡適散文 (Prosa von Hu Shi), hrsg. v. Yao Peng 姚鵬 / Fan Qiao 范橋, 4 Bde., Beijing.

Hu Shiwen 虎世文 1937. Chengdu Huimin xiankuang 成都回民現況 (Die gegenwärtige Situation des Hui-Volkes in Chengdu), in: *YG* 7:4, S. 145-52.

Hu Wulong 胡鳴龍 1933. Xibei fuyuan zhi wenzang jiqi kaifa 西北富源之蘊藏及其開發 (Die Rohstoffreserven im Nordwesten und ihre Erschließung), in: *XYXY* 5:5, S. 59-72.

Hu Wulong. 1935. Xinjiang de nongye jingji 新疆的農業經濟 (Die Landwirtschaft in Xinjiang), in: *XYXY* 9:3, S. 35-48.

Hu Wulong. 1936a. Xibei kenzhi de jinxi 西北墾殖的今昔(Gegenwart und Vergangenheit der Kolonisierung des Nordwestens), in: *XYXY* 11:1, S. 31-40.

Hu Wulong. 1936b. Suiyuan de nongye yu shuili 綏遠的農業與水利(Landwirtschaft und Wasserwirtschaft in Suiyuan), in: *XYXY* 11:1, S. 49-58.

Hua Qiyun 華企云 1930a. *Menggu wenti* 蒙古問題 (Probleme der Mongolei), Shanghai.

Hua Qiyun. 1930b. Zhongguo bianjiang wenti de gaikuang 中國邊疆問題的概況 (Übersicht über die Fragen der chinesischen Grenzgebiete), in: *XYXY* 1:1, S. 43-53.

Hua Qiyun. 1930c. Zhongguo bianjiang zhi yange yu xiankuang中國邊疆沿革與現況 (Veränderungen der Grenzgebiete Chinas und ihre aktuelle Lage), in: *XYXY* 1:2, S. 33-64.

Hua Qiyun. 1930d. Xizang wenti 西藏問題 (Fragen Tibets), Shanghai.

Hua Qiyun. 1931a. Zhongguo bianjiang zhi kanjie yu shidi 中國邊疆之勘界與失地 (Die Grenzfestlegung in den Grenzgebieten Chinas und die Gebietsverluste), in: *XYXY* 2:2, S. 36-53.

Hua Qiyun. 1931b. Zhongguo bianjing ge minzu zhi dui hua lishi yu shou zhi diguo zhuyi de jingguo 中國邊疆各民族之對華歷史與受治帝國主義的經過 (Geschichte des Verhältnisses der einzelnen Grenzvölker gegenüber China und des Verlaufes ihrer Beeinflussung durch den Imperialismus), in: *XYXY* 2:3, S. 73-84.

Hua Qiyun. 1931c. Xinjiang zhi san da wenti – Huimin wenti, Yili wenti, Pami'er wenti 新疆之三大問題 - 回民問題,伊利問題,帕米爾問題 (Die drei großen Probleme Xinjiangs – das Problem der Muslime, das Yili-Problem, das Pamir-Problem), in: *XYXY* 2:4, S. 25-35.

Hua Qiyun. 1931d. *Xinjiang wenti* 新疆問題 (Xinjiang-Probleme), Shanghai.

Hua Qiyun. 1931e. *Man Meng wenti* 滿蒙問題 (Fragen der Mandschurei und der Mongolei), Shanghai.

Hua Qiyun. 1932. *Zhongguo bianjiang* 中國邊疆 (Die Grenzgebiete Chinas), Nanjing.

Hua Qiyun. 1934a. Zhongguo jindai bianjiang jinglue shi 中國近代邊疆經略史 (Abriss der Grenzgebiete Chinas in der Neuzeit), in: *XYXY* 8:3, S. 1-15.

Hua Qiyun. 1934b. Zhongguo jindai bianjiang zhengjiao shi 中國近代邊疆政教史 (Geschichte der Politik und Religion in den Grenzgebieten Chinas in der Neuzeit), in: *XYXY* 8:3, S. 15-23.

Hua Qiyun. 1934c. Zhongguo jindai bianjiang minzu zhi 中國近代邊疆民族志 (Abhandlung über die Grenzvölker Chinas in der Neuzeit), in: *XYXY* 8:5, S. 37-48.

Hua Qiyun. 1937. Zhongguo bianfang de guoqu yu jianglai 中國邊防的過去與將來 (Vergangenheit und Zukunft der Grenzverteidigung Chinas), in: *XYXY* 13:4, S. 53-59.

Huang Fensheng 黃奮生 1935. *Neimeng mengqi zizhi yundong jishi* 內蒙盟旗自治運動記事 (Beschreibung der Selbstverwaltungsbewegung in der Inneren Mongolei), o.O.

Huang Fensheng. 1936. *Bailingmiao xunli* 百灵廟巡禮 (Beobachtungen in Bailingmiao), Shanghai.

Huang Fensheng. 1938. *Meng Zang xinzhi* 蒙藏新志 (Neue Abhandlung über die Mongolei und über Tibet), Hongkong.

Huang Fensheng. 1942. Zhongguo bianjiang minzu zijue zizhi wenti zhi yanjiu 中國邊疆民族自覺自治問題之研究 (Untersuchungen über das Problem des Selbstbewußtseins und der Selbstverwaltung der Grenzvölker Chinas), in: *Zhongguo bianjiang* 1:1, S. 5-8; 1:2, S. 5-9.

Huang Fensheng. 1944. Zhongguo bianjiang minzu xu 中國邊疆民族序 (Vorwort zu Chinas Grenzvölker), in: *Zhongguo bianjiang* 3:5/6, S. 5-10.

Huang Fensheng. 1947. *Bianjiang zhengjiao zhi yanjiu* 邊疆政教之研究 (Forschungen zur Politik und Religion in den Grenzgebieten), Shanghai.

Huang Wenbi 黃文弼 1935. Dierci Meng Xin kaocha ji 第二次蒙新考察記 (Aufzeichnungen einer zweiten Expedition in die Mongolei und nach Xinjiang), in: *YG* 4:5 (November), S. 51-58.

Huang Wenbi. 1981. *Xibei shidi luncong* 西北史地論從 (Aufsatzsammlung über die Geschichte und die Geographie des Nordwestens), Shanghai.

Jiang Junzhang 蔣君章 1936. *Xinjiang jinglun* 新疆經營論 (Erläuterungen zur Verwaltung Xinjiangs), Nanjing.

Jiang Junzhang / Zhang Guojun 張國鈞 / Yan Zhongmin 嚴重敏 1944. *Zhongguo bianjiang dili* 中國邊疆地理 (Die Geographie der Grenzgebiete Chinas), Chongqing.

Jin Jitang 金吉堂 1936a. *Zhongguo huijiao shi yanjiu* 中國回教史研究 (Forschungen zur Geschichte der chinesischen Hui-Religion), Beiping.

Jin Jitang 1936b. Huijiao minzu shuo 回教民族說 (Über den ethnischen Charakter der islamischen Religion) in: *YG* 5:11 (August), S. 29-39.

Jing Sanlin 荊三林 1942. *Xibei minzu yanjiu* 西北民族研究 (Studien zu den Völkern des Nordwestens), Xi'an.

Koo, V.K. Wellington [Gu Weijun]. 1932. *Memoranda Presented to the Lytton Commission*, 2 Bde., New York.

Ku Chieh-kang. 1931. *The Autobiography of a Chinese Historian. Being the Preface to "A Symposium on Ancient Chinese History (Ku Shih Pien)"*, übers. u. hrsg. v. Arthur W. Hummel, Leiden.

Kuang Pingzhang 鄺平樟 1936. Tangdai duhufu zhi shezhi jiqi bianqian 唐代都護府之設置及其變遷 (Die Errichtung der tangzeitlichen Protektorate und ihre Veränderungen),in: *YG* 5:10 (Juli), S. 1-11.

Lattimore, Owen. 1928. *The Desert Road to Turkestan*, London.

Lattimore, Owen. 1930. *High Tartary*, Boston.

Lattimore, Owen. 1940. *Inner Asian Frontiers of China*, London.

Lattimore, Owen. 1950. *Pivot of Asia: Sinkiang and the Inner Asian Frontiers of China and Russia*, Boston.

Lattimore, Owen. 1962. *Studies in Frontier History: Collected Papers 1928-1958*, London.

League of Nations. 1932. *Appeal of the Chinese Government. Report of the Commission of Enquiry* [Lytton Report], Genf (Völkerbundspublikation C. 663. M. 320. 1932 VII).

Legge, James. 1865. *Shangshu*, Hongkong (Nachdruck: Tabei 1972).

Li Changzhuan 李長傳 1931. Manzhou dili yanjiu 滿洲地理研究(Forschungen zur Geographie der Mandschurei), in: *XYXY* 2:2, S. 55-69.

Li Changzhuan. 1937. *Zhongguo zhimin shi* 中國殖民史 (Geschichte der chinesischen Kolonisten) Beijing.

Li Chi. 1932. *Manchuria in History. A Summary* (The Chinese Social and Political Science Review), Beiping.

Li Jinhua 李晉華 1934. Mingdai Liaodong guifu ji weisuo dusi jianzhi yange 明代遼東歸附及衛所都司建置沿革 (Die Zurückeroberungen des mingzeitlichen Liaodong und die Veränderungen bei der Errichtung der Weisuo-Militärkommissionen), in: *YG* 2:2 (September), S. 30-34.

Li Jingmin 李競敏 1936. Dongbei haiguan shui sheli zhi jingguo ji geguan maoyi zhi qingxing 東北海關稅設立隻經過及各關貿易之情形 (Der Verlauf der Errichtung von Seezollämtern im Nordosten und Handelssituation der einzelnen Behörden), in: YG 6:3/4 (November), S. 119-44.

Li Rongfang 李榮芳 1936a. Anbei Heshigong zhong kengqu diaochaji 安北和碩公中墾區調查記 (Aufzeichnungen einer Untersuchung im Kolonisierungsgebiet Heshigong von Anbei), in: YG 6:5 (November), S. 87-104.

Li Rongfang 1936b. Suiyuan zongjiao diaochaji 綏遠宗教調查記 (Aufzeichnungen von Untersuchungen über die Religion in Suiyuan), in: YG 6:5 (November), S. 139-147.

Li Shengbo 李生伯 1935. Neimeng zizhi yundong 內蒙自治運動 (Die Autonomiebewegung der Inneren Mongolei), Beiping.

Li Xiujie 李秀潔 1936. Houtao chongjidi de ziran huanjing gaikuang 後套沖積地的自然環境概括 (Zustand der natürlichen Umgebung der Anschwemmungsböden in Houtao [= Hetao]), in: YG 6:5 (November), S. 1-8.

Li Xiujie. 1937. Shi Yinshan 釋陰山 (Erläuterung des Yin-Berges), in: YG 7:8/9, S. 35-40

Li Yonglin 李詠林 1937. Shisan shiji qianqi de Meng Xian guanxi 十三世紀前期的蒙鮮關係 (Die Beziehungen zwischen Mongolen und Koreanern im frühen 13. Jahrhundert), in: YG 7:5 (Mai), S. 51-57.

Lian Shisheng 連士升 1935. Jingji yu dili 經濟與地理 (Wirtschaft und Geographie), in: YG 2:11 (Februar), S. 41-46.

Liang Minshi 梁敏時 1931. Manzhou zhi fuyuan – nongchang yu shenlin xuchan 滿洲之富源-農場與森林畜產 (Ressourcenreichtum der Mandschurei – landwirtschaftliche Betriebe sowie Wald- und Viehproduktion), in: XYXY 2:3, S. 45-58.

Liang Qichao 梁啓超 1897. Lieguo sui ji zhengyao xun 列國歲計政要敘 (Bemerkungen zu den jährlichen Plänen in politisch Wichtigem der Großmächte), in: Shiwu bao 時務報 (20. Juli), Bd. 3, S. 2213-16.

Liang Qichao. 1902. Xin shixue 新史學 (Die Neue Geschichtswissenschaft), in: Liang Qichao, Liang Qichao shixue lunzhu san zhong (Drei verschiedene theoretische Erörterungen zur Geschichtswissenschaft) [1980], Hongkong, S. 1-40.

Liang Qichao. 1936a. Xinmin shuo 新民說 [1902] (Über den neuen Bürger), Shanghai.

Liang Qichao. 1936b. Yinbingzhi heji 飲冰室合集 (Gesammelte Aufsätze aus dem Yinbin-Studio), 12 Bde., Shanghai (Nachdruck Beijing 1989).

Liang Qichao. 1936c. Zhongguoshi xulun 中國史敘論 [1902] (Eine Beurteilung der chinesischen Geschichte), in: Liang Qichao, Yinbingzhi heji (1936b), Bd. 1, Teil 6, S. 1-12.

Liang Qichao. 1936d. Zhengzhi zhixue dajia Bolunzhili zhi xueshuo 政治之學大家波輪值李之學說 [1903] (Die Doktrin des grossen politischen Philosophen Bluntschli), in: Liang Qichao, Yinbingzhi heji (1936b), Bd. 5, S. 69-89.

Liang Qichao. 1936e. Zhongguo lishi yanjiu fa 中國歷史研究法 [1922] (Regeln zur Erforschung der chinesischen Geschichte), in: Liang Qichao, Yinbingzhi heji (1936b), Bd.10, S. 1-128.

Liang Qichao. 1985. Qingdai xueshu gailun 清代學術概論 [1921] (Überblick über die qingzeitliche Gelehrsamkeit), in: Zhu Weijing, Liang Qichao lun Qingxueshi er *zhong* 梁啓超論清學史二種 (Zwei verschiedene Analysen Liang Qichaos zur Geschichte der qingzeitlichen Gelehrsamkeit), Shanghai, S. 1-90.

Lin Huixiang 林惠祥 1939. *Zhongguo minzu shi* 中國民族史 (Geschichte der Völker Chinas), 2 Bde., Beiping.

Lin Jing 林競. 1930. Women wei shenma yao yanjiu bianwu? 我們為什麼要研究邊務 (Warum müssen wir die Grenzangelegenheiten untersuchen?), in: *XYXY* 1:3, S. 43-47.

Liu En 劉恩 1937. Cong Chaha'er sheng de jiangyu tan dao Chaha'er sheng de weiji 從察哈爾省的疆域談到察哈爾省的危機 (Eine Darstellung der Krise in der Chahar-Provinz aus der Sicht des Territoriums der Chahar-Provinz), in: *YG* 7:8/9 (Juli), S. 167-70.

Liu Fengwu 劉鳳五 1936. Zhongguo de Huimin jiaoyu 中國的回民教育 (Das Erziehungswesen der Muslime Chinas), in: *XYXY* 11:2, S. 1-8.

Liu Xuanmin 劉選民 1936a. Dong sansheng jingqi tunken shimo 東三省京旗屯墾始末 (Situation der Urbarmachung durch hauptstädtische Banner in den drei Ostprovinzen), in: *YG* 6:3/4 (November), S. 81-91.

Liu Xuanmin. 1936b. Riren yanjiu Manzhou jishi zhi dongxiang 日人研究滿洲近世史之動向 (Die Motivation der Japaner zur Erforschung der neueren Geschichte der Mandschurei), in: *YG* 6:3/4 (November), S. 111-18.

Long Wanyu 龍萬育 1823. Xiyu shuidao ji qianyan 西域水道及前言 (Vorwort zu den Aufzeichnungen der Wasserwege in den Westgebieten), in: Xu Song, *Xiyu shuidao ji*, S. 19-23.

Lou Zuyi 樓祖詒 1937. Cha Sui youyi shulue 察綏郵驛述畧 (Überblick über die Poststationen von Chahar und Suiyuan), in: *YG* 7:8/9 (Juli), S. 153-65.

Lü Simian 呂思勉 1934. *Zhongguo minzu shi* 中國民族史 (Geschichte der Völker Chinas), Shanghai.

Lu Zhenming 陸振明 1937. Kaifeng Huijiao tan 開封回教談 (Der Islam in Kaifeng), in: *YG* 7:4 (April), S. 153-61.

Lun Bo 倫波 1930. Wo guo guoqu shidi jiaoyu bu zhen zhi yuanyin 我國過去史地教育不振之原因 (Warum die historisch-geographische Erziehung unseres Landes früher nicht anregend war), in: *DXZZ* 18:2, S. 209-14.

Ma Cibo 馬次伯 1947. Xibei xingshi yu huijiao minzu 西北形勢與回教民族 (Die Lage im Nordwesten und die muslimischen Völker), in: *Xibei tongxun* 2:5, S. 6-7.

Ma Songting 馬松亭 1936. Zhongguo huijiao yu Chengda shifan xuexiao 中國回教與成達師範學校 (Der chinesische Islam und die Chengda-Pädagogische Hochschule), in: *YG* 5:11 (August), S. 1-17.

Ma Yiyu 馬以愚 1941. *Zhongguo huijiao shijian* 中國回教史鑑 (Historischer Spiegel des chinesischen Islam), Shanghai.

Meng Siming 蒙思明 1936. Hetao nongken shuili kaifa de yange 河套農墾水利開發的沿革 (Veränderungen bei der Erschließung Hetaos durch Urbarmachung und Wasserwirtschaft), in: *YG* 6:5 (November), S. 33-49.

Meng Wentong 蒙文通 1936a. Quanrong dong qin kao 犬戎東侵考 (Untersuchung des Einfalls der Qiurong im Osten), in: *YG* 6:7 (Dezember), S. 1-16.

Meng Wentong. 1936b. Qin wei Rongzu kao 秦為戎族考 (Untersuchung, ob es sich bei den Qin um das Rong-Volk handelte), in: *YG* 6:7 (Dezember), S. 17-20.

Meng Wentong. 1937. Gudai minzu yitu kao 古代民族遷移考 (Untersuchung über die Wanderungen der alten Völker), in: *YG* 7:6/7 (Juni), S. 13-38.

Mori Shikazo 森鹿三 1936. Yugong pai de renmen 禹貢派的人們 (Die Leute der Yugong-Fraktion), übers. von Zhou Yiliang 周一良, in: *YG* 5:10 (Juli), S. 65-68.

Pan Chengbin 潘承彬 1936. Mingdai zhi Liaodong bianqiang 明代之遠東邊墙, (Die Grenzmauern in Liaodong während der Ming-Zeit), in: *YG* 6:3/4 (November), S. 61-80.

Pang Shiqian 龐士謙 1937. Zhongguo huijiao siyuan jiaoyuzhi yange ji keben 中國回教寺院教育之沿革及課本 (Lehrpläne und Veränderungen in der Erziehung der Moscheen des chinesischen Islam), in: *YG* 7:4 (April), S. 99-103.

Peake, Cyrus H. 1932. *Nationalism and Education in Modern China*, New York.

Qi Sihe 齊思和 1937. Minzu yu zhongzu 民族與種族 (Volk und Rasse), in: *YG* 7:1/2/3 (April), S. 25-34.

Qian Mu 錢穆 1935. Zhongguo shi shang zhi nan bei qiang ruo guan 中國史上之南北槍弱觀 (Die Beurteilung von Stärke und Schwäche des Nordens und des Südens in der chinesischen Geschichte), in: *YG* 3:4 (April), S. 1-8.

Qian Mu. 1948. *Guoshi dagang* 國史大綱 [1940] (Grundriß der Nationalgeschichte), 4. Aufl., Shanghai.

Richthofen, Ferdinand von. 1877. *China. Ergebnisse eigener Reisen und darauf gegründeter Studien,* Bd. 1, Berlin.

Schnee, Heinrich 1933. *Völker und Mächte im Fernen Osten. Eindrücke von der Reise mit der Mandschurei-Kommission*, Berlin.

She Yize 佘貽澤 1936. Qingdai zhi tusi zhidu 清代之土司制度 (Das Tusi-System der Qing-Zeit), in: *YG* 5:5 (Mai), S.1-28.

She Yize. 1937a. Zangjun fan Kang shulue 藏軍犯康述略 (Kurzer Bericht über den Einfall der tibetischen Armee in Kham), in: *YG* 6:12 (Februar), S.53-63.

She Yize. 1937b. Kangding xianzhuang 康定現狀 (Die aktuelle Lage in Kangding), in: *YG* 6:12 (Februar), S. 65-68.

Shen Huanzhang 沈煥章 1935. Qinghai gaikuang 青海概況 (Überblick über Qinghai), in: *YG* 2:12 (Februar), S. 15-27.

Sheng Xugong 盛敘攻 1923. Dili zai renlei lishi shang de jisheli 地理在人類歷史上的潛勢力 (Die unterstützende Kraft der Geographie bei der Geschichte der Menschheit), in: *DXZZ* 地學雜誌 14:3/4, S. 1-23.

Shi Xisheng 時希聖 1929. Dai Jitao yanxing lu 戴季陶言行錄 (Aufzeichnungen von Reden Dai Jitaos), Shanghai.

Shieh, Milton J.T. (Hg.) 1970. *The Kuomintang: Selected Historical Documents*, 1894-1969, o.O.

Shiratori Kurakichi (Hg.). 1912-14. *Beiträge zur historischen Geographie der Mandschurei*, 2 Bde., Tokyo (= Veröffentlichungen der historisch-geographischen Studienabteilung der Südmandschurischen Eisenbahn A.G., Nr. 1).

Song Yiqing 宋益清 1936. Bianjiang zai guofang shang de zhongyao 邊疆在國防上的重要 (Die Bedeutung der Grenzgebiete bei der Landesverteidigung), in: *XYXY* 12:4-6, S. 15-26.

Stein, Aurel. 1912. *Ruins of the Desert Cathay*, 2 Bde., London.

Su Shenghua 蘇盛華 1937. Rui Han jiufen jingli lu 回漢糾紛經歷錄 (Aufzeichnungen des Zwists zwischen Muslimen und Han), in: *YG* 7:4 (April), S.115-37.

Sun Aizhen 孫嫒貞 1935a. Yi zhou jian Xibei luxing ji 一週間西北旅行 記 (Notizen einer einwöchigen Reise in den Nordwesten), in: *YG* 3:2 (März), S. 28-34.

Sun Aizhen. 1935b. Yi Gu duban Neimeng kenwu ji 貽穀督辦內蒙墾務記 (Aufzeichnungen Yi Gus bei der Überwachung der Kolonisierungsaufgaben in der Inneren Mongolei), in: *YG* 4:3 (Oktober), S. 29-32.

Sun Yatsen. 1928. *The International Development of China* [1921], 2. Auflage, London.

Sun Yatsen. 1986a. Zhongguo tielu jihua yu minsheng zhuyi 中國鐵路計劃族民生主義 [1912] (Eisenbahnpläne Chinas und das Volkswohl), in: *Sun Zhongshan quanji* 孫中山全集 (Sämtliche Werke Sun Yatsens), Beijing, Bd. 2, S. 487-93.

Sun Yatsen. 1986b. Sanmin zhuyi 三民主義 [1924-25] (Über die drei Volksprinzipien), in: *Sun Zhongshan quanji* 孫中山全集 (Sämtliche Werke Sun Yatsens), Beijing, Bd. 9, S. 183-427.

Tan Xiwu 譚惕吾1936. Xinjiang zhi jiaotong 新疆之交通 (Die Verkehrswege Xinjiangs), in: *YG* 5:8/9 (Juli), S. 51-113.

Tan Yunchuan 譚云川 1933. Huijiao gaishu 回教概述 (Allgemeine Beschreibung der Hui-Religion), in: *YG* 6:5, S. 67-78.

Teichman, Sir Eric. 1922. *Travels of a Consular Officer in Eastern Tibet*, Cambridge.

Tian Fengzhang 田風章 1937. Yuanshi shidai Dongbei jumin yu Zhongguo zhi guanxi lueshi 原始時代東北居民與中國之關係略識 (Die Einwohner des Nordostens in der Frühzeit und ihre Beziehungen zu China), in: *YG* 7:5 (Mai), S. 1-6.

Tong Shuye 童書業 1937. Yuyan予言 (Vorwort), in: *YG* 7:6/7 (Juni), S. 1-4.

Tong Shuye. 1946. *Zhongguo jiangyu yange* 中國疆域沿革 (Die territorialen Veränderungen Chinas), Shanghai.

Tong Yi 童疑 1937. Yi Man Rong Di yu dong nan xi bei 夷蠻戎狄與東南西北 (Yi, Man, Rong, Di und Osten, Süden, Westen und Norden), in: *YG* 7:10 (Juli), S. 11-16.

Waichiaopu [Außenministerium]. 1933. *China's Reply to Japan's Observations on the Lytton Report*, Nanjing (= Intelligence and Publicity Department. Information Bulletin Nr. 4).

Wang Guowei. 1940. *Wang Guowei yishu* 王國維遺書 (Hinterlassene Bücher von Wang Guowei), Shanghai (Neudruck 1983), 16 Bde.

Wang Huaizhong 王懷中 1936. Tangdai Andong duhufu kaolue 唐代安東都護府考略 (Untersuchung des tangzeitlichen Protektorats von Andong), in: *YG* 6:3/4 (November), S. 29-38.

Wang Huaizhong. 1937. *Yugong* de Dongbei yanjiu zhuanhao 禹貢東北研究專號 (Die Spezialnummer über die Forschungen zum Nordosten der *Yugong*), in: *YG* 6:11 (Februar), S. 65-67.

Wang Jingji 王靜齊 1937. Wushi nian qiuxue zishu 五十年求學自述 (Eigene Aufzeichnungen über den Lerneifer von 50 Jahren), in: *YG* 7:4 (April), S. 105-114.

Wang Mengyang 王夢揚 1937. Beiping shi huijiao gaikuang 北平市回教概況 (Die Lage der Hui-Religion in der Stadt Beiping), in: *YG* 7:5 (Mai), S. 105-18.

Wang Mou 王謀 1937. You dixing qihou wuchan shuoming Kang, Wei Tang zhi zhongyaoxing 由地形氣候物產說明康,衛,唐之重要性 (Die Bedeutung Khams und Zentraltibets aus der Sicht ihrer Topographie, ihres Klimas und ihrer Produkte), in: *YG* 6:12 (Februar), S. 21-23.

Wang Riwei 王日蔚 1935a. Xinjiang zhi Yilan minzu 新疆之伊蘭民族 (Die irani-schen Völker Xinjiangs), in: *YG* 3:11 (August), S. 1-9.

Wang Riwei. 1935b. Yisilan jian ru Xinjiang kao 伊斯蘭教入新疆考 (Untersuchung über den Eintritt des Islam in Xinjiang), in: *YG* 4:2 (September), S. 1-11.

Wang Riwei. 1935c. Qidan yu Huihe guanxi kao 契丹與回紇關係考 (Untersuchung des Verhältnisses zwischen Kitan und Uiguren), in: *YG* 4:8 (Dezember), S. 1-13.

Wang Riwei. 1936a. Yu Chen Yuan'an xiansheng lun Huihe Huihui deng mingcheng 與塵援庵先生鹿論回紇回回等名稱 (Herr Chen Yuan'an über berühmte musli-mische Städte wie Huiche), in: *YG* 4:10 (Januar), S. 15-25.

Wang Riwei. 1936b. Huizu Huijiao bian 回族回教編 (Über das Hui-Volk und die Hui-Religion) in: *YG* 5:11 (August), S. 41-48.

Wang Riwei. 1936c. Suiyuan lüxing ji 綏遠旅行記 (Reisenotizen aus Suiyuan), in: *YG* 6:5 (November), S. 197-215.

Wang Riwei. 1937. Weiwu'er (Lihui) minzu mingcheng yanbian kao 維吾爾民族名稱演變攷 (Untersuchung der Namensveränderungen beim Uigurenvolk - Lihui), in: *YG* 7:4 (April), S. 27-45.

Wang Shaomin 王紹民 1937. Ge di huimin zhuangkuang za ji 各地回民狀況雜記 (Die Situation der Muslime in allen Landesteilen), in: *YG* 7:4 (April), S. 163-18.

Wang Tongling 王桐齡 1933. *Zhongguo minzu shi* 中國民族史 (Geschichte der chinesischen Völker), Beiping.

Wang Wenxuan 王文萱 1937. Du Gu Jiegang de Huijiao de wenhua yundong hou 讀顧頡剛的回教的文化運動後 (Nach der Lektüre von Gu Jiegangs „Die Kultur-bewegung der Muslime"), in: *YG* 7:4 (April), S. 189-90.

Wang Yitong 王伊同 1937. Yan Qin Xi Han yu Dongbei 燕秦西漢與東北 (Yan, Qin, die Westlichen Han und der Nordosten), in: *YG* 7:5 (Mai), S. 35-49.

Wang Yong 王庸 1938. *Zhongguo dilixue shi* 中國地理學史 (Geschichte der chine-sischen Geographie), Neudruck Taibei 1974.

Wang Zengshan 王曾善 1937. Guanyu Huijiao wenhua yundong – tongyi Gu Jiegang de jiandi 關於回教文化運動-同意顧頡剛的見地 (Über die Kulturbewegung der Muslime – Zustimmung zu Gu Jiegangs Standpunkt), in: *YG* 7:4 (April), S. 192-93.

Wang Zhe 王哲 1937. Houtao liangdao zhi kaixuan yange 後套渠道之開濬沿革 (Die Veränderungen bei der Errichtung von Wasserkanälen in Houtao), in: *YG* 7:8/9 (Juli), S. 123-51.

Wei Yuan 魏源 1842. *Shengwuji* 聖武記 (Aufzeichnungen der militärischen Ver-dienste der Erhabenen Dynastie), 2 Bde., Beijing (Neudruck 1984).

Wei Yuan. 1844. *Haiguo tuzhi* 海國圖志 (Abhandlung der Länder am Meer), 3 Bde., Changsha (Neudruck 1998).

Wen Zirui 溫子瑞 1930. Kaifa bianjiang de lilun yu shishi 開發邊疆的理論與實施 (Theorie und Praxis der Erschließung der Grenzgebiete), in: *XYXY* 1:4, S. 67-85.

Weng Wenhao 翁問灝 1930. Xiyangren tancha Zhongya dili dianji 西洋人探查中亞地理摘記 (Aufzeichnungen über die westliche Erforschung der zentralasiatischen Geographie), in: *DXZZ* 18:3, S. 301-12.

Wittfogel, Karl A. / Fêng Chia-shêng. 1949. *History of Chinese Society: Liao (907-1125)*, Philadelphia.

Wu Aichen 吳藹宸 1935. *Xinjiang jiyou* 新疆紀游 (Reisenotizen aus Xinjiang), Shanghai.

Wu Fengpei 吳豐培 1937a. Ji Qing Guangxu sanshiyi nian Batang zhi luan 記清光緒三十一年巴塘之亂 (Über die Unruhen in Batang im 31. Regierungsjahr des Guangxu-Kaisers), in: *YG* 6:12 (Februar), S. 43-52.

Wu Fengpei. 1937b. Ji Dalai Lama Banchen Erdeni shi he shi 記達賴喇嘛班禪額爾德尼失和事 (Notizen über den Verlust der Eintracht zwischen dem Dalai Lama und dem Panchen Erdeni), in: *Yugong zhoukan* 6/7, S. 35-37; 41-44.

Wu He 吳龢 1930a. Dongbei tiedao xitong zhi zhongyao yu xianzhuang 東北鐵道系統之重要與現狀 (Die Bedeutung und der gegenwärtige Zustand des Streckennetzes im Nordosten), in: *XYXY* 1:4, S. 37-43.

Wu He. 1930b. Xibei tiedao xitong yu zhibian 西北鐵道系統與殖邊 (Das Streckennetz im Nordwesten und die Kolonisierung der Grenze), in: *XYXY* 1:5, S. 25-33.

Xia Wei 夏威 1941. *Zhongguo jiangyu kuozhan shi* 中國疆域擴展史 (Geschichte der Gebietserweiterungen Chinas), Guilin.

Xie Bin 謝彬 1923. *Xinjiang youji* 新疆遊記 (Reiseaufzeichnungen aus Xinjiang), Shanghai.

Xie Bin. 1928. *Zhongguo sangdi shi* 中國喪地史 (Geschichte der Gebietsverluste Chinas), Beiping.

Xin yaxiya xuehui chenglihui huiji 新亞西亞學會成立會匯紀 (Aufzeichnungen der Gründungsversammlung der Studiengesellschaft Neues Asien) 1930, in: *XYXY* 2:3, S. 165-168.

Xin yaxiya xuehui gangling ji zongzhang 新亞西亞學會綱領及總章 (Das Programm und das Hauptstatut der Studiengesellschaft *Neues Asien*) 1936, in: *YG* 5:2 (März), S. 43-44.

Xin Yaxiya 新亞西亞 (Neues Asien). 1930-1937, 1944, Nanjing/Shanghai.

Xu Chonghao 許崇灝 1944. *Xinjiang zhilue* 新疆志略 (Abhandlung über Xinjiang), Shanghai.

Xu Chonghao. 1945. *Mo'nan Menggu dili* 漠南蒙古地理 (Die Geographie der Mongolei südlich der Wüste), Chongjing.

Xu Gongwu 許公武 1936. Neimenggu dili 內蒙古地理 (Die Geographie der Inneren Mongolei), in: *XYXY* 12.4-6, S. 1-6 (4), 1-14 (5), 1-14 (6); 13:1, S. 5-18.

Xu Gongwu. 1937. *Neimenggu dili* 內蒙古地理 (Die Geographie der Inneren Mongolei), Nanjing.

Xu Gongwu (Hg.) 1943. *Bianjiang shuwen* 邊疆述聞 (Aufzeichnungen über die Grenzregionen), Shanghai.

Xu Jiyu 徐繼畬 1848. *Yinghuan zhilue* 瀛環志略 (Kurze Abhandlung über die maritimen Gebiete), Beijing (Nachdruck: Taibei 1968).

Xu Wence 徐文珊 1935. Ping Sui lu luxing guilai 平綏路旅行歸來 (Reise auf der Route Beiping-Suiyuan), in: *YG* 3:7 (Juni), S. 35-42.

Xu Xiwu 許錫五 1937. Jining shezhi yu gaixian zhi queshi shiqi 集寧設治與改縣之確實時期 (Der wahre Zeitpunkt des administrativen Aufbaus und der Kreisreform in Jining), in: *YG* 7:8/9 (Juli), S. 101-104.

Yang Chengzhi 楊成志 1934. Wo duiyu Yunnan Luoluozu yanjiu de jihua 我對於雲南羅羅族研究的計劃 (Meine Pläne zur Erforschung des Luoluo-Volkes in Yunnan), in: *YG* 1:4 (April), S. 24-29.

Yang Saisheng 楊塞生 1937. Chabei gaikuang 察北概況 (Die Situation im Norden von Chahar), in: *YG* 7:8/9 (Juli), S. 171-74.

Yang Shi 楊宲 1937. Chaha'er sheng nongyequ zhi ziran huanjing 察哈爾省農業區之自然環境 (Die Ökologie der landwirtschaftlichen Gebiete in der Provinz Chahar) in: *YG* 7:8/9 (Juli), S. 23-34.

Yang Xiangkui 楊向奎 1934. Fengrun xiaozhi 豐潤小志 (Kleine Chronik über Fengrun), in: *YG* 1:12 (August), S. 29-33.

Yang Xiangkui. 1937a. Xia minzu qi yu dongfang kao 夏民族起於東方考 (Untersuchung über die Entstehung des Xia-Volkes im Osten), in: *YG* 7:6/7 (Juli), S. 61-79.

Yang Xiangkui. 1937b. Ji Cha Sui mengqi 記察綏盟旗 (Notizen über Bünde und Banner von Chahar und Suiyuan), in: *YG* 7:8/9 (Juli), S. 89-99.

Yao Cunwu 姚存吾 1922a. Dilixue de jieshi 地理學之解釋 (Erläuterungen zur geographischen Wissenschaft), in: *DLZZ* 13:1, S. 1-14.

Yao Cunwu. 1922b. Hewei dili huanjing, dili huanjing yu renlei shenghuo you ruohe zhi guanxi 何爲地理環境,地理環境與人類生活有若何之關係 (Was bedeutet die geographische Umwelt, welche Beziehungen bestehen zwischen der geographischen Umwelt und dem menschlichen Leben?), in: *DLZZ* 13.3, S. 1-17.

Yi Ju 易君 1936. Yige Huijiao xueshu tuanti 一個回教學術團體 (Eine wissenschaftliche Vereinigung des Islam),in: *YG* 6:2 (September), S.40.

Yi Zhi 伊志 1934. Mingdai Qitao shimo 明代棄套史末 (Das Ende der Geschichte des mingzeitlichen Qitao), in: *YG* 2:7 (Dezember), S. 7-18.

Yin Keming 尹克明 1936. Qidan hanhua luekao 契丹漢化畧攷 (Kurze Untersuchung der Sinisierung der Khitan), in: *YG* 6:3/4 (November), S. 47-60.

Yu Shiyu 于式玉 1990. *Yu Shiyu Zangqu kaocha wenji* 于式玉藏區考察文集 (Gesammelte Aufsätze Yu Shiyus über ihre Forschungen im tibetischen Gebiet), Beijing.

Yuan Fuli 袁復禮 1937. Xinjiang de Hasake minzu 新疆的哈薩克民族 (Das Volk der Kasachen in Xinjiang), in: *YG* 7:1/2/3 (April), S. 35-44.

Yuan Zhongsi 袁鍾姒 1934. Zi *Yugong* zhi Liang Han dui yi minzu zhi guannian 自禹貢至兩漢對於異民族之觀念 (Vom *Yugong* ausgehende Ansicht der beiden Han-Dynastien gegenüber den Barbarenvölkern), in: *YG* 1:3 (April), S. 29-30.

Yugong banyue kan 禹貢半月刊 (Yugong-Halbmonatszeitschrift). 1934-1937, Beijing.

Yugong xuehui muji jijin qi 禹貢學會募集基金啓 (Bekanntmachung über die Finanzspenden für die Yugong-Studiengesellschaft) 1936, in: *YG* 4:10 (Januar), S. 1-14 (Anhang).

Yugong zhoukan 禹貢周刊 (*Yugong*-Wochenzeitschrift) 1946, 8 Ausgaben, Chongqing.

Zeng Wenwu 曾問吾 1936. *Zhongguo jingying Xiyu shi* 中國經營西域史 (Geschichte der chinesischen Verwaltung der Westgebiete), Beiping.

Zhang Huigeng 張會更 1934. Songdai zhi bianhuan 宋代之邊患 (Die Grenzunruhen der Song-Zeit), in: *XYXY* 8:6, S. 57-68.

Zhang Mu 張穆 1867. *Menggu youmu ji* 蒙古游牧記 [1859] (Aufzeichnungen über die Nomaden der Mongolei), Changsha.

Zhang Qiyun 張其昀 1933. *Zhongguo minzu zhi* 中國民族志 (Abhandlung über die Völker Chinas), Shanghai.

Zhang Weihua 張維華 1934. Mingdai Liaodong weisuo jianzhi kaolue 明代遼東衛所建置考畧 (Untersuchung des Aufbaus der Verteidigungsanlagen im mingzeitlichen Liaodong), in: *YG* 1:7 (Juni), S. 6-19.

Zhang Weihua. 1936a. Jieshao Chang Jiang de „Zhongguode Xibeijiao" 介紹長江的中國的西北角 (Vorstellung von Chang Jiangs ‚Die Nordwestecke Chinas'), in: *YG* 6:2 (September), S. 71-78.

Zhang Weihua. 1936b. Gudai Hetao yu Zhongguo de guanxi 古代河套與中國的關係 (Die Beziehungen zwischen Hetao und China in der alten Zeit), in: *YG* 6:5 (November), S. 9-24.

Zhang Weihua. 1936c. Wang Tongchun shengping shiji fangwenji 王同春生平事蹟訪問記 (Aufzeichnungen eines Interviews über die Ereignisse im Leben Wang Tongchuns), in: *YG* 6:5 (November), S. 119-37.

Zhang Weihua. 1937. Zhao Changcheng kao 趙長城考 (Untersuchung der Großen Mauer von Zhao), in: *YG* 7:8/9 (Juli), S. 41-60.

Zhang Xiangwen 張相文 1910. Zhongguo dixue hui qi 中國地學會啓 (Mitteilung über die Chinesische Geographische Gesellschaft), in: *DXZZ* 1, S. 1-2.

Zhang Xiangwen. 1933a. *Nanyuan conggao* 南園叢稿 (Gesammelte Manuskripte aus dem Südpark), hrsg. v. Shen Yunlong 沈云龍 (Jindai Zhongguo shiliao congkan 30 ji 近代中國史料丛刊 30 輯).

Zhang Xiangwen. 1933b. Zhongguo dili yange shi 中國地理沿革史 (Geschichte der geographischen Veränderungen Chinas), in: ders., *Nanyuan conggao* Bd. 4, S. 1271-1854.

Zhang Xinglang 張星烺 1933. Siyang Zhang Chungu jushi nianpu 泗陽張沌谷局士年譜 (Lebenslauf des Gelehrten Zhang Xiangwen), in: Zhang Xiangwen, *Nanyuan conggao*, Bd. 5, S. 2373-2444.

Zhang Yintang 張印堂 1931. Neimenggu jingji dili jiyao 內蒙古經濟地理約要 (Überblick über die Wirtschaftsgeographie der Inneren Mongolei), in: *DXZZ* 19:3, S. 361-80.

Zhang Yintang. 1936. Zhongguo Dongbei sisheng de dili jichu 中國東北四省的地理基礎 (Die geographischen Grundlagen der vier nordöstlichen Provinzen Chinas), in: *YG* 6:3/4 (November), S. 1-9.

Zhang Zhenzhi 張振之 1931a. Mengguo minzu shi nali laide 蒙古種族是那裡來的 (Woher kommt das Volk der Mongolen?), in: *XYXY* 2:4, S. 41-50.

Zhang Zhenzhi. 1931b. Ren huozai xia zhi Shandong renmin yu qi Dongbei yimin 人禍災下之山東人民與其東北移民 (Die von menschlich verursachten Verwüstungen und Naturkatastrophen heimgesuchte Bevölkerung Shandongs und ihre Auswanderung in den Nordosten), in: *XYXY* 2:3, S. 27-43.

Zhang Zhongwei 張中微 1938. Zhongguo minzu bu ke fenxing zhi yanjiu 中國民族不可分性之研究 (Forschungen zur Untrennbarkeit der Völker Chinas), in: Meng Zang yuekan 蒙藏月刊, S. 1-7.

Zhao Quancheng 趙泉澄 1935. Qingdai dili yange biao清代地理沿革表 (Tabelle der geographischen Veränderungen in der Qing-Zeit), in: *YG* 2:10 (Januar), S. 8-15.

Zhao Quancheng. 1936a. Qingdai dili yange biao - xu: Shaanxi sheng, Gansu sheng, Xinjiang sheng清代地理沿革表續, 山西省,甘肅省,新疆省 (Tabelle der geographischen Veränderungen in der Qing-Zeit – Fortsetzung: die Provinzen Shaanxi, Gansu, Xinjiang), in: *YG* 5:8/9 (September), S. 145-51.

Zhao Quancheng. 1936b. Qingdai dili yange biao - xu: dong sansheng 清代地理沿革表-續,東三省 (Tabelle der geographischen Veränderungen in der Qing-Zeit – Fortsetzung: die drei Ostprovinzen), in: *YG* 6:3/4 (November), S. 93-110.

Zhao Quancheng 1936c. Benhui zuijin dedao zhi Qingli dang'an 本會最近得到之清季檔案 (Die Akten aus der späten Qing-Zeit, welche diese Gesellschaft neulich erhalten hat), in: *YG* 6:2 (September), S. 65-69.

Zhao Shouyu 趙守鈺 1943. Zhongguo bianjiang xuehui congshu zongxu 中國邊疆學會叢書 總序 (Allgemeines Vorwort zur Reihe der Studiengesellschaft der Chinesischen Grenzgebiete), in: Xu Gongwu, *Bianjiang shuwen*, S. 1-5.

Zhao Zhenwu 趙振武 1936. Sanshi nian laizhi Zhongguo Huijiao wenhua gaikuang 三十年來之中國回教文化概況 (Die Lage der muslimischen Kultur Chinas in den letzten dreißig Jahren), in: *YG* 5:11 (August), S.15-28.

Zhong Fengnian 鍾鳳年 1934/1935. Zhanguo jiangyu yange kao 戰國疆域沿革攷 (Die territorialen Veränderungen in der Zeit der Streitenden Reiche), in: *YG* 2:8 (Dezember), S. 2-10; YG 2:11 (Februar), S. 17-26; *YG* 3:7 (Juni), S. 13-26.

Zhongguo dixue hui qi 中國地學會啓 (Bekanntmachung der Chinesischen Geographischen Gesellschaft) 1910, in: *DXZZ* 1, S. 1-2.

Zhou Xin 周信 1935. Qing chu Dongbei turen de shenghuo 清初東北土人的生活 (Das Leben der Einheimischen im Nordosten zu Beginn der Qing-Zeit), in: *YG* 3:5 (Mai), S. 10-26.

Zhou Yiliang 周一良 1935. Bei Wei zhenshu shidu 北魏鎮戍制度考 (Untersuchung des Garnisonssystems der Nördlichen Wei), in: *YG* 3:9 (Juli), S. 1-10.

Zhou Zhenhe 周振鶴 1934. „Qinghai" qianyan 青海前言 (Vorwort zu 'Qinghai'), in: *YG* 1:10 (Juli), S. 29-33.

Zhou Zhenhe. 1938. *Qinghai* 青海 (Qinghai), Changsha.

Zhu Shijia 朱士嘉 / Chen Hongshun 陳鴻舜 1936. Xibei jilu – Xinjiang 西北圖籍錄-新疆 (Aufzeichnungen über den Nordwesten – Xinjiang), in: *YG* 5:8/9 (September), S. 153-77.

2. Forschungsliteratur

Alitto, Guy S. 1976. The Conservative as Sage: Liang Shu-ming, in: Furth, *The Limits of Change,* S. 213-41.

Allès, Élisabeth. 2000. *Musulmans de Chine: Une anthropologie des Hui du Henan*, Paris.

Allsen, Thomas T. 1983. The Yüan Dynasty and the Uighurs of Turfan in the 13th Century, in: Rossabi, *China among Equals*, S. 243-80.

Alter, Peter. 1985. *Nationalismus*, Frankfurt a.M.

Amitai, Reuven / Michal Biran (Hg.) 2005. *Mongols, Turks, and Others: Eurasian Nomads and the Sedentary World,* Leiden.

An Jingbo 安静波 1999. Lun Liang Qichao de minzuguan 論梁啓0超的民族觀 (Die Ansichten Liang Qichaos über das Volk), in: *Jindaishi yanjiu* 3, S. 281-98.

Anderson, Benedict. 1983. *Imagined Communities: Reflections on the Origin and Spread of Nationalism,* London.

Anderson, Benedict. 2002. *The Spectre of Comparisons: Nationalism, Southeast Asia and the World,* London/New York.

Arkush, R. David. 1981. *Fei Xiaotong and Sociology in Revolutionary China,* Cambridge,MA/London.

Asch, Ronald G. u.a. (Hg.) 2001. *Frieden und Krieg in der Frühen Neuzeit: Die europäische Staatenordnung und die außereuropäische Welt,* München.

Atwood, Christopher P. 2000. Inner Mongolian Nationalism in the 1920s: A Survey of Documentary Information, in: *Twentieth-Century China* 25, S. 75-113.

Bai Shouyi 白壽彝 1982. *Zhongguo Yisilan shi cungao* 中國伊斯蘭史存稿 (Aufbewahrte Manuskripte zur Geschichte des chinesischen Islam), Yinchuan.

Bai Shouyi. 1983a. *Lishi jiaoyu he shixue yichan* 歷史教育和史學遺產 (Geschichtserziehung und Relikte der Geschichtswissenschaft), Zhengzhou.

Bai Shouyi. 1983b. Huainian Gu Jiegang xiansheng 悼念顧頡剛先生 (Gu Jiegang in memoriam), in: Bai Shouyi, *Lishi jiaoyu,* S. 179-86.

Bai Shouyi. 1986. *Zhongguo shixue shi* 中國史學史 (Geschichte der chinesischen Historiographie), Bd. 1, Shanghai.

Bailey, Paul J. 1990. *Reform the People: Changing Attitudes towards Popular Education in Twentieth-Century China,* Vancouver 1990.

Barfield, Thomas J. 1981. The Hsiung-nu Imperial Confederacy: Organizations and Foreign Policy, in: *JAS* 41, S. 45-61.

Barfield, Thomas J. 1989. *The Perilous Frontier: Nomadic Empires and China,* Cambridge,MA/London.

Barkmann, Udo B. 1999. *Geschichte der Mongolei oder Die „Mongolische Frage“. Die Mongolen auf ihrem Weg zum eigenen Nationalstaat,* Bonn.

Barlow, Tani E. (Hg.) 1997. *Formations of Colonial Modernity in East Asia,* Durham,NC/London.

Barnett, A. Doak. 1993. *China's Far West: Four Decades of Change,* Boulder/San Francisco/Oxford.

Barnett, Suzanne Wilson. 1970. Wei Yuan and Westerners: Notes on the Sources of the Hai-kuo t'u-chih, in: *CSWT* 2.4, S. 1-20.

Barrett, David P. / Larry N. Shyu (Hg.) 2001. *Chinese Collaboration with Japan, 1932-1945: The Limits of Accomodation,* Stanford,CA.

Bauer, Edgar. 1978. Vom universalen Kaiserreich zum modernen Staat. Zur Entstehung des Nationalismus und den Anfängen der Nationsbildung in China, in: *BJOF* 2, S. 3-22.

Bauer, Wolfgang (Hg.) 1980. *China und die Fremden. 3000 Jahre Auseinandersetzung in Krieg und Frieden,* München.

Bawden, C. R. 1989. *The Modern History of Mongolia,* London.

Befu, Harumi (Hg.) 1992. *Cultural Nationalism in East Asia: Representation and Identity,* Berkeley/Los Angeles/London.

Benson, Linda. 1990. *The Ili Rebellion: The Moslem Challenge to Chinese Authority in Xinjiang, 1944-1949.* Armonk,NY/London.

Benson, Linda / Ingvar Svanberg. 1998. *China's Last Nomads: The History and Culture of China's Kazaks*, Armonk,NY/London.

Bentley, Michael (Hg.) 1997. *Companion to Historiography*, London/New York.

Bergère, Marie-Claire / Lucien Bianco / Jürgen Domes (Hg.) 1989. *La Chine au XXᵉ siècle.* Bd. 1: *D'une révolution à l'autre*, Paris.

Bergère, Marie-Claire. 1986. *L'âge d'or de la bourgeoisie chinoise 1911-1937*, Paris.

Bergère, Marie-Claire. 1994. *Sun Yat-sen*, Paris.

Bergère, Marie-Claire. 1997. Civil Society and Urban Change in Republican China, in: *CQ* 150, S. 309-28.

Birk, Klaus 1998. *Die ländliche Aufbaubewegung in China 1926-1948. Eine entwicklungspolitische Alternative zur städtischen Industrialisierung*, Bochum.

Blum, Susan D. 2001. *Portraits of „Primitives": Ordering Human Kinds in the Chinese Nation*, Lanham.

Bonner, Joey. 1986. *Wang Kuowei (1877-1927): An Intellectual Biography*, Cambridge,MA.

Boorman, Howard L. / Richard C. Howard (Hg.) 1967-71. *Biographical Dictionary of Republican China*, 4 Bde., New York.

Bowers, John Z. / J. William Hess / Nathan Sivin (Hg.) 1988. *Science and Medicine in Twentieth-Century China: Research and Education*, Ann Arbor.

Brødsgaard, Kjeld Erik / David Strand (Hg.) 1998. *Reconstructing Twentieth Century China: State Control, Civil Society and National Identity*, Oxford.

Brook, Timothy. 1988. *Geographical Sources of Ming-Qing History*, Ann Arbor.

Brown, Melissa J. (Hg.) 1996. *Negotiating Ethnicities in China and Taiwan*, Berkeley,CA.

Buck, Peter. 1980. *American Science and Modern China, 1870-1936*, Cambridge.

Bullock, Mary Brown. 1980. *An American Transplant: The Rockefeller Foundation and Peking Union Medical College*, Berkeley/Los Angeles/London.

Butlin, Robin A. 1993. H*istorical Geography: Through the Gates of Space and Time*, London/New York.

Cai Jiayi 蔡家艺 1991a. He Qiutao de Xibei bianjiang shidi yanjiu 何秋濤的西北邊疆史地研究 (Die Forschungen He Qiutaos zur Geschichte und Geographie der Nordwestgrenze), in: Lü Yiran (Hg.), *Zhongguo bianjiang shidi lunji*, S. 503-27.

Cai Jiayi. 1991b. Qianlun "Menggu youmu ji" 前論蒙古遊牧記 (Eine erste Erörterung des *Menggu youmuji*), in: *ZBSDY* 1, S. 111-18.

Cai Jianguo. 1998. *Cai Yuanpei: Gelehrter und Mittler zwischen Ost und West*, Hamburg.

Cao Shuji 曹樹基. 1997. *Zhongguo yimin shi* 中國移民史 (Geschichte der chinesischen Migrantenbevölkerung), Bd. 6: *Qing Minguo shiqi* 清民國史 (Qing- und Republikzeit), Shanghai.

Cao Wanru 曹婉如 1983. Zhang Xiangwen yu Zhongguo jindai dilixue mengya 張相文與中國近代地理學的萌芽 (Zhang Xiangwen und die Keime der neuzeitlichen Geographie Chinas) in: *Dili xuebao (Acta Geographica Sinica)* 38, S. 309-14.

Cao Wanru. 1990. *Zhongguo gudai ditu ji* 中國古代地圖集 (Sammlung alter chinesischer Karten), Beijing.

Ch'en Yüan. 1966. *Westerners and Central Asians in China under the Mongols: Their Transformation into Chinese* [1923], tr. and annotated by Ch'ien Hsing-hai and L. Carrington Goodrich, Los Angeles.

Chang Hao. 1971. *Liang Ch'i-ch'ao and Intellectual Transition in China, 1890-1907*, Cambridge,MA/London.

Chang Hao. 1987. *Chinese Intellectuals in Crisis: Search for Order and Meaning, 1890-1911*, Berkeley,CA.

Chang Hsin-pao. 1964. *Commissioner Lin and the Opium War*, Cambridge,MA.

Chang Jui-Te. 1993. Technology Transfer in Modern China: The Case of Railway Enterprise (1876-1937), in: *MAS* 27, S. 281-96.

Chang Kia-ngau. 1943. *China's Struggle for Railroad Development*, New York.

Chang, K. C. (Hg.) 1986. *Studies of Shang Archaeology: Selected Papers from the International Conference on Shang Civilization*, New Haven/London.

Chang, Sidney H. / Leonard H. D. Gordon. 1991. *All Under Heaven: Sun Yat-sen and His Revolutionary Thought*, Stanford,CA.

Chao Yung Seen. 1939. *Les chemins de fer chinois: Étude historique, politique, économique et financière*, Paris.

Chen Chengxiang 陳正祥 1979. *Zhongguo dituxue shi* 中國古代地圖學史 (Geschichte der chinesischen Kartographie), Hongkong.

Chen Feiya 陳菲亞 (Hg.) 1984. *Zhongguo gudai dilixue shi* 中國古代地理學史 (Geschichte der klassischen chinesischen Geographie), Beijing.

Chen Huisheng 陳慧生 / Chen Zhao 陳超 1999. *Minguo Xinjiang shi* 民國新疆史 (Geschichte Xinjiangs in der Republikzeit), Urumuqi.

Chen Pengming 陳鵬鳴 1997. Wei Yuan shehui gaige sixiang yanjiu 魏源社會改革思想研究 (Forschungen zum gesellschaftlichen Reformdenken Wei Yuans), in: *Huadong shifan daxue xuebao (zhexue shehui kexueban)* 3, S. 56-60.

Chen Qitai 陳其泰 1999. *Shixue yu minzu qingshen* 史學與民族精神 (Geschichtswissenschaft und Nationalgeist), Beijing.

Chen Qingquan 陳清泉 / Su Shuangbi 蘇雙碧 / Li Guihai 李桂海 (Hg.) 1985. *Zhongguo shixuejia pingzhuan*, 2 Bde., Zhengzhou.

Chen Qingquan 陈清泉 1985. Wei Yuan 魏源, in: Chen Qingquan u.a., *Zhongguo shixuejia pingzhuan* 中国史学家评传 (Biographien chinesischer Historiker), Bd. 2, S. 1105-22.

Chen Tianxi 陳天錫 1968. *Dai Jitao xiansheng de shengping* 戴季陶先生的生平 (Beurteilung des Lebens von Di Jitao), Taibei.

Chen Xinhai 陳新海 1997. Minguo shiqi Qinghai guanli fanglue 民國時期青海管理方略 (Überblick über die Verwaltung Qinghais in der Republikzeit), in: *Qinghai minzu yanjiu (shehui kexue ban)* 3, S. 58-62.

Chen Xulu 陳旭麓 / Li Huaxing 李華兴 (Hg.) 1991. *Zhonghua minguo shi cidian* 中華民國史辭典 (Lexikon zur Geschichte der Chinesischen Republik), Shanghai.

Chen Yongsen 陈永森 2004. *Gaobie chenmin de changshi: Qingmo minchu de gongmin yishi yu gongmin xingwei* 告別臣民的尝试: 清末民初的公民意识与公民行为 (Abschied von dem Versuch der Untertanen: Bürgerbewusstsein und Bürgerverhalten in der späten Qing- und frühen Republikzeit), Beijing.

Chen Zhengxiang 陳正祥. 1981. *Zhongguo wenhua dili* 中國文化地理 (Kulturgeographie Chinas), Hongkong.

Chen, Joseph T. 1971. *The May Fourth Movement in Shanghai*, Leiden.

Chen, Leslie H. Dinyan. 1999. *Chen Jiongming and the Federalist Movement: Regional Leadership and Nation-Building in Early Republican China*, Ann Arbor.

Cheng, Anne. 1997. Nationalism, Citizenship, and the Old Text/New Text Controversy in Late Nineteenth Century China, in: Fogel / Zarrow, *Imagining the People*, S. 61-81.

Chia Ning. 1991. *The Li-fan Yuan in the Early Ch'ing Dynasty*, Ph.D. thesis, Johns Hopkins University.

Chin Wan-Kan. 1997. *Die Folkloristik im modernen China (1918-1949). Eine vergleichende Studie zum Zusammenhang zwischen Sammelarbeit, Staatsverwaltung und Nationenbildung im Blick auf die chinesische Tradition unter dem Einfluß der europäischen Volkskunde*, Aachen.

Chou, Nailene Josephine. 1976. *Frontier Studies and Changing Frontier Administration in Late Ch'ing China: The Case of Sinkiang, 1759-1911*, Ph.D. thesis, University of Washington.

Chow Kai-wing. 1994. *The Rise of Confucian Ritualism in Late Imperial China: Ethics, Classics, and Lineage Discourse.* Stanford,CA.

Chow Kai-wing. 1997. Imagining Boundaries of Blood: Zhang Binglin and the Invention of the Han-Race in Modern China, in: Dikötter, *The Construction of Racial Identities,* S. 34-52.

Chow Kai-wing. 2001. Narrating Nation, Race, and National Culture: Imagining the Hanzu Identity in Modern China, in: Chow u.a., *Constructing Nationhood,* S. 47-83.

Chow Kai-wing / Kevin M. Doak / Poshek Fu (Hg.) 2001. *Constructing Nationhood in Modern East Asia,* Ann Arbor.

Chu Hong-yuan / Peter Zarrow. 2002. Modern Chinese Nationalism: The Formative Stage, in: Wei/Liu, *Chinese Nationalism*, S. 3-26.

Chu Pao-chin. 1981. *V. K. Wellington Koo: A Case Study of China's Diplomat and Diplomacy of Nationalism, 1912-1966*, Hongkong.

Chu Wen-Djang. 1966. *The Moslem Rebellion in Northwest China, 1862-1878*, Den Haag/Paris.

Chun Xia 淳夏 (Hg.) 1993. *Hu Shi quan – Zhongguo xiandai sanwen qingpin* 胡適卷-中國現代散文精品 (Hu Shi Band – Herausragende Werke der chinesischen Gegenwartsliteratur), Xi'an.

Clausen, Søren / Stig Thørgersen. 1995. *The Making of a Chinese City: History and Historiography in Harbin*, Armonk,NY/London.

Claval, Paul. 1994. From Michelet to Braudel: Personality, Identity and Organization of France, in: Hooson, *Geography and National Identity*, S. 39-57.

Coble, Parks M. 1984/85. Chiang Kai-shek and the Anti-Japanese Movement in China: Zou Tao-fen and the National Salvation Association, 1931-1937, in: *JAS* 44, S. 293-310.

Coble, Parks M. 1991. *Facing Japan: Chinese Politics and Japanese Imperialism, 1931 to 1937*, Cambridge,MA/London.

Cochran, Sherman G. 1980. *Big Business in China: Sino-Foreign Rivalry in the Cigarette Industry, 1890-1930*, Cambridge,MA.

Cohen, Paul A. 1967. Wang Tao and Incipient Chinese Nationalism, in: *JAS* 26, S. 559-74.

Cohen, Paul A. 1976. China's Worlds: Cosmopolitanism, Nationalism, and the Problem of "Chinese Identity", in: Meisner/Murphey, *The Mozartian Historian*, S. 157-74.

Cohen, Paul A. 1984. *Discovering History in China: American Historical Writing on the Recent Chinese Past*, New York.

Cohen, Paul. 2003a. *China Unbound*, London/New York.

Cohen, Paul. 2003b. Remembering and Forgetting National Humiliation in Twentieth-century China, in: ders., *China Unbound*, S. 148-84.

Cole, James H. 1996. Competition and Cooperation in Late Imperial China as Reflected in Native Place and Ethnicity, in: Hershatter u.a., *Remapping China*, S. 156-63.

Cotton, James. 1989. *Asian Frontier Nationalism: Owen Lattimore and the American Policy Debate*, Manchester.

Cotton, James. 1990. Owen Lattimore and Chinese Frontiers, in: Goodman, *China and the West*, S. 147-73.

Crespigny, Rafe de. 1984. *Northern Frontier: The Policies and Strategy of the Later Han Empire*, Canberra.

Crossley, Pamela Kyle. 1987. "Manzhou yuanliu kao" and the Formalization of the Manchu Heritage, in: *JAS* 46, S. 761-83.

Crossley, Pamela Kyle. 1990. Thinking about Ethnicity in Early Modern China, in: *LIC* 11, S. 1-34.

Crossley, Pamela Kyle. 1991. *Orphan Warriors: Three Manchu Generations and the End of the Qing World*, Princeton,NJ.

Crossley, Pamela Kyle. 1997a. *The Manchus*, Oxford.

Crossley, Pamela Kyle. 1997b. The Historiography of Modern China, in: Bentley, *Companion to Historiography*, S. 641-58.

Crossley, Pamela Kyle. 1999. *A Translucent Mirror: History and Identity in Qing Imperial Ideology*, Berkeley/Los Angeles/London.

Dabringhaus, Sabine. 1994. *Das Qing-Imperium als Vision und Wirklichkeit. Tibet in Laufbahn und Schriften des Song Yun (1752-1835)*, Stuttgart.

Dabringhaus, Sabine. 1995. Ethnische Identitäten im modernen China, in: Reinhard, *Kollektive Identitäten*, S. 69-110.

Dabringhaus, Sabine. 2001. Grenzzone im Gleichgewicht: China und Rußland im 18. Jahrhundert, in: Asch u.a., *Frieden und Krieg*, S. 577-97.

Dabringhaus, Sabine. 2006. *Geschichte Chinas 1279-1949* (Oldenbourg Grundriß der Geschichte, Bd.35), München.

Deal, David Michael. 1971. *National Minority Policy in Southwest China, 1911-1965*, Ph.D. thesis, University of Washington.

Dennerline, Jerry. 1988. *Qian Mu and the World of Seven Mansions*, New Haven/London.

Di Cosmo, Nicola. 1994. Ancient Inner Asian Nomads: Their Economic Basis and Its Significance in History, in: *JAS* 53, S. 1092-1126.

Di Cosmo, Nicola. 1999a. The Northern Frontier in Pre-Imperial China, in: Loewe/Shaughnessy, *Cambridge History of Ancient China*, S. 885-966.

Di Cosmo, Nicola. 1999b. State Formation and Periodization in Inner Asian History, in: *Journal of World History* 10, S. 1-40.

Di Cosmo, Nicola. *2002 Ancient China and Its Enemies: The Rise of Nomadic Power in East Asian History*, Cambridge.

Diao Shuren 刁書仁 1995a. *Ming Qing Dongbei shi yanjiu lunji* 明清東北史研究論集 (Aufsatzsammlung zur Erforschung der ming- und qingzeitlichen Geschichte des Nordostens), Jilin.

Diao Shuren.1995b. Lun Qingdai Dongbei liumin de liuxiang ji dui Dongbei de kaifa 論清代東北流民的流向及對東北的開發 (Über die qingzeitliche Ansiedlung von Einwanderen im Nordosten und die Erschließung des Nordostens), in: Diao Shuren, *Ming Qing Dongbei shi*, S. 269-305.

Diekmann, Irene / Peter Krüger / Julius H. Schoeps (Hg.) 2000. *Geopolitik. Grenzgänge im Zeitgeist*, 2 Bde., Potsdam.

Dikötter, Frank. 1992. *The Discourse of Race in Modern China*, London.

Dikötter, Frank. 1994. Racial Identities in China: Context and Meaning, in: *CQ* 138, S. 404-12.

Dikötter, Frank (Hg.) 1997. *The Construction of Racial Identities in China and Japan. Historical and Contemporary Perspectives*, London.

Dillon, Michael. 1999. *China's Muslim Hui Community: Migration, Settlement and Sects*, Richmond.

Dillon, Michael. 2004. *Xinjiang: China's Muslim Far Northwest*, London.

Dirlik, Arif. 1975. The Ideological Foundations of the New Life Movement: A Study in Counterrevolution, in: *JAS* 34, S. 945-80.

Dirlik, Arif. 1976. T'ao Hsi-sheng: The Social Limits of Change, in: Furth, *The Limits of Change,* S. 305-31.

Dirlik, Arif. 1978. *Revolution and History: The Origins of Marxist Historiography in China, 1919-1937*, Berkeley/Los Angeles/London.

Dittmer, Lowell / Samuel S. Kim (Hg.) 1993a. *China's Quest for National Identity*, Ithaca/London.

Dittmer, Lowell / Samuel S. Kim. 1993b. In Search of a Theory of National Identity, in: Dittmer/Kim, *China's Quest for National Identity*, S.1-31.

Doak, Kevin M. 2001. Narrating China, Ordering East Asia: The Discourse on Nation and Ethnicity in Imperial Japan, in: Chow u.a., *Constructing Nationhood*, S. 85-113.

Domes, Jürgen. 1969. *Vertagte Revolution. Die Politik der Kuomintang in China 1923-1937*, Berlin.

Dong Jianping 董劍平 1997. Wei Yuan yu jindai jingshi sixiang de fuxing 魏源與近代經世思想的復興 (Wei Yuan und das Aufblühen des Staatskunstdenkens in der Neueren Zeit), in: *Yantai shifan xueyuan xuebao (zheshe ban)* 4, S. 30-32.

Dong Yongnian 董永年 1982. Tong Shuye zhuanlue 童書業傳略 (Kurze Biographie Tong Shuyes), in: *Jinyang xuekan bianjibu* (Taiyuan), S. 329-37.

Drake, Fred W. 1972. A Mid-Nineteenth-Century Discovery of the Non-Chinese World, in: *MAS* 6, S. 205-24.

Drake, Fred W. 1975. *China Charts the World: Hsu Chi-yu and His Geography of 1848*, Cambridge,MA.

Dreyer, Edward L. 1995. *China at War, 1901-1949*. London/New York.

Dreyer, June Teufel. 1976. *China's Forty Millions: Minority Nationalities and National Integration in the People's Republic of China*, Cambridge,MA/London.

Dryburgh, Marjorie. 2000. *North China and Japanese Expansion, 1933-1937: Regional Power and the National Interest*, Richmond.

Dryburgh, Marjorie. 2001. Regional Office and the National Interest: Song Zheyuan in North China, 1933-1937, in: Barrett / Shyu, *Chinese Collaboration with Japan*, S. 38-55.

Du Weiyun 杜维运 1988. *Qingdai shixue yu shijia* 清代史學與史家 (Geschichtswissenschaft und Historiker in der Qing-Zeit), Beijing.

Duara, Prasenjit. 1993. De-constructing the Chinese Nation, in: *Austalian Journal of Chinese Affairs* 30, S. 1-26.

Duara, Prasenjit. 1995. *Rescuing History from the Nation: Questioning Narratives of Modern China*, Chicago/London.

Duara, Prasenjit. 1997. Transnationalism and the Predicament of Sovereignty: China, 1900-1945, in: *AHR* 102, S. 1030-51.

Duara, Prasenjit. 1998. The Regime of Authenticity: Timelessness, Gender, and National History in Modern China, in: *History and Theory* 37, S. 287-308.

Duara, Prasenjit. 2003. *Sovereignty and Authenticity: Manchukuo and the East Asian Modern,* Lanham.

Duus, Peter 1989. Introduction: Japan's Informal Empire in China, 1895-1937. An Overview, in: Duus u.a., *The Japanese Informal Empire*, S. xi-xxix.

Duus, Peter / Ramon H. Myers / Mark R. Peattie (Hg.) 1989. *The Japanese Informal Empire in China, 1895-1937*, Princeton,NJ.

Eastman, Lloyd E. 1986. Nationalist China during the Nanking Decade, 1927-1937, in: *CHOC*, Bd. 13, S. 116-67.

Eber, Irene 1968. Hu Shih and Chinese History. The Problem of "cheng-li kuo-ku", in: *MS* 26, S. 169-207.

Ebrey, Patricia. 1996. Surnames and Han Chinese Identity, in: Brown, *Negotiating Ethnicities,* S. 11-36.

Ekvall, Robert B. 1939. *Cultural Relations on the Kansu-Tibetan Border*, Chicago.

Elliott, Mark C. 2000. The Limits of Tartary: Manchuria in Imperial and National Geographies, in: *JAS* 59, S. 603-46.

Elliott, Mark C. 2001. *The Manchu Way: The Eight Banners and Ethnic Identity in Late Imperial China*, Stanford,CA.

Elman, Benjamin A. 1981-1983. Geographical Research in the Ming-Ch'ing Period, in: *MS* 35, S. 1-18.

Elman, Benjamin A. 1984. *From Philosophy to Philology: Intellectual and Social Aspects of Change in Late Imperial China*, Cambridge,MA/London.

Elman, Benjamin A. / Alexander Woodside (Hg.) 1994. *Education and Society in Late Imperial China, 1600-1900*, Berkeley/Los Angeles/London.

Esherick, Joseph W. 1976. *Reform and Revolution in China: The 1911 Revolution in Hunan and Hubei*, Berkeley/Los Angeles/London.

Ess, Hans van. 1994. The Old Text/New Text Controversy: Has the Twentieth Century Got It Wrong?, in: *TP* 80, S. 146-70.

Etō Shinkichi / Harold Z. Schifrin (Hg.) 1984. *The 1911 Revolution in China: Interpretive Essays*, Tokio.

Fairbank, John K. (Hg.) 1968. *The Chinese World Order: Traditional China's Foreign Relations*, Cambridge,MA.

Fairbank, John K. 1983. *The United States and China*, 4. Aufl., Cambridge,MA/London.

Fairbank, John K. / Denis Twitchett (Hg.) 1978 ff. *The Cambridge History of China*, Cambridge (hier zitiert als CHOC).

Fan Xiuzhuan 范秀傳 (Hg.) 1995. *Zhongguo bianjiang shidi guji jieti* 中國邊疆史地古籍題解 (Kommentare zu klassischen Werken über Geschichte und Geographie der chinesischen Grenzgebiete), Beijing.

Fang Hanqi 方漢啓 1981. *Zhongguo jindai baokan shi* 中國近代報刊史 (Geschichte der neuzeitlichen chinesischen Periodika), 2 Bde., Taiyuan.

Fang Jianchang 房建昌 1997. Jianshu minguo nianjian youguan Zhongguo bianjiang de jigou yu kanwu 簡述民國年間有關中國邊疆的機構與刊物 (Überblick über die Organisationen und Zeitschriften zur chinesischen Grenze während der Republikzeit), in: *ZBSDY* 2, S. 93-105.

Faure, David / Helen F. Siu (Hg.) 1995. *Down to Earth: The Territorial Bond in South China*, Stanford,CA.

Faure, David. 1987. *The Structure of Chinese Rural Society: Lineage and Village in the Eastern New Territories*, Hong Kong.

Federlein, Dietmar. 1997. *Die religiösen Gruppierungen der muslimischen Hui-Nationalität in Nordwest-China unter besonderer Berücksichtigung der Zeit der Republik China (1912-1949)*, Phil. Diss., Erlangen-Nürnberg.

Fei Xiaotong. 1992. *From The Soil: The Foundations of Chinese Society*, hrsg. v. Gary G. Hamilton u. Wang Zheng, Berkeley/Los Angeles/Oxford.

Feng Erkang 馮爾康 1986. *Qingshi shiliaoxue chugao* 清史史料學初稿 (Entwurf einer Lehre von den Geschichtsquellen der Qing-Geschichte), Tianjin.

Feng Jiasheng 馮家昇 1987. *Feng Jiasheng lunzhu jizui* 馮家昇論著輯粹 (Herausragende Beiträge von Feng Jiasheng), Beijing.

Feng Xishi 馮錫時 1998. Xu Song Xiyu shuidao ji 徐松西域水道記 (Fehler in Xu Songs "Aufzeichnungen über die Wasserwege in den Westgebieten), in: *ZBSDY* 2, S. 59-72.

Fitzgerald, C. P. 1972. *The Southern Expansion of the Chinese People: "Southern Fields and Southern Ocean"*, London.

Fitzgerald, John (Hg.) 1989a. *The Nationalists and Chinese Society 1923-1937: A Symposium*, Melbourne.

Fitzgerald, John. 1989b. The Irony of the Chinese Revolution: The Nationalists and Chinese Society, 1923-1927, in: ders., *The Nationalists and Chinese Society*, S. 13-43.

Fitzgerald, John. 1995. The Nationless State: The Search for a Nation in Modern Chinese Nationalism, in: *AJCA* 33, S. 75-104.

Fitzgerald, John. 1996. *Awakening China: Politics, Culture, and Class in the Nationalist Revolution*, Stanford,CA.

Fletcher, Joseph. 1968. China and Central Asia,1368-1884, in: Fairbank, *The Chinese World Order*, S. 206-24.

Fletcher, Joseph. 1978a. Ch'ing Inner Asia c.1800, in: *CHOC*, Bd. 10, S. 35-106.

Fletcher, Joseph. 1978b. Sino-Russian Relations,1800-62, in: *CHOC*, Bd. 10, S. 318-50.

Fletcher, Joseph. 1978c. The Heyday of the Ch'ing Order in Mongolia, Sinkiang and Tibet, in: *CHOC*, Bd. 10, S. 351-408.

Fletcher, Joseph. 1986. The Mongols: Ecological and Social Perspectives, in: *HJAS* 46, S. 11-50.

Fletcher, Joseph. 1995. *Studies on Chinese and Islamic Inner Asia*, hrsg. v. Beatrice Forbes Manz, Aldershot.

Fogel, Joshua A. / William T. Rowe (Hg.) 1979. *Perspectives on a Changing China: Essays in Honor of Professor C. Martin Wilbur on the Occassion of His Retirement*, Boulder,CO.

Fogel, Joshua A. / Peter Zarrow (Hg.) 1997. *Imagining the People: Chinese Intellectuals and the Concept of Citizenship, 1890-1920*, Armonk,NY.

Forbes, Andrew D. W. 1986. *Warlords and Muslims in Chinese Central Asia: A Political History of Republican Sinkiang, 1911-1949*, Cambridge.

Franke, Herbert. 1987. The Role of the State as a Structural Element in Polyethnic Societies, in: Schram, *Foundations and Limits*, S. 87-112.

Franke, Herbert. 1994. *China under Mongol Rule*, Aldershot.

Franke, Herbert / Denis Twitchett. 1994. Introduction, in: *CHOC*, Bd. 6, S. 1-42.

Fröhlich, Thomas. 2000. *Staatsdenken im China der Republikzeit (1912-1949). Die Instrumentalisierung philosophischer Ideen bei chinesischen Intellektuellen*, Frankfurt/New York.

Frühauf, Manfred W. 2000. Der Kunlun im alten China. Versuch einer Positionsbestimmung zwischen Geographie und Mythologie, in: *MS* 1, S. 41-67.

Fu Lecheng 傅樂成 1964. *Fu Mengzhen xiansheng nianpu* 傅孟真先生年譜 (Chronologische Biographie des Herrn Fu Mengzhen [Fu Sinian]), Taibei.

Fuchs, Eckhard. 1994. *Henry Thomas Buckle. Geschichtsschreibung und Positivismus in England und Deutschland*, Leipzig.

Fung, Edmund S. K. 1985. Nationalist Foreign Policy, 1928-1937, in: Pong/Fung, *Idea und Reality*, S. 185-217.

Fung, Edmund S. K. 1991.*The Diplomacy of Imperial Retreat: Britain's Southern China Policy, 1924-1931*, Hongkong.

Furth, Charlotte 1970. *Ting Wen-chiang: Science and China's New Culture*, Cambridge,MA/London.

Furth, Charlotte (Hg.) 1976a. *The Limits of Change: Essays on Conservative Alternatives in Republican China*, Cambridge,MA/London.

Furth, Charlotte. 1976b. Culture and Politics in Modern Chinese Conservatism, in: dies., *The Limits of Change,* S. 22-53.

Furth, Charlotte. 1976c. The Sage as Rebel: The Inner World of Chang Ping-lin, in: dies., *The Limits of Change* S. 113-150.

Furth, Charlotte. 1983. Intellectual Change: From the Reform Movement to the May Fourth Movement,1895-1920, in: *CHOC*, Bd. 12, S. 322-405.

Gao Zengde 高增德 1993. Shilun xueshu liupai de yiyi jiqi jiazhi – jianlun Gu Jiegang chuangjian de Gushibian xuepai 試論學術流派的意義及其價值-兼論顧頡剛創建的古史辨學派 (Über die Bedeutung und den Wert akademischer Schulen – gleichzeitig über die Gründung der *Gushibian*-Forschungsrichtung durch Gu Jiagang), in: *Xueshu luncong* 5, S. 86-90.

Garver, John W. 1988. *Chinese-Soviet Relations, 1937-1945: The Diplomacy of Chinese Nationalism*, New York.

Gasster, Michael. 1969. *Chinese Intellectuals and the Revolution of 1911: The Birth of Modern Chinese Radicalism*, Seattle/London.

Gaubatz, Piper Rae. 1996. *Beyond the Great Wall: Urban Form and Transformation on the Chinese Frontier*, Stanford,CA.

Ge Jianxiong 葛劍雄 1997. *Qiuqiu changshui – Tan Qixiang qianzhuan* 悠悠長水-譚其驤前傳 (Weite und entfernte Gewässer - eine erste Biographie Tan Qixiangs), Shanghai.

Gellner, Ernest. 1983. *Nations and Nationalism*, Oxford.

Gerth, Karl. 2003. *China Made: Consumer Culture and the Creation of Nation*, Cambridge.

Gillard, David. 1977. *The Struggle for Asia 1828-1914: A Study in British and Russian Imperialism*, London.

Gillin, Donald G. 1967. *Warlord: Yen Hsi-shan in Shansi Province, 1911-1949*, Princeton,NJ.

Gladney, Dru C. 1991. *Muslim Chinese: Ethnic Nationalism in the People's Republic*, Cambridge,MA/London.

Gladney, Dru C. (Hg.) 1998a. *Making Majorities: Constituting the Nation in Japan, Korea, China, Malaysia, Fiji, Turkey and the United States*, Stanford,CA.

Gladney, Dru C. 1998b. Clashed Civilizations? Muslim and Chinese Identities in the PRC, in: ders., *Making Majorities*, S. 106-34.

Gladney, Dru C. 1999. Representing Nationality in China: Refiguring Majority Identities, in: Kosaku, *Concurring Ethnicity*, S. 48-88.

Gluck, Carol. 1985. *Japan's Modern Myths: Ideology in the Late Meiji Period*, Princeton,NJ.

Goldman, Merle / Andrew Gordon (Hg.) 2000. *Historical Perspectives on Contemporary East Asia*, Cambridge,MA/London.

Goldstein, Melvyn C. 1990. *A History of Modern Tibet, 1913-1951: The Demise of the Lamaist State*, Berkeley/Los Angeles/London.

Gong Shuze 龔書铎 1994. Jindai kaifengqi zhi xianqu - Wei Yuan 近代開風氣之先驅魏源 (Der Vorreiter der neuzeitlichen Öffnung – Wei Yuan), in: *Zhongshan daxue jindai zhongguo yanjiu zhongxin*, S. 45-65.

Goodman, David S. G. (Hg.) 1990. *China and the West: Ideas and Activists*, Manchester/New York.

Goodman, David S. G. 2004. The Campaign to "Open up the West": National, Provincial-level and Local Perspectives, in: *CQ* 178, S. 317-34.

Gottschank, Thomas / Diana Lary. 2000. *Swallows and Settlers: The Great Migration from North China to Manchuria*, Ann Arbor,MI.

Gransow, Bettina. 1992. *Geschichte der chinesischen Soziologie*, Frankfurt a.M./New York.

Gransow, Bettina. 1994. Ein Wegbereiter "konfuzianischer Modernisierung". Liang Shuming und die ländliche Aufbaubewegung der dreißiger Jahre, in: *BJOF* 18, S. 1-20.

Grieder, Jerome B. 1970. *Hu Shih and the Chinese Renaissance: Liberalism in the Chinese Revolution, 1917-1937*, Cambridge,MA/London.

Grieder, Jerome B. 1981. *Intellectuals and the State in Modern China: A Narrative History*, New York.

Grimm, Tilemann. 1982. Probleme des Nationalismus in China, in: Winkler, *Nationalismus in der Welt von heute*, S. 125-139.

Gross, Jo-Ann (Hg.). 1992. *Muslims in Central Asia. Expression of Identity and Change*, Durham,NC/London.

Gu Chao 顧潮 1997. Gu Jiegang xiansheng yu Yugong banyue kan 顧頡剛先生與禹貢半月刊 (Herr Gu Jiegang und die Halbmonatszeitschrift Yugong), in: *Zhongguo lishi dili luncong* 3, S. 149-171.

Guldin, Gregory Eliyu. 1994. *The Saga of Anthropology in China: From Malinowski to Moscow to Mao*, Armonk,NY/London.

Guo Shuanglin 郭雙林 1998. Cong dilixue zhuzuo de bianzhuan kan wan Qing minzhu sixiang zai Zhongguo de zhuanbo 從地理學著作的編撰看晚清民主思想在中國的傳播 (Die Verbreitung demokratischen Gedankenguts in China während der späten Qing-Zeit aus der Perspektive einer Auswahl früher geographischer Schriften), in: *QSYJ* 4, S. 27-36.

Guo Shuanglin. 1999. Wan Qing dilixue yanjiu yu zhuantong tiandi guannian de bianyi 晚清地理學研究與傳統天地觀念的變異 (Die geographischen Forschungen in der späten Qing-Zeit und die Veränderungen der traditionellen Vorstellungen von Himmel und Erde), in: *QSYJ* 4, S. 85-97.

Haeger, John Winthrop (Hg.) 1975. *Crisis and Prosperity in Sung China*, Tuscon,AR.

Hall, John A. (Hg.) 1998. *The State of the Nation: Ernest Gellner and the Theory of Nationalism,* Cambridge.

Han Lin 漢林 1994. Wei Yuan yanjiu de xin jinzhan 魏源研究的新進展 (Neue Fortschritte bei der Forschungen über Wei Yuan), in: *Qiusuo* 求素 6, S.116-18, Changsha.

Han Rulin 韓儒林 1983. Huiyi Yugong xuehui – jinian Gu Jiegang xiansheng 會議禹貢學會-紀念顧頡剛先生(Erinnerungen an die Yugong-Studiengesellschaft. Herrn Gu Jiegang in memoriam), in: *Lishi dili* 2, S. 192-200.

Hana, Corinna. 1981. Zur Frage der Tradition bei der Rezeption des westlichen Völkerrechts im China der späten Manchu-Dynastie, in: *Saeculum* 32, S. 90-101.

Harley, J. B. / David Woodward (Hg.) 1994. *The History of Cartography*, Bd. 2, Teil 2: *Cartography in the Traditional East and Southeast Asian Societes*, Chicago/London.

Harrell, Stevan (Hg.) 1995. *Cultural Encounters on China's Ethnic Frontiers.* Seattle.

Harris, Peter 1997. Chinese Nationalism: The State of the Nation, in: *The China Journal* 38, S. 121-37.

Harrison, Henrietta. 2000a. Newspapers and Nationalism in Rural China 1890-1929, in: *Past & Present* 166, S. 181-204.

Harrison, Henrietta. 2000b. *The Making of the Republican Citizen. Political Ceremonies and Symbols of China, 1911-1929*, Oxford.

Harrison, Henrietta. 2001. *China*, London.

Hartman, Charles. 1986. *Han Yü and the T'ang Search for Unity*, Princeton,NJ.

Hay, John (Hg.) 1988. *Boundaries in China.* London.

Hayford, Charles W. 1990. *To the People: James Yen and Village China*, New York.

Hayhoe, Ruth (Hg.) 1992a. *Education and Modernization: The Chinese Experience.* Oxford.

Hayhoe, Ruth. 1992b. Cultural Tradition and Educational Modernization: Lessons from the Republican Era, in: dies., *Education and Modernization,* S. 47-72.

Hayhoe, Ruth. 1996. *China's Universities, 1895-1995: A Century of Conflict*, New York/London.

Henderson, John B. 1994. Chinese Cosmographical Thought: The High Intellectual Tradition, in: Harley/Woodward, *History of Cartography*, S. 203-27.

Hershatter,Gail / Emily Honig / Jonathan N. Lipman / Randall Stross (Hg.) 1996. *Remapping China: Fissures in Historical Terrain*, Stanford,CA.

Hettling, Manfred (Hg.) 2003. *Volksgeschichten im Europa der Zwischenkriegszeit*, Göttingen.

Ho Ping-ti. 1966/67. The Significance of the Ch'ing Period in Chinese History, in: *JAS* 26, S.189-95.

Ho Ping-ti. 1998. In Defense of Sinicization: A Rebuttal of Evelyn Rawski's "Reenvisioning the Qing", in: *JAS* 57:1, S. 123-55.

Ho, Petrus P'ei-sen. 1999. *Rangeland Policy, Pastoralism and Poverty in China's Northwest: Ningxia Province in the Twentieth Century*, Doktordissertatie, Leiden.

Hobsbawn, Eric J. 1990. *Nations and Nationalism since 1780. Programme, Myth, Reality*, Cambridge.

Höllmann, Thomas. 1980. Das Reich ohne Horizont: Berührungen mit dem Fremden jenseits und diesseits der Meere (14. bis 19. Jahrhundert), in: Bauer, *China und die Fremden*, S. 161-96.

Hon Tze-ki. 1996. Ethnic and Cultural Pluralism: Gu Jiegang's Vision of a New China in His Studies of Ancient History, in: *MC* 22, S. 315-39.

Honig, Emily. 1992a. *Creating Chinese Ethnicity: Subei People in Shanghai 1850-1980*, New Haven/London.

Honig, Emily. 1992b. Migrant Culture in Shanghai: In Search of a Subei Identity, in: Wakeman/Yeh, *Shanghai Sojourners*, S. 239-65.

Honig, Emily. 1996. Native Place and the Making of Chinese Ethnicity, in: Hershatter u.a., *Remapping China*, S. 143-55.

Hooson, David (Hg.) 1994. *Geography and National Identity*, Oxford.

Hostetler, Laura. 2001. *Qing Colonial Enterprise: Ethnography and Cartography in Early Modern China*, Chicago/London.

Hou Renzhi 侯仁之 1979. *Lishi dilixue de lilun yu shijian* 歷史地理學的理論與實踐 (Theorie und Wirklichkeit der Historischen Geographie), Shanghai.

Hou Renzhi. 1981. Huigu yu zhanwang 回顧與張望 (Erinnerung und Erwartung), in: *Lishi dili* 1, S. 220-28.

Hou Renzhi. 1998. *Hou Renzhi wenji* 侯仁之文集 (Gesammelte Aufsätze von Hou Renzhi), Beijing.

Howland, D. R. 1996. *Borders of Chinese Civilization: Geography and History at Empire's End*, Durham,NC.

Hsü Immanuel C. Y. 1968. Late Ch'ing Reconquest of Sinkiang: A Reappraisal of Tso Tsung-t'ang's Role, in: *CAJ* 12, S. 50-63.

Hsü, Immanuel C. Y. 1975. *The Rise of Modern China*, 2. Aufl., New York/Oxford.

Hsü, Immanuel C. Y. 1980. Late Ch'ing Foreign Relations, 1866-1905, in: *CHOC*, Bd. 10, S. 70-141.

Hu Fengxiang 胡逢祥 / Zhang Wenjian 張文建 1991. *Zhongguo jindai shixue sichao yu liupai* 中國近代史學思潮與流派 (Die Ideen und Schulrichtungen der neuzeitlichen chinesischen Geschichtswissenschaft), Shanghai 1991.

Hu Nai'an 胡乃安 1964. *Zhongguo minzu zhi* 中國民族史 (Chinesische Ethnographie), Taibei.

Hu Pingsheng 胡平生 1988. *Minguo shiqi de Ningxia sheng (1929-1949)* 民國時期的寧夏省 (Die Provinz Ningxia in der Republikzeit), Taibei.

Hu Shi riji 胡適日記 1985 (Hu Shi Tagebuch), hrsg. v. Zhongguo shehui kexueyuan jindaishi yanjiusuo中國社會科學院近代史研究所 (Forschungsinstitut für Neuere Geschichte der Akademie für Sozialwissenschaften), Hongkong.

Hu Xin 胡欣 / Jiang Xiaoqun 將曉羣. 1995. *Zhongguo dilixue shi* 中國地理學史 (Geschichte der chinesischen Geographie), Taibei.

Hua Li 華立 1995. Qingdai Xinjiang nongye kaifa shi 清代新疆農業開發史 (Geschichte der agrarischen Erschließung Xinjiangs in der Qing-Zeit), Harbin.

Hua Linpu 華林浦. 2001. 2000 nian zhongguo lishi dili yanjiu gaishu 2000 年中國歷史地理研究概述 (Überblick über die Forschungen zur Historischen Geographie im Jahre 2000), in: *Zhongguo shi yanjiudongtai* 9, S. 11-17.

Huang Liyong 黃麗鏞 1985. *Wei Yuan nianpu* 魏源年譜 (Biographische Chronologie über Wei Yuan), Changsha.

Huang, Philip C. C. 1972. *Liang Ch'i-ch'ao and Modern Chinese Liberalism*, Seattle/London.

Huang, Philip C. C. 1993. Public Sphere/Civil Society in China ? The Third Realm Between State and Society, in: *MC* 19, S. 216-40.

Huang Yongnian 黃永年 1982. Tong Shuye zhuanlue 童書業 (Biographischer Abriß von Tong Shuye), in: *Jinyang xuekan* 晉陽學刊 1, S. 329-37.

Hudson, Mark. 1987. Religion and Ethnicity in Chinese Islam, in: *Journal of the Institute of Muslim Minority Affairs* 8, S. 156-60.

Huenemann, Ralph W. 1984. *The Dragon and the Iron Horse: The Economics of Railroads in China, 1876-1937*, Cambridge,MA.

Hummel, Arthur W. 1929. What Chinese Historians are Doing in Their Own History, in: *AHR* 34, S. 715-24.

Hummel, Arthur W. (Hg.) 1943. *Eminent Chinese of the Ch'ing Period (1644-1911)*, Washington,DC.

Hunt, Michael H. 1993. Chinese National Identity and the Strong State: The Late-Qing-Republican Crisis, in: Dittmer/Kim, *China's Quest for National Identity,* S. 62-79.

Hutchinson, John / Anthony D. Smith (Hg.) 1994. *Nationalism*, Oxford/New York.

Huters, Theodore / R. Bin Wong / Pauline Yu (Hg.) 1997. *Culture and State in Chinese History: Conventions, Accomodations, and Critiques*, Stanford,CA.

Ip, Hung-yok. 2001. Cosmopolitanism and the Ideal Image of Nation in Communist Revolutionary Culture, in: Chow u.a., *Constructing Nationhood*, S. 215-43.

Israel, John / Donald W. Klein. 1976. *Rebels and Bureaucrats: China's December 9ers*, Berkeley/Los Angeles/London.

Israel, John. 1966. *Student Nationalism in China, 1927-1937*, Stanford,CA.

Israel, John. 1999. *Lianda: A Chinese University in War and Revolution*, Stanford, CA.

Israeli, Raphael. 1980. *Muslims in China: A Study in Cultural Confrontation*, London.

Jagchid, Sechin. 1974. Mongolian Nationalism in Response to Great Power Rivalry 1900-1950, in: *Plural Societies* 5, S. 43-57.

Jagchid, Sechin. 1999. *The Last Mongol Prince: The Life and Times of Demchugdongrob, 1902-1966*, Bellingham.

Jagchid, Sechin / Paul Hyer. 1979. *Mongolia's Culture and Society*, Boulder, CO.

Janhunen, Juha. 1996. *Manchuria: An Ethnic History*, Helsinki.

Ji Tang 冀棠 1991. Zhuming dilixuejia, lishixuejia Zhang Xiangwen xiansheng 著名地理學家,歷史學家張相文先生 (Der berühmte Geograph und Historiker Zhang Xiangwen), in: *ZBSDY* 1, S. 108-110.

Ji Wen 吉文 1994. Liang Qichao de shixue fangfa 梁啓超的史學方法 (Die Geschichtsmethoden von Liang Qichao), in: *Huadong shifan daxue xubao* 華東師范大學學報 1, S.29-34.

Jiang Guochen 將國珍 1991. *Zhongguo xinwen fazhan shi* 中國新聞發展史 (Geschichte der Entwicklung des chinesischen Journalismus), Shanghai.

Jinyang xuekan bianjibu 晉陽學刊編輯部 (Hg.) 1982. *Zhongguo xiandai shehui kexuejia zhuanlue* 中國現代社會科學家傳略 (Kurzbiographien von chinesischen Sozialwissenschaftlern der Neuesten Zeit), 2 Bde., Taiyuan.

Johnson, Chalmers. 1962. *Peasant Nationalism and Communist Power: The Emergence of Revolutionary China, 1937-1945*, Stanford,CA.

Jordan, Donald A. 1991. *Chinese Boycotts versus Japanese Bombs: The Failure of China's "Revolutionary Diplomacy", 1931-32*, Ann Arbor,MI.

Jordan, Donald A. 2001. *China's Trial by Fire: The Shanghai War of 1932*, Ann Arbor,MI.

Judge, Joan. 1996. *Print and Politics. "Shibao" and the Culture of Reform in Late Qing China,* Stanford,CA.

Karl, Rebecca E. 1998. Creating Asia: China in the World at the Beginning of the Twentieth Century, in: *AHR* 103, S. 1096-1118.

Karl, Rebecca E. 2002. *Staging the World: Chinese Nationalism at the Turn of the Twentieth Century*, Durham,NC/London.

Keating, Pauline B. 1997. *Two Revolutions: Village Reconstruction and the Cooperative Movement in Northern Shaanxi, 1934-1945*, Stanford,CA.

Kim, Key-Hiuk. 1980. *The Last Phase of the East Asian World Order: Korea, Japan, and the Chinese Empire, 1860-1882*, Berkeley/Los Angeles/London.

Kirby, William C. 1984. *Germany and Republican China*, Stanford,CA.

Kirby, William C. 1994. Traditions of Centrality, Authority, and Management in Modern China's Foreign Relations, in: Shambaugh/Robinson, *Chinese Foreign Policy*, S. 13-29.

Kirby, William C. 1997. The Internationalization of China: Foreign Relations At Home and Abroad in the Republican Era, in: *CQ* 150, S. 433-58.

Kirby, William C. 2000a. Engineering China: Birth of the Developmental State, 1928-1937, in: Yeh, *Becoming Chinese*, S. 137-60.

Kirby, William C. 2000b. The Nationalist Regime and the Chinese Party-State, 1928-1958, in: Goldman/Gordon, *Historical Perspectives*, S. 211-37.

Kogelschatz, Hermann. 1986. *Wang Kuo-wei und Schopenhauer. Wandlung des Selbstverständnisses der chinesischen Literatur unter dem Einfluß der klassischen deutschen Ästhetik*, Wiesbaden.

Kohn, Hans. 1944. *The Idea of Nationalism: A Study in Its Origins and Background*, New York.

Kuhn, Philip A. 1975. Local Self-Government under the Republic: Problems of Control, Autonomy, and Mobilization, in: Wakeman/Grant, *Conflict and Control*, S. 257-98.

Kuhn, Philip A. 1986. The Development of Local Government, in: *CHOC*, Bd. 13, S. 329-60.

Kuo, Heng-yü. 1967. *China und die Barbaren. Eine geistesgeschichtliche Standortbestimmung*, Pfullingen.

Küttler, Wolfgang / Jörn Rüsen / Ernst Schulin (Hg.) 1994. *Geschichtsdiskurs*. Bd. 2: *Anfänge modernen historischen Denkens*, Frankfurt a.M.

Küttler, Wolfgang / Jörn Rüsen / Ernst Schulin (Hg.) 1997. *Geschichtsdiskurs*. Bd. 4: *Krisenbewusstsein, Katastrophenerfahrung und Innovationen*, Frankfurt a.M.

Kuß, Susanne. 2005. *Der Völkerbund und China*, Münster.

Laitinen, Kauko. 1990. *Chinese Nationalism in the Late Qing Dynasty: Zhang Binglin as an Anti-Manchu Propagandist*, London.

Langewiesche, Dieter. 1995. Nation, Nationalismus, Nationalstaat: Forschungsstand und Forschungsperspektiven, in: *Neue Politische Literatur* 40, S. 190-236.

Langewiesche, Dieter. 2000. *Nation, Nationalismus, Nationalstaat in Deutschland und Europa*, München.

Lary, Diana. 1974. *Region and Nation: The Kwangsi Clique in Chinese Politics, 1925-1937*, Cambridge

Lee En-han. 1968/69. China's Response to Foreign Investment in Her Mining Industry, 1902-1911, in: *JAS 28*, S. 55-76.

Lee En-han. 1977. *China's Quest for Railway Autonomy, 1904-1911: A Study of the Chinese Railway-Rights Recovery Movement*, Singapur.

Lee Ki-baik. 1994. *A New History of Korea*, übers.v. Edward W. Wagner, Cambridge,MA/London.

Leifer, Michael (Hg.) 2000. *Asian Nationalism*, London/New York.

Leonard, Jane Kate. 1984. *Wei Yuan and China's Rediscovery of the Maritime World*, Cambridge,MA.

Leong Sow-theng. 1976. *Sino-Soviet Diplomatic Relations, 1917-1926*, Honululu.

Leong Sow-theng. 1997. *Migration and Ethnicity in Chinese History: Hakkas, Pengmin, and Their Neighbors*, hg. v. Tim Wright, Stanford.

Leslie, Donald Daniel. 1986. *Islam in Traditional China: A Short History to 1800*, Canberra.

Leutner, Mechthild. 1982. *Geschichtsschreibung zwischen Politik und Wissenschaft. Zur Herausbildung der chinesischen marxistischen Geschichtswissenschaft in den 30er und 40er Jahren*, Wiesbaden.

Levenson, John R. 1953. *Liang Ch'i-ch'ao and the Mind of Modern China*, London.

Levenson, Joseph R. 1972. *Confucian China and Its Modern Fate: A Trilogy*, Berkeley/Los Angeles.

Lewis, Mark Edward. 1999. Warring States: Political History, in: Loewe/Shaughnessy, *Cambridge History of Ancient China*, S. 587-650.

Li Dexian 李得賢 1997. Xilu gudi mingyi kaoshi – wei Gu Jiegang xiansheng baisui yanchen jinianhui zuo 西陸古地名義考釋-爲顧頡剛先生百歲誕辰紀念會作 (Überprüfung der Bedeutung der alten Bezeichnungen der Westregion – anlässlich der Erinnerungskonferenz zum 100. Geburtstag von Herrn Gu Jiegang), in: *Zhongguo lishi dili luncong* 1, S. 113-25.

Li Guyang 李固陽 1991. Gu Jiegang xiansheng zai Yanjing daxue 顧頡剛先生在燕京大學 (Herr Gu Jiegang in der Yanjing-Universität), in: *Yanda wenshi ziliao* 燕大文史資料 5, S. 150-59.

Li Guoqi 李國祁 1980. *Jindai zhongguo sixiang renwu lun – minzu zhuyi* 近代中國思想人物論 - 民族主義 (Aufsätze über die Ideen von Persönlichkeiten im neuzeitlichen China), Taibei.

Li Hanwu 李漢武 1986. Wei Yuan junshi sixiang chutan 魏源軍事思相初探 (Erste Untersuchung des militärischen Denkens von Wei Yuan), in: *Qiusuo* 6, S. 66-73.

Li Jun 李軍 / Dong Fuwen 董輔文 / Lü Wenyu 陸文郁 1992. *Wu jing quan yi* 五經全譯 (Vollständige Übersetzungen der fünf Klassiker), Changchun.

Li, Lincoln. 1994. *Student Nationalism in China, 1924-1949*, Albany, NY.

Li, Lincoln. 1996. *The China Factor in Modern Japanese Thought: The Case of Tachibana Shiraki, 1881-1945*, New York.

Li Mumiao 李木妙 1995. *Guoshi dashi. Qian Mu jiaoshou zhuanlue* 國史大師. 錢穆教授傳略 (Der große Lehrer der Nationalgeschichte. Eine biographische Skizze von Professor Qian Mu), Taibei.

Li Sheng 厲聲 1992. Xinjiang jindai shi yanjiu huigu 新疆近代史研究回顧 (Rückblick auf die Forschungen zur neueren Geschichte Xinjiangs), in: *ZGBSDY* 3, S. 55-68.

Li Zehou 李澤厚 1979. *Zhongguo jindai sixiangshi lun* 中國近代思想史論 (Die Ideengeschichte Chinas in der neueren Zeit), Beijing.

Li Zhancai 李占才 1994. *Zhonguo tielu shi (1876-1949)* 中國鐵路史 (Geschichte der chinesischen Eisenbahnen), Shantou.

Lin Chao 林超 1982. Zhongguo xiandai dilixue mengya de Zhang Xiangwen he Zhongguo dixuehui 中國現代地理學萌芽的張相文和中國地學會 (Zhang Xiangwen und die Chinesische Geographische Gesellschaft zur Zeit des Aufkeimes der modernen chinesischen Geographie), in: *Ziran kexueshi yanjiu* 1 (Nr. 2), S. 150-159.

Lin Hsiao-Ting. 2004. Boundary, Sovereignty, and Imagination: Reconsidering the Frontier Disputes between British India and Republican China, 1914-47, in: *The Journal of Imperial and Commonwealth History*, 32:3 (September), S. 25-47.

Lin Song 林松 / He Yan 和龔 1992. *Huihui lishi yu yisilan wenhua* 回回歷史與伊斯蘭文化 (Die Geschichte der Huihui und die islamische Kultur), Beijing.

Lin Xiaoqing. 1999. Historicizing Subjective Reality, Rewriting History in Early Republican China, in: *MC* 25, S. 3-43.

Lin Yü. 1986. A Reexamination of the Relationship between Bronzes of the Shang Culture and of the Northern Zone, in: K. C. Chang, *Studies of Shang Archaeology*, S. 237-73.

Lipman, Jonathan N. 1984. Ethnicity and Politics in Republican China: The Ma Family Warlords of Gansu, in: *MC* 10, S. 285-316.

Lipman, Jonathan N. 1987. Hui-Hui: An Ethnohistory of the Chinese-Speaking Muslims, in: *Journal of South Asian and Middle Eastern Studies* 11, S. 112-30.

Lipman, Jonathan N. 1988. Ethnic Violence in Modern China: Hans and Huis in Gansu, 1781-1929, in: Lipman/Harrell, *Violence in China*, S. 65-86.

Lipman, Jonathan N. 1996. Hyphenated Chinese: Sino-Muslim Identity in Modern China, in: Hershatter u.a., *Remapping China*, S. 97-112.

Lipman, Jonathan. 1997. *Familiar Strangers: A History of Muslims in Western China*, Seattle, WA.

Lipman, Jonathan N. / Stevan Harrell (Hg.) 1988. *Violence in China: Essays in Culture and Counterculture*, Albany,NY.

Lippert, Wolfgang. 1979. *Entstehung und Entwicklung einiger chinesischer marxistischer Termini. Der lexikalisch-begriffliche Aspekt der Rezeption des Marxismus in Japan und China*, Wiesbaden.

Liu Di 劉逖 1990a. Wo guo gudai chuantong zhibian sixiang chutan 我國古代傳統治邊思想初探 (Erste Überlegungen zum traditionellen Grenzverwaltungsdenken im Altertum unseres Landes), in: Ma Dazheng, *Zhongguo gudai bianjiang zhengce yanjiu*, S. 354-86.

Liu Di.1990b. Chengxin aiguo de zhishi yongyu kaituo de xuezhe-zhuming dilixuejia lishixuejia Zhang Xiangwen xiansheng 誠心愛國的志士勇於開拓的學者-著名地理學家歷史學家張相文先生 (Ein ehrlicher, patriotischer Held und wegweisender Gelehrter – der berühmte Geograph und Historiker, Herr Zhang Xiangwen) in: *ZBSDY* 2, S. 14-17.

Liu Di. 1991. Zhongguo dixuehui 中國地學會 (Die chinesische Geographische Gesellschaft), in: *ZBSDY* 2, S. 103-106.

Liu Haiyuan 劉海源 (Hg.) 1990. *Neimenggu kenwu yanjiu* 內蒙古墾務研究 (Untersuchungen zur Urbarmachung der Inneren Mongolei), Bd. 1, Hohhot.

Liu, Lydia H. 1995. *Translingual Practice: Literature, National Culture, and Translated Modernity: China, 1900-1937*, Stanford,CA.

Liu Qiyu 劉起釪 1984. Gu Jiegang xiansheng yu Shangshu yanjiu 顧頡剛先生與尚書研究 (Herr Gu Jiegang und die Forschungen zum "Shangshu"), in: *Shehui kexue zhanxian* 3, S. 220-29.

Liu Qiyu. 1985. Gu Jiegang 顧頡剛, in: Chen Qingquan u.a., *Zhongguo shixuejia pingzhuan*, Bd. 2, S. 1438-63.

Liu Xiaoyuan. 1996. *A Partnership for Disorder: China, the United States, and Their Policies for the Postwar Disposition of the Japanese Empire, 1941-1945*, Cambridge.

Liu Xuezhao 劉學照 1994. Wei Yuan yu jindai Zhongguo minzu juexing 魏源與近代中國民族覺醒 (Wei Yuan und das nationale Erwachen Chinas in der Neueren Zeit), in: *Guizhou daxue xuebao* 4, S. 56-62.

Liu Xuzeng 劉繼增 / Zhang Baohua 張葆華. 1991. *Zhongguo Guomindang mingren lu* 中國國民黨名人录 (Aufzeichnungen berühmter Persönlichkeiten der chinesischen Guomindang), Wuhan.

Lodén, Torbjörn. 1996. Nationalism Transcending the State: Changing Concepts of Chinese Identity, in: Tønnesson/Antlöv, *Asian Forms of the Nation*, S. 270-96.

Loewe, Michael / Edward L. Shaughnessy (Hg.) 1999. *The Cambridge History of Ancient China: From the Origins of Civilization to 221 B.C.*, Cambridge.

Lönnroth, Erik (Hg.) 1994. *Conceptions of National History: Proceedings of Nobel Symposium 78*, Berlin.

Lu Liangzhi 盧良志 1984. *Zhongguo dituxue shi* 中國地圖學史 (Geschichte der chinesischen Kartographie), Beijing.

Luo Zhitian. 1993. National Humiliation and National Assertion: The Chinese Response to the Twenty-One Demands, in: *MAS* 27:2, S. 297-319.

Luo Zhitian 罗志田 2000. Dagang yu shi: Minguo xueshu guannian de dianfan zhuanyi 大纲与史: 民国学术观念的典范转移, in: *LY* 1, S. 168-76.

Luo Zhitian. 2000. Shiliao de jinliang kuochong yu bu kan ershisi shi – Minguo xin shixue de yi ge guilun xianxiang 史料的尽量扩充与不看二十四史 – 民国新史学的一个诡论现象 (Möglichst das Geschichtsmaterial erweitern und die 24 Dynastiengeschichten nicht berücksichtigen – eine merkwürdige Erscheinung der neuen Geschichtswissenschaft in der Republikzeit), in: *LY* 4, S. 151-67.

Lü Yiran 呂一燃 (Hg.) 1991. *Zhongguo bianjiang shidi lunji* 中國邊疆史地論集 (Aufsatzsammlung zur Geschichte und Geographie der chinesischen Grenzgebiete), Harbin.

Luo Fuhui 羅福惠 (Hg.) 1996. *Zhongguo minzu zhuyi sixiang lungao* 中國民族主義思想論稿 (Manuskript über die Ideen des Nationalismus), Wuhan 1996.

Ma Dazheng 馬大正 (Hg.) 1990. *Zhongguo gudai bianjiang zhengce yanjiu* 中國古代邊疆政策研究 (Forschungen zur Grenzpolitik im Chinesischen Altertum), Beijing.

Ma Dazheng (Hg.) 1993a. *Bianjiang yu minzu – lishi duanmian yankao* 邊疆與民族-歷史斷面研考 (Grenzgebiete und Völker: Untersuchungen kurzer historischer Abschnitte), Harbin.

Ma Dazheng. 1993b. Yugong xuehui jiqi xueshu zuzhi gongzuo 禹貢學會及其學術組織工作 (Die Yugong-Studiengesellschaft und ihre wissenschaftliche Organisationsarbeit), in: Ma Dazheng, *Bianjiang yu minzu,* S. 65-83.

Ma Dazheng (Hg.) 1998. *Wu Fengpei bianshi tiba ji* 吳丰培邊事題跋集 (Sammlung von Wu Fengpeis Vor- und Nachworten zu Grenzangelegenheiten), Urumuqi.

Ma Dazheng / Liu Di 劉逖 1997. *Ershi shiji de Zhongguo bianjiang yanjiu – yi men fazhan zhong de bianyuan xueke de yanjin licheng* 二十世紀的 中國邊疆研究-一門發展中的邊緣學科的演進歷程 (Chinas Forschungen über die Grenzgebiete im 20. Jahrhundert – Fortschritte einer sich entwickelnden Wissenschaft über die Grenzgebiete), Harbin 1997.

Ma Jinke 馬金科 / Hong Jingjin 洪京陵 u.a. 1994. *Zhongguo jindaishi fazhan qulun* 中國近代史學發展敘論 (Beschreibung der Entwicklung der chinesischen Geschichtsschreibung in der Neueren Zeit, 1840-1949), Beijing.

Ma Qicheng 馬啓成 / Ding Hong 丁宏 1998. *Zhongguo Yisilan wenhua leixing yu minzu tese* 中國伊斯蘭文化類型與民族特色 (Der kulturelle Typus und die ethnische Besonderheit des chinesischen Islam), Beijing.

Ma Ruoheng 馬汝珩 / Cheng Chongde 成崇德 (Hg.) 1998. *Qingdai bianjiang kaifa* 清代邊疆開發史 (Die Grenzerschließungen in der Qing-Zeit), Taiyuan.

Ma Wei 馬煒 1991. Yugong xuehui 禹貢學會 (Die Yugong-Studiengesellschaft), in: *ZBSDY* 2, S. 107-110.

Mackerras, Colin. 1994. *China's Minorities: Integration and Modernization in the Twentieth Century,* Hongkong.

Mackinnon, Stephen R. 1997. Towards a History of the Chinese Press in the Republican Period, in: *MAS* 23, S. 3-32.

MacNair, Harley Farnsworth. 1925. *China's New Nationalism and Other Essays*, Shanghai.

Mao Yingping 毛英萍 1997. Luelun minguo shiqi dongbei de nongye jingji zhengce 略論民國時期東北的農業經濟政策 (Über die republikzeitliche Landwirtschaftspolitik im Nordosten), in: *Beifang wenwu* 2, S. 85-91.

Martin, Helmut / Christiane Hammer (Hg.) 1999. *Chinawissenschaften – Deutschsprachige Entwicklungen. Geschichte, Personen, Perspektiven*, Hamburg.

McCormack, Gavan 1977. *Chang Tso-lin in Northeast China, 1911-1928: China, Japan and the Manchurian Idea*, Folkestone.

McKee, Delber L. 1977. *Chinese Exclusion versus the Open Door Policy,1900-1906: Clashes over China Policy in the Roosevelt Era*, Detroit.

Mees, Imke. 1984. *Die Hui – Eine moslemische Minderheit in China. Assimilationsprozesse und politische Rolle vor 1949*, München.

Mehmel, Astrid. 2000. Sven Hedin und die nationalsozialistische Expansionspolitik, in: Diekmann u.a., *Geopolitik*, Bd. 1, S. 189-236.

Meisner, Maurice / Rhoads Murphey (Hg.) 1976. *The Mozartian Historian: Essays on the Work of Joseph R. Levenson*, Berkeley/Los Angeles/London.

Mende, Erling von (Hg.) 1988a. *Turkestan als historischer Faktor und politische Idee. Festschrift für Baymirat Hayit zu seinem 70. Geburtstag*, Köln.

Mende, Erling von 1988b. Eine Glosse zur Sinkiang-Politik der Republik China (Zwei Aufsätze des Ethnologen Ling Shun-sheng aus den Jahren 1934 und 1951), in: v. Mende, *Turkestan als historischer Faktor,* S. 149-63.

Mi Rucheng 彌汝成 1980. *Diguozhuyi yu Zhongguo tielu 1847-1949* 帝國主義與中國鐵路 (Der Imperialismus und die chinesischen Eisenbahnen), Shanghai.

Millward, James A. 1996. New Perspectives on the Qing Frontier, in: Hershatter u.a., *Remapping China*, S. 113-29.

Millward, James A. 1998. *Beyond the Pass: Economy, Ethnicity, and Empire in Qing Central Asia, 1759-1864*, Stanford,CA.

Millward, James A. 1999. 'Coming onto the Map': 'Western Regions', Geography and Cartographic Nomenclature in the Making of Chinese Empire in Xinjiang, in: *LIC* 20, S. 61-98.

Millward, James A. u.a. (Hg.) 2004. *New Qing Imperial History: The Making of Inner Asian Empire at Qing Chengde*, London/New York.

Mirsky, Jeanette. 1977. *Sir Aurel Stein: Archaeological Explorer*, Chicago/London.

Mittag, Achim. 1997a. Chinas Modernisierung und die Transformation des chinesischen Geschichtsdenkens unter westlichem Kultureinfluß. Drei Thesen, in: Küttler u.a., *Geschichtsdiskurs*, Bd. 4, S. 355-80.

Mittag, Achim. 1997b. Zeitkonzepte in China, in: Mülller/Rüsen, *Historische Sinnbildung*, S. 251-76.

Mitter, Rana. 2000. *The Manchurian Myth: Nationalism, Resistance, and Collaboration in Modern China*, Berkeley/Los Angeles/London.

Morgan, Gerald. 1981. *Anglo-Russian Rivalry in Central Asia, 1810-1895*, London.

Morley, James W. (Hg.). 1983. *The China Quagmire: Japan's Expansion on the Asian Continent, 1933-1941. Selected Translations from Taiheiyō sensō e no michi: kaisen gaikō shi*, New York.

Most, Glenn W. (Hg.) 2001. *Historicization – Historiosierung*, Göttingen.

Mühlhahn, Klaus. 1999. Imaginiertes China. „Master Narratives" der deutschen Chinawissenschaft", in: Martin/Hammer, *Chinawissenschaften*, S. 42-62.

Müller, Klaus E. / Jörn Rüsen (Hg.), *Historische Sinnbildung. Problemstellungen, Zeitkonzepte, Wahrnehmungshorizonte, Darstellungsstrategien*, Reinbek.

Murata, Sachiko. 2000. *Chinese Gleams of Sufi Light: Wang Tai-yü's Great Learning of the Pure and Real and Liu Chih's Displaying the Concealment of the Real Realm*, New York.

Myers, Ramon H. 1989. Japanese Imperialism in Manchuria: The South Manchuria Railway Company, 1906-1933, in: Duus u.a., *The Japanese Informal Empire*, S. 101-32.

Myers, Ramon H. 2000. The Chinese State in the Republic of China, in: Shambaugh, *The Modern Chinese State*, S. 42-72.

Myers, Ramon H. / Mark R. Peattie (Hg.) 1984. *The Japanese Colonial Empire*, 1895-1945, Princeton, NJ.

Nakami Tatsuo. 1984. The Mongols and the 1911 Revolution, in: Etō/Schiffrin, *The 1911 Revolution*, S. 129-49.

Naquin, Susan / Evelyn S. Rawski. 1987. *Chinese Society in the Eighteenth Century*, New Haven/London.

Narangoa, Li. 1998. *Japanische Religionspolitik in der Mongolei 1932-1945. Reformbestrebungen und Dialog zwischen japanischem und mongolischem Buddhismus*, Wiesbaden.

Needham, Joseph. 1959. Geography and Cartography, in: ders., *Science and Civilization in China*, Bd. 3: *Mathematics and the Sciences of the Heavens and the Earth*, Cambridge, S. 497-590.

Nelson, Sarah Milledge (Hg.) 1995. *The Archaeology of Northeast China: Beyond the Great Wall*, London/New York.

Newby, Laura J. 1999. The Chinese Literary Conquest of Xinjiang, in: *MC* 25, S. 451-74.

Nish, Ian H. 1992. *Japan's Struggle with Internationalism: Japan, China and the League of Nations, 1931-33*, London/New York.

Niu Haizhen 牛海槙 2000. Xu Song Xiyu shuidao ji de xueshu tedian 徐松西域水道記的學術特點 (Die wissenschaftlichen Besonderheiten von Xu Songs "Aufzeichnungen der Wasserwege in den Westgebieten"), in: *SXSYJ* 6, S. 57-59.

Nyman, Lars-Erik. 1977. *Great Britain and Chinese, Russian and Japanese Interests in Sinkiang, 1918-1934*, Malmö.

O'Leary, Brendan. 1998. Ernest Gellner's Diagnoses of Nationalism: A Critical Overwiew, or, What Is Living and What Is Dead in Ernest Gellner's Philosophy of Nationalism, in: Hall, *The State of the Nation*, S. 40-88.

Oberkrome, Willi. 1983. *Volksgeschichte. Methodische Innovation und völkische Ideologisierung in der deutschen Geschichtswissenschaft 1918-1945*, Göttingen.

Orridge, A. W. 1981. Varieties of Nationalism, in: Tivey, *The Nation State*, S. 39-58.

Osterhammel, Jürgen. 1983. *Britischer Imperialismus im Fernen Osten. Strukturen der Durchdringung und einheimischer Widerstand auf dem chinesischen Markt 1932-1937*, Bochum.

Osterhammel, Jürgen. 1987. Forschungsreise und Kolonialprogramm. Ferdinand von Richthofen und die Erschließung Chinas im 19. Jahrhundert, in: *Archiv für Kulturgeschichte* 69, S. 150-95.

Osterhammel, Jürgen. 1989. *China und die Weltgesellschaft. Vom 18. Jahrhundert bis in unsere Zeit*, München.

Osterhammel, Jürgen. 1997. *Shanghai, 30. Mai 1925. Die chinesische Revolution*, München.

Ouyang Junxi 欧阳军喜 2002. 20 shiji 30 niandai liang zhong Zhongguo jindai shi huayu zhi bijiao 二十世纪三十年代两种中国近代史话语之比较 (Vergleich zweier verschiedener Diskurse der modernen chinesischen Gesichte in den dreißiger Jahren des 20. Jahrhunderts), in: *JDYJ* 2, S. 111-49.

Ownby, David / Mary Somers Heidhues (Hg.) 1993. *"Secret Societies" Reconsidered: Perspectives on the Social History of Early Modern South China and South East Asia*, Armonk,NY.

Paine, S. C. M. 1996. *Imperial Rivals. Russia, China and Their Disputed Frontier, 1858-1924*, Armonk,NY.

Parekh, Bhikhu. 1995. Ethnocentricity of the Nationalist Discourse, in: *Nations and Nationalism* 1, S. 25-52.

Peng Minghui 彭明輝 1991. *Yigu sixiang yu xiandai Zhongguo shixue de fazhan* 疑古思想與現代中國 史學的發展 (Das altertumskritische Denken und die Entwicklung der modernen chinesischen Geschichtswissenschaft), Taibei.

Peng Minghui. 1995. *Lishi dilixue yu xiandai Zhongguo shixue* 歷史地理學與現代中國史學 (Die Historische Geographie und die moderne chinesische Geschichtswissenschaft), Taibei.

Pepper, Suzanne. 1999. *Civil War in China: The Political Struggle, 1945-1949*, 2. Aufl., Lanham.

Perdue, Peter. 1998. Boundaries, Maps and Movement: Chinese, Russian, and Mongolian Empires in Early Modern Central Eurasia, in: *International History Review* 20, S. 263-86.

Perdue, Peter. 2005. *China Marches West: The Qing Conquest of Central Eurasia*, Cambridge,MA.

Petersson, Niels P. 2000. *Imperialismus und Modernisierung. Siam, China und die europäischen Mächte 1895-1914*, München.

Pohl, Karl-Heinz / Gudrun Wacker / Liu Huiru (Hg.). 1993. *Chinas Intellektuelle im 20. Jahrhundert: Zwischen Tradition und Moderne*, Hamburg (= Mitteilungen des Instituts für Asienkunde Hamburg, 220).

Pong, David / Edmund S. K. Fung (Hg.) 1985. *Idea und Reality: Social and Political Change in Modern China, 1860-1949*, Lanham.

Qin Zuolian 秦作棟 / Xun Guoxian 荀國仙 1995.Yugong jiqi dili shixue diwei 禹貢及其地理史學地位 (Yugong und seine Stellung in der Geschichte der Geographie), in: *Shanxi shifan daxue bao (shehui kexue ban)* 22.4 (Oktober), S. 69-72.

Qinghua daxue xiaoshi yanjiuzhi 清華校史研究室 (Forschungsbüro zur Hochschulgeschichte der Qinghua-Universität) 1991. *Qinghua daxue shiliao xuanbian* 清華大學史料選編 (Auswahl von historischen Quellenmaterialien über die Qinghua-Universität), 2 Bde., Beijing.

Qiu Shusen 邱樹森 u.a. 1996. *Zhongguo huizu shi* 中國回族史 (Geschichte der muslimischen Völker Chinas), 2 Bde., Yinchuan.

Qu Lindong 瞿林東 1999. *Zhongguo shixueshi gang* 中國史學史綱 (Überblick über die Geschichte der chinesischen Geschichtsschreibung), Beijing.

Que Weimin. 1995. Historical Geography in China, in: *Journal of Historical Geography* 21, S. 361-70.

Quested, Rosemary K.I. 1982. *Matey Imperialists? The Tsarist Russians in Manchuria 1895-1917*, Hongkong.

Rachewiltz, Igor de. 1983. Turks in China under Mongols: A Preliminary Investigation of Turco-Mongol Relations in the 13th and 14th Centuries, in: Rossabi, *China among Equals*, S. 281-95.

Rankin, Mary Backus. 1993. Some Observations on the Chinese Public Sphere, in: *MC* 19, S. 158-82.

Rawski, Evelyn S. 1998. *The Last Emperors: A Social History of Qing Imperial Institutions*, Berkeley/Los Angeles/London.

Reardon-Anderson, James. 1991. *The Study of Change: Chemistry in Modern China, 1860-1949*, Cambridge.

Reckel, Johannes. 1995. *Bohai-Geschichte und Kultur eines mandschurisch-koreanischen Königreiches der T'ang-Zeit, dargestellt nach den Schriftzeugnissen und dem archäologischen Fundmaterial*, Wiesbaden (Aetas Manjurica Bd.5).

Reinhard, Wolfgang (Hg.) 1995. *Kollektive Identitäten und Geschichte*, Freiburg.

Reinhard, Wolfgang. 1999. *Geschichte der Staatsgewalt: Eine vergleichende Verfassungsgeschichte Europas von den Anfängen bis zur Gegenwart*, München.

Ren Jiahe 任嘉禾 1996. Weiyuan shixue zhong de duo minzu ningju qingxiang 魏源史學中的多民族凝聚傾向 (Tendenzen der "Ausformung des Vielvölkertums" in der Geschichtsforschung Wei Yuans), in: *Heilongjiang minzu congkan* 2, S. 44-48.

Rhoads, Edward J. M. 2000. *Manchus and Han: Ethnic Relations and Political Power in Late Qing and Early Republican China, 1861-1928*, Seattle/London.

Richter, Ursula. 1982. Gu Jiegang – His Last Thirty Years, in: *CQ* 90, S. 386-95.

Richter, Ursula. 1992. *Zweifel am Altertum. Gu Jiegang und die Diskussion über Chinas alte Geschichte als Konsequenz der "neuen Kulturbewegung", ca. 1815-1923*, Stuttgart.

Rigby, Richard W. 1980. *The May 30 Movement: Events and Themes*, Folkestone.

Rong Xiangjiang 荣新江 1998. Xiyushi yanjiu de huigu yu zhanwang 西域史研究的回顧與展望 (Rückblick und Ausblick auf die Forschungen zur Geschichte der Westgebiete), in: *LSYJ* 2, S. 132-48.

Rosner, Erhard. 1981. Die "Familie der Völker" in der Diplomatiegeschichte Chinas, in: *Saeculum* 32, S. 206-24.

Rossabi, Morris. 1975. *China and Inner Asia: From 1368 to the Present Day*, London.

Rossabi, Morris (Hg.) 1983. *China Among Equals: The Middle Kingdom and Its Neighbors, 10th to 14th Centuries*, Berkeley/Los Angeles/London.

Rossabi, Morris. 1994. The Reign of Khubilai Khan, in: *CHOC*, Bd. 6, S. 414-89.

Rossabi, Morris. 1998. The Ming and Inner Asia, in: *CHOC*, Bd. 8, S. 221-71.

Rowe, William T. 1990. Public Sphere in Modern China, in: *MC* 16, S. 309-29.

Rowe, William T. 1993. The Problem of "Civil Society" in Late Imperial China, in: *MC* 19, S. 139-57.

Ru Ling 汝令 1993. Qie er bushe jinshi kelou - ji shidi zhuanjia Tan Qixiang 鍥而不舍金石可鏤-記史地專家譚其驤 (Beharrlich und ausdauernd - Notizen über den Historiker und Geographen Tan Qixiang), in: *ZBSDY* 1, S. 90-93.

Saari, Jon L. 1990. *Legacies of Childhood: Growing up Chinese in a Time of Crisis, 1890-1920*, Cambridge,Mass./London.

Sandner, Gerhard. 1994. In Search of Identity: German Nationalism and Geography, 1871-1910, in: Hooson, *Geography and National Identity*, S. 71-91.

Sang Bing 桑兵 1999. Jindai Zhongguo xueshu de diyuan yu liupai 近代中國學術的地緣與流派 (Die geographischen Ursachen und Fraktionen der neuzeitlichen chinesischen Wissenschaft), in: *LSYJ* 3, S. 24-41.

Scalapino, Robert A. / George T. Yu. 1985. *Modern China and Its Revolutionary Process: Recurrent Challenges to the Traditional Order, 1850-1920*, Berkeley/Los Angeles/London.

Schmidt-Glintzer, Helwig. 1990. *Geschichte der chinesischen Literatur. Die 3000jährige Entwicklung der poetischen, erzählenden und philosophisch-religiösen Literatur Chinas von den Anfängen bis zur Gegenwart*, Bern/München/Wien.

Schmidt-Glintzer, Helwig. 1994. Die Modernisierung des historischen Denkens im China des 16.-18. Jahrhunderts und seine Grenzen, in: Küttler u.a., *Geschichtsdiskurs*, Bd. 2, S. 165-79.

Schmidt-Glintzer, Helwig. 1997. *China: Vielvölkerreich und Einheitsstaat. Von den Anfängen bis heute*, München.

Schmidt-Glintzer, Helwig. 1999. *Geschichte Chinas bis zur mongolischen Eroberung, 240 v.Chr. – 1279 n.Chr.*, München.

Schmidt-Glintzer, Helwig. 2000. *Wir und China – China und wir. Kulturelle Identität und Modernität im Zeitalter der Globalisierung*, Essen.

Schneider, Axel. 1996. Between „Dao" and History: Two Chinese Historians in Search of a Modern Identity for China, in: *History and Theory* 35, S. 54-73.

Schneider, Axel. 1997. *Wahrheit und Geschichte. Zwei chinesische Historiker auf der Suche nach einer modernen Identität für China*, Wiesbaden 1997.

Schneider, Lawrence A. 1971. *Ku Chieh-kang and China's New History: Nationalism and the Quest for Alternative Traditions*. Berkeley/Los Angeles/London.

Schneider, Lawrence A. 1976. National Essence and the New Intelligentsia, in: Furth, *The Limits of Change*, S. 57-89.

Schneider, Lawrence A. 1988. Genetics in Republican China, in: Bowers u.a., *Science and Medicine*, S. 3-30.

Schram, Stuart (Hg.) 1987. *The Foundations and Limits of State Power in China*, London.

Schubert, Gunter. 2002. *Chinas Kampf um die Nation. Dimensionen nationalistischen Denkens in der VR China, Taiwan und Hongkong an der Jahrtausendwende*, Hamburg.

Schultz, Hans-Dietrich. 1989. *Die Geographie als Bildungsfach im Kaiserreich*, Osnabrück.

Schultz, Hans-Dietrich. 2000. Land-Volk-Staat. Der geografische Anteil an der "Erfindung" der Nation, in: *Geschichte in Wissenschaft und Unterricht* 51, S. 4-16.

Schwarcz, Vera. 1986. *The Chinese Enlightenment: Intellectuals and the Legacy of the May Fourth Movement of 1919*, Berkeley/Los Angeles/London.

Schwartz, Benjamin I. 1976. Notes on Conservatism in General and in China in Particular, in: Furth, *The Limits of Change*, S. 3-21.

Schwartz, Benjamin I. 1983. Themes in Intellectual History: May Fourth and After, in: *CHOC*, Bd. 12, S. 406-51.

Shambaugh, David (Hg.) 2000. *The Modern Chinese State*, Cambridge.

Shambaugh, David / Thomas W. Robinson (Hg.) 1994. *Chinese Foreign Policy: Theory and Practice*, Oxford.

Shang Hongkui 商鴻逵 1985. Meng Sen 孟森, in: Chen Qingquan u.a., *Zhongguo shixuejia pingzhuan*, Bd. 2, S. 1166-89.

Sharman, Lyon. 1934. *Sun Yat-sen: His Life and His Meaning*, New York.

Shaughnessy, Edward L. 1989. Historical Geography and the Extend of the Earliest Chinese Kingdoms, in: *Asia Major* 3. Ser. 2, S. 1-22.

Shaw, Yu-ming (Hg.) 1986. *China and Europe in the Twentieth Century*, Taibei.

Shen Qian 沈潛 1990. Gong Wei ji Dongbei shidi 龔魏及東北史地 (Gong (Zizhen) und Wei (Yuan) über die Geschichte und Geographie des Nordostens), in: *Jingmen daxue xuebao* 3, S. 20-25.

Shen, Vincent. 1986. In Search of a Paradigm of Interaction: China's Appropriation of European Science and Technology, 1900-1930s, in: Shaw, *China and Europe in the Twentieth Century*, S. 141-53.

Sheridan, James E. 1975. *China in Disintegration: The Republican Era in Chinese History, 1912-1949*, New York.

Shi Nianhai 史念海 1978. *Heshan Ji* 河山記 (Berge und Flüsse), Beijing.

Shi Nianhai. 1982. Shi Nianhai zizhuan 史念海自傳 (Autobiographie Shi Nianhais), in: *Jinyang xuekan*, S. 46-56.

Shi Nianhai. 1993. Gu Jiegang xiansheng yu Yugong xuehui 顧頡剛先生與禹貢學會 (Herr Gu Jiegang und die Yugong-Studiengesellschaft), in: *Zhongguo lishi dili congshu* 3, S. 1-18.

Shi Nianhai. 1999. Zhongguo lishi dilixue de huigu yu qianchan 中國歷史地理學的回顧與前瞻 (Rückblick und Vorausschau der Chinesischen Historischen Geographie), in: *Zhongguo lishi dili luncong* 2, S. 1-6.

Shi Shangru 石璋如 (Hg.) 1954. *Zhongguo lishi dili* 中國歷史地理 (Chinas Historische Geographie), 2 Bde., Hongkong.

Shi Weile 史爲樂 1997. Yansu qingshen, yizaiqiushi – yi Tan Qixiang xiansheng 嚴肅謹慎，意在求實-憶譚其驤先生 (Streng achtsam, die Bedeutung auf der "Verfolgung der Wahrheit" – Herrn Tan Qixiang in memoriam), in: *Dongyi luncong* 2, S. 103-107.

Sinor, Denis (Hg.) 1990. *The Cambridge History of Early Inner Asia*, Cambridge.

Smith, Anthony D. 1996. Memory and Modernity: Reflections on Ernest Gellner's Theory of Nationalism, in: *Nations and Nationalism* 2, S. 371-88.

Smith, Anthony D. 1998. *Nationalism and Modernism: A Critical Survey of Recent Theories of Nations and Nationalism*, London/New York.

Smith, Anthony D. 2000. *The Nation in History: Historiographical Debates about Ethnicity and Nationalism*, Hanover,NH.

Smith, Richard J. 1994. *China's Cultural Heritage: The Qing Dynasty, 1644-1912*, 2. Aufl., Boulder/San Francisco/Oxford.

Smith, Richard J. 1996. *Chinese Maps: Images of "All Under Heaven"*, Hongkong/Oxford/New York.

Smith, Richard J. 1998. Mapping China's World: Cultural Cartography in Late Imperial Times, in: Yeh, *Landscape, Culture, and Power*, S. 52-109.

Song Qiang 宋強 / Zhang Zangzang 張藏藏 / Qiao Bian 喬邊 (Hg.) 1996. Zhongguo keyi shuo bu. Lengzhan hou shidai de zhengzhi yu qinggan jueze 中國可以說不. 冷戰后時代的政治與情感抉擇 (China kann nein sagen. Politik und emotionale Entscheidungsfindung nach dem Zeitalter des Kalten Krieges), Beijing.

Soucek, Svat. 2000. *A History of Inner Asia*, Cambridge.

Spakowski, Nicola. 1999. *Helden, Monumente, Traditionen. Nationale Identität und historisches Bewusstsein in der VR China*, Hamburg.

Spence, Jonathan. 1985. *The Memory Palace of Matteo Ricci*, London.

Stapleton, Kristin. 1996. Urban Politics in an Age of „Secret Societies", in: *Republican China* 22, S. 23-64.

Stolleis, Michael. 1992. *Geschichte des öffentlichen Rechts in Deutschland*. Bd. 2: *Staatsrechtslehre und Verwaltungswissenschaft 1800-1914*, München.

Strand, David. 1997. Community, Society, and History in Sun Yat-sens's Sanmin zhuyi, in: Huters u.a., *Culture and State in Chinese History*, S. 326-45.

Strand, David. 1998. Calling the Chinese People to Order: Sun Yat-sens's Rhetoric of Development, in: Bjørdsgaard / Strand, *Reconstructing Twentieth-Century China*, S. 33-68.

Strauss, Julia C. 1994. Symbol and Reflection of the Reconstituting State: The Examination Yuan in the 1930s, in: *MC*, S. 211-38.

Strauss, Julia C. 1997. The Evolution of Republican Government, in: *CQ* 150, S. 329-51.

Strauss, Julia C. 1998. *Strong Institutions in Weak Polities: State Building in Republican China, 1927-1940*, Oxford.

Struve, Lynn A. (Hg.) 2004. *The Qing Formation in World Historical Time*, Cambridge,MA.

Su De 蘇德 2001. Shilun wan Qing bianjiang, neidi yitihua zhengce 試論晚清邊疆內地一体化政策 (Über die Politik der Integration zwischen den Grenzgebieten und dem Kernland in der späten Qing-Zeit), in: *ZBSY* 3, S. 1-11.

Sun Zhihua 孫智華 1986. Lun Gu Jiegang gushiguan de xingcheng 論顧頡剛古史觀的形成 (Über die Entwicklung von Gu Jiegangs Standpunkt zur Alten Geschichte), in: *Huadong shifan daxue xuebao (zhexue shehui kexue ban)* 3, S. 87-90.

Sunderland, Willard. 2001. Peasant Pioneering: Russian Peasant Settlers Describe Colonization and the Eastern Frontier, 1880s-1910s, in: *Journal of Social History* 34.4, S. 895-922.

Takeuchi, Keiichi 1994. Nationalism and Geography in Modern Japan, 1880s to 1920s, in: Hooson, *Geography and National Identity*, S. 104-11.

Tan Qixiang 譚其驤 1982a. Tan Qixiang zizhuan 譚其驤自傳 (Autobiographie Tan Qixiangs), in: *Jinyang xuekan* 晉陽學刊, S. 361-73.

Tan Qixiang (Hg.). 1982b. *Zhongguo lishi ditu ji* 中國歷史地理集 (Historischer Atlas von China), 8 Bde., Shanghai.

Tan Qixiang. 1987. *Changshui ji* 長水集 (Sammlung langer Gewässer), 2 Bde., Beijing.

Tang Hai 唐海 / Qiu Wenzhi 邱文治 1993. *Aiguo zhuyi yu minzu wenhua* 愛國主義與民族文化 (Patriotismus und nationale Kultur), Beijing.

Tang Wenquan 唐文權 1993. *Juexing yu miwu. Zhongguo jindai minzu zhuyi sichao yanjiu* 覺醒與迷誤.中國近代民族主義思潮研究 (Erwachen und Mißverstehen. Forschungen über die Gedankenströmungen des Nationalismus im neuzeitlichen China), Shanghai.

Tang Xiaobing 1996. *Global Space and the Nationalist Discource of Modernity: The Historical Thinking of Liang Qichao*, Stanford,CA.

Tang Xiaofeng. 1994. *From Dynastic Geography to Historical Geography*, Ph.D. thesis, Syracuse University.

Tao Jing-Shen. 1983. Barbarians or Northerners: Northern Sung Images of the Khitans, in: Rossabi, *China among Equals*, S. 66-86.

Tay Lian Soo 鄭良樹 1987. *Chronology of the Academic Activities of Gu Jiegang* 顧頡剛學術年譜簡編, Beijing.

Taylor, Peter J. / Colin Flint. 2000. *Political Geography: World-economy, Nation-state and Locality*, Harlow.

Teow, See Heng. 1999. *Japan's Cultural Policy toward China, 1918-1931*, Cambridge,MA/London.

Thøgerson, Stig. 1998. Reconstructing Society: Liang Shuming and the Rural Reconstruction Movement in Shandong, in: Brødsgaard/Strand, *Reconstructing Twentieth Century China*, S. 139-62.

Thorne, Christopher. 1972. *The Limits of Foreign Policy: The West, the League, and the Far Eastern Crisis of 1931-1933*, London.

Ting, Lee-Hsia Hsu. 1974. *Government Control of the Press in Modern China*, 1900-1949, Cambridge,MA/London.

Tivey, Leonard (Hg.) 1981. *The Nation State: The Formation of Modern Politics*, Oxford.

Togan, Isenbike. 1992. Islam in a Changing Society: The Khojas of Eastern Turkestan, in: Gross, *Muslims in Central Asia*, S. 134-48.

Tønnesson, Stein / Hans Antlöv (Hg.) 1996a. *Asian Forms of the Nation*, Richmond.

Tønnesson, Stein / Hans Antlöv. 1996b. Asia in Theories of Nationalism and National Identity, in: dies., *Asian Forms of the Nation*, S. 1-40.

Townsend, James. 1992. Chinese Nationalism, in: *AJCA* 27, S. 97-130.

Trauzettel, Rolf. 1975. Sung Patriotism as a First Step Toward Chinese Nationalism, in: Haeger, *Crisis and Prosperity in Sung China*, S. 199-214.

Ts'ao Wen-yen 1947. *The Constitutional Structure of Modern China*, Melbourne.

Tu Wei-ming (Hg.) 1994. *The Living Tree: The Changing Meaning of Being Chinese Today*, Stanford,CA.

Tung, William L. 1964. *The Political Institutions of Modern China*, Den Haag 1964.

Twitchett, Denis / Tilemann Grimm. 1988. The Cheng-t'ung, Ching-t'ai, and T'ien-shun Reigns, 1436-1464, in: *CHOC*, Bd. 7, S. 305-42.

Twitchett, Denis / Klaus-Peter Tietze. 1994. The Liao, in: *CHOC*, Bd. 6, S. 43-153.

Ulmen, G. L. 1978. *The Science of Society: Toward an Understanding of the Life and Work of Karl August Wittfogel*, Den Haag/Paris/New York.

Underdown, Michael. 1990. De Wang's Independent Mongolian Republic, in: *Papers on Far Eastern History* 40, S. 123-32.

Unger, Jonathan (Hg.) 1996. *Chinese Nationalism*, Armonk,NY.

United Kingdom. 1945. Naval Intelligence Division. *China Proper* (Geographical Handbook Series), 3 Bde., Edinburgh.

Wagner, Rudolf G. 1995. The Role of the Foreign Community in the Chinese Public Sphere, in: *CQ* 142, S. 423-43.

Wagner, Rudolf G. 2001a. The Early Chinese Newspapers and The Chinese Public Sphere, in: *European Journal of East Asian Studies* 1, S. 1-33.

Wagner, Rudolf G. 2001b. Importing a "New History" for the New Nation: China 1899, in: Most (Hg.), *Historicization*, S. 275-91.

Wakeman, Frederic. 1972. The Price of Autonomy: Intellectuals in Ming and Ch'ing Politics, in: *Daedalus* 101, S. 34-63.

Wakeman, Frederic / Carolyn Grant (Hg.) 1975. *Conflict and Control in Late Imperial China*, Berkeley/Los Angeles/London.

Wakeman, Frederic / Yeh Wen-hsin (Hg.). 1992. *Shanghai Sojourners*, Berkeley/Los Angeles/London.

Waldron, Arthur. 1990. *The Great Wall of China: From History to Myth*, Cambridge.

Waldron, Arthur. 1992. Representing China: The Great Wall and Cultural Nationalism in the Twentieth Century, in: Befu, *Cultural Nationalism in East Asia,* S. 36-60.

Waldron, Arthur. 1995. *From War to Nationalism: China's Turning Point, 1924-1925,* Cambridge,MA/London.

Waley-Cohen, Joanna. 1991. *Exile in Mid-Qing China: Banishment to Xinjiang, 1758-1820,* New Haven,NJ.

Wang Chengzu 王成組 1988. *Zhongguo dilixue shi* 中國地理學史 (Geschichte der chinesischen Geographie), Beijing.

Wang Dongping 王東平 2000. Bai Shouyi xiansheng yanjiu huizu lishi yu zhongguo huijiao de kexue gongxian 白壽義先生研究回族歷史與中國回教的科學貢獻 (Die wissenschaftlichen Verdienste des Herrn Bai Shouyi für die Erforschung der Geschichte des Hui-Volkes und der Geschichte des chinesischen Islams), in: *Shixue shi yanjiu* 1, S. 5-13.

Wang Fan-sen. 2000. *Fu Ssu-nien: A Life in Chinese History and Politics,* Cambridge.

Wang Gungwu. 1976. Nationalism in China before 1949, in: Mackerras, *China,* S. 46-58.

Wang Gungwu. 1984. The Chinese Urge to Civilize: Reflections on Change, in: *JAH* 18, S.1-34.

Wang Gungwu. 1996. *The Revival of Chinese Nationalism,* Leiden.

Wang Hui 王恢 1991. *Zhongguo lishi dili tonglun* 中國歷史地理通論 (Gesamtdarstellung der Historischen Geographie Chinas), Taibei.

Wang Hui 汪暉 1997a. *Wang Hui zi xuanji* 汪暉自選集 (Ausgewählte Aufsätze von Wang Hui), Guilin.

Wang Hui. 1997b. The Fate of "Mr. Science" in China: The Concept of Science and Its Application in Modern Chinese Thought, in: Barlow, *Formations of Colonial Modernity,* S. 21-81.

Wang Hui. 2000. Zhang Taiyan's Concept of the Individual and Modern Chinese Identity, in: Yeh, *Becoming Chinese,* S. 231-59.

Wang Huilin 王桧林 / Zhu Hanguo 朱漢國 1992. *Zhongguo baokan cidian (1895-1949)* 中國報刊辭典 (Lexikon chinesischer Periodika, 1895-1949), Taiyuan.

Wang Jianmin 王建民 1998. *Zhongguo minzuxue shi* 中國民族學史 (Geschichte der chinesischen Ethnologie), Teil 1: 1903-1949, Kunming.

Wang Jianmin / Zhang Haiyang 張海洋 / Hu Hongbao 胡鴻保 1998. *Zhongguo minzuxue shi* 中國民族學史 (Geschichte der chinesischen Ethnologie), Teil 2: 1950-1997, Kunming.

Wang Jianping. 1996. *Concord and Conflict: The Hui Communities of Yunnan Society,* Lund.

Wang Min 王民 / Li Yongxiang 李永祥 1996. He Qiutao zhi Suifang beicheng de lishi jiazhi he zuoyong 何秋濤之朔方備乘的歷史價值和作用 (Der geschichtliche Wert und Einfluß von He Qiutaos "Suifang beicheng"), in: *Fujian xuebao* 6, S. 66-69.

Wang Peilong 王佩龍 / Te Mole 忒莫勒 1996. Bianjiang xue xuezhe Huang Fensheng jiqi zhuzuo 邊疆學學者黃奮生及其著作 (Der Grenzgelehrte Huang Fensheng und seine Arbeiten), in: *ZBSY* 4, S. 97-100.

Wang Shuanghuai 王雙壞 2001. Shi Nianhai jiaoshou dui lishi dilide jiechu chuxian 史念海教授對歷史地理的接觸出現 (Die besonderen Verdienste Professor Shi Nianhais um die Historische Geographie), in: *Shixue shi yanjiu* 3, S. 1-10.

Wang Xuhua 王煦華 (Hg) 1988. *Gu Jiegang xuanji* 顧頡剛選集 (Ausgewählte Sammlung Gu Jiegangs), Tianjin.

Wang Xuhua. 1990. Gu Jiegang xianshang xueshu jinian 顧頡剛先生學術紀念 (Akademischer Rückblick auf Gu Jiegang), in: Yin Da, *Jinian Gu Jiegang*, Bd. 2, S. 1007-48.

Wang Xuhua u.a. 1998. *Gushi bianwei yu xiandai shixue – Gu Jiegang ji* 古史辨僞圍 現代史學 - 顧頡剛集 (Die moderne Geschichtswissenschaft der Identifizierung von Falschem in der alten Geschichte – Gu Jiegang), Shanghai.

Wang Yong 王庸 1958. *Zhongguo ditu shigang* 中國地圖史綱 (Kurze Geschichte der chinesischen Kartographie), Beijing.

Wang Zhilai 王治來 1997. Lishi shang Hanzu ren xiang Xibei bianjiang de qianxi 歷 史上漢族人向西北邊疆的遷徙 (Die Wanderungen der Han-Chinesen in der Geschichte in die nordwestlichen Grenzgebiete), in: *Xibei shidi* 1, S. 14-20.

Wang Zijin 王子今 2002. *Ershi shiji Zhongguo lishi wenxian yanjiu* 二十世纪中国历 史文献研究 (Forschungen zu den historischen Texten im China des 20. Jahrhunderts), Beijing.

Wang Zuoye. 2002. Saving China through Science: The Science Society of China, Scientific Nationalism, and Civil Society in Republican China, in: *Osiris* 17, S. 291-322.

Wang, Q. Edward. 1992. History in Late Imperial China, in: *Storia della storiografia* 22, S. 3-22.

Wang, Q. Edward. 1999. History, Space, and Ethnicity: The Chinese Worldview, in: *Journal of World History* 10, S. 285-305.

Wang, Q. Edward. 2000. Historical Writings in Twentieth Century China: Methodological Innovation and Ideological Influence, in: Torstendahl, *Assessment,* S. 43-69.

Wang, Q. Edward. 2001. *Inventing China Through History: The May Fourth Approach to Historiography*, Albany,NY.

Wasserstrom, Jeffrey N. 1991. *Student Protests in Twentieth-Century China: The View from Shanghai*, Stanford,CA.

Wehler, Hans-Ulrich. 2001. *Nationalismus. Geschichte, Formen, Folgen*, München.

Wei Yongli 魏永理 u.a. 1993. *Zhongguo Xibei jindai kaifa shi* 中國西北近代開發 史 (Geschichte der neuzeitlichen Erschließung des chinesischen Nordwestens), Lanzhou.

Wei, George C. X. / Liu Xiaoyuan (Hg.) 2001. *Chinese Nationalism in Perspective: Historical and Recent Cases*, Westport,CT/London.

Weiers, Michael (Hg.) 1986. *Die Mongolen. Beiträge zu ihrer Geschichte und Kultur*, Darmstadt.

West, Philip. 1976. *Yenching University and Sino-Western Relations, 1916-1952*, Cambridge,MA/London.

Wheatley, Paul. 1966. Refurbishing the Nine Cauldrons, in: Albert Herrmann, *An Historical Atlas of China*, hrsg. v. Norton Ginsburg, Amsterdam, S. vi-xxxii.

Whiting, Allen S. 1960. Sinkiang and Sino-Soviet Relations, in: *CQ* 3, S. 32-41.

Wieck, Jasper. 1995. *Weg in die "Décadence". Frankreich und die mandschurische Krise 1931-1933*, Bonn.

Wiens, Herold J. (1954). *Han Chinese Expansion in South China*, New Haven.

Winichakul, Thongchai. 1994. *Siam Mapped: A History of the Geo-Body of a Nation*, Honolulu.

Winichakul, Thongchai. 1996. Maps and the Formation of the Geo-Body of Siam, in: Tønnesson / Antlöv, *Asian Forms of the Nation*, S. 67-92.

Winkler, Heinrich August (Hg.) 1982. *Nationalismus in der Welt von heute*, Göttingen.

Wolff, David. 1999. *To the Harbin Station: The Liberal Alternative in Russian Manchuria, 1898 – 1914*, Stanford,CA.

Wong Sin-kiong. 2001. Die for the Boycott and Nation: Martyrdom and the 1905 Anti-American Movement in China, in: *MAS* 35, S. 565-88.

Wong Young-tsu. 1989. *Search for Nationalism: Zhang Binglin and Revolutionary China, 1869-1936*, Hong Kong.

Woodside, Alexander B. 1994. The Divorce between the Political Center and Educational Creativity in Late Imperial China, in: Elman/Woodside, *Education and Society*, S. 458-92.

Wright, Mary Clabaugh (Hg.) 1968. *China in Revolution: The First Phase, 1900-1913*, New Haven,NJ.

Wright, Stanley F. 1938. *China's Struggle for Tariff Autonomy, 1843-1937*, Shanghai.

Wu An-chia. 1988. Revolution and History: On the Causes of the Controversy over the Social History of China (1931-1933), in: *Chinese Studies in History* 21, S. 76-96.

Wu, David Yen-ho 1994. The Construction of Chinese and Non-Chinese Identities, in: Tu Wei-ming (Hg.), *The Living Tree*, S. 148-66.

Wu Fengpei 吳丰培 1983. Gu Jiegang xiansheng he suozhu Xibei kaocha riji (顧頡剛先生和所著西北考察日記 (Gu Jiegang und seine Veröffentlichung des Tagebuches der Exkursion im Nordwesten), in: *Xibei shidi* 4, S. 7-12.

Wu Fengpei. 1988. Hui "Yugong" jiqi fukan linzhao 回禹貢及其副刊臨昭 (Erinnerungen an die Zeitschrift Yugong), in: *Zhongguo bianjiang shidi yanjiu daobao* 1, S. 16-18.

Wu Fuhuai 吳福環 1993. Xie Bin zai ʻ*Xinjiang youji*ʼ zhong biaoshu de zhili kaifa Xinjiang de sixiang 謝彬在新疆遊記中表述的治理開發新疆的思想 (Xie Bins Gedanken zur Erschließung Xinjiangs in seinem Werk "Reisebericht aus Xinjiang"), in: *ZBSY* 4, S. 17-27.

Wu Huaiqi 吳怀祺 1996. *Zhongguo shixue sixiang shi* 中國史學思想史 (Ideengeschichte der chinesischen Geschichtswissenschaft), Hefei.

Wu Tien-wei. 1976. *The Sian Incident: A Pivotal Point in Modern Chinese History*, Ann Arbor.

Wu Xiaosong 吳曉松 1995. Dongbei yimin kenzhi yu jindai chengshi fazhan 東北移民墾殖與近代城市發展 (Die Agrarisierung durch Einwanderer im Nordosten und die neuzeitliche Entwicklung der Städte), in: *Chengshi guihua huikan* 2, S. 46-53.

Wu Yannan 吳雁南 / Feng Zhuyi 馮祖貽 / Su Zhongli 蘇中立 / Guo Hanmin 郭漢民 (Hg.) 1998. *Zhongguo jindai shehui sichao* 中國近代社會思潮 (Die Ideenströmungen in der chinesischen Gesellschaft der Neuzeit), 4 Bde., Changsha.

Wu Ze 吳澤 (Hg.) 1989. *Zhongguo jindai shixueshi* 中國近代史學史 (Geschichte der neuzeitlichen Geschichtswissenschaft Chinas), 2 Bde., Nanjing.

Xia Zhengnong 夏征農 (Hg.) 1989. *Cihai – Lishi dili fence* 辭海-歷史地理分冊 (Cihai- Teilband Historische Geographie), Shanghai.

Xing Yichen 邢赤塵 1995. *Shuomo ji* 朔漠集 (Aufzeichnungen über Nachrichten aus der Mongolei), Huhehote.

Xing Yulin 邢玉林 1991. Jindai xin shixue de kaishanzhe Wang Guowei 近代新式學 的開山者王國維 (Wang Guowei - Bahnbrecher neuer Formen der Gelehrsamkeit in der Neuzeit), in: *ZBSY* 1, S.104-107.

Xinjiang difang shi 新疆地方史 1992, hrsg. Von Xinjiang weiwuer zizhiqu jiaoyu weiyuanhui gaoxiao lishi jiaocai bianxiezu 新疆維吾爾自治區教育委員會高校歷 史教材編寫組 (Herausgeberteam der „Einführenden Geschichte des Uigurenvolkes), Wulumuqi.

Xu Guoqi. 2001. Nationalism, Internationalism, and National Identity: China from 1895to 1919, in: Wei / Liu, *Chinese Nationalism in Perspective*, S. 101-20.

Xu Qihong 徐啓恆 / Li Xibi 李希泌 1957. *Zhan Tianyou he Zhongguo tielu* 詹天佑和 中國鐵路 (Zhan Tianyou und die chinesischen Eisenbahnen), Shanghai.

Xu Songwei 徐松巍 1998. Shijiu shiji bianjiang shidi yanjiu de shidai qingshen 十九 世紀邊疆史地研究的時代精神 (Der Zeitgeist bei der Grenzforschung des 19. Jahrhunderts in: *ZBSDY* 2, S. 105-17.

Xu Songwei. 1999. Guanyu shijiu shiji bianjiang shidi yanjiu de ruogan sikao 關於十 九世紀邊疆史地研究的若干思考 (Einige Überlegungen zu den Forschungen über die Geschichte und Geographie der Grenzgebiete im 19. Jahrhundert), in: *QSYJ* 4, S. 74-84.

Xu Xiaoqun. 1998. Between State and Society, Between Professionalism and Politics: The Shanghai Bar Association in Republican China, 1912 – 1937, in: *Twentieth Century China* 24, S. 1-29.

Xu Xiaoqun. 2001a. *Chinese Professionals and the Republican State: The Rise of Professional Associations in Shanghai, 1912-1937*, Cambridge.

Xu Xiaoqun. 2001b. National Salvation and Cultural Reconstruction: Shanghai Professors' Response to the National Crisis in the 1930s, in: Wei / Liu, *Chinese Nationalism in Perspective*, S. 53-74.

Yahuda, Michael. 2000. The Changing Faces of Chinese Nationalism: The Dimensions of Statehood, in: Leifer, *Asian Nationalism*, S. 21-37.

Yan Qingsheng 闫慶生 / Huang Zhenglin 黃正林 2001. Kangzhan shiqi Shan Gan Ning bianqu de nongcun jingji yanjiu 抗戰時期陝甘寧邊區的農村經濟研究 (Forschungen zur Dorfwirtschaft im Grenzgebiet von Ningxia, Gansu und Shanxi während des Widerstandkrieges), in: *Jindai shi yanjiu* 3, S. 132-71.

Yan Zhongping 燕重平 u.a. 1955. *Zhongguo jindai jingjishi tongji ziliao xuanji* 中國 近代經濟史統計資料選集 (Ausgewähltes statistisches Material zur neueren Wirtschaftsgeschichte Chinas), Beijing.

Yang Tsui-hua 1988. The Development of Geology in Republican China, 1912-1937, in: Bowers u.a., *Science and Medicine,* S. 65-90.

Yang, Richard. 1961. Sinkiang under the Administration of Governor Yang Tseng-hsin, 1911-1928, in: *CAJ* 6, S. 270-316.

Ye Xiaoqing. 1992. Shanghai before Nationalism, in: *East Asian History* 3, S. 23-52.

Yee, Cordell D. K. 1994a. Reinterpreting Traditional Chinese Geographical Maps, in: Harley/Woodward, *History of Cartography*, S. 35-70.

Yee, Cordell D. K. 1994b. Chinese Maps in Political Culture, in: Harley/Woodward, *History of Cartography,* S. 71-95.

Yee, Cordell D. K. 1994c. Taking the World's Measure: Chinese Maps between Observation and Text, in: Harley/Woodward, *History of Cartography*, S. 96-127.

Yee, Cordell D. K. 1994d. Traditional Chinese Cartography and the Myth of Westernization, in: Harley/Woodward, *History of Cartography*, S. 170-202.

Yeh Wen-hsin. 1990. *The Alienated Academy: Culture and Politics in Republican China, 1919-1937*, Cambridge, MA.

Yeh Wen-hsin (Hg.) 1998. *Landscape, Culture, and Power in Chinese History*, Berkeley,CA.

Yeh Wen-hsin (Hg.) 2000. *Becoming Chinese: Passages to Modernity and Beyond*, Berkeley/Los Angeles/London.

Yin Da 尹達 u.a. 1990. *Jinian Gu Jiegang xueshu lunwenji* 紀念顧頡剛學術論文集 (Gesammelte wissenschaftliche Aufsätze in Erinnerung an Gu Jiegang), 2 Bde., Chengdu.

Young, Arthur N. 1971. *China's Nation-Building Effort, 1927-1937: The Financial and Economic Record*, Stanford,CA.

Young, Ernest P. 1977. *The Presidency of Yuan Shih-k'ai: Liberalism and Dictatorship in Early Republican China*, Ann Arbor.

Young, John. 1966. *The Research Activities of the South Manchurian Railway Company 1907-1945: A History and Bibliography*, New York.

Young, Louise. 1997. Rethinking Race for Manchukuo. Self and Other in the Colonial Context, in: Dikötter, *The Construction of Racial Identities*, S. 158-76.

Young, Louise. 1998. *Japan's Total Empire: Manchuria and the Culture of Wartime Imperialism*, Berkeley/Los Angeles/London.

Yu Danchu 俞旦初 1996. *Aiguozhuyi yu Zhongguo jindai shixue* 愛國主義與中國近代史學 (Patriotismus und Chinas neuzeitliche Geschichtswissenschaft), Beijing.

Yü Ying-shih. 1967. *Trade and Expansion in Han China: A Study in the Strucure of Sino-Barbarian Economic Relations*, Berkeley/Los Angeles/London.

Yü Ying-shih. 1986. Han Foreign Relations, in: *CHOC*, Bd. 1, S. 377-462.

Yü Ying-shih. 1990. The Hsiung-nu, in: Sinor, *Cambridge History of Early Inner Asia*, S. 118-49.

Yü Ying-shih. 1994. Changing Conceptions of National History in Twentieth Century China, in: Lönnroth, *Conceptions of National History*, S. 155-74.

Yü Ying-shih. 1999. Überlegungen zum chinesischen Geschichtsdenken, in: Jörn Rüsen (Hg.), *Westliches Geschichtsdenken. Eine interkulturelle Debatte*, Göttingen, S. 237-68.

Yuan Weishi 袁偉時 1998. *Zhongguo xiandai sixiang sanlun* 中國現代思想散論 (Verstreute Erörterungen über chinesisches Denken in der neuesten Zeit), Guangzhou.

Zarrow, Peter. 2001. Political Ritual in the Early Republic of China, in: Chow u.a., *Constructing Nationhood*, S. 149-88.

Zhang Genfu 張根福 1997. Shilun jindai yimin dui gonggu Zhongguo bianjiang de zuoyong 試論近代移民對鞏固中國邊疆的作用 (Erörterung des Nutzens der neuzeitlichen Einwanderer in die leeren chinesischen Grenzregionen), in: *Shixue yuekan* 5, S. 35-41.

Zhang Pengyuan 張朋園 1964. *Liang Qichao yu Qingji geming* 梁啓超與清季革命 (Liang Qichao und die Revolution am Ende der Qing-Zeit) Taibei.

Zhang Qizhi 張岂之 1996. *Zhongguo jindai shixue xueshu shi* 中國近代史學學術史 (Wissenschaftsgeschichte der chinesischen Geschichtsschreibung in der Neuzeit), Beijing.

Zhang Quanming 張全明 / Zhang Yizhi 張翼之 1995. *Zhongguo lishi dili lungang* 中國歷史地理論綱 (Kurze Abhandlung zur Historischen Geographie Chinas), Wuhan.

Zhang Ruide 張瑞德 1991. *Zhongguo jindai tielu shiye guanli de yanjiu: Zhengzhi cengmian de fenxi (1876-1937)* 中國近代鐵路事業管理的研究 政治層面的分析 (engl. Titel: Railroads in Modern China: Political Aspects of Railroad Administration), Taibei.

Zhang Tianlin 張天麟 1982. Zhang Xiangwen dui Zhongguo dilixue fazhan de gongxian – jinian Zhongguo dilixuehui chengli qishi zhou nian 張相文對中國地理學發展的貢獻 - 記念中國地學會成立七十周年 (Die Verdienste Zhang Xiangwens für die Entwicklung der chinesischen Geographie – Erinnerung an die Gründung der Chinesischen Geographischen Gesellschaft vor 70 Jahren), in: *Lishi dili* 1, S. 1-19.

Zhang Xiaohu 張嘯虎/Zhang Husheng 張虎升 1989. Wei Yuan ,jindai gaigepai zhenglun jia de xianqu 魏源,及乃改革派政論家的先驅(Wei Yuan – Vorläufer der reformorientierten politischen Theoretiker der Neueren Zeit), in: *Wuhan jiaoyu xueyuan xuebao (zhexue shehui kexue ban)*, 3, S. 64-69.

Zhang Xiuling 張秀齡. 1987. Feng Jiasheng zhuanlue 馮家昇傳略 (Kurzbiographie Feng Jiashengs), in: Feng Jiasheng, *Feng Jiasheng lunzhu*, S. 505-10.

Zhang Yongjin.1991. *China in the International System, 1918-20: The Middle Kingdom at the Periphery*, Basingstoke.

Zhang Zhihua 張植華 1990. Luelun Hetao dishang 略論河套地商 (Erläuterung der lokalen Händler von Hetao), in: Liu Haiyuan, *Neimenggu kenwu yanjiu*, S. 81-99.

Zhao Yuntian 趙云田 1993. *Zhongguo bianjiang minzu guanli jigou yange shi* 中國邊疆民族管理機構沿革史 (Geschichte der Veränderungen in der Verwaltung der Grenzvölker Chinas), Beijing.

Zhao Zhongwen 趙忠文 (Hg.) 1992. *Zhongguo lishixue da cidian* 中國歷史學大辭典 (Großes Lexikon zur chinesischen Geschichtswissenschaft), Yanji.

Zhou Weiyan 周維延 1991. Wei Yuan yu dixue 魏源與地學 (Wei Yuan und die Geographie), in: *Fudan xuebao (shehui kexue ban)* 1, S. 38-43.

Zhou Yongming. 1999. *Anti-Drug Crusades in Twentieth-Century China: Nationalism, History, and State Building*, Lanham,ML.

Zhou Zhenhe 周振鶴 1987. *Xi Han zhengqu dili* 西漢政區地理 (Die Geographie der politischen Bezirke der Westlichen Han), Beijing.

Zhou Zhenhe. 1997. *Zhongguo lishi wenhua quyu yanjiu* 中國歷史文化區域研究 (Forschungen über die Kulturregionen der chinesischen Geschichte), Shanghai

Zou Zhenhuan 邹振环 2000. *Wan Qing xifang dilixue zai Zhongguo* 晚清西方地理学在中国 (Westliche Geographie im China der späten Qing-Zeit), Shanghai.

PERSONENVERZEICHNIS

SACH- UND ORTSVERZEICHNIS

Vivian Wagner

Erinnerungs-
verwaltung in China

Staatsarchive und Politik
in der Volksrepublik

(Beiträge zur Geschichtskultur,
Band 31)

2006. XIII, 747 S. Br.

€ 74,90 [D]/€ 77,– [A]/SFr 126,–

ISBN 978-3-412-31405-7

ISBN-10 3-412-31405-6

China blickt auf eine außergewöhnliche Archivtradition zurück, die vor allem durch die enge Verquickung von Staatspolitik, offizieller Geschichtsschreibung und Archivwesen gekennzeichnet ist. In der Mao-Ära dienten die Archive »als Instrumente des Klassenkampfes« primär den politischen Interessen der Kommunistischen Partei. Bis in die 1980er Jahre galten sie als »vertrauliche Institutionen«, die abgeschottet von der Öffentlichkeit dem Staat und der Partei zuarbeiteten. Trotz ihrer schrittweisen Öffnung und Modernisierung durch die Reformpolitiker unter Deng Xiaoping zeigt sich, dass die politische Führung Chinas nach wie vor die Archive als Schlüsselinstitutionen der Erinnerungslenkung und Legitimitätsschöpfung begreift. Neben zahlreichen Interviews mit Archivaren, Funktionären und Historikern hat Vivian Wagner eine Fülle chinesischer Fachliteratur und vertraulicher Materialien ausgewertet. Sie legt die erste wissenschaftliche Monografie über das chinesische Archivsystem vor und bietet neue Einblicke in die politische Geschichte der VR China.

KÖLN WEIMAR WIEN

URSULAPLATZ 1, D-50668 KÖLN, TELEFON (0221) 91390-0, FAX 91390-11

31405060405